好望角

在这里，看见新世界

献　给

亲爱的莉莉安和伊斯拉

被-掩-盖-的

THE HALF HAS NEVER BEEN TOLD

原罪

[美] 爱德华·巴普蒂斯特 著

陈志杰 译

奴隶制与美国资本主义的崛起

SLAVERY AND THE MAKING OF AMERICAN CAPITALISM

浙江人民出版社

图书在版编目(CIP)数据

浙江省版权局
著作权合同登记章
图字:11-2017-214号

被掩盖的原罪 : 奴隶制与美国资本主义的崛起 / (美) 爱德华·巴普蒂斯特著 ; 陈志杰译. —杭州 : 浙江人民出版社, 2019.4(2019.6 重印)

书名原文:The Half Has Never Been Told: Slavery and the Making of American Capitalism

ISBN 978-7-213-09120-9

Ⅰ. ①被… Ⅱ. ①爱… ②陈… Ⅲ. ①奴隶制度-研究-美国 Ⅳ. ①D771.29

中国版本图书馆 CIP 数据核字(2018)第 293480 号

地图审图号:GS(2018)6656 号

被掩盖的原罪:奴隶制与美国资本主义的崛起

[美]爱德华·巴普蒂斯特 著 陈志杰 译

出版发行: 浙江人民出版社(杭州市体育场路 347 号 邮编 310006)
市场部电话: (0571)85061682 85176516

从书策划: 王利波 营销编辑: 陈雯怡
责任编辑: 吴玲霞 朱康平 责任校对: 朱 妍
责任印务: 程 琳 封面设计: 张庆锋
电脑制版: 杭州大漠照排印刷有限公司
印 刷: 浙江新华数码印务有限公司
开 本: 880 毫米×1230 毫米 1/32 印 张: 20.625
字 数: 492 千字 插 页: 6
版 次: 2019 年 4 月第 1 版 印 次: 2019 年 6 月第 2 次印刷
书 号: ISBN 978-7-213-09120-9
定 价: 118.00 元

出版者言

当今的世界与中国正在经历巨大的转型与变迁，她们过去经历了什么、正在面对什么、将会走向哪里，是每一个活在当下的思考者都需要追问的问题，也是我们作为出版者应该努力回应、解答的问题。出版者应该成为文明的瞭望者和传播者，面对生活，应该永远在场，永远开放，永远创新。出版“好望角”书系，正是我们回应时代之问、历史之问，解答读者灵魂之惑、精神之惑、道路之惑的尝试和努力。

本书系所选书目经专家团队和出版者反复商讨、比较后确定。作者来自不同的文化背景，拥有不同的思维方式，我们希望通过“好望角”，让读者看见一个新的世界，打开新的视野，突破一隅之见。当然，书中的局限和偏见在所难免，相信读者自有判断。

非洲南部“好望角”本名“风暴角”，海浪汹涌，风暴不断。1488 年 2 月，当葡萄牙航海家迪亚士的船队抵达这片海域时，恰风和日丽，船员们惊异地凝望着这个隐藏了许多个世纪的壮美岬角，随船历史学家巴若斯记录了这一时刻：

“我们看见的不仅是一个海角，而且是一个新的世界！”

浙江人民出版社

佳评推荐

研究深入，论证严谨。

——2014 年度《彭博观点》非虚构类十大好书

本书研究充分，措辞典雅，论证有力，详细阐述了 1783—1861 年间奴隶制与经济改革之间的联系。

——2014 年度《普罗维登斯杂志》最佳图书

巴普蒂斯特通过令人信服的分析，证明奴隶制对美国崛起起了根本性作用。

——2014 年度《卫报》(澳大利亚版)最佳图书

迄今为止，关于奴隶贸易与美国经济发展之间相互关系的最好诠释。

——畅销书作家、耶鲁大学法学院教授史蒂芬 · 卡特

废奴主义者对此类自私自利的废话不屑一顾，但他们往往也认为，从经济角度看，奴隶制的效率低下应该受到道德上的谴责，是旧时代的残余……在《被掩盖的原罪》一书中，爱德华 · 巴普蒂斯特提出了充满激情的假设，他认为，奴隶制既非原本低效，也不是与资本主义相悖的制度，而是被编织到 19 世纪早期资本主义的跨国体系中…… 巴普蒂斯特的写作充满激情，对重大事件颇有见地。

——《华尔街日报》

巴普蒂斯特的著作对于奴隶制和美国发展的文献是一个有益的补充……巴普蒂斯特善于用通俗、简明的语言阐释复杂的金融问题……《被掩盖的原罪》论证充分，有说服力。

——《纽约时报书评》

《被掩盖的原罪》是关于美国内战以前经济和社会的一部巨著……巴普蒂斯特所讲述的故事具有强大的震撼力，他所搜集的有关种植园的资料，使得该书真实可信……这是一部全新的著作……我们本以为对这段历史已了如指掌。这是一部受害者的历史，他们经历了黑暗的奴隶制而幸存了下来……巴普蒂斯特给这段历史加上了很多新的、确凿的重要证据。他最重要的成就是向我们展示了经济学这门“沉闷的科学”如何把奴隶们的生活变得更加悲惨。

——《洛杉矶时报》

《被掩盖的原罪》向我们讲述了经济史中引人入胜的细节。

——《纽约时报》维卡斯·巴加耶

巴普蒂斯特细致地分析了这样一个案例：美国的经济是如何从强制劳动中获利，以及投资者如何通过金融体制从奴隶制中获取收益。

——《西雅图时报》

一本十分引人入胜的书。巴普蒂斯特非常巧妙地将经济数据的分析与历史叙事编织在一起，勾画出美国奴隶制的画面，与你在中学社会学研究课上所学的大不相同。

——《赫芬顿邮报》

巴普蒂斯特真正的成就在于他将抽象的金融概念变得通俗易懂。他以生动的文笔重现了档案记载中奴隶制苦难的历史，描写了被全球市场拆散的各个家庭。最为重要的是，巴普蒂斯特试图说明美国的崛起与黑人奴隶的痛苦经历密不可分。

——《沙龙》

爱德华·巴普蒂斯特的《被掩盖的原罪》是一流的成功之作…… 他通过严谨的研究，以全面的视角按时间顺序讲述了被掩盖的另一半故事，而且讲得很好。巴普蒂斯特的叙事风格独特，巧妙地将奴隶主和奴隶的记述以及信件中所讲述的故事编织到政治经济的语境中，令读者沉浸在这部学术著作中…… 巴普蒂斯特描述了家庭的破裂、戴着锁链的奴隶队伍和艰苦的田间劳作，令读者动容，让我们永远不能忘记人终将是不能被当作财产的…… 本书所写的是“奴隶制在美国的第二次生命”，阐述了非裔美国人来到新大陆后自身传统的演变，及其在美国政治经济史中的重要作用。它对于美国所宣称的理想是一记响亮的耳光。将此书强烈推荐给想要了解这些知识的读者。

——《华盛顿独立书评》

爱德华·巴普蒂斯特的这部著作，是我所读过的有关奴隶制的最为丰富、最具感染力的描述。他有力地抓住了种植园奴隶制令人痛苦与悲惨的特征……作者出色地描绘出新的地域以及现在称之为西南部（肯塔基、亚拉巴马、密西西比、田纳西和得克萨斯）地区的种植园奴隶制与内战前美国资本主义崛起之间的密切联系。

——《基督教世纪》

对黑人奴隶制的有力控诉，将这种“特殊制度”的历史纳入19世纪发展中的美国资本主义语境之中…… 巴普蒂斯特让普通读者体会到奴隶制的恐怖，也使读者认识到了奴隶制如何将南部变为全球市场中占据主导力量的地区，并将棉花转变为世界经济中最重要的原料。

——《新闻与观察家》

爱德华·巴普蒂斯特的著作《被掩盖的原罪》之所以如日中天，是因为作者将其分析根植于人性的维度。这本书超越了之前所有关于奴隶制的著述……简言之，巴普蒂斯特使美国奴隶们的生活人性化，将他们从人类所设计的最不人道的体制中解放出来。整个国家都需要这样做。

——《反击》

巴普蒂斯特将历史学与经济学结合起来，力图更加充分、全面地讲述美国奴隶制的历史……对于美国奴隶制及其在美国资本主义辉煌历史中所起的作用，作者颇有见地。

——《书单》重点评论

巴普蒂斯特的这本书使我们对奴隶制的理解更加深刻,也更加全面…… 专业历史学者和普通读者在今后的几年中会潜心研读此书,本书是所有对美国历史和奴隶制历史感兴趣的读者的案头必备读物。

——《图书馆杂志》重点评论

这部作品打破了以往的神话,探究世界是如何从美国奴隶制中获利的……这是一段复杂的历史,极具价值,对于理解美国历史大有助益。

——《科克斯书评》重点评论

在美国崛起为一个世界超级大国的过程中,奴隶制起到了重要作用。这本书是对这一确凿而恐怖的事实的描述,在宏观数据与零距离倾听奴隶自述之间找到一种平衡。该书将学术客观性与语言通俗性完美地融合在一起……巴普蒂斯特所写的这段历史,揭露了美国人所继承下来的几乎所有财富中的斑斑血迹,使得此书可以让任何一个对美国的黑暗历史感兴趣的读者获益良多。

——《出版人周刊》

这本书揭露了美国商业肮脏的秘密,以及商业如何促成了美国内战的爆发。巴普蒂斯特揭露了一个巨大而肮脏的故事:无论是北部还是南部,奴隶制都是一种肮脏的燃料,它点燃了美国的资本主义之火,使这个国家得以发展。

——《家中的奴隶》作者爱德华·鲍尔

《被掩盖的原罪》是一个真正的奇迹。它具有开拓性,研究深入、广泛,发人深省,让研究奴隶制及其后续历史的学者重新审视长期以来人们对于“特殊制度”与美国资本主义的关系,以及当代种族主义和民主问题的思考。该书引人入胜,充满新鲜、有力、振奋人心的洞见,值得读者广泛阅读、探讨和辩论。

——塔夫斯大学种族与民主研究中心创始人潘尼尔·约瑟夫

目 录

1811—1815年西南部的军事事件

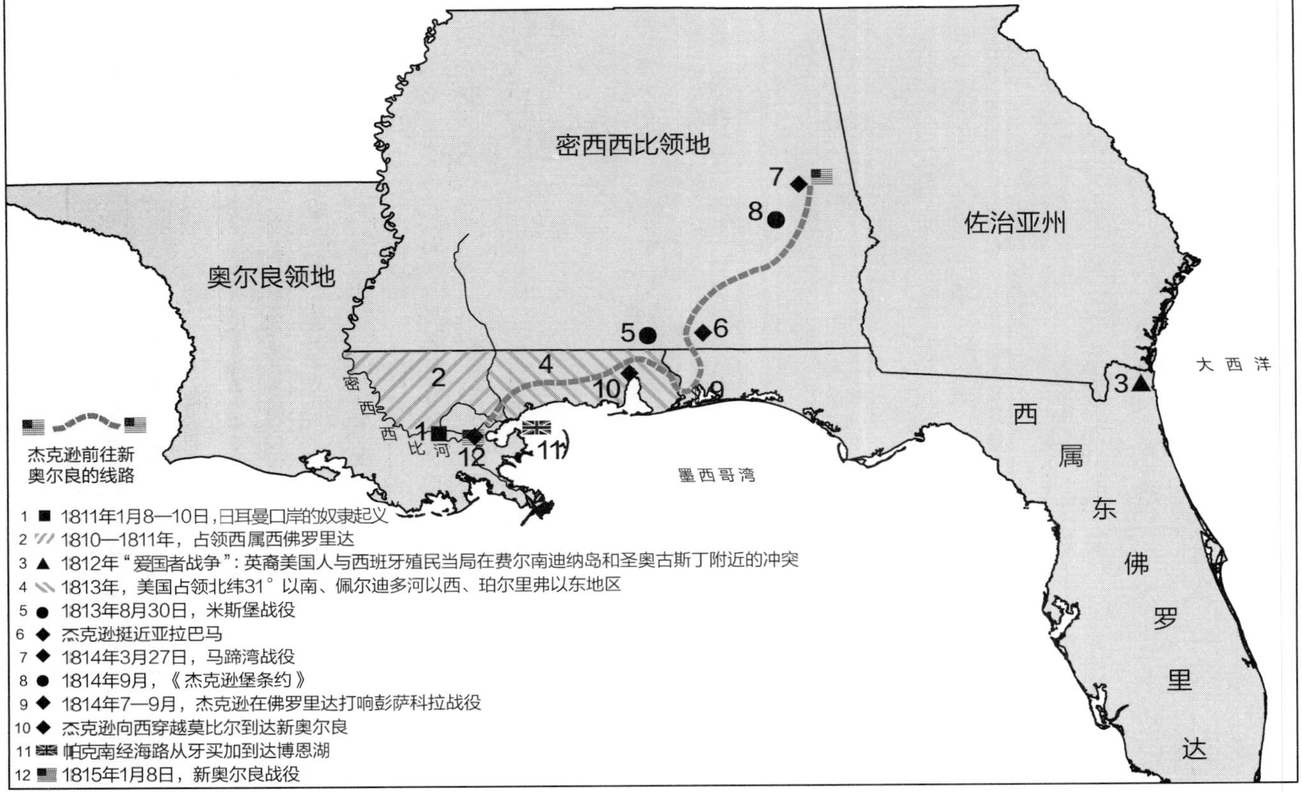

来源：《美国历史上的州与领地》。

在线获取地址: http://publications.newberry.org/ahcbp.

1814—1840年，美国从美洲原住民手中获得的主要棉花地

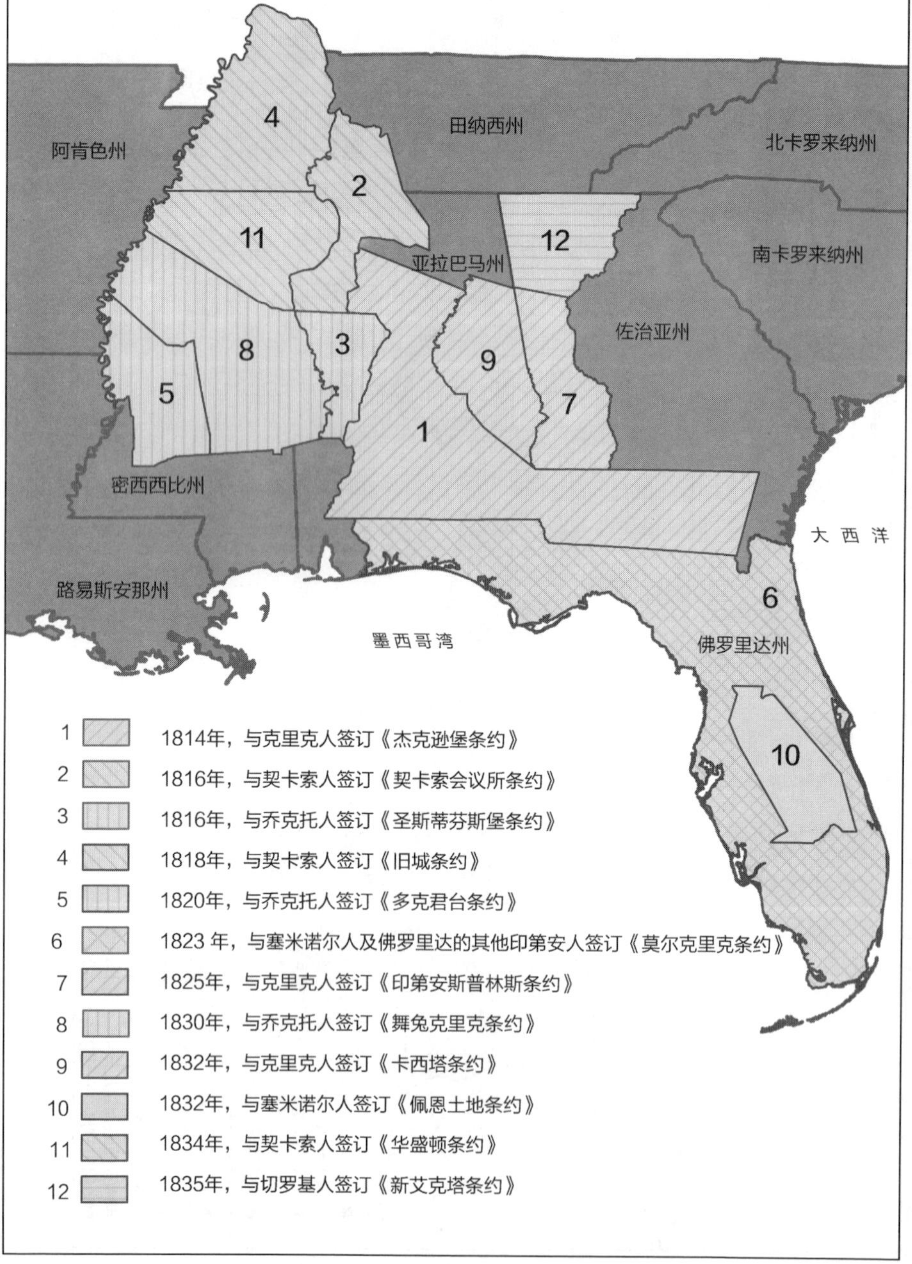

来源:《美国历史上的州与领地》。

在线获取地址: http://publications.newberry.org/ahcbp.

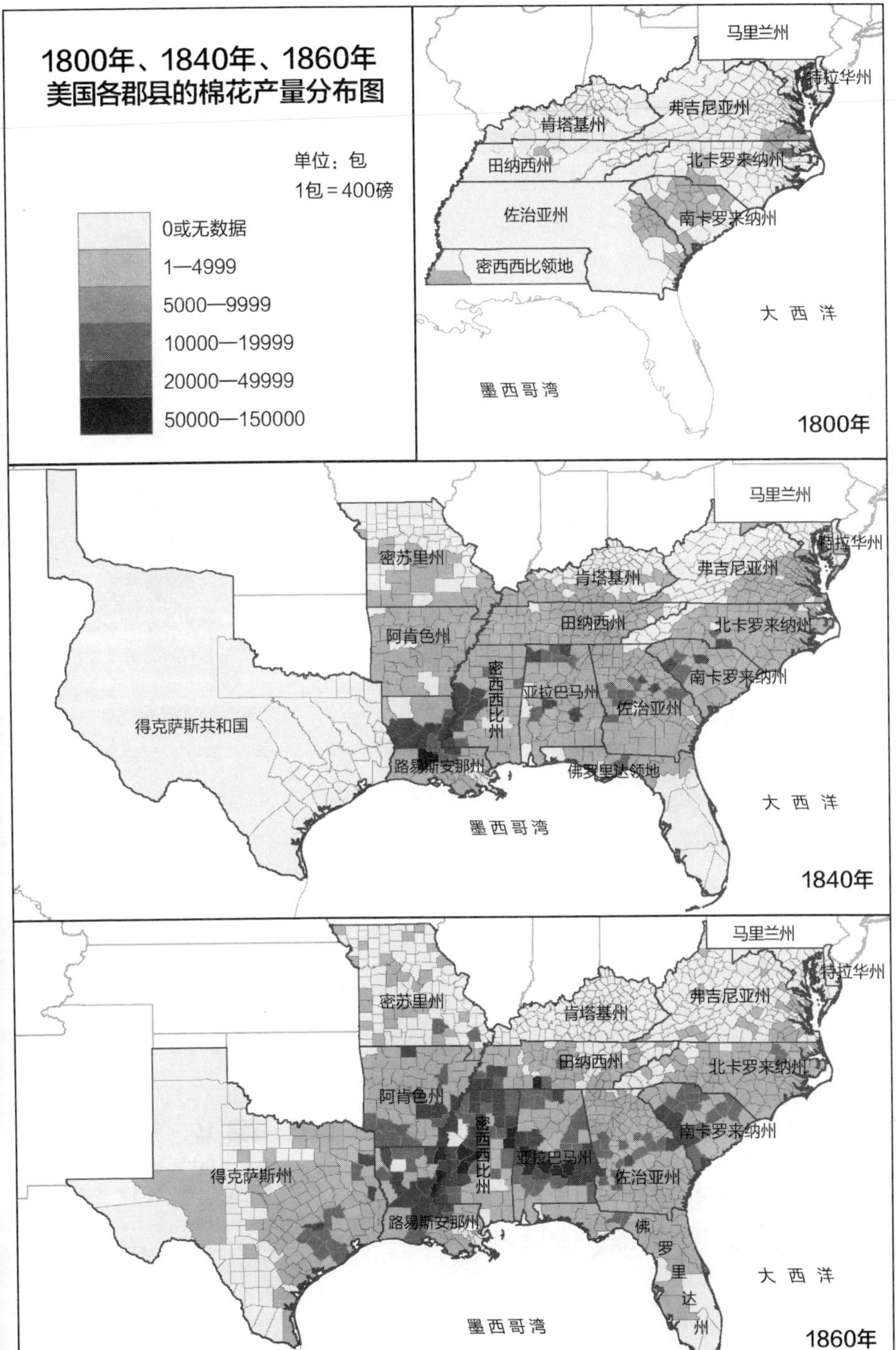

来源：《美国历史上的州与领地》；1840年和1860年的美国人口统计资料。

1829—1831年美国国内奴隶贸易情况：各郡县为将奴隶转售到路易斯安那的新奥尔良所进行的交易

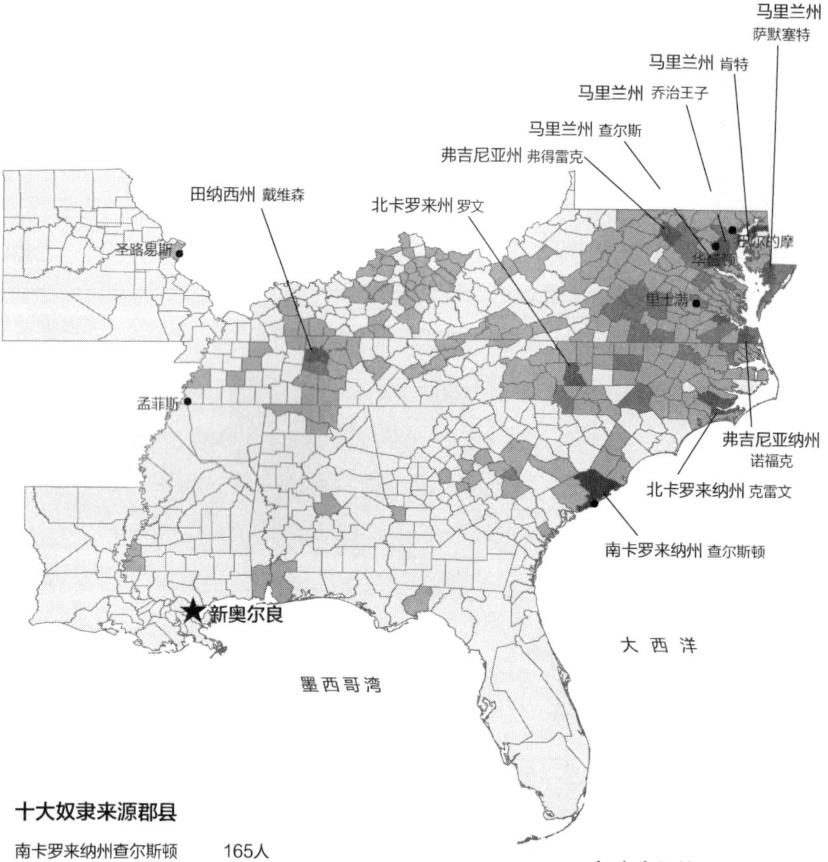

十大奴隶来源郡县

南卡罗来纳州查尔斯顿	165人
马里兰州肯特	100人
北卡罗来纳州克雷文	97人
弗吉尼亚州诺福克	90人
马里兰州萨默塞特	80人
田纳西州戴维森	66人
弗吉尼亚州弗得雷克	63人
马里兰州乔治王子	62人
马里兰州查尔斯	57人

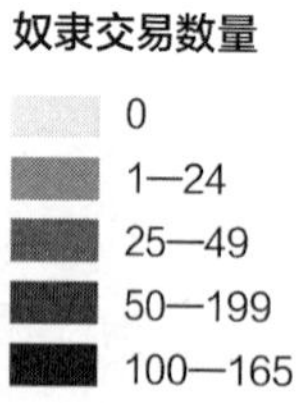

来源：《美国历史上的郡县》。

在线获取地址：http://publications.newberry.org/ahcbp.

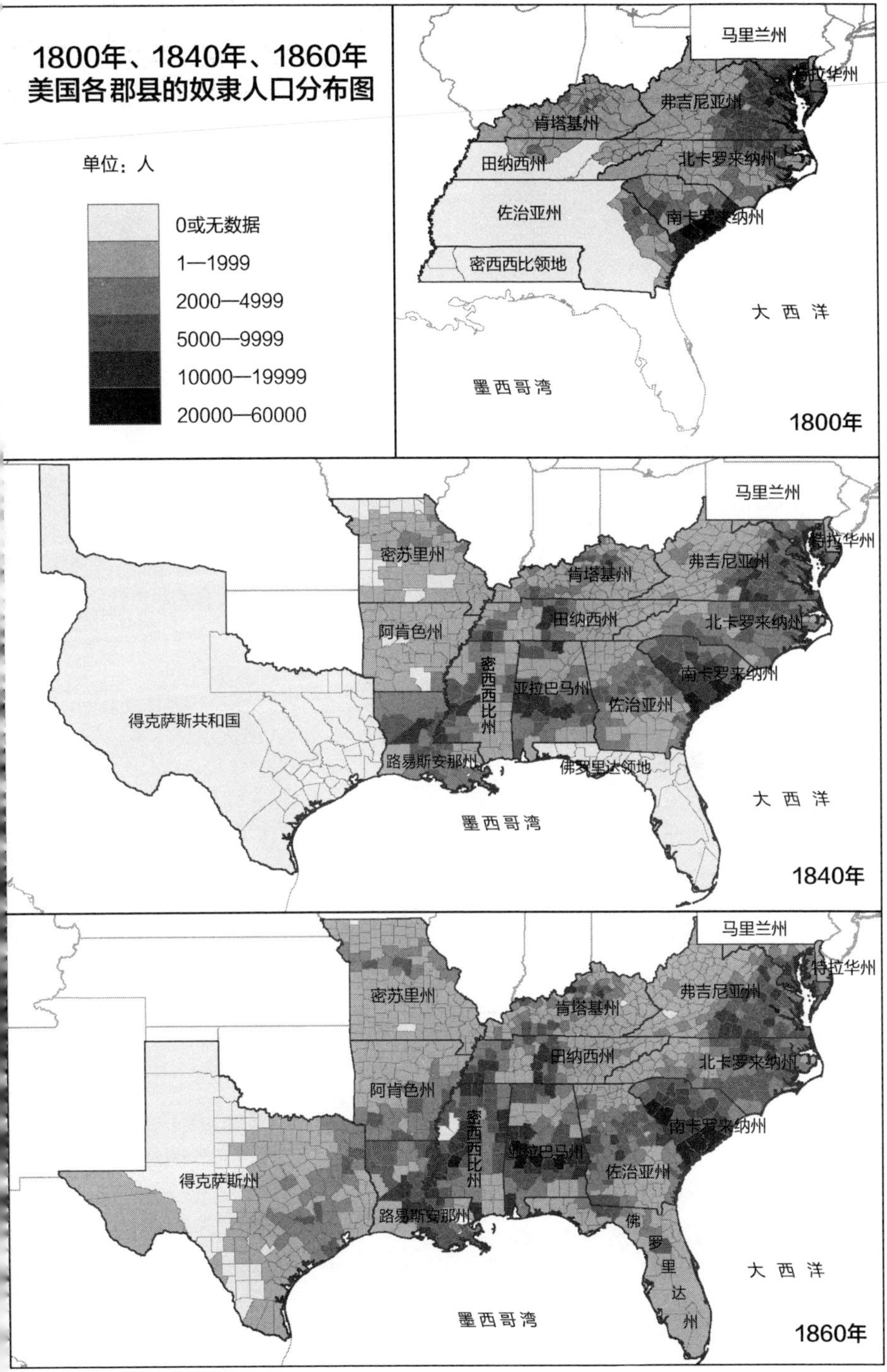

来源：1800 年、1840 年和 1860 年的美国人口统计。

导言

心 *1937*

时值奴隶制在美国废除72年之后，4月末的一天，风和日丽。克劳德·安德森将车停放在丹维尔市霍尔布鲁克大街旁，在513号住宅的门廊前，他重新整理了一下夹在腋下的笔记本，长出一口气之后，他下定决心，走到那座手工建造的房子前，敲响了房门。

丹维尔市位于弗吉尼亚州皮埃蒙特高原区西部边缘。追溯到1865年，该市是南部邦联的最后一个首都。大约也是在这一年的4月3日，杰斐逊·戴维斯在逃离里士满之后，宣布定都于此。但戴维斯在此仅逗留了一周，就又被迫继续逃亡。当时，联邦波多马克军的蓝衣士兵正在全力追捕他。当他们到达丹维尔时，发现叛军已经逃离此地，但他们在市中心的烟草仓库内意外发现了数百名关押于此的联邦军战俘。于是，这些营救者和获救者组成了一支蓝衣大军。他们穿行城镇时，数千名美国黑人涌向街头，为他们唱歌跳舞。这些黑人被囚禁的时间远比那些战俘要长得多。

1865年内战结束后的几十年里，和南部许多其他的村庄一样，丹维尔也变成了一个棉花工厂遍布的城镇。安德森是汉普顿大学的一名黑人硕士研究生，他原本不能在这种种族隔离制的工厂工作，但是在富兰克林·德拉诺·罗斯福总统实施的新政中，公共事业振兴署成立了，他才有了来此调查采访的工作机会。历经大萧条之后，为了让失业者重新找到工作，公共事业振兴署发起了许多项目，包括组织建筑工人建造学校，雇艺术家创作壁画，组织作家和学生采访洛伦佐·艾维这样的美国老年人。这位老人此刻正步履蹒跚地走过松木地板，为安德森打开房门。

xvi 在位于丹维尔以东200英里的汉普顿大学档案馆中，安德森发现了洛伦佐·艾维这个名字。1850年，也就是洛伦佐出生那年，丹维尔还没有汉普顿大学，也没有汉普顿市，只有一个以某位奴隶主出身的总统名字命名的堡垒。门罗堡地处老波因特康弗特角（Old Point Comfort），位于切萨皮克湾和詹姆斯河之间，是一块狭长的三角地带。1607年4月，早在堡垒建成之前，“苏珊康斯坦号”曾满载英国移民驶过这个地方。他们在几英里之外的上游靠岸，并在那里建立了詹姆斯敦，这是英国在北美的第一个永久居留地。12年后，两艘遭到风暴袭击的私掠船又经过这里，船员们一来是想寻找一个安身之所，二来是想找一个地方卖掉船上的20多个（从一艘葡萄牙贩奴船上抓来的）非洲奴隶，这些奴隶正戴着脚镣躺在货仓里。

自从1619年首批黑奴途经此处之后，又陆陆续续有10万余名非洲奴隶经老波因特康弗特角被运往上游。这些奴隶身披枷锁被囚禁于货舱，只有被带到甲板上进行贩卖时，他们才看得见陆地。美国的这种合法奴隶贸易即使在1807年被叫停后，也仍有成千上万的奴隶经过这个地方。如今，他们已经改行另一条路线，在美国最大的东部奴隶贸易中心里士满登船，然后乘船到达密西西比河流域。

1861年5月下旬的一个黑夜，此时南方的奴隶制已经延续了240多个春秋，为了维护奴隶制，弗吉尼亚州最终决定脱离联邦政府。自南卡罗来纳州突然退出合众国6个多月以来，弗吉尼亚一直摇摆不定，但它最终还是选择站在南部邦联一边。门罗堡原本用于保护詹姆斯河，以抵挡来自海洋的入侵者，现在却成了联邦在东弗吉尼亚州的最后一个立足点。叛军为自己挖了横跨堡垒的向陆通道，包括查尔斯·马洛里在内的当地农场主均派遣奴隶来帮助建造护堤，以抵挡城外的炮火袭击。但是当天深夜，站在堡垒上巡视的联邦哨兵发现，海面上有一艘小船正从黑暗中缓缓驶来。弗兰克·贝克和汤森德划着消音桨，谢泼德·马洛里撑着船柄，他们正准备解放自己。

几天后，查尔斯·马洛里也出现在了联邦军堡垒的门前，他要求联邦政府的指挥官本杰明·布特勒归还属于他的财产。布特勒是马萨诸塞州的政治家，他虽然不是一位出色的军事指挥官，却是一位聪明的律师。布特勒告诉马洛里，如果他口中所说的财产是前几天逃来的人，并且他还曾利用他们与美国政府为战，那么从理论上来讲，这些人就是战时禁运品。

那三个最初的“战时禁运品”，在奴隶制的百年城墙上凿开了一道裂缝。接下来的 4 年间，成千上万的奴隶逃到了联邦这边，使这道 xvii
裂缝变成了一个巨大的缺口。他们的这些行动削弱了南部邦联的战斗力，并为联邦及其总统选择把大规模解放黑奴作为一种战争手段提供了便利。最终，联邦军队开始吸纳以前的奴隶进入军队，将难民营变成了招兵处。这些黑人士兵日后将对北方军队的胜利起到关键作用——后者在 1863 年末已经精疲力竭，前途未卜。

在老波因特康弗特角难民营内曾出现过一些教育项目，战争结束后，联邦军官塞缪尔·阿姆斯特朗借机将它们组织起来，成立了汉普顿学院。1875 年，洛伦佐·艾维来此求学，这在美国黑人史上绝无前例。他在汉普顿学院接受教育后，回到丹维尔市，成为一名出色的教师，培育了一代又一代的美国黑人儿童。他靠自己的双手在霍尔布鲁克街建造了一座属于他自己的房子，并把他的父亲、兄嫂一家人都接到这里生活。1937 年 4 月，艾维打开了自己亲手用锯子和刨刀建成的房门，这扇门在安德森来到这里时依然能转动自如，不会磨到门框。[1]

关于美国历史，有两种截然不同的说法，安德森正在搜集相关的证据，或许他能从这次访谈中获得更多信息。他的笔记本里罗列着公共事业振兴署为他提前准备的一些问题，问题常常会暴露提问者所希望得到的答案。在 20 世纪 30 年代前的几十年间，美国白人一直在抗议，因为他们要求只听到净化之后的有关洛伦佐·艾维那个年代的故事。这可能听起来有些奇怪。19 世纪中期，美国白人因为奴隶制的存亡问题而同室操戈，战争以奴隶制的失败而告终。实际上，在 1865 年后的几年中，许多北方白人仍把奴隶的解放看作是一种集体的胜利，这种解放在《宪法第 13 条修正案》颁布后被永久确立下来，《宪法第 14 条修正案》和《宪法第 15 条修正案》又把种族中立的公民政策写入了宪法。但是，白人对奴隶解放的信念远没有那么坚定。许多北方人响应本杰明·布特勒和亚伯拉罕·林肯发起的废奴运动，仅仅是因为他们讨厌像查尔斯·马洛里这样自大的奴隶主。1876 年之后，北方盟友就抛弃了南方黑人选民。

布特勒让查尔斯·马洛里从门罗堡空手而归之后的半个世纪，这些联邦和南部邦联战士的白人后代便联起手来，反对美国黑人享有平等的政治和公民权利。这种白人至上的做法让南方白人开始肆
xviii 无忌惮地在公共场合实行种族隔离政策，以阻止黑人投票的方式剥夺他们的选举权，甚至为了迫使黑人就范而滥用私刑。白人也开始在南方以外的地区强制推行白人至上的做法。在原南部邦联以外的一些州，许多餐馆不接待黑人顾客，商店和工厂也拒绝雇用黑人。美国中西部的数百个城镇将黑人强制驱逐出境，因此变成了“日落城镇”（即纯白人城镇，此种术语源自一些社区的布告，要求黑人“日落之前离开城镇”，“不要让城镇的落日照到你”）。同时，绝大多数美国白人深信，科学从生物学角度证明了人种之间的确存在差

异，欧洲人是最优越的人种。当时的大量移民，如俄罗斯的犹太人、意大利人、希腊人、斯拉夫人和其他地方的人涌入埃利斯岛，改变了美国北方城市中心的文化，而在那些英裔美国人看来，自己与他们也不同，并且优于他们。

20 世纪早期，美国最早的一批历史学家试图证明对黑人实行种族隔离并剥夺他们的公民权利这一做法是合理的，那段历史似乎说明白人至上主义既是合理的又是必要的。首先，这些历史学家生活在一个重归统一的白人国家，他们坚持认为，奴隶制只是一种前现代体制，其目的并非盈利。从某种程度来讲，这些历史学家的观点其实只是重复了内战前的论争：在废奴主义者看来，奴隶制不仅是一种病态的体制，奴隶时常遭受鞭笞、强奸和家庭离散之苦，而且是一种存在严重缺陷的经济体系，其生产效率天生低于北方已发展起来的资本主义自由劳动体系；而一些支持奴隶制的作家并不认为这种制度是病态的，到 19 世纪 50 年代时，他们仍认可奴隶主从根本上来讲并非利益寻求者，在他们看来，农场主们把奴隶视作家人，对他们关怀备至。因此，虽说废奴主义者与蓄奴主义者在有关奴隶制道德性问题上的最终看法有所不同，但他们都认同奴隶制是一种商业模式，都认为奴隶制就其本质而言并非一种赚钱的好方式，而只是适用于更早社会时期的一种制度。首先，奴隶劳工的效率并不高，奴隶生产力并没有跟上工业化前进的步伐，而且奴隶主也不同于追求利益的商人。奴隶制作为一种体制，并没有随着新工业经济的到来而兴盛，更不用说在经济扩张中起到驱动作用，甚至可以说，它在现代美国爆炸式的经济增长中拖了后腿。事实上，内战期间，北方美国人对这种观点深信不疑，因此，他们坚信，从奴隶劳工到自由劳动力的转变将大大提高棉花产量。

但事实并非如此。之后的 70 多年间，有关生产率不断下滑的数

xix 据证明，奴隶制可能是生产棉花最有效的方式，不过，人们并不愿意相信这个事实。相反，从伍德罗·威尔逊总统那个时代的历史学家所做的学术研究中，我们可以了解到，他们认为奴隶制与19世纪西方巨大的经济与社会转型相脱离。毕竟在这种体制下，人们使用的不是高效率的机器，这种不盈利的经济结构只可能产生一些过时的社会安排，在那个工业化和城镇化迅猛崛起的社会中，人们只会以轻蔑或是怀旧的态度看待这些。许多白人宣扬科学证明非洲人的后代智力低下，且黑人骨子里就有犯罪的基因，因此他们心中还向往那个黑人被鞭子和锁链统治的时代。他们声称，作为一种经济制度来讲，奴隶制不具有现代性，因为它既没有改变自身去适应现代经济体系，也不曾对经济扩张作出贡献。但是，对带有明显种族主义倾向的历史学家，以及以史为重且热衷于种族支配权的白人公民来说，南方白人想粉饰奴隶制的历史，试图永远维持种族隔离的欲望，恰好与种族支配的目的不谋而合，于是，他们可以名正言顺地控制这些落后的、尚处于半野蛮状态的黑人。

20世纪30年代，克劳德·安德森在访谈中所提的问题都与奴隶制的这些说法相关。在美国的历史教科书中，你会发现许多有关种族主义的故事。这些故事曾出现在畅销小说中、政治家的演讲中、种植园的怀旧广告中，甚至还出现在当年第一部风靡一时的电影《一个国家的诞生》（*Birth of Nation*）中。伍德罗·威尔逊总统是一位出生在南方的历史学教授，他把白人至上主义歌颂成“用光辉书写的历史”，并且曾在白宫放映这部电影。很快，美国民众也都以这种方式描绘奴隶制，甚至很多反对种族歧视的人，也把解放前那个时代的种植园描绘成一幅田园生活般的画面：奴隶们开心快乐，主人如同家长一般对他们关爱有加。而废奴主义者成了罪恶的根源，因为是他们引发了内战，导致数十万的白人死亡。他们认为，对于南方来说，也许只有终结奴隶制才能实现经济现代化，但不一定是以这种方式终结。

从那时起，美国人对奴隶制的看法已经发生了巨大的转变。随着种族隔离在公共场合的解除，以及第二次世界大战到20世纪90年代期间人们对黑人文化的认可，人们对奴隶制又有了崭新的认识。历史学家不再把奴隶制描述成一所学校，奴隶主们在那里耐心地教导这些什么都不会的野蛮人，以便以后能长期奴役他们。奴隶制剥夺了黑人的权利，这预示着以后将实行种族隔离政策，而奴隶们的反抗，也预示着他们将联合起来抵抗到底，直到最后发展成为民权运动和黑人权力运动。 xx

或许人们对奴隶制看法的改变没有表面看起来的那么巨大。例如，把黑人刻画成顽固的反叛者就说明了一个令人不悦的事实：如果人们仅仅因为那些反叛者进行了抵抗而赞叹他们，那么那些未曾抵抗的黑人也就不值得称颂了。其实，在美国奴隶制历史上，只出现过少数几次叛乱。一些学者为解决人们的这种困惑提出了另一种观点：黑人共同创造了一种反抗文化，尤其是在奴隶聚居区和白人注意不到的一些地方，这种文化特征更为突出。但是，那种认为坚决的反抗削弱了奴隶主势力的观点，以及对黑人文化的独立发展的聚焦，使得一些人认为奴隶的反抗很成功，白人实际上没能如愿剥削奴隶的劳动。这种观点在内战后农场主的回忆录中也有相应的反映：奴隶主被描绘成温和的主人，他们之所以维持奴隶制，目的不是追求利益上的回报，而只是想让奴隶接受文明的教化。

因此，即使后来在黑人民权运动、黑人权力运动、多元文化时期，历史学家已经改写了种族隔离者所讲述的那些有关绅士、佳人以及感恩的奴隶故事，后来的历史学家还是按照先前流行的观点，片面地叙述部分史实。有关奴隶制历史和美国历史的一些基本假设，很奇怪地并没有发生改变。其中最主要的一个观点是，美国奴隶制作为一种经济体制，即生产与交易商品的方式，从根本上不同于现代经济，并且与之相分离。提到工业化，人们只会想到白人移民和心灵手巧的发明家，而忽略了那些棉花田和在其间劳作的奴隶们。19 世纪，美国从一个无足轻重的欧洲贸易伙伴变成世界上最大的经济体，成就了美国历史上最辉煌的一章。而上述观点则暗示，不但奴隶制没有变化过，而且奴隶制和黑人奴隶在这段时期对美国的崛起也没有产生过深远的影响。

第二个观点是，美国奴隶制从根本上是与自由共和国的政治经济体系相对立的，这种矛盾最终会以支持自由劳动的北方的胜出而结束。奴隶制最终会随着历史的发展而结束，这本身就是一个毫无悬念的故事，而一个结局已定的故事算不上是一个真正的故事。

第三个观点认为，奴隶制在美国历史上产生的最恶劣的影响是，
xxi 它剥夺了黑人的自由权利以及作为公民的自由主动性。这种影响实属必然，这种不公在现代史上当属最恶之列，而且奴隶制让很多人失去了生命。即使对那些幸存下来的人来说，奴隶制也夺走了他们曾拥有的一切。这种残酷浩大的工程迫使超过 100 万人远离故土，野蛮地将他们带到一个疾病丛生的异乡，让他们在恐惧和饥荒中不断地建造与重建这个商品生产帝国。然而，这一点在之前的奴隶制历史著述中却只字未提，人们一直以来都只强调它的主要目的并非盈利，而是维护其作为半封建“精英”的地位，或是为了维护白人团结以及精英力量而创立一些现代的种族观念。一旦人们忽略奴隶制的暴力，就会出现另一种声音，即无论是解放前还是解放后，黑人之所以得不到应有的公民权利，是因为他们自己不愿意去争取。

这些说法也产生了一些其他影响，影响了人们的态度、认同以及有关政策的辩论。假设奴隶制并不曾出现在美国历史上，或是没

有带动美国经济增长，而是拖了后腿，那么当谈到有关美国的成长、成功、实力和财富等方面的成就时，人们就不会谈及奴隶制了，而且由经济增长所带来的大量财富也不会归功于美国黑人。长期以来，美国一直存在着一种矛盾：一方面，它声称自己是一个自由与机遇并存的国家；另一方面，在历史上的多数时期，非洲裔美国人却被剥夺了自由，没有受到公平的对待，也没有得到应有的机遇。这是不争的事实。有关奴隶制的历史观点决定了美国人希望以何种方式来解决这一矛盾。如果奴隶制最恶劣的方面真的只是剥夺了美国黑人的公民自由权，那么作为补偿，只需要还给他们这种权利，或是选一位黑人总统，就可以一劳永逸地解决这个问题了。

谈到奴隶制，人们只是在反复强调上述这些说法，教科书也专门把 250 多年的奴隶史单独编成一章来讲，但这只会把奴隶制刻画得一成不变。现在每年都有数以百万计的游客去参观那些种植园中的房屋，导游们喋喋不休地介绍着屋内的家具和银器。那些房屋掩盖了这些地方的真实作用，主人给奴隶提供这些居所，目的是让他们在烈日下辛苦劳作，为自己赚钱。两位当地的学者把这种现象叫作对奴隶的“象征性歼灭”。[2]同时，我们又极力赞美那些逃跑的或是在反抗中牺牲的奴隶，让人们去琢磨那些没有逃跑或是牺牲的奴隶是否设法“接受”了奴隶制。许多美国黑人学生为他们的祖先没能摆 xxii
脱奴隶制的命运而感到羞耻，其实那些教授奴隶制历史的老师都知道这个肮脏的秘密，这也反映出历史学家们研究的失败。

如果我们知道该问什么问题，真相便可以让我们解脱。我们再回到丹维尔市的这所小房子。安德森还在读着那些白人官员设计的问题，其中一部分问题还算善意，但也有一部分并不那么友善。他感到这些问题正不自觉地把他引向一种对种植园的怀旧情结。“奴隶会反感自己被叫作‘黑鬼’吗？”“奴隶都管他们的主人叫什么呢？”

“您觉得是在奴隶制统治下还是在现在的自由状态下更开心?”“种植园中的大房子漂亮吗?”然而，安德森没有办法绕开这些问题，他的工作就是问这些已经提前为他准备好的问题，然后做好记录。

艾维静静地坐在那儿，认真地听着，然后他回答说：“我母亲当时的主人叫威廉·汤斯顿，他是一个刻薄的人。他做过的唯一一件好事就是把我们一家人卖给了我父亲当时的主人乔治·H. 吉尔曼。我想他也只是碰巧做了这样一件好事。”

也许是时过境迁，“老汤斯顿赶上了‘棉花热潮’。那是当时出现的一股热潮，之所以管它叫热潮，是因为它的‘症状’像发热一样。当时人们都急切地跑去南方种植棉花，然后进行销售。因此，老汤斯顿也把一些奴隶带到了南方，迫使一些人两地分隔。他带走了我的两个阿姨，把她们的丈夫留在了这里。他迫使 7 对夫妻分离，其中还包括一名带着 12 个孩子的母亲。他把她们都带到了佐治亚州和亚拉巴马州”。

那真是一场大规模的分离，人们泪流满面。艾维说庆幸当时自己没有遇到最坏的结果，但他知道那只是一时的侥幸，下次有可能就是他的母亲被带走了。白人都是见利忘义的、不可靠的。而书本中没讲过这样的故事。

安德森接着问了艾维下一个问题：是否有奴隶被卖到这里？这时，房间似乎变得更暗了。

一个多世纪以来，美国白人一直把奴隶贩子当作外来的异类，他们来自下层社会，抛弃了家族的纽带，都是一些道德沦丧之徒。这些替罪羊还有一位贵族先辈。在《独立宣言》的初稿中，托马斯·杰斐逊试图指责乔治三世通过大西洋奴隶贸易在殖民地强制实行奴隶制。根据历史学家的描述，1808 年大西洋贸易的废除，为奴隶制带来了稳定，这一废除令当时也传遍了“旧南方”（Old South,

内战之前便已有此称呼）。当然，人们可能会不解：这样一种崭新的、革命后创造的事物，其发展速度甚至快于历史上任何商品生产 xxiii 经济，为什么会用“旧”来形容。但是别着急，历史学家们所说的1808年后的奴隶贸易和“旧南方”的奴隶制是无关的，与美国国家的形成也无关。提到美国现代化，人们想到的是企业家、创新、发明、市场、运动和改变这些词，奴隶制完全和这些沾不上边，奴隶贸易更是和这些无关。至于迫使奴隶离开家人去种植棉花这种事，更是无从谈起。因此，现代美国和奴隶制完全是不相干的两件事。

但是，艾维所说的奴隶制和我们平时听到的有所不同。“他们把奴隶卖得到处都是。我曾看到成群结队的黑人路过这里被带去南方进行贩卖，他们每个人背着一个麻袋，里面装着他们的全部家当。他们排成两队，每两个人锁在一起，翻过山丘，直到从视野中消失。他们将黑人从这里赶到铁路边，然后像运送牛群一样用船运往南方。”

之后，洛伦佐·艾维又说了这样的话：“小伙子，其实有关奴隶制还有一半的事情人们都不知道。”

直到今天，这些事情仍没有被讲述。而这另一半的故事就是有关奴隶制是如何随着时间的推移而改变、发展的过程，这段时期包括洛伦佐·艾维那个时代，他父母那个时代，还有他祖父母那个时代。18世纪80年代后，南方从一个满是破败农场的沿海狭长地带，发展成为一个次大陆帝国。那些从非洲来的奴隶贸易的幸存者在南部和西部建造了一些自己的社区，而创业奴隶主把超过100万名奴隶从这些社区硬带到他们从美国土著居民那里夺来的广袤土地上。从1783年美国独立战争结束到1861年，美国奴隶的数量激增了5倍多，这种扩张造就了一个强大的国家，其原因是那些白人奴隶主可以让黑人奴隶比自由劳力更快地采摘棉花。这种经营模式让南方迅速成为全球棉花市场的主力军，而棉花在工业革命的前100年是最重要的原材料，因此也是当时世界上最主要的交易商品。美国从棉花垄断中得到的利润为美国经济的现代化助力，到内战时期，美国已经成为第二个经历大规模工业革命的国家。事实上，奴隶制的扩张对这个新生国家的政治、经济及每个关键方面都产生了重要作用，它不仅扩大和增强了国家的规模和实力，分化了美国的政治，区分了地区认同及利益，也使内战成为可能。

xxiv 人们不喜欢听到这样的观点：正是商品化、苦难与折磨，以及对美国黑人的奴役，造就了美国的强大和富有。然而，事实的确如此。另一半故事的真相就掌握在经历过奴隶制扩张的幸存者身上，他们有的被带过了那座山丘，有的则留了下来。这种强制移民左右着他们的生活，同时也影响着他们对生活及所处时代的看法。他们在那个动荡的年代努力生存下去，同时，也以自己的方式讲述着不为人知的另一半故事。奴隶制结束以后，美国人一直试图以一种温和的方式形容奴隶制，但这与那些幸存者们所经历和讲述的奴役历史并不相符。

洛伦佐·艾维的话让我感到非常不安。我感到历史并没有还原真相，美国史没有叙述真相，就连奴隶史也没有讲出真相。我开始探寻这另一半故事，探究奴隶制是如何不断地发展、变化并重塑现代世界的，它又是如何在现代化中不断进行现代化探索的，对于生活在奴隶制惊人扩张年代的人们，它又意味着什么。当我开始调查时，我发现有关另一半故事的蛛丝马迹无处不在。棉花热潮不仅影响了白人企业家，也让黑人夫妻、子女分隔两地，左派与右派各执一端，有关棉花热潮的消息在战前的信件、报纸以及法庭文件中随处可见。最重要的是，那另一半未被讲过的故事刻骨铭心，就像小行星撞击地球导致恐龙灭亡后留下的铱层一般，贯穿了像洛伦佐·

艾维这样当过奴隶的人留在史料上的每一句证言，构成了叙述被迫分离、暴力以及新型劳力的长篇史诗。

有很长一段时间，我都不知道该如何将这个充满张力、不断变化发展的过程容纳到一本书中。从很多方面来讲，奴隶制的扩张塑造了美国内战前的各个方面，而最具困难的挑战就是叙述这个事实。奴隶主们留下来的一些文件，记录了棉花种植区为奴隶劳工建造临时小屋所用的花销，也记录了奴隶买卖所得的利润。当时报纸上也充斥着有关对土地和劳力进行投资，对他们所生产的商品、人们的赚钱方式及赚钱多少发生的变化进行的报道，以及对伴随这些改变所产生的暴力行为的报道。这些北方商人、银行家以及工厂主的账目，向我们展示了他们从奴隶主那里买卖奴隶所做的投资，以及从奴隶扩张中瓜分得到的利益。一些学者和学生把政治形容为一场有关各州权力以及共和原则的战争，而换个角度来看，各州之间有关奴隶制的斗争，其焦点在于如何分配奴隶制扩张所得的利润，以及 xxv
这种扩展是否应该继续。

这个故事太过复杂，以至于出现了很多版本，甚至连艾维也不知道该如何描述那些带着锁链向西南方向的山丘和远方空旷广袤的土地前行的队伍。从 18 世纪 90 年代到 19 世纪 60 年代，奴隶主把 100 万名奴隶从旧的蓄奴州带到了新的地方。1790 年时，他们还没有开始生产棉花，可是到 1860 年，棉花的产量已经达到 20 亿磅。从奴隶制的南方延伸出去，这个故事不仅涉及华盛顿的政治家和美国选民，还牵扯到康涅狄格州的工厂、伦敦的银行、中国的瘾君子以及东非的消费者。仅靠这一本书就能把洛伦佐·艾维的洞见全面地叙述出来吗？本书要尽量避免一些陈词滥调，还要避免把整个故事拆开来写，一会儿写奴隶的反抗，一会儿又写女性与奴隶制，因为这些抽象的描述不能体现故事的精髓。未被讲述的这部分故事是一个运动、变化、未知的过程，凡事皆有前因后果，人们对所发生的事情的反应促成了之后事件的形成。

但这毕竟应该是一个故事，不能仅仅从故事中强势人物的角度来讲述。的确，政客、种植园主和银行家们对政策的形成、奴隶的迁移、棉花的买卖，乃至对土地的改造都有着至关重要的作用，但是，如果以洛伦佐·艾维的叙述为切入点，那么美国史便是从那些带着枷锁的人走过山丘之后展开的。自那之后，奴隶拍卖场以及他们辛勤劳作的边疆棉花田都开始发生改变，这些改变又重塑了整个世界。他们的故事就是一个挣扎求生存的故事。而他们得到的“奖励”，就是要迅速适应一种新的劳动方式，让他们在每天的劳动中改变自己。奴隶的创造力让他们得以幸存，但是，他们的创造力都被耗费在日益增长的棉花生产中，从而使当时的南方奴隶制以一种前所未有的速度得到扩张。正是这些黑人奴隶以显性或隐形的方式创造了现代美国，甚至是整个现代世界。

终于有一天，我找到了一个恰当的比喻。这个比喻源自伟大的黑人作家拉尔夫·艾里森（Ralph Ellison）[①]，你可能听说过他写的小说《看不见的人》（*Invisible Man*）。在20世纪50年代，艾里森还写了一些了不起的随笔。其中有一篇写道：“我认为，在道德层面，我们应该把美国生活看成是在一位黑人巨人身上上演的一出戏剧，这位巨人像格列佛一样被捆绑着躺在地上，所有的表演就在这个以巨人为舞台和场景的地方展开。”[3]

xxvi 这个形象恰好符合艾维所说的话。唯一的问题是，艾里森所描

① 拉尔夫·艾里森（1914—1994），当代著名的美国黑人作家，20世纪最有影响力的小说家之一。他的长篇小说《看不见的人》（又名《隐形人》）在1952年出版后，引起美国文学界和美国社会的巨大反响，被誉为二战以来最有影响、最重要的作品，至今仍是世界文坛的“现代经典作品”。

述的是一位静止的巨人。在以前的历史叙述中，17—20 世纪，美国黑人生活在静止不变的农场。但是，洛伦佐·艾维把世界描绘成是不断变化的。美国独立战争后，似乎预示着奴隶制即将终结，但实际上，战后迎来的是奴隶制这个巨人的革新变化。奴隶主和其他自由人从剥削、商品化以及虐待奴隶中得到了一种新的现代力量。不论是奴隶制中产生的血汗，还是这张由个人、家庭及每年不断扩张的奴工营所构成的关系网，都为经济的巨大变革注入了动力。这些奴隶遭受着各种折磨，还要辗转各地，他们必须找到生存下去的办法，要么反抗，要么忍受。随着时间的推移，黑人的奴役与自由问题成了美国政治问题的中心。

这个曾经躺在美国这片痛苦之地被束缚着的巨人真的长大了，就像一个人经历磨难以后变得成熟一样。我按照艾里森所描述的巨人形象，把本书分成了若干篇章，主要是以叙述黑人奴隶的经历为中心。在进入艾维打开的大门之前，我们先讲一下这几个篇章的名字。第 1 章是“足”，因为故事一开始描述的是黑人们身披锁链走在路上，他们正赶往 1783 年独立战争结束后到 19 世纪早期这段时间的西部边疆。“头”是第 2 章的标题，这一章主要讲的是美国暴力收购密西西比河谷这一事件，该事件加强了奴隶主在边疆地区的影响力。接下来的第 3、第 4 章标题分别是“右手”与“左手”，这两章揭露了奴隶主得势的秘密，也就是让全世界白人富有的秘密。

第 5、第 6 章分别是“舌头”与“呼吸”。这两章主要讲述 19 世纪 20 年代中期奴隶主如何平息舆论对他们的批评，并且建立了一种适应当时扩张形式的奴隶贸易系统。当大多数的抵抗都徒劳无功时，这样一个问题摆在我们面前：那些束缚在肉体中的灵魂会不会毁灭，只留下行尸走肉般的躯壳为奴隶主工作，或者那些躯壳仍活跃着，会起来反抗？每一个被运到这里的奴隶都必须和过去的生活说再见，

并要面对这样的问题：是和他们的同伴一起工作，还是为了个人生
xxvii 存去挣扎反抗？这些黑奴做了多种选择。但最重要的是，他们选择生存下去，而想要真正地生存下去，最需要的就是团结。团结让他们看到彼此的共性，并形成了对奴隶主权力的批评态度，由此也形成了他们自己看待事物的方式——对于是非对错，他们另有见解。

这本书所依据的是数千人的讲述，洛伦佐·艾维对克劳德·安德森所叙述的自身经历便是其中之一。奴隶制曾存在于许多社会形态中，但是，没有哪个国家的奴隶能像从美国奴隶制解放出来的那些奴隶一样，事后会记录下自身的遭遇。故事一开始，写的是在19世纪奴隶制扩张过程中逃奴的经历。19世纪，大约有100名当时的逃亡者出版了自传。随着时间的流逝，这种回忆录找到了一个不小的市场，其原因是这些从南方农场逃出来的奴隶在很大程度上正改变着一些北方白人的思想，使他们认清了奴隶制的扩张对他们产生的影响。20世纪30年代，出现了许多像克劳德·安德森这样的人，他们对生活在那个年代曾经为奴的人进行了总共高达2300次的采访。在这些采访中，老人们讲述着自己的所见所闻，以及他们从长辈那里听来的有关内战前的故事，这些叙述仿佛让我们置身于当时的火堆旁、走廊里以及棉花田中，感受着那个时代的故事。对于那些历史书中没有描述的故事，这些自传和采访也并不能做到完全客观，不掺杂任何主观感情；但如果把它们都通读一遍，你会了解到更多的细节，在大脑中构建起一幅更完整的画面。故事之间互相补充，更能让人读懂其中的言外之意。[4]

了解当时人们所受之苦以及为此付出的代价，对于理解美国历史进程是至关重要的，因为奴隶们共同建立起了新的纽带，用新的方式理解他们的世界，这帮助他们的心灵和身体得到解脱。最终，他们的这种精神及诉求让他们找到了新的同盟，掀起了废奴运动，

让那些操控着数百万奴隶的奴隶主无法再肆意妄为。但是，他们被奴役的路仍然很长。第 7 章“种子”把这条路所导向的地方称作地狱，本章讲述了 1829—1837 年近 10 年的恐慌生活。在这几年中，奴隶主们在奴隶制地区肆意妄为，使政治和经济异常活跃，也为他们自己带来了空前的权力。这些企业家也受到了来自其他白人的压力，后者想通过政治民主来宣称他们的平等权利，不过，这些聪明的企业家找到了利用他们的这种欲望和其他欲望的办法。随着新的金融 xxviii
工具的发明，越来越多的西方人可以直接在奴隶制扩张中进行投资。这种创新大大提高了生产力，增加了盈利空间，同时让奴隶主们将体力转化为商品，并由此改写了西方金融史。

奴隶主、普通白人选民、投资家以及奴隶，这些人让 19 世纪 30 年代成为美国历史上的一个关键节点。世界的一边是工业革命以及造就了现代世界的创新发明，另一边是一个现代的美国。1837 年，奴隶主们的辉煌导致了大规模的经济崩溃。本书的第 8 章“血”提到，这种由自身造成的祸端不仅给奴隶主的权力带来新的挑战，给奴隶带来灾难，也给普通白人家庭造成了困扰和混乱。一些南方的政治行动家想利用与墨西哥的战争来重新开始扩张，但遭到了北方人日益坚决的反对。书的第 9 章“背部”提到，到 19 世纪 40 年代，北方人依靠黑人高收益的棉花劳动力，在这些奴隶的背上建立起了一种结构复杂的工业化经济体制。虽然对奴隶的进一步剥削为北方白人带来了诸多好处，但他们还是想利用政治手段来反对奴隶制的进一步扩张。而那些从奴隶制扩张中逃出来的奴隶，又把这些奴隶主野心勃勃的话语扩散开来，使之成为激化反对浪潮的关键工具。

当然，许多北方人在奴隶制扩张中获得了利益，作为回报，他们愿意认可奴隶主的权力。第 10 章“手臂”提到，在这些同盟的帮助下，奴隶制在《1850 年妥协案》颁布之后得以进一步扩张。然而，这种扩张只能在即将封闭的疆域内进行。这也解释了为什么南方白人会大力发起倡议运动，要求在政策上以及宪法解释方面能够让整个美国进一步扩大奴隶制的范围。到那时，奴隶制将遍布整个国家。他们的同盟抱怨，由于他们的步步紧逼，强制推行，想让他们的同盟者像奴隶一样屈服，结果导致抵抗力量进一步产生，最终造成了白人之间的同室操戈。

最终，南方人退出了联邦，宣布成立独立的国家，并炮击萨姆特堡。此举激怒了亚伯拉罕·林肯总统，他派出 10 万民兵应战。但即使是在这种情况下，许多美国白人仍希望尽可能将这种争端的风险降到最低，大多数北方联邦主义者反对解放黑奴。也许美国白人之间的争端并不是源于理念上的不同，而是在如何保持棉花的生产和收益问题上产生了分歧：是保持奴隶制现有的边界不变，还是进
xxix 一步扩大它的版图？但是，炮火的蔓延让人们不得不马上做出一个更决断的选择：要么永远维持奴隶制，要么就此废除。当弗兰克·贝克、汤森德、谢泼德·马洛里划过詹姆斯河，这条曾经有无数满载着行人的船只经过的河流时，未来仿佛就已在两条不确定的路之间蓄势待发，前途未卜。这三个人都带着某种力量，正和洛伦佐·艾维讲述的另一半故事一样，而他们从中所学到的东西将引领未来走向一条自由之路。他们的故事也可以继续引领我们。聆听这个故事，我们就要像孩提时代的洛伦佐·艾维一样，站在丹维尔，凝望着戴着枷锁的人们越过山丘；或者像弗兰克·贝克及其同伴一样，站在里士满码头，望着从詹姆斯河顺流而下的船只前往密西西比河，然后转身跟着前行的队伍，聆听这另一半未被讲述的故事。

第1章

足　*1783—1810*

玉米田中的孩子们一听到铁链相互碰撞而叮当作响，甚至还未看见从拐角处走来的队伍，就已经闻到了成年人的味道。30多个男人拖着脚镣，急匆匆地走在泥土路上，远远望去就像一架巨大的机器在移动。他们每个人身上都戴着重达20磅的铁链，而这些铁链把他们的脖子和手腕拴在一起，前后相连。他们衣衫褴褛，破破烂烂的布条飘在空中，看上去像一面面静止的三角旗。他们的头发有的因恐惧而竖立在头顶上，有的则因沾满灰尘而软趴趴地贴在头皮上。走路时，有些人低着头，看起来像是紧张症患者，另外一些人则凝视遥远的前方。走在这些身披铁链的男人后面的是一群女人，她们身上松松垮垮地绑着绳索，同样是一脸茫然的表情。离开马里兰已有几周，他们小腿的肌肉都已变得僵硬，显示出极强的忍耐力。在队伍的最后，跟着一个白人，他大摇大摆地骑在一匹灰色的快马上。

孩子们拿着锄头站在那里，完全忘记了自己手头的活儿。1805年，在北卡罗来纳山麓罗文县南边的小路上，奴隶已并非“稀客”，但他们也并非每天都会路过。路边站着一个12岁的身材瘦高的姑娘，她的目光一直盯着走在队伍最前面的一个人，这个人独自走在两排队伍的前面，双唇紧闭，他的汗水在阳光的照耀下闪闪发亮。也许是这个人让她想起了自己的父亲，在她的记忆中，父亲身材高大魁梧。几年前，她的父亲便不再来和她们共度周末了。当时她的母亲告诉她，父亲已经被卖到了佐治亚州。就在这时，这个男人匆匆走过来，他也注意到了这个女孩。虽然他没有停下来，但他如同铁链般僵硬的脸上突然闪过一丝表情，好像是似曾相识。这个男人叫查尔斯·鲍尔，25 岁，是两个孩子的父亲，看到女孩，他不禁想到了
2 自己的女儿，今后 10 年，他的女儿也将没有父亲的陪伴。他继续沿着那条路走了下去，拉着后面两队人像条千足虫一样从女孩身边走过。后面还跟着赤脚的女人，她们的脚步逐渐远去。队伍最后面是骑马的白人，他俯视女孩，打量着她。这时田间的监工朝着这个一动不动的女孩喊了一声，“嘿”，或许女孩已经意识到，自己将来的命运将和这些奴隶联系在一起。[1]

1 英里等于 1760 码，也就是 2000 多步。每天走 20 英里已是相当漫长的旅程，而一周走 100 英里就更是艰辛了。1785—1865 年的 80 年间，这些奴隶移民每天、每周都在不停地走，走过了一英里又一英里。他们穿过平原，越过高山，被驱赶到西部和南部地区。他们每走一步，便离故乡又远了一些。他们有时疲惫不堪，有时又酒令智昏，步履蹒跚，甚至有时不去想自己的处境，在阳光明媚的早上昂首阔步。就这样，他们在登船前已行走了 700 英里，也就是 150 万步之遥的路程。数周之内，他们跋山涉水，穿越州界，登船上岸，最终穿过了新旧蓄奴区的边界。

在这 80 年间，大约有 100 万人踏上了前往新蓄奴区的旅程（见表 1.1）。本章讲述的就是当这些奴隶踏上征程时，他们是如何改变美国东西部地区形势的，这就好像是要改变从一个地方移植到另一个地方的谷物一样。它还讲述了第一批被迫移民者是如何为后来者开路的，因为后来又有 100 万名奴隶移民走过这 700 多英里的路程来到这里，为新美国未来 70 多年的奴隶制扩张打下了基础。这些奴隶

表 1.1　　美国国内强迫移民的净人口数量(以10年为单位)

进口奴隶州	1790—1799	1800—1809	1810—1819	1820—1829	1830—1839	1840—1849	1850—1859	总　计
亚拉巴马州	-	-	35500	54156	96520	16532	10752	213460
阿肯色州	-	-	1000	2123	12752	18984	47443	82302
佛罗里达州	-	-	1000	2627	5833	5657	11850	26967
佐治亚州	6095	11231	10713	18324	10403	19873	−7876	68763
肯塔基州	21636	25837	18742	−916	−19907	−19266	−31215	−4173
路易斯安那州	-	1159	20679	16415	29296	29924	26528	124001
密西西比州	-	2152	9123	19556	101810	53028	48560	234229
密苏里州	-	-	5460	10104	24287	11406	6314	57571
南卡罗来纳州	4435	6474	1925	−20517	−56683	−28947	−65053	−158366
田纳西州	6645	21788	19079	31577	6930	4837	−17702	73154
得克萨斯州	-	-	-	-	-	28622	99190	127812
10年总计	38811	68641	123221	134365	211241	140650	128791	845720

资料来源：Michael Tadman, *Speculators and Slaves: Masters, Traders, and Slaves in the Old South* (Madison, 1989), 12.
注：此表数据未涵盖全部州。

和运奴者在这个国家的重要文件与协议上留下了印迹，他们在大地上、政治上、经济上所开辟出的道路，无疑巩固了国家的团结，加快了国家的成长。

美国独立战争结束后，这个刚刚独立的国家的领袖们还不能确保把松散的各州紧密地团结起来。美国把阿巴拉契亚山脉以西的广大土地划归国有，但是这些土地却成了潜在的分裂因素。其他国家也想要这些土地，印第安人当然拒绝从这片土地上迁出，西部殖民者也谋划着从新成立的联邦政府中脱离出来创建独立联盟。阿巴拉契亚山脉以东，内部的分立也威胁着这个新生国家的统一。美国独立战争的资金来源主要是印制纸币和债券，这也导致国家通货膨胀，负债累累，以及商品价格过低，在18世纪80年代，这直接引发了一

3 场巨大的经济危机。当时货币也不稳定。事实上，当时的联邦政府并没有权力征税，当然也就不可能履行一个国家的职能。

从 1619 年首批黑人到达美国本土，到 1775 年独立战争爆发，奴隶制一直是殖民地经济增长的动力之一。在 17 世纪 60 年代末之前，被运往马里兰州和弗吉尼亚的黑人还不多，每年大概只有几十人。但这些黑奴与白人契约奴在切萨皮克湾及其支流区域建造了一个大型的烟草生产综合体。在奴隶制形成的 50 年间，殖民者从其他殖民地（如加勒比海地区的一些殖民地，17 世纪中期当地的黑奴数量已经超过其他居民的数量）引进了“种族奴隶制”这个概念。到 1670 年时，美国的习俗和法律规定女性奴隶的子女仍为奴隶，黑人奴隶不享有任何权利，永远被视为局外人（即使他们改信基督教），劳动时可以受到鞭笞，奴隶主可以将其买卖和转移。他们是属于奴隶主的私人财产。所有黑人后代注定为奴隶。[2]

1670 年前后，被运往北美的黑奴数量开始激增。截至 1775 年，贩奴商船运载了 16 万名黑人到切萨皮克殖民地，14 万名黑人到卡罗来纳和佐治亚等新开发的奴隶殖民地，3 万名黑人到北部殖民地。而这些黑人数量与那些被运往甘蔗种植园的黑人数量相比，简直是小
4 巫见大巫。18 世纪末，奴隶贩子把 150 万名被绑来的黑人运往英属加勒比海岛地区（主要是牙买加和巴巴多斯等地），运往巴西的黑人超过 200 万人。除了疟疾频发的卡罗来纳稻米低地外，北美的奴隶数量都呈现增长趋势。到 1775 年，北美 13 个殖民地的人口共计 250 万人，其中奴隶 50 万人，几乎和英属加勒比殖民地的奴隶数量持平。黑奴劳力对北美殖民地来说是至关重要的。卡罗来纳低地的种植园主是这个尚处在革命阶段的共和体制国家中最富有的精英阶层。切萨皮克湾的烟草货船支撑了这些人的贸易航行。1800 年之前，北方殖民地的商业很大程度上依赖于把种植园产品卖到欧洲盈利，而新

英格兰的奴隶贩子则经由中央航道将13万名黑奴运载到美洲。[3]

然而，独立战争的爆发威胁了奴隶主们的经济前景，前进的军队毁坏了低地稻米种植园中的基础设施。2.5万名卡罗来纳奴隶跟随着英国军队离开了种植园。此外，英国还在本土及其所在的整个殖民市场对美国进行贸易封锁。虽然欧洲大陆的烟草市场仍然开放，但是产品价格在18世纪80年代可以说是极速下滑。[4]

独立战争期间，联邦政府内部围绕奴隶制问题也产生了政治分歧。风雨飘摇的联邦政府深陷其在国内和欧洲欠下的债务危机，无暇分身，但是大陆会议的南北方代表们还在争论一个问题：如果税收按人头分配，是否要把南方黑奴算进来。独立战争还引发了一个更为广泛的问题，那就是奴隶制是否应继续存在，既然宣称人生而有天赋的自由权，那么奴隶的反叛就合情合理了。在17世纪70—80年代，北方各州立法机关不断接到诉状，人们控告奴隶制违反了自然权利。面对奴隶的呼声，托马斯·杰斐逊承认“上帝不会站在我们一边”。他并不是唯一一个作出此种表态的南方要人。[5]

然而，到18世纪80—90年代，这些奴隶身上所承载的希望、所体现的财富以及他们被迫迁移的方式，将会超越国家内部的矛盾，并加强各州之间的联系。奴隶们前进的步伐增强了奴隶主的力量，向南部和西部的被迫迁移催生了一种新的金融纽带和杠杆效应。即使是在这100万双脚中，人们也会找到迈出的第一个步伐，即在美国
独立战争之后，决定开拓奴隶制新领地的决定和行动。肯塔基州和 5
密西西比州原本可以杜绝奴隶制，然而，在18世纪80年代，也就是美利坚合众国的初期，费城、纽约、蒙蒂塞洛和其他一些地方的决策者就已经迈出了关键性的第一步，使奴隶制得以继续扩张。

独立战争中，接连不断的炮火袭击阻断了那些缺少山脉屏障的南卡罗来纳和佐治亚州的白人拓殖者。很少有殖民者跨过阿巴拉契

亚山脉，到达弗吉尼亚和北卡罗来纳地区，也就是如今的肯塔基州和田纳西州。但是，一些有移民意图的人对殖民地那条血界另一边的事也有所耳闻。早在17世纪初，一些白人商贩就深入如今的北卡罗来纳州、佐治亚州及亚拉巴马州的丛林，他们用骡子载着珠宝、枪支和烈酒，有时这些商贩还会与黑奴和黑人助手一同前行。那些生还者回来告诉人们，那里有富饶的土地和宽阔的河流。更北部的一些殖民者则听信了拓荒者丹尼尔·布恩的描述，到阿巴拉契亚山脉另一边谢南多厄河谷以西的富饶土地探险。[6]

美国独立战争胜利后，才开始有大批移民涌向阿巴拉契亚山脉以西地区。17世纪80年代初，肯塔基州每英亩土地能产100蒲式耳玉米，殖民者称之为“至福宝地……一个没有禁果的花园”，并把这些话传到了肯塔基州以东的地区。但是，印第安人却把这片土地称之为“黑暗血腥之地”，因为这个地方猎物丰富，他们一直都在为能在这片土地上狩猎而争斗。1782年，印第安人开始突袭这些拓荒者的定居地，撤退时还会把他们的奴隶带走。一些潜在的殖民者开始留意那片土地，到那边探险也格外小心。横穿阿巴拉契亚山脉隘口的“荒野之路”缓慢而艰险，肖尼人和切罗基族人每年都会在荒野之路上杀掉几十个行人。很少有印第安人于冬天开战，但是1780年的冬天，在约翰·梅和一个奴隶的旅途中，他们在这个崎岖阴郁的山上看到了许多正在融化的马匹和牛的尸体，看来这是人们在冬天试图穿越山脉失败后遭受了惨重的伤亡。[7]

同年，北卡罗来纳的奴隶主托马斯·哈特也在考虑运送一批奴隶到自己在肯塔基州的土地上：“把这些可怜的奴隶送到一个自己不敢去的地方”，看起来像是典型的“无代表而征税”的行为，不符合独立战争所宣扬的理念。但是，哈特最终还是改变了想法，带着一批奴隶穿过山路，让这些奴隶砍伐森林，在开垦出来的土地上种植玉米和烟草。但即使只做这些苦工，也会使他们时刻处于危险的境地。1789 年，一份报纸基于一封来自西部边疆的信件，作出了这样的报道：“8 月 22 日，在肯塔基州的列克星敦，在约翰逊上校的属地，有两名黑人儿童被杀，另外还有两名成年黑人受伤。”肖尼人有 6
时会割掉俘虏的头皮，有时也会生擒回去。1794 年，在肯塔基州斯雷特河上的一家炼铁厂里，3 名印第安人抓到了一个奴隶。他们把他的胳膊绑起来带走，并且告诉他会把他卖到底特律（英国当时无视《巴黎条约》，仍在那里留有堡垒）去换塔菲亚，一种廉价朗姆酒。当时他们一行人在俄亥俄州停下来歇脚，印第安人给那个奴隶松了绑，让他去捡些柴火来，他便趁机逃走了。[8]

18 世纪 80 年代，沿海地区的入侵者发起了数百次战役，其中一次发生在 1786 年。亚伯拉罕·林肯（第 16 届美国总统的祖父）出生于弗吉尼亚州，是当地的一个移民，当时他正在打理位于路易斯维尔以西的一块土地。突然间，几声枪响盖过了斧头的“咔咔”声，林肯倒下了。这时，印第安人从森林里小心翼翼地走了出来，林肯的儿子托马斯当时在地里玩耍，看到这一幕，马上蹲在一根圆木后面。狙击手还在到处搜寻，那个黑发的白人小男孩到底在哪儿呢？突然，又是“砰”的一声枪响，那个印第安人也倒地死了，是林肯只有十几岁的小儿子莫迪凯在田边小木屋里透过窗户射杀了他。当这些移民赢得越来越多这样的胜利后，穿过俄亥俄州来到南方的肖尼人则寥寥无几了。[9]

在阿巴拉契亚山脉以东，旧弗吉尼亚州和马里兰州烟草地区靠奴隶制盈利的空间越来越小，甚至一些奴隶主也承认，奴隶制与这个新国家所宣扬的自由与权利不符。1782 年，弗吉尼亚州州长托马斯·杰斐逊在《弗吉尼亚札记》中写道，奴隶制把白人变成了“暴君”。他在 1776 年起草的《独立宣言》初稿中，就谴责了英国对大西洋奴隶贸易的支持。尽管杰斐逊本人拥有许多黑奴，但是他认识到如果人口买卖继续下去，他一直高调宣称的自然权利就成了一种谎言，而这种谎言和旧欧洲腐败的君主专制一样令人心生厌恶。但杰斐逊最终还是没有摆脱这种伪善，甚至没有解放曾为他生下孩子的奴隶。杰斐逊死后，他的财产账簿上有一条这样的记录：“萨莉[①]，一个价值50美元的老妇女。”1781年，马萨诸塞州在审理一个名为夸库·沃克的逃奴案件时，承认奴隶制与本州的核心原则不相符，其依据是杰斐逊《独立宣言》中宣称的人生而有享受自由的权利。[10]

虽然弗吉尼亚州的政治家拒绝了杰斐逊逐步解放黑奴的建议，但是杰斐逊在进入这个新国家的立法机关后，他还是希望管理美国
7 西部的是自由的、自给自足的农民，而不是由统治奴隶的种植园主形成的寡头政治。1784年，杰斐逊领导下的隶属于大陆会议的一个委员会建议颁布一条法令，专门用于管理阿巴拉契亚山脉周围的领土。但是，大会很多成员担心这样会使一些西部殖民地分离出去，甚至可能会落入欧洲帝国之手。由于英国人的印第安人同盟不断从他们的基地底特律向南发起进攻，西班牙趁机占据了纳奇兹周围英语区的殖民地。1784年，西班牙还封锁了美国西部主要的贸易通道，即密西西比河在新奥尔良的河口。立法者希望卖掉西部的土地以偿还独立战争所欠下的债务，而东部各州在解决有关西部土地的所属问题上争执不下。在肯塔基州，严格来说当时还是弗吉尼亚州的一部分，由于政府总是摇摆不定，像林肯家族这样的小农户很难把他们得来不易的田产经营好。由于还没有严谨的土地测量系统，这些竞标就好像疱疹一样堆积起来。弗吉尼亚州的律师们深入研究本州复杂难懂的土地法，跨过阿巴拉契亚山脉，最终以竞价高者得土地

① 杰斐逊的黑人情妇。

的办法解决了争端。[11]

因此，1784 年大陆会议所面临的西部土地问题，大到对国际关系，小到对日常的经济和法律权利都有着重要影响。杰斐逊颁布的《1784 年条例》，主要是为了表明自己站在像年轻的托马斯·林肯这样的人一边。他还提出把阿巴拉契亚山脉与密西西比河之间的土地划给新增的 16 个州，并且规定新州与原本的 13 个州完全平等。杰斐逊所拟的第二个法案，即《1785 年条例》，则提供了一套完整的土地测量、标识与记录系统，这套系统可以避免重蹈拍卖肯塔基州土地的覆辙。[12]

杰斐逊认为，西部扩张的最大受益者是亚伯拉罕·林肯这样的白人小农，但是《1784 年条例》宣布："1800 年后，美国已成立的各州将废除奴隶制以及强制劳役。"这将推动肯塔基州和田纳西州的奴隶获得最终解放。随着全国性的奴隶解放，新英格兰地区的奴隶也可能得到解放。由于密西西比河流域纳奇兹附近的农场和种植园对奴隶劳动的依赖更为严重，到 1790 年为止，这个饱受争议的地区还有 3000 名黑奴。如果杰斐逊的提议获得通过，那么这里的奴隶应该也会获得解放。但是，根据《1787 年宪法》制定之前所颁布的《邦联条例》（颁布宪法前政府就是依照这一战时妥协性法律组建的），国会上的任何提议，只有经大多数州代表同意才能上升为法律。虽 8
然代表们能够接受杰斐逊的所有其他提议，包括国会应为所属领地立法，领地可以划归成州，以及推广土地测量及分配的相关规定。但是，包括杰斐逊自己所在的弗吉尼亚州的大多数代表，都拒绝了他所提出的废除奴隶制条款。失意之下，杰斐逊只好远渡法国担任美国驻法大使。[13]

杰斐逊于 1789 年 9 月从法国返回。在那里，他目睹了巴士底狱如何一点点被摧毁，也看到了一些不祥的征兆，那就是法国大革命最终将会演变成一场残酷的杀戮。他还开始和一名年轻的女奴发展为情人关系。当他回到美国时，政治上的一些变动改变了他的某些想法，让他重新思考是否在美国的西部发展奴隶制。杰斐逊想要建立一种全国性的政治联盟，以推翻由联邦党的农场主和商人所主导的旧格局，而支持奴隶制扩张是团结南北方的政治家最好的办法之一。

与此同时，国会采取了一项措施防止奴隶制的扩张。国会于1787年重新审议了杰斐逊的《1784年条例》，并且同意在俄亥俄以北地区实行废奴条令。无论从政治层面还是道德层面，这也许都没有太大的意义，因为很少有（如果有的话）奴隶被运往俄亥俄州。此外，未来几十年中，美国西北部的奴隶数量一直很少，而法令本身也存在矛盾，从而为新州的奴隶制扩张留下了余地。然而，这条法令为国会禁止在联邦国土上实行奴隶制提供了一个重要先例。[14]

从1783年美国独立战争结束到1787年国会确立西北部领地的4年间，国会在稳定山区西部和东部方面几乎没有什么成果。局势依然很混乱：13个州的贸易政策、货币流通以及司法体制各行其是，互不相同。《邦联条例》只是13个殖民地为了战时对抗英国而制定的一个临时解决方案，它并没有赋予联邦政府实权，包括管理各州、控制货币流通以及征税的权力。其结果不仅使经济陷入混乱，而且导致政治和社会权力逐渐瓦解，富人们担心可能会遭受巨大的损失。在马萨诸塞州乡下，因为经济混乱，一些农民无法偿还债务及税款，法官因此取消了他们的抵押品赎回权，前大陆军士兵也因此关闭了
9 法庭。在其他州，愤怒的群众选出了那些能为农民以及普通民众实行债务免除的立法机关，虽然这对债权人来说可能意味着一场经济灾难。

因此，1787年初国会休会之后，来自12个州的代表们齐聚费

城，他们的任务是要建立一个更加强大的联邦政府。与会者包括未来的总统乔治·华盛顿和詹姆斯·麦迪逊，对美国政府的影响力大过绝大多数总统的亚历山大·汉密尔顿，世界上最有名的美国人本杰明·富兰克林也在其中。5月快结束的时候，他们走进独立大厅，拉上窗帘，锁上门。当他们在夏末走出来时，美国宪法也随之诞生了，这部宪法旨在把13个州发展成一个统一的联邦政府。宪法一旦获得各州支持，它所提出的集权体制将赋予国会行使其作为一个国家政府的职能：征税、保护边境、解决各州对西部领土的重复竞拍、实行稳健的贸易政策以及调控经济。大州与小州之间也达成协议，决定在众议院按人口比例选举议员，但是参议院的各州代表数量相同。[15]

但是，宪法中还包括另一项协议，那就是南北方的主要政治掮客要给他们那些犹豫不决的同僚们施加压力，让他们同意奴隶制的存在和扩张。他们争论和彼此妥协的第一个问题，就是在确定各州的众议院席位时，是否把奴隶计入人口总数。宾夕法尼亚州的代表古弗尼尔·莫里斯警告称，这种做法会导致进口奴隶的州在联邦政府中的势力不断扩大，会因此助长非洲奴隶贸易。但是最终，除一个州之外，北方各州均同意在确定代表数量时，每名奴隶可以以3/5个人记入人口总数。“五分之三协议”不仅影响到众议院，而且影响到总统选举，因为每个州选举团的票数是按各州众议员人数加上两名参议员决定的。其中一个影响就是在未来的70年间，南方一直独占着总统的职位。在美国的前5位总统中，有4位是弗吉尼亚州的奴隶主；前12位总统中，有8位拥有奴隶。

从长远来看，这些总统通过奴隶制扩张实现了国家版图的扩张和经济的增长。但是，这些政策得以实现，不仅仅是因为在代表选举问题上的妥协，问题的根源其实还是宪法本身。正如古弗尼尔·

莫里斯所建议的那样，大会必须考虑大西洋奴隶贸易的问题，这种
10 贸易让奴隶源源不断地涌入这个新大陆。到18世纪80年代，许多美国白人和英国革命家认为，一个现代文明国家不应该再参与这种奴隶贸易的暴行。在制宪会议中，弗吉尼亚州的奴隶主乔治·梅森夸口称，弗吉尼亚州与马里兰州已经禁止了对人口的“邪恶走私”。如果让南卡罗来纳州和佐治亚州继续进口奴隶，他担心这种贪婪会为这个新生国家“带来上帝的惩罚”。梅森谴责说，“每个奴隶主都是天生的暴君”，而这种诅咒可能还会继续流传下去。他称：“西部人（主要是指肯塔基州和其他刚建成的定居地的人）迫切地想在他们的新领地买进奴隶，如果南卡罗来纳州和佐治亚州继续进口奴隶，估计他们会把奴隶填满整个国家。”[16]

最南部沿海地区的那些政治家迫不及待地想为自己争取权利，梅森的评论激怒了他们。南卡罗来纳州的查尔斯·C.平克尼称，虽然梅森自称是一名反对奴隶制、热爱自由的人，但其实他只是基于自己的利益才这样说。平克尼说：“如果停止进口奴隶，弗吉尼亚州将获利最大，它所拥有的奴隶的价值将提高，它也将得到更多。”平克尼其实也暗示了新大陆的奴隶制未来将产生的新变化：美国自身的黑人奴隶储备就能满足新的种植园地区对劳力的需求，这之所以可能实现，是因为切萨皮克的奴隶人口已经在自然增长，不需要依赖进口。平克尼之后又在理论层面为奴隶制进行了辩护。他称：“如果实行奴隶制是错误的，那么在世界上早该有国家证明了这一点……然而，从古至今有一半的人都曾为奴。”卡罗来纳州和佐治亚州也威胁要退出制宪会议。

大厅里门窗紧闭，酷热难耐，讨论也即将到达白热化状态。这时，来自康涅狄格州的奥利弗·埃尔斯沃思（此人后来成为最高法院的首席法官）站起来给切萨皮克的代表们浇了一盆冷水。埃尔斯

沃思称，他“从未有过奴隶，因此也无法评价奴隶制对品行方面的影响”。他没有单纯地攻击奴隶贸易的道义性，也没有从道德层面为蓄奴的影响哀叹，而是让白人根据自己的经济利益决定大西洋奴隶贸易是否应该叫停。“随着弗吉尼亚州和马里兰州奴隶数量的极速增加，直接养育奴隶的成本已比进口的成本低很多……那我们也就不必干涉”内部的强迫移民了。另一位未来的首席法官，南卡罗来纳州的约翰·拉特利奇同埃尔斯沃思的观点一致，他同样认为“这个问题与宗教及人道方面无关”，他声称：“主导这个国家的只是单纯的利益。目前真正的问题在于南方各州是否会加入联邦。如果北方 11
各州顾及他们的利益，他们也不会反对奴隶的增长，毕竟这也会增加他们运送商品的数量。”独立战争中，美国东北部的商人失去了英国蔗糖岛这个资源，而美国境内的新农场正好可以填补该空缺。因此，大会达成了一项协议，国会将禁止非洲的奴隶贸易，但是至少等 20 年之后再实行。[17]

数年之后，伊利诺伊州的政治家亚伯拉罕·林肯（他的名字与他那位在肯塔基州农田被射杀的祖父相同）认为，这种奴隶禁令无论拖多长时间，都只是那些耻于奴隶制的人所作出的让步。他指出，宪法中甚至都没有出现过“奴隶制”或是“奴隶”这样的字眼。相反，它使用了一些比较含蓄的说法，比如“从事服务或劳动的人”。又或许埃尔斯沃思和拉特利奇是对的：宪法是以利益为核心原则的。既然能够维护利益和团结，他们和其他美国白人当然愿意允许奴隶的强迫移民。无论是坦率来说还是委婉来说，结果显而易见：南方上下将通过大西洋贸易和内部贸易扩大奴隶制。同时，由于奴隶制的发展，美国东北地区的人们通过运送商品也获益匪浅。

但是，这些决定对一些美国人，甚至对很多白人来说都没有什么利益，至少没有直接利益。然而，他们不接受协议又会导致分裂，从某种意义上讲，这对他们利益的损害更大。允许奴隶制的存在和扩张，就意味着政治上的团结。因此，这些黑人还要带着枷锁走向西部和南部，宪法的妥协塑造了一种经济，让奴隶生产的商品出口到越来越多的欧洲大陆国家。奴隶制的扩张使国家更加统一，在全国性的新资本市场基础上建立起一个更为强大的经济体制。事实上，美国白人并不认为奴隶制扩张是他们不得不接受的一个事实，他们之所以接受，是为了避免陷入冲突，维系国家刚刚建立的纽带，在此基础上建立更为完美的联邦。南北双方的利益在未来很长一段时间内将紧紧联系在一起。

1792 年初，弗吉尼亚奴隶主约翰·布雷肯里奇有些担心。他在肯塔基山区拥有大量土地，他了解到大会成员正在那里编写一部宪
12 法，这很可能让肯塔基州成为独立于联邦之外的一个州。他还听说大会上有些人和托马斯·杰斐逊以及乔治·梅森有着同样的疑虑。

但是，布雷肯里奇没有这样的疑虑。他曾经给他的一位女性亲戚这样的建议："绝不能让任何人说服你去放弃你的土地和奴隶。"然而，她是不会被联邦决议所逼去放弃财产的。1789 年，美国宪法签署生效后，第一届美国国会在纽约召开，并着手稳定混乱的土地问题。国会批准了《西北法令》，禁止在俄亥俄州、印第安纳州、伊利诺伊州、密歇根州、威斯康星州以及明尼苏达州实行奴隶制。没有人曾想到这些地区会像约翰·拉特利奇在费城会议上所承诺的那样生产大宗商品。新国会为奴隶主在俄亥俄州以南地区留出了大片新土地，并于 1790 年通过《西南法令》，组建田纳西州。该法令几乎和《西北法令》如出一辙，只不过它忽视了一些禁止奴隶制的条款。[18]

在密西西比河的纳奇兹地区，奴隶们已经种上了大量的槐蓝。

据 1790 年的第一次人口普查统计，肯塔基州有 6.1 万名白人和 1.2 万名奴隶。杰斐逊一直梦想建成一个由拥有土地的自耕农组成的共和国，而土地制宪会议以来，规定所有的土地纠纷要由全州上诉法院的 3 名精英法官处理，因此，肯塔基州没有变成杰斐逊所梦想的那种共和土地。在肯塔基州，21 名投机者占有全州 1/4 的土地，他们当然会支持这种做法。同时，国会的代表大卫 · 赖斯是一名奴隶主兼长老会的牧师，他在大会上声称奴隶制会不可避免地造成偷盗、绑架和强奸等行为。虽然有些奴隶主是好人，但是债务可能把他们逼得去拆散家庭。赖斯还坚持，奴隶制会把那些人民的公敌聚集起来，从而削弱新建成的共和国。但是，其他代表拒绝了解放奴隶的提议，他们认为奴隶制会吸引那些富有的拓殖者来购买投机者的土地，从而增强肯塔基州的实力。[19]

约翰 · 布雷肯里奇一听到这个好消息，就准备把他的奴隶运往山的西边。他不确定是否可以通过出租自己的奴隶来避免“种植园的困惑”。他听说西部缺乏劳动力，人们通过出租土地和黑奴所得的收入，可以超过他们以往任何一年的年收入。布雷肯里奇自己不想做这件事，因此说服了他的邻居约翰 · 汤普森，让他替自己带着家奴穿过山区到他在肯塔基州的土地。4 月 3 日早上，汤普森在詹姆斯 13
河弗卢万纳县带着布雷肯里奇的 18 个奴隶准备出发。[20]

弗朗西斯 · 弗德雷克还记得那个早晨，那时他要运送奴隶到肯塔基州。那些要出发的人在黎明前便已集结完毕，他看着男男女女跪在老旧的工字住宅后的湿地上，“哀求着能和他们的爱人卖到一起”。其中还有一些被称作“园外丈夫”（abroad husbands），他们是其他奴隶主的奴隶，他们的主人允许他们每周六晚可以与妻子见面，而现在只能眼睁睁地等着黎明来临时和他们的妻子分离。还有一些“园外妻子”，她们凌晨 3 点就起身徒步赶来种植园，最后一次为她们的丈夫带来换洗衣物。那些将被卖掉的孩子抓着父母的手，哽咽抽泣。弗德雷克回忆说：“即便哀求也无济于事。”他已经不是第一次带奴隶去肯塔基州了。他准备好后，他们便开始动身走向蓝岭，不久便消失在远方。[21]

他们确实是徒步前行。只要约翰·布雷肯里奇在山脉两侧都拥有奴隶，他就掌握了制约他们的关键。他可以软硬兼施，比如，他从岳父约瑟夫·卡贝尔那里继承了一个叫作比尔的奴隶。布雷肯里奇让他和他的姐姐莎拉一起去肯塔基农场。于是，他们的母亲维奥莱特找到布雷肯里奇的岳母，也就是莎拉的主人玛丽·卡贝尔。维奥莱特央求卡贝尔不要让莎拉去肯塔基州，如果非要这样，就让莎拉的丈夫史蒂芬（属于其他奴隶主）一同前往。维奥莱特说服了卡贝尔。然而，购买史蒂芬的钱超出了布雷肯里奇的预期。而如果把莎拉留在弗吉尼亚州，对布雷肯里奇来说也可以避免自己家庭内部的矛盾。因此，莎拉留了下来。但是比尔踏上了荒野之路，他明白如果自己逃跑了，那么所有的希望就会破灭，莎拉以及她可能生的孩子都将从维奥莱特的生活中消失。他所能做的就是把对自己的束缚看作一笔交易，用自己的自由换来姐姐的婚姻和母亲的晚年生活。[22]

汤普森带着布雷肯里奇的奴隶穿过蓝岭，这里连接着皮德蒙特的夏洛茨维尔和谢南多厄河谷的司汤顿，就是现在的 64 州际公路的路线。弗德雷克根据自己的旅程回忆道，他们沿着山谷往上走，看到阿勒格尼河“如同蓝天一样在远处若隐若现”。平地居民想要寻找穿过褶皱山脉到宾夕法尼亚州莫农格西拉河的捷径，他们爬上了
14 “一条狭长而曲折的山谷”，“每面都是看起来蓝光闪闪的巨大岩石”。弗德雷克当时有些担心：“这些石头如果掉下来，会把他们砸扁。”虽然当时是 4 月，但是晚冬的恶劣天气似乎总伴随着布雷肯里奇的这支队伍，每天不是下雪就是下雨。傍晚时，疲惫的人们围坐在路边

的火堆旁，瑟瑟发抖，周围还不时传来狼群的嚎叫声。早上，他们与家人分离产生的愤怒爆发了。汤普森写道："那时我终于知道了威士忌的价值。"事实上，它整天都发挥着重大的作用："每当黑奴全身湿透准备停下来时，我就会拿出我的'好朋友'——威士忌，每小时一次，除非他们睡着了，否则不得不给他们喝威士忌。"[23]

然而，人们半夜还是要经常醒来。弗德雷克回忆道："监督员每晚都要点两三次名，每个人都要起来应答。"他们没有被锁在一起，虽然奴隶主在蓝岭的东端握有制约这些移民家庭的筹码，但他们还是担心奴隶逮到机会逃跑。其中一个逃跑的例子就是肯塔基州的玛丽，因为她的奴隶主乔纳森·斯托特要把她卖到俄亥俄州，她于是就逃了出来。她和一个黑白混血的男人一起逃走，他们渡过河，进入了西北领地。她逃跑的原因刻在了她的皮肤上，她的主人在广告（登在《自由先驱报》上）中写道："她身体健壮，一只眼睛上有一道疤，后背上也有许多疤痕。"[24]

一些被迫移民的黑人穿过山区去了俄亥俄河的惠灵（当时在弗吉尼亚，现在位于西弗吉尼亚），其他一些人漂流而下，去了宾夕法尼亚州的莫农格西拉城。虽然宾夕法尼亚州的"冰川解放计划"会让奴隶制继续存在几十年，但是到 18 世纪 90 年代，据说宾夕法尼亚的一些白人在通往肯塔基州的沿线组织一个"黑人俱乐部"，以解放奴隶。1791 年，3 名弗吉尼亚州奴隶主史蒂文斯、弗西以和拉科正带着一群奴隶在平底船上行驶，忽然听到岸上有人叫他们过去，并"带上一些酒"。在荒野地区喝上一通威士忌，顺便打听一些交易信息，似乎还不错。很快，船就靠了岸。这时，岸上的一个白人突然拉走了船上的一个奴隶，带着他跑进了森林。奴隶主赶紧拉起操作杆，让船驶向下游，这时森林中传出一片嘘声。还有一年冬天，天气恶劣，奴隶和奴隶主被困在了宾夕法尼亚州雷德斯通的一个小旅

馆，3名奴隶趁机逃走。弗吉尼亚的奴隶主带着他的伙伴重新回到了
15 雷德斯通，指控当地白人“诱拐”黑人逃跑，但是当地政府认为他试图重新抓捕他“绑架”来的人，因而逮捕了他。“雷德斯通案件”最终演变成了弗吉尼亚州和宾夕法尼亚州在联邦层面的对抗。1793年，南方人在国会通过了第一部综合性的逃奴法案，从而解决了这个危机。[25]

奴隶主一旦穿越山区在俄亥俄河上抓到这些奴隶，奴隶们的逃跑率就会下降。平底船会一直行驶到路易斯维尔才停下来，这个地方正在不断发展边疆港口。从这里，旅行者可以前往列克星敦和蓝草地区（Bluegrass region）。在这个地区，经商成功者与失败者并存，如今越来越像是一个更加繁荣的皮德蒙特。在列克星敦周围的县中，大约有60%的白人没有土地，但是，所有20岁以上的白人男性都拥有2名奴隶。这里的土地比弗吉尼亚州的还要肥沃，奴隶们在田地里辛苦劳作，种植烟草、玉米和小麦。此外，他们还种植大麻，列克星敦和路易斯维尔周围绳索工厂的奴工会把大麻加工成绳索和船上用的索具。美国政府根据联邦宪法所赋予的权力，对那些愿意开通密西西比河口岸进行通商，并且留在合众国的肯塔基州奴隶主给予奖赏。1795年，美国与西班牙签署《圣洛伦索条约》①（*Treaty of San Lorenzo*），允许农场主把烟草、绳索和其他一些商品带到密西西比河下游，通过新奥尔良港口运往世界市场。

1792年，州宪法规定不能把奴隶运往肯塔基州进行贩卖，但是，这条禁令和其后颁布的许多禁令一样，漏洞百出。1795年，9岁的男孩威廉·海登被卖到弗吉尼亚州的阿什顿峡谷。他在奴隶贸易中度过了接下来的30年，他先是被当作商品卖掉，后来又成为奴隶贩

---

① 该条约规定，西班牙放弃亚祖地区，在6个月内撤走北纬31°线以北的驻军，美国由此得到了密西西比河从源头到河口的航行权。

子的雇员。他的买主带他走过荒野之路，把他卖给了肯塔基州林肯县的弗朗西斯·伯德特。在新主人家里，海登每天早晨都会看着池塘中旭日的倒影，因为以前在弗吉尼亚，他经常和他的母亲一起这样做，现在只能以此来安慰自己。他心里想着，自己的母亲现在也正在某个地方看着朝阳的倒影。同时，东南部的查尔斯顿也出现了奴隶买主，肯塔基州的这些奴隶买主通过大西洋贸易买来黑人，然后把他们赶到西部的列克星敦北部铅矿做苦工。[26]

奴隶制正在肯塔基州迅速兴起，这让这个新州吸引了许多像约翰·布雷肯里奇这样的人。乔治·尼古拉斯——这位参与制定 1792 年州宪法的重要人物，把这些人称作“来自南方五州的重要移民”。这些移民让州内的体制更加倾向于保护私人奴隶这种财产。浸信会 16
和其他教派的一些区域团体组成协会，惩罚那些宣传反对奴隶制的牧师。那些富有的开拓者掌控着土地法，这让普通白人农民倍感受挫，无奈之下他们只好搬离这里。年幼的托马斯·林肯在田中玩耍时，曾目睹了父亲的被杀，如今他已长大成人，希望拥有一个属于自己的农场，希望自己开垦种植的土地归自己所有，但远在费城的投机者对他提起诉讼，使他不断败诉。1816 年，他带着家人，包括刚满 7 岁的亚伯拉罕横渡俄亥俄河。托马斯的撤退是更广泛的失败的一部分，人们原本希望肯塔基州是属于自耕农的土地，而不是投机者对土地和人口进行高资本投资的地方，但现实根本不是这样。当弗朗西斯·弗德雷克和威廉·海登这样的年轻人向西行进时，另一批被迫迁移的队伍已经从马里兰州和弗吉尼亚州出发了。[27]

1805 年，马里兰州一个阳光明媚的春天早晨，查尔斯·鲍尔舒舒服服地坐在一辆牛车的板座上，手里拿着他主人的牛轭上的牵引绳，他正将队伍带往帕塔克森特河岸边的一个小镇。鲍尔虽然才 25

岁，但是他已有过5位主人了。巴拉德是他现在的主人，为人非常刻薄，他会让奴隶在大雪天光着脚在森林里工作。但是，鲍尔还抱有希望。他的邻居都知道他脾气温和，既强壮又聪明，和他那易怒的祖父和逃跑的父亲不一样。查尔斯·鲍尔曾被出租到华盛顿的海军工厂工作，但是，他没有像其他人那样一有机会到“外面”工作就逃跑，他又回来了。鲍尔做任何事情都能马上找到既快捷又省力的方法。因为他有动力，那就是他的妻子和孩子，他们都在另一个白人主人那里。鲍尔会用工余的时间给家人挣取食物和衣服。虽然后来他会嘲笑年轻时的自己，但他还是希望自己和家人能获得自由。像鲍尔这样的例子不止一个。马里兰州的烟草经济日趋衰退，奴隶主们允许黑人购买自己的自由。1790年，州内11万名黑人后代中，有5%获得了自由；到1810年，14.5万名黑人后代中，有22%获得了自由。马里兰州处在蓄奴州与自由州之间，成了“中间地带”。[28]

鲍尔抵达小镇，按照指示，他把牛车拴在了主人在那里开的一个商店旁边。他的主人也骑马来了，走进店里和店主一起吃早饭。
17 然后，巴拉德让鲍尔进去把剩下的食物吃了。鲍尔坐了下来，透过厨房的波纹玻璃窗户，他看见他的主人正和另一个白人饶有兴趣地谈论着。

鲍尔不安地咽下最后一口食物，站起来慢慢地走了出去。他给牛套上挽具，笨拙地摆弄着皮鞭和套索。突然，他感觉有几个人正在靠近他。他转过身来，看见不知打哪儿来了十几个白人正围着他。还没等他来得及看向旁边的一张冷面孔，他的头猛地抬起来，因为突然有人抓住了他的后衣领。有人冲着鲍尔大声喊道：“现在你是我的财产了。”鲍尔转过头，发现抓着自己的正是刚才和巴拉德说话的那个人。那个陌生人厉声说道：“你现在要和我去佐治亚州！”[29]

鲍尔呆站在那儿。几个白人抓住他，背过他的胳膊。很快，又有人把他的手绑在背后。大声叫喊着“现在你是我的财产了”的那个人猛地往前推搡鲍尔，害他差点绊倒，几个白人大笑起来。鲍尔感到十分无助，双脚几乎不能站稳。他想尽力拖延点时间，要求去看望他的妻子和孩子。他的新主人却说：“你可以在佐治亚州娶到一位新妻子。”鲍尔感到欲哭无泪，他后来说：“绝望中，我大声笑了出来。”

支持奴隶制的作家后来嘲笑那些改革家，认为他们把奴隶交易看成是情感悲剧，好像在说：“他们被卖的时候只能大笑——这是多么绝望的一件事啊！”在奴隶主的日常生活中，他们也明白大笑可能是奴隶宣泄感情的唯一方式了。鲍尔大笑着，脑子里迅速闪过“佐治亚”这个词。马里兰州的每个黑人几乎都知道这个词。1805 年，几乎每个奴隶谈到佐治亚州，都有一个自己的故事。而鲍尔的故事就是他对母亲仅存的一些回忆。1784 年，当时鲍尔 4 岁，他母亲的主人由于受到烟草价格下降的影响而破产，并相继离世了，这也许是他逃避债务的唯一方式。随后，鲍尔的母亲、鲍尔以及他的兄弟姐妹们站在马里兰州卡尔弗特县的老房子的院子前，作为死去主人的财产被拍卖。

鲍尔的父亲是另一个白人的奴隶，他想在妻子和孩子被卖掉之前去见上一面，但没有得到允许。其实，这也是出于安全考虑。当一个男人看到自己的儿子赤裸裸地站在买主面前的时候，可能什么事都做得出来。可是，那些露面的买主是长途跋涉来到马里兰州的几位男性，他们都来自南卡罗来纳州和佐治亚州。这些人主要是想买一些劳力，为他们在稻田或是槐蓝地工作，在印第安卡陶巴人撤走之后到森林里伐木。虽说直到 1784 年，他们都还没有弄清自己到底要在这片原始的内陆土地上种些什么，但是他们给出的价格比马里兰州所有的买主都要高，当地的卖家都称之为“天价”。几个卡罗 18

来纳人让鲍尔和他的兄弟姐妹手足分离。一个佐治亚人买走了他们的母亲。由于鲍尔太小，没人愿意带他走500英里。最后，一个马里兰人买下了他，给他披上了一件自己孩子穿的多余的睡衣。那个买主骑上马，把鲍尔放在自己前面，就要调转马头回家。鲍尔离开前，他的母亲哭着跑了过来。她把鲍尔抢过来放在怀里，乞求那个人把他们母子都买下。还没等她解释完，那个佐治亚人就下了马，拖着他那双靴子走了过来，拿起鞭子便抽打鲍尔母亲的肩膀。最后，她只能把鲍尔交出来。查尔斯的母亲尖叫着，佐治亚买主把她拖向了院子。小男孩哭泣着紧紧抓住他的马里兰新主人。[30]

18世纪80年代，大约有5000名奴隶走过古印第安人的贸易路线，来到南卡罗来纳州和佐治亚州。但是，这些人发挥的作用不是这个数字所能体现的，他们正是暴风雨来临的前兆。18世纪80年代，由于烟草价格大幅下跌，长绒棉（或称“海岛棉”）的价格提高了。18世纪90年代早期，卡罗来纳州与佐治亚州的奴隶已经开始使用一种叫“轧棉机”的新机器，这提高了短绒棉的加工速度。短绒棉是一种生命力和适应性都比较强的作物，它可以生长在长绒棉无法生长的边远地区。如此一来，奴隶主们便知道该在佐治亚州和卡罗来纳州种什么了。在南方，马里兰州和弗吉尼亚州的奴隶们开始在私底下议论，在那里他们要吃棉花籽。一个奴隶听说有个佐治亚人要买他之后就逃跑了，他写道，被卖到那里是“一种最残酷的惩罚”。[31]

这些谣言都是道听途说，并没有人证实，因为并没有黑人从佐治亚州回来过。像约翰·斯普林斯那样的佐治亚人倒是回来过，他带着大量黄金去买奴隶，沉重的鞍囊把马的腹部都刮出了瘀伤。佐治亚人还带来信息说，边远的西南地区发展潜力更大。佐治亚州当时就得到了如今亚拉巴马州和密西西比州这一地带的领土。从18世

图 1.1　第一台轧棉机。这是奴隶制后革命扩张时期的技术创新之一。这幅画由内战之后的一位艺术家所作，看着这些笑容满面的工人和在一旁观看的孩子，他也不清楚奴隶制到底是偏向商业利益还是一种安逸的生活（*Harper's Weekly*，December 18，1869，P.813）。

纪 80 年代末开始，政府官员和北方投资者发起了数个项目，旨在把西南地区的数百万英亩土地卖给相关各方。奴工建立起了未来的商品边界，而西南和东北地区的企业家则利用人们想在这里投资这一点，建立了土地投机的国家金融市场。北美土地公司持有人、美国的金融家、宪法的签署者罗伯特·莫里斯购买了那里 200 万英亩的土地，那些土地不过就是一片废地，充其量也就是贫瘠的松林泥炭地。19
然而，接下来还有一些更大的项目。虽然各州之间、各帝国之间以及印第安人都在争夺这些土地，一些人还是希望能够投机到肥沃的土地。当时备受瞩目的土地就是如今的亚拉巴马州和密西西比州的6500万英亩土地。在一些土地投机者和船员的随记中，他们把这个地区称作“亚祖”（Yazoo），是以如今密西西比州境内的一条河流命名的。[32]

亚祖地区有两个主要的投标计划。一个是在1789年发起的，佐治亚州似乎是要把田纳西州以南的土地交给联邦政府。实际上，由于美国宪法的批准，再加上北卡罗来纳州愿意把土地交给联邦政府，更加快了此项计划的实施。投资者们为了获得尽可能多的土地，把南卡罗来纳亚祖公司、田纳西亚祖公司以及弗吉尼亚亚祖公司组织到了一起。弗吉尼亚亚祖公司（名义上说）是由美国革命家帕特里
20 克·亨利领导的。支持者宣称，每个公司都是由一些“可敬的”绅士组成的，他们的付出将会为美国“荣誉”开拓出一片广阔而“富饶”的土地。这些公司和佐治亚州议会达成协议，以20万美元的价格购得1600万英亩的土地，相当于每英亩土地12.5美分。这就是传闻中的土地。一些支持者宣称，这片土地能够生产出1789年北美读者所能想到的所有农作物。人们都认为槐蓝、水稻和甘蔗等植物在亚祖地区会生长繁茂，可以达到一年两熟，这是世界上最富饶的土地，气候和古希腊相似，土地购买者会蜂拥而至！一位自称查尔斯顿的人在费城一份报纸上写道：“假如这里每个人只购买一个奴隶”，最终都会“为非洲奴隶贸易创造一个巨大的机会”。查尔斯顿认为，种植烟草和槐蓝的农场主可以用奴隶种植的作物来换取更多的奴隶，“可以先买一个，明年再买两个，以此不断累加”。[33]

1789年，投资者们在头脑中已经把亚祖地区划为奴隶制地区，那些被亚祖地区的发展潜力吸引而来的投资者都指望着奴隶制能带来财富，以此把有关区域各方的利益紧紧联系在一起。那些自由州的人们，虽然可能对“五分之三妥协”的政治后果不满，但也毫不

犹豫地把钱投到了这个奴隶制地区；他们希望通过土地投机、融资、运送奴隶以及销售商品，把钱赚回来。全国的投资者都买了这些土地公司的债券，并且让这些证券像纸币一样流通。[34]

1789年，亚祖销售最终还是以失败告终了。但是不到6年，佐治亚州的议员又想出了第二套欺诈方案。也许这次受骗的就是佐治亚州的权力掮客，又或是佐治亚州人民。1795年，美国与西班牙政府签署了《圣洛伦索条约》，同意交出在亚祖地区的土地。新成立的佐治亚—密西西比土地公司马上就提出了一份新协议。该公司的领导，包括一位美国最高法院的法官、一位地区执政官、两位国会议员、两位参议员（宾夕法尼亚州的罗伯特·莫里斯和佐治亚州的詹姆斯·岗恩），以及南卡罗来纳州的韦德·汉普顿（他即将成为这个国家最富有的人）。由于联邦政府即将出让佐治亚西部的主权，投机者们要花比贿赂联邦政府更多的钱去贿赂州议会，因此，公司派参议员岗恩带着大把现金赶往佐治亚的首府奥古斯塔市。[35]

只用了几天时间，岗恩就说服了州议会，以价值50万美元的金 21
银价格出售查特胡奇河与密西西比河之间3500万英亩的土地。佐治亚—密西西比土地公司马上把这些土地的所有权转让给了波士顿的新英格兰—密西西比土地公司和其他投机商。新英格兰—密西西比土地公司拥有大量的风险资本，他们把土地分成若干块，然后以纸质股票的形式出售给投资者。这些亚祖股票在波士顿引起了巨大混乱，不仅大幅推高了新英格兰—密西西比土地公司的股票价格，而且创造了纸面财富。但是在佐治亚州，人们非常愤怒。岗恩的同事，同时也是他的政治对手詹姆斯·杰克逊声称，整个计划就是一场骗局。虽说杰克逊自己就是一个出了名的土地投机者，但他却在下届州议会选举中掀起了反对亚祖销售的浪潮。1796年，议会选举的新代表通过了一项法案，推翻了之前的政府捐地项目，他们烧毁了

1795 年议会会议纪要中的销售记录。[36]

然而，土地销售所带来的一些影响还未解决。显然，现在全美的人都想把钱投在奴隶制地区，他们认为，奴隶生产的商品将会有广阔的盈利市场。那些移民奴隶主也是这样想的，因此他们想要更多的奴隶。1786 年，约翰·洛索给弗吉尼亚一位农场主写了封信（他正在经营这位农场主在佐治亚州的土地），信中说，这里的农作物生长良好，与印第安人即将爆发的战争会让他们获得更多的土地，而且“用黑奴来换取土地好像是最有利的交易”。[37]

事实上，切萨皮克拥有大量“剩余”奴隶，而这些奴隶是用来换取私有土地的最好通货。弗吉尼亚州的爱德华·布特勒为了得到佐治亚州威尔克斯县的土地，答应用还在弗吉尼亚州工作的 3 个年轻奴隶来换土地。布特勒在日记中记道，买主希望“这 3 个奴隶中要有一个少女或是少妇”。而此时，布特勒在弗吉尼亚州也雇好了托马斯·伍顿，去帮他运送 13 名奴隶到佐治亚州。伍顿把 3 名“年轻可靠的黑奴”交给了他们的买主，然后把剩下的奴隶安置在布特勒刚购得的土地上。在此过程中，像伍顿这样不太富有的白人发现，对于那些愿意在切萨皮克购买奴隶，然后运往南方销售的人来说，发财的机会越来越多。18 世纪 80—90 年代，美国白人开始独立运送更多数量的奴隶。因此，在这些美国黑人奴隶的口口相传中，“佐治亚人”成了恶魔的代名词、危险的象征。[38]

22 查尔斯·鲍尔被绑着坐在雇来的船头上，这艘船从巴拉德码头出发，将穿越帕塔克森特河。他一声不响，因为他已经知道了自己的命运。在美国黑人奴隶口中，“佐治亚”和“佐治亚人”仿佛成了一种新的经济、社会和政治现实的代名词，而这些现实正在毁灭着他们在切萨皮克建立起的世界。虽然 20 年来，他一直对佐治亚人心怀恐惧，但当他面临家庭破裂和前途毁灭的命运时，还是难以承受。

鲍尔也一直对奴隶贸易感到恐惧，他意识到，眼前这个不时穿过汗流浃背的船夫的佐治亚人正在制造一种比他想象中更狡猾的机制。

当他们快到对岸时，鲍尔看到一些黑人正挤在岸边。这些人是与他一样被俘的 51 名同伴，其中 19 名女人被一根绳子绑在一起，绳子拴在她们脖子的绳套上。另外 32 名男性的境遇则不同，鲍尔马上就要加入他们其中。一个铁匠正拿着铁具等着他：铁枷、手铐和锁链。买主解下鲍尔手上的绳子。据鲍尔后来回忆，他就站在那里，对自己的“命运毫不关心”，两个白人男性把铁枷套在他脖子上，然后把铜挂锁挂在铁枷的铁扣上，“咔嗒”一声锁住。

沉重的铁链让鲍尔也加入了那个 32 人的队伍，那个场景就像是几条鱼鳃被连在一起的鱼在行走。最后，铁匠拿出两条铁片，把它们套在鲍尔的手腕上，敲击螺钉把手铐锁牢。他又用一条短链把鲍尔右手的手铐和他旁边人左手上的镣铐连在了一起。这样，他们两个就必须紧挨着并且步调一致地向前走了。鲍尔现在也成了这支被称作“奴隶队伍”（coffle）的一员了。这个词是非洲人使用的一个专有名词，来自阿拉伯语 *cafila*，意思是带着锁链的奴隶队伍。锤子猛烈地敲打着，螺钉把鲍尔同伴的手腕夹得生疼，他开始大叫起来。鲍尔表面看起来风平浪静，但是内心已经波涛汹涌。他的思绪开始驰骋，想到了今后将遭受虐待的地方，他认为那是他母亲很久以前遭到杀害的地方，他真希望自己从没有来到这世上，真想一死了之。但是，他现在被链子拴着，连死都没有办法。[39]

他们在岸边等着。铁匠打了个哈欠。平底船快到岸时，鲍尔的心跳都快停止了。鲍尔晚年时谈道，虽然很艰难，但他还是马上振作了起来，“最后我想，既然事情已经到了不能再糟糕的地步，而且既然人生总是在变化的，那么总有一天我也会时来运转。虽然一切 23
都是那么渺茫，但我还是得到了一丝解脱”。

船上坐着的是返回来的佐治亚人，这些人命令奴隶登船。鲍尔发现女性中有好几位都还怀着孕，32 名男性连同鲍尔登上了船。他们一动起来，铁链就发出叮当的响声。奴隶桨手划着船，平底船向着塔克森特河南岸出发了。一位白人游客曾听切萨皮克的水手唱过一首歌："出发吧，去佐治亚，划啊划！主人把可怜的黑奴卖掉了，哦，划啊划！把可怜的妻子和孩子抛下，哦，划啊划！"或许他们并没有唱这首歌。[40]

不论男人还是女人，只要他们发现自己要被带到南方，绝望之下，他们什么都做得出来。有些人选择逃跑，有些人则奋力反抗。一个名叫威廉·格兰姆斯的奴隶曾试图用斧头砍断自己的腿。这也难怪卖家和买主会瞒着像查尔斯·鲍尔这样的黑人，不告诉他们去哪儿，从而顺利地把他们带走；也难怪买家一旦把他们买来，就给他们带上脚链，又用铁链把他们拴在一起。这些男性可以带着镣铐一起行走，却没有办法带着镣铐一起逃跑，他们也没有办法跳下船游到岸上，更没有办法做到 33 个人拖着 1000 多英镑重的铁链在森林中不发出声响。这些铁链让佐治亚人违心地前进，也让奴隶离开了孩子和爱人，使他们看不到自由和希望。[41]

平底船在河的另一边靠了岸，人们蹒跚地走下船，佐治亚人把他们领上岸，带着他们朝西南方向一直走到天黑。他们在一个破旧的酒馆前停了下来，店主把他们带到一个大房间。趁天还没黑得看不见，这 52 个手带着锁链的人一起吃了一大锅玉米粥。

那天晚上，鲍尔躺在和他锁在一起的两个人中间，久久不能入睡。当他终于昏昏入睡时，他梦见儿子向他走来，在梦中，他的儿子试图把他手铐的锁链弄断，让他获得自由，这样他就可以修复儿子破碎的世界了。但是铁链并没有断，儿子渐渐消失了，这时祖父出现了。18 世纪 20 年代，鲍尔的祖父出生于非洲，当他还是个少年时，就被人绑走卖掉了。买主带他穿越重洋来到了马里兰州，并为他重新起了名字。当鲍尔见到他时，白发苍苍的老本（Old Ben）已做了半个世纪的奴隶。但本没有放弃自己的伊斯兰信仰，也一直鄙视着奴隶主和那些屈服于白人的奴隶。相比之下，鲍尔的父亲没有那么桀骜不驯。但是，自 1785 年鲍尔的母亲和兄弟姐妹都被卖掉后，
鲍尔的父亲开始变了。他经常在老本的小屋里待很长时间，和他一 24
起讨论非洲的事和奴隶制的罪恶。奴隶主担心他可能会逃跑，便找来民防团，想让他们帮着抓住鲍尔的父亲，然后把他卖给佐治亚的奴隶贩子。老本无意中听到了两个白人的谈话，他连夜穿越树林走了 3 英里路来到鲍尔父亲的住处。本给了他儿子一袋干玉米和一壶苹果汁，然后送他去了宾夕法尼亚州。卡尔弗特县的人们从此再也没有听到过有关鲍尔父亲的消息。

本现在如果还活着，也会来救他的孙子。但是，这个老人 10 年前就已经离世了，而且即使他能来，鲍尔有这些锁链在身也难以逃脱。太阳升起的时候，鲍尔又在努力地跟上队伍、艰难前行了。

接下来的几天里，鲍尔他们跟着佐治亚人的队伍向西南前进，每天走 10—20 英里，一路上都能听到铁链叮当碰撞的声音。那些怀孕的妇女怨声载道。佐治亚人骑着马前进。他们穿过波托马克河之后，佐治亚人把身体最强壮的鲍尔从铁链中间移走，然后把他脖子上的挂锁拴在了第一条铁链上。鲍尔带着队伍行走的速度比原来加快了，两支并行的队伍急匆匆地在路上行进，这是弗吉尼亚州粮田中的一条土路，位于如今美国 301 号公路的路基下。

鲍尔的情绪一直在波动。然而，他的内心慢慢地变得和脸上的表情一样麻木，队伍中的男性大多也是这副面孔。鲍尔回忆道：“时间并没有让我屈服于这些锁链，只是让我更加熟悉它们。”这里所谓的熟悉，就是指晚上其他人睡着的时候，鲍尔爬到其他囚伴中间，

掂量一下每条铁链，试着找到一根不结实的，但最终却是一无所获。但有时，这些奴隶贩子还是很粗心的，比如 1801 年押送杰克·尼尔到俄亥俄河的那几人。他们把尼尔绑在船边，一天晚上，尼尔把联结铁链和木头的钉子弄松了。他沿甲板爬到熟睡的奴隶贩子旁边，从白人的口袋中掏出装有实弹的手枪，然后一枪击穿了那人的头部。尼尔又来到船的另一头，另一个白人正在那里掌舵，尼尔说："该死的，过去我的命掌握在你手里，现在换过来了。"

最终，尼尔在俄亥俄海岸被抓回来处死了。其实，其他奴隶也做过同样的事。1799 年秋，一个奴隶在北卡罗来纳州杀死了一个名叫斯皮尔斯的佐治亚人。斯皮尔斯花了 9000 美元在北弗吉尼亚购买奴隶，这些钱是佐治亚州一个议员挪用的州财政公款。如果斯皮尔斯一路把他们带来并卖掉，也许这些钱还能赚回来，但是谁也不能
25 预见这些。据报纸报道，一天晚上，他忘记把一把锁锁上，"黑人们起来，割断斯皮尔斯及其同伴的喉咙"。在地方当局重新抓捕这些人的过程中，有 10 个奴隶被杀。[42]

每个奴隶都或多或少想过揭竿起义，只是这些锁链牢牢地锁着他们，让他们未能如愿。手铐束缚着他们的双手，他们既无法攻击别人，也无法保护自己。男性身上都戴着锁链，这让女性也更无力抵抗。女性与男性相隔离，因而更容易受欺辱。一天晚上，在弗吉尼亚绿蔷薇县的一个小酒馆中，一名旅客看到几个商贩把一队奴隶带到一个房间。这名游客于是留下了这样的记录，每个白人男性从奴隶中"带走一个女性去和他们过夜，这已是一件习以为常的事"。10 岁的奴隶移民约翰·布朗曾看见奴隶贩子斯塔林·芬尼和他的助手在南卡罗来纳州路边的马车上轮奸一位女性，其他女性在旁边哭泣，而那些带着锁链的男性只能在旁边默默地坐着。[43]

铁链也使另一种暴力行为得以实施。锁链拯救了白人，使他们

不必去安抚这个奴隶的母亲，或者要买下那个奴隶的孩子。一旦这些奴隶加入队伍当中，除非铁链坏掉，否则他们绝无可能逃走。即使要走 500 英里的路，运送的人也不用半夜起床点名，以确保奴隶没有逃跑。

这些带着锁链的人不能单独行动，除了朝同一个方向前进之外，他们也不能集体行动，而即使是这样也是需要磨合的。一个人经常被另一个人从喉咙上垂下来的锁链绊倒。许多人腿上都擦出了瘀伤，脾气也慢慢磨没了。现在这支长长的队伍保持着一样的速度和节奏，也不再有人把手摆错方向。

虽然奴隶们成了一个整体，但他们并没有完全团结起来。奴隶之间的关系有时是对立的，有时则会结成同盟，或者两者都有。人们对彼此的气味和发出的声音感到愤怒、失落、绝望和厌恶，抱怨有人走得太慢或太快，抱怨自己甚至不能单独大小便。晚上，戴着铁链的男人们或被绳子捆在一起的女人们披此紧挨着，他们手腕和脚上的伤口开始隐隐作痛，他们开始争吵、推搡，发泄着自己的不满。当时，还不满 13 岁的约翰·帕克也成了这个戴枷锁前进的队伍中的一员。他还记得当时有一个叫杰弗的男孩经常被欺负，后来他站到杰弗一边，帮他对付一个抢他食物的大男孩。[44]

只要队伍能继续前进，佐治亚人就不会管这些事。鲍尔带领着这支队伍稳步前行，穿过弗吉尼亚州来到北卡罗来纳州。时间一天天过去，这些从未卸下过铁链的男人身上变得越来越脏。晚上，虱子在他们的头皮上跳来跳去，铁链上也开始出现黑红的锈迹。不过，没关系，佐治亚人会让这些奴隶去市场之前洗干净。与此同时，这些 26
奴隶仿佛成了铁链的推进物，这些铁链已不仅仅是一种金属或工具了，它成了一种机器。铁链和铁枷把奴隶们束缚起来，就是为了满足那些远在奴隶领地外的创业奴隶主和投资者的利益需求，让他们以 300 美元的价格从马里兰州和弗吉尼亚州购进奴隶，然后以 600 美元的价格卖到佐治亚州。

图 1.2 奴隶队伍正在向南方和西方前进，男人们被一条长链子拴在一起，手被绑着，女人们跟在后面，守卫跟在旁边。这支队伍靠着小提琴、歌曲和威士忌才能走下去（*The Suppressed Book About Slavery*，New York，1864，P.49）。

越过波托马克河之后，鲍尔意识到，如果继续待在队伍中，他就只能做两件事。第一件事就是戴着锁链继续前行，就像是那双顺从的、无知觉的脚。当然，这样做既有利于佐治亚人，也有利于那些奴隶卖主和买家，以及这些贸易的资助者。虽然这会让鲍尔远离家乡和家人，但是不论他愿意与否，他都必须这样做。而第二件事就不一样了，他可以选择做或不做。鲍尔决定记住来时的这条路，因为这会对他自己有好处。他小心翼翼地观察着弗吉尼亚的土路和脚下那条北卡罗来纳州的小路。晚上戴着铁链躺下时，他小声念着河流的名字。5 月末 6 月初时，他注意到玉米地中的玉米开始抽穗。
27 队伍旁边冷酷的男人骑在马上，马蹄发出“嗒嗒”声。鲍尔每天都会和这个佐治亚人试探性地聊一些话题，比如马里兰的风俗习惯、烟草种植，以及他在海军工厂的事情。

奴隶们几乎一生都在学习从白人那里获取信息。但是，鲍尔现在却连这个佐治亚人的名字都套不出来。佐治亚人在弗吉尼亚州和马里兰州白人口中的名声并不好，一些人讨厌看这些奴隶队伍被带过城镇，因为这直接把奴隶制最不好的一面赤裸裸地展现在他们面前，还有一些人讨厌这些奴隶贩子可能会带来的一些尴尬。在 1800 年总统选举中，托马斯·杰斐逊战胜了时任总统约翰·亚当斯，联邦政府也搬到了哥伦比亚特区，美国的中心也因此移到了切萨皮克。共和国宣称自由是不可剥夺的权利，而在共和国首都叮当作响的铁链却使人尴尬，尤其是对弗吉尼亚州的那些政治领袖来说，更为尴尬。北方一些联邦党人①的报纸称，杰斐逊之所以当选，是因为宪法中“五分之三法案”帮他获得了选举团的选票。换言之，弗吉尼亚州的权力并不是通过拥护自由，而是通过奴役他人得来的。[45]

有时，佐治亚人和奴隶仿佛都想故意激化这种尴尬。在鲍尔被带到南方的几年后，一个奴隶贩子押送一队奴隶经过美国国会大厦，这时正好有几名国会议员出来在门前台阶上休息抽烟。一个奴隶举 28
起他的链子，满带嘲讽地唱起当时流行的一首爱国歌曲《美国万岁》。另一个类似的造成这种情感冲击的事件不是奴隶的嘲讽，而是奴隶贩子的无理回答。杰西·托里是一名费城的医生，有一次他去国会时，看到一队带着锁链的奴隶经过。一个路人说，这些带队的白人“赶奴人”就像是“佐治亚人”。托里走过去询问其中一个人

---

① 1792—1816 年间存在的一个美国政党，由美国首任财政部长亚历山大·汉密尔顿成立，是 1801 年前美国的执政党。该党主张增强联邦政府的权力，其支持者来自新英格兰和南方较富有的农民。其竞争对手是托马斯·杰斐逊领导的民主共和党，该党更强调各州的权力，重视自耕农的利益，主要支持者来自西部和南部。

图 1.3 “美国万岁!! 华盛顿国会图景”。这是西奥多尔·韦尔德《真实的美国奴隶制》(*American Slavery As It Is*, New York, 1839) 一书的插图。虽然此书出版于 1839 年，但此图描绘的是发生在 19 世纪初的事件。一队奴隶走过华盛顿，看到国会议员在国会大厦的台阶前抽烟休息，他们高唱爱国歌曲《美国万岁》，嘲讽那些代表自由人的国会议员。

（当时肯定是带着一种责问的语气）：“你们那里的奴隶还不够吗？”那个人轻蔑地答道：“还不够。”[46]

另外还有一件事甚至成了媒体丑闻。19 世纪早期，美国人正重新定义女性的角色，认为如果要把青年培养成这个年轻共和国的高尚公民，母亲们就要教会她们的孩子牺牲精神。1815 年 12 月，一位名叫安娜的女性奴隶却做了一件在奴隶制扩张中匪夷所思的事。她被迫与丈夫和孩子分离，与其中两个孩子一起被卖给了一个佐治亚人，然后被人关在华盛顿特区 F 街乔治·米勒酒馆三楼的一个房间里。她从顶楼的窗户探出身来，不知道是想要逃跑还是自杀。反正不管是哪一种情况，重力让她从 25 英尺的高处摔下，摔断了她的脊椎和双臂。她躺在床上，临死前说："当初我不应该选择跳楼，结果他们带走了我的孩子，还把他们送到卡罗来纳州。"[47]

杰斐逊和他的同盟想要压制关于奴隶制的讨论。最终，他们在北方人的帮助下如愿以偿。18 世纪 90 年代，杰斐逊及其盟友在许多问题上都曾与他们的对手联邦党人对抗，如法国大革命、联邦党人对加强联邦政府权力的尝试，以及在政治上反对总统应被视为叛国罪。但是，双方在奴隶制问题上却从未争论过。1800 年的总统选举，29
虽然一些北方联邦党人控告杰斐逊在蒙蒂塞洛有一个"后宫"(harem)，里面有许多奴隶情妇，但是，南方联邦党人和大多数北方联邦党人却对奴隶制问题讳莫如深。他们这样做完全是出于利益的考虑。奴隶制扩张是各方政治领袖共同感兴趣的话题之一。1796 年，由南卡罗来纳州的罗伯特·古德洛·哈珀所领导的著名的南方联邦党，在国会阻止了佐治亚州废除亚祖销售的意图。哈珀与一些北方金融资本的倡导者，如杰斐逊的宿敌亚历山大·汉密尔顿，都坚持认为合同就是合同，出售是最终决定。投资者和开发美国西南部的事业都应受到保护，使其不受由民众煽动而产生的立法机关的影响，从而推翻一项合法的交易。[48]

有关亚祖申购的争论看起来似乎十分明了，即资本大亨与小农之间的对决，也就是联邦党人和杰斐逊派之间，以及联邦主义者和州权主义者之间的斗争。然而，事情并非那么简单。许多北方共和党人都投资了亚祖债券。许多佐治亚人认识到，如果继续出售，他们将获益匪浅。谈判桌上有一个潜在的交换条件。1798 年，国会还在讨论是否要重新规划1795年被佐治亚议会低价出售的密西西比土地。一些北方联邦党人试图把《西北法令》第六条加入法案中，他们提议废除这个国家现存的奴隶制，尤其是在纳奇兹周围地区。虽然知道这片土地上至少已有一个州支持杰斐逊，但联邦党人罗伯特·古德洛·哈珀还是组织了一个包括联邦党人和共和党在内的跨区域联盟来反对修正案。这些人不仅包括南方人，还包括一些北方人，这些北方人意识到，如果废除奴隶制，佐治亚州可能拒绝把土地所有权交给联邦政府，而这将会影响土地的测量和销售，当然也会影响亚祖投资者收回他们投资成本的时间。投资者们也明白，如果让奴隶们在那数百万英亩的土地上从事生产，这些土地将产生更大的价值。[49]

许多国会议员仔细分析了他们的直接经济利益，最终选择让密西西比成为蓄奴州。为了安抚他们的良心，杰斐逊的一些追随者开始宣称奴隶制的扩张将更有可能导致奴隶制的最终灭亡。弗吉尼亚州议员威廉·贾尔斯声称："如果允许南方各州的奴隶到西部去，减少他们在旧州的数量，让他们更加分散，那么他们的境况很可能得
30 到改善。而如果他们仍像现在这样集中在南方各州，他们的情况是不会有所改变的。"如果奴隶们分散开来，奴隶主就有可能给他们自由，毕竟白人身边的自由黑人太过集中，他们也会感到恐慌。因此，如果一些奴隶搬到新地区，那么他们在那里的劳动会升值，也会得到自由。让奴隶制扩张的目的是缩小它的范围，通过任其扩张而限制其影响力。其实，最想购买这一虚假土地所有权的是弗吉尼亚人。杰斐逊是最倡导奴隶分散的人。奴隶制一直无法让自由的奴隶主感到心安理得，而这个概念的提出，正好让他们找到了为自己开脱的理由。奴隶分散也正是对那个高唱美国国歌的奴隶的回应，也是对那个轻蔑的佐治亚人的回应，他知道每个黑人的价钱。[50]

1798 年，佐治亚州把土地移交给了联邦政府，国会把查特胡奇河和密西西比河之间的土地并入密西西比领地，并在那里保留了奴隶制。国会无法判定亚祖购买者有权得到他们在 1795 年购买的土地。在众议院的辩论中，弗吉尼亚州的联邦党人约翰·马歇尔是这些购买者中最积极的倡导者之一。马歇尔一直以来都是西南土地投机者的拥护者，不久之后，他就会被亚当斯总统任命为美国最高法院的首席法官。[51]

杰斐逊当选总统后，试图解决这个国家政治的混乱状态。他在 1801 年的就职演讲中说："我们都是联邦党人，我们都是共和党人。"其实他不妨直接说："我们都是支持扩张者，我们都是亚祖投机者。"然后，自信满满地说："我们都不是佐治亚人。"1805 年，那个骑马男子带着查尔斯·鲍尔和一队奴隶，在弗吉尼亚首府里士满招摇过市。他这样做，也许是为了让那些还未完全被扩张主义这种混乱逻辑说服的人的眼睛和良心受到伤害。但是，佐治亚人不必对查尔斯·鲍尔这样的人解释，只要奴隶主愿意为偏远地区源源不断地提供男女奴隶，他们就不必向任何人解释。一些人看到了奴隶制扩张的丑恶，对他们来讲，佐治亚人的存在，只会令他们将热情浪费在一些根本不会理会他们的敌人身上。

鲍尔一行人在里士满西部乘船渡过了河。男人们拖着铁链，女人们挂着绳子，两支队伍从里士满出发，朝西南方向走了几周。终于有一天，在弗吉尼亚州南部，他们走过一条小路，来到一些矮房子前，房子周围是沙质烟草田。大约有 100 名男女和孩子正在田里干活，一个白人拿着长鞭在一旁监督。佐治亚人拦住了走过来的一个 31
白人，问道："这是谁的土地？"那人回答："国会议员伦道夫先生的。"

队伍继续前行。他们穿过罗阿诺克河，来到北卡罗来纳州的皮德蒙特高原。接下来的一周里，他们艰辛地前行着，他们走过高原上的一些小农场，路过玉米田，看到田里的男女在辛苦劳作。亚德金河上，船夫正忙着拉纤绳：第一趟先运男人，接着又回来拉女人，这艘船已经超重，甲板上的水在鲍尔脚边飞溅。三天之后，佐治亚人告诉他们，已经进入了南卡罗来纳地界。在鲍尔的概念中，这个地方只是佐治亚州的一部分。夜幕降临了，死亡的念头又回来了。

到了早上，佐治亚人为了让奴隶们明白他们现在已经进入一个新的地方，他终于张开了那张紧闭的嘴，说了几句话。他告诉他们，现在所在的地方离弗吉尼亚州和马里兰州十分遥远，他们再也回不去了，必须放弃回去的念头。佐治亚人说的大部分是事实。这 52 名黑奴现在来到了那个地图上印刻着由奴隶们的汗水和肮脏的镣铐留下的铁锈的地方。当时是初夏时节，他们看到田里长着一种奇怪的农作物。鲍尔回忆道："它看起来并不像是未成熟的荞麦。"这种作物其实是棉花。在这个地方，奴隶们看到的这些棉花看起来像食物，其实是要长成纤维的。就是在这里，他们最终还是陷入了奴隶制的扩张中，这种扩张形成于佐治亚人往返切萨皮克的 20 年间。美国独立战争结束的时候，南卡罗来纳偏远地区的奴隶人口只有 2 万人，而现在这里的奴隶人口已经达到 7.5 万人。与此同时，佐治亚州的奴隶人口也在持续增长，从 1790 年的 3 万人增长到了 1810 年的 10.7 万人。[52]

第二天他们赶路的时候，一个陌生人骑着马追上了佐治亚人，问道："这些黑人是要卖的吗？"他想要买两个女人。两个人便交谈起来，争吵了一阵子，还互相辱骂了对方。陌生人盯着队伍中的女人，告诉她们他想让她们做些什么。队伍继续前行着。陌生人骑着马跟着，继续讨价还价。如果这个南卡罗来纳人愿意支付把铁链剪断的钱，那么和佐治亚人的交易就还有得商量。两个黑人 1000 美

元，外加铁匠手工费。他们在一个打铁铺前停了下来，两个人还在
不停地争论。陌生人说他曾经让带铁枷的黑奴劳累致死，他的话大
家都听到了。鲍尔后来说，当时铁匠出来问："你们两个到底在吵
闹什么？"他才明白"吵闹"（Frolicking）一词在卡罗来纳人那里的
意思：当他们争论、吵闹、协商、恐吓奴隶的时候，才是最能体现 32
他们本性的时候。

铁匠摘下铁链的要价是 2.5 美元，他卸下螺栓，佐治亚人打开锁，南卡罗来纳买主便把两个黑人女子带走了。其中一个来自卡尔弗特，是 4 个孩子的母亲。鲍尔很久以前就认识她了。买走她的那个人太恐怖了，他希望自己别落到那种人的手里。

卸下了沉重的铁链，鲍尔感觉轻松了许多，但是他并不高兴。5 个星期以来，他们带着铁链前行，这不仅改变了他们在地图上的位置，也彻底改变了鲍尔。当这些从马里兰来的新人路过时，奴隶们一直在埋头苦干。看得出这里的奴隶所受的管控更多，现在他也和他们一样了。

白人现在把鲍尔当作另一种财产对待。自 17 世纪以来，弗吉尼亚州和马里兰州的法律规定，奴隶可以被当作一种动产。主人可以出售、迁移自己的奴隶，也可以将其与他们的亲人分开。佐治亚州和卡罗来纳州将弗吉尼亚奴隶法的很多方面纳入了他们的法律。但实际上，各州法律真正实施起来都有所不同。买这些奴隶的白人也是刚认识这些奴隶，他们毫无节制地使用他们。提到买卖奴隶，切萨皮克的奴隶主总是有很多的顾虑。比如，不同主人的奴隶之间的家庭联系，对暴怒的奴隶们的担心，对宗教信仰的担心，此外，还担忧来自其他自由州的指责。到 1805 年，这些戴着锁链前行的队伍改变了这种情况，甚至也影响了弗吉尼亚州。沿着这些东西走向或是南北走向的路上上下下，铁链使得奴隶们的脚不再听自己使唤。确实，这些拴着铁链的人更像是由别人来支配的，他们能更轻易地

被带离家人，拿去贩卖。

这支队伍加重了对鲍尔的奴役，也让这种奴役变得更加灵活，它使鲍尔的前进步伐与这个国家最成功人士的需求联系在一起，也为那些明知奴隶制不道德又不想唤起自己良知的人提供了辩护，并将奴隶制纳入了新的州宪法。如果把年轻美国的政治经济比作拼图游戏，佐治亚人和亚祖的存在，让身戴枷锁的鲍尔成了其中的一片。比起宾夕法尼亚大道，虽然这些队伍可能离1810年约翰·马歇尔宣布“弗莱彻诉佩克案”① 的房间并没有更近，但是几乎在所有的案件卷宗中都能看到他们被铁链锁住的脚印。法院面临的一个技术问题是，佐治亚州的立法机关能否推翻上一届会议通过的销售协议。马
33 歇尔和法院最后判定，佐治亚州不能撤销这一销售。当初的销售协议很可能就是贿赂产生的，它可能违反佐治亚州大多数白人的意愿，但是向投资者的土地公司出售土地就是出售财产。而根据首席大法官对宪法中合同条款的解释，财产权是一种绝对的权利。投资该公司的人士大多数是新英格兰金融市场人士和银行家，他们应该从土地销售中获得收益，而联邦政府现在是这些土地的持有者。

联邦党人非常高兴，杰斐逊党人也是如此。马萨诸塞州、纽约市和费城的许多杰斐逊党人与他们的联邦党人对手一样，把他们的财产投资在股票和债券市场的开发上。如今，国会不得不赔偿这些亚祖的债券持有者，而对这些大量购买债券的投机者进行赔偿，无疑会增强整个美国资本市场的信心。法院也作出保证，让西南领地逐渐吸纳更多的资金。一些南方的杰斐逊党人感觉自己被法院中的共和党人背叛了，佐治亚的一些政客在公共场合表现得异常愤怒。

---

① 1795年，佐治亚州政府因急需资金而低价出售了3500万英亩土地。1796年，佐治亚选民要求州政府收回土地，并将该案上诉至最高法院。1810年，最高法院首席大法官马歇尔宣布佐治亚州政府无权侵犯私人财产，私人财产受宪法保护。

先前佐治亚州议会打算卖掉亚拉巴马州和密西西比领地的一半土地，但是很显然，不论是杰斐逊还是其门生麦迪逊总统，都不打算支持佐治亚州而推翻这个决定，他们不希望因此影响亚祖销售的结果。

有关合约不可更改以及财产绝对化的原则已经被联邦宪法所接受。在弗莱彻案中，首席大法官从未提到奴隶制问题，但是法院的判决允许测量并销售 2000 万英亩的土地用于奴隶制扩张。马歇尔的判决为未来奴隶制及奴隶制扩张的辩护者提供了极好的工具。试想一下，如果佐治亚的人民都不能够推翻一个由明显腐败而产生的协议，那么州议会或是任何政府机关又如何能够让奴隶从他们的主人那里解放出来呢？根据蓄奴州的法律，黑人奴隶属于通过协议获得的财产。该项决议还暗示，任何立法机关都无权干涉奴隶主的权利，他们有权把奴隶当作绝对的财产，按照个人意愿对其进行迁移及转让。

奴隶制与金融资本主义相互关联的扩张，成了这个新生国家经济体系的驱动力，这一体系使大西洋沿岸以及内陆地区的精英阶层和其他人受益。在杰斐逊和麦迪逊看来，即将成为新州的密西西比领地将会增加其在选举人团和国会中的选票，用于对付联邦党，而且比他们通过拉拢核心的州权主义分子所获得的选票还多。后者的 34
代表人物之一是杰斐逊前助理约翰·伦道夫，一位越加憎恨亚祖的古怪之人。在查尔斯·鲍尔看来，伦道夫的那位挥着长鞭的监工仿佛就是佐治亚州的一种象征，在路的尽头若隐若现。然而，共和党人形成了一个支持金融和奴隶制扩张的联盟，吸纳了很多前联邦党人，并主导着美国的政治。到 19 世纪 20 年代，它成了自己成功的受害者。南方奴隶主中，只有少数人一直认为对佐治亚人以及奴隶制扩张骗局的攻击是伪善的，伦道夫就是其中之一。真话会让牵涉其中的人发疯，而曾任众议院议长的伦道夫就陷入过一种疯癫的状态，即使是对一个弗吉尼亚州政客来讲，那种情况也极其罕见。

另一个十分虚伪的人物就是布什罗德·华盛顿，他是乔治·华盛顿的侄子，也是最高法院的法官。这位典型的弗吉尼亚绅士曾于1799年从他去世的叔叔那里继承了弗农山庄，他在1810年与马歇尔站成一队。他这样做也许是因为首席法官提出的观点颇有道理，更有可能的是，有关合同和财产的规定为华盛顿这些人提供了一系列有利的借口。比如1812年，当人们得知华盛顿把弗农山庄的54个人卖给了奴隶商贩，这些商贩又带着他们穿过亚祖领地时，这种借口就派上了用场。报刊编辑控诉“美国之父”的侄子居然把人像“带角的牛”一样卖出去。为了回应这种评论，布什罗德·华盛顿写道：“代表我个人以及南方全部公民严正抗议质疑我们权利的行为，无论从道德层面还是法律层面来说，我们都有权这样处理我们所持有的其他种类的财产，同样也可以以此方式处理这种法律认可的财产。”[53]

虽然一路唱着歌的奴隶队伍和态度轻蔑的佐治亚人的矛盾就展现在国会的眼皮底下，但是像华盛顿的侄子这样的人可以依仗“弗莱彻诉佩克案”中有关财产的规定，避免面对奴隶制扩张中的矛盾。1788年，杰斐逊曾这样标榜自己，“没有人（比我）更愿意用一切代价”换取奴隶的解放。1814年，他悲伤地摇着头说，老一代（在解放奴隶方面）走得太慢了，他发现“年轻人大方的性情”并没有让新一代摆脱贪婪，在这个新时代来临之际，年轻人吸取了佐治亚州的经验，也急于从奴隶制扩张中创造财富。

布什罗德·华盛顿从杰斐逊的分散政策中得到了许多好处。他
35 认为其出售奴隶的行为并不是出于贪婪，而是为了展示强迫迁移下如何使白人得到保护。他声称，随着弗农山庄黑人数量的增多，他们越来越不好管理。华盛顿的几个奴隶逃到了北方，用他们的脚侵犯了他的财产权。其余的奴隶则认为只要华盛顿死了，他们就自由了。法官开始担心有一天他们会用利刃刺死他，或是在他的食物里

投毒。没有华盛顿，就没有奴隶制了。杰斐逊也表达过类似的担心，提出了“命运逆转”（reversal of fortunes）这一著名的论调，并且把切萨皮克奴隶主们当时的处境描述为，“抓着狼的耳朵骑在狼背上……既无法抓住他，也没有办法安全地离开”。即使白人们同意全面解放奴隶，他们也有着“深植内心的偏见”，而黑人也会拥有“无法抹去的回忆”。“新的矛盾”会让他们分裂，进而陷入毁灭性的种族战争，最后以“某一个种族的毁灭”而告终。[54]

因此，杰斐逊、华盛顿以及其他弗吉尼亚白人作出了第三种选择，一种在经济上有利可图的选择，那就是把黑奴分散到南部和西部地区。由于佐治亚人的存在，这些德高望重的领导人和分散的阴暗面之间产生了所谓的情感与道德的距离。当奴隶队伍和佐治亚人经过的时候，他们或是绝望地搓着双手，或是声称奴隶将在新州过上比旧州更好的生活。虽然华盛顿声称这种强迫移民完全是为了奴隶们的利益，然而，1821 年 8 月，当一位站在利斯堡的目击者目睹布什罗德 · 华盛顿的奴隶队经过时，他看到的却是一群“不幸之人”，他们中有的人被强行与妻儿拆散，许多亲属都不得不留了下来。而留在弗农山庄的那些人，经常向参观国父故居的游客倾诉苦水。[55]

从美国独立战争结束到 1810 年“弗莱彻诉佩克案”判决期间，奴隶制的扩张把整个国家连在了一起。显然，国家的需要促进了复杂制度和模式（同样重要的还有借口）的形成，而这使国家政治和金融联盟成为可能。个体奴隶主和其他想从各种经济机会中扩张的人的需要，促进了国家整体实力的提升，有利于市场法律和统一市场的形成。国家扩张的需要，再加上奴隶本身具有行走的能力，奴
隶在美国的各种政治妥协、政治同盟、金融计划以及这个年轻国家 36
的地图中成了一种绝对任人支配的财产，令他们在奴隶制中越陷越

深。奴隶制已经变成了国家公认的惯例，是宪法中严格定义的财产权，是一种理所当然的习惯，也是一种政治妥协的模式，其最典型的表现就是奴隶主有权买卖或是把奴隶迁移到新的领地。

而影响事件始末的还是这些行进中的奴隶——查尔斯·鲍尔、与他拴在一起的32名男性、跟在他们后面用绳子拴着的女性，还有那些即将长大被出售的奴隶。这些戴着锁链的奴隶和运送他们的白人从老马里兰州和弗吉尼亚州出发，叮当作响地走过数百英里的路程，到达一个陌生的地方，那里的一切都变幻莫测。虽然老马里兰州和弗吉尼亚等地的政客们向世界营造了一种光彩浮夸的表象，但实际上其内部正在一点点坍塌。强迫移民和奴隶制扩张似乎成了双方已达成共识的谎言结构中永久的、必不可少的一部分。马歇尔灵活的法律现实主义和分散奴隶的骗局成了谎言的挡箭牌，而正是这个谎言造就了这个国家。为了使机器运转起来，华盛顿现在可以依赖一群“锁链专家”(chaining experts)，让佐治亚人承担财产、人身以及地位的各种风险去运送奴隶。从各种意义上说，查尔斯·鲍尔他们现在比原来更容易运送了，因为政治、意识形态、法律和个人层面的冲突都减少了。

因此可以说，奴隶队伍把年轻的美利坚合众国绑在了一起。到了南卡罗来纳州，查尔斯·鲍尔的脖子和手终于从整支队伍的锁链中解脱了出来，因为只有这样，他的主人才能把他和剩下的马里兰奴隶带到市场出售。由于他们一路上不断流汗化脓，体内有限的脂肪已消耗殆尽，因此，佐治亚人让他们在一个棉花农场主的房子里先休息20天。鲍尔及其同伴每天的食物是黄油，这样他们才能马上变得又圆又“胖”。他们会经常洗澡，以去掉身上和衣服上的虱子。很快，就有一些白人过来看他们，会问他们一些问题，并对他们进行身体检查。这里的人都很尊敬这个佐治亚人，称呼他为“商人”，而不是“赶奴者”或“佐治亚商贩”。在这里，人们需要他这样的人，而不是把他当作其他奴隶主的替罪羊。甚至他严实的嘴巴也向来人透露了自己的名字，他对一位询问他姓名的准买主说："先生，我叫玛吉芬。"[56]

两周后，玛吉芬把这些奴隶赶到了南方的哥伦比亚。7 月 4 日，当地的狱卒在数百名刚吃完一顿美餐、听完了爱国演讲的人面前拍卖这些奴隶。最后，只剩下 3 个人还没有被卖出去——包括鲍尔在内的最强壮的 3 个人。这时狱卒戏剧性地宣布，如果玛吉芬不能把每个人以 600 美元的价格出售，他就要把他们带到佐治亚出售。这时一位 37
老绅士站出来，他说要买下那个"木匠"。鲍尔并不是一名真正的木匠，但庆祝摆脱暴政的这一天，人们说了太多谎言：待售的奴隶没有一个逃跑过，没有一个从主人那里偷过东西，也没有一个遭受过鞭打。奴隶们原来的主人都是马里兰州或弗吉尼亚州的谦谦君子，是因为不幸负债才被迫出售奴隶的。

其他白人也都非常尊敬这位老者。鲍尔断定他是一个大奴隶主。他其实就是韦德·汉普顿。除此之外，他还是一名亚祖投资者。汉普顿在继承了低地地区的稻田后，现在又打算让自己的奴隶去种棉花，他的几英亩棉花地就在南卡罗来纳州的哥伦比亚附近。随后，他的野心让他深入佐治亚州、密西西比州和路易斯安那州。不过，汉普顿此刻正喝着酒庆祝独立日。他让鲍尔在马厩里找个地方睡觉。第二天，他们将赶往汉普顿在附近的农场。在漫长行程的最后，鲍尔的脚终于从旧州踏上了新州。

第2章

头 *1791—1815*

39 海关小屋的周围打着木桩，小屋建在木头支架上，从远处看，就像一只小鸡立在浅水区。大陆的闷热笼罩着一切。任何能在水里持续漂流一个月的东西——树皮、树枝和整棵的树，如果没有在数千英里的漂流途中被截住，最终都会聚集在伯利兹，这是密西西比河口的一片平地。被淹死的鹿和野牛没能漂到这里，因为鲶鱼和乌龟早在它们漂到这里之前就把它们吃掉了。最重的一层漂流物藏在这些森林垃圾翻起的涟漪下面，那是水面下一股巨大的潜流，波涛暗涌，虽然新鲜但并不好闻，水流在随着它的重量下沉。暗流中的铁来自遥远的北方，银来自落基山脉，但主要是污泥。森林中的成千上万条支流卷着腐殖质，翻滚着流经杰斐逊统治下的16个州，与三角洲的黑土搅在一起。长期以来，这条河流汇集两岸的淤泥，独自向着南方流去。但在过去的10年里，由于流域上游的耕作、播种和收割，径流的淤泥一直在增厚。

1807年初，从“阿文提诺号”望过去，在这个航道上浮锚的是一个个子不高、皮肤黝黑的男人。自查尔斯顿建立以来，他就是这艘船上唯一的奴隶。船员们根本没把他放在眼里，他既构不成威胁，也不是主要的货物。一直以来，他都听不懂别人在说什么，别人也听不懂他的话。但是他们不再担心他会跳下去，就像当初那些在大西洋口岸站在围栏上试图跳海后被拽回来的黑人。他身上有两件令人吃惊的事情，一是他睡觉的时候总是蜷缩成同一个姿势，二是他脖子上戴着一个铁项圈，上面刻着“休·杨的财产”。[1]

从他的眼中可以看出来，他是记得的。从非洲来到南卡罗来纳州，1000 多万人被迫移民到这个新的世界，他和他们一样幸存了下 40
来。他们或被捕或被绑架而来，或者干脆就是买来的，然后被运往海岸，从一个陌生人的手里贩卖到另一个更陌生的人手里（这些人或是白人，或是棕色人，或是有一头棕褐色与黑色的卷发）。他们被从黑暗的地牢中带出来，手脚戴着铁链，白人水手把这一大批非洲人捆在海岸边的一艘大独木舟上。海水冲刷着船舷，独木舟上的人都能感受到溅起水花的咸味。他们穿过汹涌的波涛上了海中的浮式据点，然后被拖到罗德岛的船上。他们相互推挤着前进，用轻巧又迅速的步伐在一个只有 4 英尺高的顶棚下保持着平衡，即使对这些平均身高只有 5 英尺的人而言，这个地方也太矮了。在他们面前，一些散发着恶臭的男人蜷缩在地板上。他们的睡相告诉这些新上来的人该如何躺着：左边朝下，面对背紧贴着躺在一起。船长认为这样对心脏有好处。

1787 年，美国制宪会议允许继续进行奴隶贸易。以后的 20 年里，这个新国家的公民从非洲海岸拉来了 10 多万人口。其间，充满了抗争。有些人紧紧抓住地牢和奴隶集中营的门框不肯进去；有的带着锁链成队从船边翻进海里，一起淹死在海浪中；有时水手用棍子把他们打倒在甲板上，有的奴隶会夺过他们的棍子；当船员让他们出来操练的时候，他们会冲破栅栏。大西洋的贩奴航程中，有 10%经历了重大叛乱，但是基本以失败告终。水手在船中间向那些绝望的人们发射加农炮弹，船上的排水口血流成河，尸体都被扔进海里喂了鲨鱼。[2]

现在这个人都还记得他当时是怎样躺在呕吐物里，躺在粪便里，躺在尿液里，怎样吃着那些他们带来的桶里的食物。他听见另一层甲板上的女人为一个垂死的婴儿或是姐妹痛哭；当水手要将她们带到船员的住处强奸时，他听到她们在挣扎反抗；他看见水手把那些身体已经僵硬、带着一脸苦笑的人拖了出去。天使也曾险些伸手把他抓走。他晕船到连胆汁都吐了出来；痢疾导致他拉得倾泻一空，差点儿没了命；他在船舱里发烧，汗如雨下，气喘吁吁地等着从桶里盛的一口饭食。他当时很可能像那几百万人一样死去，但他活了下来。

他也许是幸运的。这艘船最后停靠在了查尔斯顿港。随后，船员把他卖给了当地的一位新奥尔良中间商，这个人给他锁上了一个铁项圈，上面烙着这个商人的名字。另外一个白人把他从东湾街带到阿文提诺码头。牌子在风中“咔咔”作响，风里还夹杂着加兹登码头那艘旧船上散发的恶臭。在库伯河的对岸，秃鹰落在树上拍打着翅膀，它们知道这个港口的洋流会将尸体堆积到沙洲的某个位置。
41 仅在那一年，25 艘船在此隔离等待检疫期间，就有 700 个非洲人死在船上。[3]

又一次航行之后，这艘小船驶进了阿文提诺的泊位。白人海关官员爬上了绳梯。那个戴铁项圈的黑人观察着这一切。他能看出来，靠在桨上休息的那个奴隶也经历了那片黑暗的海域。划桨人也看向了这个戴铁项圈的人，并回忆起了奴隶甲板上浸出水的木头挤压在他伤痕累累的脸颊上的感觉。

但这次重新登陆的经历也许会有所不同。奴隶制本身从一开始就一直在变化，从最初塑造了新世界的糖岛模式（sugar-island model），直到变成现在这种状况。这个戴着铁项圈的男人不是要去一个小岛，也不是要去一个紧邻海岸线的孤立居民区，他要前往一片广袤的大陆。在泥泞沼泽地的浓雾后面，奴役没有地域上的界限，只有政治上的限制，奴隶主们为了自身的利益去制定政策，这些奴隶未来的主人是美国公民而非殖民者，他们有权投票，竞选政府公职。同样地，是这些奴隶主的财产利益而不是遥远的帝国官僚计划决定着奴隶的命运。这个戴着铁项圈的男人和所有跟他一起走进这片大陆腹地的人，将要生产的不是一件奢侈品，而是一种无限扩张的新经济中最基本的商品，因而他们生产的商品也拥有无限的市场。这就意味着，对于奴隶主的数量没有限制，对于那些想要从奴隶制中获取利益的投资者的数量也没有限制。只有当奴隶主良心发现，或者世界投资市场无法调动足够的储备时，才能阻止资本流向奴隶制的新地界。

这都是确定无疑的，但这里有一个很大的问题：整个美国和所有想将奴隶制扩大到大陆中部大河谷的企业家是否可以深入北美腹地。直到 1807 年，这个疑问依旧没有答案。事实上，这个疑问自 18 世纪 90 年代开始就始终存在，并且持续了十几年。由于这个原因，奴隶制的扩张并不是注定的结局。四次剧烈的暴力冲突，其中三次都发生在该河谷地区，河水震动着“阿文提诺号”，这才是决定奴隶制命运的关键。

自 1807 年开始，从旧大陆来到这片新大陆的人中，4/5 来自非洲而非欧洲；这些人戴着锁链被关在船舱里，甚至不能在甲板上自由活动。三等舱里熙熙攘攘的人群，吵着闹着要远离饥荒、摆脱贫困，他们是爱尔兰人、意大利人或者俄罗斯犹太人，那些人后来也来到了这片新大陆。1000 万来自中央航道的非洲人被掳到这里，他们塑造了这个新世界，并且将新大陆与旧大陆联系起来。一个与之 42
规模类似的变化，就是在这个半球上数百万原始居民的死亡。借助人口灾难和中央航道，西班牙、葡萄牙、法国和英国这些帝国统治了美洲前300年的历史。一旦将所有的金银财富洗劫一空，这些国家就会从巴西到弗吉尼亚建立起一系列种植园殖民地，以寻找更大的财富来源。虽然很多种植园规模很小，但其对经济和政治产生的影响却是巨大的。1763年，在第一次《巴黎和约》中，法国以其在加拿大的全部殖民地换取了瓜德罗普岛。[4]

在1807年之前，蔗糖是这些岛屿上主要的产物，也是欧洲大部分新财富的来源。16世纪早期，葡萄牙人把甘蔗带到巴西。那时，他们已经学会如何榨汁，如何熬煮甘蔗汁，以及如何在马德拉岛或圣多美等大西洋岛屿上使甘蔗汁结晶。在那里，欧洲人首次将甘蔗的挥发性成分、肥沃的土壤、奴隶制和背井离乡的非洲奴隶结合在一起。在巴西，这种结合不仅在起泡的甘蔗汁桶中收获了蔗糖结晶，还获得了巨额的收益。16世纪晚期的西欧经济中，有威望的消费者吃糖的数量越来越多。巴西曾一度是早期现代欧洲的硅谷，是创造巨额利润的技术孵化器，是一夜暴富的代名词。当海难将鲁滨孙·克鲁索扔到荒岛时，他打算成为巴西的一名种植园主。[5]

在不到50年的时间里，巴巴多斯岛取代巴西成为第一产糖地。巴巴多斯岛的全盛期也只持续了几十年，牙买加紧随其后，声名鹊起。在一个又一个的岛上，欧洲人和他们所携带的病原体夺去了当地人的生命，贩奴船在海上航行，甘蔗在这片土地上生长。甘蔗地里劳作的奴隶死后，又会有一波幸存下来的奴隶从贩奴船上爬到这片甘蔗地，接替他们的劳动，从而使奴隶主变得极其富有。在每个岛上，最富的人把其他人排挤出去，然后一个新的小岛出现了，它为企业家们提供更新鲜的土壤，为投资者们提供吸引资金的新方式。糖岛破坏和开发的过程塑造了这个新世界前3个世纪的地缘政治、经济和文化。虽然弗吉尼亚与南卡罗来纳不同于糖岛，但它们同样是流通渠道。北部殖民地本来与这些毫不相干，但后来他们开发了糖岛所需的造船业、谷物种植业和畜牧业，并开始将甘蔗糖浆蒸馏制成朗姆酒，运输奴隶，贩卖奴隶制造的商品。[6]

在欧洲的商店和厨房里，糖起初是富人的奢侈品。到了 1700 年， 43
糖变成了新兴中产阶级咖啡和茶里的甜味剂，同时也是一种上等的调料。到了 1800 年，糖成了英国穷人的奢侈品，偶尔作为熬过一天辛苦工作的兴奋剂，或是一种让哭闹的孩子安静下来的奖励。糖和奴隶制一起，加速了欧洲的贸易，拓宽了企业家获得金融资本的途径，刺激了追求利益的欲望，促进了集权国家收入的增长和国力的增强。但糖和奴隶制绝没有使西欧的经济超越世界其他地区。中国人也消费糖，而且在 18 世纪的大部分时间里，中国一直是世界贸易的中心。和世界上其他地方一样，大部分欧洲人时常面临饥荒的威胁。他们按照当地人的农业传统种植粮食作物，而这些传统农业技术的复杂性、效率和生产力都更接近公元元年时的状况，而不是 1900 年。大部分穷人和农民像戴着铁项圈的奴隶一样矮小，因为自农业时代以来，大多数人的生活水平还没有得到改善。[7]

在船尾的甲板上，白人海关官员和船长一起走到这个戴项圈的男人面前，盯着他说了一些莫名其妙的话。船长在一份文件上签了字，海关官员又回到了船里。在白人的文件里，这个人依旧没有名字，但墨水已经记录下了他的存在。这艘划艇向着海关小屋划了回去。“阿文提诺号”的海员们拉着船锚，升起船帆，船锚发出碰撞的声音，船帆在空中飘荡。驾驶盘转动起来，这艘双桅船驶入了航道。

戴项圈的男人在围栏上向远处眺望。薄雾渐渐散去，一片低平的陆地进入视野。接下来几天，“阿文提诺号”顺着蜿蜒的河流穿过密西西比的新土地。慢慢地，河岸开始上升，堤坝保护着后面的平地，地里长着绿色的甘蔗。他最先看到的是临时搭建的小木屋，然后是被小木屋簇拥着的大房子。三天后，河道向右拐后变直，一丛密密匝匝的桅杆映入眼帘。他们抵达新奥尔良了。

1800 年，当法国旅行者皮埃尔-路易斯·迪瓦隆（Pierre-Louis Duvallon）看到一小丛桅杆，他便预言新奥尔良“注定会成为北美的主要城市之一，也许还是新世界最重要的商业中心”。新奥尔良在 1718 年由法国人建成，于 1763 年割让给西班牙。来到这个城市的设计者、愿景家和投资者同样能预见到这里广阔的前景。迪瓦隆认为，坐落于密西西比河口的新奥尔良，要比尼罗河、莱茵河、多瑙河和
44 恒河更具有经济潜力，这里将会成为半个大陆产品的接收地。迪瓦隆甚至说，在新奥尔良，“自然与社会的精粹恰到好处地结合在一起，完全超乎想象”。[8]

然而，自从 13 个殖民地取得独立以来，强大的帝国决心让新奥尔良远离美国的控制。1783—1804 年，西班牙一再地剥夺美国居民通过新奥尔良向上游地区运输商品的权利。每当他们这样做时，西部的居民就会考虑改变他们的效忠对象。美国官员对此很忧虑，曾多次试图与西班牙谈判关于密西西比河口附近这座城市的出售和割让事宜，但是，西班牙试图遏制这个新国家的发展，因而一再地拒绝了他们。[9]

西班牙顽固地控制着密西西比河口，这使得美国依然有可能分裂，但是，一些意想不到的事情改变了历史的进程。1791 年，在法国加勒比圣多明各殖民区，受奴役的非洲黑人爆发了人类历史上前所未有的起义。圣多明各岛是伊斯帕尼奥拉岛东部的第三个岛屿，是当时最后一个糖岛，也是法兰西帝国经济增长的引擎。但是，8 月的一个夜晚，第一个奴隶制磨坊停止了运转。在整个圣多明各蔗糖帝国，这个世界上最有利可图的地区，奴隶们涌入大厦豪宅里屠杀奴隶主，在蔗糖仓库和甘蔗地里放火，成千上万的人在殖民统治区海地角游行。在遭到阻止后，他们又重新集结。当时这场起义波及

了整个殖民地区。[10]

到 1791 年末，起义已造成成千上万的白人和黑人死亡。甘蔗地里的滚滚浓烟被吹进了大西洋信风中。难民逃到查尔斯顿（当时他们已经充满了对奴隶叛乱的恐惧），逃到古巴，逃到大西洋世界的任何一个角落。所到之处，他们带去的是一个天翻地覆的世界的疯狂故事。由于法国大革命推翻了统治法国 1000 多年的君主专制，欧洲人陷入了认识混乱的痛苦中，当时人们对这些事件反应不一，但都深感困惑。小规模的奴隶叛乱是一回事，黑人取得完全的胜利又是另外一回事。事实上，欧洲思想家一直在讨论法国的那场革命，却对圣多明各的事绝口不提。例如，德国哲学家格奥尔格·黑格尔，他当时正在围绕一个奴隶反叛主人的理想化古典形象构建一个完整的思想体系，但他却从来没有谈及现实世界中正在发生的奴隶叛乱，45
即使他阅读的每篇周报上都有关于流血冲突的报道，但他坚持认为，非洲黑人与一个由欧洲民族国家新获得自由的公民塑造的未来无关。[11]

但是，圣多明各的这场革命创造了一个现代世界。今天，圣多明各被称作海地，它是西半球最贫穷的国家，但是，海地革命是当时最具革命性的革命。当这一切结束时，这些曾在欧洲帝国的相互倾轧中受到压榨的人们，统治了这个曾经奴役他们的国家。他们的公民地位（至少在理论上）是迄今为止最平等的。他们在加勒比推动的事件，促使法国革命家在国民议会中坚定地采取更为激进的立场。例如，在 1794 年解放所有法国奴隶，试图使圣多明各这个经济龙头支持法国的新任领导人。然而，奴隶革命本身就已经消灭了岛上的奴隶制。杜桑·卢维杜尔（Toussaint Louverture）之前是一名奴隶，他将一群狂暴的反抗者组织起来，建立了一支起义军，这支军队保护了他们的革命果实。1794—1799 年，杜桑·卢维杜尔的军队击败了成千上万的反革命英国红衫军的侵略。[12]

1800 年，圣多明各名义上依然是法兰西共和国的一部分，实际上已是一个独立的国家。杜桑·卢维杜尔在写给法兰西第一人拿破仑·波拿巴的信中自称“第一黑人”。拿破仑当时是法兰西共和国的第一执政，也是一位出身卑微的传奇人物。他是一位政治和战争领域的领袖，而非商业巨头，他的军事胜利摧毁了陈旧的那一套。然后，他试图去创造一个新的国际秩序、一种新的经济、一套新的法律、一个新的欧洲、一个新的帝国。但在 1800 年①与英国签订《亚眠和约》后，这个表面看起来实行了共和制的国家变成了君主制。拿破仑把目光投向了一个新的目标：收复皇冠上的蓝宝石——失落的圣多明各。1801 年，他派出了有史以来最为庞大的舰队——大约有 5 万人——在他妹夫查理斯·勒克莱尔（Charles Le-Clerc）率领下进入这个岛屿，他们的任务是干掉圣多明各首领，也就是当过奴隶的杜桑·卢维杜尔。拿破仑命令道，“要灭掉非洲黑人的威风”，要通过欺骗和暴力压制所有叛乱，将所有幸存的非洲人再次套上奴隶制的枷锁。[13]

拿破仑还组建了第二支军队，并给了这支军队第二个任务。1800 年，他签订了一份秘密条约，将西班牙控制了 37 年的路易斯安
46 那“归还”法国。第二支军队被派往路易斯安那，在那里插上法国国旗。这支军队有 2 万人之多，比整个美国军队都要庞大。拿破仑早已从内部征服了一个革命共和国。他现在又派了一支强大的军队，试图通过野蛮的武力去征服另一个领地。至于第三个共和国，当拿破仑的第二支军队登陆路易斯安那的时候，它在密西西比上游的存在，将破坏美国东西分界线地区的稳定。[14]

---

① 原文有误，应为 1802 年。

杰斐逊在华盛顿听闻了有关这个秘密条约的传言。为了维持他独立白人共和国向西推进的乌托邦计划，杰斐逊向奴隶制的扩张作出妥协。现在他面临着又一个迫在眉睫的选择：要么虚伪地妥协，要么毁灭。1786 年，他和约翰·亚当斯作为反叛共和国的代表被派到英国皇家法院，对杰斐逊来说，没有什么比这所遭受的屈辱更让他痛心的了。当一个戴假发的法官大声地喊出美国特使的名字时，乔治三世还在盛怒之下，他傲慢地转过身，然后大摇大摆地走了，大臣们一阵窃笑。然而，正如此时杰斐逊对前往巴黎的特使罗伯特·利文斯顿（Robert Livingston）所说："这个世界上只有一个地方，占据这个地方的人是我们天生的宿敌，这个地方就是新奥尔良。"杰斐逊不得不以某种方式开放密西西比河。他写道，如果法国军队占领新奥尔良，"我们就必须和英国及其舰队联合"。[15]

拿破仑有他自己的野心。他没有理会杰斐逊对于密西西比河口这座城市最初的报价。虽然杰斐逊总统让前去谈判的詹姆斯·门罗（美国未来的总统）带去了一个更高的报价：1000 万美元买下这座城市及周边地区，但法国最后仍没有答应这笔交易。勒克莱尔的军队大批登陆圣多明各的时候，法国发现海地角已是一片废墟，作为焦土政策的一部分，此地被付之一炬。勒克莱尔通过骗局成功抓获了杜桑·卢维杜尔，并将他押至法国，囚禁在侏罗山的一个堡垒里。然而，反抗并没有因此停止。卢维杜尔的军队开始接连告捷，战胜拿破仑的大军。法国军队开始由镇压叛乱转向种族灭绝，数千名疑似叛乱分子及其家属惨遭杀害。这种恐怖行径激起了更激烈的反抗，随之而来的还有黄热病和疟疾，数千名法国士兵因此丧命，其中包括勒克莱尔。

1802 年中期，法国的第一波军队已经退却了，拿破仑极不情愿地将路易斯安那的军队转移到圣多明各。随后，加勒比地区的第二

次远征也宣告失败了。虽然杜桑·卢维杜尔在大洋彼岸的牢房里正
47 冻得瑟瑟发抖，但他留下的军队成为率先粉碎拿破仑野心的决定性力量。“该死的糖，该死的咖啡，该死的殖民地。”有人在宴会上听到一位白人首脑这样抱怨。1803 年 4 月 7 日，看守卢维杜尔的狱卒进入牢房，发现这位黑人领袖笔直地坐在椅子上，已经去世了。同一天，门罗的船驶入法国海岸。4 月 11 日，门罗的车队还没有抵达巴黎，一位法国部长就邀请利文斯顿到他的办公室。[16]

拿破仑的这位官员的报价惊得利文斯顿差点从他的及膝短裤中跳出来：不仅仅是新奥尔良，而是整个法属路易斯安那——整个密西西比河及其支流的西岸，全部出售。美国只花了 1500 万美元就买下了 82.8 万平方英里，即 5.3 亿英亩的土地，每英亩约合 3 美分。这片广阔的土地使这个国家的面积扩大了一倍。最终，美国从路易斯安那领地中先后划出 15 个州。到 20 世纪末，杰斐逊的这笔意外之财将为世界生产大量的粮食。可以想见，利文斯顿难掩自己的兴奋，当即同意了这个决定。[17]

就这样，1804 年伊始，举行了两场重大的仪式。每一次都正式化了受奴役的人民依靠自己的力量，成功推翻了欧洲帝国最有利可图、发展最充分的蔗糖奴隶制所带来的结果。其中一个仪式在太子港举行，由几个经历了奴隶队伍、奴隶制、革命和战争的领导人主持。1 月 1 日，他们宣布国家正式独立，他们称之为海地——他们认为，在西班牙人将这里的泰诺原住民赶尽杀绝之前，泰诺人称这里为海地。即使这个国家的历史充斥着杀戮、内战、独裁和灾难，即使白人国家一直绞尽脑汁地拒海地于国际社会之外，但海地独立后的第一部宪法创造了一种全新的公民观念：只有黑人才能成为海地公民。那么，谁是“黑人”呢？是那些反对法国和奴隶制，并且接受黑人统治海地这一事实的所有人。也就是说，即使是“白人”，也

能成为海地的“黑人”公民，只要他（她）否认白人应当统治社会、非洲人应当服务他人这样的观念。[18]

海地的独立不仅粉碎了拿破仑征服西半球的计划，还敲响了新世界奴隶制的丧钟。在糖岛上，生产力取决于那些从非洲掠夺来的黑人劳动力的不断供给。一些曾认为非洲奴隶贸易并非不道德行为 48
的欧洲人转变了看法，因为奴隶贸易给圣多明各带来了灾难，那里初尝自由滋味的男女现在满怀愤怒。1791 年，受到圣多明各反叛分子身首异处和巴黎断头台恐吓而暂停的英国反奴激进主义，现在成了传统的伦敦智慧。1807 年，英国议会通过了一项法案，终止了英国的国际奴隶贸易。英国政府和统治阶层认为，废除奴隶贸易为他们提供了历史学家克里斯托弗·布朗（Christopher Brown）所谓的“道德资本”。在不久的将来，他们可以利用其不断增长的经济实力，向西班牙、法国和葡萄牙施压，要求他们也废除其在大西洋的奴隶贸易。[19]

与此同时，美国国会也在推进本国禁止国际奴隶贸易的法案，1808 年是宪法同意这条禁令的第一年。但是，该禁令之所以在政治上具有可行性，原因之一是贩奴船不必再经由中央航道。托马斯·杰斐逊在 1806 年向国会提交的年度报告中，敦促实施奴隶贸易禁令。向西、向南和向西南的领土扩张，使南卡罗来纳州、佐治亚州和其他一些地方的奴隶主能够从源源不尽的奴隶队伍中买到像查尔斯·鲍尔那样的人。因此，法案的通过并不意味着投票的那些南方代表认为奴隶制是错误的，正如他们中的一个人所说：“绝大多数南方人并不认为奴隶制是一种犯罪。”[20]

无论如何，海地革命已经让美国这个年轻的国家为了奴隶贸易开放了密西西比河口。1803 年 12 月 22 日，大约在太子港宣布独立 10 天前，路易斯安那的新总督与新奥尔良官方进行了权力交接。美国的所得依赖于数十万非洲男性、妇女和儿童的牺牲，这些人在圣多明各奋起反抗那个似乎被写入美国宪法的社会制度，即对非洲黑人的奴役。这种对海地革命胜利的依赖是一个巨大的讽刺。杰斐逊关于“扩张”的言论一定程度上是依赖于白人对奴隶反抗的恐惧，而并没有承认是杜桑·卢维杜尔死后的胜利，使这个国家和奴隶制的扩张成为可能。当时唯一指出这位共和党总统是一个没穿衣服的皇帝的声音，来自杰斐逊的老对手亚历山大·汉密尔顿，他表示：“我们应该感谢圣多明各的恶劣气候、这个地方黑人居民的勇气及其
49 顽强的抵抗……事实是，波拿巴被迫（并不是被杰斐逊强迫）放弃了他在密西西比河岸殖民的宏伟计划。”[21]

甚至直到今天，大多数美国历史教科书中，关于路易斯安那购买案的描述，都没有承认这是圣多明各的奴隶革命促成的。这里还有另外一个具有讽刺意味的事件。1804 年，海地人向世界宣告他们的社会理念，即公民完全放弃白人特权。但是与此同时，他们革命的成功，却给密西西比河口带来了一个新的奴隶制帝国，这片伟大的大陆会孕育第二个奴隶制帝国，且其经济实力远超第一个。

因此，那个戴着铁项圈的男人并非意味着旧的被迫移民的结束，而是新一轮强迫移民的开始。但是，获得的领土并不会自动变成管理权，潜在的财富也不能自动转化成滚滚财源。为了将密西西比河口潜在的可能变为现实，奴隶主就不得不跨越语言与文化的差异共同努力，尤其是在 1807 年以后，他们不仅要找寻新的奴隶资源，还要去摆平那些威胁他们权力的挑战。假如我们能够在 1809 年 5 月 15 日采访奥尔良领地的总督威廉·克莱伯恩（William C. Claiborne），他可能认为奴隶主们的前景不容乐观。那天，他在坐落于新奥尔良阿姆斯丹广场总督府——一栋白色石头建筑——的书桌前匆忙潦草

地写信。这个建筑由西班牙人建造，现在是路易斯安那州的州立博物馆，但是在 1804 年“改旗易帜”之后的几年里，这里曾是帝国边疆政府的神经中枢。

克莱伯恩是一个风风火火的人。随着新美国的扩张，他的政治事业平步青云。1775 年克莱伯恩出生于弗吉尼亚，后来移居田纳西州，并于 1795 年当选为美国历史上最年轻的国会议员。势力强大的弗吉尼亚盟友使他获得了新吞并的奥尔良地区（现在的路易斯安那）联邦总督的任命。但是，他想在这里完成的一切似乎都泡汤了，其中有一些是由于他自己的失误，比如他不愿意学习法语。他为人鲁莽冒失，像他的国家一样总是火急火燎。就在这时，他从座位上一跃而起，望向窗外的河流，然后又急匆匆地大步回到座位上，继续潦草地写信，全身晃动。[22]

因为总督刚刚得到一个棘手的消息，一艘来自古巴装满奴隶的船只试图停靠在新奥尔良港，这违反了禁止向美国输入奴隶的禁令。 50
进口奴隶的问题可能会激化这个领地固有的矛盾。由于文化上的差异，讲法语的居民与讲英语的新教徒会在新奥尔良街头争论舞会上应该跳哪一种舞，是英格兰的时尚舞还是法国的流行舞。在这里，一些有钱的白人男子先是和黑白混血的女子同居，之后再找个有头有脸的白人女子结婚，“美国”女性（还有少数男性）对此怨声载道。这样的事情在弗吉尼亚时有发生（克莱伯恩很了解托马斯·杰斐逊的类似故事），但他们通常都秘而不宣。同时，新到美国的移民会利用境外资本主导新奥尔良的商业活动，他们可以畅通无阻地获得那里的商品和利润。路易斯安那的法国人只能依靠他们对该地区固定资本的控制，以及拒绝出售土地的方式来阻止美国移民。[23]

文化冲突一直动摇着路易斯安那新居民的忠诚。西班牙帝国仍对东西边境地区虎视眈眈，不愿放弃西佛罗里达。传言有人密谋将密西西比河流域脱离华盛顿控制，谣言引起了很多人的密切关注，包括西班牙人、对美国不忠心的法国路易斯安那人以及野心勃勃的讲英语的人。最臭名昭著的就要数1806年的那场阴谋了，据称是由前副总统阿伦·伯尔和詹姆斯·威尔金森将军策划的，企图在路易斯安那建立一个脱离联邦的共和国。虽然威尔金森是受雇于西班牙的一名特工，但是并未被逮捕。而伯尔遭到了逮捕，但是随后关于他叛国罪的审判却演变成了杰斐逊的一场灾难。总统看起来像一个急于扭曲事实的人，以此来报复对手（伯尔是杰斐逊在1800年选举中的竞选副手，据说他试图通过与联邦党人合作，使选举结果由众议院决定，从而窃取总统职位）。[24]

圣多明各革命之后，最扑朔迷离的就是路易斯安那奴隶制的未来。奥尔良领地1804—1810年的法律记录显示，这里有15927名奴隶，学者们已经找到了足够的信息对其中的5527名奴隶进行种族鉴定。其中，61%似乎是生于非洲，27%生于路易斯安那，6%生于加勒比海，还有6%生于英属北美地区（见表2.1）。在新奥尔良的市场里能听到数十种非洲语言，能看到一些奇怪的“国家标记”，从甘蔗
51 地里走出来的男女脸上刻着部落的伤痕。那些从非洲来的“奇怪黑人”看起来特别具有抵抗倾向。1810年，约翰·帕弗瑞在自己的种植园写道：“我们的老朋友曼丁哥·查尔斯（或称哥利亚）又从种植园逃跑了，和他一起的还有一个叫克莱克的人。”帕弗瑞的种植园在圣查尔斯教区，位于距新奥尔良50英里的上游地区，取名“焦蔗”(Burnt Cane)。帕弗瑞是一名来自马萨诸塞州的商人，在18世纪90年代搬到了路易斯安那，接管他姐夫的制糖企业。1810年底，企业负债累累，他无力偿还，便把公司卖给了新奥尔良企业家威廉·肯纳和史蒂芬·亨德森，之后在路易斯安那的阿塔卡帕斯地区开展棉花种植业务。克莱克就藏身于圣查尔斯的森林里。[25]

表 2.1 1804—1810 年新奥尔良记录中奴隶的来源情况

人口来源	数量（人）	所占比例（%）
非洲人	3387	61.3
路易斯安那克里奥尔人	1482	26.8
北美白人	338	6.1
加勒比海地区	304	6.1
其　他	16	-
不　明	10400	-
总　计	15927 [5527]	100.0

资料来源：霍尔数据库，网址：www.ibiblio.org/laslave/。
注：此表中除非洲人的数量外，其他群体的统计数据均借鉴了变量研究的成果，其出生地不唯一。

圣多明各的精神存在于克莱伯恩试图统治的路易斯安那。新奥尔良街头的大部分白人警察都出生在这座法国岛屿上。糖和制糖专家也从那片被烧毁的殖民地来到了路易斯安那。1794 年，逃到此地的难民、制糖工安东尼·莫林帮助艾蒂安·波尔成为路易斯安那第一位用甘蔗制糖的种植园主。一个小的圣多明各在沿着从圣詹姆斯教区向下延伸到这座城市的“日耳曼口岸”勃然兴起，甘蔗田取代了玉米地。1804 年，有 70 多家制糖厂投入运营。随着 100 多英里甘蔗地的种植，军官阿莫斯·斯托达德看到了“悲伤与痛苦的场面”。他还补充道：“创伤和撕裂是由意志消沉的主人与监工造成的，他们中的大多数人表现出一种奇怪的无知和堕落，折磨着陌生人的情感，榨干他心里的血……上帝啊！你为什么不让他们遭到报应！”这番话与杰斐逊所说的如出一辙。[26]

圣多明各的难民及其说法语和西班牙语的同胞似乎无法超越复仇的结局，他们要求更多的奴隶。从他们的视角来看，路易斯安那 52
殖民地长期以来缺少黑人奴隶，在美国收购之前的 10 年，他们进口的黑人不到 2000 人。1804 年克莱伯恩到这里，带来了国会可能会在这个领地禁止国际奴隶贸易的消息，他发现“人们几乎普遍赞成这种不人道的贸易”。他的报告称，“禁令是不满的根源”，甚至说英语的居民也表示：“他们必须进口更多的奴隶，否则他们将会永远被毁灭。”[27]

毁灭！永远毁灭！克莱伯恩的一个副手写道：“没有什么东西能像从非洲进口野蛮的黑人一样引起他们的兴趣。”新近偷来的被称作“野蛮黑人”，也叫“头”。克莱伯恩报告称：“对于调节法国居民与美国政府的关系而言，重开奴隶贸易大门比其他任何承诺都有效。”尽管他也担心路易斯安那会因为奴役非洲人而变成第二个圣多明各。然而，1804 年 7 月，路易斯安那的白人得知，国会也计划禁止美国其他地区与路易斯安那之间进行国内奴隶贸易。新奥尔良爆发了，公众集会中充斥着要脱离联邦的言论。集会领导人围攻克莱伯恩说：“一旦禁止奴隶贸易的法令出台，即使是最受尊敬的人物站在面前，也压制不住他们的怒火。”[28]

在 10 月奴隶贸易禁令实施之前，有进取心的人蜂拥而至，但并没有像克莱伯恩预想的那样带来“成千上万的非洲黑人”，只有 6 艘来自非洲船只上的 463 名黑人，外加 3 艘来自牙买加和哈瓦那的船只所载的 270 名奴隶。但是到 1805 年，国会通过了一项法案，将新奥尔良的领地地位提升到和密西西比平等。新奥尔良的总检察长詹姆斯·布朗，一位在“日耳曼口岸”有一座甘蔗种植园的弗吉尼亚人，抓住了这条法令的空子。密西西比可以从其他州进口奴隶，甚至可以进口从其他港口转运来的非洲奴隶，因此，他坚持认为，新奥尔良领地的奴隶主们也可以这么做。杰斐逊允许了这种做法，奴隶进口就此恢复。[29]

到 1807 年末合法的大西洋奴隶贸易结束之前，奴隶贩子把数百

表 2.2　　1800—1819 年新奥尔良出售的奴隶数量（以 5 年为一个统计单位）

时　间	男　性		女　性		总　计	
	比例（%）	人数（人）	比例（%）	人数（人）	比例（%）	人数（人）
1800—1804	54.0	1036	46.0	882	100.0	1946
1805—1809	56.4	3103	43.6	2399	100.0	5632
1810—1814	56.3	4119	43.7	3196	100.0	7458
1815—1819	51.9	6497	48.1	6022	100.0	12771
总　计	54.1	14755	45.9	12499	100.0	27807

资料来源：霍尔数据库，网址：www.ibiblio.org/laslave/。

甚或数千名“野蛮黑人”从非洲途经查尔斯顿运送到新奥尔良，有时像戴着铁项圈的男人一样单个运送，有时两个奴隶一组，有时则是整船载入。此外，包括田纳西州法官安德鲁·杰克逊在内的奴隶主，将讲英语的奴隶运送到密西西比河地区。新一轮奴隶的涌入，满足了新奥尔良新移民、难民种植园主和像老克里奥尔人企业家这 53
些人的需求。仅 1804—1805 年间，新奥尔良黑人销售的数量就增加了近 5 倍，随着奴隶供应量的增加，平均价格也随之下降（见表 2.2 和表 2.3）。其实，并非所有的卖家（或者买家）都是白人。约翰·帕弗瑞的监工说，他从“一个名叫约翰·查西尔的人手里”购买了一辆“黑人绞车”。查西尔是个有四分之一黑人血统的混血儿。帕弗瑞特别提到，查西尔对所放的债务追得很紧。[30]

由于伦敦和华盛顿的决策，这种繁荣并没有得以持续。英国坚持搜查和扣押去往它的敌国法国的美国商船，经常绑架一些船上的水手，强行让他们加入英国海军。1807 年，杰斐逊禁止了所有的国际奴隶贸易。他的理论是，这样一来，英国和法国将会损失惨重，迫使他们最终同意尊重中立的航运，并允许美国船只携带美国的烟草、砂糖和其他作物，运抵他们所能找到的最好市场。

政府努力将杰斐逊的政策严格执行了 18 个月。猖獗的走私钻了这

表 2.3　　1804—1811 年奥尔良教区贩卖的个体奴隶情况

年份	男性奴隶（人）	平均价格（美元）	女性奴隶（人）	平均价格（美元）	奴隶总数（人）	平均价格（美元）
1804	75	537	53	486	128	514
1805	340	489	296	469	636	480
1806	241	564	199	520	440	544
1807	341	576	288	536	629	558
1808	255	599	222	503	477	555
1809	627	575	414	494	1041	539
1810	521	568	446	507	967	539
1811	420	562	396	525	816	544

资料来源：霍尔数据库，网址：www.ibiblio.org/laslave/。

条禁令的空子，削弱了总统在国内外的权威。但是，走私并没有对新奥尔良的出口依赖型经济起到作用，并且贸易禁令在整个 1808 年还遏制了奴隶买卖。最终，在 1809 年 3 月 1 日，即杰斐逊卸任的前 3 天，国会用《互不往来法案》代替了贸易禁令，试图只禁止美国与英法之间的贸易。

现在，让我们回到 1809 年 5 月 15 日，克莱伯恩在他的办公室正处于恐慌的边缘，因为有一艘来自古巴圣地亚哥的船只载着“一些法国乘客和 36 个奴隶”，行驶在新奥尔良附近，他正在写信给华盛顿的上司报告此事。许多圣多明各的难民搬到了西班牙殖民地古巴，这些法国人中，有一些人曾为古巴新的制糖业的初期发展提供过帮
54 助。但是，当 1809 年初拿破仑入侵西班牙时，西班牙帝国以驱逐难民的方式进行报复。现在，这些二次难民乘坐的船只已经穿越伯利兹，前来寻求庇护。一艘快速的信使船已经报告了这个消息，正在等待总督的指示。

克莱伯恩不知道该怎么办。在这座城市，许多之前的难民都非

常同情最新的这波难民浪潮，其中许多人是离开了古巴的咖啡种植园和制糖厂来到这里的。有些难民是带着奴隶来的，但接纳他们是违反联邦法律的。甚至在总督写完给华盛顿的第一封信之前（这封信是无关紧要的，因为它并不会对当时面临的紧急危机作出及时的回应），当地的法国领事就来到总督府，告诉他又有 6000 人正在来路易斯安那的路上。克莱伯恩打发领事尽快回去，然后撕开给华盛顿的第一封信的封条，写下了绝望的附言："如此数量巨大又突如其来的移民来到这片领地，将会对我们自己的公民造成巨大的不便和尴尬。"[31]

克莱伯恩能轻易地勾勒出当前出现的困境。在一个通常能容纳 1.5 万人的城市里，有 9000 人面临着食物、住宿和就业的问题，还有携带奴隶的法律问题。而且，这些难民中有 1/3 是自由黑人，他们被禁止移民到美国。自由黑人也不招新奥尔良白人们的待见，尤其是追求表面上美国模式的那些讲英语的人。在他们的美国模式下，所有黑人都是应该受奴役的对象。但是几天之后，新奥尔良的白人 55
举行了会议，他们写请愿书表示希望克莱伯恩能接受这些难民。[32]

可能是出于恻隐之心，也可能出于一些其他的原因，新奥尔良的市长给克莱伯恩写信，小心翼翼地向克莱伯恩施压，让他接受这些难民和他们的奴隶，信中写道："接受这些难民能新建很多种植园，这样就能在三年之内收获大量的棉花和其他作物。"商业贸易会越来越多，与其他市场的联系会更为密切，白人市民也会更加团结，不管他们来自什么语种。市长和其他富有的路易斯安那人都坚持认为，推动奴隶制的扩张会使白人统治下的新奥尔良和白人主导的美国更加富裕、更加团结，各州和各党派的联系会更加紧密。最终，克莱伯恩妥协了，难民们过了河。如果国会当时得知此消息，一定会就此事争辩一番，但是鉴于既成事实，国会将此案例当作 1807 年国际奴隶贸易禁令的例外，对此作出了让步。总督本人仅执行了一条法律，他按照法律条文，驱逐了难民船上所有15岁以上的自由黑人。只有妇女和儿童可以留下来。[33]

有一位名叫博纳麦的路易斯安那奴隶主，他在新奥尔良的《路易斯安那观察报》（*Moniteur de la louisiane*）上刊登了这样一则广告："我想从来自古巴的新移民中雇用30名黑人'斧头奴隶'，还会长期雇用一些黑人女工。"1809年，在新奥尔良买卖的奴隶数量急剧上升，近1/3来自古巴的奴隶被奴隶主贩卖，这些奴隶主需要用贩卖奴隶的资金去做别的事情。在移民史上，那些愿意而且有能力在困苦之中谋利赚钱的人往往会成功。拥有法国血统的克里斯蒂安·米尔滕贝格医生就是一例。他于1809年被赶出古巴。正在他将要登上开往路易斯安那的船只之前，他从难民玛丽·弗朗索瓦那里买了一个名叫皮埃尔·路易斯的奴隶。皮埃尔·路易斯生来就是个圣多明各奴隶，他的主人在1791—1804年的那场革命中将他一起带到了古巴。米尔滕贝格一到新奥尔良，就贩卖了一些奴隶，然后重新开始他的种植园主生涯，但他留下了皮埃尔·路易斯。米尔滕贝格利用贩卖奴隶所得的金钱，建了一个小型的甘蔗种植园，让皮埃尔·路易斯在那里做苦工。[34]

难民的到来为路易斯安那南部注入了新的奴隶劳工和新的买家。英法之间的关系紧张和文化冲突，以及与华盛顿之间的距离，延缓了新西部融入美国的步伐。这些难民的加入有助于缓和一些矛盾的
56 根源，他们所带来的奴隶数量，占奥尔良领地奴隶人口增长量的1/4。1806—1810年，奴隶人口从22701人增长到34000人；1809—1811年，3000名被卖到新奥尔良的奴隶中，难民带来的奴隶占16%（见表2.4）。这非但没有造成当地奴隶主之间为了争夺有限的资源而争吵不休的局面，反而使美利坚帝国得到了扩张。[35]

表 2.4　　1809—1811 年路易斯安那的进口奴隶情况

奴隶来源地	奴隶数量*（人）	比例（%）
路易斯安那	176	19.9
美国东部	251	28.3
美国西部（不含路易斯安那）	287	32.4
加勒比海地区（不含古巴和圣多明各）	28	3.2
圣多明各难民	144	16.3
总　计	886	99.9

资料来源：霍尔数据库，网址：www.ibiblio.org/laslave/。
* 所用的变量是“经由”某地的数量，即购买奴隶的人从某地或途经某地运到新奥尔良的奴隶数量；9157 条其他销售或遗嘱记录不包含在内。

并不是所有密西西比河流域的人都愿意配合。敌对国家西班牙仍希望遏制美国的发展，英国也是如此，还有 5 万名美国原住民，他们也不准备让出脚下的这片沃土。他们仍然生活在数百万英亩的土地上，而这片土地已经被亚祖公司和其他投机者成功地变成了美国东北部城市金融交易的一份文件。不久，冲突便随之而来。早在 1811 年，那些被带到密西西比河谷称为“头”和“斧头奴隶”的人就试图改变事态的进程。

沿着密西西比河新奥尔良上游的东岸，在“日耳曼口岸”，数十个奴隶劳工营从法国勘探的“狭长区”延伸出来。这块狭窄的土地有一两英里长，一直延伸到茂密的森林沼泽地带。它们的样式（今天在空中鸟瞰依然清晰可见）可以让尽可能多的大地主进入密西西比河。每一份地产都有一片非常肥沃的土壤，位于堤坝和沼泽之间。沼泽地本身几乎是无法逾越的，里面到处是鳄鱼、蛇、豹和熊。逃 57
奴们在沼泽地藏身，在这里躲避监工和自由的黑人奴隶捕手。1810 年 11 月初，高强度的甘蔗收割劳动已经开始，40 岁的菲利普（或称科尔斯）从肯纳和亨德森的新领地，也就是以前约翰·帕弗瑞那片

“焦蔗”种植园里逃了出来。就在那一年，他上了纳奇兹人的船，被卖给了肯纳和亨德森。距城市几英里处有一个大型的奴工营，它是作为示范种植园“奥蒙德”而保留下来的。宾夕法尼亚州的理查德·布特勒及其合伙人塞缪尔·麦库切最近为奥蒙德购买了数十名新奴隶，其中一人就是6英尺高的约翰。他也在11月份跑进了树林，再也没有回来。随着1811年的到来，在那里的某个地方，从约翰·帕弗瑞手下逃跑的克莱克还躲藏在那里。[36]

收割甘蔗的工作在1月初结束。几个星期以来，监工和种植园主一直在催促着黑人工头，这些工头则去逼迫其他奴隶收割、装运，让妇女们两班倒，没日没夜地把甘蔗装进厂房。那些糖商和工匠（自由人或者奴隶）对煮沸、过滤、结晶成糖这些工艺过程进行监督，不停地逼迫着他们手下的人全天候地干活。现在，一些奴隶要花几天的时间将糖和糖浆装桶运送到货船和小木舟上，运往新奥尔良。在过去的10年间，大多数来自非洲和加勒比地区的人、出生在路易斯安那的人，以及少数来自弗吉尼亚州和马里兰州的人，都要在1月份做一些沉闷辛苦的工作，如刨除尖锐的甘蔗茬，以便种植下一季的甘蔗。

河岸边有一道堤坝，用于防止曼纽尔·安德里的土地被春季的洪水淹没。如果你曾在1811年1月5日那个周六的午夜外出，你会听到堤坝上人们的窃窃低语，其中夹杂着克里奥尔法语和蹩脚的英语。这些男人并不是简单地坐在那里交易塔菲亚（一种由甘蔗汁制成的劣质朗姆酒），也不是妇女们在相互交流如何对监工或主人说长道短。他们是在谋划美国内战之前最大的一场奴隶起义。

他们来自不同的地方。比如根据名字，我们就能猜出阿马尔出生于西非受穆斯林影响的萨赫勒地区，威廉·肯纳和斯蒂芬·亨德森的混血奴隶哈里可能来自切萨皮克，领地检察官詹姆斯·布朗的奴隶卡曼那可能来自现在的加纳，而且可能是因为他的主人成功打开了通往路易斯安那的国际奴隶贸易，他才被带到此地。至于查尔斯·德斯隆德斯，一个被认为是叛乱领袖和煽动者的人，我们并不清楚他到底是谁。他可能是克里奥尔人，换句话说，他可能是生于路易斯安那的黑人。但当时有很多人说他出生在圣多明各，还担任过安德里的指挥官，或是黑人监工。我们所能确切知道的是，奥古斯特·吉拉德在1809年作为一个难民离开圣地亚哥之前，曾买过一个名叫查尔斯的人。查尔斯在1787年生于圣多明各，因此他也许会记得一些1791年发生的事情。吉拉德离开古巴抵达新奥尔良的时候，卖了11个奴隶，其中一个就是查尔斯。曼纽尔·安德里就是那个买家。或许这个在奴隶革命和制糖革命中长大的查尔斯，和安德里安排的组织奴隶加工和提炼蔗糖的是同一个人。吉拉德的查尔斯也许就是1月5日晚上在堤坝上召集会议的查尔斯·德斯隆德斯。[37] 58

关于奴隶的每次叛乱和反叛阴谋的指控，我们的了解大多出自被俘的叛乱分子的供词。当信息来自于那些受尽折磨想要保护自己体肤的人时，“了解”也许并不是一个合适的动词。然而，从收集到的资料来看，似乎在那次堤坝集会之后，起义领导人阿马尔、卡曼那、哈里和其他在“日耳曼口岸”上下游的指挥官同僚和蔗糖提炼工都回到了各自的种植园，把这些话告知他们信任的人。唯独查尔斯没有返回自己的种植园，他沿河去了艾蒂安·特里佩尼尔所有的那片狭长地带。走了1.5英里之后，查尔斯到达了那里，那是“他的女人”生活的地方。作为指挥官，查尔斯有着非凡的感召力、强壮的身体和强大的头脑，所以他能够让自己的追随者按自己的意志行事；他足智多谋又沉着谨慎，所以对于何时进退能够把握得当。这些品质使查尔斯在很多女人眼中魅力十足，这也使得这次起义的领袖角色非他莫属。[38]

周日晚上，在夜色的掩护下，查尔斯等人一起沿着河边向安德里的地盘移动。特里佩尼尔的奴隶奥古斯丁后来说，他之所以和查尔斯一起去，只是因为这个指挥官拿枪对着他。也许查尔斯担心奥古斯丁是一个叛徒，或者说，也许奥古斯丁编造了这个枪的故事用以自保。无论如何，这个核心团体的大多数人都藏在安德里那片土地附近的树林里，而查尔斯又回到了安德里和他的儿子吉尔伯特的眼皮子底下工作。这些奴隶在等待时机，可能聊到了大家都有所了
59 解的一件事：发生在圣多明各北部平原的奴隶起义。那次起义也是由像指挥官那样的高级奴隶策划的，起义领导人也是在夜间的仪式上聚集，而且那次起义也是依靠从甘蔗种植园集结的一支力量来打击白人，令他们猝不及防。

这些密谋者 1811 年战略的关键是长驱直入新奥尔良。他们显然认为其在“日耳曼口岸”的人数远远超过白人，足以将白人扫荡干净。然后，他们就可以拿下这座城市——美国西南部奴隶主势力的关键地区，并在这次起义中将它作为奴隶海岸的核心地带。一些指挥官和侍从都知道，1811 年是一个特别有利的时间，因为当时路易斯安那正与西班牙在“西佛罗里达”对峙，那是从亚拉巴马州的莫比尔到庞恰特雷恩湖北岸的一片土地，美国声称这片土地属于自己。韦德·汉普顿将军就是曾在南卡罗来纳州购买查尔斯·鲍尔的人，当时他是美国陆军新近动员来的军官，他正希望在这片新的土地上名利双收。克莱伯恩总督命令汉普顿将军带领他的军队离开他们在新奥尔良的常规据点，去占领西佛罗里达。然而在 1 月 6 日，有人袭击了邮车。可能是草率的叛乱分子，也可能是某个逃奴。听到这个消息，克莱伯恩命令汉普顿暂且推迟前往西佛罗里达的行程。到了 7 日，也就是星期一，他又给汉普顿发了一条指示，描述了他所了解的“这次叛乱行动的一些相关情况”，命令汉普顿带领军队驻扎在这

座城市附近。[39]

1 月 8 日，星期二，从日出到日落，查尔斯带着跟随他的奴隶在河流上游安德里营帐的后面聚集。午夜时分，他们向曼纽尔·安德里的前门行进。他们拿斧头劈开大门，冲了进去，寻找那个自称是他们主人的人。安德里的儿子挡住了他们的路，被他们砍倒。当斧头扔向安德里的时候，他跳出窗户，上了一艘停靠在岸边的船，划向密西西比河的西岸，安德里在那里盘算着以后要提高警惕。[40]

在密西西比河东岸，起义者已经通过水路向新奥尔良行进。他们每经过一个地方，都有新兵加入。在安德里那里，朱庇特是第一个加入起义队伍的。后来朱庇特说，因为他想“到那座城市去杀白人”。他们与新奥尔良之间有两个教区，沿河有 50 多英里的路程。后来，起义者袭击了教区法官阿希尔·特鲁尔德的种植园。法官事先已经得知他们要到来的消息，当这帮人席卷而来的时候，他和他的 60
侄女躲到了甘蔗地里。日出时分，起义者向着圣查尔斯教区行进，经过了一个又一个的种植园：皮库种植园、肯纳和亨德森种植园、特里佩尼尔种植园，以及德洛姆梅种植园。[41]

1 月 9 日上午 6 时 30 分，指挥官皮埃尔叫醒他的主人埃尔莫金·拉布兰切。德洛姆梅的奴隶刚刚在河上告诉皮埃尔，一支反叛军队在朝这个地方逼近。后来，皮埃尔说一些信使已经投靠了叛军，但他们可能原本就是侦察员，想要打探一下这群“土匪”出现在拉布兰切的奴隶营时，皮埃尔手下有没有人想加入。但是，皮埃尔选择叫醒其主人拉布兰切。拉布兰切跳下床，带着他的妻子和一个名叫弗朗西斯的奴隶一起逃到了树林里。当叛军经过拉布兰切的制糖厂时，又有 10 人加入了队伍。[42]

他们继续前进。林德尔（肯纳和亨德森的奴隶）走在队伍前面，敲着鼓。马图林（布鲁萨德的奴隶）手中握着剑，俨然像个军官。

指挥官达格伯特（约瑟夫·德洛姆梅甘蔗地的奴隶）也和马图林一样。伊波利特找到了一匹马，骑了上去。在拉布兰切加入队伍的雷蒙德拿着一支火枪。其他人把甘蔗刀绑在长杆上，就像矛一样。有些人临时做了一些旗帜。他们来自路易斯安那、肯塔基、圣多明各、牙买加、刚果或是尼日尔三角洲东部的伊博村落，还有的出生于弗吉尼亚，这500名起义奴隶从房屋和甘蔗棚燃烧的烟雾中走出，沿河而下。

过去的10年里，白人一直用铁链把“野蛮黑人”串在一起，在新奥尔良大街上驱赶着这些“头”。现在已然今非昔比。到了下午，“日耳曼口岸”的大多数白人们不是已经逃走，就是正在逃跑。有一个倔强的奴隶主，简-弗朗西斯·特里佩尼尔，艾蒂安的亲戚，不愿意离开，后来他的一个家奴，一个叫库克的年轻人，用斧子砍下了他的头。起义者把尸体扔在堤坝上，然后继续前进。夜幕降临的时候，他们已经占领了特斯特汉种植园，该种植园就在今天同名村镇的西部。他们把营帐安扎在杰克斯·福捷地区，正好在杰斐逊教区线以外，距离此地20英里处有一块土地，那是他们和美国的必争之地。[43]

1月9日上午10点，一个惊慌失措的骑兵飞奔到新奥尔良的街道上，把他的缰绳扔在了阿姆斯丹广场，跑上总督府的楼梯，撞开克莱伯恩的门，把打探到的消息全部告诉了总督。随即，总督下令下午6点实行宵禁，关闭法国区的大门，并关闭了军备库（现在是美国博物馆所在地。一位路易斯安那的历史学家认为，克莱伯恩之所以如此安排，是因为叛军在这个城市的同伙已经在试图闯进军备库
61 抢夺武器了）。同时，克莱伯恩派遣了许多军队沿河去迎战叛乱分子。

1月10日清早，天未破晓，起义军的营地很冷。晚上生起的篝

火半夜时已经熄灭，当时还有几声枪响。后半夜，起义军就躲在福捷的糖厂和仓库周围的尖桩篱栅后面。现在，窸窣的响声越来越大，查尔斯和他的同伙们需要做好准备了：声音来自沿河道路，但是现在堤坝上和北部也传来这种声音。他们从围栏上方望过去，借着灯光，他们看见韦德·汉普顿的常规军和来自新奥尔良的志愿军正在沿路推进。从右边的堤坝看去，有海军陆战队，从左边的沼泽看去，是更多的志愿军。他们突然听到身后有马的嘶鸣声和马蹄的“嗒嗒”声。他们落入了陷阱。起义军听从命令或按照之前制订的计划，在围栏后面冲出来。有几个人跳上了马，其余的转身就跑，跑得飞快，而且没有发出一声喊叫。枪声猛烈地响起，起义军将密西西比河西岸赶来的骑兵冲散，消失在了晨雾里。[44]

骑兵迎战十分仓促，试图重新整队。汉普顿的步兵已经去追赶叛军了。他们已经追了 15 英里，赶了整整一夜，汉普顿决心在叛乱扩大之前将它平定。军队踏过躺在福捷门前的一具尸体出发了，那是一个名叫特勒马库斯的老黑奴，直到前一天下午参加起义之前，他一直遭受着特斯特汉的奴役。[45]

在接下来的 4 个小时里，起义军跌跌撞撞跑了 15 英里。有些人穿过凹凸不平的田地，向沼泽地奔去，而那些失散的人很可能被“日耳曼口岸”紧追不舍的骑兵逮到。在起义军和混乱的骑兵后面，是汉普顿和他的士兵，他们全副武装（不像许多起义者已经扔了自己的长矛），训练有素，信念坚定。

最后，骑兵回去将这个消息带给了汉普顿：那些叛乱分子因为太过疲惫，已经没有力气再跑下去了，正在伯纳德·伯努伊种植园的树林里稍作休整。起义队伍只剩下大约 100 人了，其余的可能在路上躲着，也可能已经被抓获了，又或是死在了路上。汉普顿的部队加快了步伐，很快就到了伯努伊的种植园。他们在骑兵的后面摆开队列，然后向叛军的临时防线发起猛攻。起义者四散奔逃，躲避着尖刀和子弹。那个已经逃了很长一段时间的伊博人克莱克、布特勒和麦库切的蔗糖精炼工道森，还有其他 10 多个人已经倒下。其他人
62 投降了，有的被白人当场处决，有的则被绑了起来。阿马尔与其他人绑在一起，虽然他在民兵攻击中幸存了下来，但惨遭割喉。[46]

民兵押着俘虏沿河向特斯特汉的种植园赶去。一位名叫查尔斯·佩雷的圣约翰白人组织了一支骑兵，甚至横扫了距离那条河很远的地方，察看一个又一个的奴工营。他们命令那些没有和叛军一起走的指挥官，把他们的奴隶赶到地里去干活，让他们看起来就像什么事情都没有发生过一样。很多民兵都把逃亡者抓到树林里，逼他们指认那些跑回来试图混进干活队伍中的同伙。[47]

12 日，佩雷和他的士兵们回到了奴隶主安德里这里，带着叛乱分子皮埃尔·格里夫和汉斯·温普伦的首级。安德里向佩雷和他的部队（其中有几个自由黑人）展示了自己的战利品。灯光下，乌黑的院子里站满了拿着枪和刺刀的白人，安德里命令把那三个人绑起来，他们分别是巴塞洛缪，他曾经是特里佩尼尔的蔗糖精炼工；一个叫雅克·贝克尼尔，也可能叫杰克·巴克诺尔的男人；还有最重要的查尔斯·德斯隆德斯。佩雷说，有很多白人地主出席了这次“庭审”。一位出席这个“法庭”的美国海军讲述了接下来的情况。斧头砍掉了查尔斯的手——我们可以想象，安德里，一位刚失去了一个儿子的父亲，把查尔斯的手放在剁肉板上剁了下来。“随后就给了大腿一枪，后来又拿枪打了另一条腿，直到两条腿都废了，又开始朝身体开枪。”但是，还能做些什么呢？在查尔斯流血而死之前，有人打开一大捆稻草，把这个奄奄一息的人扔进稻草堆，把草撒在他身上，然后点了一把火。查尔斯·德斯隆德斯就这样被活活烧死了。[48]

第二天，“日耳曼口岸”的奴隶主们在特斯特汉种植园建立了一个更有条理的审判机制。在接下来的 48 小时里，他们将被捕的 32 名叛乱分子一个接一个地带到他们面前。有些人试图为自己辩护，说很多人都参与了他们所谓的犯罪，但法不责众，不可能全部处决。圭亚曾经归约翰·帕弗瑞所有，现在是肯纳和亨德森的奴隶，有人控告他偷了一匹马，还带着人们离开了种植园。为了逃避这个指控，他说：“所有肯纳和亨德森的黑人奴隶都跟着那些土匪走了。”那些审判者说得很明确：供出所有的叛乱者及其名字，就可以活命。有些人说了。拉布兰切兄弟的奴隶丘比顿和特里佩尼尔的奴隶路易斯供出了数十个人，有些已经死了，有些还活着。因为丘比顿和路易 63
斯把矛头指向了很多在押的人，其他人就没有什么可出卖的了。

最后一组人的表现非常与众不同。4 月 14 日，卡曼那站在了法庭上。根据法庭的记录，他“坦承他在起义中表现卓越”，他所说的“坦承”是什么意思并不清楚。他主动承认了？他遭受酷刑了？他还说了些什么？法官们只是简单地写一些他们想要了解的？不管怎么样，有一件事是可以肯定的：“他没有揭发任何人。”他确实没有供出任何一个人，罗宾、哈里、伊波利特、库克、内德和艾蒂安也是如此。然后，法官将阿马尔带到他们面前。他们指控他是“叛军的领袖，许多人都谴责他”。阿马尔没有回应，虽然他想说，也许因为他已经不能说话了。也许他嘴里什么也说不出来了，只有当他挣扎着呼吸的时候，才能听到有风穿过喉咙的声音。[49]

15 日早晨，法官进行了宣判，20 个人会被处死。丘比顿和路易斯也没能保住自己的性命，和其他保持沉默的人一样，他们最后也被处死。死刑将以枪决的形式执行。每个有罪的反叛分子都被带回其所属的种植园，在所有奴隶面前接受死刑。大约是在第二天，民兵执行了处决，在人群寂静的注视下，开枪射杀了这些人，然后砍下了他们的头。与此同时，在新奥尔良，有 8 人因为涉嫌谋划叛乱被施以绞刑。另外 7 人，包括查尔斯·德斯隆德斯，已经在安德里的“法庭”上作了处决。奴隶主们至少又将 10 人处以死刑，至少 45 人被本州判处死刑并执行。加上 1 月 10 日战斗期间和之后被杀的奴隶，至少有 66 人，也可能有接近 100 人。而吉尔伯特·安德里和简-弗朗西斯·特里佩尼尔可能是仅有的死在叛军手里的白人。[50]

1811 年叛乱和海地革命都始于甘蔗种植最密集的地区，由少数指挥官组织策划，且都处于奴隶主面临内忧外患之时。然而，尽管付出了生命的代价，但 1811 年起义的奴隶还是未能占领新奥尔良，也未能严重威胁到美国，或者奴隶主在密西西比河下游地区的统治。他们失败的原因有很多，这些原因预言了现代世界历史上的第二个奴隶制时代的多种特征，这个时代不仅不同于第一个奴隶制时代，而且还造就了一个更加不同、更加广阔、更加现代的世界。[51]

美国对于 1811 年叛乱迅速而残忍的反应告诉我们，美国西南部
64 的奴隶主与加勒比的奴隶主不同，他们比加勒比的奴隶主更擅长运用自己的势力，因为他们吸取了很多教训：海地革命的教训，多数人是远远观望的（尽管其中一些路易斯安那的奴隶主曾经就在那里）；美国革命的教训，距当时还不太遥远；还有一些是从那些与印第安人之间似乎无休无止的战争中汲取的教训。他们的人数比岛上奴隶主的数量多，也比他们更善战，更善于运用刑法。面对危机，他们也更加理智，更有决断力。在奴隶制度主导的地区，白人可以召集两个关键的暴力因素，这两个因素是圣多明各的白人所没有的。其一，无论在地区还是全国范围内，白人都占大多数。尽管在美国的一些种植园里，奴隶的人数超过自由白人，比如“日耳曼口岸”的奴隶占当地人口的 70％，但奴隶人数从未达到 90％的压倒性多数，而这在糖岛则十分普遍。其二，由奴隶主主导的联邦政府可以行使

镇压奴隶集体抵抗的职能。联邦军是打击 1811 年暴动的核心力量。政府保护奴隶主们的企业，反过来又通过占领和开发领地的方式来提高美国国力。[52]

从表面上看，奴隶主属于固执的传统主义者，他们什么也没有抛弃，什么也没有学到。实际上，他们一直在学习，以提高自身收益。但在 1811 年的叛乱之后，他们对奴隶人口的监管上升到了新的高度。地方上加紧了对当地民兵的训练，巡逻队以新的规则彻底搜查奴隶居住区。克莱伯恩一如既往地焦躁不安，一有叛乱的谣言传到他耳朵里（就像 1811 年圣诞节前传到他耳边的那个谣言一样），他就会在当地实行警备状态。路易斯安那政府通过给予自由来奖励那些通风报信的人。美国自由黑人只占少数，而且总是在危机时刻与大多数白人站在一边，这与圣多明各形成了鲜明对比，在圣多明各，许多自由黑人参与了暴动。[53]

路易斯安在国会中的支持者们利用这次起义作为借口，他们认为，一个面临特殊危险却为国家创造了巨大财富的地区，应该在共和国的议会中拥有一席之地。正如北方的几位议员警告的那样，这意味着整个国家现在被迫要比以往任何时候都更加坚决地去捍卫路易斯安那的奴隶制。但国会最终还是同意承担这一责任，于是，路易斯安那在 1812 年成为一个州。就像所有采取的措施和汲取的经验教训一样，这一举措在未来的几年都是至关重要的。

圣多明各的那场黑人暴动为美国赢得了密西西比河谷地，也造 65
就了新的充满活力的奴隶制，奴隶制的发展反过来又带动了国家的发展。这种暴力已经延伸到了新奥尔良。对于那些想要奴隶制转型的企业家来说，来自内部威胁的高潮已经过去，而来自外界的暴力，将会再一次向奴隶主和他们的同盟发起挑战。[54]

在韦德·夏博内的院子里，民兵站在阿马尔面前。所有认识他的男人、女人和孩子都要作为观众看着他。白人拿枪瞄准了他，乱枪齐射，他的身体一阵剧烈摇摆。他栽倒在地的时候，他脑子里有500亿个神经元，它们保守着甘蔗汁变成白色晶体的秘密，保留着只要一个笑话就能让他微笑的回忆，掌握着他满足爱人心愿的小伎俩，铭记着所有默默地站在这里的人的名字。他的脸贴在地上，那地上曾留下他的脚印。他的嘴里流着血，火药的硝烟聚成一团，向东边飘去。一位白人军官踏着靴子向他大步走来。阿马尔的大脑中，跳动的脑神经抚摸着45年的文字、画面、感觉，村里的伊玛目①拿着旧书，他的妈妈在泥砖房的门口喊他。他的脑中还有关于一艘贩奴船（或许不止一艘）的记忆，甚至还有圣多明各的谣言，所有的一切都在那儿，所有的一切都是他的经历，但他所有细胞的生命就此戛然而止。当一位士兵举起最近才磨锋利的斧头砍下阿马尔的头时，他不情愿地发出了最后一声喘息。

6个星期之后，一位商人搭货船顺流而下时，发现一种奇异的果实在生长。他写道："沿着坎特雷尔和红色教堂之间，我看到了钉在堤坝桩子上的一些黑人的头。"在士兵的矛上，阿马尔的脸凝视着这片水面。秃鹰和乌鸦已经做了它们能做的事情。阿马尔的下巴慢慢地变得松弛，嘴巴干裂开来。人们既不敢把阿马尔放下来，担心如果被抓住不知会有什么后果，也害怕他不安的魂灵，所以他的黑人伙伴就将它留在了那里。也许有些人认为他做错了，他和那几十个被枭首示众的人头在堤坝上延伸了50英里，他们的选择给自己及其追随者带来了灾难。也许其他人认为他是一名烈士，是革命、骄傲和反抗的化身。

① 伊玛目：阿拉伯语中表示领袖、楷模和表率。

阿马尔不过是回应了当时的召唤，在能选择的时候作出了选择。在他死后的半个世纪，像他这样的人不再有机会作出选择。那个时 66
候，他的颅骨早已在长期日晒下风化为碎屑，但是在他化为尘埃之前，他或许在堤坝上凝视着 1814 年最后几周顺流而下的平底船队。船上装载的不是寻常的猪肉、烟草和玉米等货物，而是来自田纳西州的一支白人军队，其规模是那支跟随叛乱军队而来的军队的 8 倍。

12 月 1 日，西南地区的美国陆军部长安德鲁·杰克逊已经通过老切夫门托大道进入了新奥尔良，这条路从墨西哥湾沿岸一直通向比洛克西。杰克逊从莫比尔来，历经 10 天的跋涉，带领着 1000 名士兵一路接连告捷。这座城市在经历了大规模的暴力冲突之后再次兴起，当他带兵进城时，年轻的黑人和白人男孩们高呼杰克逊将军终于来了的消息。

在阿姆斯丹广场，塞萨尔、丹尼尔·加勒特和杰里曾因为参加 1811 年的暴动而在这里被处以绞刑。现在，新奥尔良白人居民再次聚集到这里，这次聚集更多是因为恐惧而非为壮观的场面所吸引。克莱伯恩（路易斯安那建州时，他当选为州长）先讲了几句话。随后，杰克逊由爱德华·利文斯顿陪同上了台，利文斯顿是一个油滑的政客，他准备将杰克逊的发言翻译成这座城市大多数人能接受的法语。[55]

戴着金色肩章的蓝色制服看起来像是为这位高大的男士量身定做的，但并不是因为他帅气——他并不帅气。杰克逊的脸棱角分明，克里克印第安人称他为“利刀”。他曾经一头红发，现在红色变成了灰色。他身高有 6 英尺 1 英寸，在当时算是很高了，但非常瘦，最重的时候也只有 140 磅，现在他更瘦了。杰克逊在过去行军的 18 个月里，患上了严重的痢疾。他病到无法进食的日子还在一天天继续。巷战和决斗在他的身上嵌入了子弹，几个月前，他上臂残留的弹片从他二头肌的纤维中钻了出来。

杰克逊虽然羸弱，但他决心要打败所有他视为敌人的人，这样一种让人难以置信的意志让他像矛一样挺拔伫立。杰克逊的眼中没有一丝犹豫。在他还是田纳西州的法官时，一名罪犯拒绝出庭接受审判，并恐吓杰克逊派去抓他的民防团。最后，杰克逊从法官座椅上站起来，亲自去抓这名罪犯。他盯着那个村里的恶霸，令对方心
67 惊胆寒，并使其乖乖进了法庭。后来被告被问及原因时说：“当我看着他的眼睛时，我看到一把枪在瞄准我。”

托马斯·杰斐逊在年轻的安德鲁·杰克逊短暂的参议员任期间认识了他，并且注意到此人极其情绪化：“因为他鲁莽暴躁，所以他几乎没有正常地讲过话。我看见他好几次试图说话，但因为愤怒而说不下去。”安德鲁·杰克逊的凶悍有一些神秘的内在缘由。1781年，一支英国军队扫荡南卡罗来纳州偏远地区的游击队要塞，抓走了14岁的杰克逊和他的哥哥罗伯特。安德鲁因为拒绝像奴隶一样为英国军官擦靴子而受到骑兵军刀的毒打，罗伯特则死在了监狱里。杰克逊活了下来，并且长大成人。现在，他把他的愤怒当作一件训练有素的武器。他在纳什维尔城外拥有几十名黑人奴隶，这也强化了他喜欢发号施令的习惯。这些奴隶的劳苦为其创造了财富，也提高了他的地位，为他赢得了当选田纳西民兵队长的机会。他现在管理着一个常规军事委员会，这是美国政府在战争的第三年保护墨西哥湾沿岸不受入侵威胁的唯一希望。[56]

杰克逊告诉聚集在广场（后来广场以他的名字命名）上的人群，他能拯救这座城市。谣言说，成千上万的英国老兵正在靠近，他们的指挥官是那个曾经打败了拿破仑的惠灵顿勋爵。新奥尔良的白人害怕的不仅是大规模的英国侵略军从海上逼近，更害怕随战争而来的分裂和奴隶叛乱。他们害怕讲法语、西班牙语和英语的人之间的

分裂。他们曾一起进行商业交易，购买来很多奴隶，还共同镇压过奴隶叛乱，这些经历弥合了彼此之间的裂痕。但是，面对英军入侵的压力，他们的关系会像旧伤复发一样再次破裂。这时，杰克逊告诉他们，他会将敌人扔到海里，不成功便成仁。[57]

一阵欢呼声响起。让人们平息焦虑的不仅是杰克逊坚定不移的承诺，还有他的爱国言论。自从 1812 年英美战争开始，美国取得的胜利少之又少，这着实出乎人们的意料。美国曾尝试了各种战略，敦促英国给予美国在远海更多的贸易自由，但都未能如愿。1812 年，詹姆斯·麦迪逊总统迫于共和党议员的压力，要求向英国宣战。最激进的国会议员是所谓的"战鹰"，他们大多是来自西部各州的年轻代表。他们认为，英国海军和陆军正在与拿破仑纠缠不休，这正是 68
通过吞并加拿大来分裂大英帝国在北美统治势力的最好时机（结果证明，加拿大人并不想这样）。南方的国会议员也认为，与英国的战争能使他们从西班牙那里夺取更多的领地。他们刚刚吞并了西佛罗里达这条从莫比尔到路易斯安那州佛罗里达教区之间的地带，现在又在觊觎佛罗里达剩余的土地。

到 1814 年，美国民族主义者已经受到多次打击，备感失望。庞大的英国皇家海军已经在港口封锁了弱小的美国舰队，加拿大和英国军队在北部边境接连击败美军。一些讲英语的种植园主领导了一次未遂政变（后来被誉为"爱国者战争"），他们生活在西班牙统治的佛罗里达大西洋沿岸。西部人一直在战争的决策上起着主导作用，这使东北部的各州很恼火，于是开始在战备方面公开掣肘。1813 年，佐治亚州和亚拉巴马的数十名克里克部落村民组织起来反抗白人定居者，那场冲突被称为"红棍战争"，以武装分子在战斗中佩戴的徽章图案命名。8 月 30 日，1000 名克里克士兵冲入一个名为米斯堡（Fort Mims）的边境营寨，里面有 700 名白人和黑人奴隶。在不到一个小时的时间内，他们杀了250名白人男子、妇女和儿童，只有少数白人得以逃脱。克里克人没有杀害其中的黑人俘虏（克里克人中最有权势的人拥有黑人奴隶和棉花种植园）。[58]

在田纳西州的安德鲁·杰克逊得知米斯堡的消息后，立即召集这个州的民兵，南下进军亚拉巴马。随后的战役十分残酷，既显示了杰克逊霸气的个性，也显示出西南部白人的决心，他们为了守住奴隶制扩张所需的沃土可以不顾一切。杰克逊暗自谋划，使其指挥不受后方政治对手的控制，他对逃兵格杀勿论，最终将2000名克里克人围困在马蹄湾的塔拉波萨河的河谷中。1814年3月27日，他的部队越过敌人的防线，一通乱砍乱杀，导致900名克里克战士丧命，而杰克逊方面只牺牲了70名士兵。之后，杰克逊召集所有克里克的领导人，包括反对“红棍”的那些人，让他们来杰克逊堡会面。在那里，杰克逊威逼他们签署了一项条约，割让2300万英亩（3.6万平方英里）的土地，面积相当于整个印第安纳州。友好的克里克人表示抗议，但杰克逊有军队，作为战胜的一方，他非常强势。克里克人签字放弃了他们在亚拉巴马一半以上的土地，其中大部分都是这个领地中部肥沃的黑土地。这片土地作为亚祖销售的一部分已经被多次勘察测量，如今再次被勘测出售，这次确实是卖给了白人居民。[59]

69 杰克逊在马蹄湾的胜利，是美国1812年战争中两次真正的胜利之一，因为是与印第安人作战，并且在西南内陆腹地，这使许多人忘记将其视为1812年战争的一部分。从伤亡人数看，这是1812年战争中最惨烈的一场战役，双方共有将近1000人阵亡。当然，尽管马蹄湾一役是“拿破仑战争”中100场最惨烈的战役之一，但其伤亡数量肯定无法与在欧洲战斗20多年的大规模军队造成的伤亡相比。考虑到其结果，这场战役可以被列为影响最深远的战役之一。《杰克逊堡条约》的签订，将更多、更有价值的土地永久地交给了美国奴隶主，比法国花费大量鲜血和财物所换取的土地多得多。对克里克人的强取豪夺行为，为接下来半个世纪成千上万的交易奠定了基础。白人奴隶主对西南印第安人的军事统治地位，决定了后者最终将不可避免地失去他们在亚拉巴马、佐治亚和密西西比剩下的土地。

杰克逊正在做的事情同样具有深远的意义。海地击败了战无不胜的法国，使整个密西西比河谷地区向美国开放，美国开始以奴隶制生产力为驱动进行扩张。在镇压1811年暴乱的时候，奴隶主和美国政府就已经表明，要义无反顾地抓住机会。在当前开放西南地区的新环境下，奴隶制正在发生改变，变得与之前那些早期的州和加勒比地区都有所不同。但是，从英国人的角度来看，《圣伊尔德丰索条约》①（*Treaty of San Ildefonso*）是非法的，路易斯安那购地案也是如此，因为拿破仑没有权利出售不属于他的土地。英国海军上将亚历山大·科克伦爵士突袭了切萨皮克海岸，将华盛顿烧成了平地，现在正在前往这个海湾夺取新奥尔良的路上，他要将比原来更大的路易斯安那归还西班牙，将美国限制在密西西比河的后面。

麦迪逊总统从白宫仓皇逃走，已然使他感到莫大的羞辱，但是，如果他要防止英国军队推翻他的前辈最重要的功业，他肯定需要帮助。能助他一臂之力的人就是杰克逊。8月，杰克逊将《杰克逊堡条约》强加给克里克人以后，他追击“红棍战争”的残余，来到表面上中立的西属佛罗里达。他夺取了彭萨科拉，将英国海军陆战队和一支舰艇船队击退。他还加强了莫比尔的防御工事，这是英国的另一个入侵目标。与此同时，英国将军队转移到一个在牙买加的中途补给基地。他们认为，路易斯安那是唾手可得的，因为这个地方由于

---

① 1800年，法国与西班牙签订的一项密约，西班牙将路易斯安那割让给法国，但在主权交接完成以前，路易斯安那仍受西班牙统治。

种族冲突而四分五裂，而且一旦开战就会打乱奴隶主的财产经营，70 所以他们都会不战而降。11 月末，杰克逊听说大规模的侵略军准备离开牙买加，于是传命田纳西州和肯塔基州的部队火速从密西西比转移到新奥尔良。他在 22 日离开了莫比尔。现在，他就在新奥尔良。在接下来的几周里，他集结了更多的军队，想方设法逼近城市，又继续给那些意志不坚定的富有居民鼓舞士气。但是，英国人来了。

如果你从新奥尔良的老广场（今称法国区）开车进入 马里尼，这个杰克逊时代完全在城市以外的郊区，你会发现兰帕特街变成了圣克劳德大道。圣克劳德大道横跨运河，运河两岸分布着白人区和黑人区。穿过安德里街和德斯伦特街，你会看到另一番风景，那里曾经被洪水冲得几乎不剩一间房子。尽管如此，还要继续前行。不用想那些简陋的水泥地和人行道，仅仅是下九区街道的名字，就会让你情不自禁地潸然泪下。不远处就是圣伯纳德高速公路，你从这里再走一分钟就能抵达战争现场。但是，这里距离法国区只有 5 英里。

如今，沼泽地已经被填平了，但是，在 1815 年初新奥尔良战斗打响的时候，查尔梅特是一个狭长地带，后面有 900 米（1000 码）长的甘蔗地，甘蔗根茬覆盖了这片几乎无法通过的湿地与密西西比之间的缺口。入侵者的舰队在试图渡过这条蜿蜒曲折的防御河时，退缩了。与之不同的是，英国的陆军登陆博恩湖，几乎抵达了新奥尔良的后方，并且在 12 月 22 日和 23 日通过运河，穿过森林小路。爱德华·帕克南，一名 37 岁的拿破仑战争老兵，手下有一支大约 5500 人的常规军，现在已经几乎抵达了新奥尔良附近，再走 5 英里就能毁掉美国在阿巴拉契亚山脉以西的地盘了。[60]

虽然杰克逊可以在帕克南前往新奥尔良的要塞上部署 4000 多名

士兵，但美国民兵在与训练有素的欧洲常规军激战中，历来战绩不佳。而且，那些军队还不是由安德鲁·杰克逊指挥的。他为新奥尔良的市政官员感到羞耻，因为他们（当英国军队抵达新奥尔良时）请求他从新奥尔良撤退到上游，并且宣布打开城门，以免因为抵抗而遭英军烧杀掠夺。杰克逊的队伍主要来自田纳西和肯塔基，也有来自路易斯安那南部两个营的自由黑人，其中一个是由来自圣多明 71
各的难民组成的。据说这些敌人自从抵达这里两个星期以来，就向逃到他们阵营的几百名奴隶承诺，将给予他们自由。杰克逊告诫这两个黑人营的士兵，敌人“宣称这是一场复仇之战，要杀得片甲不留，他们的残忍、贪婪和恐怖是文明民族闻所未闻的”。他的意思是，只有胜利才能阻止圣多明各的悲剧在密西西比河谷的奴隶社会中再次上演。[61]

杰克逊选择的阵地位置极佳，他把防线设在阿巴拉契亚山脉和落基山脉之间最易守难攻的地带。1 月 7 日过去了。到 1 月 8 日，他和他的部队驻扎在 10 英尺宽的罗德里格斯运河后面。这条河是查尔梅特的土地与本杰明·马卡蒂土地的分界线。凌晨 1 点，杰克逊叫醒了他的副官，他能嗅到敌人进攻的味道。4 年前的这天，黑人指挥官们在奴隶主势力最集中的种植园发起攻击，4 年后的这天，帕克南的军队开始悄悄行动了。

黎明时分，4000 人组队穿过查尔梅特的狭长地带向前逼近。然后，战鼓齐鸣，炮弹纷飞，帕克南的军队开始向杰克逊的防线挺进。步伐齐整，英姿飒爽，浑然不知厄运即将降临。他们展现了过去一个世纪以来欧洲战场上应有的军容风纪。他们兵分两路进入查尔梅特地区，以避免陷入查尔梅特地区中间的巨大泥潭。但就在此时，杰克逊军队开始小心翼翼地瞄准英军队伍，子弹像暴风雨一般倾泻而出，炮火将帕克南的军队撕裂。帕克南亲自骑到前方来察看军队战栗着停滞不前的原因时，身中数枪，最后倒在了沼泽地边上，流血至死。[62]

图 2.1 新奥尔良之战。1815 年 1 月，杰克逊在新奥尔良的胜利，使长达 20 年的暴力冲突告一段落，从而为美国的奴隶主控制密西西比河谷地区提供了保障。图中描绘的是英军被困的情况，北面是沼泽，南面是河流，英军别无选择，被迫跨过冬天泥泞的甘蔗地，进攻杰克逊用棉花围成的防御工事（1820 年，亚森特·拉克洛特绘，国会图书馆）。

早上 8 点，战斗结束。2000 名英国伤亡士兵躺在查尔梅特平原，其中有 300 人已经死了，而美军方面只死了 13 人。尽管如此，当杰克逊的手下请求继续追击撤退的英国军队时，杰克逊还是明智地拒绝了，他知道英军还有 2000 名训练有素的储备军。相反，他让敌人收拾行装。1 月 25 日，侵略者撤离，和他们一起走的还有 800 名已经自行解放的奴隶。

在抑制奴隶主势力方面，虽然强大的军队要比奴隶们的反叛更有效，但奴隶们也赢了这一回合。损失这 800 名奴隶一点也不会动摇坚不可摧的奴隶制，很多年后，英国承诺为此对路易斯安那的奴隶主予以补偿。这是独立战争结束之后到内战之前，美国取得的最重大的胜利。在美国得胜的几个小时之内，一位骑兵快马加鞭，带着胜利的消息从圣查尔斯堡飞驰而过，然后左转经过长期以来挂着造反者人头的堤坝，踏上了切夫门托大道。另外一个骑兵上了沿河道路，经过那些依然伫立着的杆子。事实上，直到好几周以后的 2 月 4 日，这则消息才送达首都。当消息抵达时，人们欣喜若狂，欢呼雀跃。

这份喜悦并没有因为同时从欧洲传来的另一个消息而有所减弱。1814 年 12 月 22 日，美国谈判代表与英国在中立城市根特签署了一项和平条约——《根特条约》。当时，英国的舰队才驶离博恩湖。条约从根本上将一切都还原到了 1812 年时的状态，将侵占的领地物归原主。有些人认为，这个条约的签订使杰克逊在新奥尔良的胜利变得无关紧要，只不过将杰克逊塑造成了国民英雄。但是，英国仍拥 73
有路易斯安那领地，根据他们自己的说法，他们既可以继续拥有这片领土，也可以将其归还西班牙。事实上，《根特条约》第九条要求美国归还从英国的印第安人同盟那里获得的土地，包括“红棍”的克里克印第安人的土地。然而，由于杰克逊的胜利，美国不必推翻《杰克逊堡条约》，因此也就不用归还 3.6 万平方英里土地给克里克人。所以当海地革命中的牺牲撼动了帝国这棵大树时，美国趁机获得了意外之财。新奥尔良战役守住了美国所获的这笔横财，也认可了杰克逊从克里克人那里攫取的大片土地。奴隶制现在可以畅行无阻地扩张了。

这个戴铁项圈的男人来到了一个奴隶制的新疆域，这是用暴力开拓出来的。圣多明各革命推翻了早期现代奴隶制的旧模式，而现代奴隶制曾将一种经济发展模式推向大西洋世界。海地的革命家给世界提供了一个全新的人权观念，即人人有权成为平等的公民。但是，这个观念无论是在独立的海地还是在其他地方，都没有实现。

的确，旧奴隶制的消亡为一些新事物的产生腾出了空间，这个新事物就是第二种新的奴隶制。这个现代化的进程首先在美国西南部成形，为更广泛的群体带来好处和权力的同时，用更加激进的暴力手段将他们与外界隔离开来。在密西西比河口，暴力武装像守护婴儿一样保卫着刚刚起步的现代化进程，防止奴隶对它的阻碍，他们在这个婴儿的摇篮边筑起壁垒，上面挂着许许多多叛乱者的头颅。接下来，杰克逊的胜利开辟了数千平方英里的土地，完成了美国向西南部的扩张。如今，建立一个拥有丰富资源的大陆帝国已经成为可能。然而，他们自身的暴力行为加剧了混乱无序的状态，如果想要在这种混乱的条件下建立大范围的领地，这些胜利者还需要很多条件，比如信用、土地、市场、庄稼、权力和双手——尤其是手，能写字、能购买、能伸出、能抓握、能耕种，也能收获的手。

第3章

右手 *1815—1819*

在“坦珀伦斯号”的甲板与绿草丛生的新奥尔良河堤之间，伸展着一条狭长的木板。四个男人从上面鱼贯而过时，这条木板就弯曲变形了，蕾切尔也跟在后面，她从上面走过时，木板也弯曲了。

1819 年 1 月 28 日的整个上午，白人一个接一个地登船上岸，先是与船长比尔德交谈，然后踩着木板走回去。其中一人从船上的 24 名奴隶中挑了两个带走。蕾切尔穿着新衣服站在木板上，看着他们的身影消失在堤坝上成堆的棉花之中。

甲板的另一边是滔滔江水，成百上千的桅杆映入眼帘：远洋的双桅船、三桅帆船、单桅纵帆船，还有双桅纵帆船，它们像“坦珀伦斯号”一样停靠在河堤附近。数以百计的平底江轮到此卸载来自俄亥俄州的玉米和猪、密西西比州的棉花以及肯塔基州的烟草。蕾切尔还看到十几艘蒸汽船。一艘小船划过密西西比河棕色的波浪行驶过来，一个瘦小的白人男子笔直地站在船尾，身穿一身黑色西装。在他旁边，一个黑人正划着桨。[1]

在木板末端，蕾切尔的脚已经踏入了路易斯安那州。她稳健地爬上堤坝向西南方向走去。从“坦珀伦斯号”离开巴尔的摩开始，她已经在海上漂泊了 6 周。在巴尔的摩，一个名叫大卫·安德森的商人买下了蕾切尔，然后将她委托给他新奥尔良的合作伙伴赫克托·

麦克莱恩拍卖。大卫还买下了威廉（他身材高大，皮肤黝黑，24岁）、乔治、埃利斯和内德·威廉姆斯。蕾切尔跟着他们走上了斜坡，低头俯视着堤坝。为了保持平衡，她将两只手伸开，却碰到了
76 插在泥土里的杆子。一排排的杆子一直延伸到上游，每根杆子相距1英里左右，杆子上钉着的或许是招贴广告。在新奥尔良到处可以看到广告标语，它们贴在墙上，印在手册上，登在报纸上。“马斯佩罗的咖啡店……拍卖商皮特·马斯佩罗告知他的朋友和其他人，他将在查斯特大街长期出售各式商品、房产以及奴隶。”广告的最底端还写着：“镀金制镜厂——皮特·马斯佩罗。”[2]

蕾切尔站在堤坝上，她看得出眼前这座城市一派蓬勃发展的气象。在1803年美国收购时，新奥尔良只有7000人口，现在这里的人口号称有4万，已经是美国第四大城市了，仅次于纽约、费城以及巴尔的摩。就商业活力来说，杰斐逊的“地球上的一点”，也就只有纽约可以比得上了。每时每刻你都能听到锤子的击打声，工人们把破损的平底船用木材修好，然后送到店铺再次出售。往东，从“坦珀伦斯号”的停靠点往下游走是法国区，马里尼区就在其中，这个区是个“郊区”，人们大多讲法语。往西，则是迅速发展的美国区，也叫作圣玛丽区。蕾切尔随着其他人到了堤坝的另一个斜坡，他们从一队带着锁链的黑人身边经过，新奥尔良的居民把他们叫作苦囚犯。他们是因为企图逃跑而被判入狱的，晚上关在卡维尔多后面的地牢里，白天则被赶去修建堤坝。每年春天，新奥尔良都会因河水漫涨引起洪涝灾害。新奥尔良政府此举，一方面可以惩罚那些反抗的奴隶，另一方面也可以利用他们来保护城市的安全。[3]

堤坝的下面是一条与之平行的泥泞大道，叫作堤坝街。当他们五人踏上这条街道时，他们就进入了这座城市。这座城市的旋流从马里兰开始就一直在吸着他们的脚。在这里，各种肤色的女人用法

表3.1　　　　1815—1819年新奥尔良的奴隶进口和销售情况

奴隶来源地	奴隶数量*（人）	比例（%）
切萨皮克和旧南部	705	32.9
肯塔基、田纳西、密苏里	423	19.7
西南地区（阿肯色、密西西比、亚拉巴马）	314	14.7
东北和西北地区	22	1.0
加勒比地区	89	4.2
路易斯安那的其他地区	591	27.6
总　计	2144	100

资料来源：霍尔数据库，网址：www.ibiblio.org/laslave/。
*所用的变量是“经由”某地的数量，即购买奴隶的人从某地或途经某地运到新奥尔良的奴隶数量；6698条其他销售记录或不包含在内，或在奥尔良教区无记录。

语、英语、西班牙语以及乔克托语大声吆喝，兜售食物以及一些小饰品，但是，在这种杂乱的叫卖声之下，还有另外一种嘈嘈切切之声，那是更大的生意，它正在蓬勃发展。在角落里，白人聚集在新砖建筑的遮阳篷下聊天，不时在心中盘算着。在1812年战争爆发之前，新奥尔良很少有来自美国其他州的奴隶。但是在1815—1819年间，被贩卖到这里的奴隶有近1/3是来自东南部各州——弗吉尼亚州、马里兰州、北卡罗来纳州（见表3.1）。另有20%的奴隶是从肯塔基州沿河辗转而来的。还有几百名奴隶来自北部州，如新泽西州、宾夕法尼亚州，他们违反了逐步解放奴隶的法律，这些法律的目的是防止奴隶主在破产时出售奴隶变现。[4]

向左一转，抬头就可以看见一条泥泞的街道。道路中间摆放着大包的棉花，堆成了比人还高的小山。由于堆积的棉花占据了大部分街道，货车难以通过。1月，正值棉花运送的高峰期，通过平底船和汽船将棉花运载到这里。棉花供销商的雇员们把棉花一摞一摞堆 77
得高高的，而买棉花的顾客则要雇用车夫把货物包装成原来的样子：他们要把棉花从货车上卸下来，检查棉花包装上的许可证，然后把重 400 磅的棉花压缩成方块形状，运送到河岸附近。

如果蕾切尔跟随运送棉花的货车，她就会亲眼看见货物从堤坝运送至远航船上。这些满载棉花的船只将穿过大西洋，到达英格兰西北部的港口城市利物浦，然后由码头工人把货物搬到仓库。在利物浦的棉花市场出售之后，棉花将用驳船运送至曼彻斯特的新加工厂。纺织工人——通常是以前的手摇织机操作员或是丢了耕地的农民——打开包装，用新机器把洗净的棉纤维纺成棉线，再经过其他机器的加工，织成大匹的布料。利物浦用船运来了一捆捆的成品布，它们几乎进入了包括这里在内的世界上的每一座城市和村镇。

棉布成就了新奥尔良今天的繁荣，也让世界发生了改变。这里的白人企业家，和蕾切尔在工厂里遇到的那些顾客、在转角处遇到的人们，以及那些在堤坝上的卖家和买家们一样，都在参与甚至推动着这个在世界范围内具有历史意义的改变。基于政府资助的人口迁徙、佐治亚州开发的市场，以及奴隶主们通过武力手段打开的密西西比河谷等有利条件，1815 年以后，一批新的企业家开始雇用蕾切尔和其他被迫来到这里的人们，想在此创造历史上前所未有的繁荣。通过将新的机遇与必要的财政手段（这些财政手段可以使经济
78 的增长速度比以往更加迅猛）相结合，将遥远的纺织工厂里的技术革命同棉花田里的技术革新联系起来。这股热潮改变了世界的未来走向，棉花则塑造着现代化的西方世界，而那些雇用蕾切尔的企业家们正在成为现代化的西方世界最强大的群体。

18 世纪末之前，所有的社会都是处于前工业化的经济模式中，几乎所有的居民不是农场主就是农场工人。不管是欧洲、亚洲、美洲还是非洲，经济增长的速度每年最多也只有 1%，自从 1 万年以前人类发明农业以来就一直如此。人们所生产的东西只有少数几类：

图 3.1 著名的奥尔良堤坝风光。在新奥尔良的堤坝上，一包包的棉花从内河轮船上卸下，被装上远洋轮船。在这里，西南地区的棉花种植业由此与世界商品和信贷市场相连，新奥尔良也成为驱动其他网络系统的中转站，如强迫奴隶迁移到奴隶制的边疆要在此中转，发展新的非裔美国人的文化也以此为基础（*Frank Leslie's Illustrated Newspaper*，v. 9，no. 228，April 14，1860，p. 315.）。

食物、燃料以及纤维，创新的步伐极其缓慢。而当具备一些条件的
时候，无论是技术进步，通过征服或者贸易获取更多的资源，还是 79
气候条件的变化（如 800—1300 年欧洲的变暖），这个前工业化的社会开始发展。而随着经济日益繁荣，人们选择生育更多的孩子。这就意味着会有更多的婴儿长大后成为农民，他们会耕种更多的粮食作物；同时，也会成为购买者，去购买他们的粮食。然而，这也意味着会有更多的嘴需要填饱，在当时前工业化的农业生产方式背景

下，人口的增长已经开始超过粮食生产量的上限，随手可得的木柴即将耗尽，为了解决日益增长的人口的穿衣问题，需要种植亚麻，饲养更多的牲畜生产羊毛，而这些土地正被移交给维持温饱的边缘农业。由于成本不断攀升，人们的生活水平急剧下降，饥荒、瘟疫、战争、政治动荡以及社会的全面崩溃将接踵而来。

1798 年，英国牧师托马斯·马尔萨斯（Thomas Malthus）在一本众人皆知的小册子①里阐述了这一恶性循环。他认为，粮食最多以算术级数增长，而人口则可能以几何级数增长。如此一来，生活水平的提高是不可持续的，它总是会遇到资源的限制。西方社会在1500—1800 年间获得了大量的新资源，征服者掠夺了印加人和阿兹特克人的金银，第一个奴隶制复合体的建立伴随着一些“药物食品”的生产，如糖、烟草、茶叶、咖啡以及巧克力，这刺激了西欧寻找和消费更多资源的欲望。大规模的大西洋奴隶贸易需要船只、商品贸易以及新的信贷结构，与糖不那么直接相关的行业也开始有所发展。许多西欧人开始延长劳动时间以获取更多的新商品，这被称为18 世纪的“工业革命”。[5]

然而，不论是早期奴隶制，延长工作时间，还是窃取资源，都不能永久解除马尔萨斯提出的人口压力。托马斯·杰斐逊曾希望购买路易斯安那州的方案可以使他的自耕农天堂的崩溃推迟两三千年，但他清楚这样的方案不能从根本上解决问题。马尔萨斯和杰斐逊对公元前 1 万年至公元 1800 年间人类历史的悲欢解读不无道理。[6]

随着蕾切尔踏上堤坝，时代背景也发生了转变。全球经济出乎意料地出现了前所未有的大幅度增长，并且这个过程一直持续到现在。过去 3000 年里，世界的人均收入向世人表明，一些国家（最早

---

① 马尔萨斯匿名发表的小册子是《论影响社会改良前途的人口原理，兼对葛德文先生、孔多塞先生和其他作者的理论的评论》。

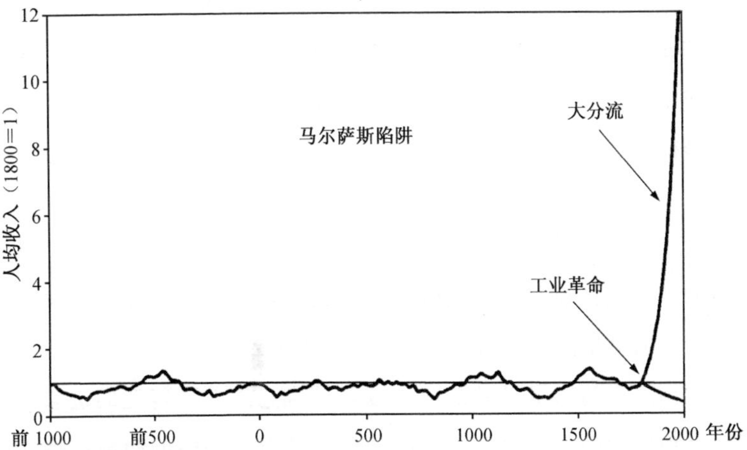

资料来源：Gregory Clark，*A Farewell to Alms*：*A Brief Economic History of the World*（Princeton，NJ，2008）.

是英国）正在走上经济持续扩张的道路。这条道路使人们的生活水平不断提高，使一部分人的财富大幅增加，而另一些人则陷入贫困（见表 3.1）。也正是这条新路将世界各个国家区分开来，有的成为胜利者，而有的则成为失败者。直到 20 世纪末，我们经常看到的字眼就是：西方国家和其他国家。

对于这场人类历史上难以置信的转变，人们也有着五花八门的 80
称呼：现代化、工业革命以及大分流。在那些受益最多的社会中，这种转变是基于一个最关键的转换：在劳动力和土地数量不变的条件下，提高商品产量，如食物和衣服。这使人们的生活水平不会因为人口的增长而下降，而且对很多人来说，生活质量还会有所提高。显而易见的是，到 1819 年，机械的革新以及新的劳动分工提高了产量，而劳动力和资源的成本则比以往任何时候都要低，其中一个最有代表性的范例就是英格兰西北部棉花纺织业的发展。

直到 18 世纪末期，棉布仍属于奢侈品，都是由印度农村里的手摇织机编织出来的。1790 年，英国发明家创造出了新的纺织机器，能把棉花快速纺织成线，其效率之高是手工不能及的。而且，新机器的成本和机器操作也没有人工操作那么昂贵。在不到 70 年的时间里，曼彻斯特工厂的工人用新机器织布的速度大大提升，比手工操作快 5—10 倍。一批坐拥工厂的新型企业家产生了。他们在纺织产业
81 获利颇丰，纺织业的收益进而又推动了整个英国经济的转型与发展。富裕的地主们将棉花带来的收益进行投资，使农业商业化，农村过剩的劳动力被推向城镇的工厂，成为雇用工人。[7]

蕾切尔在商店里见到的白人顾客周围，到处是转变的迹象。想象一下他们当中的一个人正在用手指摩挲着一匹匹的布料，感受着布的重量、质地以及由曼彻斯特工厂制成的精美花纹。报纸上刊登的布料广告是："上好的宽幅布料""白色法兰绒""薄棉布和平纹细布"。质量较差的则是棉质"黑人布料"拼接制成的标准型号的"黑人衬衣"。成堆的奴隶毯子上面堆放着铁锅和拴牲畜的链子，用于拉骡子犁地；柜台上堆着锯子、原木输送链和称量棉花的平衡木，叫作"杆秤"；堆在角落里的是来自西印度和卡罗来纳的锄头，分别用于种植甘蔗和棉花。这些非纺织品大部分产自英国的车间，这些商品就是为种植园和新兴城市的新市场设计的，经济学家称之为棉花纺织机活塞推动的"连锁反应"。货架上的易碎品是供消费而非生产的几百箱陶器（以蓝印花为主），可能是由英国第一家大型瓷器制造商韦奇伍德（Wedgewood）陶瓷厂制作的，还有上等金表、数十箱枪支、双片眼镜（导致马斯佩罗破产）、考究的钢琴及水晶刻花玻璃制成的水晶瓶。[8]

这样的商店、城市以及商业网络延伸到纽约、利物浦、伦敦以及许多其他城市，在这些地方，很多人也像这个男人一样在改变着他们的世界观。他们越来越感到，这样的进步会使他们的国家以及

社会蒸蒸日上、空前强大，并且在下一个 80 年，通过强大的工业实力和技术，征服世界上的其他国家。到 19 世纪末，随着殖民主义的扩张，能够继续存在于地球上的独立的、非西方国家将只有五六个。正如 1816 年前往新奥尔良的医生威廉·默瑟预测的那样，连大自然也屈服了。“蒸汽船的航行”将会征服“西部地区”，驯服水深流急的俄亥俄河以及密西西比河这两条大河。机械技术的稳步进步成了一个流行的比喻，它将变化描绘成永无止境的进步。在这种变化中，机器从自然中获得能量并服务于人类。[9]

这种从算术经济增长到几何经济增长的改变，并不仅仅因为英国机械的高效率。如果工业初期棉花纤维断货，那么所有新型高效的机械、所有加速增长的曲线都会发生短路。并且，这个担忧差点 82
成为现实。在 1800 年之前，大部分的棉花纤维是由印度、加勒比海和巴西的工厂进行小批量的生产。因为可用于生产棉花的土地和劳动力十分有限，并且他们的产量也很低，所以原棉的价格很高，并且持续走高。高昂的原棉成本制约着英国纺织工业的扩张。

另一方面，北美内陆拥有数千英亩的土地可供种植棉花，并且可以供给加勒比海的每一位居民。18 世纪 90 年代早期发明的轧棉机，使棉纤维与棉籽的分离变得容易，从而突破了生产中的一个瓶颈。然而，即使南卡罗来纳州、佐治亚州的棉产量有了突飞猛进的增长，奴隶的数量也在不断增加，但东南部的奴隶主仍然不能满足国际市场对原棉日益增长的需求。回过头来，我们发现，可以从面积更为广阔的密西西比河谷找到解决棉花供需矛盾的方法。然而，密西西比人曾写道，新奥尔良将是“密西西比河上游地区的糖、烟草、棉花、大麻等剩余产品的出口港”。这个观点很有代表性，在 1815 年之前，人们普遍认为棉花的经济地位排在第三。设想路易斯安那取代法属圣多明各，成为世界蔗糖生产的重要一环。1815 年以前，新奥尔良作为北美主要的棉花港口，远远落后于查尔斯顿。[10]

1815 年 5 月 19 日，也就是杰克逊取得胜利后的 4 个月，新奥尔良的棉花企业家威廉·肯纳声称，“有 30 艘船在前往该市的途中”，因为“欧洲必须，也将为它的制造商提供棉花”。他的利物浦经纪人预测棉花价格“不会下跌”。1815 年还没过去一半，已经有 6.5 万包棉花用平底船运到了新奥尔良，这些棉花都是由奴隶在密西西比河流域及其支流的丛林里生产出来的，这个数量占了全美国棉花产量的 25%。同时，西南部的奴隶主在与奴隶、美洲原住民以及英国人的斗争中赢得的土地和统治权，为他们进一步扩大原棉生产占据了先机。[11]

事实上，棉花供应的增长速度比预测的还要快。4 年之后，蕾切尔到新奥尔良的时候，又有 6 万多名奴隶从古老的南方迁移到路易斯安那州、密西西比州以及亚拉巴马州。到 1819 年，密西西比河流域奴隶劳工营的迅速扩张，使美国控制了世界的棉花出口市场。棉花
83 是工业时代早期最关键的商品，棉花因而成了美国经济增长的主要驱动力。在这样一个依赖出口获得商品和信贷，从而实现经济增长的体制中，1802 年，棉花已占全美出口总额的 14%，到 1820 年，又飙升至 42%。新奥尔良已经成为经济扩张的枢纽，一位游客这样写道：棉花已经成为欧洲和美国、工业地区和边疆地区的“契合点”。报纸上铺天盖地的专栏，充斥着长长的轮船进出港信息、进口商品广告、经纪人求购棉花的信息、商业信贷的提供以及银行董事会的通知。蕾切尔从堆积如山的棉花中感受到了经济的加速增长。[12]

这些改变就像精致的棉线一样从人的指间滑过，经过蕾切尔和其他 4 个人。他们只是人类血液中的区区五滴，经过一个又一个人，辗转到达沙特尔教堂。大教堂在右边商场的屋顶上隐约可见。又穿

过两个街区，他们到达与圣路易斯大街的交汇点。右边是一幢两层的灰泥建筑，外墙上镶着跟凳子差不多高的木框。为他们引路的白人打开门走了进去，门上有块标牌，写着“马斯佩罗之所”。蕾切尔用左手抵住门，跨过了门槛。

在 1819 年，来到这个城市的人肯定会去马斯佩罗的咖啡馆。如果说新奥尔良是西南部扩张的中枢，乃至是国家扩张的中枢，那么这个咖啡馆就是这个城市商业运行的中心，即便它跟星巴克没有任何相似之处。一位游客曾经抱怨道：“这个地方叫咖啡馆，但你在这里可以品尝到各式甜酒饮料，唯独没有咖啡。”咖啡馆里弥漫着威士忌和烟草混杂的气味，蕾切尔看到齐腰高的吧台和后墙一样长，吧台后面来回忙碌的是个地中海血统的中年男人。他的眼镜制造厂就在隔壁，可是马斯佩罗把他的大部分时间花在这里捞金。他可能会卖给你一杯果酒或者烈酒，如果时机正好，他甚至会把你卖了。蕾切尔来到“马斯佩罗之所”一两年后，一个德国来的契约奴在路易斯安那州的乡下死了，他的女儿据说会在这里被当作奴隶卖掉——就像许许多多其他人的女儿一样。[13]

过去的几年间，马斯佩罗的主业是为人们提供一个见面谈生意的地方。几十个白人正坐在四处放置的桌子旁，地上铺满了沙子，这样就不需要痰盂了。每次门被打开时，他们当中就会有人去迎接
进来的人。蕾切尔对在场的人都盘点了一番：有些人 20 多岁，有的 84
再大一点；有些人戴着帽子，有些没戴；多数人穿的是当时的风格：长裤、深色夹克和带领结的白衬衫，其中一个身材瘦小的男人则穿了一身黑色的衣服。蕾切尔可能早些时候就已认出了他，他就是小船上的那个男人。

蕾切尔也注意到他们投过来的目光——他们如何盯着她看，是通过审视的目光来评估她能为奴隶主创造的价值。这也是威廉·海

登被这样盯着看时的感受。18 世纪 90 年代，当他还是一个孩子的时候，就被卖到了肯塔基州，1812 年他又被卖到一个叫菲利普的男人手里。此人是个密西西比河谷版的“佐治亚人”，他用平底船把奴隶带到下游，把他们卖到新奥尔良的纳奇兹，或是路易斯安那的其他小镇。一天，一个叫卡斯尔曼的商人过来和菲利普交谈了一番。海登记得，卡斯尔曼“急于想把他买下”，卡斯尔曼的笑容就像“一只狼伺机扑上一只羊羔时一样开心”。[14]

他们就是一群狼。蕾切尔感受到他们的目光。在“马斯佩罗之所”出售的所有商品，包括棉花，都是最新的。当她登上“坦珀伦斯号”时，她就知道她会被贩卖至新奥尔良。马里兰的黑人们就像了解佐治亚州一样了解新奥尔良。蕾切尔可以看到一排排的男女和未成年的孩子们背对着墙站着，她也知道“马斯佩罗之所”就是将要进行交易的地方。即使她看不见，空气中弥漫的那种欲望的气息，也能让人嗅到这个地方的本质。这种渴望不是因为她是奴隶，或者因为她是女人而针对她一个人，尽管这两者也都掺杂其中，这种渴望是那些等在屋子里的人的特征之一。他们并不等同于奴隶贩子，奴隶贩子通常是指像玛吉芬或者菲利普那样的佐治亚人，以及后来在新奥尔良像他们一样贩卖奴隶的人。这些人其实是专门在一个地点购买奴隶，然后把奴隶带到另一个地方贩卖。1819 年时，专门贩卖奴隶的奴隶贩子在新奥尔良还是很少见的。到了 19 世纪 50 年代，在格拉夫以及男爵夫人大街一带，也就是现在新奥尔良超级圆顶体育馆的东南方向，建起了 20 多间私人牢房。但 1819 年时，没有人有这种专门的私人牢房，人们在堤坝上也看不到专门用于贩奴的船只，直到后来才逐渐出现往返于切萨皮克和密西西比之间的贩奴船。[15]

1817 年，在沿密西西比河旅行的途中，一个英国人注意到，在商人们去往新奥尔良的路上聚会的小旅馆里，“很多人都有真实的资本，但更多的是拥有虚拟资本的商人。他们的职业并不限于某一份工作，一个人经常会身兼数职，既是农民，也是商场和旅馆的店主，还是地产投机商、啤酒生产商、蒸汽船老板以及奴隶贩子”。最重要的是，“他们都是投机倒把的生意人，每个人都做着发财梦，他们不想通过正当的行业规则或者本着自己的职业操守勤劳致富，他们只是想一夜暴富”。“马斯佩罗之所”就聚集着这样一帮人。约翰·麦克多诺身着一袭黑衣，啜着冰水，他是比较节俭的长老会会员。麦克多诺和蕾切尔一样来自巴尔的摩，但是要比她早来 20 多年——他并没有被当作商品贩卖，而是受雇运送商人雇主的货物到这里来的。他把货物出售，将所得的钱款汇给雇主，然后开始自己单干。其竞争对手声称，麦克多诺和他的商业伙伴理查德·谢泼德在“马斯佩罗之所”故意散布卖地谣言，这些谣言抬高了麦克多诺地产的价格，他在路易斯安那州有很多地产。然而，麦克多诺既不是地主，也不是奴隶贩子——尽管他也买卖奴隶。麦克多诺是一名企业家，他把自己的欲望隐藏在那一身肃穆的黑色绒布衣服里，不显山不露水，实则他是那个打破秩序并且妄图重塑世界的大奸巨蠹，与贪婪地盯着蕾切尔的张狂的男人们属于一丘之貉。[16] 85

要说把新奥尔良的棉花贸易做到世界最大，没有一个人的影响力能比得上文森特·诺尔特。1812 年之前，诺尔特受英荷合资的希望公司指派来到新奥尔良，同时，他在英格兰银行的资金支持下，带来了 50 万英镑的资金。他用这笔资金在新旧世界之间建立起了棉花和资金的循环周转模式。1812 年战争结束以后，他联合霸菱银行（Baring Brothers，伦敦一家大型商业银行，曾资助美国购买路易斯安那），并施压说服英国和美国谈判代表放下架子，在 1814 年末签署了《根特条约》。霸菱银行的资金支持，使诺尔特在 1815 年以后大量囤积棉花，到 1819 年，他每年都会购买 2 万—4 万包棉花，相当于美国棉花出口总量的 4%—8%，占经由新奥尔良出口棉花总量的 1/4。[17]

可以说，文森特·诺尔特与世界上很多伟大的发明家、工厂主和银行家一样，让现代化成为可能。他创建了 19 世纪最重要的商品贸易模式和制度，这一模式倚靠工业革命最重要的原材料，足以让英国的工厂有足够的原材料而蓬勃发展。他将大量的资金从英国带到“马斯佩罗之所”，这刺激了密西西比河谷地带棉花产量的大幅提高，使新奥尔良的经济发展欣欣向荣。诺尔特的贸易现代化无意间让它变得更加高效，并且对新成员更加开放。他制作并印刷了一份
86 市场简报，搜集并且传播有关密西西比河谷的市场状况，让人们及时了解新奥尔良各种商品的现价——当时人们称之为“当前报价”[18]。

我们通常认为，现代资本主义的缔造者是理性的。他们或许很贪婪，会竭尽所能为自己牟取暴利，但绝不以赌博的心态参与其中，而是通过忘我的努力和高效的工作获得成功。经济报告通常认为，人们往往受效用与价格计算驱动，市场行为是有规律的、理性的。然而，诺尔特是一个不折不扣的赌徒。他并不在意效率，他只想赚取大把大把的钞票，在赌博中当一个赢家。但是，不要误认为他是在碰运气。他认为自己对投机了如指掌，并且参透了其中的奥秘，他只不过像赌博一样投掷了骰子。数十年来，诺尔特时而大赚一笔，时而大赔一笔。甚至为了赚钱去跟人拼命，他在 1814 年和 1815 年就与其商业对手决斗了 4 次。[19]

如果诺尔特想坐拥无比的财富，那不是因为他觉得成功就是救赎，也不是因为利润本身就是目的。诺尔特通过刺激大量棉花的生产——更加有效地开发利用越来越多的资源——推动了经济的现代化。在真实的现代社会的历史潮流中，人们总是做着颠覆性的改变。就如诺尔特这样的人，不断投掷骰子，通过引入新元素打破现有的

均衡，以此赚取巨额利润。他们引进新元素的主要优势可能是技术创新，但是企业家很少自己开发创新。相反，他们总是试图从新技术中获利，以便从其他资本家们手中夺取市场份额和利润，那些投资于当前的技术以及陈旧商业模式的资本家便成了牺牲品。他们是充满“创造性破坏”活力的建筑师，反传统的经济学家约瑟夫·熊彼特（Joseph Schumpeter）认为，他们是资本主义发展的核心引擎。创造性破坏会产生痛苦的冲击，以及急剧的扩张、战争、征服和奴役之后所面临的毁灭性经济萧条。在新奥尔良，棉花和奴隶使创造性破坏构成了这座城市的现代经济。[20]

诺尔特说他之所以那么做，是因为他找到了想要的那种感觉，就是他所说的“魅力”，这个魔咒就是以他自己为中心，拓展巨大的商业网络。在马斯佩罗的咖啡馆，满屋子都是诺尔特这种人，对他来说，创造性破坏是一个过程，也是动力的源泉。与麦克多诺、谢泼德以及诺尔特齐名的人还有：贝弗利·丘、理查德·雷尔夫、威廉·肯纳、斯蒂芬·亨德森，还有说法语的商人路易斯·勒塞纳， 87
与克里奥尔人做生意的中间人杜邦。他们也喜欢手握权力的感觉，这种权力是从诺尔特所谓的“商业进取精神”中获取的：减少竞争对手，感受远在千里之外的人都屈从于他们意愿的满足感。他们从内部购买棉花，然后将货物通过水路运至利物浦，再从英格兰和德国购买大量商品，然后把商品卖给商店，那里的商店多得就像河边串在一起的珠子，一直延伸到路易斯维尔。[21]

这些企业家虽然并不专业，但头脑却很灵活，他们利用区位优势、专业知识以及获得商品的特定渠道，白手起家，大规模增加了全球经济中最重要的原材料。从 1815 年开始，南方的棉花已经跃居成为世界上交易最广的商品，新奥尔良也随之成为购买和运销系统的引力中心。这个城市运送棉花的数量翻了一番，很快就超过了东南港口城市查尔斯顿和萨凡纳。

“马斯佩罗之所”是新奥尔良的第一个棉花贸易中心，这也是另一个新市场开始形成的地方。正如《路易斯安那公报》报道的那样，在“马斯佩罗之所”，你可能会买到产自爱尔兰和英国的衣服、领航艇，沙尔特街上的一块地皮、一幢砖房、一个种植园（属于曼努埃尔的遗孀安德里夫人）以及奴隶。除了星期天，每天都可以通过竞拍或者与奴隶主协商购买奴隶。这些人不仅从事其他生意，还在那里买卖大量的奴隶。在1815—1820年间，肯纳和亨德森至少在“马斯佩罗之所”卖出了150名奴隶。麦克多诺的贸易伙伴谢泼德卖出了97名奴隶。苏格兰棉花商人托马斯·厄克特售出76名，等等。和棉花一样，那些具有创造性的破坏者建立了供应渠道、刺激了需求，还建立了一个交易场所，使购买者可以买到他们想要的一切。换句话说，他们建立了这样一个市场：它虽然集中在密西西比河下游，但是它所涉及的地区远远超过这个特定的市场，延伸至马里兰的农场、亚拉巴马州的棉花码头、纽约的银行以及伦敦的客厅。接下来的40年里，这个奴隶市场将继续推进与棉花经济发展的动态关系。[22]

通过追踪蕾切尔的去向，我们可以了解到市场是怎么产生的。她被跨州贩卖这件事也源于联邦和州政府的态度。宪法的妥协允许了跨州运输奴隶这一行为，国会还通过1793年法律，① 保护了运输奴隶的合法性，法律禁止自由州收容逃亡奴隶。与此同时，与大部
88 分19世纪20年代之前从东南部贩卖至新奥尔良的奴隶一样，蕾切尔来的路线就是其他商品运到堤坝的路线。西南部的企业家们会让东南部的经纪人为他们购买奴隶，有时他们会提出一些具体的要求。比如，为纳奇兹的史蒂芬·迈纳找一名马里兰州的铁匠，但他们通

① 即1793年《逃奴追缉法》，该法规定奴隶主有权跨州追缉逃奴，而且奴隶主可以在当地法院确定该奴隶的所有权之前，就把奴隶带回庄园去。

常是没有具体要求的，而只是说“从弗吉尼亚州给我找几个人手”。买下来的奴隶会被送至定期往返的商船上，如“克莱奥号”，本杰明·拉特罗布就是在 1818 年乘坐这条船从诺福克出发的。“克莱奥号”上还有一些货物，一名叫作戴的医生，他要搬到雷德河做一名棉花种植园主，他还带了 12 名奴隶一同前往。同船的还有汤姆，他和蕾切尔一样，也是巴尔的摩商人戴维·安德森托运的。汤姆花费了安德森 800 美元，加上船票 30 美元，但是他死在了佛罗里达的海岸上。看着“克莱奥号”的水手把汤姆的尸体扔进海里，白人旅客估算着他本可以带来 1200 美元的利润。安德森在新奥尔良的收货人损失了不少本金。[23]

到达新奥尔良之后，像蕾切尔以及身材高大的威廉这样的奴隶会一直待在船上，直到被卖出去。有时，奴隶主也会把奴隶关在马厩里、城市监狱里，或者和其他商品一起，关在简陋的房间或者仓库里。威廉·肯纳把奴隶关在自己的奴隶劳工营里，直到他认为已经把奴隶调教好，能够出售了。奴隶贩子同样会把奴隶关在“马斯佩罗之所”——酒吧附近的舞厅里，或者楼上的会议室里，安德鲁·杰克逊就是在那里痛斥那些惧怕帕克南的红衣士兵的市政官员。但“马斯佩罗之所”是一座简陋的监狱，防护并不严密。当地有几个奴隶主，人称罗马兄弟，他们在所有买进的奴隶身上都打上烙印。1819 年 10 月，他们以 1500 美元的高价购买了一名叫玛利亚的黑人女子。他们在谈生意期间，一直把她关在“马斯佩罗之所”。罗马兄弟花了很多钱让人用烙铁在她身上烙下烙印，因不愿忍受这种折磨，玛利亚逃走了。7 周之后，仍然下落不明。[24]

虽然“马斯佩罗之所”作为牢房并不合格，但在 1815—1819 年，它一直是奴隶市场的运行中心。即使待出售的黑人男女没有到场，买主坐在那里也能从《路易斯安那信使报》（*Louisiana Courier*）上找到他们的名字，会在心里同其他到场的奴隶进行比较。卖家过来和买家进行交易，买卖奴隶的协议就在这个酒吧里签署，并在这个狭长、矮小又混杂着烟草味的屋子里生效，这里由此改变了成千上万像蕾切尔和威廉这样的黑人的命运。新奥尔良企业家的这种做法，
89 不仅仅是增加了他们的账户余额，也同样改变了他们自己的生活。对于“马斯佩罗之所”的企业家们来说，现代世界的诞生为他们打开了通往权力的大门，而这些权力在非专制君主制中很少有人体验过。

也只有那些生来就是白人的男性，生对了地方和家庭的幸运儿才可以享受这种权力。然而，旧的商业联盟和家族逐渐被那些建立起新赚钱帝国的年轻人赶超。想象一下亨利·帕尔弗里的命运，一个失败者的儿子，他 12 岁时成为新奥尔良贝弗利·丘和理查德·雷尔夫的职员。帕尔弗里在“马斯佩罗之所”这样的环境中长大成人后，他的内心欲望不断涌起，他会写下命令和请求，然后把信函递送出去，结果令人惊讶，那是他早年间生意失败的父亲不可能做到的事情：大量的棉花被运走，奴隶被贩卖而与家人离散，成堆的布和铁被装上了船，资金也周转了起来。[25]

在这种环境下，企业家们的价值观被同化，并将此视为正常的思维模式，这也揭示了他们为什么会将毕生精力放在美国西南部，要在这里建立一个“扩展的商业体系”。他们说话的口气就好像他们自己在身体力行地做着交易——销售棉花、购买土地或奴隶、大洋彼岸的现金结算。然而，并非他们的全身都在参与，他们只是使用了手。他们写了便条和信件，告知他们的联系人，他们“手上有奴隶”，“钱在手中”，重要的信件“到手了”，棉花“出手了”，商品进入市场了。1815 年，约翰·理查德还在等待棉花的价格上涨，他向密西西比州银行提供了一张票据，以确保他不必出售“手中的棉

花”。还有一种凭信用向其他商人借款时的付款承诺，叫作“手写期票”。[26]

很少有身体的哪个部位比手与思维的联系更亲密、更直接。当企业家用言语来掌控新经济时，他们将这种感觉描述为，仿佛新世界的力量像木偶一样掌握在自己手上。他们手写在纸上的文字，能在远方产生具体的效果。那些写字的人手里握着的并不是贸易中物质的东西，诸如一包包的棉花、一堆堆的硬币，以及运载这些货物的货船。但毫不夸张地说，写字的人掌控着这些货物的去向，还有这些人的命运。

这些写字人的手里掌握着比过去商人更多的东西，因为西方资本主义新的动态增长正在产生如 20 世纪伟大的神学家罗伯特 · 法 90
拉 · 卡蓬（Robert Farrar Capon）所称的“右手的权力”（right-handed power），一种推动结果的力量。卡蓬认为，右手的权力就像很多宗教信徒所信奉的上帝观念：神祇以他无上的威严，施以毁灭性的力量，把邪恶的人扔进火焰中，水淹罪恶的地球。右手的权力是主宰的力量，是国王的权力，是武器的威力，是律法的权威。19 世纪初，在权力和地位之争中获胜的群体与个人，积累了前所未有的右手的权力。他们得到更多的枪支和子弹，更多的士兵，拥有更强大的能力去摧毁他人的防御工事，迫使他们以最有利于西方的条件进行贸易。他们统治其他民族的程度是人类历史上前所未有的，在获得胜利的新的现代化国家中，右手的权力逐渐以一边倒的方式进行分配。新领导阶层的成员，比如在“马斯佩罗之所”的人、曼彻斯特的棉花工厂主、纽约的商人、伦敦的银行家，他们掌握了大部分的权力。[27]

所以，一个人如果要选择“马斯佩罗之所”的写信人提到的“手”是哪一只，那么他可能会说“右手”。尽管企业家们所做决策的影响有时会在距决策地很远的地方显现，但它们仍然是直线效应。信写完寄出以后，马里兰州的贸易伙伴读了信，把汇票存起来，参加遗嘱认证拍卖，买下一个女人做仆人，然后把她带到下一艘开往路易斯安那州的船上。一个白人（他说路易斯安那的成功给了他一种新的“独立感”）在给亲戚的信中写道，棉花经济的交易“增强了你的力量”，抓住这些机会，“使自己飞黄腾达”。有了新的市场和机会，一个人（用右手食指）在贸易世界的机器上按下一个按钮，那里有新的市场和机会，会使他成为受益方，包括英镑、一大批棉花或长长的奴隶名册。新兴的现代世界强化了这些人右手的权力，为他们提供了机会，使一切变得新鲜而特别，使他们可以按照自己的意愿来塑造现代世界。[28]

强大的右手权力主要是受到信贷的刺激，这本身就是一种近乎神奇的现象，人们似乎可以用手进行远程操控。信用是一种信任（这个词来自拉丁语 Credere），它以未来偿付的承诺来换取今天的价值。信贷使企业家们把明天的钱花在今天来进行交易和投资，（贷款人相信）这样可以在明天赚取更多的财富。当信贷条件变得宽松，
91 信贷就可以使贸易得以开展，并顺利推进，使大西洋周围的人们富裕起来。

例如，新奥尔良的企业家威廉·肯纳可以使用一家英国商业银行承兑的汇票，从他的种植园贸易伙伴约翰·米诺那里购买成包的棉花。肯纳随后可以将棉花运到利物浦，并把它们卖给一个商人，这个商家可以把款记入肯纳的账户，这样汇票就可由原来的公司兑现。商人可以允许肯纳通过书面支票或汇票从他的账户中提款。如果合作伙伴相信肯纳未来的财务状况，也可以自己开具期票，并在美国议价出售，作为他的信用来源。如果卖家认为利物浦公司认可肯纳所签的期票，肯纳可以在“马斯佩罗之所”出售这样的期票以

兑换现金，或者以此换取商品和奴隶。接受期票的人对其信任的程度（即对其魔力的期望值），不仅可以决定他（她）是否将其视同金钱来接受，还可以决定其数额。在票据面值基础上进行“折扣”交易，浮动价值类似于利率（一个人用96美元买一张期票，在6个月后就可以兑换100美元。换句话说，就是一个人把钱借出，每年可获得8%的收益）。对承诺的买入和卖出本身就是一桩生意。文森特·诺尔特在报纸上刊登广告，声称想要购买巴黎、纽约或者伦敦的兑换券，即在那些城市可以用作支付手段的票据，这样他就可以把这些票据邮寄过去支付自己的账单。[29]

但是，必须在信贷中建立信用。人们必须信任其机构和贸易伙伴的可靠性，才能使信贷转化为资金，成为爆炸性增长的动力。像其他信仰一样，信贷也有一个发展过程，而蕾切尔就在这个过程的关键时刻来到了“马斯佩罗之所”。

杰斐逊共和党人在1811年扼杀了美国第一银行。在1812年战争期间，财政混乱使得詹姆斯·麦迪逊政府难以筹集战争所需的资金。形势所迫，美国共和党在1816年特许（长达20年之久）建立了美国第二银行。其实，第二银行的建立是为了稳固国家共和党①提出来的全面经济计划。国家共和党由一群年轻的领导人建立起来，他们当时正在排挤老杰斐逊派。这些人包括肯塔基州的亨利·克莱（Henry Clay）和南卡罗来纳州棉花边疆地区的约翰·卡尔洪（John Calhoun），他们计划在美国利用联邦政府创建现代经济，这个计划的 92
关键在于银行吸引外国投资债券、稳定金融体系，以及将信贷纳入企业家手中的能力。克莱声称的“美国制度”还包括“内部改进”计

① 早期美国政党，活跃于1825—1833年，是辉格党、共和党的主要前身。1825年，民主共和党发生内讧，时任总统约翰·昆西·亚当斯和国务卿亨利·克莱领导的一派自称国家共和党。1828年和1832年总统大选，亚当斯和克莱先后被杰克逊击败。1833—1834年，亚当斯、克莱组建辉格党，国家共和党解体。

划，即运河、道路和河流清理项目，以降低运输成本，并鼓励面向远方市场的生产。一项保护国内纺织品生产的关税，将使美国经济按照英国的工业化模式发展。[30]

总部设在费城的第二银行也在新奥尔良等主要贸易中心设立了分支机构，但大多数分支机构忽视了监管资金流动的职能。其间，地方银行如雨后春笋般出现，肯塔基州议会仅在1818年就特许建立了40家银行。第二银行将信贷流入国家的每个角落，这种昙花一现的繁荣让传统主义者沉默了，他们警告纸币和银行都是骗局。1814年4月，有38艘平底船从上游驶来，停泊在新奥尔良大堤旁；4年后，其数量猛增至340艘。金融巨头霸菱银行、希望公司和其他欧洲棉花商人向诺尔特及其同行提供了数百万英镑的信用贷款。纺织业和其他行业的商人为了倾销他们战时积压的商品，向美国经销商提供了数百万美元的商品。第二银行直接向土地投机者提供了巨额信贷，银行的董事和雇员竭尽所能从银行的金库中借出大量金钱，用于自己的经营活动。[31]

对于像蕾切尔这样的奴隶来说，金融信用额度的增长不仅不意味着解放，反而使情况更不乐观。银行帮助美国白人和海外投资者对这样一个未来抱有信心：英国工业化模式下需要的商品能不断增加收益，而这些收益可以偿还奴隶买主的债务。人们可以看到美国西南部这种右手权力的迅速崛起，不仅在"马斯佩罗之所"，还在亚拉巴马州一个位于边境的村子亨茨维尔。1819年1月，就在蕾切尔和威廉抵达堤坝的同一天，一个名叫弗朗西斯·里夫斯的弗吉尼亚人风尘仆仆地来到这个村庄。不久，里夫斯在里士满的洲议会任职。但是，这天他和他的雇员带着20多名奴隶离开了弗吉尼亚州南安普敦县。看守这些奴隶的里夫斯和他的手下是新兴的信贷和贸易国家的探险者，他们试图从弗吉尼亚州南部奴隶舱储存的人力资源中获取新的收益，他们这次远行将佐治亚的贸易范围向西扩展了数百英里。他们沿着切罗基人的足迹，从北卡罗来纳州的左上角穿过大烟山（Smoky Mountains）的山脊，抵达田纳西河谷地区，亨茨维尔就 93
在田纳西河畔。[32]

田纳西州人可以将装满棉花的平底船驶入密西西比河，所以亨茨维尔在贸易信贷方面与新奥尔良之间有一条无形的纽带，将彼此维系在一起。由于第二银行的注资以及贸易的机会，里夫斯的奴隶队伍面前的这块谷地因此有了规划，并种上了棉花，一下子变得繁荣起来。安妮·罗伊尔（Anne Royall）是一名言语尖锐的宾夕法尼亚旅行作家，1818 年，她去亚拉巴马州为一本新书准备素材。当她登上里夫斯的奴隶曾爬过的山脊时，她发现平时那种傲视一切的写作风格无法发挥。她写道："这时，棉花田映入了眼帘，它们的面积大得惊人，一片田野里就有 400—500 英亩的棉花！简直无与伦比！其发展前景之大难以想象！"

"在这个国家定居的人，只要有一点资本，就无一例外会在几年内变得富裕起来。"一个出生在弗吉尼亚州的移民约翰·坎贝尔这样说道。他显然受到了人们所谓"亚拉巴马热"的影响，这个狂热的执念就是，每一个得到边疆土地的白人只要奴役他人种植棉花，就一定能够致富。而信贷让这种狂热持续升温。亚拉巴马州大部分的殖民者霸占着曾经被包括在亚祖销售中的土地，后来杰克逊堡的克里克人被迫交出这些土地，现在由设在亨茨维尔的联邦土地办公室出售给那些依赖信贷的买家。到 1818 年底，土地办公室已经处理了将近 100 万英亩的土地，带来了 700 万美元的收益。但包括安德鲁·杰克逊、詹姆斯·麦迪逊和当地土地办公室的首席雇员在内的投机买主，只预先支付了 150 万美元，其中 100 万美元是以代金券的形式支付的，这些代金券是联邦政府在 1810 年"弗莱彻诉佩克案"判决后给予投资者的赔偿。因此，政府的信贷支付了里夫斯面前这个山谷的土地成本的93%，这笔钱将不得不用尚未被买来的奴隶种植的棉花偿还。难怪里夫斯将这些奴隶带到了亨茨维尔，因为这里是贩卖奴隶的主要猎场。[33]

信贷似乎正在将奴隶主的亚拉巴马梦变成现实。亚拉巴马州的棉花总产量在美国已位居第三，人均产量居全国首位。不只是亚拉巴马州的奴隶主：在1815—1819年间，当地居民将近10万名非自由移民运送到路易斯安那州南部、田纳西州中部和密西西比州的纳奇
94 兹周围地区。这些奴隶将投机购买的土地开垦出来，种植棉花以支付利息，从而保持贷款的流动性，并以此作为抵押品。潜在企业家借贷能力的显著提高，使他们的右手能够跨越时间和空间，越过山脉和海洋。[34]

回到新奥尔良，在那里，买家和卖家都可以得到足够的信贷，距“马斯佩罗之所”不远的阿姆斯丹广场上，圣路易斯大教堂正午的钟声响起，钟声在充满阴谋的咖啡馆里回荡。然后，一位信贷行家出现了，他就是图森特·莫西，这个城市最受欢迎的拍卖商之一。到现在为止，他一直坐在桌边，观察着那些靠墙站成一排的人。他吸着烟斗，眼睛时不时瞥一眼面前的一张纸，上面写着姓名、年龄和只言片语的介绍，其中一些信息可能是真的。他站起来，转过身去面对着大家，操着一口法语口音的英语向那些满怀期待的观众解释说，现在将拍卖23名奴隶。报纸上只是简单地说：“条件会在出售时公布。”作为地产的一部分出售的奴隶，常常以当地卖方向当地买方授予一年或一年以上的长期信贷的方式出售，用抵押贷款来保证放贷人不受损失。像麦克莱恩这样的卖家，很可能是用很快就会到期的短期信贷在切萨皮克买下了奴隶，所以他想要纸币，或以汇票

的形式容易地交易信贷。随后，莫西对众人说拍卖将在外面进行，说完就转身走了出去。[35]

阳光投射在圣路易斯街的墙上，蕾切尔和威廉在阳光下不停地眨着眼睛。第一个被拉出来的人可能是约翰，大约 50 岁，是该组中年龄最大的。莫西指了指低矮的长板凳。约翰身材高大，肤色较浅，他站到那张凳子上面，马斯佩罗咖啡馆里的人鱼贯而出，在他身边围成了半圆。路过的人也都停下了脚步，有去市场买菜的女人，从商场走出来的男人、白人以及黑人儿童，还有那些在河上作业的船夫。奴隶则站在人群的后面，面无表情。堤坝上传来车轮嘎吱作响的声音以及装卸工人含糊不清的叫喊声，打破了片刻的寂静。此刻站在拍卖台上的这个人，他曾经伐过树，用绳子紧紧捆住棉花，把货物堆满仓库，还曾将票据送到大洋彼岸又带回来，他被拍卖的全过程即将展现给整个世界。[36]

莫西开始讲话了，但并不是那种日常的讲话。日后的很多拍卖师都是像莫西这样交易，人们知道他们是怎么拍卖的，但在多数拍卖会已经在网上进行的这个时代，他们的技能似乎已经过时了。但 95
是关于莫西的工作，有两件重要的事情需要记住。首先，拍卖会纯粹是为了满足需求，从而理顺资本主义市场经济中的价格。在 1 月的某个星期四，棉花销售势头强劲，信贷弹性良好，可以用面对着人群的约翰预测新奥尔良人对一名 50 岁男性黑人的需求情况，听到结果的买家和卖家将挂出各种竞价。这次拍卖将会形成私人销售的大体价格，从而影响日后拍卖的出价，权衡地产库存里奴隶的数量。莫西的巧舌如簧，人群中那些潜在买主之间的耳语碰撞，示意出价的点头与举手，信贷以及棉花的价格，都是在你来我往、不断商榷之中形成的，这就是奴隶市场的规则。

其次，过去和现在一样，拍卖师都想将拍卖会推向高潮。莫西想要拍出最高的价格，他在“马斯佩罗之所”也建立了一个买家和卖家的团体，可以让买家学会如何估算奴隶的价值。莫西公布了约翰的主要信息以及其他被拍卖奴隶的相关条件。除了身高、年龄、价格，他还教买家挑选奴隶时考虑的最重要因素。身高是最容易辨别的因素，一眼就能看出来，通常高个子的男人会比矮个子的价格更高一些，但身高对女性的价格没有多大的影响。但是无论男女，年龄都是很重要的因素。买家对18—25岁的年轻男人出价最高，女性则是15—22岁。根据1819年1月的价格，麦克莱恩需要花费900—1100美元买下内德或者威廉，而同龄女性奴隶的价格则会比男性低100—200美元。莫西得想方设法把50岁的约翰卖到400美元。[37]

96 人们通常认为，与新到美国西南部的移民相比，出生在本地的

图3.2 在拍卖会上，奴隶主和他们所持有的信贷结构形成了一个企业家群体，这个活动中的企业家有男有女，他们站在拍卖现场四周。拍卖也形成了把人当作商品衡量的市场，就像这些男人、女人和孩子，他们在前台的长椅上等待着被拍卖（George Bourne，*Picture of Slavery in the United States of America*，Middletown，CT，1834，pp. 144—145.）。

奴隶死于疾病的概率要小一些，但来自弗吉尼亚州和马里兰州的黑人已经成了这个奴隶市场很重要的货源，而且当地也没有足够的适龄男女来满足市场的需求。与经验丰富但精明的当地黑人不同，来自弗吉尼亚的年轻黑人更有可塑性，能够帮助奴隶主实现右手权力的梦想。例如，亚历山大·麦克尼尔告诉出售少年亨利·沃森的奴隶贩子，他“想养一个适合自己的男孩”。这个时候的马里兰，20 岁出头的年轻奴隶的售价大概是 500 美元。内德或威廉在新奥尔良的售价是在切萨皮克的两倍之多。每个奴隶的运输费用平均不到 100 美元，所以企业家们从建立较早的州所购得的奴隶，即使其售价比当地黑人低，仍可从中获取大量利润。[38]

通常的销售模式是，甲方以 y 或 z 的价格将商品 x 卖给乙方，但拍卖会交易事实上比其他任何形式的销售都复杂。拍卖的时候，竞标人会以五十、十几，甚至更小的数额加价，有时他们不是为了买奴隶，而是想证明自己的判断。卫理公会牧师威尔逊·惠特克报道了北卡罗来纳州一次拍卖会的情况，约翰·科滕与一位被他叫作丹西的人展开交战。两人先是竞标一片玉米地，然后他们又把一名男性奴隶的价格抬至 1400 美元——拍出了新奥尔良奴隶在北卡罗来纳的价格新高。丹西无法再抬高价格，他气急败坏地喊道：“混账!”然后拎着鞭子冲向科滕，科滕则掏出手枪朝他开枪。后来科滕逃跑了，让一个朋友将他买下的奴隶领了回去。[39]

与此同时，在拍卖会中也可以看出在买主的右手中，一个奴隶有多大的可塑性，是否符合主人的心意。年轻的路易·休斯还清楚地记得，在里士满的一个奴隶市场，他和几十个奴隶站成一排，任由买主将他们推来推去。买主“在人群中来回穿梭，打量着这些可 97
怜的家伙，盘问（女人们）：‘你会做什么?’‘你会做饭吗？会裁剪衣服吗？会做奶制品吗?’……（问男人们）：‘你会耕地吗？会打

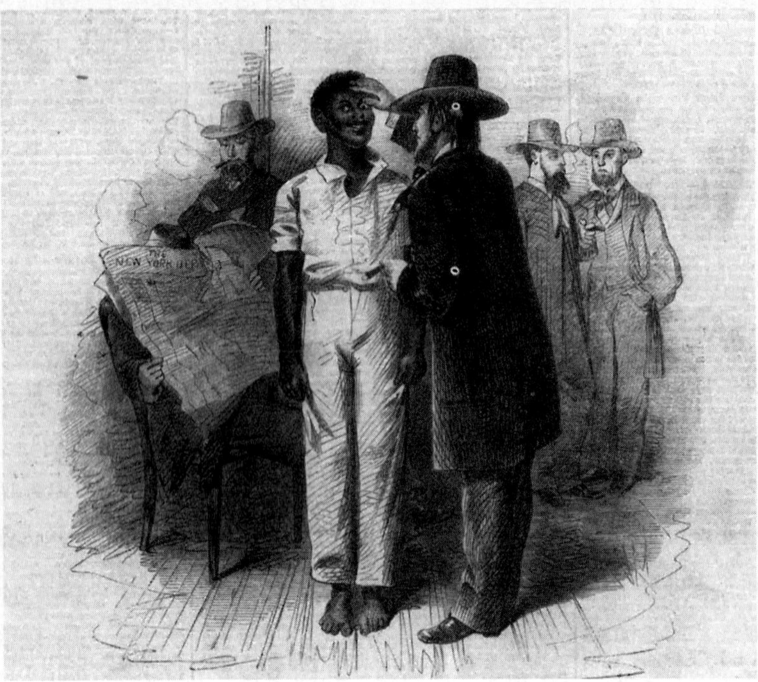

图 3.3　检查是检验自己选择的助手是否得力的一部分，也是准备出售的常规程序。这是一件很严肃的事情，但是在这里，奴隶只需要遵循以下规则：笔直地站着，不反抗，回答问题时要用礼貌的态度和得体的举止（*Illustrated London News*，February 16，1861，p. 138.）。

铁吗？’”[40]

98 私人销售不是公开拍卖，而是一对一的谈判，有时能让黑人有机会评估他（她）潜在的客户。一方面，如果你知道自己的妻儿老小被卖到了某个地方，而从某处听到的小道消息说潜在买主就住在那附近，那么你就要在这帮人里表现得最机灵、最温顺。另一方面，在某些情况下，你可能不想引起注意。对于心惊胆战的少年亨利·沃森来说，亚历山大·麦克尼尔是一个“看一眼就会打寒战的人……他灰色的眼睛目光犀利，还有高挑的鹰钩鼻和扁平的嘴。”“他长得太恐怖了，”沃森很多年以后这样说道，“再也不想看到他的脸。”但是要当心，如果卖家看出你故意不想“推销自己”，你会被鞭打。[41]

在拍卖会上，当多数白人将目光集中在一个奴隶身上，会使得问话的人有恃无恐，而被问的人则战战兢兢。所提的不是委婉暧昧的询问，而是咄咄逼人的审问：“你会干什么活儿？你逃跑过吗？”卖家可能事先已经教奴隶如何应答，但是，这些气势汹汹的企业家乌云压城般的提问让人无法喘息，他们企图通过恐吓的方式让奴隶吐露实情：“谁教你砌砖的？”约翰可能都熬不过 5 分钟，所以莫西又从拍卖名单中找条件好一些的奴隶。但是，有的奴隶要忍受半小时甚至更长的时间才能下台。这样的一问一答会花去很多时间，为了施压，当白人察觉到奴隶露出疲态的时候，他们会假惺惺地故作善态，强迫奴隶分享一杯白兰地，迫使奴隶降低抵抗力，顺从地吞下酒和卖主教他们的话。[42]

不！在这里，只有孤注一掷的表现才有机会如愿以偿。德利西亚 · 帕特森 15 岁时曾站在台上作过演讲：“老法官米勒，你不要为我出价，即使你这样做了，我也不会住进你的种植园，我会在你把我买下来之前拿刀把喉咙割断。”其他人则一边等待着自己的归宿，一边抽泣着：让我和孩子在一起吧；买下我吧，您不像其他人那么残酷，我会努力干活的。一些人则虚张声势，故意大声谈笑：看吧，你拿我没办法。然而，虽然米勒法官放弃了德利西亚，但当这个年轻女人的父亲央求他现在的主人买下他的女儿时，那个白人重复了他女儿的话，拒绝了他的请求。倔强固执也会招来皮肉之苦。在圣路易斯拍卖会上，玛莎 · 迪克森被命令介绍自己时，她拒绝说话。于是，拍卖师叫人对她施以鞭刑，直到她开口为止。[43]

所以，拍卖会不仅规定了价格，还打破了和奴隶谈判的假象，建立了一个右手的权力共同体。最有用的建议，是夏洛特·威利斯的祖父在密西西比的一个拍卖场获得的感悟：“最好克制你的情绪。”有些人将痛苦和恐惧转化为无声的愤怒，一个人回忆道：“登上拍卖台的时候，我的仇恨和羞耻交织在一起。”对于拍卖会上幸存下来的多数奴隶来说，即使内心充满仇恨，但表面仍要装得若无其事，这
99 是他们在被出售的过程中学会的唯一本领。但是，前途未卜、羞辱与威胁，使拍卖场上的大多数黑人吓得不知所措。最终，他们的身体状况暴露了内心的恐惧。母亲开始哭泣，有些人的身体不堪重负，不知道发生了什么。他们开始变得语无伦次，承受不住那些品头论足和买主精打细算的眼光。伊丽莎白·希尔回忆道，在新奥尔良的拿破仑街上，“我看到那些奴隶伙伴刚从拍卖场出来，他们跟着新主人，摇摇晃晃地从‘马斯佩罗之所’”出来，他们“似乎汗流浃背，看起来萎靡不振”。[44]

这一天，当约翰下台后，17 岁的玛丽登上长凳，人群开始骚动起来。人们从玛丽身上找到了一种顺从和消遣的乐趣，她所散发的特质与男人完全不同。塔布·格罗斯拥有一半白人血统，是玛丽同父异母的兄弟，他说他亲眼看到了 1830 年的那场拍卖，“她的出现让全场观众激动起来”。一位妇女记得，有人在拍卖场另一侧喊道：“这姑娘太漂亮了！”还有人问：“谁买？谁买？”[45]

蕾切尔看着这一切。事实上，从巴尔的摩的销售点到“马斯佩罗之所”，一直有很多人在觊觎玛丽，似乎从她进入青春期以后，这样的事情就不断发生。而拍卖时间其实就是对女性奴隶强行进行赤裸裸的性骚扰的过程。19 世纪 30 年代前后，白人通常要求女性奴隶脱掉衣服。罗伯特·威廉姆斯看到女人们被要求脱下裙子：“每个人的身上只有腰间的一块布……她们的胸部以及其他部位全都裸露在

外。”科莱尼亚·安德鲁斯说，在北卡罗来纳州的史密斯菲尔德中部，奴隶贩子“让这些黑人赤条条地在广场上跑”。在查尔斯顿，黑人女奴们站在街道的拍卖台上，身上只裹着一条毯子。拍卖师会描述她们的身体，而把奴隶带回拍卖行的竞标白人可以扯掉包裹奴隶身体的毯子。[46]

拍卖师和竞拍人会让女人转过身来，掀起裙子，“不断拍打着她，看看有多胖”。威廉·约翰逊还记得，“竞拍者来回摩挲女人的大腿，撩起她们的衣服查看臀部，摸她们的胸，以此检查她们能否生孩子”。对于白人来说，看着玛丽站在长凳上是合伙企业家成员的福利之一。他们向女人提的问题与提问约翰或者威廉的不同，这些问题试图强迫她承认所有被买卖的东西。女人如果拒绝配合，很有可能会惹恼白人。一名观察者曾这样写道：“当竞拍人要求奴隶在街上回答提问时，眼泪会顺着她的脸颊流下来。当她拒绝回答那些令人作呕的问题时，受到的便是劈头盖脸的咒骂。”当然，并不是所有 100
的白人都介意奴隶的反抗。一些人很享受征服的过程，毕竟这也是游戏的一部分。[47]

蕾切尔知道该轮到她了。但就在蕾切尔等待的时候，透过拍卖人的高谈阔论，透过人群里各种尖锐的问题，有一个词在潜在买家的窃窃私语中反复出现，而这些买家与那些愿意支持他们的放贷者有着紧密的联系。这个有些奇怪但是常见的字眼不断萦绕在她的周围，钻进她的耳朵，敲开她的心门。不仅如此，它还在“马斯佩罗之所”那些写信人的笔下源源不断地涌现出来。它静静地躺在黑暗的折叠信件中，装在皮革信封里放进船舱，整装待发。虽然被蜡密封住，但它已经急不可待地要挣脱开来，奔向世界。它讲述的是一个更深层次的制度，一个关于价格水平和价格变化的价值结构。但是，它同样也会有困扰：创造、毁灭、伟大、秩序和进步的梦想，机器、金属、恐惧和辛勤劳作的汗水，还有寄托于堆放在棚子里炙手可热的棉花包中的欲望。

这个词就是“手”。在拍卖师完成对玛丽的拍卖之后，随即宣布威廉是下一个被拍卖者。蕾切尔在那一天听到这个词语的次数比以往都要多。这是一个很常见的词，但是从某种意义上来说，此刻这个词所表达的意思，与他们写汇票等用到这个词时所表达的含义不尽相同，而是与拳头的意思有关。在他们经历了现代生活后，奴隶贩子们所说的“手”，是作为右手权力的隐喻，这种用法看起来好像也很平常。从莫西的拍卖话语中抽出“手”一词，我们发现，它出现在深植于奴隶市场交易的行话中，以至于我们从那时起就把这个词纳入了奴隶制的历史中，好像它本来就是其中的一个术语。我们初次在一个句子中看到这个词的时候，就忽略了它非中性的含义，因为我们对手语不甚了解。两个世纪以后，我们翻译这个词时，仍然不会考虑约翰·布兰特在 1818 年所写的“五个壮黑奴，田地好帮手”(five likely negro fellows，prime field hands)。

你还可以看见 5 个人像威廉一样站在长凳的旁边，对吧？但是你试着逐字看一下威廉·罗伯逊 1816 年的广告，他计划在新奥尔良的教堂举行一场拍卖会，拍卖“二三十个黑人，他们刚从田纳西州过来，大多是劳动好手”。或者逐字读一下《路易斯安那公报》对这些富人富有激情的精准描述，看看那些愿意冒险并在雷丁区当上种植园主的人所获得的财富：尼古拉斯·洛塞尔仅有“7 个人手”，但他
101 却有 40 包棉花，赚了 593 美元。试想一下，腕骨、掌骨、指甲组合在一起，外加 7 套肌肉和皮肤。看着脱离身体的手在工作，但他们却从未伸手要过报酬。[48]

当莫西提到“手”这个词的时候，白人所想到的不是5根手指构成的肢体器官，而是4个简单字母的隐喻意义及其现实作用。2000年前，希腊哲学家亚里士多德把奴隶称为主人的“工具”，“一个活生生的工具”。亚里士多德正式承认奴隶是主人右手意志的体现：奴隶是他（虽然奴隶主也有女性）在世界上攫取权力的手。主人说“伸手”时，奴隶就会把手伸出去，当主人在大脑中下达“拿”的指令时，这种冲动就会延伸至社会权力的各处神经，奴隶会不假思索地执行命令。[49]

在许多重要的方面，亚里士多德的说法一直是一个谎言。经过几个世纪的奴隶起义和长期的抵抗，奴隶们坚称他们有自己的意志。在奴隶制刚刚形成的几个世纪里，欧洲人对非洲奴隶的意志完全不了解，他们甚至不会用“手”的概念来形容那些被他们俘获的人。但这并不意味着他们没有尝试将“手”所代表的绝对右手权力变为现实。但是，他们也提出一种理论，声称非洲人与欧洲人截然不同，以解释似乎无法弥合的文化差异和抵抗与奴隶作为纯粹工具的美梦之间的差距。他们把非洲人从中央航道的船上赶到甘蔗田和烟草地，从他们给那些人起的名字看出，这些名字强调了非洲人的另类特征，比如“海生奴隶”（saltwater slaves）、“头”（heads）。

然而，在19世纪的头10年，美国西南部的右手权力出现了爆炸式增长，“手”一词开始取代“头”。威廉·肯纳的一个职员在1816年时写道（可能就是在“马斯佩罗之所”的某张桌子上写的），他在向客户报价时说：“最近这里卖掉的黑人，普通田间劳力每‘头’600或者500美元。”对于那些被贴上了“人手”标签的人，“手”这个词可能使人对他们产生新的期许。正如白色晶体是甘蔗的理想商品形式，作为商品，奴隶的理想形式就是手。每个待售的奴隶都是一件商品：可转让，易出售，并且在重要的方面，他们受白人奴隶主直接有效的操纵。[50]

比如，投标人可以将威廉当作“手”的标准概念，那么经验丰
102 富的企业家会告诉纳奇兹的新种植园主约翰·奈特，威廉就是他在奴隶市场上要寻找的理想模型。他们告诉他，“一名一流的种植园人手，要年轻，年龄大致在 16—25 岁之间，身强体壮，精力充沛，胸肌发达，肩膀宽阔，臀部有力量，等等”。为了确保他的读者不会遗漏关键点，他用下划线和粗体着重强调他的概要：“我想要一流的人手，年轻而且粗壮的人手。”密西西比河下游的奴隶主们想要购买身体足够强壮，并且可以承受高强度体力劳动的奴隶。威廉看起来很年轻而且健壮。他们也会逼迫他变得“积极一些”，因为白人通过“手”制订回报和收益的计划，期望从奴隶这种商品身上压榨出最大的价值。有人以需要多少人手砍伐 1 英亩的树木来计算实力和机会，也有人以某个人手开垦土地的面积或播种棉花的数量来计算回报率。希克斯用手作为计数单位，“在河边种植园投入的人手数量”与合作伙伴一样多。[51]

这个词由于上千种不同的经济关系被不断重新计算。在白人看来，他们买下那些奴隶，就可以为自己工作，转售他们，抵押他们，把他们换成钱。借用奴隶主用以威胁那些“人手”的话来说，就是把他们装进“自己的口袋”。在“马斯佩罗之所”，卖家、拍卖师、买家和竞标人做的这些具体的事情，让所有人看起来就像奴隶主野心勃勃企图下顺从的棋子。他们再三向买家保证，这些千里迢迢用锁链运送来的奴隶无法依靠任何外部力量与买家抗衡。“最好别买有家庭的奴隶，只选择一种：一流的劳力，16—25 岁的年轻人手（不要买孩子或是上了年纪的黑人）。”这与上文提到的纳奇兹的老种植园主告诫约翰·奈特的话如出一辙。在美国收购之前，路易斯安那的奴隶主们按人口的比例购买儿童、成年人和老年人。但是，在购

表 3.2　　1800—1804 年新奥尔良出售奴隶的年龄分布情况 103

年　龄	0—13 岁	14—25 岁	26—44 岁	45 岁及以上	总数（人）
已知进口	72 人 41.9%	59 人 34.3%	37 人 21.5%	4 人 2.3%	172
未知进口	573 人 32.3%	514 人 29.0%	565 人 31.9%	120 人 6.8%	1722
总　计	645 人 33.2%	573 人 29.5%	602 人 31.0%	124 人 6.4%	1944

表 3.3　　1815—1820 年新奥尔良出售奴隶的年龄分布情况

年　龄	0—13 岁	14—25 岁	26—44 岁	45 岁及以上	总数（人）
已知进口	769 人 30.5%	1125 人 44.6%	555 人 22.0%	73 人 2.9%	2522
未知进口	2756 人 27.0%	4003 人 39.2%	2837 人 27.8%	612 人 6.0%	10208
总　计	3525 人 27.7%	5128 人 40.3%	3392 人 26.6%	685 人 5.4%	12730

资料来源：霍尔数据库，网址：www.ibiblio.org/laslave/。

注："已知进口"包括路易斯安那以外的来源地，如数据库所示。"未知进口"显然包括大量的进口人数，其中一些我们可以从报纸广告中识别出来。如果他们与"已知进口"组中的年龄分布相似，并被移到该组，则两者之间的差异可能会更加明显。

买了路易斯安那，建立起新的贸易路线以及强大的信贷体系之后，"马斯佩罗之所"的企业家们开始要求东部的卖家给他们输送年轻的成年人，能马上开始工作，并能够让他们在未来几年获利。1815 年开始的 5 年间，从其他州购买的奴隶中，近 45%的奴隶年龄在 14—25 岁，其数量是 26—44 岁奴隶的两倍之多，而且明显超过 13 岁及以下儿童的数量。（见表 3.2 和表 3.3）[52]。

奴隶主们想购买没有什么追求的奴隶，在纳奇兹的买家亚历山大·麦克尼尔年看来，这些人就像亨利·沃森一样尚未定型。这一特点使得他们更容易被人们看作是脱离身体的手。但是事实上，大部分在"马斯佩罗之所"出售的奴隶，已经在东部地区掌握了各类专门技能。在切萨皮克和卡罗来纳，奴隶通过学习贸易，提高了地位。他们可能是铁匠或者箍桶匠、马车夫或者仆人，妇女可以成为仆人、厨师或织工。有了这样的技能，奴隶就可以获得一定的休息时间，而不必无休止地在田间劳作，甚至还可以让受雇用的奴隶攒下一些积蓄。技工在路易斯安那州显得尤为重要，例如，制糖需要一批训练有素的奴隶工匠来监督煮糖的过程。这些技术奴隶的售价很高。白人统计数据表明，1800—1820 年在新奥尔良出售的当地奴隶中，5%有一技之长。[53]

104 对一个奴隶而言，掌握某项技能，就意味着人们认为他在某一项任务或者工具使用方面具有一定的权威性，这是他过去独特的经历所积累下的资本。被运往新奥尔良的黑人原本都是带着一定的专长来到“马斯佩罗之所”的，但是他们带来的是一些被淘汰的技能，至少在奴隶主们的眼里是如此，他们认为这些技能无足轻重。许多来自切萨皮克的报纸广告都提到了这些技能：“安东尼，23 岁”，1819 年 1 月 5 日在“马斯佩罗之所”出售，他曾“在砖瓦厂工作”，但被认定为“锯木匠、农民、工头以及优秀的樵夫”；“诺拉，22 岁”，广告上称她是“一名尽职尽责的仆人、技艺精湛的裁缝、洗衣工以及熨烫工。性格温顺，能够细致周到地照顾孩子”。在那次待售商品的广告中，所有 15 名待售女性都被描述为拥有仆人技能——洗涤、烹饪、清洁、熨烫以及照顾孩子。然而，在销售票据上，没有一个人被标注为仆人。在供选择的 34 名男子中，报纸广告声称 27 人拥有专门技能：木匠、箍桶匠、铁匠、马车夫等，但没有一个人的技能列在销售单据中。而对于当地出生的奴隶，奴隶贩子通常会在类似的单据上注明他们的技能。1815—1820 年，从诺福克出售至新奥尔良的奴隶中，只有 1.5%的销售票据列出了技能，剩余 98.5%的人可能没有来自这些领域的证明，但他们现在都是田间奴隶。

弗吉尼亚州和马里兰州的奴隶个个都是把“好手”——男人都

用英语词源（而不是法语）名字，他们身材比普遍人高大，女人戴着朴素的头巾（不像英国游客去新奥尔良看到的那种精心装饰的发髻），他们中的每个人都是在餐桌边侍候着陷入困境的弗吉尼亚绅士长大的。这样的叙述表明，标准的“人手”要具备一些显著特征：“头脑灵活且心甘情愿地为主人做事……（你）可以指使他的手做任何事情……是（一件）最有价值的物品。”你可以让他们忘记过去，使他们看起来既是企业家实现右手权力的现成工具，又是这种力量作用的对象。奴隶贩子通过水路和陆路将大批奴隶运到西南地区，使他们与外界隔离，寂寥无声，远离尘嚣，承受销售过程中产生的冲击，制造一种孤立无援的气氛。这让那些黑人在买家的眼里看起来就像一只手。对于仅仅被看作手这一点，奴隶们肯定进行过反抗。大量的报纸广告证实，来自切萨皮克和肯塔基州的许多强制性移民，在 19 世纪前 10 年从密西西比河下游的买主手中逃走了。但是，他们似乎比当地人更容易被抓到，而回去或在逃跑中死亡的可能性更大，因为他们几乎无处可藏，且愿意帮助他们藏身的人少之又少。[54]

刘易斯·海登回忆 19 世纪初在肯塔基州的童年时说：“对糖和棉 105
花种植园…… 我们了如指掌。当一个朋友被带走的时候，这和死亡没什么两样。”不管怎么样，在“马斯佩罗之所”的拍卖标志着一个人成为一只手而存在，意味着过去生活的结束。这也宣告其以前的生活就此结束。例如，1 月的某一天，就在这里，威廉被几个认识他的马里兰白人哄抢，随着威廉的价码不断攀升——600 美元，700 美元，人群中一个白人的兴趣被激发出来。尽管一些投标人已经在竞价，但当路易斯安那州的奴隶主詹姆斯·斯蒂尔参与到这场拍卖时，他就表现出一副势在必得的样子。随着莫西口中的价格不断上升，斯蒂尔的出价达到了 900 美元。在那个时代，对像威廉这个年纪的奴隶来说，这是一个标志性的价格，观众们都屏气凝息。有人出价更高吗？最后，莫西落锤的声音打破了沉寂（锤子敲在哪里？房子的墙上？或许莫西敲在了威廉的头上，一些拍卖师也会这样做，这会激怒被贩卖的奴隶）。一个白人助手上前带威廉走下拍卖台，威廉作为新“手”走回商店，而斯蒂尔在继续购买其他商品。太阳落山了，周围一片漆黑，威廉辨不清方向，那个白人让他靠墙坐下来。除了外面嘈杂的声音，威廉清楚地听见早些时候被卖掉的奴隶发出的声音：可能是一个女人的啜泣声，或者是一个男人的喘息声。又或许这声音是他自己发出来的吧。[55]

与此同时，蕾切尔站了起来，上了拍卖台。

如果蕾切尔可以集中眼睛的注意力，她想看清那些投标人的脸。在东部地区，奴隶之间会不断交流买主的信息，这样他们就会了解一些未来新主人的性格特征。但是蕾切尔陷入了一个完全陌生的环境中，她对这里的买主一无所知。例如，当拍卖师的声音响起时，她并不知道竞标自己的人之一是威廉·菲茨，他是一位既在这里也在巴吞鲁日①做生意的商人。

不管蕾切尔站在拍卖台上的几分钟是愤恨、羞耻、恐惧还是寒冷，她都不得不面对那群人，并且是她独自一人面对。即使蕾切尔有丈夫和孩子，他们也不可能登上“坦珀伦斯号”随她来到这里。然而，鉴于她的年龄（大约 25 岁）以及切萨皮克地区女性奴隶初次分娩的平均年龄在 20 岁出头，她很可能已经是几个孩子的母亲。她并不是唯一一个无亲无故的人。1 月 28 日，麦克莱恩在“马斯佩罗之所”出售的 28 名奴隶中，只有两个人有着一看便知的血缘关系——23 岁的索菲亚和她的孩子。[56]

---

① 美国路易斯安那州首府。

综观美国东南部的奴隶制历史，婴儿和母亲通常一同被贩卖、赠予、转移、让渡和立契转让。婴儿通常和母亲绑定，因为子宫属于“奴隶”的一部分器官，因此奴隶母亲的孩子也是奴隶主的财产。婴儿经常会跟随母亲从一个地方到另一个地方。然而，在这里，理想的人手并不与家人同在。奴隶卖家和买家会合谋切断父母与子女之间的联系——通常在他们搬到新奥尔良之前，但有时候在“马斯佩罗之所”就会让他们骨肉分离。1815—1820 年，在 2567 名 21 岁及以上的新奥尔良女性奴隶中，我们可以确定至少有 553 人来自其他地区。奴隶主购买了其中 525 名没有孩子的奴隶。不论像蕾切尔这样的黑人女性是否把孩子留在了马里兰州，她们都要独自站在拍卖会上等待出售。与此同时，新奥尔良的卖家在贩卖 553 名奴隶的过程中，只有 6 名女性和他们的丈夫被一起出售。即使算上那些从销售记录看不出出生地的人员，1815—1820 年间，在 2567 名女性奴隶中，也只有 8 人与丈夫一起出售，只有 3 人同丈夫和小孩同时出售。显然，不论在路易斯安那州还是整个南部，在所有 20 岁以上的女性奴隶中，超过 1%的女性是已婚并有孩子的。[57] 106

在这样的繁荣时期，西南地区的买家对眼下的价值提取更加感兴趣，而不是孕妇健康分娩以及喂养孩子使其健康成长等长期策略。单亲妈妈不会在照顾孩子上浪费精力，因为男性普遍不会和家人一起出售，许多孩子也被单独出售。1 月 5 日，就在蕾切尔被出售的三周前，来自切萨皮克的 61 名奴隶在“马斯佩罗之所”被拍卖。一则广告说，在那些“聪明有前途的男孩”中，有一对兄弟以后将“极具可塑性”，他们就是 8 岁的鲁芬和他 6 岁的弟弟哈里。鲁芬被卖给了圣詹姆斯教区的让·阿尔芒。尼古拉斯·亨利买下了哈里。鲁芬和哈里最后一次见面可能就是在威廉倚靠的那面砖墙的后面。实际上，1815—1820 年，新奥尔良所销售的 13 岁以下儿童达到 2646 人，

图 3.4 新奥尔良奴隶市场更喜欢无亲无故的年轻人，在销售地和购买地，这种需求的力量导致了父母子女、兄弟姐妹的分离。图中的以撒和罗莎来自新奥尔良，曾经是奴隶儿童。此照片拍摄于 1863 年，当时联邦军队已夺取新奥尔良，确保他们不会被分开销售（国会图书馆）。

其中有 1001 个孩子与家庭成员分开销售，他们的平均年龄是 9 岁。甚至许多孩子还不到 9 岁，有的年龄还更小。[58]

兄弟彼此分开，母女天各一方。这样一来，迁移就容易多了，主人可以按自己的意愿把他们“培养成任何有用之才”，让这些独立的个体助其实现企业家的梦想。为了使父母变成真正独立的个体，孩子们被留在切萨皮克，由祖父母、阿姨和叔叔抚养。因此，东部的非裔美国家庭被迫去到美国西南部，为当地的棉花经济作贡
107 献，就像那些此刻站在拍卖场待售的奴隶一样。那些把一位母亲转变为人手的购买者不需要支付任何费用，至少现在不需要。他们只需要那些为他们提供信贷的人的信任，而这种信贷可以用奴隶在未来创造的价值来换取。

由于他们创建的这种模式以及在奴隶贸易中尝到的甜头，“人手”这样标准统一的商品可以永久性买卖，像威廉·肯纳和赫克托·麦克莱恩这样的人所做的不仅仅是为自己牟利。这些企业

家——他们都不是奴隶贸易专家——正在为未来的奴隶贸易创造市场，尽管其他企业家会在奴隶市场出现以后就将其抢占。1818 年和 1819 年，弗朗西斯·里夫斯曾两次前往纳奇兹，他在亚拉巴马的出现预言了未来。新奥尔良的商人本没有打算这样做，但他们为后来更有组织的国内贸易铺平了道路，这种贸易将佐治亚人的技术与遥远的密西西比河谷新兴市场联系起来。他们正在铺设国内奴隶市场的连接轨道。在奴隶们被带到开往新奥尔良的船上之前，在“马斯佩罗之所”首次出售之后很久，那里的交易模式和新近形成的惯性假设，使他们成为奴隶主计划中的永恒目标。

从文森特·诺尔特到图森特·莫西，再到詹姆斯·斯蒂尔，新 108
的新奥尔良商人们把棉花、奴隶和信贷联系在一起，这一过程的核心是日益高效的奴隶人手市场。他们的行为影响范围之广，远远超出了“马斯佩罗之所”和不断扩张的美国西南部。棉花是 19 世纪廉价的润滑剂。那时，棉花的流出加上信贷的流入，催生了一种新的事物，那就是日益扩张的产量所带来的日益蓬勃的经济。想要使这一系列计划和交易顺利进行，从曼彻斯特、利物浦到新奥尔良，再到遥远的亚拉巴马州田纳西河上的种植园地带，都需要一个强大的信用体系。成群的人手流入市场，使未来的贸易大王和新种植园主有了信心。作为人手，蕾切尔和威廉也已被信贷交易：他们就像是期票，保证买家和卖家未来拥有并使用右手的权力。

沙特尔和圣路易斯之间还有一个集市。我们看不到买家拍卖得到奴隶后所签署的文件，作为替代，我们来看一份出售奴隶时的回忆以便于了解。这是一名黑人妇女留给我们的，她当时站在高处，任由买主打量、竞价。蕾切尔站在长凳上被拍卖 40 年后，在路易斯安那州的一间奴隶小屋里，一位奄奄一息的老奶奶（我们不知道她的名字）从玉米叶做成的垫子上把手抬了起来。孙女梅琳达惶恐极了，祖母抓住她的手，说出了她的临终遗言：“我能记得的第一件事，就是我和我的母亲一起站在新奥尔良的奴隶拍卖场。”那个地方肯定是“马斯佩罗之所”，而时间就是拍卖的瞬间，从那以后，母女俩便分开了，并与之前的一切永远告别了。“马斯佩罗之所”改变了她的余生，她必须把这个瞬间告诉自己的孙女梅琳达，好让她知道祖孙两人的身世。所以这里就是时间和空间的交汇，梅琳达家族的历史在此重新开始。成千上万个家庭的历史也是如此。[59]

图森特·莫西落下拍卖锤的那一刻，蕾切尔过去的生活随之从这个小屋消逝了，她的过去和未来都是为了他人的利益而牺牲的。威廉·菲茨用 800 美元买下了她。

菲茨还买了另外一个奴隶，弗兰克·博伊德。菲茨很快就要送他的两个新奴隶去码头，小船会把他们带到巴吞鲁日。被卖掉的奴
109 隶有时候会保留一些有回忆的小物件——已故母亲的一副手套，一条和姐姐分开的小毯子。也许蕾切尔曾有机会和威廉及其他一同乘坐“坦珀伦斯号”的人道别。但从那以后，她便杳无音信了。[60]

威廉就不同了，至少现在还不是。他需要等詹姆斯·斯蒂尔付款买下佩里。佩里是一个小伙子，来自“艾米丽号”货船。在同一场拍卖会上，麦克莱恩还卖给斯蒂尔一个年轻的妇女玛利亚和她尚在襁褓中的女儿亚美利加，这母女俩是弗吉尼亚的威廉·科尔委托拍卖的。在之后的几天里，斯蒂尔买了雅各布、默里、杰斐逊和 9 岁的男孩布拉克斯顿，又从新奥尔良商人杰克逊和雷诺兹那里买了 11 名奴隶，从弗吉尼亚居民约翰·斯蒂尔斯和托马斯·威利那里买了 6 名奴隶。所以，在不到一星期的时间里，斯蒂尔就花了 2 万多美元，大部分是用信贷购买的。[61]

一两天后，斯蒂尔把他从监狱买来的以及他采购时暂时关在仓

库里的 25 个人带走了，他把这 25 个人带回大堤。戴着镣铐的奴隶斜靠在他们的铲子上，看着其他奴隶队伍经过。传单在街上随风飞舞，威廉路过布告牌，踏上另一块跳板，登上了蒸汽船，这艘船可以平稳地逆流而上。奴隶们把上游顾客购买的货物装上了船。铃响了，蒸汽升腾，船开始徐徐驶离码头。最后一批乘客飞快地冲过越来越宽的间隙，手里的文件和票据在飞舞。蒸汽船从停泊着的平底船和帆船旁边驶过，向上游驶去。[62]

在甲板上，戴着镣铐的奴隶看着沿途的风景在眼前展现。在堤坝的后面，每隔一英里就插着一根光秃秃的杆子作为标记，他们看见一片片长方形的甘蔗田，田里都是收割后留下的茬儿。在红教堂正前方，他们经过了特斯特汉庄园，那里双回廊环绕，房子新漆过，显得熠熠生辉。现在看到的大房子比 1811 年时多了不少，每一所大房子的附近都有小木屋和低矮的长营房。

船行驶了一天之后，棉花田开始出现。成群的劳工缓缓地在光秃秃的棕色树干间移动，用锄头把它们锄倒在地。船经过易博维教区，那里几乎没有甘蔗种植园。等到了巴吞鲁日，那里只剩下棉花田和树林。在那里，斯蒂尔让他的人手都上了岸。威廉和其他所有奴隶从此消失在了奴隶的乡间世界，那片土地上几乎都是齐刷刷的能干活的“人手”。

第 4 章

左手 *1805—1861*

111 1805 年 7 月 5 日，大约在威廉和詹姆斯·斯蒂尔消失在漫漫棉花地里的 15 年前，查尔斯·鲍尔在南卡罗来纳州的一条公路上慢跑。鲍尔的手腕和脖子拴着铁链，南下 500 英里到达南卡罗来纳州。后来，作为当地独立日活动的一部分，奴隶贩子玛吉芬在哥伦比亚的一间客栈把鲍尔卖给了韦德·汉普顿。第二天临近中午时分，汉普顿低低地坐在一辆新式马车两轮之间的座位上，不时地挥动细长的鞭子。他让鲍尔跟上，所以鲍尔追着马车一路跑。多年后，鲍尔夸口说，他年轻的时候一天能走 50 英里。不过，两三个小时后，他就开始跑不动了。然而，关于那一天漫长的奔跑，鲍尔记忆最深的不是自己急促的喘息，而是道路不时蜿蜒而过的一丛丛树木。他期待每一处绿荫，庆幸自己能在阴凉处慢跑几分钟。他甚至还没看见树，就能闻到树的味道。他一到树荫下，木兰的芳香和麝香的气味就扑鼻而来。[1]

自南北战争以来，木兰就成了种植园的标志。提到对奴隶制的认识，大众通常认为种植园是让一切事物一成不变的地方。电影、小说、旅游、《南方生活》（*Southern Living*）杂志中的介绍，甚至许多历史学家的学术著作都这样描述。但是，当鲍尔从木兰树荫下跑过时，他经过了一块接一块新开垦的土地。左边是一堆树桩和灌木从，右边是烧焦了的黑色木头和灰烬。他慢跑经过另一块地时，看到那里长满了齐腰高的绿色植物，奴隶们穿插其间，重复着时而弯腰、时而起身的劳动。[2]

前一天晚上，鲍尔坐在旅馆外和一个奴隶交谈。这人曾经住在
波托马克河旁，河对面就是鲍尔长大的地方。这个地方属于马里兰 112
州，当地的奴隶之间流传着这样的谣言：在佐治亚人带你去的南方，只能吃棉籽而不是食物。他告诉鲍尔，事实并非如此，在那儿干活有肉有饭，只是棉花地里的工作比起在马里兰州长时间的劳作更为艰辛困难。[3]

鲍尔所经历的那种奴隶制以及 19 世纪早期南方边疆出现的奴隶制，本质上是新的。几个世纪以来，新大陆的奴隶制一直在扩张：增加奴隶的数量，不断从下一个糖岛开辟出新的土地。西南边疆地区在一定程度上也是通过相似的手段在扩展，但其扩张的地理规模是前所未有的。它不是一个岛屿，而是从土著居民那儿掠夺来的次大陆的丰沃内陆地区。不仅仅是小股的奴隶，整个奴隶大军都被迁移到新的土地上。从 1790 年开始，白人就向南方的新边疆输送奴隶，到 1820 年，奴隶的数量已超过 20 万人（见表 1.1）。

这种强制性迁移的真正不同之处在于，它促进了人均生产率的持续提高，也就是经济学家所讲的“效率”。走出“马尔萨斯陷阱”的方法有两个：一是开辟更多“渺无人烟之地”，即工业化核心地区以外的土地，如英国或是不久后的美国东北部。二是系统性地提高生产效率。最初的奴隶制没能持续地提高劳动生产率。然而，在 19 世纪的棉花边疆，奴隶主每年都能从奴隶身上榨取更大的产量。

奴隶制生产力的不断提高，并非源自纺织厂机器的更新。事实上，可以说新棉花技术的源头是鞭子。奴隶的劳动是无偿的，并且会遭受暴力强迫，这也并不是新鲜事。这一现实和奴隶制一样古老。

同样古老的事实是，那些被迫屈服于右手权力的奴隶使用秘密抵制的艺术，例如，在监工看不见的时候就放缓工作的速度，以此来减弱奴隶主的影响力。几千年的传统社会也是如此，农奴、农民、奴隶构成了大多数社会的主要劳动力。他们的做法很像 16 世纪新教改革家马丁·路德所谓的“左手”的力量：弱势群体的力量，为了抵抗邪恶势力所采取的看似消极的秘密手段。农民和奴仆破坏雇主
113 的工具、撒谎、装傻、从主人那里逃走，都是他们的秘密手段。但是，他们对各自的“技巧”守口如瓶。在奴隶制历史更久远的切萨皮克地区（查尔斯·鲍尔就是在那里学会了收麦子和种小麦），这种不动声色的行事方式是一种财富，它给了奴隶们处理与奴隶主关系的手段。[4]

然而，在木兰树林后的那片土地上，右手统治和左手反抗的动态正在发生变化，这是一场像金字塔一样古老的斗争。一些全新的事情正在发生：奴隶主正想方设法让左手背叛奴隶们。企业家通过摘棉称重，实行连续的劳动监督，调整时间和酷刑来重新支配左手的力量。这样的较量不断重复，满足了奴隶主的目标，迫使奴隶创新工作方式，提高劳动效率，从而让奴隶主更加有利可图。

新技术使产棉效率不断提高，改变了像查尔斯·鲍尔以及 100 多万和他一样的奴隶们的经验。但是，棉花地以外的世界也随之改变。1800 年，南方棉花的产量约为 140 万磅，之后产量年年增长，到 1860 年时已达 200 万磅。美国 80%的棉花经由大西洋出口，几乎全部销往英国。工业革命创造了我们的现代世界经济，而棉花又是工业革命最重要的原材料。到 1820 年，西南边疆的奴隶能在成本降低的情况下使棉花产量更高、质量更好，这一优势将其他产棉地从世界市场中淘汰出去。美国黑人奴隶是世界上效率最高的产棉者，而且他们的生产效率在逐年提高。因此，在 1860 年棉花需求增加 500%

表 4.1　　1791—1860 年美国的棉花产量

年份	美国棉花产量（百万包）	世界棉花产量（百万包）	美国占世界棉产量的份额	美国占英国棉花进口的份额	棉花占美国出口的份额	棉花实价（1820 年为 100）
1791	2	469	>0.01	0.01		191
1801	40	531	0.08	0.34	0.14*	116
1811	67	556	0.12	0.42	0.22	78
1821	150	630	0.24	0.63	0.49	73
1831	322	820	0.39	0.73	0.42	53
1841	559	1044	0.54	0.69	0.52	48
1851	1120	1482	0.76	1.04	0.63	46
1860	1536	2500	0.61	0.88	0.61	48

资料来源：Susan B. Carter，Scott Sigmund Cartner，Michael R. Haines，Alan L. Olmstead，Richard Sutch，and Gavin Wright，eds.，Cambridge Historical of the U. S. (Cambridge，MA，2006)；Stuart Bruchey，*Cotton and the Growth of the American Economy*，*1790—1860*：*Sources and Readings* (New York，1967).

* 1801 年的出口数据统计不完全，美国棉花出口始于 1802 年。

的情况下，这种工业革命中最重要的原材料的实际价格却大幅降低，只有 1790 年的 25%（见表 4.1）。棉花也推动了美国的扩张，使这个年轻的国家从一个狭长的海岸带扩张成一个幅员辽阔的强国，其经济增长率居全球首位。从 18 世纪 90 年代到 19 世纪 20 年代，美国几乎垄断了世界上交易最广泛的商品。1820 年以后，棉花在美国出口商品中占很大的比例。这些事实使美国发生了很多转变，而所有这些转变还得归因于对左手力量所做的相应改变。

日落前的片刻，马车终于抵达汉普顿位于康加里河边的宅邸，停在门前的车道上。鲍尔弯下腰，大口喘息着，恶心得要吐出来。他抬起头时，汉普顿十几岁的儿子正盯着他。男孩轻蔑的冷笑中略
带威胁，问鲍尔是否知道怎么摘棉花。汉普顿先生刚好经过，他命 114
令鲍尔拴好马匹后给园丁帮忙。在园子里，鲍尔拔了会草，身体也

慢慢凉快下来了。太阳落山时，一个小男孩过来传口信，让他去找工头一趟，问一下晚上安排他住在哪里。他们从汉普顿住的大房子走出来，听到一阵不断逼近的沉重脚步声。黄昏将至，奴工营的白人监工大步走来，后面跟着 170 个黑人男女和小孩。他们身后，夜幕已降临在田野上。[5]

日出前，刺耳的噪音吵醒了睡梦中的鲍尔。监工的号角再次吹响时，他磕磕绊绊地走出昨天分配给他的小屋，赤脚站立在泥地上。他揉了揉惺忪的睡眼，四处张望，仿佛想要发现什么新奇的东西。在他周围，是他前一天晚上看到的那队人马，他们像临时工一样。在马里兰和弗吉尼亚，劳工通常只有十几个。而且这些人看起来也不一样。一名奴隶回忆道，尽管经历了南下的一个月路途，“也可以看得出，我的衬衫和裤子曾是不同的着装。其他人身上甚至都没有两件衣服”。许多男人只穿着破破烂烂的长衫，女人们穿着半裙，一些十几岁的男孩和女孩完全裸着。他们的身体裸露在外面，这让鲍尔煞是担心。他们的皮肤经过风吹日晒，变得又红又脏，头发乱成一团，皮包骨头，肌肉萎缩，皮肤松弛。[6]

115 鲍尔站到同伴队伍中，这时监工走到他们中间。他是个不动声色的白人，和佐治亚的玛吉芬有几分相像。他转了个身，不作声地打手势，奴隶们纷纷跟上。多年以后，鲍尔回想起那时的情景感叹道，“我们是多么可怜的一帮人啊”，一切都历历在目，仿佛又看见自己和其他奴隶组成的大部队向棉花地走去，地里齐腰高的绿色植物在昏暗中若隐若现。他们步履艰难地走过一排排植物，穿过一英亩锄过之后变得干巴巴的土地。在小树林的那头，旭日照亮了一大片开阔的田地。工头叫他们在边上停下来，任命了当天负责的 11 个队长，让每个队长带 15 个奴隶。鲍尔跟着西蒙。西蒙带领队伍来到一段已经播种的犁沟，安排了每个人的位置：每一行的排头是一个大人或两个小孩。

每一个被迫迁移的奴工留下来的故事都告诉我们，踏进一个新的奴工营，他们就进入了一个与他们之前劳作的地方截然不同的世界。鲍尔站在齐腰的棉株旁，跟着他们一字排开，准备学习一种新的劳作方式，这种劳作会占据他后半生除睡觉之外的大部分时光。他看西蒙弯下腰，抡起锄头，迅速开始锄面前的一垄地。其他人也赶紧跟着西蒙一起干起来。鲍尔看见，每个人都去锄地垄上的杂草，并且避免伤到棉株。此时，站在隔壁地垄的人警告鲍尔，不能落在队长后面。鲍尔这才意识到队长后面那个监工什么事都不用做，只需监督队长卖力地干活，保证其他人和队长一样拼命。监工在一排排棉株中来回走动，手中拿着鞭子。鲍尔低着头，不停地挥锄除草，尽力跟上西蒙飞快的速度。[7]

干完第一垄的活后，查尔斯·鲍尔已经感受到了马里兰州奴隶的劳作方式与种棉边疆地区的新劳作方式之间的根本区别。幸存者认为，这种差异不是特质，而是一种新的奴役劳动制度。大多数强制迁移的奴工是在东南部的其中一套体系规则的统治下长大的。在一些地区，比如南卡罗来纳州和佐治亚州的低地，“任务制”盛行。在稻田里劳作的奴隶，每天都会被安排定量的具体工作。制度规定了每个奴隶一天该完成的工作量，因此，每个人都知道在锄草的那天，他们的任务是耕作 1 英亩的水稻，不多不少。历史学家指出，长久以来，狡猾的奴隶与掌权的奴隶主之间的较量创造了任务制。这 116
无论对左手力量还是右手权力，都是有益处的。谁先做完工作，就可以去修整自家的园子，或是帮别人干活，或什么都不做，休息一两个小时。在没有直接监管的情况下，强迫劳动通常是低效的，但是采用任务制，奴隶主可以化解困局，手段就是用自由时间激励勤快的奴工。难怪试图提高日常任务量和限制奴隶自由时间的奴隶主，总是面临直接或者间接的抵制。[8]

然而，康加里的多数奴隶移民并不是来自低地地区，他们来自弗吉尼亚州的切萨皮克、马里兰州，以及北卡罗来纳州或肯塔基下游的一些地方。美国国会大厦的设计者本杰明·拉特罗布在1798年画过一张水彩素描，展示了切萨皮克烟草农场普遍存在的劳动形式：一个白人监工站在树桩上，嘴里叼着烟斗，腋下夹着皮鞭，监督着一帮女奴隶种植烟草。这种“帮组制”管理依赖于对奴隶的直接监管，但是由谁执行呢？烟草种植园主通常在小而分散的土地上种植他们的作物，他们必须协调由小组执行的复杂劳动。多数种植园主别无选择，只得委任黑人工头，在白人不能直接监管的情况下带领奴隶们劳动。切萨皮克的奴隶主逼迫奴隶每天加紧劳动的同时，对工头也有一套激励机制。衣衫褴褛的劳工在切萨皮克田野上混乱无序地劳作，步伐参差不齐，队伍不像7月的某个清晨康加里的劳动奴隶那样井然有序。[9]

学过高中历史的同学都知道，棉花生产史上最为有名的创新就是轧棉机，它使奴隶主尽可能多地为市场提供棉花纤维。对于多数史学家而言，轧棉机的发明标志着对棉花生产创新研究的终结。直到20世纪30年代发明了采棉机，分成制结束，这种观点才有所改变。但是，史学家应该这样问：奴隶主有了轧棉机后，怎样才能产出（或者说让自己的奴隶产出）足够轧棉机处理的棉花数量？因为一旦轧棉机解决了棉花加工的瓶颈，生产和扩张方面的其他限制也需要被打破，如缺少既廉价又肥沃的土地，产棉边疆地区缺少劳动力。所以，奴隶主当中的将领们掠夺了印第安人的土地，奴隶主政客说服国会扩大了奴隶制的范围，奴隶主企业家则创新融资和运输方法，以实现“人手”商品化。由于奴隶主们手中的奴隶数量有限，他们发明了一套复杂的劳动力管理方法，奴隶们称之为“压迫系统”

(the pushing system)。该系统增加了每个奴隶耕作土地的面积。117
1805 年，像汉普顿那样的奴隶主估计，每个“人手”一年能耕作 5 公顷的棉花，并负责除草。50 年后，这个标准提高到 10 公顷。查尔斯·鲍尔初次劳作，就见识了这个压迫系统的手段之一：监工通常选择像西蒙那样的队长来“打头阵”，从而把握劳动节奏。[10]

我们不知道是谁发明了这个压迫系统，但是，鲍尔于 1805 年到康加里的时候，该系统便已经存在。约翰尼·科顿希德等奴隶主又将它带到了西部和南部。一个奴隶主这样描写新来的邻居：“在雷德河边你能看到北卡罗来纳人、南卡罗来纳人和佐治亚人围着一个弗吉尼亚人，这些来自烟草和水稻种植地区的新手正向同伴学习，请教如何让每个人手竭尽所能地耕作最多的土地。”初夏，移民企业家们在镇上的街角闲谈时，第一句话就问：“你的棉花长势如何?”因此，一位移民种植园主写道：“任何新的能提高产量的耕作方式，都会在美国这片土地上呈燎原之势，迅速传播开来”，直到让每个奴隶都能耕作 10 公顷棉花地。[11]

奴隶主互相分享创新，因为世界棉花市场是经济学家口中自由竞争的一个例证。实际上，19 世纪英国伟大的经济学家阿尔弗雷德·马歇尔正是将这个例证作为原型，发现了著名的供求曲线理论。由于市场过于庞大，因此没有哪个棉花产商能控制哪怕百分之一的市场份额，这也意味着生产商没有理由私藏从邻居那里获取的榨取劳工的新手段，因为邻居家产量的增长，不会明显地影响到创新者获得的价格。奴隶主对学习邻居压制奴隶反抗的经验也很有兴趣。所以，种植园主—企业家乐于分享自己管控劳工的创新方式。一个奴隶主写道，“交流经验是奴隶主这个群体的黏合剂”，这个群体中的“每个人，不仅因为对他人的责任，还出于自身的利益，而扩大和维护这个有用的交流系统”。[12]

实际上，暴力的创新是广泛共享的压迫系统的基础。在地里劳作的移民奴隶很快就明白，如果落后或者抵抗，将会有什么后果。在密西西比州，艾伦·茜德尼目睹了这样一幕：一个男子落在前排队伍之后，黑人工头试图用“一顿鞭打”让他跟上进度，而他进行了反抗。骑在马上的白人监工扔下他的雨伞，疾驰而来，大喊：“将
118 他拿下。”监工掏出手枪，打死了那个反抗的奴隶。茜德尼回忆说：“没有一个奴隶说话，也没有人转过头去看。他们继续干活，好像什么都没发生一样。”他们已经认识到，必须适应压迫，否则就要面对不可预测但极有可能发生的极端暴力。奴隶主精心掌控着劳动的场面，从而使暴力的监工能尽收眼底，榨取奴隶最大限度的劳动。19世纪20年代，一位田纳西州的棉花种植园主写道：“我们大部分的棉花地一垄的长度是550码。”他设置好间距，以便能清楚地看到落伍的奴工，同时还得确保执行处罚时，能在众目睽睽之下，以此杀鸡儆猴。[13]

尽管每一垄地都很长，西蒙的速度让人跟着费劲，但鲍尔终于在早上7点钟得以暂时休息，他们停下来吃了一顿冷玉米面包做的早餐。鲍尔和西蒙寒暄了几句，又各自回到相邻的田垄中去。队长意识到，鲍尔是队伍中为数不多的壮劳力，能不太费力地跟上节奏。两人又开始埋头工作，锄头有节奏地挥动着，汗水顺着胳膊和后背流淌下来。监工把握着时间，每隔一小时，就让那些男人、女人和孩子走到一辆装满水桶的马车前喝一勺水。[14]

中午，康加里的奴工们又匆忙地吃了一餐：还是玉米面包，比早餐量大一些，外加一点盐以及每人一个的萝卜。鲍尔也渐渐明白了，为了最大限度地榨取劳动力，压迫系统还有别的方法，比如，他们在白天要无休止地劳动，为奴隶主赚钱。锄完一垄地，西蒙悄

悄告诉鲍尔要尽可能保持体力，因为他们得工作到晚上，直到天黑得分不清杂草和棉株为止。奴隶们没有回去做晚饭的时间。事实上，监工已派一位老妇人留在住处，给每个人烤了晚餐食用的玉米饼。同样的，30 年后，亨利·比布被运送到路易斯安那雷德河上的一个奴工营时，他的新主人要求他们在天亮前的两小时饱餐一顿，从起床到天黑，他们只有一次休息。[15]

若鲍尔干得比西蒙快一些，他就直起腰来，擦擦劳作了一下午流的汗水，再看看他身后的那些人。这时，他能发现这个压迫系统的另外两个因素，正是这两个因素让韦德·汉普顿这样的企业家能种植和加工越来越多的棉花。第一，住在韦德·汉普顿奴工营里的男女老少都要去地里干活。第二，他们都干着一样的工作。1827 年，119
一位生于弗吉尼亚的奴隶主给生意伙伴写了一封信，让他去买“一批奴隶，充当 40 个劳动人手，因为棉花种植区的奴隶人数比粮食种植区少得多”。在切萨皮克奴隶区，有大量没有工作的儿童和老人，还有一些做杂事的奴隶。但是，棉花企业主让男人、女人和大一点的孩子在一年中的多数时间都下地干活，而且干同样的活。[16]

在康加里这样的奴工营，一些男人成了“队长”或“工头”。但由于受奴隶主、同伴以及自己利益的牵扯，工头常被降职。而女性奴隶甚至连这种机会都没有。扁平化的工作等级制度使得男人、女人甚至孩子在从事同样的劳动方面基本是平等的，许多女人和孩子在棉花地里干活和男人一样好。消除了奴隶间的大多数差别，并限制了独立的可能性，这一理论从企业主在“马斯佩罗之所”出售奴隶的方式中开始付诸实践。每个人都有一个统一的身份——种棉“人手”。[17]

他们的劳动产出也是一样的。鲍尔每锄完一垄地，一垄裸露着红泥的地就与数百垄完全一样、长着棉株的地融为了一体。眼前又是大片待开垦的棉地。西蒙带着一队人手，锄了一垄又一垄地，他依然在队伍前面起着带头作用。时间慢慢过去，棉花地西边的树木投射出长长的影子。这群“人手”继续埋头干活，紧张地劳作，节奏、步调整齐划一。

夜幕终于降临，监工宣布收工，劳工们扛着锄头向家的方向走去。鲍尔和一个步伐缓慢的女人同行。她告诉鲍尔，她叫莉蒂亚。筋疲力尽的她，背上还背着用布兜裹起来的婴儿。孩子是一年前她从鲍尔的老家马里兰州到达此地不久出生的。他们边走边聊，其他人都超过了他们。正当鲍尔问她是如何适应这里的生活时，监工吹响了号角。莉蒂亚忙喊道：“我们太迟了，快跑吧。”

监工点完名，鲍尔才回到奴隶小屋，一分钟后，莉蒂亚才气喘吁吁地赶到，婴儿在她的背上颠簸着。“去哪了？”监工狠狠地问道。她答道：“我刚停了一会儿，和这个男人说了几句话，我以后再也不
120 敢了。”莉蒂亚开始抽泣。监工命她趴下。莉蒂亚把婴儿交给另一个妇人，乖乖地照做了。监工掀开她破破烂烂的衣服，露出她的臀部和后背，然后从腰间抽出随身携带的皮鞭。

那条长 10 英尺的牛皮鞭子有一个很重的手柄。鲍尔意识到，“这与他见过的所有皮鞭都不一样”。这给鲍尔留下了挥之不去的印象。许多移民奴隶也有同样震惊的感觉。在弗吉尼亚和马里兰，白人们通常用的是由多条短皮带组合而成的九尾鞭。这些皮鞭都是危险的武器，切萨皮克的奴隶主在发明折磨人的手段方面很有创造力，以此来强迫奴隶听从他们的指令。但是西南地区的鞭子更吓人。抽鞭子的老手甩起来，在空中“啪”的一声响，打得奴隶皮开肉绽。监工打莉蒂亚时，莉蒂亚大声喊叫，疼得身体剧烈晃动，莉蒂亚全身颤抖着，背上到处是血，并滴到地上的黑土里。[18]

那些见过并经历过东南和西南地区酷刑的人，普遍认为西南地

区种植园的情况更糟。威廉·霍尔曾经做过奴隶，他还记得自己被带到密西西比后，“看到过东南部许多种棉花和被折磨的奴隶，他们饱受摧残，折磨他们的是使鞭子的老手”。“奴隶主一旦发现生财之道，便会紧逼奴隶干活。”当时白人的一些记录也反映了西南地区加强奴隶制度的方式。威廉·贝利是一位小棉花种植园主，他保存的一张横格便笺上，记载了种棉边疆地区奴隶所唱的奇怪歌词：“啊，白人们啊，我翻山越岭，走过数不清的路程。”这可能是贝利从别人口中听到的歌词并记录了下来，也许是他自己模仿“黑人歌曲”写出来的。不管怎样，从歌词中可以看出，用鞭子的和挨鞭子的人都知道鞭子的作用。“哦，我离开旧种植园的人，来到此地接受新的教育。”这位“歌手”如何界定这里的“教育”，从下面的歌词中可见一斑：“第一天我便尝到了鞭打的滋味；那是在和同伴一起摘棉花的时候；打得我跳了起来，疼得我直发抖；我的眼珠瞪得像铃铛。”[19]

从西南地区酷刑折磨中活下来的人说，他们的经历是如此悲惨，以致之前所经受的任何鞭打都显得无足轻重。欧卡·图比是一个混血男孩，有着非洲血统和印第安乔克托族血统，曾在纳奇兹做奴隶。他还记得第一次遭受南方人所说的“监工的皮鞭”时的情景。挨了如同刀割的几鞭后，图比试图站起来，但是随后便昏倒过去。醒来之后就吐，监工还在不停地鞭打。他又晕了过去。[20]

在鞭笞之下，挨打的人语不成句，思维短路。他们疼得抽搐、 121
发抖，说话含糊不清，身体不受自己控制。提起鞭打奴隶，白人奴隶主却对监工给奴隶造成的伤害轻描淡写。奴隶主说，尽管鞭子会抽破奴隶们的皮肉，留下一道道很深的伤口，挨打的人会“战栗”或“抽搐”，但鞭子并没有把他们打残。对于鞭打的目的，白人毫不隐晦：这种维护支配权力的方式“具有教育意义”，从而让奴隶放弃反抗压迫，不再抱有成功的希望。

据亨利·比布的回忆，将他赶到雷德河劳作的人“计划获取大量的棉花”，他们要“用鞭子实现这个计划”。在压迫系统下，皮鞭对于棉花的生长如同阳光雨露一样重要。密西西比州的一名监工威利·韦斯特在北卡罗来纳州和他朋友这样说道：他想骑一匹新的骏马，穿一身体面的衣服回家。为此，“我得多赚一些（钱）”，赚钱的方式就是“带着我的长鞭在棉花地巡视，警告他们不能偷懒。这样就能多收几包棉花”。同样的，1849 年，一位移居到北卡罗来纳的种植园主雇了一个“密西西比的监工”，以确保他的“人手”从天亮到天黑一直有人盯着干活，这在当地已成惯例。监工将每一个“头排”奴隶赶到一片开阔而且一目了然的田地里，谁落后就鞭打谁。奴隶主估计，在这种压迫下：“我的奴隶干的活，将比北卡罗来纳的奴隶多一倍。”[21]

鞭打完莉蒂亚，汉普顿的监工将目光转向鲍尔。鲍尔站在离灯光最远的地方，浑身僵硬。监工发话了：“加入我队伍的新奴隶第一次犯错，我通常不打他，我会给他几天时间学习规矩……你不该在队伍后面和莉蒂亚讲话，鉴于你是初犯，暂且饶了你。”鲍尔愣愣地点点头：“谢谢您对我这么仁慈。”鲍尔一边啃着玉米面包，一边思索着自己的新处境：“我现在已经熬过了在棉花种植园里的一天——由一系列这样的日子构成的奴隶生活。”他后来写道。[22]

在鲍尔第一天的生存过程中，他了解了这个新的压迫系统：这个管理系统通过压迫性的直接监督和远比他经历过的折磨更恐怖的
122 手段，来榨取更多的劳动成果。1790—1860 年间，这些关键的创新手段极大地提高了美国的棉花产量。他们的做法付出了巨大的人力成本，这可以从许多方面计算出来。我们可以计算那些在更严酷的种植园劳动感染了疟疾的人，或那些因为吃不饱、劳动强度过大，英

表 4.2　　美国西南地区部分奴工营的婴儿死亡率

奴工营	州	记录年份	出生人数（人）	死亡人数（人）	死亡率（‰）
马格诺利亚	马萨诸塞州	1838—1855	54	29	430
沃　森	亚拉巴马州	1843—1865	157	81	280
麦卡琴*	路易斯安那州	1832—1863	221	N/A	213
迈　纳	路易斯安那州	1849—1863	217	N/A	184

资料来源：R. C. Ballard Papers，Southern Historical Collection，University of North Carolina，Chapel Hill；Henry Watson Papers，David M. Rubenstein Rare Books and Manuscripts Library，Duke University，Durham，North Carolina；Richard H. Steckel，*The Economics of U. S. Slave and Southern White Fertility*（New York，1985）。

*在麦卡琴的文件中，仅有 14.6%的婴儿是在出生后不到 28 天死亡的，而其他数据统计则显示 50%的死亡率更为典型。这一事实也说明对出生与死亡的统计很少，婴儿真实的死亡率可能在 350‰左右。

表 4.3　　不同时期世界多地的婴儿死亡率对比情况

组　别	平均死亡率（‰）
1820—1860 年的所有非洲裔美国人	256（女孩）/296（男孩）*
19 世纪南卡罗来纳州两个棉花种植园的奴隶婴儿	181**
19 世纪 20 年代的牙买加奴隶	255（女孩）/296（男孩）***
19 世纪的美国白人	162+
2006 年的美国	6.43++
2006 年的海地	71.65++

资料来源：* Jack Ericson Eblen，"Growth of the Black Population in Ante Bellum America，1820—1860，" *Population Studies* 26（1972）：273—289.

** Richard H. Steckel，*The Economics of U. S. Slave and Southern White Fertility*（New York，1985），88—89.

*** B. W. Higman，*Slave Populations of the British Caribbean，1807—1834*（Kingston，Jamaica，1995），319.

+ Actuarial estimate for 1830—1860 made in 1895. See Michael R. Haines and Roger C. Avery，"The American Life Table of 1830—1860：An Evaluation，" *Journal of Interdisciplinary History* 11（1980）：11—35，esp. 88.

++ Central Intelligence Agency，*World Fact Book*，https：// www.cia.gov /library/ publications /the-world-factbook/index.html .

年早逝的人，他们的身体被拖垮了。新奴隶劳工营的婴儿死亡率极高，有 1/4 的婴儿活不过 1 岁，其死亡率是现今海地的 5 倍，与 19 世纪西非或加勒比疟疾高发地带的死亡率持平（见表 4.2 和表 4.3）。每次大规模的强制迁移都会导致黑人群体的平均寿命缩短，而不仅是婴儿的平均寿命。[23]

除此之外，还有其他一些无法衡量的代价。尽管鲍尔能跟上西蒙的节奏，但是他预见到，接下来的工作节奏将会是艰难且一成不变的。他预感自己会变得衣衫褴褛，而且随时可能遭受暴力和令人羞耻的攻击。15 岁以后，鲍尔就没挨过打。在马里兰州，鲍尔是奴隶主常说的那种“很顺从的黑奴”，他努力地去适应这种体制以谋求生存。不管怎么说，白人至上主义培育了数量众多的病态霸凌，他们通常选择容易攻击的目标，而不是鲍尔这种身高体壮的人。在康加里，如果白人认为这样可以提高棉花产量，他们就会想方设法让最强壮的奴隶也屈服于牛皮鞭子之下。[24]

123 鲍尔受到了惊吓，在接下来的日子里，他在西南地区压迫系统的狂热节奏下辛勤劳作。到 7 月底，他开始赶超西蒙。“人手”们已给棉花地除了三遍草，现在棉花长势旺盛，高得盖住了行与行之间的空隙，抑制了杂草的生长。现在鲍尔开始四处张望。一个周日，他在到处走的时候发现林子里吊着一具尸体。那是一个逃奴，感觉逃跑无望，又不想再回去。经过长途跋涉，鲍尔决心活到情况好转的那天。现在，每当鲍尔剥番薯时，他就会在心里盘算，如果要逃到马里兰州，他得在衬衣里藏多少番薯。从玉米秆上剥下叶子喂养牲畜时，鲍尔看着饱满的玉米穗，脑中就会想象自己南下的路途中，他在心里数过或者命名过的所有河流。

8 月，玉米粒中的碳水化合物开始变甜，地里的棉花也发生了改变。棉株长得有一人高，叶子变得繁茂，枝干上长出了棉桃。白人

会花几分钱买下奴隶们借着火光编的篮子。他们检查了轧棉机，掂 124
了掂皮鞭的重量，去镇上买了麻布袋、新石板、粉笔、账簿、钢笔和墨水。正如一位路易斯安那种植园主的妻子抱怨的那样，他们满怀希望寄出的信件中全是精打细算，只一味说着现在地里的棉花收益如何，让他们继续“购买种植园和奴隶”，其他一概不提。[25]

“棉花！棉花！棉花！……这几乎是现在所有谈话的主题。”一位移民在寄往佛罗里达州的信中写道，“即使女人也能对这个话题侃侃而谈……如果你看到一群种植园主聊得津津有味，甚至不用靠近，就能料到他们谈话的内容。我保证，站在能听到他们谈话的范围内，你听到的第一个词肯定是‘棉花’。”在种植园主的谈笑之间，奶黄色的花朵凋谢后，棉铃开始生长、变大。棉铃一天比一天重，将棉株压弯了腰，发出吱嘎声。一天，一个棉铃成熟裂开了，然后棉花地里的棉铃一个接一个地竞相裂开。[26]

9 月伊始的一个清晨，监工命令康加里的奴隶回到棉花地干活。他给每个男人、女人和孩子一个长麻布袋，命令他们排成一排摘棉花。在黎明破晓时分的薄暮中，鲍尔弯腰去摘棉花，露水打湿了鲍尔的衣襟，他发现摘棉花要眼尖手快，还要身体协调。拨开棉荚上面的一片叶子，一只手抓着叶子，另一只手去抓那块坚硬的棉荚。如果抓得太多，纤维和棉秆会混成一团从手里掉出来；抓得太少，只能扯下几缕棉花纤维。鲍尔好不容易摘完他的第一垄棉花，将麻袋里的棉花倒在自己的大篮子里。他惊愕地发现，女人甚至孩子们都已甩他很远。摘棉人弯腰的速度越来越频繁，他们的手变得脏兮兮。那些摘得快的人，不是仅用右手，而是双手并用。鲍尔试着两只手摘棉花，但是胳膊就像断开了一样不停地抖，他的手指麻木了，鲍尔第一次感觉身体由不得自己控制。摘棉花不能用蛮力。[27]

图 4.1 在路易斯安那采棉花。此图绘于 1853 年，描绘的是黑人男女拼命摘棉花的情景。图中男子戴着新英格兰制造的帕尔梅托帽（*Harper's New Monthly Magazine*，March 1854，p. 456. ）。

太阳沿抛物线缓缓地划过天空。一整天，奴隶们指甲触碰着棉荚，手指摘着棉绒，寂静的田野上只有“咔嗒、咔嗒”的声音。监工手里拿着鞭子，慢悠悠地骑着马在各田垄间巡视。到了下午晚些时候，
125 鲍尔精疲力竭，忧心忡忡。他左右看看别人的篮子，感到很沮丧，“还不及一个十几岁的孩子”。摘棉花与体力关系不大，它打破了体格和性别的差异。妇女通常是棉花奴工营最快的采摘手，年轻的移民奴工比年长的学得快。其实，鲍尔听过一句话，“男人要是 25 岁以前没去过棉花地，用监工的话来讲，就做不了最棒的采棉手”。[28]

奴隶主想的、说的、写的，都是人手与棉花之间的等式，而且总是得出同样的答案：财富。一位访问者报告说，根据佛罗里达的计算，“奴隶平均每人摘 5—6 包棉花，每包重 400 磅，如果每磅 15（美分），则 5 包是 300 美元，6 包就是 360 美元；如果每磅 10 美分，5 包是 200 美元，6 包是 240 美元。”克莱门特·詹姆斯看着密西西比亚祖河地区的土地说：“我可以从每个劳工身上赚近 250 美元。”一个 126
来自卡罗来纳的妇女写道，在亚拉巴马州，“许多人都能亲眼见证，平均能在每个劳工身上净赚 400—600 美元”。赚更多的钱就可以买更多的奴隶，收获更多的棉花，这意味着赚更多的钱。密西西比的农场主斯塔克斯让一个奴隶贩子“第一时间”给他送一个年轻小伙子，他说：“这一季我已经买了 5 个这样的黑人了。上一季我们获得了大丰收。我现在共种植了 130 英亩棉花，可能没办法付现款买这个奴隶，不过到时候一定能赚到钱。”[29]

然而，随着棉花的生长、棉铃的成熟，关键的未知因素是人手的采摘速度。早在 1800 年，采用压迫系统的奴隶主发现，在棉铃裂开和下一茬播种之间的空档，采摘棉花的速度还赶不上播种的速度。目前的瓶颈是采摘：采摘是棉花生产过程中耗费劳力最多的部分，这一环节决定了奴隶主能赚多少钱。正如鲍尔体会到的，采摘棉花很难，要摘得快更难。

1820 年，密西西比奴隶主约翰·卡尔提醒自己，因为他姐夫的“人手不适应种植和采摘棉花，所以不应该对他们的劳动收益进行过多的计算”。尽管如此，奴隶主们还是乐观地估计，因为尽管学起来很难，但是，奴工们采摘的棉花数量随着时间推移在显著增加。在密西西比州，自 1805 年鲍尔第一次在康加里的棉地拖着麻袋摘棉花到 1860 年，一个普通“人手”一个正常工作日采摘的棉花数量增加了 3 倍、4 倍、6 倍，甚至更多倍。1801 年，南卡罗来纳的几个奴工

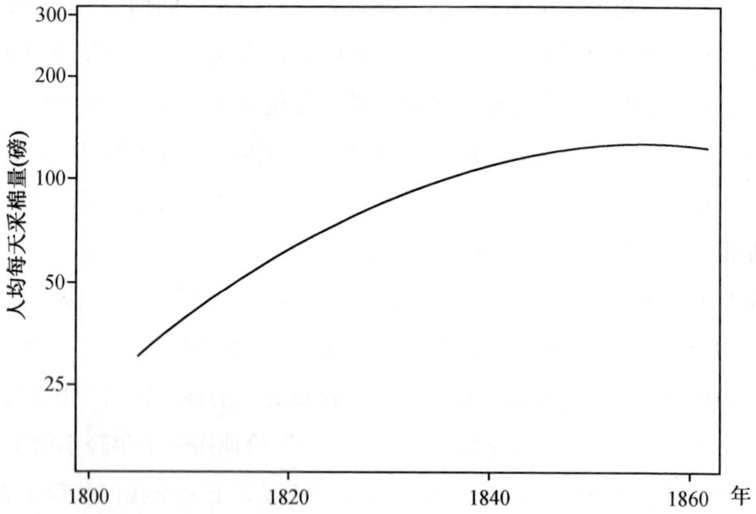

图表 4.1　1811—1860 年美国西南地区采棉量的增长情况

资料来源：Alan L. Olmstead and Paul W. Rhode，“Biological Innovation and Productivity Growth，” NBER Working Paper No. 14142，National Bureau of Economic Research，June 2008.

营人均每天都能采摘 28 磅棉花。1818 年，密西西比的詹姆斯·马格鲁德奴工营，人均每天可摘 50—80 磅棉花。10 年后的亚拉巴马州，一个种植园的人均采摘量可达 132 磅。到 19 世纪 40 年代，密西西比奴工营的人手在天气好的情况下，平均每天可采摘 341 磅，一名监工写道：“这么高效的生产力，我闻所未闻。”在接下来的 10 年中，平均水平又上了一个档次。有人对一个种植园主的账簿进行了研究，上面记录了南方诸多奴工营的奴隶人均日常采摘棉花的数量，从中可以发现，日常采摘量每年上涨 2.1%。如果翻阅 1860 年西南部比较新的地区的数据，你会发现增长率更高，1811—1860 年，该地区的采摘效率以每年 2.6%的速度增长，总产量增长 361%（见图表 4.1）。[30]

127 几乎与生产力的极速增长一样引人注目的是，无论是现代世界历史、工业化和大分流的历史，还是摆脱“马尔萨斯陷阱”的历史，几乎都忽略了这一点。或许这并不奇怪。我们一般认为，劳动效率的快速提升是依靠新的机械技术。例如，纺织机器的不断革新，提高了曼彻斯特纺织工人的生产力，但棉花采摘效率的提升混淆了我们的这一认识。采棉效率的提升，部分得益于一种生物工程——新的棉花品种，特别是 19 世纪 20 年代从墨西哥引进的“佩蒂特”种子。然而，如果该品种的高产和较大的棉铃让单个棉铃的采摘更简单，那更高的产量也意味着奴工得进行更多次的伸手、弯腰、移动、采摘和搬运，也意味着更大的收益期望。[31]

不管怎么说，采棉总量一直在持续上升。“佩蒂特”棉引进之前有增长，引进之后继续增长。而且，一些种植园主疯狂地追逐最新的棉花品种（市场上出售的种子被冠以“庞大”“百粒”“塔糖”“多产”等名称），但也有人认为，新品种对“佩蒂特”棉的“采摘难度”没有任何改进。所以，棉花品种之外，还有其他的因素也恰巧促进了生产力的持续提高。产量的提高对全球历史进程有着重大影响。棉花就好比后来的石油，是世界上交易最广泛的商品，但这一 128
类比还根本无法说明采棉效率的提升对现代化的全球经济的重要性。如果没有美国南部不断扩张的数百万英亩的棉花地，英国乃至任何其他国家都不可能实现经济转型，也不可能走上以纺织业为基础的工业化道路。如果用等量的羊毛替代从美国奴工营进口的棉花，英国在 1830 年将不得不拿出 2300 万公顷土地用作牧羊草场。然而，不列颠全岛的农业用地面积加在一起也没有那么大。[32]

美国西南地区棉花种植园的不断扩张，使纺织业摆脱了“马尔萨斯陷阱”，而且它依靠的不仅仅是种植面积的增加和劳工数量的增长。设想一下：1800—1860 年，每个采摘手的生产率几乎提高了 400%。1819—1860 年，曼彻斯特棉纺厂操作纺纱机的工人的工作效

表 4.4　　1790—1860 年采棉生产率和英国棉纺织生产率的变化情况

时间	采棉指数（1820＝100）	纺业产量指数（1820＝100）	织业产量指数（1820＝100）	英国棉花进口额（百万英镑）	原棉实价指数（1820＝100）	英国棉纺织品出口额（百万英镑）
1790	54	-	-	2.57	191	2.10
1800	66	-	-	4.20	172	9.65
1810	81	-	-	4.77	100	17.40
1820	100	100	100	7.27	100	17.90
1830	123	159	161	7.08	60	19.70
1840	168	284	514	11.79	47	25.80
1850	187	318	756	19.63	58	30.40
1860	230	379	994	34.60	48	49.00

资料来源：采棉指数来自 Alan L. Olmstead and Paul W. Rhode，"Biological Innovation and Productivity Growth，" NBER Working Paper No. 14142，National Bureau of Economic Research，June 2008，www .nber .org /papers /w14142，获取于 2014 年 1 月 8 日，年均增长 2.1%。纺织指数源于 D. A. Farnie，*The English Cotton Industry and the World Market，1815—1896*（Oxford，1979），199. 1790—1810 年的数据尚未查明。出口额来源于 Ralph Davis，*The Industrial Revolution and British Overseas Trade*（Leicester，UK，1979），15. 戴维斯的数据取三年的平均值，如 1784—1786 年，1794—1796 年，等等。虽未精确到具体年份，但此表可以反映出大体趋势。

率提高了近 400%。同时，织布厂工人的劳动效率提升了 600%—1000%（见表 4.4）。因此，虽然纺织厂引进了更复杂、强大的非人力能源机器，甚至实现了从水力驱动到蒸汽动力的跨越，但采棉奴工生产率的提升和棉纺工厂不相上下。这些利好做成了一个大馅饼，世界其他地方的人也能从中分到一块。棉花价格的降低也给其他方面带来了收益，这主要体现在将资本投入更高效的工厂设备上，提高了新的工薪阶级的工资，增加了工厂主、奴隶主和政府的收入。棉花价格降低，意味着衣服和布料也更便宜。因此，棉花种植园生产率的提高，也惠及棉布消费者。最终，世界上绝大多数地方都能买到西方工业国家生产的衣服，而制衣所用的棉花采自美国南部。[33]

20 世纪 30 年代末才出现了采棉机。事实上，在 1790—1860 年间，没有任何机械设备的革新来提高棉花采摘的速度。比如，没什么能像从镰刀到机械收割机的转变那样，在 19 世纪 50 年代，使鲍尔的老家切萨皮克地区的麦田劳作打开了新局面。即使是那时的路易斯安那奴工制糖厂，也比棉花奴工营更像工厂。人体本身是唯一在棉花地工作的“机器”，1805—1860 年间都没有改变。我们轻易不会想到，奴隶之所以能摘更多棉花，可能是因为他们摘得更快，劳作更辛勤，技术更高超。实际上，美国南北战争前夕，去过南方的北
方人就认为，奴隶劳工没有自由劳工效率高，这也是大多数历史学 129
家和经济学家所接受的教条。[34]

那些认为奴工低效的北方观察家坚信，受现金工资激励的自由工人会比强制劳动的人工作更卖力、更巧妙。有时，在某些特殊情况下，奴隶主会付工资给奴隶。1828 年，爱德华·巴尔内斯曾让他密西西比奴工营 27 名奴隶中的 8 个人周日采摘棉花，他为此一共付了 28.32 美元，因为按照法律规定，奴隶主不能强迫奴隶在周日劳动。然而，这些正面的激励只占巴尔内斯的奴隶们在 1828 年所收获棉花价值的 3%—5%，这一年他卖了 81 包棉花。其实，即使奴隶主付工资，也只会付给周日摘棉花的人。多数奴隶主不会使用正面激励。最能确切说明问题的是，南北战争后，种植园主会在一天的劳
动结束后，按采摘棉花的磅数付钱给采棉者，而这些有工资作动力 130
的自由黑人劳力，每小时摘的棉花还不如从前的奴隶多。[35]

奴隶主使用的是一套衡量和消极刺激制度。其实，我们不应该说得如此委婉。奴隶主用衡量法来调整对奴隶的刑罚，以此压迫他们找到提高自己采棉效率的方法，从而突破棉花采摘的瓶颈，由此产生的持续革新过程，促成了质高价廉的棉花产量的大幅提高，这对西方世界打破一万年的马尔萨斯农业循环论是至关重要的。这种

图 4.2　19 世纪 60 年代，蒙哥马利附近的采棉者。接近岁末时的棉花逐渐变得稀疏（国会图书馆）。

制度混淆了我们的预期，因为我们和废奴主义者一样，愿意相信自由劳工制度不仅比压迫系统更道德，而且更高效，相信由因及果是有用的。这意味着我们永远不需要解决生产力和自由之间存在的矛盾，奴隶劳动无疑是浪费时间、没有生产力的。奴隶们
131 知道，这种压迫系统浪费了他们的时光，而这些岁月已一去不复返。然而，只有真正经历过那段岁月的人才知道逼迫奴隶不断提高采棉效率的秘密。

到晚上，结束了康加里棉花地漫长的第一天采摘工作时，查尔斯·鲍尔还没有发现这个秘密，确实还没有。他的双手使劲忙乱地摘着棉花，看着周围的人如遭魔鬼驱赶般疯狂地向前推进。傍晚时分，太阳终于接近了西边的树林。疲惫的人们弯腰驼背，低头含胸，手臂在袋子和树枝间来回摆动，双腿无力地拖拉着走过棉地。时而能听到嘶哑的喊声，“水，水”，孩子们头顶着水桶来回奔跑，几周便会磨掉一圈头发，到 2 月才能新长出来。[36]

黄昏姗姗而来，慢得让人痛苦不堪，笼罩在田野白花花的棉绒

上。疲惫的眼睛已分不清叶子和棉铃。监工含糊不清地说了句话。男人、女人和孩子们伸了伸僵硬的后背，拖着沉重的脚步走到地的尽头，把最后一袋棉花倒进装棉花的篮子里，拎起柳条编织的篮子顶在头上。鲍尔也这样做了。他筋疲力尽地弓起后背，撑着重重的篮子，摇摇晃晃、慢慢吞吞地走向堆放棉花的敞篷。走了漫长的半英里，流干了最后一滴汗水，采棉者身上沾满灰尘，汗水在身上留下一道道污渍。营地的建筑轮廓在漆黑的夜色中隐约可见。

又一天快结束了，鲍尔差不多熬过来了。但是现在，鲍尔在棉花棚前的院子里，学到了让双手像机器一样采摘棉花的技巧。

营地外有个敞棚，里面放着轧棉机，鲍尔和其他人放下篮子。他们等着工头把每个人的篮子挂在杆秤上，称他们一天的采摘量。监工报出数量，顺便在石板上采摘者姓名的旁边记下数字。鲍尔摘了 38 磅，至少比多数男性奴隶少 10 磅，尽管他们没有鲍尔强壮，用大斧没有他有力，挥起锄头也没有他敏捷。然而，还有一些妇女和孩子也比鲍尔摘得多，她们正被带到之前鞭打莉蒂亚的那个地方。[37]

这就是鲍尔第一天摘棉花的经历。20 年后，伊斯雷尔·坎贝尔在密西西比奴工营也经历了第一个采棉季。从天蒙蒙亮，一直到夜幕完全降临，坎贝尔竭尽所能，也只摘了不到 90 磅棉花。但是，种植园主贝尔弗告诉这位年轻人，他每天至少得摘 100 磅，而且爱尔兰监工的石板上会在他的名字后面记下短缺的棉花汇票磅数（偿付债 132
务的支票，当时的商业术语），那天他“差几磅就挨几鞭子”。贝尔弗的院子里堆满了棉花，在轧棉机机座的粗糙木头和将干净的棉花压成包的包装螺旋之间，监工正在记账，他使用的工具除了石板、粉笔和杆秤，还有另一个工具。在渐深的夜幕下，坎贝尔带来了他摘的棉花，他清楚自己采的棉花比规定的少，所以急切地想逃避称棉花这一环节。他把篮子放在地上，悄悄地走到其他奴隶后面，他

图 4.3　一天的劳作结束后，奴隶们将棉花拿到轧棉机房称重（*Harper's New Monthly Magazine*, March 1854, p. 457.）。

们正在火把外围排队等着过秤。爱尔兰人正借着火光在称棉花。坎贝尔躲在奴隶们做饭的小屋里。过了一会儿，门开了，门外透着光，贝尔弗就站在门口，一手拿着提灯，一手拿着四根刑杖和牛皮鞭："喂，是你吗，伊斯雷尔？"爱尔兰监工称过坎贝尔的篮子，不够规定的数量。"我现在就跟你算账。"贝尔弗说。[38]

我们可以发现，坎贝尔和鲍尔所经历的这种会计制度，被许多
133 来到西部产棉区的人们一次次提及。南部白人有时也承认，奴隶主用信贷会计术语来描述称重和鞭打。1835 年，一位纳奇兹医生对一天采摘结束时的场景做了这样的描述："监工提着灯、拎着杆秤、拿着鞭子，和每个人在一天采摘的棉花分量上见分晓。每一篮都仔细过秤，并在石板上每个人的名字后记下棉花净重……偶尔会看到一个懒汉的表情沉重起来。""'差了那么多'，监工拿起鞭子，叫喊着，

‘过来，你个该死的懒鬼’，或是‘分量不够，你个混账’。”[39]

查尔斯·鲍尔第一天的采摘量是他个人的最低纪录。他明白，如果明天摘不够 38 磅，也就是最低限额，“那日子就不好过了……背上就会挨监工的鞭子”。和南卡罗来纳水稻种植地区的任务制不同，在棉花种植区，每人都会有自己的配额，而不是按照惯例规定固定的工作量。1820 年，一名奴隶主在路易斯安那奴工营制定的规则中写道，监工“应该注意让种植园里适合摘棉花且摘得干净的人干这个活，采摘数量根据年龄、体力和能力来定”。

萨拉·威尔斯从小在密西西比州沃伦县长大，她记得那附近有的奴隶一天摘 100 磅棉花，有的 300 磅，还有的能摘 500 磅。但是，如果你的配额是 250 磅，而有一天你没完成，“他们就会惩罚你，将你关在仓库里”，然后打你。一个新手如果不能完成规定的配额，那么就必须提高“摘棉花的能力”，不然鞭子会帮你把欠的配额补上。罗伯特·贝弗利提到一批从弗吉尼亚运到亚拉巴马的新手时这样写道：“如果你说你的奴隶不知道正确的工作方式，那你就错了。只要时常鞭打他们，他们便会十分娴熟地工作……”几年后，他又接收了一批奴隶，这样写道：“让这些黑人学摘棉花真难。今天我鞭打了他们，如果你见了，肯定会说我太无情。”[40]

想要完成配额是困难的，就算在太阳落山前完成了，还得不断地采摘。威廉·安德森在密西西比的棉地里朝着规定的任务量努力时，他的新主人却不停地用粗木棒打他，说他落后了。在 19 世纪 20 年代的亚拉巴马州，“老少校比利·沃特金斯会站在他的房前，看着奴隶摘棉花；任何人如果稍稍直一下腰，他暴躁的喊叫声就会响起：‘弯腰干活！’”1829 年，也是在亚拉巴马，亨利·高文斯目睹了一位监工逼着速度慢的妇女跪在装棉花的篮子前，将她们的头塞进棉 134
花里，掀开她们的裙子，鞭打她们，直到血从腿上流下来。

女性奴隶是主要的攻击对象。奴隶主一心只想向市场输送更多的棉花，对刚分娩结束或是得了妇科病的女性漠不关心。一个失意的奴隶主这样写道："要想赚钱，就得有成年男子或者快长大的男孩。"另一个奴隶主则说："因为我们种植园没有一个孕妇，女奴隶是很好的采棉手，大部分收成都要归功于她们。"妇女将婴儿们放在树荫下照料，刚会走路的小孩子则带到棉花地里——这一切都会成为引发白人暴怒的导火索。一位白人女性给她做奴隶贩子的表哥写信说："格罗斯杀死了苏柯最小的孩子。他带着那个孩子去地里劳作（孩子在一岁到一岁半之间），因为孩子不能取悦他，他先是用鞭子打了那孩子，然后又将他的头按在溪流中，让他停止哭喊。"[41]

奴隶害怕弯腰摘棉时背后的监工，害怕面前的秤和石板，所以不停地摘棉花，直到一天的劳动结束。晚上，称重、算账和挨打都结束后，他们开始擦药膏以缓解伤口的疼痛。奴隶们都睡了，奴隶主坐在自己的屋子里，点起蜡烛，把粉笔记下的总量重新用笔墨写到账簿上，然后把石板擦干净。随后又在石板上写下数字更大的新的最低配额。在伊斯雷尔·坎贝尔知道怎么达到工作量后，贝尔弗将坝贝尔的配额提高到每天 175 磅。约翰·布朗回忆说，一开始的最低要求是 100 磅，"刚开始我就摘得很好，于是奴隶主提高了我的定额，我要是松懈一分钟，鞭子就会抽上身，让我长记性。在此种逼迫下，最后我一天要摘 160 磅。"[42]

棉花采摘量之所以提高，是因为配额增加了。1805 年，韦德·汉普顿及其手下慢慢提高了对鲍尔的要求，直到他一天能摘 50 多磅。19 世纪 20 年代末，密西西比州和田纳西州的奴隶主要求奴隶一天采摘 100 磅棉花。5 年后，配额总量又增加了 30 磅。密西西比州的一位种植园主写道，现在奴隶采棉花的手"像一团热焰，就像加了新的动力"。换句话说，奴隶的体内好像植入了机械引擎，白人的话语像只无形的手在棉地上空挥舞。曾经当过奴隶的人说，到了 19 世纪 50 年代，有些地方奴隶主要求大多数奴隶每天摘 200 磅或者更多，有的甚至要求采摘 250 磅。[43]

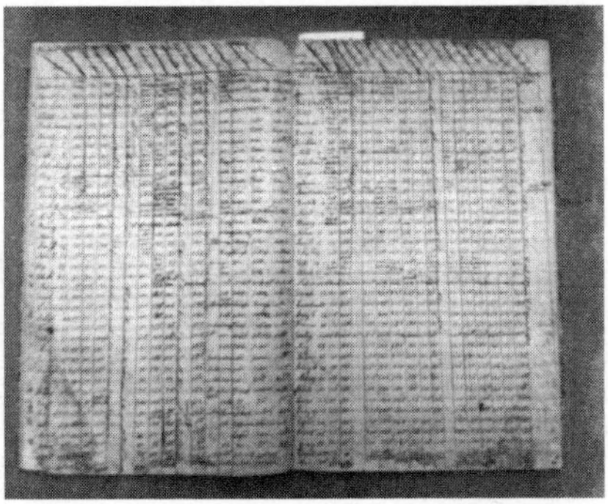

图 4.4 奴隶主用棉花账簿来衡量和记录每个奴隶的工作量。这种账簿和杆秤、皮鞭一起构成了“鞭笞机器”的一部分，它使棉花的产出稳定增长。图中是两页 1852 年密西西比州沃伦县劳雷尔奴工营的采棉记录（R. C. Ballard. R. C. Ballard Papers, Folder 447, University of North Carolina.）。

因此，从 18 世纪 90 年 135
代到 1860 年，在奴隶主的压榨之下，棉花产量有了大幅度的提升。虽然种植园主—企业家从不在教科书或农业杂志上公开发表他们提高棉花产量的方法，但他们确实创造了一些实践方法、态度和物质手段，鞭子、石板、笔、账簿和棉株本身，共同构成了这些方法的连锁齿轮。白人监工也起了重要作用，他们不仅把暴力劳动合理化制度付诸实施，而且在带着石板和鞭子在西部和南部巡视时，他们可能发明了许多会计和酷刑手段。他们为了在奴隶主面前表现自己，相互勾结，分享想法，让同行接受诉诸暴力以对奴隶实行绝对控制的理念。但是，不
管是谁创造了压迫系统和动态增长的采摘配额，它们对监工称之为 136
“各国商业与制造业的伟大革命”至关重要，棉花生产力的持续提高，塑造了 19 世纪世界的转型。[44]

1861 年，胳膊、背部、手指的基本机能和 1805 年查尔斯·鲍尔刚到康加里时一样，甚至从人类发明农业开始就没变过。奴隶无法想象，一旦任务量高得离谱，如何靠双手完成配额而不受皮肉之苦。

他们首先想到的是浑水摸鱼，避免挨打。他们在篮子里藏石头、泥土、南瓜来增加重量，有时候会管用。伊斯雷尔·坎贝尔在篮子里藏过西瓜，填补他永远不可能完成的 10 磅差额。他就这样瞒天过海了一年。另一种办法需要团体合作：趁监工称重时，分散他的注意力，在灯光照不到的黑暗中，用重篮子换轻篮子。一位种植园主写道，这种方法“对粗心或者‘温和’的监工可以一直有效”。[45]

然而，监工就是因为“无情”才被选中的。如果他们发现奴隶在称重时做手脚，短缺了额定任务量，处罚一定是非常残酷的。监视和皮肉之苦的恐吓让奴隶们很难用石头增重蒙混过关，或者在称重之前逃离。有时，采棉快手会将采摘的棉花放进摘得慢的奴隶的篮子里，或替他们一会儿。但是，奴隶主明令禁止合作，并强制执行。所有人的最低任务量都在随着时间增加，企业主和剥削者强迫奴隶调动自身的创造力，而牺牲自己的长期健康和独立，甚至让他们互相伤害。奴隶们由于害怕惩罚甚至死亡，所以争先恐后地想出加快速度的办法。棉花采摘量随着时间推移急剧地提高，证明了他们能做到。[46]

采棉量到底是怎么提高的？来看一看奴隶主的描述便可窥见一斑。他们认为一部分人可以沦为他人的附庸，他们所说的也刚好能与曾经当过奴隶的人常常讲的采摘棉花这段经历相佐证。他们记得，为了摘得够快，将奴隶主计算的利润变为现实，他们必须像行尸走肉一样，从早晨一直采摘到深夜，甚至要点着蜡烛摘棉花。他们必须将注意力从僵硬的背部发出的疼痛上转移，从刺破的指尖流血的刺痛中转移，从短短几年就伤痕累累的双手上转移，忘记口渴、饥
137 饿、模糊的视线以及对身前身后鞭子的恐惧。他们必须专注于手上的活儿，什么都不想——在这期间，整个人就变成了一只手，或两只手，像所罗门·诺瑟普旁边的新手派西一样。诺瑟普在棉花行间

艰难前进，她那只“又长又笨重的麻袋”，“折断了棉株的枝条”，当她用双手去摘棉铃时，她看见派西左右手并用，同时摘两边的棉花，而且一直重复着同样的动作。她一手摘着棉花，另一只手往脖子上挂的麻袋里放，“她的手如同闪电一般，任何人的手都没那么快”。诺瑟普后来写道。她像一个舞者，在无意识中跟着节拍走，但并非出于快乐，而是为了位移。[47]

派西的左右两只手独立思考，像钢琴家的手一样。然而，对多数奴隶来讲，左手无法像右手一样灵活工作。对称看起来可能是一种美。许多测试证明，人们总是被较匀称的脸或者身材吸引。但事实上，人类在一些重要的方面是极不对称的。10 个人中，就有 9 个人在多数情况下都喜欢用右手。我们都有习惯用的一只手。现在我们都知道左脑控制右手，右脑控制左手。左脑擅长分析性、细节性、具体性的过程和思维，这些包括语言以及熟练的手工劳动。右脑负责整体过程，比如说对世界的整体认知。许多人也说它更有艺术性，更具感性特征。当然，实际情况要比大脑内部简单的左右空间的区分复杂得多。不对称的本质也不总是一样的：对一些惯用左手的人而言，语言功能出自右脑，而非左脑。但是，无论哪种情况，大脑的不同区域起着不同的具体作用，并且大脑各个区域以不同的方式与我们的优势手和非优势手相联系。左右手和左右脑各有不同，不可互换。我们的手是我们与世界、大脑、思想和自我联系的关键因素。[48]

我们的优势手，不管是左手还是右手，都是我们思维清晰的大脑的灵巧搭档。我们写字、触摸、打手势，我们对其中一只手的使用超过另一只。工作时也是如此，优势手将我们的工作、大脑和自我联系起来，使它们组成一个整体。在查尔斯·鲍尔在马里兰州所做的熟练工作中，他的右手总是引导着整个身体的活动。木匠或铁匠（像鲍尔这样的人）习惯把自己与他能用的斧头（一手主导）或

镰刀（也是一手主导）来完成的日常工作联系在一起，厨师或女佣
138 也是如此。他（她）干那点活游刃有余。但是在干这种一手占主导的技巧活的时候，运转的头脑有时会通过征服及获得的快乐来表达本我，就算劳动是被迫的，成果会遭人窃取。

然而，在棉花边疆地区，配额一直在增加。如今，棒球场上有左右手均能击球的运动员，钢琴和吉他演奏者的左右手可以一样灵活（尽管有所区别）。有些人为了搞怪或是因为受伤学会了用两只手写字。但这些都是特殊技能，目的是引人注目或是更好地表达自己。事实上，没有人是真正双手通用的。奴隶之所以能摘够定量的棉花，只是因为他们学会了克服身体的不对称，以及利用终生都在发展的大脑构造，将非优势手从束缚中解放出来。因为只有两只手同时独立工作，他们才能完成不断增加的任务量。

一个白人说“有些人不得要领”，他试图鞭打一个年轻妇女，好让她“成为摘棉好手”。奴隶主和他们的奴隶有时把双手独立操作称为摘棉花的“秘诀”（sleight）。这个词指的是做事机敏、精巧，将事情做得快到让人看不出破绽的技巧或诀窍。这个词似乎更适用于形容左手，与右手的权力截然不同。我们通常认为手上的秘诀是扒手、魔术师、纸牌赌博庄家所运用的东西。但是这种技巧不同：它是强制榨取出来的，将一些隐藏的个人技能暴露无遗，并使其商品化了。对于那些像派西一样发展了采摘技巧的人来说，他们收获的不是用左手的技能去削弱右手的权力，也不是为了取悦观众，而是意识的一种自然流露。派西在棉花地劳作时有种动感美，这种感觉从诺瑟普对派西在田垄间表现的描述中流露出来。然而，派西现在虽有这样的绝技，但还是很悲哀；她被迫在炎热的棉花地里辛苦劳作，而且她也不过是坐在凉爽、黑暗的办公室里的奴隶主在纸上写下的“人手”之一。[49]

就所耗费的体力而言，相比砍倒一棵树，摘完一棵棉树上的棉花算是轻活。然而，摘棉花同时也是奴隶们所做的工作中最困难的。接下来，举一个“不得其要领”的妇女的遭遇作例子。“我用鞭子打了她，如果打了一次，就会有 500 次，但是我发现她还是学不会；所以，我让她去和男人们一起扛铁轨。几天后，我发现她肩上血肉模糊，她放下的铁轨上面沾满了血。我问她是否愿意继续搬铁轨，而 139
不再去摘棉花。她回答我‘是的，至少我现在不挨鞭子了’。”摘棉花要求不断重复相同的动作，要求一个人变成另一个人，甚至是一个不完整的人，只是一只手。不擅长摘棉花的手会让摘棉花这项工作变得很恐怖。在奴隶们的记忆里，摘棉花是“令人厌烦”，“令人疲惫”的。他们说，“我一直在心底抗拒摘棉花这件事”。这不像他们能干的活儿，干完后感觉身体都不是自己的了。[50]

把一些人的手从身体上“分离”开来，再训练出一双听话的手，这绝对是一种折磨。然而，奴隶知道该怎么做，因为他们别无选择。所以他们观察并与人交流，从中学习提高摘棉速度的方法。他们又通过缩短摘棉花和放棉花的距离和时间，来提高劳动效率。最重要的是，他们关闭了大脑中的通路，使身体可以像派西一样灵活自如，曾一度成为与身体脱离的“手”，完全听从奴隶主的支配。这个过程给奴隶留下了永久的伤疤。一位叫艾德琳的老妇人曾在 19 世纪 50 年代的亚拉巴马学会采摘棉花，但即使已经过去了若干年，她去杂货店买肉时，仍然不敢直视店员过秤：“因为我记得很清楚，奴隶每天都要摘一定量的棉花。称重时，如果还没摘够定量，就肯定要挨鞭子。”[51]

酷刑的威胁迫使奴隶们设法创新，并不惜伤害自己。酷刑就如魔鬼，紧跟着他们。但不论是同时代的人，还是后来的历史学家，都没有用“酷刑”来描述奴隶主所采用的暴力。一些历史学家称鞭打为“维持纪律”，这是由奴隶制的立法者及他们所制定的法律提出的术语，说得好像奴隶主只是在冷静地实施“惩罚”或是“纠正”懒惰下属的消极怠工那样。甚至一些白人废奴主义批评家和继承他们观点的一些历史学家也不愿承认，用工具将捆起来的奴隶打到流血，或者打到他们去做他们该做的事，又或两者兼有，是一种酷刑。许多人不愿用“酷刑”一词来形容奴隶制，还有一个不言而喻的原因：虽然他们否认奴隶制的经济活力，但是他们心里明白，种棉边疆地区实行的奴隶制产出了大量棉花。换句话说，没有人愿意承认，自己生活在一个经济发展是以酷刑为前进齿轮的国家。[52]

但是，酷刑就是酷刑。进行此项研究的历史学家将其定义为极端的折磨，这是司法或审讯过程中的一部分。它区别于单纯的虐待
140 行为的关键特征是，酷刑的目的是获取真相。事实上，用磅秤、石板和皮鞭确实能得到真相：男人、女人、小孩能完成的最大任务量。于是，奴隶们被迫开发了左手采摘技术，并暴露了这一潜力，一旦他们屈服于事实，施虐者便会再次挑战奴隶的极限，强迫其采摘更多的棉花。[53]

奴隶主使用酷刑不断给奴隶们施压，从而让他们找到自我分裂的方法，成为只剩下工作的左手的隐形体。这就是种植园主和监工（也许是特意）鞭打速度最快的棉花采摘手的原因。1840—1841 年，路易斯安那州西费利西亚纳教区的奴隶主班尼特·巴罗写了一本日志，他称之为“惩罚记录”，上面记录了鞭打和采棉的情况，从中透露了他是如何量刑的。1840—1841 年的各种酷刑中，3/4 是针对未完成规定量的奴隶的。有时，他会关注那些没能完成较低任务量的奴隶，就像 10 月进行“皮鞭狂欢”时所做的那样，他每天“鞭打 8—10 次采棉最少的奴隶”。但事实上，与采摘效率最低的奴隶相比，效率最高的采摘手被他鞭打的次数更多。他曾鞭打过采摘棉花最快的

男奴 2 次，3 个最快的女奴共 9 次，就像爱德华·艾普鞭打所罗门·诺瑟普的朋友派西一样，直到“打得后背留下上千条疤痕”。聪明的企业家就是这么压榨出高效率的，连他们自己都无法想象。对于那些最熟练的采摘巧手，他们逼迫得更严苛。[54]

通过使用酷刑，奴隶主企业家实现了与西方世界纺织厂机械创造力相当的创新。如果说提高收益和产量的手段从定义上讲都算是理性的，那么奴隶主的选择就是理性的。查尔斯·鲍尔说，在棉花种植边疆地区，酷刑就是“有秩序、有规律、有制度地实施的”，目的是把“不足的”的生产变成足量的生产——足量就是第二天还会重复的定额。亨利·比布的主人说，“听到工头鞭打正在劳动的奴隶的声音，是我最高兴的时候”，因为这时他知道了这个系统确实在起作用。[55]

当然，不是所有为了利润而实施酷刑所带来的利润都记录在账本上。有些奴隶主会鞭打撒谎的奴隶，一名前奴隶说：“你跟他们说真话，他们却要打得你说谎话。”谁反抗就打谁，不反抗的也会挨打。奴隶主有时打奴隶是为了平息嫉妒心——对一天可以摘 300 磅的快手的嫉妒。埃德温·埃普斯因为派西在棉花地无意识的优雅超越了他的权力而嫉妒。除了对她施行强暴，他还能卖了她刚出生的婴 141
儿，毒打她的后背，还有她舞姿般的动作，因为那让他憎恨。还有一位“戴维斯队长”，他是詹姆斯·费舍尔的亚拉巴马主人的父亲，他手里总是拿着一根鞭子，名为“黑人戒尺”。他强调：“对于他要鞭打的人，要么征服，征服不了就杀掉。”他曾将一个奴隶打得脑部受伤，不能行走。他也很想打詹姆斯·费舍尔，但是詹姆斯还没等那个白人妇女同意她爸爸打他，就设法逃跑了。[56]

对于许多美国西南部的白人来说，鞭打是开启暴力的一种途径，它导致不同级别的各种疯狂的新式虐待手段相继产生。从记录棉花生产扩张的资料中，我们发现新奥尔良商店出售的每种商品几乎都可以变成施刑的工具，如木匠的工具、铁链、轧棉机、刷梳、手锯、锄柄、烙铁、钉子、拨火棍、熨斗、车前横木、杆秤、钳子。每一种现代酷刑手段都曾被使用过：性羞辱、肢体毁伤、电击、关禁闭、火烧，甚至水刑。奴隶主贴出的寻找逃奴的通告上，描述了奴隶身上的各种疤痕：烧伤、刀伤、残缺、烙印、伤口。然而，即使是奴隶主最“不理智”的折磨方式，也会产生“理性”的结果。就像曾经身为奴隶的亨利·高文斯所说，野蛮的侵害“禁锢了受害者（如果能活下来）和其他目击者的思想”，变得尽可能像脱离身体只会干活的手一样。[57]

我们通常不把刑罚当成生产力的要素。经济学老师不会将其作为图表中的一个变量写在黑板上（“T”代表酷刑，是“S”代表的供应的组成部分）。但是，有一个例子有助于揭示系统化的酷刑对于工业革命乃至现代世界的诞生都至关重要。这是亨利·克莱（以“美国体系”的缔造者亨利·克莱的名字命名）打的一个比喻。克莱出生于奴隶制下的卡罗来纳，小时候移民到西部。奴隶制结束后，他回想起他在路易斯安那州的主人曾拥有一台机器，这台机器使棉花的种植和收获变得机械、快速、高效。这个装置是“一个带踏板的大木轮，踩一下踏板，轮子转一圈。轮子上有四五个带孔的皮带，可以起水疱，把奴隶面朝下平绑在长凳上”。操作者踩踏板转动轮子的时候，皮带把绑在长凳上的男人或女人的后背打得满是水疱，血肉模糊。克莱说，仅这台鞭笞机的威胁就足够恐吓奴隶们去加快劳动的速度。[58]

142 这种装置可能真的存在。然而，更有可能的是，这种鞭笞机不是木头和皮革做的机器，而只是个传说。克莱只是打个比方来进行说明，西南部树林开垦出的每个棉花奴工营，都是用酷刑作为核心技术。每一天，疼痛就像上了发条一样逼迫奴隶们超越前一天的产量。种植园主和企业家很少谈及其他人是怎么采摘棉花的，但是确实也没必要谈及。他们只要利用和协调好鞭子、杆秤和石板，就可以促使奴隶集中精力去创造新方法，以几乎不可能的速度去重复地做着令人麻木的工作。指尖硬茧层层，但同时也会变得灵巧、敏捷。奴隶们开发了不同的诀窍和方法，尽可能不带任何多余动作地摘完一垄地的棉花。他们还会把新发现分享给同伴，但是最终还得将意识割裂为两半，以创造出更快的速度。

于是，刑罚压榨激发出左手的能力，使他们被迫屈从于奴隶主的权力而不利于奴隶自己。不计其数的脑力劳动和不为人知的对人类创造力的突破，都是不使用机器而增产的关键——当然，鞭笞机除外。奴隶主强夺了黑人奴隶丰富的想法，偷走了他们生命中宝贵的时间，用他们的血肉和汗水换取大把大把的钞票。他们强迫奴隶如脱离身体的机械手一样去劳动，仿佛主人一挥手，这些机械手就会在田间越来越快地采摘棉花。奴隶主迫使奴隶灵巧的左手服务于他的右手权力。

企业家制订计划时，他们的欲望有时候会跑偏，他们憧憬着那些永远也不可能实现的恢宏未来。一个奴隶曾说，奴隶主对他们视而不见，“眼里除了成包的棉花，没有别的”。例如，密西西比州的奴隶主丹尼尔·乔丹在 1833 年作了一次疯狂的预言，“每名奴隶每天能完成 10 包棉花的量”，说得好像替他摘棉花的奴隶都只是孤立存在的一双双手。然而，他的有些计划确实实现了。奴隶主在奴工营制造的鞭笞机，能按照他们异想天开的盘算重塑世界——把奴隶换算成人手，人手换算成棉花包，棉花被拿去换钱，钱又可以买来人手。在奴隶主的严酷逼迫下，到 1860 年，美国的棉花产量是 1800 年的 130 倍。与北部的自由农场相比，奴工营的经济效益更高。种植园企
业家用一生征服了一个次大陆，他们白手起家，创造了世界经济中最 143

重大的商品流。他们成为美国，也许是全世界，最富有的白人阶级。[59]

在1805年的第一个晚上，查尔斯·鲍尔不安地站在灯光照不到的地方。监工报出他第一天采摘的重量，38磅，并警告他第二天必须采摘的数量。工头把几个奴隶拉到队伍外面。鲍尔“静静地站在那里，失望、恐惧涌上心头，其他人都去称自己的棉花”。监工走到鲍尔身边，简单检查了一下鲍尔的手，说：“你长了一双好手，你将来肯定是个采棉能手。”这句话里有两层含义，一是鼓励，二是威胁。他再次跟鲍尔强调，你这双好手将来能让你成为一个能手，我们会让你把自己培养成优秀的采摘手。

接下来日子里，鲍尔疯狂地逼迫自己工作，恨不得自己的手还能再快点。几周后，他终于赶上了平均水平。第二天，他的采摘量又提高了几磅。那个曾打量过他的白人男子又给他制定了新的、更高的配额。但鲍尔最终没能成为出色的采棉手。他向别人诉苦说：“我几乎算不上一把好手。”在马里兰州，鲍尔虽然不是自由身，但身体和脑子协调做成了一些事情让他感到骄傲。在他看来，他的这些专长使他有了做人的尊严，而且是独立的个体，还让他组建了家庭。在南卡罗来纳州，摘棉花要求必须收敛活跃的想法，他用不到身上那些通过一万多个小时的劳苦工作练就的肌肉，现在做的只是无限重复简单的手部动作，这让他感到不爽。完成配额对他来说毫无意义，只是又一天后背不会挨鞭打而已。[60]

鲍尔不得不对惯用左手的方式进行改进，自我折磨总比别人来折磨自己好一点。这是1805年数以百万计的人必须通过的一关。一天工作结束后，鲍尔在树荫下乘凉休息，这片树林向西延伸了1000多英里，一直到得克萨斯中部，中间和周围全是棉花地。在接下来的半个世纪里，新的土地像野火一样从康加里向西部和南部蔓延，改变了整个世界——砍倒一棵树木，种下一片苗，收获一袋棉花。奴工营的扩张比人类历史上任何一种农业活动都要快。伐倒的树木在数不清的新土地上燃烧，棉花地拓宽了，这场手工制造的进程在无比宽广和深层的范围内进行。

威廉从巴尔的摩被卖到詹姆斯·斯蒂尔的奴工营，此地恰好与韦德·汉普顿在路易斯安那的新奴工营隔着密西西比河。威廉的配 144
额比查尔斯·鲍尔在南卡罗来纳要求采摘的重量多得多。被卖后的几个月，威廉才清醒地意识到，他也得学会摘棉花。当然，要达到监工每天规定的工作量，在 1819 年比 1805 年难多了。

然而，“人手”不仅是白人企业家的无实体附属品。詹姆斯·斯蒂尔购买的是当作商品出售的人。斯蒂尔对他们很严苛，1819 年 8 月初，他们初次摘棉花，毫无疑问，他们也初次尝到了西南地区“鞭打”的酷刑。然而，采摘季开始后的几天，斯蒂尔的 4 个“人手”越过河，逃往南边 50 英里之外的“日耳曼口岸”的甘蔗种植区。在威廉·麦卡琴的奴工营——1811 年以来一直是造反者的发源地——他们试图闯进库房。麦卡琴听到声响，连忙跑出来，惊动了逃跑的奴隶。两个奴隶用枪指着他。他们站在 5 码地之外，扣下扳机。但是火药是湿的，枪哑火了，麦卡琴拉响警报。奴隶主活捉了两人，杀了一人，还有一个奴隶逃进了 8 月正值茂密的甘蔗林。[61]

皮鞭驱使奴隶将全部体力和大部分精力投入采棉工作，进而使采棉速度越来越快，但是，集体劳动永远不可能占据每个人大脑的全部，因为还有晚上。查尔斯·鲍尔回到小木屋，这里尽是筋疲力尽、浑身瘀伤但是努力活下去的人，而他自己也是其中之一。一个男人——与蕾切尔同船的威廉——蜷缩在麦卡琴的甘蔗地里，努力平息自己剧烈的心跳，以免被追捕他的人听到。

第5章

舌头 *1819—1824*

145 她来自遥远的地方。罗伯特·迪基在肯塔基州买下她时，把她的母亲留在了新奥尔良。从肯塔基南下到这里，一路上她一直在哭，已经把眼泪哭干了。现在她已经“死”了。但是，她没有躺在冰冷的木板上，也不能被晃晃荡荡的骡车运走。每天早上，她还要在路易斯安那的棉花田里辛苦劳作，和田里的其他人一样挥舞着锄头。即使在午后三点最热的时候，照在她身上的阳光也是灰色的，而不是金色的。她的胳膊和腿上沾满了灰尘，如同死灰一样，仿佛是她那双空洞的眼睛折射出的地狱的颜色。长柄勺中的水像沙子一般摩擦着她的舌头。她现在看起来更加骨瘦如柴了。人们试着和她说话，但他们的声音听起来很遥远，仿佛她躺在海底。他们油光锃亮的脸围成一片，她看不到一点缝隙。一些人看上去比较友善，有些人则贪婪地要再买一个女人，还有一些人看她是否要求助。但是，现在她干燥的舌头和上牙膛粘在了一起，说不出话。[1]

像她这样只剩一副躯壳的人们游荡在美国西南地区的奴隶制边疆。他们有的躲在废弃的玉米仓库，有的等候在十字路口，有的从一些血腥之地追寻孩子而来。他们中的一些女孩，因为没有把洋葱煮熟而被毒打，最终选择了自杀。还有一些男人，因为在祈祷奴隶制早日结束时被主人抓到，自此便消失不见了。一些出生在非洲的奴隶和别人说，如果他们死的时候神不在身边，那或许是因为他们受到的暴力迫害太恐怖，其手段之残忍甚至连神明也不忍直视，那么他们的一部分灵魂可能会留下来，在他们的受难之地徘徊，渴望着和平。[2]

很快，她就会成为又一缕晚风。然而，只要她还能够在田里开犁耕耘，她就要和活着的人们一起继续他们的故事。海地革命之前，146
在圣多明各甘蔗田中劳作的黑人们如同干瘪的僵尸，而她只是被这些白人男巫抓回来的一个活死人。她的思绪和心已经飞回了家，只有她的孤魂和躯壳还留在这片死亡之地，为这些魔鬼种植园主工作。这里的奴隶可能都是行尸走肉。实际上，她现在已经是一具僵尸了。她的灵魂已经飘走，留下来的这副躯壳估计也不会维持太久。她可能死于疟疾或是哪个监工的毒打之下。或者她可能在这个灰暗一片的小村落日渐衰弱，直到最后连鞭子也无法把她打醒，变成这片西南新边疆上无数身心俱灭的鬼魂之一。但是，即使他们死了，还会有更多的人被运过来。从更宏观的意义上讲，只要奴隶主把奴隶制、奴隶贸易和奴役体系以及左手力量和右手权力机制配合在一起，这种情况就会继续下去。

多年以后，她又回忆起自己如同行尸走肉的那些日子。她从未忘记过那些呼喊她的男人们，他们在那片黑暗的海洋中寻找着她的灵魂。他们称她为女儿、姐妹、妻子或是情人，只要他们还能记起那张脸庞。夜晚，他们坐在火堆旁谈论着她，似乎对她所徘徊的那个冰冷的地下之城感同身受。他们睡觉时，都在想她是不是和自己有关的人。入梦后，他们便梦到了自己失去的亲人。

他们还是没有想到她可能是自己的哪位亲人。他们开始唱歌，不再谈论。在太阳底下，伴着小提琴那种和锯木一样节奏的剥玉米歌，并不足以表达他们的情感。在这里，他们辛苦地劳作只为给别人赚钱，因此每首歌都是一个问题——难道我向死而生，定要把身体埋葬于此吗？还有一些人称这些歌中暗示了一些逃跑的信息（我站在约旦河暴风雨的沿岸，投去希望的目光，至迦南那片公平自在的乐土，那里是我的归属之地）。还有人说这些歌唱的都是不切实际的幻想。然而，无论如何，这些歌曲表明眼泪浇灌了这些歌者所能想到的任何乐土，因为只有当这些歌声传到河流深处，这些歌者和听众才能克服悲伤，到达彼岸。[3]

因此，在这片死亡之地，这些男人给她唱歌，声音消失在丛林深处。她那条沾满灰尘的胳膊在机械地举起落下。

最后，他们换了个曲调，声音贯穿了整个灰暗的田野，声调时而欢快，时而悲伤。简单的歌词控诉了他们悲惨的命运，也表达了世界变得美好的希望，他们希望能用这首歌唤醒她，世界恢复本来的色彩。他们唱道：“小小莉萨·简，头发乌黑像煤一样；小小莉萨·简，大大的眼睛明又亮。你是如此美丽，我们需要你，你不能离开。回到我们的身边吧。”

147 “你种一小片棉花，我种一小片甘蔗，我要为小小莉萨·简做糖浆。”这些唱歌的人们盯着监工，另一个人看着她。他们明白，无论他们怎么唱，她再也不能看到她的母亲了。当这些男人再次唱起这首歌时，他们看到她弯下腰，用锄柄支撑着身体。她醒过来了，她孤单一人，无依无靠。她的胸膛在剧烈地上下起伏。她无法靠自己一个人活下去，但他们告诉她，她不能死。

她开始抽泣，男人们围过来唱歌。这些努力要生存下去的人想要冲破一切，鞭子抽打在他们身上，让他们疼痛不已。“哦，莉萨，可怜的女孩。哦，莉萨·简，哦，莉萨，可怜的女孩，她死在了路上。”他们继续唱着。露西抬起了头，泪流满面。80 年后，她再次回忆起当时苏醒后的情景，她记得自己张开了嘴，说：“我高兴起来了。”然后“和其他人一起唱了起来”。[4]

18 世纪 80 年代以来的 30 多年间，奴隶制的存续成了一大问题，而此时发生了彻底的逆转。这种奴隶制的僵尸借助新的力量、新的剥削技术、新的市场以及新的借贷形式得以复活，并且呈现逆转式的增长。奴隶制将露西这样的人的生命撕扯得支离破碎，以此来榨取他们的市场价值。现在他们只能眼睁睁地看着希望渐渐破灭，彼此之间也无法相互依靠。他们所遭受的折磨什么时候才能结束呢？奴隶联合起来像圣多明各一样起义的机会也被奴隶主和政府彻底消灭了，他们也无法组织起一个强有力的联盟来和平地结束奴隶制的扩张，因为现在几乎所有的美国白人都从这个不断扩张的奴隶制帝国中获利，有的是在经济层面，有的是在精神层面，有的则是两者兼有。

而白人之间的这种纽带，就要在“密苏里危机”这场政治纷争中经受考验。在这场危机中，南北方的议员在奴隶制继续扩张的问题上产生了分歧。这场分歧从 1819 年一直持续到 1821 年，引起了一些政坛人士的恐慌，其中就包括前总统托马斯·杰斐逊，他把这场危机称作“夜晚的失火警报”。然而，这场危机本身就是白人成功征服一半大陆的产物，而它最终又引发了新的问题，那就是如何利用这些奴隶以外的资源，以及其他奴隶队伍、田地里和奴隶区中的资源。

同时，如果露西这些人的身心都不能得到救赎，那么显然在 18 148
世纪 80 年代后的这段时期，也不会出现任何转机。假使通过外界帮助而使他们得以幸存尚且不可能，那么依靠奴隶们的共同努力而幸存下去的可能性就更加渺小了。若想知道原因，就必须深挖那些献给莉萨和露西的歌中所表达的惆怅与失落。开始的几周，他们摘下铁链，走下拍卖台后，在棉花田里不知所措，在这里他们失去了自己所拥有的一切：语言、身份，甚至连自己的名字也保不住。我们无法确定露西·瑟斯顿能记得自己的名字，而她说得出来的概率就更小了。这些奴隶边疆地区的被迫移民，让孩子离开了给他们取名、教他们说话的父母，让弟弟离开了从小把他们带大的姐姐，让妻子离开了与她们耳鬓厮磨的丈夫，让男人离开了那些宁愿自己挨鞭子也不会出卖他们的好兄弟。如果想要依靠共同的努力生存下去，那就需要牢固的纽带，但如今这种情感的纽带已经被打破了。

约瑟夫·谢泼德的密西西比种植园的一个女奴将自己的名字改为“沉默”（Silence）。另一个被卖掉的女人说她不再是索菲亚，改叫“无名索菲亚”（Sophia Nobody）。许多人发现，每当他们回忆一些重要时刻时，记忆是空白的。玛格丽特·尼肯斯的父母在儿时就分别被人从肯塔基州和弗吉尼亚州带到了密苏里州，于是也就忘记了自己父母的名字。每当他们看到一些与自己模糊记忆中的父母相似的成年奴隶，他们就会问：你是我的母亲吗？你是我的父亲吗？一个田纳西州女孩在分娩的时候，看到一个女人隐约出现在自己面前。她不认识那个人，便问她是谁。那个鬼魂只是说：“不要忘记自己的老人。”随后便消失了。这时女孩儿想起她是自己的母亲。旁边的产婆拿了一把斧子放在床下，如果她的子宫再次收缩，她就结束她的痛苦。很快，她就要为自己新生的孩子起名字了，但一想到这孩子马上就会被带走卖掉，她就心如刀割。[5]

在那些运载他们祖先的大西洋船只上，一路上，死掉的人是多数，而活下来的是少数。这些来自一百多个不同部落的人克服了种种困难，学会了彼此交谈，逐渐变成亲人一般。但现在又出现了另一种困扰，它同样破坏着社会与家庭的关系，毁掉构成社会生活结构的一切关系与地位。如同在早期的中央航道中一样，在前往西南边疆的行程中，诸多原因导致了这些人对自己同类的不信任（或许他们还相信自己的亲人），这种不信任逐渐扩大到更多与自己同样受奴役的人。他们被说服从卡罗来纳森林里的藏身之处走出来，结果却发现自己被奴隶贩子贩卖了。而这些贩子的奴隶助手会把他们从头到脚装饰一遍，把头发弄黑，用油把皮肤擦得锃亮，这样就能多 149
卖些钱。在这些奴隶睡觉的牢房里，会有一些恶霸欺负弱小，抢夺食物，甚至强奸女性。在奴隶准备起义时，还会出现泄露计划的叛徒。在新奴工营中推行的制度更让这些移民互相竞争。到了采摘季，有时一个人的采摘技术会让另一个人的定额提高。

称重之后，一些人会变成朋友，而另一些人早就注定会变成敌人。男人之间会因为某个女人而互相敌对，他们会把女人看作征服的对象；而女人之间也可能彼此为敌。主人给他们一些小恩小惠，就能破坏他们最初的团结。威廉·安德森说："这些奴隶有时彼此会非常仇视，互相揭短、说谎，去抓逃走的人。而这些是由于无知、压迫和堕落而慢慢形成的。"当安德森刚从弗吉尼亚州被送到密西西比州时，一个奴隶看到他在吃一只偷来的鸡，就跑去和监工说："安德森吃光了这个地方所有的鸡。"结果安德森被抽了 100 鞭。[6]

在早期的一些州，许多黑人奴隶相信，从非洲传统精神继承而来的方法能够对一些事件施加影响。威廉·格莱姆斯大约在 1800 年从弗吉尼亚州被卖到佐治亚州，他曾经咨询过一些巫师；这些人让他放心，他终有一天会获得自由。亨利·布鲁斯还记得，由于他们的主人要把他们送到亚拉巴马州，他和弗吉尼亚州的一些奴隶决定雇一个奴隶巫师，那个巫师把一个看起来有点像"人"又有点像"手"的泥球埋在了他们主人的门框底下。最后，那个白人改变了主意，至少没有把他们马上送走，这些黑人为自己的成功感到庆幸。

奴隶移民把这些传统也带到了边远地区。在纳什维尔郊区安德鲁·杰克逊所住的奴工营中，考古学家挖出了门框底下埋着的铜制小“手”。布鲁斯曾多年辗转于密苏里州、密西西比州和得克萨斯州，他说尽管巫师们可能会有一些本领，但许多边远地区的奴隶已经不再相信这种巫术了。他们的一些同辈称，巫师的这些通灵之手可以控制白人日益增长的左手与右手权力，而他和一些人对此只是抱着嘲笑的态度。那些会运用一些能力或魔法的奴隶，在绝望和孤立的状况下，很可能把它当作一种手段——前奴隶亨利·比布把它称为“工具”，以此来获得他们所需的东西，而不考虑这样做可能会伤害到其他奴隶。其中一个例子就是，格莱姆斯到佐治亚州后，他
150 的主人让他和一个比自己大的女人睡在一张床上，这个女人控制着奴隶主。年轻的格莱姆斯告诉他的主人，“法兰琪姑母”是一个女巫，她想控制他。但他的主人并没有理会他，只是让他回到床上，伺候好那个女人。[7]

即使在那些心怀好意的人中，由于各自的初衷不同，也可能引发争端。还有一些人执着于自己原来的身份，并以此把自己与其他同样被奴役的人隔离开，甚至以此来虐待他人。一个出生于密西西比州奴工营的女奴说：“爷爷一直深爱着弗吉尼亚州，仿佛他从未离开过那里。”在康加里，查尔斯·鲍尔的朋友莉蒂亚出生于马里兰州，奴隶主逼迫她嫁给一个来自非洲的男人。那个男人只会说一点英语。奴隶主“让他和田里的其他人一起干活，但是他一回到小屋，便端起架子”。他什么都不帮莉蒂亚，洗衣、做饭、照顾孩子以及打理园子这些活儿都是莉蒂亚一个人做，有时他甚至还殴打莉蒂亚。[8]

许多奴隶之间的语言不通。1820 年，路易斯安那州很多奴工营中的奴隶，比如雷德河的伊莱·白利弗只会说法语或是混合的非洲法语，像夏洛特·罗杰斯这些来自切萨皮克的奴隶就无法与他们交流。她感到自己被孤立之后，就想象她干活的时候，母亲在旁边唱

歌。她走了数英里去见一个刚到路易斯安那的奴隶，只是因为她听说那人是从弗吉尼亚来的。即使是在英语地区，东部沿海地区的口音在奴隶制边疆地区听起来还是有些奇怪。而从南卡罗来纳低地来的移民则说着格勒语[①]或是非洲语言。在卡罗来纳内陆的康加里地区，查尔斯·鲍尔遇到了一个用阿拉伯语做祷告的非洲穆斯林。以利莎·加里想起了他的祖母蕾切尔，她在 19 世纪早期被奴隶贩子从弗吉尼亚州带到佐治亚州，她也一直说不流畅当地语言。[9]

19 世纪上半叶，以利莎·加里发现西南棉花区的奴隶之间形成了一种比较“流畅的语言”。没有人知道形成这样一种口音、词汇和语法相通的语言需要多长时间。但是，来到边远种植园地区的奴隶移民却创造了这种方言，一些语言学家把它称作现代的“本土美国黑人英语”。这种新语言就在像监工分配给查尔斯·鲍尔的这种小屋里诞生了。分配给鲍尔的屋子里还住着一个叫尼罗的男人，以及他的妻子和 5 个孩子。尼罗当然不会因为一个年轻人搬来和他们一起住而十分开心，但他还是热情地把鲍尔领进家。他们刚弯腰跨过门槛， 151
尼罗 4 岁的女儿便光着身子跑过来，热情地抱住尼罗的大腿。她整天都在照顾刚出生的弟弟，现在父亲回来了，不但她的负担减轻了，她还可以吃饭了：“现在我们可以好好享受一顿晚餐了！”[10]

尼罗低头看了看女儿，然后转身问鲍尔：“你家里有孩子吗？”鲍尔半天说不出一句话来。尼罗也沉默了。尼罗的妻子戴娜和 3 个大一点儿的孩子走了出来，听说又有一个人要和他们挤在这个小屋里，她什么也没说，只是到外面拿了些野菜。她煮了煮那些菜，把它们放进每周分配给他们的那点玉米面包中。鲍尔和他们一起坐下来，有那么几分钟，鲍尔觉得一切都安定了。吃完饭，鲍尔爬上阁楼，盖上

---

① 格勒语是以英语为基础，并杂有西非各种语言成分的混合语。

了他们给他的一条毯子。

不久，鲍尔开始领取自己每周的玉米配额。但是，他把自己的玉米放到了戴娜和尼罗的篮子里，他们共同分享这些食物。几天后，戴娜给了鲍尔一些糖浆，这是用她和尼罗在晚上编织篮子赚来的钱买来的。鲍尔 30 多年后回想起这件事说：“当时我提出，作为家庭一员，我会和尼罗共同支撑这个家。”鲍尔卖掉了自己雕刻的木碗，把赚来的钱也都放在了家里。他们和鲍尔一同分享园地里种的蔬菜，尼罗的玉米换来莉蒂亚种的豆子。

这些家庭和群体之间进行交换，并不单纯是因为他们乐于助人，而是每个人都能从交易中得到一些东西。这些来自不同族群的人聚到一起，虽然工作在同一片土地，但是制度的设计使他们之间会相互竞争，他们可以选择不帮助对方。康加里的一些人就是自私又贪婪的。但是，更多的人意识到，要想存活下去，就必须营造一种不同以往的新型家庭氛围。即使是外人，也能从中获利。鲍尔帮助了莉蒂亚令人讨厌的丈夫，为他们死掉的男婴挖了一个坟墓，因为他不知道还有什么办法可以帮助莉蒂亚。他看着那个非洲男人把他的孩子放进墓坑，随后又在孩子的周围放了一些物品：“一张弓，几支箭；一包肉干；大约一英尺长的小型独木舟，一支小桨；一小块白布，上面用红蓝笔画了一些奇形怪状的人物。”那些都是为这个孩子穿越海洋到达彼岸的勇敢之旅而准备的，他的祖先就在彼岸等待着他。非洲男人告诉鲍尔，这样做，“他的亲属和同胞就会知道这是他的儿子”，然后他们会欢迎这个孩子来到祖先生活的地方。他把自己的一缕头发放在儿子的胸膛，用双手把坟墓填上，然后他对鲍尔和
152 其他在场的人说：“家乡之神正在注视着他，并为其所做之事而欣喜。”[11]

莉蒂亚的丈夫不能让这个新世界的人理解自己，只有逝者理解

他的信仰。但还是有许多人愿意把这些陌生的移民当成自己的兄弟姐妹。19世纪20年代末，一个叫约翰·布朗的年轻人从弗吉尼亚州被卖到佐治亚州，他在新主人那里备受折磨。他后来回忆说："我当时真的很想死，要是没有约翰·格拉斯哥，我当时可能真就这么做了。"格拉斯哥是一位长者，当时他正在带着一群奴隶劳动。他教布朗如何在棉花田中赶上进度，并告诉这个男孩："不要再因为见不到父母和亲人而哭泣了，因为我也可能再也见不到他们了。为了自己，也应该把他们忘掉。"在这里，你可以选择死亡，也可以选择生存下去，格拉斯哥指引布朗走上了生存之路。奴隶主曾用穿着靴子的脚把布朗的眼眶和鼻子踢破，格拉斯哥帮这个年轻人清理了伤口，他小心翼翼地用一个温暖的油脂球按摩布朗错位的眼球，最后把它归位。[12]

奴隶们彼此关照，他们所做的食物、园子里的豆子、狭窄木屋中一个富余的床位、一条来之不易的经验，无不与大家共享，他们更是用关爱之手扶助新同伴度过最初的那些日子。从那以后，奴工营中的这些人开始一起劳作。冬天临近时，鲍尔和尼罗用剩下的钱买了3条毯子。经过仔细剪裁缝制，给每个人做了一件暖和的外套。这个坐落在棉花种植园边缘的小村镇形成了一种生活模式，它把每个小团体团结起来。周一晚上，每家每周的份额分配完毕后，都会留下一名家庭成员排队在院子中的手磨机上轮流磨玉米，最后一个人可能一直要到早上才能磨完。于是，他们通过抽签决定顺序，一个人研磨完自己的玉米后，再叫醒下一个人。[13]

但是，并不是所有物品都是大家共享的。奴隶们分享彼此的东西，但也会用这些东西来划分界限，在争吵和合作之中形成某种关系与组织。吉米在他主人的田纳西森林中种了一片烟草，这片烟草是能挣钱的，这块土地说，"我比一个人手强多了"。迈拉想要一件印花棉布大衣，以便她周日的时候外出。她说，我不像法律所规定的那样，可以被随意买卖、鞭打和强奸，按照白人的意愿与我的孩子分开。老托比在一个炎热的周日走在密西西比的路上，他希望到镇上遇见他的下一任妻子。他的腋下夹着一把伞，那把伞说，“我不像其他伞，既便宜又破旧，我是独一无二的”。[14]

153 虽然这些物品在西南边疆地区的数量要比东部地区少，但是财产意识越来越受人重视，它要帮那些自出生便不知道自己归属的人找到自己的身份。人们生产的或是宣布为个人所有的这些财产，即便在他们死后也与他们有着联系。一天，安东尼·阿伯克隆比正在亚拉巴马州的森林中砍柴，他看到旁边的树木旁好像有个鬼魂在游荡，便马上扔下斧子逃走了。后来，他想到那个在树上往下扔坚果的鬼魂可能是乔。乔曾经答应会给安东尼 25 美分，作为安东尼给他剥玉米的报酬，但是乔还没来得及卖掉玉米赚钱还给安东尼，就被主人吉姆枪杀了。现在乔回来履行他的承诺了，给了他一些能够拾起来变卖的东西。[15]

虽然这些奴隶几乎一无所有，但他们还是会把仅剩的一点东西拿去分享。而第一次奴隶扩张为美国白人带来了巨大的利益，尤其是 1815 年之后的扩张，让白人赚得盆满钵满。一些人被当作劳工出售，置于鞭笞体制下，这些人的辛勤劳作，创造了更多新美元，并让它们突然之间在美国经济中流通起来。经济力量决定政治力量。1800 年杰斐逊当选总统后，一个由南北方支持奴隶制扩张的政治家联盟主导着美国的政治，他们把自己称作“共和党”。19 世纪 20 年代之前，约翰·昆西·亚当斯的父亲是当时唯一一位非弗吉尼亚州出生的总统，在杰斐逊总统的第二个任期里，约翰·昆西·亚当斯从联邦党转为共和党，在参议院中代表马萨诸塞州。而新奥尔良战争后，联邦党就被排除在外了。[16]

托马斯·杰斐逊的继承者——共和党人，既是奴隶制的批判者，也是它的受益人，他们目睹了奴隶制的大肆扩张。尽管弗吉尼亚人说西北边疆地区奴隶制的扩张最终会导致这种制度瓦解，但是，那些到新奥尔良和亚拉巴马州经商的北方人却认为，事实恰好相反。19 世纪初，根据宪法选出的 17 位国会议员，代表了 3/5 的奴隶人口，当然他们实际上代表的是奴隶主的利益，而非奴隶的利益。议员的增加使南方政治家足以统治共和党，加之北方共和党的忠心耿耿，甚至使他们得以主导整个政府。毕竟这些棉花企业家也给北方带来了利益，他们扩大信贷市场，支撑贸易，为约翰·昆西·亚当斯的选民所建立的新纺织工厂提供市场。亚当斯是一名优秀的共和 154
党战士，他是詹姆斯·门罗总统的国务卿。这位总统也是弗吉尼亚州的奴隶主，但他抱怨说："奴隶们创造的价值……将永远使南方获益。"换言之，西南地区奴工营的杆秤上成磅增加的棉花，再清楚不过地反映了每个人每天的采摘量。如果把每个奴工采摘的棉花乘以奴隶的总人数，他们所创造的就是更多的财富，这又进一步扩大了奴隶制，增加了南方众议员和参议员的数量，从而制定更有利于南方的法律——然后，奴隶主就可以赚更多钱，奴隶制又得以进一步扩张，如此就进入了一个不断循环的过程。作为新英格兰人，亚当斯开始担心，奴隶主政治权力的扩大，"肯定会让我们自己处于弱势"。[17]

在 19 世纪的前 20 年里，数以万计的移民从弗吉尼亚州和肯塔基州迁移到密西西比以西和今天的路易斯安那州以北地区。密苏里州、密西西比州和俄亥俄州这三个地方汇集了半个大陆的水域，河流交汇后南向流往新奥尔良。这些地区位于一条主要的地质断层线上，1811 年，由于该区域地壳运动毁坏了密西西比河重要的港口新马德里，而当时的密苏里领地位于反向力的另一个合流处的上端。东北部是新建的伊利诺伊州，在 18 世纪 80 年代，它虽然表面上属于西北领地，是一个自由州，但实际上这里的一部分地区居住着南方人，他们利用州法律上的漏洞在这里实行奴隶制以奴役黑人。事实上，1821 年，这些定居者还试图修改伊利诺伊州的州宪法，以允许大规模奴隶制的存在。同时，密苏里州的北部、西部和南部都是通过路易斯安那购地案所获购得的广袤土地。然而，这个地区只有一个地方已经建州，那就是路易斯安那，而剩下的 80 万平方英里土地的归属仍悬而未决。[18]

1818 年 12 月，当密苏里领地的白人向国会申请建州时，这些定居者已经在圣路易斯以西建立起了一个繁荣的农业经济体系，这里的农业基础主要是烟草，以及用以制作绳子和帆布的大麻、玉米，当然还有奴隶，有超过一万名黑人奴隶住在密苏里。密苏里人要求国会承认其作为一个州的独立身份，国会因此开始处理这个问题。自 1795 年国会批准肯塔基州为蓄奴州加入联邦之后，总共已经批准了阿巴拉契亚山脉以西、俄亥俄河以南的 5 个州为蓄奴州。考虑到像约翰·昆西·亚当斯这样优秀的北方共和党战士为此日益感到焦虑，当纽约州众议员詹姆斯·塔尔梅奇（James Tallmadge）在 1819 年 2 月 13 日的国会陈词时，任何人都不应该对他的话感到吃惊，但是他们还是感到惊讶。[19]

155 塔尔梅奇对密苏里建州议案提出了两个修正案：第一是禁止密苏里继续进口奴隶，第二是解放新州中年满 25 周岁的奴隶。这甚至让许多见多识广的议员也感到惊讶。在众议院书记员计票的过程中，结果逐渐明朗，虽然南方代表普遍持反对意见，但在北方人的强烈支持下，还是通过了塔尔梅奇的修正案。自由州的一些人显然担心，他们只会成为美国政府的次要合作伙伴。虽然他们既不反对奴隶制本身，也不反对他们能从中获利的那种奴隶制，但他们还是选择与之划清界限。密苏里的地理位置偏北，不适合棉花生长。自 1789 年国会颁布《西北法令》以来，国家立法机关首次阻止了奴隶制的扩张。[20]

而在参议院，情况就截然不同了。在过去的 10 年中，国会一直成对地批准蓄奴州和自由州加入联邦，以此来维持南北方在参议院中的力量大致平衡。南方参议员反对众议院提出的法案，抨击废奴条例。众议院则否决了参议院所提出的密苏里建州案。随着争论逐渐白热化，约翰·昆西·亚当斯意识到，他们“揭开了一个秘密”——一条暗藏的立场分界线：如果要让北方代表作出决断，他们一定会投票去反对奴隶制的扩张；而南方代表则认为，奴隶制扩张是他们所拥有的权利中不可分割的一部分。约翰·斯科特是密苏里的一位无投票权代表，他认为这种限制剥夺了密苏里白人享有宪法所规定的财产权。这种扩张的权利甚至也是一种自我保护的权利。南方代表们哀叹，如果对奴隶制的这种限制阻碍其进一步扩张，那么奴隶的数量就会激增，最终会导致奴隶起义的爆发，南方各州也会重蹈海地革命的覆辙。佐治亚州的托马斯·科布警告称，限制奴隶制所引起的冲突，“正在点燃一场大火，即使倾大洋之水也无法将它平息，只有靠鲜血才能把它扑灭”。[21]

面对科布所暗示的内战威胁，塔尔梅奇回应说：“如果只能靠鲜血来扑灭我助燃的这场大火……我将不遗余力地贡献自己的微薄之力。”争论你来我往，一直没有停歇，直到国会的春季会期结束，也没有一件事得到解决。那些来自纽约和新泽西的国会议员回到家后，发现当地正在举行一些会议，以支持他们反对奴隶制扩张的观点。在这些会议中，一些选民提出来的问题不仅仅涉及局部的利益。纽 156
约会议的组织者问道：难道奴隶制与我们所宣称的“生存权、自由权和追求幸福的权利”不相违背吗？然而，大多数与会的白人并不是反对奴隶制本身，而且他们所有人对黑人平等这个概念感到厌恶。与几年后出现的废奴主义群体不同，这些会议是社会上趋于保守的联邦党人发起的。那些年高德劭的牧师以及声名远播的慈善家是不会容忍对美国黑人进行剥削的。然而，这些会议一直在争论的是地方权力制衡的问题。当新罕布什尔的威廉·普卢默（William Plumer）再次前往国会参会时，他认为，一名自由州的政治家“容忍奴隶制的进一步扩张”，将无异于是“政治自杀”，不断的退让会让美国变成一个由傲慢的种植园主政客主导的“奴隶大帝国”。[22]

经过1818年选举之后，1819年初冬，包括普卢默在内的团队在首都组成了新一届国会。从他们参加选举到上任的这13个月里（当时的“跛鸭期”比较长），爆发了一场严重的金融危机。1819年的恐慌让第二银行陷入了一系列丑闻，亟待立法机关去解决，但对于密苏里的争论还在继续。虽然肯塔基州代表兼众议院议长亨利·克莱正在幕后与来自自由州和蓄奴州的国会议员的中立组斡旋，试图找到一个折中的办法，但众议院中的火药味还是越来越浓，甚至还有谣言说，议员在辩论时携带了手枪。[23]

约翰·昆西·亚当斯是一名来自南方政府的新英格兰人，一直与西班牙协商，试图得到佛罗里达，他曾在1819年夏天信誓旦旦地对观众说，对密苏里奴隶制的限制是违反宪法的。但当谈判在1820年2月僵持不下时，门罗总统使用行政权力，希望依靠北方共和党人来解除对奴隶制的限制时，亚当斯在下午晚些时候与来自南卡罗来纳的陆军部长约翰·C. 卡尔洪进行了一场匪夷所思的谈话。卡尔洪预言，密苏里危机“不会导致合众国解体”。他还说道：“如果这种情况真的发生，南方将不得不与英国结盟。”亚当斯当时十分震惊，他还记得与这个古老帝国的两次战争，他回应称：“这会让我们重新变成殖民地。”卡尔洪说：“是的，很有可能，但是他们也是被迫的。”

亚当斯陷入了沉默。在日记中，他写下了不敢说出口的话：“如果奴隶制问题会导致合众国解体，那么显然不久以后就会迎来奴隶 157
的全面解放”，因为“奴隶制是北美联邦的一大污点”。而发动战争则意味着“会重新组建一个以奴隶解放为前提的新的合众国。这场战争的目标宏大，前景广阔，名义高尚。投身其中的人会被赋予光荣献身或牺牲的殊荣。”[24]

然而，亚当斯与卡尔洪及其他内阁成员一样，想的不是自我牺牲，而是 1824 年的选举、门罗的卸任以及他自己成为总统候选人的可能性。因而他在公共场合对这个问题保持沉默。参议院已经通过一项法案，批准密苏里作为蓄奴州加入联邦，同时让缅因州（原为马萨诸塞北部的一部分）成为自由州，从而保持参议院的平衡。1820 年初，克莱又把这项法案提交给众议院。这项法案也禁止在原法属路易斯安那北纬 36°30′以北，即密苏里州的南部边界以北地区实行奴隶制。南方参议员认为，这项提案对南方没有太大的损失，毕竟人们无法在达科他州种植棉花和甘蔗。当众议院的自由州代表否决了合并的妥协法案时，克莱将其分成了两个独立的法案——密苏里建州法案和限制奴隶制扩张界线法案。南方人和少数北方人投票支持密苏里建州（蓄奴州），北方人则投票通过了北纬 36°30′限制界线法案。危机最终得以化解。[25]

密苏里建州问题告一段落以后，奴隶制扩张似乎成了一个不可避免的选择，说来也不复杂，这样才能把路易斯安那州并入合众国，从而避免欧洲帝国干预这个国家的扩张。北方政治家几乎是马上团结起来反对扩张的。这种极力反对或许能够解释南方政治家为何反应会如此激烈，并且威胁要退出联邦。华盛顿政府中的南方势力，一直依靠参议院中自由州与蓄奴州代表数量的平衡，来实现奴隶制的进一步扩张，那些精于算计的人明白，北方的财产，尤其是那些新英格兰人（他们对反对奴隶制扩张不那么狂热了）手中的钱是不会从那些资助他们的人手中溜走的，那些经营航运贸易的商业精英们仍然主导着新英格兰的政治。虽然一些南方人可能会抱怨，在路易斯安那以西的西班牙领地像一堵墙，阻碍了奴隶制的扩张，但妥协案的协调人克莱认为，他可以把西班牙的得克萨斯加到《亚当斯—奥尼斯条约》(*Adams-Onis Treaty*)① 中，此前这个条约已经确
158 保让奴隶主获得佛罗里达。尽管他做不到，但是像詹姆斯·门罗总统这样的南方领袖仍相信，得克萨斯最终会落入美国之手。南北方的许多人认为，后来被人们所熟知的“密苏里妥协案”开了一个先例，它让西部既存在自由州，又存在蓄奴州，他们把这个妥协案称为“神圣的契约”。[26]

关于密苏里的争论让很多南方的奴隶主对未来的批评变得极度敏感，然而，北方对奴隶制的反对在危机结束后就烟消云散了。在1819年之前，北方白人根本就没有组织起来反对奴隶制及奴隶制的扩张。1821年之后，北方白人便又开始忽视美国黑人的权益，无视奴隶制或奴隶制扩张对那些奴隶的影响。只有很少一部分北方白人认识到了奴隶制所引起的一些严重的道德问题——这些问题并不关乎奴隶制是否损害了美国的荣誉——但他们并没有什么实际行动，还让佐治亚人和其他一些作恶之人摆脱了奴隶制扩张的道德束缚。道德的谴责和政治上的利益没能使人们联合起来，形成一种持续的力量来反对奴隶制的扩张。实际上，1821年，一些南方领导人意识到，只要他们声称其政策可以加强白人的民主，他们就可以轻而易举地形成一个跨地区的联盟，从而进一步剥削黑人奴隶。不管怎样，

① 1819年，美国国务卿约翰·昆西·亚当斯和西班牙驻美大使奥尼斯签订的划分两国在北美大陆主权范围的协议，西班牙将佛罗里达以500万美元的价格卖给美国。

北方人都在尽力给人们这种感觉。比如，在密苏里建州案达成以后，纽约州就举行了州制宪会议。在他们所拟定的新文件中，代表们想要削弱本州传统精英的力量，取消了对白人选民的财产要求，却给黑人选民设置了更多的障碍。

19 世纪 20 年代初，美国的现状就是奴隶们只能自己帮助自己。但他们寡不敌众，而且装备也少，所以无论起义还是直接反抗，最终的结果无疑就是失败。他们只能换一种方式改变自己的现状。但即使是从内部建立起自己的群体也很困难。黑人在强制移民下四散分离，无法形成群体，还被抹去了身份，这些奴隶移民要在不断地迁移中建立起新的联系。这并不是一件容易的事情。然而，人类乃至整个世界，都是从细微中演变而来的，哪怕它们和风中飘散的话一样短暂。

大概是在 1820 年 10 月的一个周四晚上，肯塔基州的奴隶主泰勒
正等候在门廊前。在他的谷仓和房子之间的空地上堆着许多玉米， 159
这些玉米需要搬到谷仓中储藏起来。很快，泰勒隐约听到了声音，成群的男女奴隶正唱着歌穿过树林，从他们主人的种植园赶来，帮他剥玉米。

其中的一个队伍中就有弗朗西斯·弗德雷克，就是他在 40 年后的 1863 年记录下了发生在当晚的事。昂首阔步走在队伍最前面的是“当晚之星”，他是一个身材高大、聪明机智的年轻人，名叫鲁宾。鲁宾的帽子上插着枝条和羽毛，这些装饰都是为朋友和木屋同伴们选出的冠军准备的，他们想看看哪个队伍能在比赛中最先剥完泰勒的玉米，以此来测试他们的能力和勇气。很快，男人们跑到了玉米堆旁，女人们则待在一旁围观。那些彼此认识的男人开着玩笑，打量着新人。鲁宾和另一个队的队长凑在一起制定规则。然后两队各

选出一人，将玉米分成两堆，两队各挑一边。泰勒交给每个队长一壶酒，这酒在比赛中有着重要的作用。[27]

比赛开始后，人们马上干起活来，拿起玉米穗便开始剥皮。队长则跳上玉米堆，站在中心位置面向自己的队伍，他们的任务就是鼓舞士气，讲一些幽默故事或编几句朗朗上口的歌词。人们的手上一边毫不停歇地在剥着玉米，把剥好的玉米扔到已剥完的玉米堆上，一边传着酒壶喝酒。但即使这样，他们还能跟着队长一唱一和。在剥玉米大赛中，队长唱的歌经常会嘲弄一些在场或不在场的奴隶，有时直接指名道姓，有时则含沙射影：“乌云密布，好像要下雨了，原来是路上走来了一个黑姑娘。”听到这样的歌词，在场的黑人女性有时会怒不可遏，有时会对这些酸葡萄反唇相讥。另一些歌词则冒着风险，拐弯抹角地嘲讽奴隶主。还有一些人会谈论政治，有时会取悦他们的主人，但如果主人是另一党派的，则会惹恼他们：“波尔克和克莱去打仗，回来时波尔克的下巴受了伤。”针对那些在现场有耳目的奴隶主，一些人甚至编了一首拖长曲子，以此作为抨击手段：“投机者买走了我的妻子和孩子，把她们带到再也找不到的地方。”或者他们会要更多的酒来支撑他们度过剥玉米的漫漫长夜——“老板，老板，请给我时间。老板，老板，我快累垮了。”[28]

他们一直干到午夜过后。肚子里的威士忌来回晃荡，欢声笑语不断，以此驱走秋天夜晚的寒气，使人感到一些温暖。十几米外飘来的烤牛肉香味，催促这些奋力剥玉米的男人赶快完工。玉米堆越来越小，队长们嘶哑的叫喊声加快了人们的节奏。深夜两点钟，鲁宾的队伍率先剥完玉米，他们胜利了，激动无比地冲向另一支大汗淋漓的队伍，在他们周围欢呼雀跃，挥舞着帽子，对着失败的对手
160 唱道：“哦哦，真丢脸！真羞耻！”但他们不会高兴太久，因为他们马上又跟随鲁宾走向泰勒的房子。泰勒和妻子、女儿正在门口等候着。

这些奴隶挤在一起，在鲁宾的带领下唱起了最后一支歌："我来就是让你知道/［男人唱］哦，哦，哦！/［队长唱］我们抢先剥完了玉米/［男人唱］哦，哦，哦！/……［队长唱］我们向你问安，我们和你说再见/［男人唱］哦，哦，哦！/［队长唱］因为我会再回来/［男人唱］哦，哦，哦！"然后，他们便一起回去帮输的队伍剥剩下的玉米，完工后，大家坐在长桌旁边一起享用大餐。[29]

奴隶们在当晚所享受的快乐，以及在当地赢得的名声，就和那顿晚餐一样转瞬即逝。两周后，就有 30 名当晚在泰勒家剥玉米的奴隶被卖给了新主人。19 世纪初的每年 12 月，买主便开始在肯塔基州四处搜寻奴隶。弗德雷克回忆道，鲁宾是第一批"被迫与家人分开的，每当我想起他坎坷的命运，我总是会情绪激动"。即使弗德雷克的脑中充满了自己在弗吉尼亚州被卖掉的悲伤回忆，他还是不能忘记鲁宾那晚领导的胜利，鲁宾用自己超群的智慧和精湛的口才领导着 100 多个男人。那天晚上，尽管一切不幸笼罩着他们，但 300 多个男人都被鲁宾的天才鼓舞着、快乐着。鲁宾成了众人中最闪耀的人。[30]

有些事情的发生并非偶然，那些在现代史上最为流行、最具创造性的音乐流派都是源于美国的一些角落，在那里，黑人奴隶一次又一次地遭受着奴隶主的残酷压迫。在鲁宾被卖的地方，以及在被迫移民影响最深刻持久的地方，虽然音乐不能阻止他们被鞭打，也不会帮黑人填饱肚子，但音乐是他们的第二个舌头，能让他们说出第一个舌头不能直接说出的话。虽然他们创造这些歌曲时，只不过是把日常的点滴像珠子一样串在一起，但是他们从中感受到了另一个自我在呼吸。像这样剥玉米的时刻，成了黑人们聚会的机会，他们在一起唱歌、跳舞、玩乐。强制移民摧残了他们的人格，他们在这里为之哀悼，试图将其重新唤醒，使其得到救赎。

在这样的场合，尤其是星期六晚上没有白人监视的时候，音乐让人们重新焕发了活力。他们开始思考、行动，重新发现真实的、活生生的自我，认识到自己因为特殊的能力和贡献而对别人产生的举足轻重的影响，意识到这里的人是一个群体，能够在一个共同的
161 场合展示自己的独特个性。在马里兰州，约西亚·亨森的父亲曾经

图 5.1　剥玉米有助于团队建设，加强彼此之间的了解，还为个人即兴表演的比试、个人技能的展示提供了平台（*Harper's Weekly*，April 13，1861，p. 232.）。

弹过一把用葫芦、木头和绳子制成的班卓琴。约西亚回忆道，这种非洲乐器是“农场的生命所在，每当狂欢之时，父亲会整晚弹奏那把琴，其他黑人则伴着琴声跳舞”。但是，在 1800 年前后，约西亚的父亲和奴隶主起了冲突，因此他的主人割掉了他的耳朵作为惩罚。约西亚的父亲从此成了一个残疾人，愤怒之下，他决定不再弹班卓琴。不久，主人把他卖到了南方，一个离约西亚很远的地方。约西亚几十年后回忆道，“至于他以后的命运，我和我母亲就无从知晓了”。但是，西南方向的路径十有八九都逃不开新奥尔良这个巨大的陷阱。

1819 年，当白人们开始为密苏里问题彼此争吵、相互威胁时，某个周日，一位来访者徘徊在法国区北部边界的一片空地上，这里 162
就是如今的路易斯·阿姆斯特朗公园。来访者听闻这个地方叫刚果广场。他看到一个消瘦的老者在演奏班卓琴，旁边一群人正围成一圈在击鼓。中间有两个女人在跳舞，“演奏间隙还不时有人吼上两声”。19 世纪 30 年代，威廉·威尔斯·布朗是一名奴隶贩子的奴隶雇员，他当时听见刚果广场响着非洲的鼓声。每个角落都有不同的非洲部落，有米纳斯人、富拉人，还有刚果人，他们演奏着各自的音乐，跳着自己的舞蹈，还有一些人在旁边驻足观看，点头赞赏，甚至也会加入其中。鼓声时快时慢，他们有节奏地说唱着，这种节拍是他们 30 年前从大洋彼岸带到这里的。舞者编排的那些舞蹈也在诉说着他们的过往。如果约西亚的父亲来到这儿，他或许会觉得自己和他们都在用同样的家乡语言歌唱。[31]

或许约西亚的父亲会再次拿起他的班卓琴。那些许久未联系的亲戚有太多的东西要教他以及切萨皮克和卡罗来纳的人，因为这些地方长久以来都禁止击鼓。东南地区的移民也要教那些非洲和加勒比地区的外来移民。他们演奏小提琴和班卓琴时慷慨激昂，音乐中善用切分，风格简明，这些都是他们200年来在新世界艰苦的环境下形成的新的音乐风格。东南部的移民在这个国家背井离乡，他们在不断迁移，因此他们的音乐风格也在不断改变。19世纪初期的一位作家称："蓄奴州中到处都有弗吉尼亚黑人的身影，因此无论走到哪里，你听到的歌曲、看到的舞蹈都是相同的。"从弗吉尼亚被贩卖出去的黑人在歌中唱着他们被流放的原因。在现代社会中，他们以音乐的方式唱出了分离所带来的伤痛，这种伤痛是无法单独用言语来表达的。[32]

一位早期的白人评论员这样评论美国的黑人音乐："如果你在南方转一圈，从弗吉尼亚州到路易斯安那州，你可能会听到100次同样的曲调，但是每次听到的歌词都不一样。这是因为他们经常在节日时即兴表演。"而在这些表演中，只有一点是固定的，那就是表演从不固定。他们会把一些节奏、旋律、歌词和动作中一些重要的部分以新的方式重新组合。从晚上8点到凌晨2点，鲁宾要一直站在玉米堆上，他还专门为此受过训练。鲁宾在同伴和一些老人的指导下，已经可以自己编唱、修改，然后不断地创作新歌曲了。[33]

19世纪，欧洲和美国的白人作家开始尊崇个人主义，强调现代
163 性，而不再一味地模仿前人的东西。现代西方世界看起来似乎确实在颂扬个人主义，沃尔特·惠特曼①就是一个例子，他歌颂的不是被灌输的传统的伟大，而是他个人的伟大。鲁宾坐在奴隶贩子的平底船上，他的锁链连着甲板。从肯塔基州前往路易斯安那州，他经过的每个州赋予了几乎所有的白人男性选举权。因此，惠特曼歌颂自己，宣扬自我，倡导美国的个人主义。在未来的一个世纪，这个主题在白人艺术中得到凸显。19世纪，白人开始讲述黑人文化，然而，

---

① 沃尔特·惠特曼（1819—1892），美国著名诗人、人文主义者，代表作品是诗集《草叶集》。他的诗歌被认为是美国个人主义史上最激进的宣言。

在他们的叙述中，总是把黑人艺术形式与前现代世界中的传统文化联系起来，而这种文化中可能并不存在“自我”这种概念。在白人的叙述中，他们把黑人舞者和歌手的表演归为一种传统或是本能，并不认为这是他们个人的天赋。这种带有追本溯源性质的叙述，又含蓄地为奴隶制的合理性找到了更多的借口。白人认为，他们之所以会被奴隶创作的这些音乐所吸引，是因为黑人拥有不同寻常的“模仿能力”，这种原始的能力可以让人在纵情狂欢中忘却自我。然而，到 19 世纪晚期，许多白人开始相信（很多人现在仍然认为）黑人天赋异禀，有一种生来就有的“天赋”，那就是对节奏天然一致的反应。[34]

然而，美国黑人奴隶才是真正的现代主义艺术家，他们才是真正的天才。19 世纪的前四五十年，在边远的奴工营地区，这些奴隶不断创作新歌曲，从而让这个地方一直闪耀着创新的光芒。在现实世界中，像鲁宾这样的人还在挣扎求生，而这种个人创新会提高他们的生存概率，其意义不仅在于能让他们多摘一磅棉花而少挨一次鞭打，精妙的演唱还可以让他们感受到自身的价值，提高其在同伴中的威信，让这些奴隶认识到自己不仅仅是能干活的“人手”，还是可以表达自己思想和情感的人。而当这些歌曲得到同伴认可后，这更给了他们生存下去的勇气。所以，奴隶制边疆地区的歌曲和舞蹈强调的是个人即兴创作，而非模仿他人，也不流行群体表演。这也难怪在剥玉米、滚圆木或是周六晚上聚会的时候，这些从各个港口被奴隶制的“海啸”席卷到这里的人们，都想寻找宣泄、表现的时机，就像鲁宾把自己精彩的表现铭刻在弗朗西斯·弗德雷克的脑海中一样。他们努力让自己的舌头摆脱恐惧和忧虑，因为只有这样才能够显示自己的独特，使自己的歌词和舞步具有新意，从而让自己赢得同伴的尊重。在聚会中，在歌唱中，像鲁宾这样的表演者总会

164 找到时间和空间来充分展示自己的个性。他的同伴也会陶醉在胜利的喜悦中，如哈蒂·安·内特尔斯所说，“所有的人”，无论男女老少，都会“高歌阔步”。

虽说不是每个黑人都是演艺高手，但是和大多数白人相比，他们都还算得上活跃。所有人围成一圈，边唱边跳。只要你愿意，你就可以在圈子中央跳舞。男人和女人平分秋色。这就是黑人在这个年轻国度聚首的方式，甚至男人们也不希望女人在这里矜持腼腆。在剥玉米时，男人唱着：“你跳我也跳，我发誓你跳得比我还高!”奴工们和自嘲的人一起笑，附和道：“哼！哼！围着玉米转，萨利!”萨利是一首歌里面的名字，或许指某个正跳着舞的黑人女子，人们发现她可能比她的丈夫或者情人跳得还要大胆。有的女人在圈子中间跳赢了一个又一个男人，赢得了“湾区最快女孩”的称号。莉莎·简就是这样一个活跃在舞台上的女孩。[35]

当然，如果一个人撑不起舞台，其他人就会上来，即兴重复正在唱的歌曲，即使人们正在合唱《弗吉尼亚的黑奴们干得好》这样的歌曲时也不例外。那些剥玉米的听众和歌手都鄙夷那些忘词或是跑调的领唱。这些奴隶每次都能变着花样唱出他们的歌，或悲痛，或哀怨，或嬉笑。这与白人的音乐是不同的，白人的歌词几十年都不变。总体上来说，白人音乐合奏每次只有一个节奏，而舞者的步伐也好像是提前编排好了的。白人音乐文化的形式适合那些循规蹈矩的人。黑人音乐文化是一个圈，任何人都可以在中间跳上一段。这些不断创新的奴隶歌手就是在即兴创作中培养、实践和训练自己，他们已经学会了如何在新的需求和挑战出现时创造性地思考。即使白人令他们的生活一片混乱，这些黑人奴隶仍然可以形成他们自己的习俗，比如鼓励个人表演创新成为聚会的重点。在周六的舞会上，如果一个黑人男孩大胆自信地跳一段可爱的舞步，大家会给他 10 美分

165

图 5.2　人们可以在农闲时和周六晚上跳舞，这为那些被迫与妻子分离、被卖到他乡的奴隶提供了一种社会环境，可以让他们结交异性，展现个性。这是费城 1863 年出版的《1863 年奴隶画册（第 3 专辑）》中的一幅题为《圣诞周》的作品（国会图书馆）。

硬币作为奖励，即使当时 10 美分硬币很罕见。[36]

通过这种方式既可以赚钱，也可以得到人们的喜爱，这让当时还是男孩的鲁宾开始留心自学。在成长的过程中，类似的奖赏和鼓励也不断地引领着他。在剥玉米的时候，同伴围成一圈给他伴唱，鼓舞着他，甚至与对手竞争也成了磨炼他的一种方式。这些奴隶移民会在这个过程中互相支持，围在一起鼓掌，当别人即兴演奏时会跟着伴唱，这是没有料想到的结果。他们所受的创伤本可能让他们变得自私、傲慢，放弃道德，甚至自我封闭。他们极度贫穷，奴隶主却用偷来的财富取笑他们。乔治·斯特里克兰还记得，他小时候在亚拉巴马州时，每个周六早上，白人“会给他们一些饼干做早餐，但由于饼干很少，他们甚至会互相争抢”。一些孩子为了尝一口白面而大打出手，奴隶主则在一旁取笑。年长一些的奴隶原本不应该这样幼稚，但当音乐响起，他们的举止也变得和孩子一样了。[37]

然而，在音乐表演和聚会活动中，大家围成一圈，中间都是一些创作歌手，这时奴隶就选择通过彼此之间的相互依存来加强个人的独立感。这些选择是至关重要的。音乐可以影响我们的情绪、思想和身体，仅仅通过分析“莉莎·简”这样的歌词是无法体会这些的。音乐可以拯救人的生命，而且确实拯救过人的生命。鲁宾静静地坐在平底船上，河岸线展现在他的眼前，尽管双手被冰冷的镣铐束缚着，但无论是他的舌头、脊柱，还是记忆中和灵魂的深处，都
166 为歌舞时刻准备着。在路易斯安那，鲁宾将再一次发挥自己的才能，让这些老歌适应新的环境，让人们尽情宣泄，让所有人的声音和节奏相互融合，一较高下，同时努力让每个人都有展现自我的空间。他们已经把他当自己人了。对于被商品化的人们来讲，他们被这个极速变化的世界当作一个个毫无特征的单元，他们迫切需要反抗这个世界对待他们的方式。很多人能凭借自己的创造力作出反抗，正如当初许多人凭借自己的创造力完成了不断提高的配额。[38]

最终，在巴黎、纽约和华盛顿白人艺术家的波西米亚社区中，他们让艺术融入生活或让生活融入艺术，以此来践行惠特曼的个人主义理想。但他们在许多方面都追随着鲁宾的脚步，只是鲁宾的程度比他们更深。鲁宾的观察力和创造力比白人更为强大，因为他更清楚自己手腕上铁链的重量。他懂得如何有效地利用新旧事物，因为他所经历的那些变化是波西米亚白人无法理解的。这些经历，买他的那些人无法理解，西南边疆的那些奴隶主也无法理解。奴隶贸易中的奴隶向西南前进着，奴隶主逼迫他们唱歌，最后却发现自己成了歌中被讽刺的对象。奴隶在自己的圈子中，可以玩笑，可以远离白人的监视，可以一致对外。[39]

对白人来说，这个圈子越不可接近，他们对它的兴趣就越大。白人认为，独特的“黑人音乐”可以成为另一种商品：这是一些白

人想要得到并占有的东西，用以伪装自己。最初，几个黑人表演者在运棉船上当水手，他们向着北方进发。他们在纽约的工人剧院演奏班卓琴、唱歌、跳舞，手脚并用打着拍子，一下子引起了轰动。在这个快节奏、乐于追求新事物的商业城市，这些黑人的表演既令人震撼又让人着迷。白人男性，包括不断向南扩张的棉花帝国的政府官员，都开始模仿和展示在俄亥俄州以及新奥尔良所学到的东西。那些曾经的轧棉机修理工、船员和学徒，都以最地道的方式歌唱着、蹦跳着、摇摆着、演奏着，然而，（奇怪的是）他们都在模仿黑人的风格，“学着黑人的样子”。[40]

黑人歌曲《哦，苏珊娜，不要为我哭泣》，讲述的是一个想要得到真爱的男奴最后被带到新奥尔良的故事。那些白人表演者也唱这首歌，要知道，这是牺牲了上百万个苏珊娜的爱情才让这些白人有机会唱这样的歌曲。对于他们来说，唱这些歌显得有些奇怪。《哦，苏珊娜，不要为我哭泣》这首歌曲在 1847—1848 年间可以说是风靡一时，让斯蒂芬·福斯特①成了美国第一位专业作曲家。白人模仿者 167
创立了黑脸歌舞表演派，他们扮演黑人的滑稽表演成了 19 世纪美国最典型的娱乐方式。黑脸表演是那些非黑人表演者向白人市场兜售所谓创新作品的典型表演，而他们创新的基础是奴隶移民及其后代开创的音乐流派，包括雷格泰姆、爵士乐、布鲁斯、乡村音乐、节奏布鲁斯、摇滚乐、灵魂乐和嘻哈乐。自那时起，许多白人认为，黑人音乐和舞蹈全凭直觉，其实他们并没有理解这种艺术在控制复杂的情感方面的深度。这种艺术成形于说、唱和舞蹈的创新变革，成形于棉花地里，成形于人们在《旧弗吉尼亚从不停歇》这首歌 700 英里深处所表达的失落与超然中，这首歌的首唱者是从弗吉尼亚州

① 斯蒂芬·福斯特（1826—1864），美国作曲家，他一生创作了 200 多首歌曲，其作品吸收了古非洲文化和欧洲赞美歌的黑人民歌的养料，其中充满了对黑奴命运的同情。

前往新开垦的土地的黑人，他们的历史是围绕着那漫漫的长途跋涉展开的。渐渐地，这些奴隶移民在棉花田和蔗糖种植园所创造的循环和复合乐法，成了美国乃至全球流行音乐的源头。源于非洲传统文化的音乐要素无疑是它吸引人的原因之一，美国黑人在这里不断对这些传统元素进行的创新，使得这种音乐传统能够保持它独特的魅力。[41]

随着新的奴隶制在南部边远地区不断扩张，查尔斯·鲍尔无论是在身体还是生活方面都经历了一系列的摧残。露西·瑟斯顿在路易斯安那田地里的前几个星期，几乎过着行尸走肉般的生活，这几乎毁了她，鲍尔对露西的选择进行了仔细地思考。最终，鲍尔还是和露西一样，作出了自己的选择。也许可以这样说，他和露西能够存活下来是一个奇迹。有时候，对那些苦苦挣扎的人来说，死亡似乎会比复活更仁慈一些。在 1805 年的一个周六晚上，就像露西和田里的男人们在周五放声高歌一样，查尔斯·鲍尔在奴工营的空地上一直跳到了黎明。几个男人轮流弹着班卓琴，每个人都唱着歌。一些年纪大的，即使累得跳不动了，也继续用手打着拍子。当音乐停下来时，他们便开始讲述非洲的故事。鲍尔说：“如果一个人周围充满着欢声笑语，那么他就不会悲伤了。那时，我突然忘却了所有的悲伤以及别人对我的伤害。”

人们围成圈唱歌，这似乎教会了康加里种植园的上千名奴隶这
168 样一件事：尽管彼此的祖籍不同，但都要学着一致对外。其实，不论他们的爱好有多么特殊，他们毕竟都是奴隶，还要一起面对剥削他们的人。在对待黑人和白人分歧的基本问题上，这个圈子让参与者学会一起行动，一起思考。但这并不意味着他们会一直和睦相处而没有争端，也不意味着他们不会因竞争而破坏和谐，更不能保证

没有人会背叛自己的群体，为了个人利益选择和主人站在一边。但是，周六晚上让人们有力量活下去，这并不是只对某个人而言。人们一起歌唱，一起跳舞，一起享受快乐，一起憧憬未来，欢声笑语和娱乐活动让人们紧紧连在一起，这会让他们彼此之间互相帮助；这让奴隶移民认识到，尽管他们之间存在着差异和矛盾，但如果他们想要生存下去，就必须彼此依靠。事实上，他们现在做的不仅仅是生存下去，他们正在形成新的理念，分析着这个世界及其如何运作，以指导他们的下一步行动。

鲍尔也马上开始行动了，事不宜迟。事实上，他刚到康加里不久，韦德·汉普顿就把他送给了农场主刚结婚的女儿。女儿和她丈夫又把他派到了佐治亚边界丛林深处的一个新奴工营。不到一年的时间，他就成了一个工头，负责让其他人跟上进度，鲍尔在这方面做得非常好。但在 1808 年夏天，他主人的姐夫觉得他过于自信了，他们狠狠地打了他。鲍尔明白，现在该是他离开的时候了。[42]

奴隶移民们总是在试图逃跑，他们躲在森林里以逃避暴力。到了棉花采摘季，逃跑人数往往最多，这不足为奇，但是，他们中的大多数人最后还是会回到奴工营。奴隶巡逻队会把他们抓回来，一些白人看到了，也会抓住他们，此外，一些同伴也会背叛他们。他们中的大多数都不知道如何回到他们来的地方。在路上，还会有成百上千抓捕他们的武装白人。而他们又离自由州太远。那些能够成功从棉花田和蔗糖地中逃到自由州的奴隶，在整个奴隶制时期，不超过 1000 人，而这个数量在奴隶移民中连 1‰都不到。那些能逃出来的人，都是藏在汽船或是远洋船中，后来则藏在火车上。[43]

虽然鲍尔所在的佐治亚州离马里兰州的卡尔弗特县有足足 600 英里的脚程，但他还是决定试一下。8 月初，他装了一些食物、打火石和引火物。然后，他把他忠实的狗绑在了奴工营小屋附近的一棵树 169

上，因为怕它会泄漏自己的行踪。他给自己的宠物喂了最后一次食，然后穿过树林朝北方走去。

鲍尔就这样一夜一夜地走着，有时他会迷路，但是他会通过观察北极星来判断自己的位置。白天他躲在森林里，有时会从田里偷老玉米充饥。10月，他走到了南卡罗来纳州的哥伦比亚。他凭记忆推算自己已经在通往马里兰的大路上走了一个月了。但他还有很长的路要走。

鲍尔在黑夜穿过北卡罗来纳州。每天早晨太阳升起的时候，他便会寻找常绿冬青树丛，白天他可以安全地躲在里面。黑夜，他要蹚过冰冷的罗阿诺克河，对他来说，这简直是一种折磨。这条河流比他记忆中的还要深，还要湍急，但是他必须游过去。他成功游到了对岸，幸好他生起了火，不然真的会被冻僵。现在，鲍尔到了弗吉尼亚州。一天，在里士满北部，一个白人发现他藏在一条大路附近。没过几个小时，鲍尔就被关进了卡洛琳县的监狱。按正常的程序，应该首先确定他是从哪里逃来的，然后再把他登到当地可能出现的报纸上。但是，鲍尔不肯说出自己的名字，这里也没有人能认出他。因为他逃来的地方离这里太远，甚至连狱卒都不敢相信。

在经历了39天的监禁之后，1809年2月，鲍尔从那个看守不严的监狱逃了出来，然后继续向东北逃去。在波托马克河边，他发现了一条拴在岸边的小船。鲍尔划到对岸后，徒步至帕塔克森特，又继续前行。终于，在一天凌晨1点的时候，他走到了妻子的房门前。鲍尔非常紧张地站在那里。也许他的妻子已经另嫁他人了。最后，他鼓起勇气敲响了房门，他听见妻子问："是谁?"他说："我是查尔斯。"然后听妻子说道："是谁说话这么像我的丈夫?"像，但是不同，因为他的声音现在已经变了。

第6章

呼吸 *1824—1835*

夜空中，南方清冷的星光闪烁在田纳西州棉花带上方。300 英里远的地方，一个男人在星光的照耀下向北前行。在这里，大人和孩子坐在三条围成一个三角形的长凳上，中间围着一堆快要燃烧殆尽的柴火。更小一点的几个孩子正睡在小木屋里。大部分年轻人都到了可以日夜劳作的年纪，他们与父母分离被卖到了这里。所以又有谁会催促他们入睡呢？他们需要了解一些事情，也需要诉说一些事情。

铁勺搅着玉米糊，发出与杯子碰撞的声音，玉米糊还搭配着咸猪肉。低沉的笑声会时不时地打断正在说话的人，这就证明他们所说的话其实并不好笑。那里一晚上都充斥着“咯咯”的笑声。一个女孩开始讲故事，在一天的劳累之后，她的声音显得有些疲惫。赫蒂·米切尔将来会听到这个故事，而当时这个孩子还没有出生，甚至连她的母亲都不知道以后会有她。就是在这天晚上，赫蒂的母亲第一次讲述了自己的故事，告诉人们当初在南卡罗来纳州她是如何被人从父母身边“偷走”的。家人见她的最后一面，是年幼的她被绑进一辆篷车的时候。100 年后，赫蒂讲述了她母亲被卖到田纳西州的故事。这个晚上，她母亲所说的话让在座的所有人铭记于心，所有散居在南部星光下成千上万块土地上的人们，也将把她的故事传说下去。[1]

如果你和他们坐在一起，你就会了解，一旦那些强制来到这里的移民理解了彼此的语言，他们就会尝试理解他们所遭受的伤害与他们造成的混乱；你也会了解他们内心所铭记的失去的那些亲人，
172 同时也希望失去的亲人不会忘记他们，因为他们就是被失去的亲人。你还会注意到另一件事：同样的话，会说一遍又一遍。“我看见他们成队地走在路上……看起来就像一群牛。”“那些人带领着他们，在后面驱赶着他们，就像是赶着一群骡子。”“我看见他们都戴着手铐，像牛一样沿着威廉斯堡大路前进。他们都要被卖到南方去。”那些经受了枷锁、拍卖和鞭笞之苦的人，他们的故事都是相似的，就像同一条铁链上的两节。但是，奴隶们也锻造了他们自己的连接纽带。他们借用一些句式来讲述自己或者亲人的经历：“我的父母已经告诉我所有的事情……就像奶牛和蜂蜜一样在拍卖台上被卖掉。”每一个讲述者都有一个这样的故事，而这些语言想要去描述的经历和暴力，也塑造着每一位讲述者的生活。关于强制移民如何塑造了他们乃至整个美国的生活方式，一些专业的历史学家已经有所了解，但那些叙述者在这方面要比专业历史学家的理解深刻得多。的确，在那些讲故事的人中，强制迁移才是奴隶制最真实的写照。[2]

日复一日，年复一年，那些幸存下来的人讲述自己的故事，也倾听别人的故事，他们创造了一部宏大的口述史，这部历史也是关于奴隶制本质的论据。有上百万人在讲述着奴隶制的故事，无论任何人，只要听一听这些故事的来龙去脉，就能从中找到谁是罪魁祸首。至少对那个时期讲故事的人来说，他们的话把他们凝聚在一起，共同承受着奴隶制扩张所带来的大规模毁灭性经历。奴隶移民诉说着他们共同的处境，这帮助他们团结在一起，巩固彼此之间的团结是非裔美国人生存的基础。夜空下，奴隶移民低声诉说的那些故事，

一旦经由查尔斯·鲍尔这样勇敢的信使传到北方，就足以在自由州激起反对奴隶制扩张的情绪。有一天，奴隶们的行为可能会给他们处境艰难的事业带来盟友。

但是，对于那些强硬但手无寸铁的幸存者来说，潜在联盟的出现是否会挫伤 19 世纪最具活力的经济发展，即棉花产量的增加及其加工成纺织品的过程，这是一个悬而未决的问题，它似乎在朝着错误的方向前进。因为即使黑人在美国奴隶边疆地区各有不同的特质，但只要他们将新的语言文化汇成一个故事，他们的力量就会更有威胁性。在 1829 年 11 月 5 日这平常的一天，格兰维尔·夏普·皮尔斯 173
站在公证人威廉·博斯威尔的新奥尔良办公室里，皮尔斯要处理的事情比坐在火炉旁边的人还多。他要处理两份特殊的文件，那两张纸上记载着我们所了解的艾伦的经历，这是一个个头不高的 17 岁女孩，她的名字出现在皮尔斯交给博斯威尔的文件上。第一份文件是一份契约，内容是艾伦被卖给了巴泰勒米·邦尼。在其他州，奴隶的买家和卖家都会各自保留着买卖契约，但大部分契约都不会保留很久。然而，路易斯安那州的《拿破仑法典》要求公证人记录当地的每一次奴隶交易。因此，几乎所有的新奥尔良分类账簿都被保留了下来，现在存放在普瓦德拉街阿莫科大楼五楼的公证档案馆里。

即使赫蒂的母亲讲述过她自己的故事，皮尔斯的交易记录也可以说明赫蒂的故事和艾伦的故事是如何从查尔斯·鲍尔或者蕾切尔所说的故事改变而来的，因为偷盗和驱赶奴隶的方式正在改变。到了 19 世纪 20 年代，由于佐治亚人和路易斯安那州企业家的投机行为，一批专门贩卖奴隶的人采取了一种全新的交易体系，进而为奴隶制的边疆地区输送更多奴隶，帮助奴隶主在各地获利。这种新的职业奴隶贩子创造了一个真正的全国奴隶市场，他们将大批奴隶运送

174

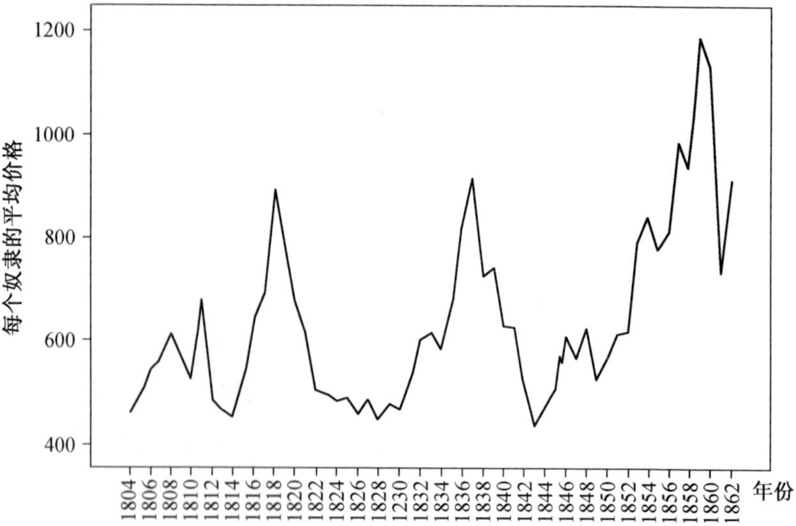

图表 6.1　1804—1862 年，奴隶在新奥尔良的平均价格。

资料来源：*New Orleans Slave Sale Sample，1804—1862*，compiled by Robert W. Fogel and Stanley L. Engerman，University of Rochester，ICPSR07423 - v2（Ann Arbor，MI：Inter-University Consortium for Political and Social Research (producer and distributor)，2008 - 08 - 04，doi：10. 3886/ICPSR07423. v2.

注：表中价格是所有年龄在 21—38 岁的男性奴隶的平均价格。

到西南地区，因为那里的奴隶主出价最高。而这些地方也会持续地吸收奴隶，直到内战结束。

路易斯安那州公证人收集的文件有助于明确当艾伦在 1829 年到达那里时，新奥尔良和其他地方的贸易是如何运作的。1804—1862 年，有 13.5 万条记录留下了新奥尔良在其贸易枢纽和最大的奴隶市场中，奴隶贸易价格变化的总体情况。例如，1820 年，21—38 岁男性奴隶的平均价格为 875 美元（见图表 6.1）。到 1824 年，平均价格下降到 498 美元。而在 1829 年，价格再次上涨，平均价格为 596 美元。事实上，如果将奴隶的价格与奴隶的人均棉花产量价格相比较，我们可以看出，到 19 世纪 20 年代，奴隶的价格开始与奴隶的平均棉

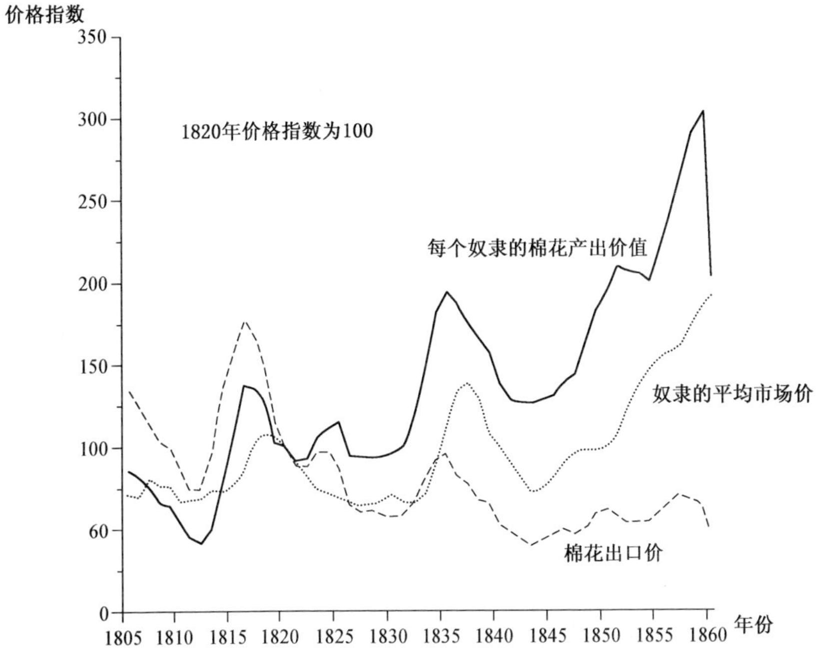

图表 6.2 1805—1860 年，棉花的价格、奴隶的单价和每个奴隶所产棉花的价值情况

资料来源：Roger Ransom，*Conflict and Compromise*，Cambridge，UK，1989，56.

花产量密切相关（见图表 6.2）。正如我们所知，机器的投入会有助于提高棉花产量。当所摘棉花的数量与每磅价格的乘积很高时，产棉州奴隶买家的需求就会增加。[3]

但是，新奥尔良的法律文件让我们能够更准确地衡量奴隶贩子 175
的创新之举，并且了解 19 世纪 20 年代发生的其他事情。虽然 1815—1819 年的大多数交易情况都是由一些同时从事其他商品交易的企业家所操作，但现在专门的奴隶贩子进行的交易开始在公证记录中占主要部分。这些职业的奴隶贩子大大增加了强制迁移人口的规模。博斯威尔的第一份文件中记录着买卖契约，文件显示，皮尔斯将艾伦以 420 美元的价格卖给了奥尔良教区的巴泰勒米·邦尼。当我们把这份文件与第二份文件联系在一起时，可以发现 19 世纪 20 年代的奴隶主就像每个资本家曾经所做的那样，已经趋向于将人们的身体与生命完全货币化。从 1829 年秋天开始，买卖双方必须执行一项新的路易斯安那州法规，这条法规要求每个从外州购进奴隶用以出售的人，都要制作并提交一份“品行良好证明”，并要求有两位来自奴隶家乡的财产所有人的证明。路易斯安那州的议员担心，随着奴隶贸易从奴隶制最古老的州迅速扩张到最新的州，有可能会把叛乱分子带进来。这份证明必须列出买卖双方的姓名、交易的地点和奴隶的基本情况，包括姓名、年龄、性别、肤色和体重。因此，我们能从皮尔斯与博斯威尔填写的证明中得知，皮尔斯于 9 月 22 日在田纳西州纳什维尔市戴维森县，从加里森·拉尼尔手里买下了艾伦。拉尼尔是戴维森县人，在他卖掉艾伦之前，他手里有 6 个奴隶。[4]

这条法律一直执行到 1831 年底，贸易主要集中在 11 月下旬到次年 4 月疟疾过后的几个月，这些证明相当于是两个“销售季”的反映。在这两个销售季之间，有超过 4200 份“品行良好证明”被收进了新奥尔良 13 位公证人的册子里。将它们全部相加、排序，用统计软件进行检测，从中得出的人口普查数据在美国国内奴隶贸易的记录中是独一无二的。从这个数据库我们得知，在这两年中，奴隶贸易将谁推向了密西西比河口，这些人来自哪里，是谁在旧州出售了这些人。这些材料可以给我们带来新的视角，帮助我们了解职业的奴隶贩子是如何取代 19 世纪初期那些贸易涉猎范围广的企业家的。来自公证记录的数据还可以将身处奴隶贸易的人们的经历情境化，帮助我们了解当艾伦来到巴泰勒米·邦尼的奴工营时，是什么影响了艾伦口中的故事（见表 6.1 和表 6.2）。[5]

表 6.1　新奥尔良市（1829—1831 年）和纳奇兹市（1826—1834 年）由奴隶来源州出具的证明 177

来源州	新奥尔良市	纳奇兹市	合　计
未　知	312 人	6 人	318 人
	7.4%	0.5%	5.8%
亚拉巴马州	57 人	3 人	60 人
	1.3%	0.2%	1.1%
哥伦比亚特区	90 人	40 人	130 人
	2.1%	3.2%	2.4%
佛罗里达州	13 人	0	13 人
	0.3%	0	0.2%
佐治亚州	78 人	0	78 人
	1.8%	0	1.4%
肯塔基州	188 人	464 人	652 人
	4.4%	37.2%	11.9%
路易斯安那州	147 人	0	147 人
	3.5%	0	2.7%
马里兰州	519 人	105 人	624 人
	12.3%	8.4%	11.4%
密歇根州	0	2 人	2 人
	0	0.2%	0
密苏里州	5 人	0	5 人
	0.1%	0	0.1%
密西西比州	8 人	25 人	33 人
	0.2%	2%	0.6%
北卡罗来纳州	794 人	40 人	834 人
	18.7%	3.2%	15.2%
南卡罗来纳州	193 人	0	193 人
	4.6%	0	3.5%

续表

来源州	新奥尔良市	纳奇兹市	合　计
田纳西州	216 人	98 人	314 人
	5.1%	7.9%	5.7%
弗吉尼亚州	1615 人	465 人	2080 人
	38.1%	37.3%	37.9%
合　计	4235 人	1248 人	5483 人

来源：浸信会数据库，收集自密西西比州亚当斯县新奥尔良公证档案馆和港口登记册（私人所有）。

注：统计数据中，第一行是人口数量，第二行是合计百分比。

178 **表 6.2　新奥尔良市（1829—1831 年）和纳奇兹市（1826—1834 年）出具的各州奴隶来源的证明**

类别	来源州	女　性	男　性	合　计
新奥尔良市	弗吉尼亚州、马里兰州、哥伦比亚特区、北卡罗来纳州	1036 人（34.4%）	1973 人（65.6%）	3009 人（77.0%）
	南卡罗来纳州	49 人（25.7%）	142 人（74.3%）	191 人（4.9%）
	肯塔基州、田纳西州、密苏里州	150 人（36.9%）	257 人（63.1%）	407 人（10.4%）
	亚拉巴马州、佐治亚州、密西西比州、路易斯安那州	79 人（26.1%）	224 人（73.9%）	303 人（7.7%）
	合　计	1315 人（33.6%）	2596 人（66.4%）	3911 人
纳奇兹市	弗吉尼亚州、马里兰州、哥伦比亚特区、北卡罗来纳州	275 人（44.1%）	349 人（55.9%）	624 人（51.5%）
	南卡罗来纳州	0	0	0
	肯塔基州、田纳西州、密苏里州	279 人（49.8%）	281 人（50.2%）	560 人（46.2%）
	亚拉巴马州、佐治亚州、密西西比州、路易斯安那州	18 人（66.7%）	9 人（33.3%）	27 人（2.2%）
	合　计	572 人（47.2%）	639 人（52.8%）	1211 人

续表

类别	来源州	女 性	男 性	合 计
合计	弗吉尼亚州、马里兰州、哥伦比亚特区、北卡罗来纳州	1311 人 (36.1%)	2322 人 (63.9%)	3633 人 (70.9%)
	南卡罗来纳州	49 人 (25.7%)	142 人 (74.3%)	191 人 (3.7%)
	肯塔基州、田纳西州、密苏里州	429 人 (44.4%)	538 人 (55.6%)	967 人 (18.9%)
	亚拉巴马州、佐治亚州、密西西比州、路易斯安那州	97 人 (29.4%)	233 人 (70.6%)	330 人 (6.4%)
	合 计	1886 人 (36.8%)	3235 人 (63.2%)	5121 人

来源：浸信会数据库，整理自密西西比州亚当斯县新奥尔良公证档案馆和港口登记册（私人所有）。

首先，我们能了解到，在 1829—1831 年间的新奥尔良，像皮尔斯这样的贩奴商大多来自一些较老的州，这些州是奴隶制的心脏，也是美国非裔人口的聚居地。1815—1819 年，在被贩卖到新奥尔良的奴隶中，33%来自切萨皮克地区和南、北卡罗来纳州。在所有的“品行良好证明”中，有超过 1/3 的证明来自弗吉尼亚州，一个叫路易斯·休斯的本地人称这里为“奴隶制之母”。休斯回忆道：“当我站在拍卖台上，麦吉先生走过来，摸了摸我，问我会做什么。他说：‘你看起来是一个很聪明的黑人，弗吉尼亚一直以来都是高质量黑人的产地。’”事实上，从 1829 年 7 月到 1831 年末，运送到新奥尔良的奴隶中，有 2/3 来自北卡罗来纳州、弗吉尼亚州和马里兰州。来自北卡罗来纳州和美国最古老的奴隶制地区切萨皮克的奴隶人数达 3009 人，占总数的 77%（见表 6.2）。[6] 176

在詹姆斯河、罗阿诺克河、波托马克河沿岸各县，非洲黑人的祖父母、曾祖父母甚至更久远的祖先从大西洋奴隶贸易中幸存下来，在之后数十年、数百年的时间里，他们形成了自己的传统，彼此之间建立起联系，这使奴隶家庭得以保存。他们甚至生活得欣欣向荣，寿 178

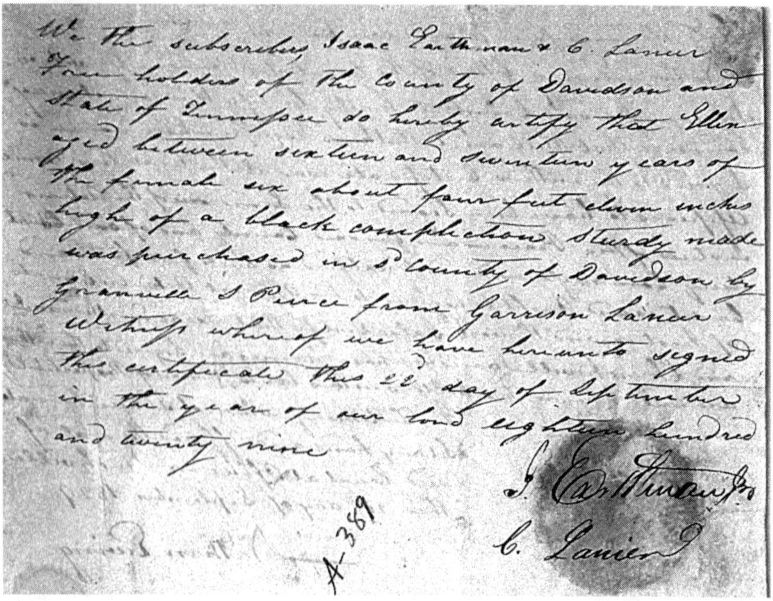
We the subscribers Isaac Earthman & C. Lanier
Free holders of the County of Davidson and
State of Tennessee do hereby certify that Ellen
aged between sixteen and seventeen years of
the female sex about four feet eleven inches
high of a black complection sturdy made
was purchased in sd County of Davidson by
Granville S Pierce from Garrison Lanier
Witness whereof we have hereunto signed
this certificate this 22 day of September
in the year of our lord eighteen hundred
and twenty nine
I. Earthman Jr
C. Lanier
A-389

图 6.1　1829 年，路易斯安那州通过一项立法，规定所有被带到路易斯安那州贩卖的奴隶都要有一份“品行良好证明”。这些证明记录了奴隶的个人信息，据此可以对奴隶的来源、被卖时间及其被强制移民的其他重要方面信息进行前所未有的分析（New Orleans Parish，Acts of William Baswell，Vol. 7，p. 299，Certificate of Good Character for Ellen，Notarial Archive，New Orleans.）。

命越来越长，还将更多的孩子抚养成人。但是，直到 19 世纪 20 年代，奴隶主一直在不断迁移，穿过阿巴拉契亚山脉向西南扩张，来到未来 30 年都有钱可赚的地方。截至 1850 年，有 38.8 万名出生在弗吉尼亚州的白人生活在其他州。奴隶自己承诺抚养和保护的孩子，他们所产生的人力财产，通常是那些留在东南部奴隶主手中仅有的不动产。只有在佐治亚州或路易斯安那州的市场上，才能将这些奴隶变成流动资产。切萨皮克和卡罗来纳的奴隶们建立起了非常丰富的家庭纽带，而到 1829 年，新的一批企业家在新奥尔良市场制度早期发展的基础上，

创建了一种强大而有效的贸易机制，这种机制激发了潜藏于家庭纽带 179
中的货币价值。[7]

早在 19 世纪 20 年代中期，到访密西西比河谷的人们就注意到了这些新型的企业家。这些年轻人都是靠买卖人口发家的。他们在弗吉尼亚和马里兰低价买入大量的奴隶，“将他们扔进牢房以保证安全”，然后给他们戴上手铐，像牛群一样驱赶着穿过村庄，最后把他们带上船，绕过佛罗里达海角，运抵新奥尔良或西南部的其他地方。这些新的企业家通过处理被迫移民过程中的全部中间环节，有效地将囤积的商品与市场建立联系。美国黑人还给他们起了一个新的名字——奴隶投机商。罗伯特·福尔斯从他的母亲那里得知，他母亲的奴隶主曾将她卖给一个奴隶投机商，这个商人将她和其他人“像骡子一样”带到市场。后来他们穿过了北卡罗来纳州，在那里“她开始适应。他们将她卖掉，迫使她和自己的骨肉分离”。[8]

作为最有名的投机商之一，巴尔的摩的奥斯汀·沃尔福克进行了一些革新，使得老州和奴隶制边疆之间形成了越来越有效的市场联系。他在销售和购买领域设立了公司的分支机构，使他的贸易活动或多或少地能够持续运行。在一些奴隶贸易发展成熟的地区，比如马里兰州的东海岸，奥斯汀·沃尔福克和他的兄弟约翰利用广告，带动了品牌认知的风潮。竞争对手很快就效仿了这种做法，塞缪尔·雷诺兹于 1831 年来到马里兰的东海岸，并在《伊斯顿共和之星》(*Easton Republican Star*）上登了广告，宣称在他买到“100 个黑人”之前，他不会离开伊斯顿酒店，“这 100 名黑人的年龄需要在 20—25 岁之间，他将比现在市场上任何真正的买家所出的价格都高”。弗雷德里克·道格拉斯年轻时从巴尔的摩（他偷偷学习识字的地方）被送回到塔尔伯特的农村（伊斯顿县政府所在地），他回忆说，对于那些无法读报纸的人，沃尔福克的员工就用大字打印机“印了传单，写着‘现金购买黑人’”。沃尔福克支付现金买了雅各布·格林的母亲。格林回忆说，他们拒绝讨价还价，他们通常对具体年龄和性别的奴隶都有统一的出价标准。[9]

塔尔伯特县北部是肯特县，也是一个破旧的农村地区，这里的
奴隶主贩卖奴隶挣的钱要比卖烟草挣得更多。成千上万的白人离开
肯特县，去了更有利可图的地方。黑人也是如此。1824 年，9 岁的亨
180 利·海兰德·加尼特①和父母一起逃到了宾夕法尼亚州。加尼特长大
以后成为美国黑人自决的倡导者，他以 1842 年《对美利坚合众国黑
奴们的演说》而闻名。他演讲的主题是号召黑奴暴力反抗，但绝大
部分离开肯特县的非洲裔美国人都跟着投机者去了南方，而没有到
北方去寻求自由。新奥尔良的证明显示，1829—1831 年，奴隶商人
在肯特县购买了 100 名奴隶，并将他们带到了路易斯安那州。当时肯
特县有约 1 万人，其中 3000 人是奴隶，所以这 100 名奴隶相当于这
个地方奴隶总数的 3%。[10]

更进一步来看，在被卖到新奥尔良肯特县的奴隶中，年龄在 10—30 岁之间的占 97%，14—23 岁的占 79%，这两个年龄组的人大部分是作为“人手”出售的。在卫理公会牧师、肯特县人约翰·狄克逊·罗恩看来，岸上的那些交易结果，就是要把奴隶装上轮船运走。许许多多的父母、朋友都在这里等着跟这些占他们群体 1/10 数量的年轻人道别。带着武器的白人将这两批人分开，因为即使他们早就将那些男人和孩子拴了起来，但仍然有随时逃跑的可能。甚至是女性都不允许进入灌木丛。罗恩回忆说：“我曾经在轮渡上看到一名男子，因为白人不准其上厕所，而只得在女人面前解决。”他们已经尽了最大的努力，女人们善意地将脸转过去。船靠岸了，到了说

---

① 亨利·海兰德·加尼特（1815—1882），牧师，著名的废奴运动领导人。《对美利坚合众国黑奴们的演说》是他在 1842 年纽约布法罗全美黑人大会上的演讲。

再见的时候："永别了，妈妈；永别了，孩子；永别了，约翰；永别了，比尔。"[11]

在内战爆发之前，这种场面每年都会在东南沿海的河边、十字路口和火车站无数次地上演。19 世纪 20 年代，移民奴隶主和新的商人从马里兰州和哥伦比亚特区转移了 3.5 万名奴隶，另有 7.6 万人来自弗吉尼亚州，2 万人来自北卡罗来纳州，而这还只是开始（见表 1.1）。投机者对那些有大量奴隶但经济作物产量低的地区进行反复压榨，带走了无数父母生命中的宝贝：年轻的男女以及年幼的孩子们。1820 年时，在弗吉尼亚州年龄不超过 10 岁的奴隶孩子中，只有 3/4 在 10 年后还生活于此。马里兰州、特拉华州和北卡罗来纳州也大致如此。[12]

查尔斯·鲍尔曾经害怕佐治亚人，但从 19 世纪 20 年代开始，他们被卖到西南部的可能性大大增加了。肯特县每年有 10%的年轻人存在被卖掉的风险，而其他人的风险可能比这低一些。

图 6.2　之前的奴隶和白人观察员都注意到一个现象：19 世纪 20 年代和 30 年代初，切萨皮克和卡罗来纳州的国内奴隶贸易迅速扩张。这是一幅最早反映美国国内奴隶贸易及其造成的普遍家庭离散的图像之一（1830 年，国会图书馆）。

181 然而，每个人所面临被卖的总风险概率在其“适于销售”的30年间接近50%。这就意味着，很多奴隶都经历过一些像摩西·格兰迪所忍受的那些事情。19世纪20年代，格兰迪在北卡罗来纳东部受奴役，他目睹妻子、妹妹和6个孩子先后在州际贸易中被卖掉。总而言之，在1820—1860年间，这种虹吸式的人口买卖从未停止，从而阻止了弗吉尼亚奴隶人口数量的增长。[13]

新的奴隶贸易允许东部的奴隶主在远方市场赚取潜在财富。一些人利用这种新的贸易手段，通过投机者零零散散地把奴隶卖掉，这使负债的种植园主得以拖延债权人的债务，而自己又留在了东南部。其他一些奴隶主则通过卖掉少数的奴隶来安置他们的新家，或者让一个或多个家庭成员带着年轻的奴隶去西南部的棉花种植区，在那里赚钱来挽救陈旧的家族企业。阿切尔曾试图参与奴隶贸易，他写道，“我对从班尼斯特夫人那买到黑奴已不抱希望”，“一旦她的儿子罗伯特长大，可以为她管理所有的黑人，她就会把他的儿子送到密西西比”。[14]

这些企业家以不同的方式、不同程度地渗透到各个州。在南卡
182 罗来纳州，他们共同为跨州贸易提供高度集中的奴隶输出，大多数奴隶在查尔斯顿售出后，被运到新奥尔良市场。大部分被贩卖的南卡罗来纳州成年男性奴隶的平均身高只有65.3英寸，比南方的白人男性矮3英寸，以此判断，这些奴隶大多来自疟疾丛生、食不果腹的水稻种植园（见表6.3）。但这并没有阻止新奥尔良的莱昂·查伯特从这些黑人身上赚钱，南卡罗来纳州很大一部分奴隶都是被这个商人买走的。

相比之下，北卡罗来纳州是一个地域广阔、基础设施并不齐全的乡村地区，其奴隶贸易集中在几个城镇，如西山皮埃蒙特罗文县的索尔兹伯里镇。在这里，一帮人轮流控制着附近流域的奴隶贸易

表 6.3　　1829—1831 年新奥尔良奴隶贸易中各州成年奴隶的平均身高

来源州	类　别	平均身高（英寸）	人　数	标准差（英寸）
弗吉尼亚州、马里兰州、哥伦比亚特区、北卡罗来纳州	女　性	62.86	397	2.512
	男　性	66.82	1537	2.728
	合　计	66.01	1934	3.124
南卡罗来纳州	女　性	63.40	31	2.082
	男　性	65.29	114	2.311
	合　计	64.88	145	2.386
肯塔基州、田纳西州、密苏里州	女　性	64.38	114	2.860
	男　性	68.35	338	3.052
	合　计	67.32	452	3.484
亚拉巴马州、佐治亚州、密西西比州、路易斯安那州	女　性	63.67	30	3.399
	男　性	67.18	77	2.817
	合　计	66.20	107	3.370
合　计	女　性	63.22	572	2.671
	男　性	67.00	2066	2.850
	合　计	66.18	2638	3.215

资料来源：浸信会数据库，从新奥尔良公证档案馆收集整理所得。

与运输。1829—1830 年间，这里主要由詹姆斯·休逸控制，几年后，他便被当地县长泰尔·格伦及其同伙普里尔，以及艾萨克·贾勒特所取代。克拉文县的沿海地区是另一个重要的贸易据点，是那些外地奴隶贩子出售奴隶的集中点。还有一个重要的地点是东北沼泽区的乔万县，它是伊登顿的港口城镇。[15]

弗吉尼亚州奴隶市场的分布更加广泛。1829—1831 年，这个州的 41 个县至少运送过 15 人到路易斯安那州出售。一位曾经的奴隶这样说道，整个州就是“一个常规的奴隶市场”。职业奴隶贩子穿过每条街道和运河，窥视每一座小镇。贩卖奴隶为弗吉尼亚州重塑其政治经济提供了财政支持，弗朗西斯·里夫斯通过在亚拉巴马州的奴隶贸易中获利，投资了一个煤炭贸易公司，这个公司最终为早期的铁路和工厂提供了燃料。因此，人口贩卖市场支撑起了一个不太依赖种植园产品的新经济体，尽管新挖掘的运河使山脚下的小船得以不断地驶向位于里士满的奴隶市场。[16]

东南部的银行为奴隶买家提供充足的资金，19 世纪 20 年代，奴隶买家能让奴隶贩子带来西南市场真正需要的黑人。例如，1830 年 9 月 1 日在马里兰州肯特县，当雅各布·贝尔将 20 岁的刘易斯卖给奴隶贩子约翰·迈德维尔时，迈德维尔就获得了贝尔最宝贵的财产。刘易斯是贝尔唯一的成年男性奴隶，在肯特县为贝尔工作，或许贝尔并不想卖掉他。两个月后，当刘易斯在新奥尔良再次被转售时，迈德维尔就会赚到 500 美元的利润。奴隶贩子经常从老蓄奴州的奴隶主手中购买像刘易斯这样的黑人。首先因为他很年轻。1829—1831
183 年，从东南部被卖到新奥尔良的人口中，84%的人年龄集中在 11—24 岁。其次，他是一名男性。加之，他是被单独拍卖的。被运送到新奥尔良西南部的那些人中，有 2/3 是男性，绝大多数是被单独出售的，没有家庭或配偶。甚至在育龄期的女性中，93%的人在贩卖时都是不带孩子的。前奴隶维尼·贝克回忆道："有一天晚上，我和妈妈躺在草垫上。第二天起来，妈妈就不见了。"[17]

奥斯汀·沃尔福克的企业集团包括系统的信息渠道、铺天盖地的广告、统一的定价、现金支付和固定的位置。他和他的亲戚在一个固定的地方把黑人集合在一起，准备大规模的运输。摩西·格兰迪曾看见一批沃尔福克的船从东海岸驶进弗吉尼亚州的诺福克，或者说他听见船只驶来的声音，"装满了牛和黑人"的船正顺着河流缓慢驶向码头。"老牛对幼犊低吟，男人女人们也在为他们的妻子、丈夫和孩子哭泣。"沃尔福克运送着奴隶穿过切萨皮克，前往巴尔的摩内港。那里的员工在晚上卸载了船上的奴隶，并穿过如今的巴尔的摩市中心的普拉特街，向东走去。他们“僵硬沉重的脚步声”和 184
“可怜的哭声”吵醒了年轻的弗雷德里克·道格拉斯，他住在奴隶主的宅邸中。当这群身披锁链的人抵达这条街的尽头时，他们被赶进一条地下通道，里面连通着专为奴隶贸易设计的一个私人“监狱”式庭院，那里设有仓库、马厩和酒馆。沃尔福克通过海上路线从“监狱”向新奥尔良运送奴隶，他通常租用一次能装 100 人或更多人的船只。奥斯汀·沃尔福克开始只是个“佐治亚人”，而这个多州企业的垂直整合让他积累了大笔的财富，使他现在可以拿出豪绅的派头。19 世纪 30 年代，南卡罗来纳大学教授伊桑·艾伦·安德鲁斯（Ethan Allen Andrews）到普拉特街拜访沃尔福克，邻居们说沃尔福克不仅是一个“非常温和、仁慈的主人”，而且因为现金支付和标准价格，“正直又诚实”也成了他的标签。[18]

在老东南地区，白人会在一些特定的日子里买卖黑人。19 世纪早期曾经做过奴隶的艾伦·帕克写道：“元旦这一天，那些奴隶贩子会带他们去一些重要的地方，比如两条马路的交会处，这已经成为一种习俗。”每个季度的法庭开庭日也会为社区拍卖吸引到很多人。周日也是典型的买卖日，人们在教堂外的空地上卖一些马和奴隶。然而，那些新奥尔良出具的证明显示，从 19 世纪 20 年代以来，像沃尔福克这样的奴隶贩子，他们购买奴隶并非是按照传统的农村历法进行的，而是一整年都在进行无数次的交易。公证档案显示，来自东南部各州的 4000 多份证明中，89%都是在周一到周五签署的，而这五天只占一周的 71%。原因在于，个别交易是在具体日子的特定“商业”场所进行（比如在伊斯顿酒店的酒吧，沃尔福克的兄弟约翰在这里见到了卖家），这也排除了当地人与卖家串通以提高价格的可能。奴隶买卖不再是一件罕见的事情，而是变得很寻常——只不过是商人在工作日的时候做的一些买卖。即使是奥斯汀·沃尔福克这样的家长式做派，也还是拆散了一些夫妻，让一些孩子变成了孤儿。他和新的奴隶贩子将贩卖美国东南部人口转变成了一种现代的反转录酶病毒①，一种不尊重任何联系和传统的经济有机体，并重新安排了自己周围的一切，使得资本主义创造和毁灭的“酶”能畅通无阻地流通。[19]

185 同时，这种新型奴隶贸易的便利也满足了卖家的愿望与需求。不久之后，就会有作家以轻率的文化理由为基础，创作出版种植园小说，将切萨皮克奴隶主描绘成受债务或其他形式的遭遇所迫，为了筹集资金而将家庭财产投入市场的奴隶贩子。但是，这种买卖模式并不意味着奴隶主就是那些因陷入困境而被迫靠卖奴隶维持生计的家长式种植园主。相反，他们是一些想要从人口财富的总储蓄中随时提取一部分兑换成现金的人。在南部，超过一半的奴隶归那些拥有 20 个奴隶以上的白人奴隶主所有。在 1829—1831 年的记录中，这段时间内所售的奴隶中，有 2/3 都是那些没有售出 4 个奴隶以上的奴隶主出售的。如果他们真的遭遇了危机，肯定会出售更多的奴隶。1825 年，北卡罗来纳州罗利市的金要将一名男性奴隶卖掉，导致该奴隶与妻子天各一方。尽管金对于这件事的道德影响踟蹰不定、喃喃自语，但他写道：“我需要钱。”最后，“我需要钱”这个理由通常会压倒一切。罗伯特·福尔斯说：“每当他们需要钱时，他们就会卖奴隶。”奴隶贩子们不断巩固他们的这种买卖方式，不仅是为了那些需要奴隶的西南企业家们，也为那些东南部的白人提供有用的服务，即在最短的时间内将人口转化为现金。[20]

① 反转录酶病毒，又称反转录病毒，是 RNA 病毒的一种。

新奥尔良公证处威廉·博斯威尔的那些文件，揭示了密苏里危机在奴隶制逐步扩张的过程中连个小插曲都算不上。在 19 世纪 20 年代，奴隶制的扩张使东南各州的 15 万名受奴役人口向西南各州、各领地迁移。同时，美国棉花产量从 1819 年的 35. 4 万包增加到 1830 年的 80 多万包[①]。艾伦的卖家承认，巴泰勒姆·邦尼给他的 450 美元收条上写着的这个名字，对于一个在肯特县及其周边地区打鱼的人而言特别奇怪。格兰维尔·夏普·皮尔斯的父母选择以一个与众不同的信徒名字为他命名：18 世纪的英国圣公会牧师格兰维尔·夏普。格兰维尔牧师有几件为人们津津乐道的事情，其中就包括他对通用希腊语圣经语法的研究。但是，夏普最著名的身份是一位国际废奴主义者。18 世纪 70 年代初，出生在弗吉尼亚州的奴隶詹姆斯·萨默塞特跟着他的主人到了伦敦。在那里，他伺机逃走去寻求格兰维尔·夏普的帮助，这个逃奴想在伦敦法院通过起诉获得自由。最后，萨默塞特赢了这个案子。法院规定，奴隶踏上大不列颠岛的那 186
一刻就会获得自由，尽管在大不列颠帝国的其他地方，奴隶制仍然是合法的。之后，夏普试图说服英国当局起诉“宗号”（Zong）贩奴船船长，因为他在供水不足的情况下，命令在大西洋谋杀了 122 名非洲人。夏普还协助建立了塞拉利昂殖民地。在那里，英国政府一旦放弃 1808 年参与国际奴隶贸易的行为，皇家海军就可以收留从被截获的贩奴船上解救出来的奴隶。[21]

格兰维尔·夏普是英语世界中反奴激进主义者的早期代表。18 世纪末，他们反对的矛头指向第一代奴隶制，尤其是糖岛的奴隶制。首先，他们认为，这个系统依赖于中央航道，他们想要通过终止大西洋贸易来限制奴隶制。美国这边推行已久的反奴运动帮助解放了

① 1 包＝500 磅。

北方边疆地区的奴隶。这些运动的共同之处在于，他们都是由精英人士组成，试图说服集权制的议会、国会，这些由拥有财产的公民选举产生的国家立法机关，通过立法或王室法令强制实行变革。尽管它是精英主义，但格兰维尔·夏普的确转变了上流社会对于中央航道的一些看法。到 1808 年，美国和英国都禁止公民参与国际奴隶贸易。夏普和他的伙伴将焦点集中于国际奴隶贸易，他们认为，如果不再从非洲进口新的奴隶，加勒比地区的甘蔗种植园就会消失。[22]

然而，即使北部各州在 19 世纪 20 年代解放了最后一批奴隶中的大多数，奴隶制危害美国政治经济的说法与棉花产业惊人的利润相比，看起来依旧没有说服力。州际奴隶贸易对于废奴者所抱有的奴隶制会自己消亡的希望是一种嘲讽，而格兰维尔·夏普这一代废奴主义者却后继无人了。美国白人对于奴隶制的扩张并没有实质性的反对。在《密苏里妥协案》之后，白人对奴隶制积极反对的声音逐渐停歇。他们中的大多数人承认，奴隶制从道德层面上来看是错误的，但拒绝对此做任何具体的事情。由于投机者从佐治亚转卖了许多奴隶，所以人们很容易将“过分行为”归咎于佐治亚人。提议将那些美国黑人“送回”他们从未见过的非洲，这说起来很容易，但永远也不可能做到。约翰·昆西·亚当斯只需要掐指一算，就知道
187 希望通过“殖民”来结束奴隶制是一个“白日梦”。与此同时，对北方工业来说，每一片新棉花地上的新奴隶，都意味着北方产品的市场、更多的外汇、更廉价的原材料；对迁居到纳奇兹的佛蒙特州和宾夕法尼亚州的年轻人来说，则意味着更多的机会。奴隶制的维护者找到了重要的论据。甚至一个被父母以格兰维尔·夏普的名字命名的人，也成了投机者。[23]

19 世纪 20 年代，奴隶制边疆地区的奴隶不仅面对着世界经济联合的共同力量，面对着最重要商品的高需求，还面对着一个年轻有

力的共和国中进行创造性毁灭的统治阶级。而且，他们得独自面对这一切。多年来，在东南部或者西南部的棉花种植园里，奴隶们只能千万次地围在火堆旁窃窃私语。即使他们不得不远离白人耳目，批评奴隶制的言论对他们和他们的未来也是非常重要的。围在火堆周围，或与深夜躺在一起的人说的悄悄话，或黑人宗教聚会上忠实信徒的证词，奴隶们都用"偷"来描述那段历史，那段历史让一些奴隶主为了捍卫奴隶制而所持的言论变得苍白无力，无论他们所说的是明确还是隐晦。在那些语言相通的人的交流中，他们敢于反对奴隶制将会扩张、人们不应该做太多干涉的主张。他们拒绝接受其所受的奴役是由上帝、自然或历史注定了的说法。他们揭露了白人为了满足自己的需求而可以忽略黑人的需求这样一种假设，或者金钱应该胜过良心这样一种观念。他们将每一句话都书写下来，就像格兰维尔·夏普·皮尔斯带到威廉·博斯威尔办公室的那份文件一样。

佛罗里达州的玛格丽特·尼克森说："我的母亲、叔叔罗伯特和乔，他们是从弗吉尼亚州被偷走后带到这里的。"刘易斯·布朗以这种方式解释了自己的家谱："投机者偷走了我的母亲，把她带到密西西比州的肯佩县，然后在那里把她卖掉。"奴隶们一再地说，当他们被卖掉或强制迁移时，他们就是被"偷走"了。在他们所讲述的历史中，他们完成了两件事情。第一是他们使用的新的通用语言，使他们的个人历史成了一个更大的故事中的一部分。其次，他们明确表示，这个共同故事是一个犯罪故事。买卖人口是犯罪行为，买卖双方都是犯罪分子。[24]

之前也有人将奴隶制批判为盗窃行为，但是现在的情况有所不同。国际奴隶贸易已被禁止，奴隶主可能会装扮成"驯服"体制的缔造者，而这种体制已不再用奴役非洲作为支撑。同时，新奥尔良 188

的公证记录像南方奴隶制的所有法律记录一样，将格兰维尔·夏普·皮尔斯带给艾伦撕裂的生活描述成一种合法财产的合法交易。无论是北方还是南方，大多数白人都认为奴隶主是通过有序的商业贸易获得了奴隶，这些交易在法律上都有记录。随着经济的发展，他们认为财产的所有者可以对其合法财产进行任意处置。在这样的背景下，当奴隶之间说“我们被偷走了”时，他们就是在准备对奴隶主关于合法性的说法进行激进的反击。不论白人的那些说辞是明确还是隐晦，都将从根源上砍断白人所有的借口（甚至包括他们还没有编造出来的借口）。因为将奴隶制及其扩张描述成“偷盗”，就意味着奴隶制在美国共和政体的实践中不仅是一个尴尬的矛盾，甚至还是关于地区分歧争论的源头。那么，奴隶制就不仅仅是那些心有不安的白人看到的一种现象。相反，“偷盗”这个说法说明奴隶制就是一种犯罪。

“偷盗”一词成了一段历史，一段解释了过去又塑造了现在的历史，这是一段从马里兰州到南卡罗来纳州再到得克萨斯州，以及它们之间任何一个地方的历史。奴隶们认识到，让他们历经磨难的奴隶制之所以形成，是因为白人可以随心所欲地把黑人带到任何地方。被迫移民所创造的市场，让白人能够从奴隶身上获得许多利润。它造成了一种隔绝，使得奴隶主可以使用酷刑来压榨出新型的劳动方式。它带来了疾病、饥饿和其他严重的匮乏。所以，当这些方言历史学家（vernacular historians）试图弄清自己悲惨的生活时，“偷盗”一词就成了故事的关键，这个故事可以对此做出解释。它揭示了脚必须经历什么，骨肉分离的暴力如何将心撕裂，让手与身体和灵魂为敌，之所以最终出现这些结果，都是因为奴隶主可以行使自己的财产权，从而在现代世界经济的创业边缘把奴隶当作商品来使用。

在这个批评中，奴隶主不是杰斐逊所谓的历史的无辜继承人。

相反，奴隶制的扩张是有意识的选择，是一种蓄意的犯罪。奴隶制结束几年之后，前奴隶查尔斯·格兰迪回忆起那位将他从弗吉尼亚州运到新奥尔良出售的奴隶主的动机。多年之后，他回到了诺福克，有位像汉普顿大学的克劳德·安德森一样的美国黑人学者采访了他。格兰迪问这个年轻人是否知道海港高柱上的邦联士兵雕像的意义。189
格兰迪曾经在一艘贩奴船上经过那座雕像。“知道它意味着什么吗?”格兰迪问道。但是这句话只是个设问句，格兰迪自己已经准备好了答案。他告诉这位学者：“它意味着如果你想要统治黑人，你就把他带到南方去。”[25]

雕像之所以伫立在那里，其原因和那些将格兰迪偷走，让他离开弗吉尼亚，或是将赫蒂·米切尔的母亲偷走，让她离开她在卡罗来纳的父母是一样的，都是出于一种欲望。如果你想要统治一个人，你就把这个人偷走。从他的同伴那里偷走他，从他自己的右手那里偷走他，从他长大后所了解的一切事情中偷走他。带她去一个你可以从她那里偷走一切（她的未来、她的创造力和她的子宫）的地方。格兰迪坚持认为，这是 19 世纪历史背后的真相，从奴隶制的扩张到奴隶制的政治捍卫，再到奴隶制的支持者最终挑起战争。“偷盗”一直是奴隶贸易的焦点，奴隶制扩张的焦点，市场上右手权力的焦点，棉花田里采棉更快的左手的焦点。在这个故事里，没有好的主人，没有合法的奴隶财产继承者，没有善良的种植园主，只有掠夺他人的恶霸。盗窃永远也不可能是一个建立在产权基础上的体系，也不可能建立在家庭般的关系之上。矛盾因素永远也得不到中和，而只有混乱和暴力。所以，当奴隶坚持奴隶贸易就是偷盗型奴隶制的结晶时，他们撕开了现代和现代化奴隶制的面纱，这种奴隶制不稳定也无法遏制。不断地毁灭、创造、再毁灭，这才是它的本质。

海伦·奥多姆的祖母曾被带到阿肯色州出售，提到她祖母的故事时，她说道："在祖母去世之前，我已经听过很多很多遍了，这是她生命中最重大的事情。"当时，人们整晚整晚地讨论奴隶制扩张怎样影响着他们的生活，那些被带走了的或者留下来的奴隶创造了一种口述史的传统，这使那些讲故事的人不放弃迁移故事中任何关于盗窃的细枝末节，并且几乎每个故事都适用。的确，正如故事中所讲述的，奴隶贩子所用的标准方式都像是绑架。如果被抓到，你就会像一袋粮食一样被绑在马鞍上，并且永远无法吻别自己的妻子，这就是 19 世纪 20 年代在弗吉尼亚的威廉·格罗斯身上发生的事情。你可以把自己的经历比作绑架。[26]

甚至就在白人财产所有权的框架内，一些在棉花田和甘蔗地里辛勤劳作的美国黑人，实际上已经完全被"偷"走了。约翰·布朗
190 亲眼看到奴隶贩子斯塔林·芬尼和他的同伙在南卡罗来纳州从一位奴隶主那里诱拐了一名女孩。盗贼将她运往佐治亚州，其中一部分原因是他们可以反复地强奸她，而且可以将她藏起来，以逃避她主人的追踪。朱莉娅·布朗斯说，她的祖母出生在弗吉尼亚州或马里兰州，原本是自由民，但是白人将她骗到华盛顿哥伦比亚特区的一辆马车上，把她带到了白宫，并把她当作礼物送给了安德鲁·杰克逊的侄女。还有一些奴隶，他们在北方逐渐颁令解放奴隶的背景下，一直在期待自由。但是，他们肆意妄为的主人在他们获得自由之前，就将他们卖到了南方的路易斯安那州或密西西比州。1825—1827 年间，费城市长约瑟夫·沃森至少追查了 25 起案件。在这些案件中，都是边境地区的自由黑人遭遇诱拐，然后有人将其带往了密西西比州或亚拉巴马州，其中大多数被拐卖者是孩子。沃森在密西西比州聘请律师，致信蓄奴州的政府官员，并试图起诉那些绑匪，但效果甚微。[27]

奴隶有时会混淆绑架和以往的奴隶贸易两种方式，因为他们就

像凯瑞·达文波特的父亲一样，自己都不确定自己的法律地位。达文波特说，他父亲在里士满的老主人曾许诺给他父亲自由，但是在这位老主人去世后，老主人的儿子“又将他父亲偷走，使他再次沦为奴隶”。那些声称遭遇了绑架的人想要摆脱奴隶出身的耻辱。一些像詹姆斯·格林这样的人可能会说，我不属于奴隶制，因为我只是一个遭遇了绑架的人。格林说他的父亲是“纯正的印第安血统”。他母亲的主人威廉，称他是“自由的男孩”。但是有一天，主人带着“自由”的格林沿着大路走到弗吉尼亚的彼得堡，然后在拍卖场将他卖到了得克萨斯州。格林所说的话仿佛说明这一切都是一个错误，他本不应该受奴隶制的屈辱。但是，格林的女儿却说他这是在自欺欺人。一位采访过父女俩的记者回忆，格林的女儿很反感他的父亲称自己是有一半印第安血统的人。她知道她父亲的浅色皮肤和模糊的身份（她父亲说：“在弗吉尼亚，除了我的母亲，我不用侍候任何人。”），这揭示了“主人威廉”拍卖了格林的事实。[28]

对奴隶们而言，他们记忆中的历史，还有另一件大事和 19 世纪 20 年代强制移民一样对他们影响重大，这加速了他们家庭和群体的崩溃。1808 年后的很长一段时间，南方的一些黑人仍在谈论他们是如何从非洲被偷出来送上中央航道的。1844 年，有人问一位佛罗里达的非洲人他的生日是什么时候，这个人回答道：“先生，我不知道，我是在很多年前被一个白人偷过来的。”在奴隶制的扩张中，出生在美国的黑人找到了自我，为了明了这一过程，于是他们便借用 191
那些非洲幸存者所用的术语。那些幸存者给他们讲述了最初的奴隶制是如何形成的。约瑟芬·哈伯德说：“他们总是说撒谎和偷窃是不对的，那为什么白人要从非洲偷走我的妈妈和我朋友的妈妈?”尚·哈里斯说：“他们说了一大堆黑人偷盗的事，那第一次偷盗的又是什么呢？是白人在非洲偷走了黑人。”[29]

19 世纪 20—30 年代，随着新的职业奴隶贸易的制度化和指数级的扩张，故事变得越来越多，讲故事的人也越来越多。偷盗的话题变得更为深刻，对白人的谴责更加激烈，人们也愈加明白人性的败坏促成了新的奴隶制。奴隶们知道，任何人都可以被带走，被运到西南部。被带走的奴隶在一定程度上都是被偷走的，因为这个新兴现代市场社会的基本仪式，都是对偷窃行为的荒谬伪装。例如，关于一位名叫维纳斯的黑人妇女的传说已经在南方流传了好几十年。维纳斯的主人把她推上了拍卖台，然而，维纳斯却对那些急切想要拍下她的人怒目而视。然后，她用冰冷的语调打断了拍卖师："称称他们这些畜生！"这样一个故事成了经典，一次又一次有力地讽刺了白人的责难，使听者从个人的经历推及更广的范围，使他们明白将人口作为财产来进行买卖是何等荒谬。查理·巴伯问道："什么是法律？"法律本该是什么？当孩子在自由州遭遇绑架时，白人所制定的法律是怎样的？"当金钱在面前闪闪发光的时候，什么是法律？""钱能让火车跑起来，我还希望钱能让船到处跑"，载着奴隶去新奥尔良，载着棉花去英国。奴隶们意识到，他们的经历不再是一个人的不幸，而是大型的历史性掠夺的一部分，是价值的强制转换，也是他们每天目睹的日益开阔的耕地，运向市场的成包棉花，以及锁在一起向远方进发的奴隶队伍。[30]

美国黑人很清楚他们对奴隶制扩张的看法。但是，到 19 世纪 20 年代，关于奴隶们遭遇偷盗的口述历史依旧隐藏在那些奴隶们的窃窃私语之中，并且那些奴隶都被带到了很远的地方，远离那些在政治或经济上有权势的听众，即使他们想为奴隶的处境有所作为，也鞭长莫及。强制移民教会了奴隶们将奴隶制称为偷盗，也激发了他们为逃跑而采取的一些极端做法。1826 年，《纳奇兹公报》上刊登着悬赏 50 美金抓捕吉姆的广告。吉姆是威廉·巴罗的奴隶。1825 年秋

天快结束的时候，巴罗在新奥尔良从奥斯汀·沃尔福克手里买来了 192
吉姆，现在他逃跑了，巴罗怀疑他想要登上汽船“逃向自由”。巴罗的广告中提到吉姆有语言障碍。人生地不熟也增加了他逃跑的难度。尽管一些奴隶跑掉了，但很有可能吉姆并没有成功。新的技术能将奴隶移民沿着产棉区的河流更快地运送进来，但同时也可能将偷渡者带走。[31]

在棉花地和新南方的贩奴商人的监狱里发生的滔天罪恶，直到 19 世纪 20 年代初才流传出来。这方面的信息大部分是由逃奴们传播的，而不会从白人之口流传出来，因为他们大部分人都学会了对所见之事习以为常，学会了将那些麻烦事隐藏起来的方法。前奴隶以利沙·格林想起，“安德森太太坐在窗边哭泣”，这段记忆把他带回到他曾经工作过的肯塔基州梅斯里克的房子里。安德森太太看到满载着哭闹的孩子的马车沿着街道驶来，一队戴着哗啦作响的铁链的男人在后面跟着。最前面是一位最年长的老人，“看起来 70 多岁，他唱了一首《坟墓中的竖琴》”，那在 1825 年已经是一首古老、悲伤的赞美诗。安德森太太哭了起来，她一动不动地坐在那里。[32]

19 世纪 20 年代，一些白人开始零零散散地提出奴隶制的问题。但是，这些白人实际上和其他白人一样，对那个时代的美国历史是无能为力的。例如，一些南方的贵格会教徒，至少是他们中的一小部分，就提出过奴隶制的问题。虽然宾夕法尼亚州是新世界贵格会教徒的定居点，但自 18 世纪初以来，教友会（贵格派教徒对自己的官方命名）成员就一直居住在北卡罗来纳州。18 世纪末到 19 世纪初，随着南方新教徒的其他教派逐渐适应了奴隶制，北卡罗来纳州的许多贵格会教徒选择了奴隶制，而不是自己的教徒身份。但还是有一些人是反对奴隶制扩张的。19 世纪 20 年代，蕾切尔·伦纳德向其所在的“北卡罗来纳州解放协会”宣读了自己的演讲稿，她成为第一位在男女共同参加的集会上谈论这个话题的白人女性。还有一位田纳西州东部贵格会教徒伊莱修·恩布理，他在 19 世纪初看到奴隶们戴着铁链沿路行进穿过山脉时，他无法继续坐在窗边（看下去）。于是，他解放了自己的奴隶，并创办了《解放者》(*The Emancipator*）报纸。他的社论拒绝一些传统的借口，例如，托马斯·杰斐逊声称美国黑人并不怎么在意与亲人的分离。恩布理认为，奴隶和杰斐逊一样，对自己的家人都是“充满感情和依恋的”。[33]

193 这些孤立的持不同政见的人通常无法跳出白人看问题的视角。但是，就他们的能力所及，他们知道奴隶制正在发生改变，也知道奴隶制的发展给他们造成了困扰，他们无法通过普通的政治手段和区域竞争来解决这些问题。与此同时，尤其是在密苏里危机之后，一些南方白人开始视这些持不同政见的人为一个更棘手的麻烦。1820 年恩布理去世后，他的一些本地同僚，包括奎尔·查尔斯·奥斯本都被迫离开了田纳西州。奥斯本搬到自由州俄亥俄州，并创立了《慈善家》（*The Philanthropist*）报纸。这是第一份主张无条件废除奴隶制的报纸。他还遇到一位名叫本杰明·隆迪的年轻新泽西贵格会教徒。隆迪在 19 岁的时候就去了俄亥俄谷地做马鞍生意。西弗吉尼亚州的惠灵市连接弗吉尼亚河谷和俄亥俄河，最终通往新奥尔良。在这个地方，隆迪意识到奴隶贸易网覆盖范围之广。他写道：“惠灵是人肉贩子必经之路的一部分。他们的‘奴隶队伍’经常穿过这个地方。我非常心痛，我听到被掳黑人的哀泣，感受到他们的痛苦，铁链进入我的灵魂。”隆迪把恩布理的《解放者》报社迁到了巴尔的摩，并将它重新命名为《普遍解放的天赋》(*The Genius of Universal Emancipation*)。[34]

在英语中，“天赋”意味着“精神”“呼吸”“低语”，这是第一家由白人运营的主张废奴主义的报社，旨在不断揭示一些问题。最初，隆迪用它来支持美国殖民协会（ACS）的项目。19 世纪 20 年代，这个协会是唯一一个明确提出反对奴隶制的白人组织。ACS 提议将获得解放的奴隶送回非洲或其他一些地方，从而解决奴隶制问题。但即使是这样的权宜之计，对很多白人而言也太过激进。任何美国黑人的逃跑，包括那些已经解放的美国黑人的逃跑，都会缩小那些被盗窃人口的潜在市场。1826 年，贵格会资助雇用了一位船长，载着一群获得自由的奴隶去海地重新安置，可船长却萌生了蓄意谋杀的念头。其原因或许就是如此。船长告诉贵格会雇主，他宁愿将船上 40 名已解放的美国黑人和贵格会绑在一起，然后把他们全部淹死在激流之中。[35]

大多数自由的美国黑人瞧不起 ACS，他们认为自己出生的地方就是他们自己的国家。一位在北卡罗来纳州采访自由黑人的贵格会教徒了解到，他们大多数人只考虑离开家乡，因为那些奴隶贩子常常绑架他们的孩子。隆迪在巴尔的摩定居下来后，美国黑人便说服他放弃将黑人迁往海外的计划，转向倡导立即无条件地结束奴隶制。在 19 世纪 20 年代，巴尔的摩是美国东海岸最大的国内奴隶贸易中 194
心。留下来的美国黑人对这场带走他们许多亲人的贸易有很多说法。他们与隆迪交流，鼓舞他与强大的亲奴扩张势力对抗。不久，隆迪在《普遍解放的天赋》上指责所有将人作为商品在市场上交易的奴隶主，称他们是“不知廉耻的皮条客”。尤其是对沃尔福克一家，隆迪表达了极度的愤慨，将他们家族描述成无法无天的强盗——他们“内心的残忍”导致了“这个国家致命的腐败”。[36]

1827 年 1 月 9 日，在隆迪下班锁门的时候，奥斯汀·沃尔福克在印刷厂找到了他。沃尔福克将这个贵格会教徒摔在地上，把他狠狠地打了一顿，然后扬长而去。于是，隆迪对沃尔福克提出了起诉。但是在案件审理的时候，法官宣称隆迪受到“惩罚”是理所应当的。

法官处以奴隶贩子沃尔福克1美元的罚金，然后发表了演说，称赞奴隶贸易对马里兰州经济发展的贡献。法官还补充说道，沃尔福克迁走了“很多给这个州带来麻烦的流氓恶棍和无业游民”（对于马里兰州司法体系鼓励将危险奴隶送往新奥尔良的做法，路易斯安那州政府很不满意）。[37]

隆迪有一个徒弟，名叫威廉·劳埃德·加里森，是一个来自马萨诸塞州纽伯里波特的年轻人。当加里森每天为下一期的《普遍解放的天赋》排铅字时，他都会仔细听取威廉·沃特金斯和雅各布·格林纳这些当地美国黑人的话语，他们来到印刷厂与隆迪谈话，也彼此交流。正如加里森后来提到的那样，他们所说的话，“表明了想立刻无条件解放奴隶的激进观点”。隆迪开始到更多地方游历，他长时间不在报社，这给了加里森独自运营报纸的机会。很快就能看出来，隆迪的这个徒弟有着更为强烈的对抗欲望，与身材瘦小的隆迪不同，加里森更像是一个魁梧的后卫。弗朗西斯·托德是一位马萨诸塞州的船主，曾经将75名奴隶运往路易斯安那州。加里森称他为“公路上的抢劫杀人犯”和“人类的公敌”时，弗朗西斯·托德决定让法院来为自己撑腰，他起诉加里森诽谤，并打赢了官司。但加里森无力支付罚金，所以被判入狱6个月。出狱后，加里森一路向南，再一次因为奴隶贸易而移居。在波士顿定居后，他创办了一份新的报纸，名叫《解放者》（*The Liberator*）。[38]

自由黑人利用报纸发行量的激增和读者群的扩大，把经历过强制移民的幸存者的所见所闻传播开来。1827年，塞缪尔·康沃尔开始出版纽约《自由日报》（*Freedom's Journal*）。康沃尔是一名出生在
195 特拉华州的自由黑人。1819年，正当长途奴隶贸易开始从肯特县等地将黑人贩运到新奥尔良时，他作为传教士给马里兰州东海岸的奴隶们传教。报纸的第一期就报道了一件他曾亲眼见到的令人心痛的

事情——一个男人被卖给了一个康沃尔称之为“W 先生”的人。[39]

《自由日报》是美国的第一份黑人报纸。然而，是康沃尔在波士顿的订阅代理商（而不是他本人），让人们清楚认识到奴隶制没有减轻，范围也没有缩小，它反而正在变得更严重，范围更广泛。出生在北卡罗来纳州的自由民大卫·沃克也曾住在查尔斯顿。1822 年，他目睹了惊慌的白人拷打和处死 30 多名奴隶，据称这些奴隶与一个名叫丹马克·维齐的自由黑人企图共谋发动奴隶叛乱。出于安全考虑，沃克搬到了波士顿，他在那里的黑人社区开了一家二手服装店（加里森出版《解放者》主要依赖黑人订阅户和捐赠者，他也在附近建立了他的印刷厂）。沃克的服装店是棉花产业链的终端，他坐在店里呼吸着磨损的衣服纤维上的尘土，这些纤维最开始都是由一双双西南部的“人手”从棉铃中摘取出来的。[40]

就像在沃克的店里买东西的自由黑人水手一样，这些纤维也在诉说着一些故事。夜幕降临的时候，沃克在这间狭小商店后面的办公室里写下这些故事。他将他的想法写成 4 篇极具震撼力的杂文，然后编辑成《致世界黑人公民的呼吁书》，并于 1829 年 9 月发布。尽管这个话题人们已经谈论了成百上千次，但这些文章和之前人们读过的大不一样。在这本书里，沃克猛烈地抨击了奴隶制、奴隶主和奴隶制的推动者。他谴责奴隶贩子是真正的“魔鬼”，而大多数直接或间接支持奴隶制的白人也是“我们素来的敌人”。沃克认为，19 世纪奴隶制的活力使奴隶制比之前的形式更加糟糕：古斯巴达人并没有将农奴捆在一起驱往他乡，没有“让男人离开自己的妻子和孩子，让孩子离开自己的父母，让母亲离开自己嗷嗷待哺的婴儿”。1776 年，“美国只有 13 个州”，半个世纪之后，“有 24 个，其中大多数是蓄奴州，并且白人开始给奴隶戴上锁链和手铐，让奴隶在新的州和领地的矿场和农田里劳作，为他们及其后代创造财富”。沃克在卡罗来纳州白人报纸上读到了一些谴责土耳其人拒绝让希腊人独立的文章，“在同一份报纸上有一则广告，上面说，‘今天将会把8名来自弗吉尼亚州和马里兰州的强壮黑人和4名农场妇女卖给出价最高的人！’”

196 沃克写道：“美国人！我想坦率地问你们，你们在大英帝国那里遭受的残酷和暴虐，能达到你们加在我们身上的1%吗?”对黑人读者，沃克声明：“自由是你们生来的权利。”沃克的做法是在玩火，他知道白人有多危险。即使是白人废奴主义者，也担心暴力抵抗会引发白人读者反对解放黑奴。但是，白人“用铁链和手铐把黑人绑起来，然后把他们当成响尾蛇一样鞭打谋杀”，就好像这样对待黑人无任何罪恶可言。因此，黑人也有同样的权利与那些美国革命家声称的犯罪和压迫抗争。“你杀死一个要杀你的人，就好比你渴了要喝水一样，没有什么不对。”所以他赞扬说：“海地，彰显了黑人的勇气，显示了独裁者的恐惧，如果他们不向世界联合力量低头，这些人就要被杀掉。”所以，“像个男人一样行动起来”。沃克以旧约先知的口吻命令奴隶制幸存者，如果没有得到正义，就要遭受原罪的后果，即使这意味着要面对自己的死亡。一旦加入战争，一旦看到胜利的可能，奴隶们就愿意付出代价：“派12名黑人全副武装上战场，他们就会奋勇杀敌，迎战50名白人。一旦参与战斗，他们往往会在荣耀中死去。”被迫顺从的表象之下，隐藏着巨大的愤怒：“正如杰斐逊的明智之言，他们从来也没有发现我们。”[41]

在那个时代，沃克的言论需要真正的勇气，因为格兰维尔·夏普已经变成了格兰维尔·夏普·皮尔斯，沃克写道：“如果真的有人要使我成为悲惨无能的奴隶，或是因为我说出了真相而有人要谋杀我，你们知道的，我在上帝的手里。”“成为行尸走肉的时候，活着还有什么用呢?”沃克希望发动奴隶起义，于是将小册子放进他卖给水手的裤子和夹克口袋里。有些人发现了，有些人不知道，但他们把沃克的话带到了蓄奴州的港口，在那里，几乎所有的美国商船每年会像朝圣一样去装载棉花。[42]

1830 年 3 月，萨凡纳、新奥尔良和查尔斯顿当局发现一些自由黑人的物品中藏有沃克《呼吁书》的副本，他们立即陷入了恐慌状态。南方政府开始像隔离传染病一样去封锁这些小册子，禁止自由黑人水手从他们的商船登陆。他们害怕奴隶叛乱的谣言会从南卡罗来纳州的新伯尔尼传到运输被偷黑人渠道的另一端——路易斯安那州的奥珀卢瑟斯。佐治亚州和密西西比州通过了法律，对散布废奴主义材料的自由黑人处以死刑。州立法机关计划禁止教授黑人奴隶 197
读书识字。然而，教授基础数学仍然是合法的，以便黑人工头计算出奴隶所摘棉花数量与配额之差，以此来决定鞭笞奴隶的数量。[43]

不像其他政治问题，废奴言论就是暴力革命的萌芽。因此，南方官员和专栏作家声称，这种言论自由不受保护。萨凡纳市长给波士顿市长哈里森·奥德斯写了一封信，要求这位新英格兰的保守政治家以出版“煽动性言论”为由，逮捕这位二手服装店的老板。尽管波士顿市长认为这个请求很合理，但还是不得不拒绝他。沃克没有违反马萨诸塞州的任何一条法律。波士顿盛传许多南方州政府已经悬赏 3000 美元换取沃克的首级，如果能将他活捉带到南部，赏金加倍。1830 年 8 月，33 岁的沃克在他的店门口倒下，抽搐着死去。虽然没有直接证据证明沃克是被人投毒而死的，但波士顿的许多美国黑人认为他是中毒身亡的。官方声称，沃克是死于肺病，也就是我们常说的结核病的，沃克也可能只是因为吸入了过多的棉絮灰尘而死的。[44]

虽然沃克死了，黑人水手也被锁在船上不能登岸，但关于他们是被“偷来”的说法已经悄悄地传播开来，从一个正被机器改变着的地方、一个投机者输送贩卖人口的地方传播开来。19 世纪 30 年代中期，一场废奴主义运动终于爆发。其中大部分道德力量和最犀利的分析来自前奴隶弗雷德里克・道格拉斯等人，以及其他生活在北方的美国黑人，包括大卫・沃克所生活的波士顿黑人区的人们。其中许多人都像道格拉斯一样，是从奴隶制地区逃走的南方黑人奴隶，出逃的原因通常就是奴隶贸易的新扩张。新的运动也会由一些白人联盟领导，尤其是威廉・劳埃德・加里森和一些签了请愿书并出版过著作的白人妇女。然而，白人废奴主义者只占北方白人的一小部分，大部分白人还是希望能够对奴隶制置之不理。[45]

但是，与之前那些心不在焉的白人批评家不同的是，新的废奴主义者现在一致同意终止奴隶制，并且认为废奴越快越好。他们的紧迫感来自那些曾经做过奴隶并在新奴隶贸易中幸存下来的人，其
198 中一些人也成了这场运动的重要推动者。在废奴主义者的活动和批评之下，就像是山脉下的山脊一样，是那些强制移民自己选择用以了解他们历史的语言。“偷盗”的说法在那些词句中无处不在，所以，美国黑人废奴主义者威廉・威尔斯・布朗在 1849 年断言，他的“主人”其实只是“一个在他一出生就将他偷走的人”。布朗第一次听到这种说法不是在废除主义者的印刷品中，而是在那些目不识丁的强制移民的思想中，因为他曾经也是其中的一员。[46]

但是，废奴主义者对这次巨大变动的愿望，其前提是要将这个国家的大部分白人转变为反对奴隶制的人，这是不言自明的。与此同时，什么才能限制奴隶制扩张所造成的巨大损失呢？更何况在扩张这条路上牺牲了 200 多万人的性命。对于许多美国黑人奴隶而言，似乎只有一种情况可以提供及时的帮助，那就是为了结束奴隶制所结成的联盟。但它有诸多不利条件：它是看不见摸不着的，缺少实

质性的权力，它所发出的命令往往无法通过法律来强制执行，它常常保持缄默。

回到塞缪尔·康沃尔在马里兰州东岸所目睹的买卖事件，但不要专注于康沃尔，他是一个接受过教育的自由人，面对着奴隶制共和国的各种伪善。他的头脑中记录着买卖两地间的联络路线，比如从巴尔的摩到新奥尔良，也记录着信贷的过程，但先抛开这些不谈，将职业奴隶贸易中所售奴隶的价格变动也暂且放在一边，我们重点关注一下 W 先生所买的这个黑人的情况。这个人叫威廉，是一名卫理公会的成员。“沃尔福克命令威廉伸出手，以便将他绑起来。正如每个正常人一样，他本能地往回缩。然而，最后他还是带着虔诚和顺从屈服了。”他的教友们目睹着这一幕，都“开始伤心哭泣”。威廉转过头说：“不要为我哭泣！上帝无处不在！”沃尔福克随后就将他带走了。[47]

威廉感觉这个世界表层的所有势力都在与他作对，但他相信在表层之下，存在着一个精神世界，在那里才能衡量出实际价值。或许就是通过这个精神世界，一个被奴役的小女孩在田纳西州的一次祷告中产生了幻觉。80 年后，她已成为一位老太太，她向记者讲述了当时的所见。她清楚地记得所看到的情景：“我沿着一条大路走着，在路边看到遭受折磨的灵魂，其中许多人是我认识的。他们只是在闲逛，沿着马路踱步。他们说：‘哦，路有多长？’我在路上遇到很多人，有些人在徒步行走，有些人骑在骡子上，有些人正走向地狱。”[48]

对于那些被带走的人，对于那些失去亲人的和被留下来的人，对于那些知道自己也会被偷走的人，奴隶制扩张的加快就是地狱，是把这个世界上的人都拆散，让他们遭受彼此分离痛苦的地狱。到 19 世纪 20 年代晚期，这个地狱比以往任何时候都要真实。威廉说他

199

图 6.3 白人废奴主义者和奴隶移民都认为，切萨皮克和州边界地区的自由黑人可能是被那些受人口市场新兴利益吸引的罪犯绑架而来的。对数千名黑人来说，这是事实。图中这名遭遇绑架的男子穿的工作服，与那些抓住他并计划把他卖到棉花边疆的人一样体面（George Bourne, *Picture of Slavery in the United States*, Middletown, CT, 1834, p. 120.）。

坚信上帝无处不在，但他一定也想知道上帝是否会和他一起走在通往地狱的路上，走进驶入佛罗里达州海湾的船舱里，与他一起走上拍卖台，一同站在新奥尔良的公证处。

大卫·沃克在他波士顿的二手服装店里写道，记忆中他见过一队队的奴隶，而且有像先知的人预言上帝会出现在边疆地区。当上帝出现的时候，他会以奴隶起义的天使形象使那些罪人葬身火海，倒于血泊，复仇之神会通过宝剑带来正义。然而，1811 年路易斯安
200 那的日耳曼海岸奴隶起义遭遇失败，这也反映了大多数被偷到奴隶制边疆的奴隶从小接受的熏陶。然而，试图通过叛乱得到救赎是不可能的。于是，许多奴隶选择别的出路来远离这个人间地狱。

美国奴隶制的大肆扩张与基督教福音派的出现几乎同步。美国

独立战争时期，大多数美国人都没有积极参与有组织的宗教活动。虽然大多数是名义上的新教徒，但很少有新英格兰以外的人会每周甚或每月定期参加教堂礼拜。但到了 19 世纪 50 年代，一半以上的白人都会定期去教堂，他们多数属于福音教派，其中卫理公会和浸礼会是最为普遍的选择。这个时候的福音派基督教与 21 世纪的并不完全一样，与许多后来的教派也不同，它在神学中通常不是原教旨主义。然而，与 21 世纪那些后来的教派一样，它确实使用的是非正式的礼拜仪式。遍布整个大陆（最终横跨海洋）的福音派传教士坚持认为，那些被救赎的人需要经历一个信仰的转变。福音派神学并非将他们的信仰寄托于某种特殊的仪式，或者某种神秘莫测的预言之上，而是用信徒的个人选择来接近上帝，从而获得救赎。[49]

伴随着数百万人的选择，奴隶制的进一步发展使福音派新教在美国宗教界占据了霸权地位。但是，两种扩张之间的关系非常复杂。1790 年，即使非洲人和他们的后代已经在北美做了 160 多年的奴隶，也几乎没有人转变信仰，去信奉他们的主人所信奉的英国国教。英国国教是一种保守的、由种植园主所主导的宗教。然而，大约在 1770 年，第一批在新英格兰教会神学斗争中流放出来的福音派新教传教士开始在南方传教。尽管切萨皮克的种植园主阶级对这些“新光派”牧师施加迫害，但不少弗吉尼亚人和卡罗来纳人还是涌向他们的奋兴布道会。许多奴隶都参加了那些集会，他们的到场通常会使本就已经很激动人心的新教复兴更加令人激动。在 18 世纪末的时候，出生在非洲的奴隶依旧是切萨皮克奴隶的主要群体，他们起源于非洲，上帝将他们扔在地上，给他们启示，驾驭着崇拜者的精神，然后重塑他们的生活。这些新皈依的教徒对吸纳他人入教同样表现出强烈的愿望，而且他们的热情极具感染力。新皈依的白人也模仿
着奴隶们的行为，逐渐明白通过喊叫和歌唱来回应神的启示才是最 201

得体的。一些人本想嘲笑奴隶传教士的布道，却发现自己躺在地上，大汗淋漓，不知道发生了什么。福音派将奴隶视作精神上的兄弟姐妹，甚至当作专家和向导。[50]

独立战争结束后，托马斯·杰斐逊和詹姆斯·麦迪逊制定了《弗吉尼亚宗教自由法令》，这条法令废除了所有已建立的教会，并成为宪法第一条修正案的基础。这两位奴隶主宣称，"全能的神创造了人类自由的灵魂"，所以政府不应强加给公民任何特定的宗教信条。革命前，各个殖民地都有规定的教会，但是，福音教派的白人信徒作为废除国教的主要受益者，他们愈加坚信全能的神对让一些人失去自由是完全可以接受的。弗吉尼亚州的许多早期浸信会白人教徒为了逃离宗教迫害，已经搬到了肯塔基州。肯塔基州浸信会牧师大卫·巴罗谴责道：但是，同样是那些人，对于拆散夫妻的罪恶熟视无睹，他们这样的做法"的确没有一点同情心"。威廉·汤普森是弗吉尼亚州的奴隶，关于基督教奴隶主的伪善是如何破坏他对福音派宗教的信仰的，他这样说道："在看到那些被锁链锁在一起的一帮人后，我在礼拜天去参加了宗教集会，但是布道对我没有任何益处。"在强制向西移民开始之前，弗吉尼亚州卫理公会的1/4教徒是黑人，而肯塔基州只有10％的教徒是黑人。每逢星期天，在康加里（这里是查理斯·鲍尔在南卡罗来纳曾住过的地方），一位来自弗吉尼亚名叫雅各布的奴隶移民会组织宗教集会。但是，大多数被韦德·汉普顿抓来的黑人更想在星期天去果园摘果子，来补充自己有限的食物。贝西·麦迪逊是一名在18世纪90年代被运送到纳奇兹的弗吉尼亚女人，当她试图去传播她的信仰时，棉花种植园主开始阻止她传教。正如鲍尔所说，奴隶主们可能是害怕奴隶吸收福音书中那些关于平等和自由的道德理念。[51]

但是，受非洲影响的修行方式对白人牧师来说太实用了，他们不禁借用到自己的传教活动中。因此，在边疆地区，美国黑人的参与最终会重塑整个美国的宗教格局。1800 年和 1801 年夏季，长老会、卫理公会和浸信会的牧师们在肯塔基州的蓝草地区领导了一系列引人注目的奋兴集会。数以千计的自由白人和黑人奴隶定居者躺在教堂地板上，或在教堂四处走动，呼喊着、跳跃着、赞美着上帝。现场人多得都已经挤到了门外，牧师们不得不把礼拜仪式移到室外。 202
1801 年 8 月，藤岭（Cane Ridge）会议召开，有 1 万人参加了为期 7 天的大型信仰皈依仪式，集会现场出现昏厥、狂舞、幻觉和神志不清的不在少数。[52]

不久，类似的奋兴集会也出现在了奴隶制边疆地区，促使所有教派的成员人数都急剧增加。一些评论家嘲笑说："有人来到这个地方是为了参加野营集会，有些人就是来混吃混喝的。"当传教士的语速开始加快时，"祭坛上不久就挤满了女奴，一些人腿踢得太高露出了屁股"。奴隶移民们产生的影响开始激怒一些旁观者。卫理公会的约翰·沃森抱怨道：从奋兴营中的"黑人区"传来了由周六的晚间音乐改编成的宗教歌曲，"以南部碾米时欢快的合唱方式"即兴演唱经文，歌手踩着节拍；"这种节奏是黑人舞蹈的真正节奏"，我们绝对不能"支持和容忍这种对真正宗教的严重歪曲"。[53]

随着边疆的大规模复兴和激烈的个人信仰转变，有人可能会说，被奴役的移民的影响也在不断扩大。特别是在克里克河奋兴集会之后，全国范围内长期持续的皈依福音派运动改变了美国的宗教格局。美国卫理公会的人数从 1700 年的零，激增到 1820 年的 25 万人，然后又在接下来的 10 年里翻了一番。1790—1820 年，浸信会教堂的数量从 500 座增加到 2500 座。在某种程度上，福音派的发展一直持续到 21 世纪。福音派通常通过最"现代"的营销手段来传播信息，从而不断发展新的信徒，福音派现在已经进入了一个不断转变的过程。

在福音派中间，忠实信徒之间的竞争导致宗教不断分裂，每一派教徒都坚信他们所信仰的原教旨主义要比其他的更纯正，而且正在重建耶稣第一批追随者的“原始教会”。到21世纪早期，世界范围内的信仰者在这种破坏创造性的过程中，创立了3万多个新教教派，其中大部分产生于美国。福音派宣称，他们在世界范围内的信徒跟天主教或者伊斯兰教的教徒人数一样多。这一年轻的传统在很大程度上是在奴隶制的边疆建立起来的，它包含了很多西非宗教习俗中提炼出的有益因素，已经成了世界历史上最有影响力的文化输出之一。[54]

回到19世纪早期，回顾一下一位白人和一位密西西比黑人卫理公会传教士庞培的邂逅。白人问道，为什么这个奴隶整天唱圣歌？
203 庞培回答道：“因为它能使我的灵魂获得快乐。”白人说：“你真是愚蠢至极，黑人是没有灵魂的。”就像21世纪初的巴西那样，新的福音教派总是吸引穷人和被放逐的人皈依，因为情感上的皈依经历和非正式的参与仪式，让弱者觉得他们的灵魂与强者的灵魂一样有价值。不过，导致福音派新教教派分裂的问题之一是，像庞培那样的信徒是否应该挑战世俗的权力结构。

1830年以后，一些追求完美主义的福音派信徒开始在北方发起并支持道德改革运动，包括新废奴主义。他们坚持认为耶稣“牧养我的羊”的教导是在要求信徒改善他们的社会，保护弱势群体，使之不受强权者欺辱。然而，在奴隶社会中，官方神学的社会法规却慢慢变成了另一副样子。19世纪上半叶，随着信仰皈依和到教堂做礼拜成为社会对白人公民的普遍期望，大多数信仰基督教的奴隶主不再认为美国黑人没有灵魂，因而无法得到救赎。所以，正如卫理公会的牧师对纳奇兹的白人所说的，“如果他们阻止黑人听取仁慈的创世主给所有人类传达的信息”，他们就要“考虑由此所招致的严重后果”。19世纪前20年，边疆地区出现了一些黑人与白人共同参加的宗教集会，他们欢迎黑人成员加入。当“一位黑人兄弟亚当”加入密西西比州的路易斯维尔浸信会时，所有的教会成员，无论是白人还是黑人，都“与他互握右手来接纳他为伙伴”，以此来欢迎他。随着教堂的增多，越来越多的奴隶可以在安息日不和他们的主人一起去做礼拜。[55]

一些密西西比浸信会的传教士提醒他们的奴隶主信徒：“无论黑人的外表如何暗淡无光，生活如何卑贱不堪，他们仍然拥有理性和不朽的灵魂。”但是，奴隶制的影响力歪曲了白人福音派的神学理论，到了 19 世纪 20 年代，在混合人种教会里的白人开始删减有关将新加入的美国黑人当作“兄弟”“姐妹”的仪式。密苏里危机后，一些敏感的奴隶主声称，基督教、家长式的奴隶制可以驳斥对南方的批判。牧师们一边尽力中和“鞭笞机”的恶名，一边开始在新的宗教杂志上发表文章，声称即使奴隶皈依白人认证的基督教，他们也不会产生是耶稣让奴隶重获自由的观念。相反，他们创造了一种顺从的神学，其在很多方面和加尔文教一样，反对早期奴隶边疆地区 204
的奋兴活动，强调信徒请求神的宽恕和信任。19 世纪 20 年代，著名的北方福音派信徒查尔斯·芬尼告诫数万名在伊利运河繁荣地区皈依的信徒，你们可以选择向上帝寻求帮助以获得救赎。密西西比州浸信会也正在试图使奴隶们相信，无论是在天堂还是在尘世，并没有什么重要的事情取决于他们自己的选择。州浸信会的公约宣称，奴隶们所受的奴役是上帝的安排：“无论这样的安排对你们来说如何黑暗、神秘和不愉快，我们都坚信，如此安排是出于智慧与善良。”在星期天的早上，一位肯塔基州的白人在院子里召集他的奴隶，给他们传教时说：“伟大的上帝为了白人的利益而创造了你们，白人就是你们的立法者和执法者。”[56]

然而，奴隶们却不这么认为。1821 年，一名佐治亚州的奴隶曾写信给一位白人牧师：“如果我没有理解错，白人正在为使世界上更多的人相信宗教而祷告。如果上帝派你去给带有原罪的人传教，那么，是他让你经常去给白人布道，还是因为他们给你钱?”“我们被带到市场上，然后卖给出价最高的人，可是白人从来没有问过，是卖给了异教徒还是基督徒。”但是，即使牧师对他们置之不理，奴隶们还是会继续涌向教堂，举行自己的宗教集会。因为信徒在耶稣的故事中找到了亲切感，也看到了希望。耶稣也是一个由上帝创造的凡人，他含冤被捕，饱受折磨，被暴力处死。强制移民们已经知道通往坟墓的路是什么样子了，但是这个故事告诉他们，耶稣早已复活，并且告诉这些奴隶，一个新世界的大门已经为他们打开。[57]

现在人们可以明白，那个十几岁的黑人小女孩——接受采访时已是老妇了——在田纳西州的祷告会上经历了怎样的心理变化。想到自己的未来，她非常痛苦，尤其是她无法保护自己刚刚出生的第一个孩子免受暴力、饥饿和分离之苦。人们也能明白，为什么这个女孩能听到别人听不到的声音而奇怪地站起来时，她的母亲急忙把她拉到一边。她记得母亲告诉她，“继续祷告，女儿”，“因为如果主已经开始和你通灵，在让你的灵魂得到自由之前他是不会停下来的”。母亲已经走过这条路了，她将自己充满恐惧的女儿推到了即将到来的苦难面前，她必须经历这些苦难。女儿回忆说，“不久”，我就倒在地上，“死了”。[58]

205 她坠入了深渊。但是，随着这个年轻女孩的坠落，一个新的不同的声音在她的耳边低语。这个声音告诉她，生命被偷盗，但之后能超越它，这才是非常重要的事情。而且这两者都是生命中最戏剧化的部分，不要逃避痛苦和恐惧，只需要沉浸在孤立无助的境地中就行。这个声音还说，“你必须死，去下地狱”，否则就不能复生。她抽搐着，分不清是真是幻。

她发现自己正走在运送奴隶的路上。那些在西南部整日劳作之后存活下来的人把这片棉花地称为“无火之地狱”，那里四处徘徊着悲哀的“僵尸”和恶魔。在漫漫长夜里，在路的两边，她能清楚地看见火光，在棉花、木材和树桩上一直闪烁着。那些被偷到这里的人步履蹒跚地在她的旁边走着，人们都在铁链中迷失了自己，他们不知道自己的姓名。她看见被母亲丢在地上的孩子，她听见母亲们像受伤的动物般的嘶吼。[59]

她跟着一队奴隶来到一条路的分岔口。有个小个子男人站在那里，示意她跟着走上一条狭窄的小路。因为这是一场梦、一个幻觉，她不知怎么地已经和奴隶队伍分开了，然后她就跟着那个人。她气喘吁吁地跟着，吃力地沿着迂回的小路缓慢前行。于是那个人就喊来了很多天使，让他们在女孩前进时为她唱歌。“女士，你必须帮忙撑起这个世界。”他们齐声唱道。她和她的宝贝将会变成什么样，她并不知道。她必须照顾她的孩子，指导她的孩子，保护她的孩子免受这个世界的强权侵扰，尽管这些强权太过强大，以致无力对抗。她得撑起整个世界。

然后，这些天使开始唱她的名字。在他们的歌声中，她疲惫地走上了台阶，最后一步踏进了高高的庭院里。她站在那里，发现自己莫名其妙地站在上帝面前，有一个空灵的声音说：“她是怎么来到这里的?”那些精灵闪着光，用歌声重复着这个问题。在她的现实生活里，她母亲都不知道她走的路有多艰难。但是，另一个声音知道。它说着她不能说的话：“一路上有来自地狱的猎狗在跟着她，她经历过艰苦的考验之后才到这里的。”她意识到这个声音一直在她的耳边回响。耶稣的助手玛利亚和玛莎来了，给她穿上一件新的长袍。然后刚才的第一个声音说：“你是由神所生。我的儿子从地狱里拯救了你的灵魂，你必须承担起这个世界。”

她醒了过来。她还活着。她相信这个宇宙最强大的力量可以命
206 名痛苦与恐惧，即便连她自己也难以描述。这些力量认定了她。有
了这些力量，她就不会被偷走。她能做的就是扛起整个世界来报答
这种恩赐。[60]

精神死亡和重生的经历使那些皈依基督教的奴隶相信，他们的价值和责任要远远超过他们所卖出的价钱，或是他们能采摘棉花的重量，或是他们能生出来卖到市场上的孩子的数量。他们认为自己的精神转变，就是摆脱了恐惧，不再担心最后由他们的主人对他们做出最后判决。威廉·韦伯说：“我听到一个声音对我说话。从那时起，我对地球上所有的人都不恐惧了。”[61]

无论白人牧师如何论证皈依使奴隶变得更加温顺，奴隶主还是担心没有了恐惧，奴隶们可能会要求其他的变革。确实，正如 19 世纪的基督徒通常听到的那样，在《新约》中，圣灵使人从原罪中得到救赎，可以让人得到宽恕。一些基督徒奴隶认为，为了让自己的灵魂得救，上帝让他们放弃暴力复仇。但是，原谅自己的敌人对任何人来说都是艰巨的。一名前奴隶说：“这是一项一生的事业，我不在意上帝让我活多久，这将一直是一个艰巨的任务。”宽恕并不意味着奴隶们相信，这个世界的偷盗力量永远不会屈服，最低等级的人永远不可能到达上层，那些绑架他们的人永远不会面临判决。前奴隶罗伯特·福尔斯的前主人已经死了，他相信他的主人死后，一定在撒旦的劳改营中劳作。提起前主人，他若有所思：“他声称自己是一个基督徒，我估计他现在已经知道奴隶被压榨的感受了。”“仁慈的主必须在一段时间内完成他的工作。”[62]

但是，历史的发展还有另外一个版本。在《旧约》的一些章节中，圣灵没有点燃宽恕之火，点燃的是像大力士参孙（Sampson）或扫罗这种神圣战士的不妥协之火，吩咐他们将所有主的敌人都杀死，直到

最后一个男人、女人和孩子。这是许多奴隶移民梦寐以求的。查尔斯·鲍尔回忆起韦德·汉普顿的其他奴隶之间的谈话时说，“在白人和黑人当时的关系和处境下，革命的想法是黑人宗教的基石”，对普通奴隶来说，“如果不报复他的敌人，那么天堂就不能叫作天堂”。[63]

上帝可能要求他的追随者开始“做这项工作了”，即使复仇者会在这个过程中失去生命。这种冲动首先在弗吉尼亚州南安普顿县找到了沃土。南安普顿是一个古老的烟草种植区，19 世纪 20 年代的奴隶制扩张曾在这个地方留下很深的伤疤。约翰·布朗出生在 1818 年左右（那一年，弗朗西斯·里夫斯将第一支奴隶队伍从南安普顿带到亚拉巴马州），他是一位白人老妇的奴隶。布朗说，她“每天早上把我们这些孩子叫进大屋子里，然后给我们一些大蒜和芸香，她说 207
这能让我们保持‘身体健康’，会使我们‘长得更符合市场的要求’。然后，她会让我们围着院子里的大梧桐树跑，如果我们跑得不够快，她就会不高兴，常常会拿皮鞭对我们一通乱打”。[64]

19 世纪 20 年代，新的全国奴隶市场将布朗这样的人从南安普顿贩运出来。例如，他们中的 48 人在 1829 年底到 1831 年初由新奥尔良奴隶贩子先后接手贩卖。在南安普顿，奴隶们开始对他们越来越不稳定的现实生活感到绝望，而奴隶主还在试图控制黑人的精神生活。1826 年，一位名叫纳特·特纳的黑人传教士对白人埃塞雷德·布兰特利讲了他的宗教观。布兰特利认为，与特纳的接触治好了他的皮肤病，于是决定让特纳在当地的卫理公会教堂给自己进行洗礼，但是白人教会的等级制不允许特纳来主持洗礼。于是，他们就来到了一条河边，特纳在那里为布兰特利进行了洗礼。特纳后来回忆说，受洗礼仪式之后，一群白人聚集到那里，“咒骂我们”。[65]

到了 1828 年，纳特·特纳已经不相信他应该把复仇的绝对权留在上帝的手里了。而且，他看到了一场幻象：白人和黑人在天上战斗，血就像是玉米上的露水凝结在一起，一个像打雷一样的声音告诉他："召唤你来观战，这是你的命运所致，无论它是顺利还是坎坷，你都要承受。"他认为这是指点他要使用暴力。特纳开始有点困惑，当地有一个名叫托马斯·格雷的南安普顿律师，他记录了特纳对他所说的话，并将这些话整理成《纳特·特纳的自白》(*The Confessions of Nat Turner*)出版。"我听到天上响亮的声音，圣灵立刻出现在我面前，对我说蛇被放走了，基督已经摆脱了要承担人们原罪的束缚，那个声音说我应该承担起来，然后与蛇对抗，因为首尾颠倒的时代正在来临。"特纳明白了自己的使命，于是他秘密聚集了一小群愤怒绝望的黑人，等待另一个信号出现后行动。在 1831 年初的一天，日全食遮住了太阳。[66]

直到 1831 年 9 月，第一则新闻才传到新奥尔良。但是，消息从那里随着奴隶制边疆的汽船和棉花的装卸在河流地区蔓延开来。8 月 22 日，在南安普顿县，叛乱的奴隶已经开始杀白人。两天内，全县
208 大约有 60 人被杀，其中包括一名襁褓中的婴儿，还有 10 名在小木屋上学的孩子。随后大规模的白人军队抵达南安普顿县，镇压了这场暴乱，通过枪毙、砍头和酷刑，处决了 55 名黑人，其中的一些人并没有参与这场暴乱。两个月之后，特纳被捕。他在向格雷律师说了供词之后，经过审判，被判有罪，处以绞刑。[67]

西南部的白人突然意识到，过去 10 年，奴隶制吸纳了数以万计从类似于南安普顿县的地方偷过来的人，这些地方已经被那些职业的奴隶贩子给毁了。亚拉巴马州州长调动了本州的自卫队。在官方收集到足够多的武器用以平定类似暴乱之前，新奥尔良的报纸始终没有报道关于反叛的新闻，但是仍有消息陆续流出。在路易斯安那州的西费利西亚纳教区，一名白人寡妇听传言说，附近奴工营的奴

隶“已经武装起来并要求自由了”。一位比她淡定一点的邻居在日记里写道，“她立刻开始全力地尖叫和呼喊”。白人寡妇让一位男性邻居出去查看发生了什么，但是邻居召集来当地民兵，集合前往据称有暴动的地点。在那里，他们“发现监工和黑人都在忙着收割庄稼”，“像羔羊一样安静地”采摘棉花。[68]

《新奥尔良之蜂》（*New Orleans Bee*）写道：“新奥尔良负责相关工作的官员应该采取措施，避免从发生叛乱的地区输入奴隶。”虽然法律要求从奴隶贸易流中过滤掉旧州里最叛逆的奴隶，并出具证明，但这家报纸的编辑显然已经不相信这些法令了。尽管雄心勃勃的棉花和蔗糖企业家极力反对，但立法机关的紧急会议还是关停了奴隶贸易（从写在墙上的告示中得知消息之后，奴隶贩子赶在特别会议结束之前，突击购进了774名奴隶）。亚拉巴马州的立法机关也立即召开会议，禁止了奴隶贸易。次年春天，密西西比州举行宪政会议。种植园主兼银行家斯蒂芬·邓肯表示：“在繁荣的纳奇兹有许多迁来的奴隶，终有一天我们将在这里惨遭割喉。”纳奇兹地区的精英代表和“松林区”① 的贫困白人代表组成了一个不寻常的联盟，并在新宪法中写入了奴隶贸易禁令。[69]

意料之中的是，奴隶买卖双方立即开始钻贸易禁令的空子，比如，买家跑到切萨皮克买奴隶。奴隶贩子们签署声明，称他们正在运送的奴隶仅供自己使用。来自密西西比州较新的棉花县的立法委员们还需要购进奴隶，因而阻止了州宪法的执行。于是，那些最大 209
的奴隶贩子将总部从新奥尔良转移到纳奇兹北部的“岔路市场”。但是回到东部，奴隶叛乱的弗吉尼亚州依旧是南方奴隶人口最多的地

---

① 松林区（Piney Woods）是美国南部的温带针叶林陆地生态区，面积14.1万平方千米，位于得克萨斯州东部、阿肯色州南部、路易斯安那州西部和俄克拉荷马州东南部的混合地带。

方，在这里也召开了州宪政会议，考虑解放奴隶。在审议过程中，托马斯·杰斐逊的孙子托马斯·伦道夫提议，让全州的白人选民就弗吉尼亚州是否应该逐步解放奴隶进行公投。[70]

根据伦道夫的计划，所有1840年7月4日之后出生的奴隶在成年后即成为本州的财产。届时，弗吉尼亚州将可以把这些奴隶出租，最后将他们所挣工资用于支付“将他们驱逐出美国”的花费。如果这个计划得以实施，许多非裔弗吉尼亚人在20世纪初将仍然是奴隶（尽管伦道夫认为，大多数奴隶主在那之前会将奴隶卖到南方以兑现）。伦道夫提出想实现祖父的梦想：流放弗吉尼亚的奴隶，创造一个全白人的老道明（Old Dominion）①。有许多人支持伦道夫的建议，如1801—1835年美国最高法院首席法官约翰·马歇尔的儿子托马斯·马歇尔，他认为奴隶制“对白人是有毁灭性的”，因为这个州以向西南市场培育人口为最大事业，所以没有奴隶的“勤劳白人”正在移民逃离这里。马歇尔预测，如果持续下去的话，会重蹈圣多明各白人的命运，整个弗吉尼亚州都会淹没在黑人浪潮里，水面零星漂浮着几张白人的脸。[71]

但其他代表警告说，本州的全部经济都依赖于一种单一商品的价位，即新奥尔良的奴隶的价位。如果伦道夫的计划得以通过，那么弗吉尼亚的奴隶主就会一股脑地向南方抛售他们的奴隶，到时奴隶的价格就会下降。奴隶主在奴隶市场上是受保护的一方，他们中的大多数人希望政府能够捍卫和扩大自己的权利，让他们几乎毫无限制地支配奴隶财产，而不是限制这种权利。弗吉尼亚州否决了伦道夫的计划，继续维持现状，只是对奴隶的识字水平和自由黑人的生活增加了一些新的限制。在接下来的三年里，北卡罗来纳州、田

① 弗吉尼亚州的别称。

纳西州和马里兰州也实施了类似的限制。奴隶主在西南各州也实施了这种限制。[72]

对识字水平和与自由黑人接触的限制，是为了防止奴隶接触有关自由的思想。支持奴隶制的政客指责，正是 1831 年 1 月加里森的《解放者》的首次出版，才使纳特·特纳决定在那年 8 月用白人的鲜血血洗南安普顿。佐治亚的立法机构甚至为逮捕加里森提供了 5000 210
美金的奖励。但是，奴隶主们还是担心美国黑人基督教内部会制造危险。弗吉尼亚州州长约翰·弗洛伊德写道："每一位蓝岭以东的黑人传教士"都已经知道了特纳的阴谋，被误导的白人信徒允许了这种"大规模的黑人集会"，据说黑人传教士还在集会上宣读了"沃克和加里森发表的煽动性文章"。亚拉巴马州的报纸发出警告，要提防"精明狡猾的"奴隶传教士。如果西南地区爆发叛乱，"那么一些头发卷曲的先知，一些冒充给信徒以神的启示的人就会是这场阴谋的煽动者和造反头目，通过假装和上帝交流来煽动教友们的狂热，然后他们就会愿意做任何事情，无论这些事情有多荒谬、残忍"。[73]

西南部的奴隶主政客决定取消黑人基督教的独立权。亚拉巴马州的莫比尔市禁止任何 3 人以上的黑人集会，包括宗教集会。违反这个禁令，就会被处以后背抽 20 藤条的惩罚。当地的报纸写道："莫比尔主日学校（Mobile Sunday School）的管理者决定，以后没有主人的书面许可，黑人不能接受宗教训诫。"密西西比州的立法机构规定："所有由奴隶、自由黑人和黑白混血儿等担任福音派牧师的行为都是违法的。"除了个人祷告之外，所有的宗教活动都要在奴隶主及其伙计的监督之下进行，以取代福音派牧师在这方面的职责。白人牧师热切地表示，他们今后将比以往任何时候都更加努力，以促使基督教成为帮助奴隶主管理社会的工具。[74]

随着黑人布道在大多数地区成为违法行为，白人卫理公会、浸信会和长老会为奴隶提供了两种合法的宗教选择。一是加入白人教会。在那里，黑人会遭受不平等的待遇和纪律约束。在比较大的教堂里，他们只能坐在楼上的走廊里。在亚拉巴马州的森林里，安妮·斯坦顿和她的奴隶同伴到一座木结构的教堂，结果他们只能坐在教堂外的长凳上。在白人传教士布道以后，会有一位黑人传教士出来给他们布道，并有白人在旁边监督着。[75]

二是创建“奴隶布道团”（slave missions），派白人传教士去给黑人教会传教，这些白人传教士均受白人教派资助和管理。奴隶布道团所讲的支持奴隶制的内容，其实只是南方内部的观念，而这些观点从 19 世纪 30 年代开始越来越多地受到外界的批判。牧师们提出的
211 一种神学观点称，基督教可以证明奴隶制的存在是合理的。他们用基督教传教先驱保罗的话，告诫奴隶一定要服从自己的主人。逐渐地，他们开始辩称，《圣经》的整体观点认为奴隶制并不是罪恶的。他们说，事实上，上帝让以色列人乃至所有白人来奴役劣等的闪米特人（据说是诺亚儿子闪的后代），比如非洲人，只要他们以家长式的善良之心对待奴隶即可。

在这种观点下，批评奴隶制的人执意不肯阅读《圣经》，不认可奴隶制是上帝命定的说法，也不认可废奴的教义不过是试图用个人意愿来取代上帝之言的观点。南方和北方潜在的批评家都坚持这些观点。密西西比州长老会牧师詹姆斯·斯米利（到 1840 年）拥有 30 名奴隶，包括黑人男子、妇女和儿童。这位牧师在 1836 年争辩道，“一个奴隶主的良知不是受上帝之言的指引，而是被人的教条所左右”，因为感觉反奴隶制的基督教徒说得有道理而内心焦虑，“那这个人通常就会因为内疚而受到良心的折磨”，但是他不必因此而受折磨。上帝创造的人中，原本就有一些人不适合拥有自由。奴隶制是上帝的旨意，担心奴隶制的人就是在怀疑上帝，反对奴隶制的人就

是异教徒。[76]

伊斯雷尔·坎贝尔是从肯塔基州被运送到密西西比的棉花“体系”中的，到 1835 年，他已经成为一流“人手”，而且游刃有余。他在弗农山庄的十字路口镇附近的一个奴工营当上了工头。坎贝尔获得了很高的社会地位，这也是密西西比白人给予他的最高地位。但是一天夜晚，有人敲打他的房门，把他从睡梦中惊醒了。他醒来的时候才发现，他所得到的保护是多么微不足道。他踉踉跄跄下了床，打开门，两名白人男性冲了进来，一把将他推倒。一个人抓住坎贝尔的衣领，用刀抵着他的喉咙，咆哮道：“关于卡顿医生的阴谋，你都知道些什么？”

“什么也不知道，先生。”坎贝尔结结巴巴地说道。这是事实。但他的确知道卡顿医生是谁，想到这他已经害怕得发抖了。卡顿医生是一位白人，他是从北部来此行医的“蒸汽医生”，是一位汤姆逊派（Thompsonian）① 医师。他认为通过让病人吸入大量的蒸汽，服用少量的药，就可以治好多种疾病。虽然汤姆逊派的顺势疗法与过去传统医生开具大剂量药品的疗法相比，病人致死的可能性更小一些，但是，蒸汽医生被视作是来自社会边缘的江湖游医。而且不知道为什么，卡顿医生给人的印象就是与当地的黑人过于友好。这些人拿着刀对着坎贝尔的喉咙质问，并告诉他，“卡顿医生和一些残忍 212
的白人以及很多黑人在一起谋划要杀掉白人，解放黑人”。他们了解到坎贝尔最近参加了一次在树林里秘密举行的非法祷告，那次祷告是由“黑人传教士哈里斯的奴隶老戴维”组织的。显然，他们怀疑坎贝尔也参与其中了。他在那里待了多久？他是否知道奴隶“谈及解

① 流行于 19 世纪美国的药学学派，其创始人为萨缪尔·汤姆逊，其特点是利用人的生理过程，以温和、少毒的方法排除体内毒素。

放黑人和杀死白人”？

坎贝尔极力否认他听到过任何相关的事情。他终于说服了那两个审问者，让他们相信他与这场阴谋无关。他们把刀从坎贝尔的喉咙上拿开，然后从陶瓷罐里给他倒了一口酒。白兰地送到嘴边时，坎贝尔的手颤抖着。酒喝下去，他感到一阵火辣，就像是在拍卖台上拍卖师给他们喝的酒一样。那两个男人看着他拿着他们的杯子，点了点头。坎贝尔用手背擦了擦嘴。他们警告他说，任何一个与这场阴谋有关的人都会挨上一枪，然后就叽叽喳喳地走了。坎贝尔在门口看着他们骑马离开。坎贝尔看到他们眼中混杂着兴奋与恐惧，他知道天亮之前会有一些人因此而死去。[77]

如果有阴谋，坎贝尔也只能从他和伙伴们之间说的一些关于他们被偷来的生活故事中推断出一二。白人们所害怕的故事情节，早在南安普顿奴隶起义之前就已经深深地烙印在他们脑海里了。为了防止这种事情发生，那个夜晚，一群白人将附近所有的奴隶从屋子里拽出来，然后审问他们。在恐吓之下，一些黑人给别人安上了“莫须有”的罪名。天亮后，已经有足够多的嫌犯被集合到一块儿，自卫队员（大多数为当地种植园主）开始在弗农山庄将这些嫌疑犯吊起来。整整两天的时间，他们将黑人传教士和信徒吊在两根“Y”字形柱子之间的高杆上，使他们窒息而死。他们也吊了一些像卡顿医生一样冲破了种族边界的白人。[78]

之后，自卫队又回来找到坎贝尔。这次，他们只是想让他在宴会的桌边侍候。宴会上，那些种植园主夸耀是自己拯救了密西西比，使其免于毁灭。宴会结束已是清晨时分，坎贝尔在回家的路上看到被绞死的黑人传教士的首级插在路桩上。那几乎是坎贝尔最后一次看到老戴维和他的兄弟们。但也不完全是，他在秋天的时候又见了他们一次，就在坎贝尔的主人又一次让他的奴隶移居别处（田纳西州）之前，坎贝尔到一家小药店，那是弗农山庄的药店。在那里，他看到了戴维和他的信徒们龇着牙的头骨就放在店里的架子上。

很长一段时间，伊斯雷尔·坎贝尔都在寻求上帝。“但是，密西 213
西比州有那么多阻碍我与上帝和平相处的因素。”他后来说。确实，寻求宗教信仰几乎让他成了被密西西比白人漂白过的战利品之一。但是，坎贝尔还是在追寻着同样的上帝，那些白人在弗农山庄开卑鄙的会议时，这个上帝并未插手干预。在田纳西州，坎贝尔再次尝试。他和他的妻子参加了附近所有的宗教集会。一天，他偷偷溜进一个祷告地两次，这个地方是他在一个树林深处打扫出来的秘密场所。他跪在地上，感觉自己不过是别人手上的灰尘而已，他努力克服这种恐惧。在深秋的时候，经过一周辛苦的棉花采摘，忠诚的奴隶在收获中得到了一段短暂的休息。这几天恰逢一个附近的卫理公会野营布道会，那里是由白人传教士领导的，黑人布道者只限于暖场以及和教徒们一起祷告。坎贝尔和他的妻子参加了那个集会。在那三天，他们一直跪着，看着身边的人们欣喜地皈依，他们也祈求着这种狂热的感觉。第四天晚上，坎贝尔的妻子站起来，开始和那些新的皈依者一起狂叫。

坎贝尔看到过别人狂叫不止，他还听人说过他们能感觉到肺里有上帝的气息。他们中的一些人最后只能在药店里目瞪口呆地盯着顾客。这让人很难释怀。为恶者对人造成了残忍的伤害，而上帝有时也予以姑息。即使坎贝尔的母亲虔心祷告，最终或是上帝，或是宇宙，或者是命运，还是将坎贝尔从她身边夺走了。这个曾经是她怀里的婴儿的年轻人，现在已经被鞭打至死。密西西比浸信会用一种“黑暗、神秘的赦免特权”，来解释白人基督教徒在奴隶暴乱中合谋串通。但是，对于被偷盗的生命，这是一种犯罪，而不是在信仰中能够接受的玄虚，甚至连上帝都是他们的同盟。

坎贝尔跪着，几乎一直是独自一个人跪着。一个名叫里夫斯的年长黑人传教士站在他身后。里夫斯戴着脚镣经历了 6 个星期的行进，最后总算幸存了下来。尽管白人害怕他参与暴乱，但他还是保住了性命。他很瘦，肌肉结实，伤痕累累，衣衫褴褛。他的脸在阳光下经历了 15000 多天的曝晒，刻上了一条条的皱纹。坎贝尔祈祷时，里夫斯直直地望着前方，像国王一样面无表情。最后，在那个只有他能够感知的时刻，里夫斯弯下腰，用气息将声音传到坎贝尔的耳边："继续祷告，年轻人。"

第 7 章

种子　*1829—1837*

春季的原野已然复苏。突然，人们觉得嘈杂的虫鸣声一直没断过，仿佛不曾经历 1 月的萧瑟。绿意爬上了树梢，春雨滋润了干涸的大地，整个世界如太阳般闪闪发光。

奴隶主站在小屋新修的门廊前，一边望着远处的田野，一边做着吩咐。雇工听完，走出去捡起一个土块，他嗅了嗅，或许还尝了尝，然后丢在了一边。

次日清晨，雨下得特别大，但雨一停，男人们就牵着骡子，架上犁耙，出门了。被雨泡得松软的土地一下就盖上了刚被犁开的田垄，吞噬了铁犁的耙齿。男人们口中嘟囔着，该死的烂泥！

他们口中的“该死的”，在古英语中意为撞击、敲打。古英语出现之前，在更古老的语言中，意为犁、耕、撕破。

种子在等待春天的来临。

它们装在棚屋下的麻袋中，或许麻袋藏在奴隶主那张高床底下比较安全。就在这张床上，奴隶主曾在妻子的一亩三分地上耕耘。床是用去年的收成换的，然后用马车拉回来。也许装种子的麻袋是藏在另一张床底下，也是用去年的收成换的。奴隶主在上面蹂躏过一个肤色稍浅的 16 岁马里兰姑娘。第二天清晨，或许这个被蹂躏的姑娘还得动手去清洗沾满自己童贞血迹的床单，还得把夜壶拎到树林里倒空后再拎回来，放在奴隶主的床边。她的脚趾踢到了装得鼓鼓的麻袋，里面满满都是种子。

她的脚趾透过棉线缝合的麻袋，感受到了种子的轻抚。这是千千万万个 DNA 数据包，每一个都是对陆地棉的解密。数十万颗棉花种子，每一粒都光泽饱满，和墨西哥的特瓦坎谷（Tehuacan Valley）一样温暖，5000 年前印第安纳妇女曾在那里对棉花进行引种改良。[1]

216 “该死的”或者也是种植的意思。次日是个晴天，雇工将袋子搬出来，拿他的长刀划开袋口。马里兰姑娘用新围裙兜着两捧种子，光脚和其他奴隶站成一排。她一只手将围裙塞进口袋里，另一只手用食指和拇指夹住棉花种子。边上的妇女拿着锄头，沿着地垄松土，掘出一道道沟。现在该她干活了。她丢进一粒种子，接着用裸露的左脚跟给种子盖上泥土，用脚掌将种子埋实，然后沿着地垄向前挪了几步。[2]

土层下一片漆黑，肥料和腐殖土层随着季节变化已经苏醒，与本地物种的生长规律相呼应。种子躺在土里像壁虱般一动不动。种壳之下，双螺旋结构的生命体还未复苏。

第二天，雨水降临。水分子浸透了种子的外壳，壳内的生命体苏醒了。它们膨胀、伸展，破壳探头而出，贪婪地吸收水分，建立起自己的反射器。它们散发出化学信息，发出命令，让所有的细胞生长、分裂。植物胚芽迅速变大，胀破了种子外壳，嫩芽朝着看不见的光亮生长。

姑娘蹲在溪水中，发疯似的搓洗着身体。她不知道种植园主的种子是否有足够的活力，它们在几个小时前已经进入她的身体开始探索了。如果正好她也在排卵期，两颗种子就会相遇，然后萌芽。

绿芽突破了土层，冒了出来。小孔吐出二氧化碳，细胞膜大量吸入所需要的养分。第一轮光合作用开始后，冒头的绿茎很快萌发出两片叶子，小小的叶片就像胎儿盘起来的两只胳膊。

田野里成千上万株幼苗都冒尖了，它们享受着密西西比充沛的光照和雨水，长在森林和河流合力打造的肥沃黑土地上。当地的生态系统努力抵御这些入侵者。但是，棉花有犁和锄相助，再加上人类强烈的渴望和强有力的工具，使它们得以扎根于这片土地，更何况在接下来的 4 个月，有人会动手拔除杂草，以确保这些幼苗不受干扰。棉株会成为这片土地的主导者，任何企图挑战它们地盘的其他物种都会遭到驱逐，成片交织的棉株是这片土地上唯一的物种。8 月中旬开始，田地里会绽放雪白的棉绒，直到冬季降临或者棉花采摘完毕。

关于由种子生成的植株再结出来的种子是否能够继续繁衍，这个问题尚无定论。它的 DNA 编码了一个生命周期，在这个周期中，种子长成一棵树，能在热带地区存活许多年。在这里，尽管冬天的第一场霜降下时，植物也会凋亡，但此时，它所结的棉籽大部分已经随着棉桃被摘下，由轧棉机分离出来，然后被丢弃。早在 19 世纪
30 年代初，许多种植者每年都从育种人手里购买种子，因为育种人 217
会培育出新品种，并且保证产量。棉花种植者会冒各种风险，但是绝不会用棉株自己结的种子，以免收成不佳，坐看财富东流。

简单地说，棉花树生成的矮树丛被摧残了，土地也是如此。受奴役的男人为奴隶主开垦土地，奴隶主将他们当作工具来榨取土地。他也许会在树林里，或者在抽穗的玉米地里玷污他们的妻子，或者在厨房里玷污他们的女儿，或是他在新奥尔良新买的某个女孩。

但是，他也摧残这些男人。他奴役他们播下他梦想的种子。事实上，他在这个地方将这些男人和女人全部种下了，如同他播种其他种子一样。就像植物和生态系统一样，人们竭力根据自己的基因密码生长，但是他将人们的努力扭转到自己设计的螺旋结构中。他

获取他们的劳动成果，为己所用。他用恶毒的皮鞭抽破他们后背的皮肉，用自己的权力摧残他们的生活，随心所欲地在他们的身上和生活中留下烙印。

所以，即使棉株只长出两片小小的叶子，随着 4 月的微风飘荡在密西西比河畔，种植园主的渴望也在主宰着它。从广义上讲，奴隶制的扩张及其对黑人生活和更大世界的塑造，大部分是由白人驱动的，那些白人试图将自己的准则强加到身边的一切事物上。这些准则也包括了他们为人处世的观点。白人关于男子气概的准则，塑造了奴隶制下所有人的生存状态，规定了生为黑人的代价、身为白人的好处，以及身为女性的代价。白人男性既将该准则作为武器又当作动力，用于对抗争取政治平等的斗争和试图在奴隶制中获取经济利益的尝试。种植者播下的种子以可控和不可预见的两种方式萌芽了，即 19 世纪 30 年代形成的两党制和 1829—1837 年的经济繁荣，而正是这场繁荣为美国内战的爆发埋下了隐患。随着 1837 年的到来，一切都不同了——国家政治、奴隶制经济的地位、南方与美国其他地区的关系，甚至奴隶主对奴隶制的看法。首先，这 10 年也许是美国历史上最重要的时期，因为这 10 年瓦解了、重新缝合了、分散了、截短了、收获了、打破了、消费了数百万奴隶的生命。

这种新的作物在时间和空间上都能传播得很远，但是，为了理解播种新作物的白人 DNA，我们必须重新回顾新作物最初生成的那些州。1832 年初，北卡罗来纳州的奴隶贩子泰尔·格仑给合伙人写
218 了一封信，他杜撰了一个直击要害的动词。与贩卖人口的其他一般性讨论不同，他指出：“因为州议会最近的一个议案，‘波特化’（potterizing）现在恐怕已经没有市场。”[3]

“波特化”是一个新词，源于最近的“鲍勃·波特事件”，反正

格仑是这样称呼他的。罗伯特·波特（Robert Potter）于 1800 年左右出生于北卡罗来纳州格兰维尔县的一户穷苦人家。波特童年时期，格兰维尔县只是一片种植烟草的贫瘠土地，由一位食古不化的种植园主寡头掌控着，除了地理迁移之外，这里几乎没有经济流动。事实上，尽管贫穷的白人男性跟他们的父辈一样拥有自由之身和白人身份，但他们缺少关键的权力来区分独立与依附。例如，北卡罗来纳州的宪法禁止大部分没有财产的白人男性参与州立法机构的选举。限制投票延续了寡头政治。种植园主立法者向所有人征税用于建设基础设施，其目的却只是为了把他们的作物运送到市场；设立州银行，却只贷款给富人；开办大学，却只招收种植园主的子弟。[4]

童年时期，波特就从格兰维尔县的二等白人中脱颖而出，当地的一位绅士对他格外上心，给予他诸多好处：让他免费跟着自己儿子的家庭教师接受古典教育，又推荐他成为美国海军学校的学生。降临在波特身上的种种好事，能轻而易举地收买一个二等白人。再看看亨利·克莱，另外一个努力往上爬的人。克莱生于弗吉尼亚州的一个小奴隶主家庭，随后他搬去肯塔基州，成为土地投机运动中富人们眼中最能干的律师。克莱首次进入议会后不久，心存敬畏的同僚一致推举他为议院议长。之后，他当选为议员、州长秘书、总统候选人。最为重要的是，克莱是经济上发展“美国体系”的缔造者。一心谋求发展的精英们热烈拥护他提出的有关国内市场、支持银行和政府资助基建的想法。

但是，许多不富裕的白人不喜欢克莱提出的美国体系，他们害怕这会导致利益分配不均。在他们看来，即使他们迁往西南部，该政治体系也正在拉大贫富差距。尽管到 19 世纪 20 年代，新建的几个州中，除了路易斯安那州和密西西比州外，其他州的白人都有选举权，但是政治议程依然只照顾富人的利益。例如，密西西比州立法委员会在1830年特许成立州种植园主银行，并拿出纳税人的200万美元资助该银行。[5]

波特在海上度过了青少年时代，学习如何将个人魅力转变为实际的领导力。但在1821年，波特回到格兰维尔时，发现一切还跟他
219 10年前离开前往海军学校时一样。衰败的东南部是一个零和世界，主要由奴隶买卖的收益来维持。波特立即从他觉得可以变得更好的领域着手。1824年，波特开始竞选立法委员会，但是精英阶层密谋帮助祖产颇丰的杰西·拜纳姆获胜。愤怒的波特向拜纳姆发起决斗的挑战，却被拒绝了，因为拜纳姆不认可波特是一位绅士。于是波特偷袭了他，用棍子让他脑袋开了花。[6]

15—20世纪初期，西欧的谋杀犯罪率从每10万人41例直线下降到1.4例。在西方社会，只有国家才有使用暴力的权力，在文化和法制层面，法律是解决个人争议的公认途径。但是，南方依然是著名的法外之地。且不说对待奴隶的那些数不清的暴行，单说19世纪初，弗吉尼亚州白人对白人的谋杀率就接近9/10万，是新汉普顿的8倍。[7]

在最底层，在实行奴隶制的旧州，白人之间进行打斗和谋杀，仅仅是为了证明自己并非奴隶。奴隶不准捍卫自己的尊严、男子气概以及其他任何东西，必须忍受侵占他们皮肤、生活和家庭的一切行为。因此，羞辱一个白人的最佳途径就是将他当黑人一样对待，仿佛他不能还击，而反驳的最佳方法则是回击。罗伯特·波特所在的北卡罗来纳州，法庭常常剥夺贫穷白人的这种反抗权利。当时很多人发声，要为波特羞辱和殴打拜纳姆的行为定罪。法庭拥有自由裁定权，既可以对他进行轻微申斥，像奥斯汀·沃尔福克殴打贵格会编辑本杰明·隆迪的案件那样处以1美元罚金，也可以进行更严厉、更具羞辱性的处罚。

当时恰逢下一届议会选举，法院于是延后立案。波特与拜纳姆在竞选中再次碰头。这次，波特赢下了该县的大部分选票。格兰维尔的小农们急于抓牢自己的财产和选举人的身份，欣赏波特因不愿接受特权带来的侮辱而展现的斗争精神。他们给了波特进行反击的机会，因为波特是代他们出击的。波特加入议会后，立刻压制了一些激进的提案，这些提案旨在挑战富有的奴隶主对北卡罗来纳州的掌控。他做的第一件事就是创办一所新的州立大学，他称之为“政治学院”。学校致力于将年轻人培养为领导者，但是不接收家庭财产超过 1000 美元的孩子。每年，将有 100 名年轻的学生——100 个 220
“罗伯特·波特”——从这个学校毕业。从北卡罗来纳教堂山分校毕业的同僚们，被波特试图推翻他们权力的举动所震惊，阻止了他的议案。[8]

于是，波特将目标转向州立银行，他指控银行为富人提供延期还贷，而将小农拒之门外。波特的选民，或者说大部分选民都支持他的提案。1828 年，波特入选国会，并在 1830 年再次入选。1831 年夏天，他在任期交割期间回了趟家，于是事情发生了可怕的转折。波特听信他人谗言，认定妻子与卫理公会的牧师及富有邻居家 17 岁的小伙子通奸。1831 年 8 月 28 日，波特绑架了这两个人，并将他们拖到树林里做了阉割，然后才放了他们。[9]

波特当天就被捕了，被关押在县政府所在地牛津的监狱里。在牢里等待审判期间，波特写了一份申辩书为自己的行为进行辩护。他说，他的“诉求”是“作为一个人、社会的一员”，有权“向世界”解释自己的行为，但更是为了“你们，我的选民们”。他为自己辩护，声称阉割那两个白人、两个体面的社会成员，是一种自卫，是他们损毁了他做人的尊严，“他们给了我致命的一击，对我的伤害无法弥补，他们玷污了我灵魂的圣殿”，他们与我妻子的通奸行为让我成为格兰维尔“最卑贱的人”。波特“感觉自己没法做人了”，他遭受了奴隶们才会遇到的羞辱。唯一可行的解决方式，就是“用那些人的血”消除“加在我身上的所有羞耻”。波特认为，就像一个真正的绅士通过在决斗中杀死他人来雪耻，只有采取比他受到的羞辱更加残酷的报复行为才能雪耻，才能清除他那不被当人看的印记。[10]

富人几乎不会因为决斗而受审，而穷人即使参加不那么严重的决斗，也会面临长时间的监禁。但是，法律中并没有明确规定波特的罪行，当地法庭在法律上对应的最严重指控也只是人身伤害罪，最多处以两年监禁。这也是立法机构通过新的法律的原因，以便处罚未来再发生白人遭阉割的案件。

两年时间对于蹲监狱的人来说很漫长，在波特服刑期间，立法委员会准予他的妻子解除与他的婚姻关系，也准许她将两个孩子改姓。从法律层面上讲，波特现在不是孩子的父亲了，他们也不是他的子嗣了。如此看来，他跟奴隶一样。然而，北卡罗来纳州东北地
221 区的种植园主还会听到波特的大名。1834 年获释之后，波特再次竞选州立法委员会。他赢得了一场遭暴力破坏的竞争，格兰维尔县将此称为“波特战争”。但是，立法机构很快密谋捏造了赌博欺诈罪，驱逐了波特。这一次，波特服从判决，离开了。像其他数不清的惹事者一样，波特去了新奥尔良，这是他第一次去那里。也正是在那里，他迎来了东山再起的机会。[11]

没有人能确定波特的白人同乡能从蓄奴地区找到出路，摆脱原所在州日益严重的经济、社会和政治上的不平等。如果他们大多资质平平，那么依然不过是波特的翻版。这就是为何从很早之前开始，奴隶制边境地区有关地位、名誉、成员身份、出路和认可的暴力冲突比老蓄奴州更加普遍。例如，1800 年，佐治亚州中部种棉地区的白人谋杀犯罪率大约为 9/20000，是弗吉尼亚的 5 倍。30 年后，佛罗

里达州种棉地区的谋杀犯罪率为 7/10000，是东北地区的 55 倍。[12]

一个来自北卡罗来纳州的移民在家书中写道，他移居的新亚拉巴马社区，“除非他身上带着武器，否则没有人能避开暴力”。他还说，在北卡罗来纳“随身带匕首或者手枪是不体面的。但是在亚拉巴马，随身不带武器是奇怪又鲁莽的行为。实际上，你可以在 10 个人里看到有 9 个人的胸前露出藏着的匕首刀柄。如果身上没带匕首和手枪，白人会用任何东西来恐吓、羞辱、杀害他人，如牙齿、石头、指甲、牛皮鞭子、藤条、木头。生活在蓄奴地区的人的信中，写的也是各种不幸的人被枪杀、刺死、砍死、鞭子抽死或者遭遇其他残酷的羞辱”。诸如此类的事情，比比皆是：“在比赛中，他的拇指被鲍勃·哈钦斯咬了一口，最后只能截去……”；“他太浑了，说我的妻子和母亲是荡妇，我打了他”；“他们几乎不会因为蓄意谋杀而处死一个人，他们认为取人性命与杀死一条蛇无异”；“他用铅弹反击”；“后院有吵骂的声音，达德利一枪打中了罗文的右肋”；“树林里搜出一具尸体，前额有两个弹孔，后脑的头骨已经被砸得凹陷进去了”。[13]

1842 年，一个逃跑的奴隶跟人说：“他们那里持有枪支非常自由，如果一个人对于强加在身的一切不表现出愤怒，人们会称其为‘软柿子’”。在白人男性看来，“软柿子”指的是那些在地里做苦工的男人和女人，不管是自愿还是被迫，都会成为无助的被攻击目标。 222
他们用匕首、手枪和身体攻击来证明自己不是好欺负的。东北部的小男孩，从学会走路起就开始学着去战斗。在佛罗里达州，一个父亲看到儿子与人打架，他会说“按倒他、咬他、抽他的嘴巴”，要不就说“你成不了一个男人！”一个男人，从生到死，随时都得做好战斗的准备。即使是死于酒精的老人，也要在他们的床底下疯狂地翻找藏起来的手枪，以射杀向他们冲来的幽灵。[14]

富人们充分享用着种棉地区日益增长的生产力带给他们的奖励，

然而在前线的暴力中，他们的贡献也远超他人。同样典型的还有亚拉巴马州的雇主与雇工之间的冲突。正如1833年约翰·佩勒姆给远在北卡罗来纳州的叔叔写信时提到的那样，他说："我与拜纳姆先生起了纷争（我没有如他所愿做个顺从的监工），他威胁要揍我（他有3个成年的儿子）。我跟他说，你们全家都不要轻举妄动，不信就试试看。"拜纳姆希望他顺从，但是佩勒姆拒绝服从。佩勒姆是一位雇工，但是他认为自己是平等的。你不能打一个与你平等的人，你是在靠暴力来证明他们与你是不平等的。拜纳姆对佩勒姆做出了让步，现在他需要一名新的监工。同时，佩勒姆找到了愿意为他担保的人，佐证他对身份的申明："我有钱，也有朋友，我现在决心变更经营，我要去佛罗里达……我买了品类繁多的百货，将它们运往一个我能很好经营这门营生的地方。"[15]

从个人境遇来看，那些搬去新州的不太富裕的白人越来越看不惯那些胆敢表现得比他们优越的人。成千上万个佩勒姆，就像当初的波特，力求获得政治上平等地位的认可。在18世纪90年代，南卡罗来纳州和肯塔基州的富有公民决定扩大这一特权，不管他们贫穷还是富有，赋予所有成年白人男性平等权。他们可能认为，上层社会有教养的富人仍会掌控所有公共事业，决定政治进程。最初确实如他们所愿。在蓄奴地区，许多成功的政治家都像乔治·波音德克斯特一样。在19世纪的头几年，波音德克斯特从弗吉尼亚前往密西西比，成为密西西比第一部法规的起草人，纳河县精英们的政治战士。"纳奇兹名人"虽然是少数，但是他们控制了州议会，所以推选了波音德克斯特为美国议员。[16]

223 然而，在波音德克斯特名声大噪、炙手可热之时，从旧州来的贫穷白人移民开始对蓄奴州的选举产生影响，并逐渐改变了这场政治游戏。1832年，密西西比州宪法废除了对白人男性参加选举的最后一点限制。扩大后的选民群体选出的州立法委员会，要求波音德克斯特在议员竞选中反对有利于其密友的银行政策。他回应称，普通选民没资格告诉他该做什么，“如果……密西西比人希望找一个在国家立法委员会中能代表自己、听任权力之手指挥的人，很不幸，他们选中了我”。[17]

精英政治家将对手描绘为不值得选民尊重的“软柿子”，试图分散人们对服务于寡头政治派系的政策的注意。理查德 · K. 科尔是佛罗里达州州长，也是一批土地投机者的领头人，他称自己的竞选策略为：用比以前“更硬的鞭子和马刺”来“驾驭”对手，使用语言侮辱和暴力威胁，直到对手夹着尾巴落荒而逃。

在选民看来，与政治荣誉相关的暴力与施政计划和口才一样重要。然而，住在远离河边贫瘠土地上小木屋里的新选民，并不愿看到他们的代表忽视他们的心声。有时候，如果议员未能代表选民的意愿，选民就会做出过激的反应，如佐治亚州一位选民就曾刺杀一名亚祖的州议员，仅仅因为他放弃了可以从克里克人手里获取土地的长子继承权。如果有机会，贫困的白人宁愿选择像富兰克林 · 普卢默这样的政治家。普卢默来到密西西比时，与波音德克斯特一样贫穷，住在州东南部的贫瘠松林区，而不是在纳奇兹。据他的同僚政客后来回忆，1829 年，普卢默准备参加议会竞选，该州的管理层“认为这是非常鲁莽的举动”。纳奇兹当局派最恶名昭著的决斗者在演讲中进行激烈质问，试图将他当作脆弱的懦夫一样羞辱。但普卢默用巧妙的讽刺、“冷静的演讲来回应他们”。他团结普通选民的出色能力让他所向披靡。一次竞选活动中，普卢默与一名竞争对手在同一地区巡游。那天晚上，两人同住一间农舍木屋。次日清晨，普卢默的对手出门时，发现女房主正在挤奶，而普卢默则拽住饥饿的小牛犊的尾巴，咧着嘴看向自己。在另一个停留点，普卢默帮助一

224 个农民给年幼的孩子们驱除头发里的红色寄生虫。在另一场竞选活动中，他刊登了一幅讽刺广告，号召人们帮竞争对手波瓦坦·埃利斯寻找他声称丢了的卡车，车里可能有以下东西："6 块草坪毯子，6 件麻纱衬衣，2 件睡衣，1 个睡帽，1 件女士胸衣，3 双长丝袜"。埃利斯因此输了选举。[18]

支持富兰克林·普卢默或者鲍勃·波特的白人，想要的不只是嘲讽那些傲慢的人。他们希望政治会改变，白人男性可以在政治上享有平等的权利，获得同样的政治成果。具有讽刺意味的是，没有任何"波特化"的政治家播下变革的种子，在此类改变上带来更多收获的反而是田纳西州的一位棉花种植园主兼奴隶贩子。1829 年 3 月 4 日，在华盛顿的安德鲁·杰克逊在疼痛中醒来。首都当时还处于漫漫沉睡当中，壁炉中的烟气升腾着冲出烟囱。杰克逊硬朗的老身板感受到了刺骨的寒意。他还没有完全从竞选中恢复，他身上的刀伤虽然愈合了，但伤疤下面是他心里留给蕾切尔的空洞。杰克逊认为，是约翰·昆西·亚当斯在竞选中刊出的肮脏宣传册害得他的妻子丧命。蕾切尔被指控通奸，因为在 18 世纪 90 年代与杰克逊结合之前，她还没有与粗暴的第一任丈夫彻底离婚。在杰克逊赢得 11 月的胜利后不久，蕾切尔的健康状况便急转直下。

现在，杰克逊站起来了，候在门外的奴隶听见了这位老者的动静，进入房间。几分钟后，新当选的总统出现了，他洗漱一新，穿着黑色的裤子、马甲、外套和大衣。杰克逊曾经中意于一顶白色的海狸毛帽子，今天他戴了一顶黑色的。走下楼梯，他看到了一群年轻人，都是他收养的孩子，不少人还充当了他的助手，因为他和蕾切尔没有生育。他们吃早餐时，外面的人群冒着严寒，开始汇集在宾夕法尼亚大道第六街的酒店外。11 点，当杰克逊打开大门，振聋发聩的欢呼声在顷刻间响起。

新当选的总统和他的士兵们沿着台阶走下来，并未形成戒备森严的阵势。批评者讥讽杰克逊为“军事首脑”，暗指他的诉求与骑马打天下的暴君一样，他的力量使愚昧的人感到紧张。但不仅如此，他与盟友和支持者们正在建立一个新型的政府，既不是独裁政权，也不是共和政权，而是一个剥夺其他人公民权、赋予白人男性平等身份的政府。这是世界历史上首个大众民主政体。杰克逊穿过冰冻 225
泥泞的宾夕法尼亚大道，他没有骑马，而是徒步前行。[19]

杰克逊和他的支持者们经过两轮艰苦的全国选举，终于等到了这一天。1824 年，杰克逊赢得了普选票中的相对多数票，但是他被国会用策略击败了，因为没有候选人赢得总统选举团的过半选票。然而，1828 年，杰克逊有了新的支持力量，他与纽约的马丁·范布伦及其“鱼龙混杂”的一帮人联合一起。1821 年，正是这些鱼龙混杂的一群人创立了新的州宪法，该宪法剥夺了大部分有财产黑人的人权，而赋予所有白人人权。纽约的选票为杰克逊在 1828 年选举中获胜奠定了基础。与此同时，这年春天，杰克逊通过了一个关税法案，对宾夕法尼亚州和新泽西州的手工业区实行明确的保护，从而让议会中的北方盟友锁定了各州的选票。但是，他最大的支持还是来自实行奴隶制的边疆各州，包括肯塔基州、亚拉巴马州和田纳西州。在东南地区的几个州，非奴隶主白人普遍支持新奥尔良的参选人，这股全国性的力量成就了杰克逊，并全力支持着他。

被前任总统的就职典礼吸引的观众寥寥无几。但是，杰克逊就职典礼的那一天，好像美国所有白人农民、佃农和城市的工人都来到了华盛顿。马萨诸塞州的参议员丹尼尔·韦伯斯特讽刺道：“杰克逊的选民似乎真的认为这个国家将从某种可怕的危险中获救。”杰克逊在宾夕法尼亚大道游行时，统一着装的工作人员站在他两侧，由运柴车和农场马车自发组成的护卫队也参加了游行。杰克逊到达国会大厦，从地下室的一个门进入，人山人海的观众把国会大厦围得水泄不通。随后朝东的门全部被打开，就职典礼的队伍从议会大厅走上门廊，2 万人都往前挤近了几步。[20]

那个高大的男人从一群政要中缓步走出，站在他们面前，人群开始高声欢呼。突然，所有人都摘下帽子，向他们象征着平等权利、主权公民精神、男子气概的完美榜样致敬。每个人都屏住呼吸，大炮鸣响了 24 发礼炮，海军乐队开始奏乐。这位新奥尔良的英雄站立在 2 万人于寒风里哈出的白气之上，看着一张张仰望着他的脸庞，深深地弯腰鞠了一躬。[21]

安德鲁·杰克逊虽然在仕途上平步青云，而且有 100 多个奴隶，
226 但他的生活还是尽可能地从简。蕾切尔甚至还抽烟筒。他不仅没有暗示选民低他一等，反而会用“波特式”的暴力回击任何试图不尊重他或者其他白人男性选民的行为。选民们听到杰克逊的反击行为，都有一种如愿以偿的自豪感，就好像他的汽船侥幸躲过撞击之时，总统候选人一怒之下跑上对方的甲板，用上膛的来复枪威胁船上鲁莽的领航员。杰克逊不仅仅给予白人口头上的平等，他在马蹄湾和新奥尔良的胜利，让其承诺的白人自由不再是纸上谈兵。他获取了印第安人的数百万英亩土地，成千上万的白人成了土地的主人，以此努力摆脱阶级固化。

杰克逊当选总统后，其一举一动都带有莫大的象征意义。1832—1833 年间，南卡罗来纳州的精英（包括副总统约翰·C. 卡尔洪）声称自己所在的州将“废除”联邦法律，即 1828 年的关税法案。尽管杰克逊申明在原则上他也反对关税法案，但是他认为废除者的行为直接挑战了全国大多数人的权利。一位田纳西州的选民也持同

样的观点，他说，“老胡桃木”（Old Hickory）① 对南卡罗来纳州种植园主精英的羞辱真让人感到高兴，“老首领能召集足够的军队……站在（南卡罗来纳州西北地区）萨鲁达山上撒尿，把那些废除法律的人都冲到大西洋里去”。在他看来，卡罗来纳的种植园主叫嚣着将召集民兵组织抵制联邦关税法的执行，直到像他一样的杰克逊拥护者集聚起来予以震慑，他们才作罢。[22]

因此，杰克逊在支持者面前形象高大，是他们的典范——一个朴实无华而又坚决果断的人，掌管着他的家园，能将傲慢的公牛驯成温和的顺民。他拿出演讲稿准备进行第一次就职演说，他向忠诚的支持者许诺，逐步成形的民主将不仅仅限于白人男性的平等。他承诺，他的政府所作出的决策，不会去取悦那些有权势的人。杰克逊说，他计划矫正“让联邦政府陷于自由选举的冲突中的滥用职权”。这让选民们想起了4年前众议院实行的诡计，他们凌驾于民意之上，选了约翰·昆西·亚当斯为总统。然而，比其他具体的措施更为重要的是，杰克逊执政期间，一些政治上具有创新精神的盟友，比如马丁·范布伦，利用杰克逊的影响力，建立了新的国家政治结构，彻底实现了白人男性的平等。他们还建立了政党制度的规则，通过选区层级组织和忠诚的情感号召，将普通市民团结为公众选举 227
的力量。杰克逊团队的政治重组产生了值得载入史册的成果，撼动了对蓄奴州的“波特化”的憎恨，这一举动意义非凡，其影响一直从那个阴冷的3月天延伸到了我们自身。

站在总统面前的人群脱帽行礼时，杰克逊也鞠了一躬，但他没有摘帽。在帽子的遮掩下，他情不自禁地思考起另一系列计划。事实上，他的确常常将想法藏在帽子里——将某个想法的苗头快速地

---

①“老胡桃木”是安德鲁·杰克逊的别称。他为人固执、强硬，因为他在战争期间坚韧不拔、同甘共苦的作风，所以深受士兵爱戴，被他们亲切地称为“老胡桃木”。

记在碎纸片上，然后塞进帽子内衬里。随着演讲的继续，杰克逊暗示将实行四项政策，致力于在西南边境建立更多的奴工营。这些政策并非与普通白人大众的希望和原则水火不容，但最终结果不仅会给边境的企业家带来经济效益，而且还有其他意想不到的效果。

首先，杰克逊宣布，他计划根据本国国民的“感受”来处理印第安问题。在佐治亚州、亚拉巴马州、密西西比州和佛罗里达州，居住着近 5 万名印第安人，他们拥有那里的 1000 万亩土地。杰克逊的国民们的“感受”是，他们想要这块土地，来扩大棉花和奴隶带来的繁荣。接下来的 8 年里，杰克逊领导的政府迫使所有幸存的印第安部落越过密西西比河，让出更多土地给白人和黑人落脚。[23]

杰克逊还说，“对于外国，我会努力学习公平、高尚地维护与他们之间的和平，跟他们建立友谊”。但是众人皆知，他认为通过路易斯安那购买案，美国实际上已经买下了后来成为得克萨斯州的大部分土地。墨西哥宣称对这块土地享有主权，但是杰克逊想重新划定由美国和西班牙于 1819 年协商议定的边界，将现在称为得克萨斯州的这块土地的大部分合并为种植棉花的新边疆。[24]

1828 年，杰克逊还想在最近一次国会上调整对外国产品征收的关税。这项不易操作的折中措施通过征收进口关税，补贴了美国当时尚弱的加工制造业，比如对进口阔幅棉布按 280％超额征收关税。美国工厂会以低于成本价的价格售卖英国货物，但是消费者要负责买单。尽管关税政策保护了杰克逊在北方的部分支持者的利益，但是南方种植园主要为自己的消费付税，从而导致利益受损。南卡罗来纳州的政治家们正准备在这个问题上进行摊牌。在演讲中，杰克逊认为关税太高。[25]

228 接下来是“改革”，这是杰克逊形态模糊的第四个目标。他在短暂的演讲中，对改革到底意味着什么闪烁词辞。杰克逊不久即指控亚当斯任期交接的行政部门，大约有 100 名办事员存在贪污腐败。但是我们都知道，总统先生更在意美国第二银行。第二银行的许多分行都在亚当斯竞选期间为其提供了财政支援，杰克逊不会忘记这点。尽管第二银行稳固了国家财政，帮很多人从 1819 年的恐慌中恢复过来，但其他美国人却并没有变得富有，所以这些人大部分将票投给了杰克逊。虽然杰克逊在就职演说中将第二银行这个最棘手的问题避开，但是他很快以强调白人男性公民身份平等的改革项目为幌子，对银行展开攻击。[26]

杰克逊就此结束了演讲。随后他大步地走下台阶，穿过拥挤的人潮，加入了美国历史上最喧闹的就职晚会。那天晚上，杰克逊成千上万兴奋的拥护者将白宫团团围住，想要控制拥挤根本不可能。他们什么都吃，什么都喝，砸坏了家具、茶杯，还有鼻子，甚至把他们的领袖挤到墙边，差点令其窒息。最后，杰克逊不得不从后面的一扇窗户逃离，回到酒店过了一晚。但即使他不在，晚会依然在继续，正如女管家玛格丽特·贝阿德·斯密斯的嘲讽，这真是“人民的节日”。[27]

就职演说给为期 4 年的激烈冲突奠定了基础。其中一个冲突是，在杰克逊的内阁中，有一半成员或他们的妻子称别人的妻子为娼妓，杰克逊先把这些内阁成员收服了。尽管国会采取了降低关税的举措，但是对南卡罗来纳州的政治家来说，政策执行得太慢，他们声称可以废除联邦法律。一些历史学家称，废法行动正好应验了 19 世纪 50 年代南方要分裂的威胁，这些威胁是对北方试图阻止奴隶制扩张的回应，但这显然有马后炮的嫌疑。19 世纪 20 年代末，南卡罗来纳的白人被吓到了，他们在心理上还没从 1822 年登马克·维西的奴隶暴乱[①]阴影中恢复过来，他们也感到自己的生死存亡与西南地区息息相关。实际上，南卡罗来纳仅有西部少数人支持分裂威胁论。在1832—1833 年的那个冬天，杰克逊机智地捍卫了国家的统一，从而粉碎了废除联邦法律的企图。[28]

早在 1830 年，杰克逊和议会中的盟友就提出了《印第安人迁移法案》，该法案强迫西南地区的印第安人搬到现今的俄克拉荷马州。尽管一些北方人批评占领土地、驱逐原住民的行为不道德，但国会
229 还是通过了这一法案，授权杰克逊政府驱逐东部地区残余的土著人。到 1828 年杰克逊第二个任期即将结束时，大部分住在西南种棉地区的美国原住民已遭到驱逐，他们被迫离开了家园。[29]

然而，在切罗基人和契卡索人被逐离家园之前，1829 年 11 月的一天，第二银行的总裁尼古拉斯·比德尔从费城总部来到白宫。比德尔是一名身材矮小、具有诗人气质的贵族，他虽然生活在 19 世纪的美国，却像个文艺复兴时期的人。比德尔发现 1819 年的恐慌源于机构的功能紊乱，他将第二银行重建为一个成熟的金融机构，管理着贷款发放。比德尔确保了自 1790 年以来边境种棉地区产量的大规模增长，并将其转化成全国范围内稳定的经济增长。他在这方面的贡献无人能及。事实上，自 1820 年经历了恐慌后的萧条以来，国家经济已经增长了 38%。但是，圆滑的比德尔急于试探边境蓄奴区的情况，而杰克逊的权力来源于刚刚获得民权的绝大多数人的号召力，这部分人原本就怀疑银行会像章鱼一样深入他们生活的各个方面。[30]

会谈中，总统先生感谢了比德尔所属银行在偿还国家债务方面提供的帮助。此外，杰克逊还说了一些让比德尔颇为惊讶的话：“我

① 1822 年登马克·维西领导的奴隶暴动虽然未等起事就被扼杀了，但该事件让南部执政者感受到了风声鹤唳、草木皆兵的危机感。

对于贵行和其他银行一样没有反感，但是自从看过南海泡沫①的历史，我就开始害怕所有的银行。”历史学家通过对这次会谈的分析，认为杰克逊被过去广泛的文化焦虑驱使着，他担心与真金、白银等贵重金属相比，银行印的纸币不是“真钱”。但利益集团也有更为实际的理由反感第二银行，杰克逊也代表了这些利益集团。所有的反对意见很快引发了杰克逊与第二银行之间的矛盾。这场斗争引发的一系列后果，既推动了奴隶制的扩张，也影响了从杰克逊到林肯这段较为传统的美国历史叙事的政治戏剧。[31]

银行神秘的变化，暗含了种棉地区与政治之间的联系。人人都了解银行吸收存款、发放贷款，但并不是每个人都能意识到银行发放贷款时，实际上是在印钱。我们将这种钱称为信用。就如我们听说的那样，这意味着钱是基于“信任”。人们要想让钱发挥作用，就必须信任它，因为银行借出去的钱比存款吸收的钱更多。这种钱必须是纸币（19 世纪州立银行自行印钞），或者也可以是添加在一张纸 230
质存折信用账户中的数字，凭此贷款，借款人可以开取支票。当然，纸钞很有用，因为它很轻便，一个信封里可以装很大一笔钱款，而铸币即便是中等尺寸的也很笨重（回想下 1806 年佐治亚州的约翰·斯普林斯骑马北上马里兰东岸，他装在马褡里的金币在马背上叮当作响）。[32]

但更重要的是，银行印制的钱必须是纸币（或仅仅是纸币上的金额），因为只有这样才能凭空制造。因此，只有纸币才能带动真正的经济增长。想象一下，如果一个经济体只用金银（即铸币），那银行就无法发放比存款还多的贷款，银行就是个绣花枕头了。这样一

---

① 南海泡沫是经济学上的专有名词，指的是 1720 年春天到秋天之间，脱离常轨的投资狂潮所引发的股价暴涨和暴跌，以及之后的大混乱。

来，实际流通的货币就会减少。如果货币供应量依赖于出土的金银，那么货币供应量就跟不上社会生产的商品和服务增长的速度。届时商品价格会下降，贷款的成本会上升，最终会抑制对新产业的投资。

银行通过发放超出存款总额的贷款创造了信用，少量的价值贮存（存款）实现了增值。1825 年，崔斯特写道，通过神奇的杠杆，刚刚成立的路易斯安那银行制造了 400 万美元纸币，成功地“投入了大量流通货币”。银行将纸币发放给贷款人，他们转而进行新的投资，购买土地、设备和奴隶。崔斯特注意到，“黑奴的价格有了大幅增长”。贷款人像阿朗佐·沃尔什这些种植园奴隶主一样运作资本。1823 年，路易斯安那的一位商人给阿朗佐·沃尔什提供了年息为 10％的五年期贷款，共 4.8 万美元。作为担保，沃尔什抵押了“90—100 个一等奴隶”，其中包括他要用贷款购买的奴隶。[33]

沃尔什认为这是一笔不错的交易。有了这些新添的人手在路易斯安那州西费利西亚纳教区的巴尤河口干活，他就可以开辟更多土地，种植更多棉花，并赚到钱来偿还贷款，支付利息。那位商人从第二银行借贷只需要 6％的年息，而以 10％的年息放贷给沃尔什，他赚的都是纯利。从整个美国的大资产负债表来看，假设经济增长总是好事，这也是一笔好买卖。在这种交换中，只要说服各类经济角色去冒险，采用新资源信用的创造会加速经济发展的步伐。然而，
231 有了这种自决权，银行有时候会发放太多贷款，以致扰乱了价格，破坏了对货币价值的信心。如果人们认为一家银行的政策不负责任，其结果就是逃离这家银行。在此过程中，存款人和借款人会要求银行用铸币来兑换其已发生贬值的纸币，从而清空这家银行的储备金。短时间内大量的逃离现象会产生恐慌，恐慌之中，所有的放贷者会从银行和借款人手中收回自己的资本，最终会导致经济的停滞。[34]

1819 年，第二银行就没能成功地阻止恐慌的发生。尽管如此，

最高法院著名的麦卡库洛诉马里兰案的判决，保护了银行免受愤怒的立法机构的责难。这意味着银行像美国近代历史上的美联储一样，有能力控制其货币的供应量。因此，银行首先得发行自己的纸币作为可信的货币。第二银行用大量的金币和银币回收了 5000 万美元（1830 年币值）流通纸币，铸币的价值只有纸币面值的一半，所以人人都知道，拿一张第二银行的纸币去其 25 个分行中的任何一个，都可以换得金币。自然，没人愿意这样做。事实上，一些商人，比如奴隶贩子艾萨克·富兰克林，经常向密西西比顾客多收一些费用，因为他们使用的不是第二银行的纸币。可靠信用让美国得以通过发放贷款大力地刺激经济。例如，1832 年，富兰克林在一封信里写道："这个地方的第二银行和种植园主银行投入了大量现金用于流通，棉花的价格稍有上涨。"棉花采购商也愿意给种植园主运到市场上的棉花一个更高的竞价，繁荣得以持续。[35]

同时，通过强制州立特许银行保持一定数量的黄金或第二银行纸币的部分储备，第二银行确保能够保持平稳地增长。在贸易过程中，第二银行也常常收到大量其他银行发行的纸币，然后银行工作人员会出示票据去其他银行兑现。艾萨克·富兰克林将密西西比种植园主银行发行的 5025 美元纸币存入第二银行纳奇兹分行后，该银行将纸币送至种植园主银行，要求兑换成 5025 美金的铸币或者第二银行的纸币。这个程序迫使规模较小的银行限制印钞和放贷的金额。反过来，这也保证了他们票据的可信度。例如，1829 年，北卡罗来纳发行的银行票据以 96.75%的折扣进行流通，甚至流通到遥远的巴尔的摩。凯普菲尔银行（Bank of Cape Fear）曾资助泰尔·格伦将奴隶买卖扩张至亚拉巴马州，该银行发行的 1 美元纸币，在巴尔的摩可以用来购买价值相当于 96 美分的面粉、棉花或者劳力，虽然这是一种并不完全等于票面价值的货币，但是远胜于 1819 年恐慌时期的货

232 币。更广义地讲，第二银行注入的信心，意味着欧洲的放款人愿意将资本注入美国的商行，从而确保每年丰收的棉花能顺利地从西南地区运到新奥尔良码头，装上驶往利物浦的船只，最终到达曼彻斯特的纺织工厂。[36]

尽管比德尔成功地创造了一个有利的环境，使经济获得了前所未有的稳定增长，但人们对银行的成见依然存在。许多美国人认为银行的力量从根本上与民主政治有分歧，这不仅仅是因为传说中银行干涉了选举。第二银行是联邦政府的银行家，持有政府的存款，管理美国1750万美元预算中的每一分钱。然而，第二银行也是一个私有企业，其4000名股东从银行为政府进行的每一笔财政交易中获利。比德尔坚称，银行的一切运作不受大众所选的代表监督，他曾这样写道："上至总统的任何政府公职人员都无权干涉银行的问题。"[37]

随后，有人抱怨在19世纪20年代占据全国20%银行贷款份额的第二银行暗箱操作，可以决定谁会在经济上成功或是破产。1831年3月22日，星期二，纳奇兹的种植园主弗朗西斯·斯各特从国家银行在当地的支行获得了9000美元的短期信用贷款，用于偿还棉花经纪人阿尔瓦里·菲斯克的欠款。斯各特因何从密西西比这个偏远地区的众多种植园主中脱颖而出？原因就在于他显赫的财富和人脉。19世纪30年代，他已经拥有95个奴隶，这使他跻身于占美国人口1%的最富有群体。斯各特成为典型还有一个原因，就是他通过联姻与斯蒂芬·邓肯拉上了关系。邓肯是一位颇有势力的经纪人，通过国家银行的纳奇兹支行，他不仅掌控密西西比种植园主银行，还有第二银行的信贷渠道，因而邓肯是该州最有权势的金融政治圈的核心人物。州银行就是管理者的关系户的自动提款机，到1850年，斯各特通过借和买，将拥有的奴隶人数增至2200多人。

邓肯一伙将其他奴隶主排挤在外。种植园主银行只在该州纳奇兹附近的原住民聚集地设立了分行，因此居住在新开发地区的民众无法获取银行的资金。事实上，在杰克逊第一个任期内，比德尔大幅增加了国家银行的放贷金额，尤其是新奥尔良支行和纳奇兹支行。到 1832 年初，第二银行不少于 1/3 的资本都分配给了商人、种植园主以及西南地区的当地银行。如果银行想增加其对美国经济中主要 233
行业的价值，新的棉花帝国是最该重点关注的领域，银行的绝大多数动态也基于此。但是，密西西比州 7 万白人中，仅有几十人获得了第二银行的大额贷款。因此，尽管大量信贷流入种棉地区，许多有志向的企业家依然不喜欢第二银行，这不是因为银行发行纸币，而是纸币不够多，他们得不到。[38]

第二银行和其未经选举的小集团给西南地区没有背景但满怀热情的种植园主和商人浇了一盆冷水，让准投机者产生自己低人一等的感觉。其他积攒的能量也引发了企业家对第二银行的不满，因为其阻止了失控的投机倒把。当时的各种往来信件都透露出对冒险、投机和繁荣的渴望，其中一封写给田纳西州国会议员的信中说："A·C. 海斯、H·M. 沃克尔、邓肯和麦克金斯博士已经结束对密西西比的访问回来了，他们的棉花生产热潮引发了无限想象……谣传邓肯和麦克金斯博士已经向棉花农场做出了承诺。我们的朋友海斯真是喜不自胜。"海斯告诉朋友，每年"一个人手能挣 500 美元"，这实在是异想天开。棉花价格将不得不上涨至每磅 20 美分，并要保持这个价格，"奴隶人手"也必须比以往种更多的棉花。奴隶主想再次体验 1815—1819 年扩张中重塑西南棉花市场的巨大增长，但是这一次他们想要得到更多，他们前所未有地渴望冒险。为了全面衡量 19 世纪 30 年代早期影响了蓄奴边疆地区的波动性，必须检验冲动和渴望的另一个层次。[39]

再追溯到前些年，从 19 世纪 30 年代开辟的土地和播下的种子所萌生的一切中去仔细搜寻，就会发现安德鲁·杰克逊在接手银行后的几年里，进行了一笔不可告人的交易。当时的场景如下：一位名叫威廉·科顿的白人男性坐在位于肯塔基州路易斯安那靠近俄亥俄河的一个办公室，有人将一封叠好的信塞到他的手里。他抬起头，目光游走在刚刚塞给他书信的白人身上。信纸掉下来，落在男人身边的一个妇人身上。她目光柔和，精致的服饰无法掩饰她的身型，软帽下，紧致的棕色卷发披在她细腻的棕褐色肩上。科顿从桌子边沿窥视时，她的孩子转过脸来，盯着这个有钱人的举动。从此处看去，他辨不出那是男孩还是女孩，孩子丝绸般的头发像他的白人父亲的一样漆黑油亮。

234 “给你的。”道格拉斯说。科顿意识到自己一直屏住呼吸，他松了一口气，打开信封。8 月的阳光从敞开的窗户照进办公室，科顿展开信纸，将信斜了一下，迎着阳光读起来。“本信由道格拉斯亲自转交你手，他随信带去了艾萨克·富兰克林先生的女孩露西迪和她的孩子，在你收到艾萨克的信件后，将他们一并交付与你。”

这封信讲了一个古老的故事。“我们的朋友（指艾萨克·富兰克林，19 世纪 30 年代中期之前是美国最大的奴隶贩子之一）在 1839 年娶了一位非常漂亮又有修养的年轻姑娘”，某个富有的奴隶主的白人女儿。因此，科顿先生，请您“帮忙将所有事情简单化……关于这位老人的故事不得传与外人”。面对科顿投来的锐利目光，道格拉斯扬了扬眉。科顿默然不语地继续看着信上的指示：姑娘任由你处置，但是不要跟道格拉斯透露任何事情，也不要跟小男孩说。请不要让富兰克林的新妻子及其富有的田纳西家族知道露西迪和孩子的存在。不用再给道格拉斯酬劳了。露西迪和她的孩子是“支付方式”。[40]

选中科顿是因为他是“对待奴隶的一把老手”，富兰克林的生意伙伴瑞斯·巴拉德这样说。“卡菲”（Cuffy）来源于一个常见的西非名字，这个名字对 18 世纪的美国黑人来说变得具有嘲讽意义。一些奴隶贩子以此称奴隶为货物。例如，在一封艾萨克·富兰克林于 1834 年写给巴拉德的信中，他写道，“卡菲”的价格涨了，全国的价格都很高。“老手”则具备在奴隶的身体、生活和法人身上行使权力的能力，这是一种无情榨取最大价值的白人权力。一个老手常常能迫使别人服从：出于恐惧、与被偷走的人团聚的希望、饥饿、得到善待的承诺，或是尚可忍耐的被迫卖淫而不是残暴地被强奸——每个奴隶都有自己的价码。[41]

奴隶制允许不受监管的支配，无条件地满足无穷的欲望。因此，奴隶主的行为非常暴力、冒险、唯利是图、充满灾难性。19 世纪 30 年代，白人，尤其是男性，试图利用信贷和所拥有的奴隶建立西南王国，他们的行动越来越冒险。此种行径播下的种子将带来繁荣和萧条的交替轮换，都将书写美国的历史进程，没有研究过精算和热切渴望的人是无法理解它的。尽管现代经济学常常以一门科学自居，假设人人都是完美的理性角色，他们都基于对自身经济利益有清楚甚至量化的理解而采取行动，但是这种假设是错误的。民众很少有 235
充分的信息来估量一个或另一个行为的结果，种植园主谈及“狂热”和“欣喜”时尤甚：人的行为并不经常由完全的理智驱使，甚至（尤其是）他们的“经济”行为。

这正是英国伟大的经济学家约翰·梅纳德·凯恩斯试图向人们阐述的一切，他认为是“动物精神”，即情感和欲望，驱动着经济浪潮的流动和起落。前不久，基于用一些真人进行人的行为的测试结果，经济学家们指出，性欲和有关买卖的冒险抉择之间似乎像电路一样连在一起。研究人员给男性展示有可能得手的漂亮女性照片时，他们进行经济冒险的倾向会急剧上升（女性看到迷人的男性照片时，她们倾向于展示自己无私奉献的一面）。但是，无论是因为进化生物学还是其他因素，当男性的大脑受到美丽性感女性形象的驱动时，会导致他们在财务上更激进。在19世纪30年代白人企业家的思想和行为中，都体现出他们在财务上的冒险和将女性奴隶的性感物化纠结在一起，并形成互相扩大的关系。[42]

当然，从“马斯佩罗之所”的拍卖受阻事件上，蕾切尔应该能预见，强暴自己奴隶的合法化不仅会影响奴隶的买卖，还会影响西南市场上企业家的其他行为。因为从美国实行奴隶制开始（如果不是在这之前），白人男性就认为一旦涉及女性奴隶，购买她们即意味着额外的好处。奴隶主为了自证清白，以黑人女性更性感、道德低下、不够漂亮、不够精致为借口，以此为自己强奸黑人女性、抛弃孩子、卖掉情人、强迫黑人女性做白人女性不愿做的粗活苦活的行为开脱。

托马斯·杰斐逊承认，不受监管的权力扭曲了白人男性的性格：“在这种环境下能保持道德品行不败坏，这样的男人简直就是奇迹。”杰斐逊让未成年奴隶萨利·赫敏斯首次怀上他的孩子时，我们不知道他是否认为自己的道德败坏了。我们可以想象他产生欲望的原因，或许是萨利看起来像他已过世的妻子，毕竟萨利与他妻子是有着一半血缘关系的姐妹。虽然杰斐逊对萨利的事只字不提，但是，18世纪大英帝国的殖民地有一份来自一个白人的文件，其中更加直白地揭露了白人男性的性欲望与金钱欲望之间存在密切关联。[43]

236 布莱恩·爱德华兹是牙买加的一位种植园主，他曾写过四卷本的《西印度群岛史》。在18世纪90年代，他却发表了一些有别于他常播报的贸易法和蔗糖统计数据的文字——一首描述“黑色维纳斯”

的下流诗。“黑色维纳斯”是一则寓言，它将奴隶买卖描绘成一个裸体的黑人女性坐在由鱼拉着的半扇贝壳上从安哥拉而来。扉页的木版画揭露了她像波提切利①画中的女神一样，几乎一丝不挂，但是黑色维纳斯不是白皙丰满的，而是肤色黝黑、性感风骚。她进入金斯敦港湾后，牙买加这片“被强夺的土地笼罩在疯狂的欣喜中”。种植园主们一窝蜂地涌到码头，就像他们当初争先恐后争抢最强壮的甘蔗工人一样，只是这次拥挤的人群是为膜拜爱神而来。牙买加的白人男性“都爱慕你……”一个神坦白道。他们迷恋这位穿越大西洋中央航道的女神。她的皮肤并不是英国诗歌里描述的那种白，爱德华兹俏皮地写道，“没有区别，到晚上都一样”。他狂热地通过一大串像“卡菲”一样典型的西非名字来追求完美的黑色维纳斯：“无论你像温柔的菲巴那样微笑，像贝妮巴善于伪装，像敏巴放荡地噘嘴，像活泼的库巴一样快活，或像昆沙巴那样冷静，我都能找到你。”[44]

这里其实能看出爱德华兹的卑鄙。他假装黑色维纳斯掌控着种植园主，附和着文学爱好者的感叹：我失控了，我完全被我渴望的人迷住了。他将黑色维纳斯描绘成一位用性来引诱白人男性的女神，这不过是无稽之谈。这首诗描写的是购买奴隶的场景。爱德华兹并不受控于昆沙巴、库巴或者敏巴。他可以买下其中任何一个奴隶，或者全部。买下之后，占有和消费可以取代渴望。

渴望苹果产品或者其他商品的现代消费者可能对这种自欺欺人颇为熟悉。同样地，研究人员通过对犯有赌瘾的人进行心理分析发现，一场成功的赌局会产生一种无所不能的感觉：众人似乎忘记了机会法则，沉迷于赌徒法则。爱德华兹或杰斐逊在追逐黑色维纳斯时，常常以成功告终，毫无风险，因为她不会拒绝他们。现实中，女

---

① 桑德罗·波提切利，15 世纪佛罗伦萨的著名画家，代表作有《春》《维纳斯的诞生》等。

237

图 7.1　黑色维纳斯的航行。奴隶主将黑人妇女想象成性感的女神，她们从西方穿越大西洋来到新世界为奴，侍奉白人男性。她周围华丽的一切，包括天使及帮她拉贝壳车的海洋生物都是一种眨眼暗示，让白人男性意识到她的身份与维纳斯代表的白人女性千差万别，黑色维纳斯只是东施效颦（*The History*, *Civil and Commercial*, *of the British Colonies in the West Indies*, *London*, 1801, *vol*. 2.）。

性有时候会进行反抗。但是在 18 世纪的奴隶制下，成败早已是定局，大部分女性奴隶最后发现想活命就只能服从。看看同时期的爱德华兹和托马斯·西斯尔伍德得逞的强奸、恐吓，还有大量的交易记录，便可发现这一点。西斯尔伍德的职责是帮一位富人管理其在牙买加的种植园。他记录了 13 年里与之发生性关系的 109 个女性奴隶的名字。他只针对少女而不是成年女性下手，而且都是刚刚从非洲进口的、落单的奴隶，而非牙买加本地出生的奴隶。有时候他在公开场合，当着其他奴隶的面与人性交，以此显示他对他们所有人的绝对掌控权。西斯尔伍德绝非个例，当时驱使白人男性前往牙买加的其中一个因素就是满足生理欲望。[45]

19 世纪的美国南部，主要有两个因素阻碍白人男性玩爱德华兹那一套：其一，美国宗教改革者开始将非婚性行为视为一个重要的社会问题，一部分是对年轻人将新诱惑带入生活这一增长趋势做出的回应。商业的发展很快将纽约和其他城市变为妓女们和到此出差的商人互取所需的场所。以此为题材进行文学创作的作家大多是女性，她们认为解决之道就是所有女性都必须拒绝法律保障的婚姻之外的性关系。同时，年轻男性必须学会自控，这些作家认为，有必要通过避免不合法的性和自慰，让年轻的共和国成为道德模范。[46]

维多利亚女王时代关于性的一系列观念很快在上流社会中形成一致认同。奴隶群体也常常进行反抗，限制白人男性，不让他们的欲望得逞。西南地区一代代人的经验形成的策略也增强了她们抵抗的能力。黑人家庭的关系网及其与白人庇护者的联系为妇女和女孩形成了一个联盟，随时插手以阻止可怕的性虐。最著名的例子要数 238
哈雷特·雅各布斯。自 19 世纪 20 年代她步入青春期起，北卡罗来纳州伊登顿的奴隶主就开始追求她。10 年间，在黑人与白人同伴的帮助下，雅各布斯摆脱了奴隶主的纠缠。因为雅各布斯的祖母是一个自由的黑人，最终祖母家的阁楼成了她的庇护所。[47]

当然，也有一些黑人女性放弃尊严，用自己的性魅力来获取一些好处。例如，为什么白人女性对丈夫与女奴发生性关系既感到生气，同时又感到竞争的压力？除了她们朝着更具有维多利亚时代的思考方式变化外，上述黑人女性的行为也是一个原因。尽管多数人谴责姘居，但19世纪对女性奴隶的胁迫还在继续。南卡罗来纳州州长詹姆斯·亨利·哈蒙德买了一对母女，母亲成了他的性伴侣，她的女儿在12岁时也落入了哈蒙德的魔掌（他还骚扰自己的4个白人侄女，制造了一起丑闻，毁了她们的婚姻前景。然而，这对他的影响只是暂时的，他还是当选了国会议员）。[48]

诚然，在美国东南地区像哈蒙德这样的男人变得更加慎重了，但西南地区则不同，这在许多重要的方面都有体现。许多白人移民已经有这样的想法：蓄奴地区是白人男性的性乐园。一位到访新奥尔良的游客写道，“在此地要保持绅士风度，必须经常光顾‘黄小姐’……如果一个年轻家伙有一个或两个被抛弃的情人，那么他的信誉将与这个数字成正比上升”。在称为“法外事实婚姻”的安排中，年轻的白人男性很有可能与混血的女性建立长期的性关系。更多临时的关系则在舞会中建立，专为白人男性和仅穿睡衣的有色女性人种开办。一个白人女性怒斥道，她们“是上天给白人男性最后的，也是最坏的馈赠”。[49]

关于新奥尔良的抱怨反映了一个事实：许多西南地区的白人希望能有恰当形式的性道德来掌控该地区的公共文化。但是这一计划泡汤了。国内奴隶买卖的爆炸式增长，无情地强行物化了女性奴隶的性魅力。在杰克逊总统任期内，直接导致这种现象的罪魁祸首是当时国内最大的奴隶贩子们：出生于田纳西州的艾萨克·富兰克林和他的生意伙伴，其中包括尼古拉斯·比德尔和安德鲁·杰克逊。

杰克逊的第一个总统任期内，迫在眉睫的印第安人迁徙让人看到了一个即将开启的奴隶贸易新市场，富兰克林的公司趁着骤增的需求，一举成为美国最大的奴隶贸易公司。到 1832 年，第二银行在密西西比河下游地区的放贷金额是 1824 年的 16 倍，因为比德尔在此地看到 239
了机会，帮助这个国家最主要的产品——棉花进入市场。大量的资本注入，直接和间接地资助了一个同等规模庞大的国内奴隶贸易的扩张。例如，富兰克林公司在全国构建了良好的业务网络，最多一次从第二银行支取了 4 万美元用于在东部购买更多奴隶。事实上，1831—1832 年间，第二银行处理的商业信贷中，5%是贷款给仅从事奴隶贸易的老手们。[50]

然而，富兰克林跟他的生意伙伴约翰·阿姆菲尔德和瑞斯·巴拉德都自认为是不受法律约束的法外之徒。巴拉德写信给富兰克林，请求一笔现金用于支付债务。富兰克林回信说："如果像你和约翰·阿姆菲尔德这样老练的掠夺者都不能自保，情况将会很糟。"富兰克林信中的"掠夺者"，指的是奴隶贸易中间商老手，包括从他人身上捞钱的各种合法的和看似合法的途径。巴拉德熟练地"处理财务"，在票据上"杀价"（将他人的债务转卖给第三方而从中获利），如果在一轮交易中损失 4000 美元，下一轮就会赚 5000 美元回来。他还会评估市场中的女性奴隶，一旦买了她，就迫使其拼命工作。当然，他们要冒风险。但是富兰克林说道，有一天"如果他们失去了一切"，另一天"他们就会加倍地抢回来"。甚至他们的竞争对手，票据经纪人、土地投机者，以及与他们同属一个圈子的银行阴谋家，都是"掠夺者"和"土地强盗"。他们有时以此互称对方。[51]

也许土地强盗将自己看作法外之徒，是因为一些东南地区的精英对 19 世纪 30 年代初期新废奴主义者的批判做出回应，又开始将奴隶贩子们当作"替罪羊"。又或许是因为巴拉德对密西西比一个有权势的政治家构成了威胁，如果他不开始还债，巴拉德一旦看到他就会朝他开枪。同时，政治家们通过了一些法律，这些法律满足了他们自身的需求而限制了奴隶贩子，富兰克林和他的朋友们习惯性地无视或违反这些法律。或许奴隶贩子们培养了一种“违反法律”的意识，因为处于经济扩张前沿的企业家想嘲讽规避风险的老派群体。对巴拉德而言，不那么懂行的奴隶买主都是“脑袋麻木的笨蛋”，他们察觉不到欺骗和杀价中错综复杂的技巧。[52]

为什么奴隶贩子们感受到了一个逃离的法外之徒所拥有的力量？最终的原因虽然是半隐秘的，但是人人都知道。1834 年，艾萨克·富兰克林给瑞斯·巴拉德写信，当时新奥尔良的纳特·特纳的恐慌逐渐消退了，正在进行的业务再次全速爆发。在信中，富兰克林以第三人称（或并非以人的角度）进行自述，他写道：“你独眼的老朋
240 友看待强盗的方式是对克罗克特的一种罪过。”“对克罗克特的罪过”是一个俚语，意思是“令人惊骇的”。戴维·克罗克特是一名边远地区的居民，他先后从事舞台表演和国会议员的工作，还写了一本夸张的自传。在这里，“独眼的朋友”既是指富兰克林自己，也指男性的生殖器。[53]

富兰克林以同样的风格继续写道，“来自夏洛茨维尔的情妇，你会将她送走，还是会给我 1100 美元将她买回去？快点说，我想见她……我认为一个老强盗有两三个女佣会满意了”。从 19 世纪 30 年代初起，“情妇”或者“女佣”这样的字眼开始出现在州际奴隶贸易中，通常指的是年轻的女性，她们肤色都较浅，能以更高价格售出，具体价格与她的性魅力和服务直接关联：“出售黑人女孩，超高品质……投机者称之为情妇；聪明的黑白混血儿，身材姣好，头发黑直，眼睛乌黑，打扮和气质都干净清爽。”[54]

伊桑·艾伦·安德鲁是一位废奴主义者。1835 年，他去约翰·

艾米菲尔德所在的弗吉尼亚州亚历山大市的奴隶监狱，他听人说，“尽管黑白混血儿并不是干活的好手，但是有人买他们回去做家务，女性则被当作妓女卖掉”。极具讽刺的是，这是新废奴主义的浪潮。威廉·芳埃德·加里森及其在《解放者》里写到黑人的心声，激发了这股浪潮，为了确保人人知晓这种事情，他做了很多工作。19 世纪 30 年代，一场分发宣传册和反奴隶制书籍运动席卷全国，并以闪电般的速度占领了国家的邮政网络。废奴主义者重点批判奴隶制破坏家庭关系，强迫女性奴隶进行婚外性行为。白人道德改革者对于女性（尤其是黑白混血女性）出卖肉体的行为很关注，这可能很大程度上揭示了批评者的关注点和长期压抑的情绪。但是他们并没有信口胡说，奴隶主也对此十分关注。甚至在杰克逊将这种买卖描绘为强迫卖淫之前，奴隶市场的买家和经纪人在写到他们奴役的女人时，还是带着恶意的轻蔑。艾萨克·富兰克林在 1833 年给巴拉德的信中写道：“我将你的情妇女佣爱丽丝以 800 美元的价格卖了。这里需要大量的女仆。我相信一个可爱的姑娘兼手巧的女裁缝可以卖到 1100 美元。”1834 年，他针对巴拉德最近一次从里士满监狱（关奴隶的地方）发的货，他希望巴拉德送来更多女奴：“没看到你向我承诺的夏洛茨维尔女佣，我很失望。”不过，很快就轮到艾萨克了。两个月后，詹姆斯·富兰克林给巴拉德的信中写道：“老头儿把你的女佣玛莎送我了，她很顺从。”[55]

通过践踏新教公共礼仪，这些男人发现了一片伴随着色情的新 241
天地。他们中不光有奴隶贩子，还有许多其他南方白人男性，“情妇”的存在仿佛强盗般在礼仪面前竖起了中指。该现象引发的重大关注，不仅因为激怒了阻止此事的废奴主义者，还惹恼了南方的白人女性。性道德的号召，意味着女人才是家庭道德权威的仲裁者。由谁做主的斗争才是杰克逊内阁“衬裙之战”① 的真正内涵，在这场战争中，总统利用了男人对女性权利主张的憎恨。谣传佩吉做女侍时，提供的服务不仅仅是酒，约翰·伊顿娶她是否符合道德规范，这有待政治家的妻子们来评价，这是虔诚的白人女性揭示政客们除了花钱买春外无所作为的最好方式。

举个例子，奴隶贩子西奥菲勒斯·菲瑞曼在他新奥尔良的住宅里接待访客时所做的手势正是这个意思。当时他正与买来的情妇萨拉·康纳躺在床上。他说，接受这些吧，保守的白人社会，因为你们还会继续向我买奴隶。同时，富兰克林与巴拉德公司之间露骨的信件，也揭示了他们对白人女性社会权威毫不掩饰的鄙视。巴拉德的一位员工沉迷于优雅的弗吉尼亚白硫黄泉度假胜地，他写道：“我真他妈烦透了公司”，“黑人女性身体中的秘密花园是我极大的安慰”。巴拉德的助理培根·泰特和一对新婚夫妇共进晚餐后，他说自己“已经有 20 多年没有跟白人女性在私宅里同桌吃饭了”。艾萨克暗示，他买来的两个女人“很快就可以通过开间妓院来养活自己……为了其组织和同盟的唯一利益”。[56]

奴隶贩子并不是唯一的性强盗，他们只不过比种植园主更有可能在信中向彼此证实此事。肤色更深的黑人女性并不比黑白混血的女性少受此类暴力，这些暴力有的是来自奴隶贩子，有的是来自其他白人男性。亚拉巴马的一位种植园主写道，“让一个单身男人”在庄园做监工，“你会发现有数不清的麻烦”，“他们和黑人姑娘们变得亲密，然后一切秩序都乱了”。西南地区开创这种邂逅的白人

① 1830—1831 年的美国政治丑闻，该事件起因于战争部长约翰·伊顿的“不道德”婚姻。他先是娶了丧期未满的佩吉，后又与玛格丽特·汀布莱克有婚外情，导致汀布莱克的丈夫自杀。当内阁成员的妻子们在社交场合联合抵制二人时，只有总统杰克逊力挺伊顿，结果该事件从社交矛盾激化成了政见纷争，出现了内阁整体被炒的奇观。

男性，似乎比东南那些州的男性更有资格，而且他们对此事更加没有顾虑。雅各布·比尔来是一位路易斯安那州的种植园主，他与一个名叫玛丽·卡拉科森的“聪明黑白混血”奴隶长期保持性关系。当比尔来的妻子对此提出抱怨时，他反而威胁要揍她。1834 年，比 242
尔来的妻子最终逃跑了，并提起离婚诉讼。但是，西南地区在很大程度上是一片自由地，这里的白人男性可以肆无忌惮地滥用权力。[57]

在西南的一些州，为奴的丈夫和男性情人保护女性的力量极其有限，但至少对白人构成了一定的阻碍，让他们有所顾忌。西南地区的男性“捕食者”为了加强自己的力量，赶走了女性可以依靠的一切力量，比如她们的丈夫和其他亲友。13 岁的路易莎·皮凯是库克先生的财产，库克因为破产不得不住在莫比尔的一个公寓里。他常常在晚上喝酒和赌博，第二天上午补觉，下午则设法让路易莎单独待在他的房里。白人女房东充当了保护路易莎的角色。女房东没有让奴隶小姑娘去，而是亲自给库克送去他需要的东西：盐巴、脸盆、补过的破衣服。但是，库克的债主还是找到了他。他们在莫比尔奴隶市场将浅肤色的路易莎卖给了来自新奥尔良的威廉姆斯先生。他出了 1400 美元，这是一个“肥厚”的价格。威廉姆斯告诉路易莎，“他和妻子离婚了”，他们要搭乘下一班海轮前往路易斯安那州。“我们启程去新奥尔良不久，威廉姆斯先生就告诉我他买下我的目的。”路易莎回忆道。[58]

“华丽”（fancy）一词具有很大的修饰成分，或者也可以充当动词，表示一个人可以“渴望”某些东西——想要得到某种东西或某个人。白人男性渴望拥有一个路易莎，用她来点缀他们的生活，就像用来展示的物品。但是，被渴望却让所有的女性像商品一般进行分类描述和标价，无论是浅皮肤还是深皮肤，家务奴隶还是劳作奴隶。通常对男性奴隶的描述强调体格，有时候是技能，但对女性的描述则注重她们的魅力。艾萨克·富兰克林在1832年写道：“未成年女孩和普通妇女”的价格在350—400美元，“少数面容姣好的女性的定价是500美元”。“这两个男孩还有一位母亲。”新奥尔良一位已经买了两个男孩的奴隶贩子写信说，“她大概36岁，牙口好，黑发的黑白混血儿，她非常想跟她的儿子一起，我该不该买下她……她看起来比实际更年轻。”另一个奴隶贩子这样描述道，“一个13岁的女孩，浅色皮肤，差不多能卖到1135美元”，她很有潜力。“未成年，与吉尔摩的女孩个头相仿”，很显然，到目前为止还不错，“但是相貌一般”，这降低了她的价值。甚至对约翰·奈茨家的黑人妇女那样的田间劳力而言，外貌也会影响价格。男性买家想象了无数次夜晚玉米田里可能发生的一切。[59]

女性占据了被交易、被迁移的奴隶群体的一半，性虐待和榨取决定了她们的价格，书写了她们的经历。奴隶贩子们通过操纵、引起买家的欲望来促成交易。“我们认为这个春天对独眼人来说相当难
243 熬。”詹姆斯·富兰克林在1832年给瑞斯·巴拉德的信中写道，“自从我离开弗吉尼亚，我看到了一个相当漂亮的姑娘，她可以爬更高的山，比其他女孩向北边走得更远去完成她的计划，她还不急于留下或者花去她的钱财，因为她把自己的资本存在爱人的钱包或银行账户里。据我所知，她已经被一个跟我体格和年纪差不多的独眼年轻人非常巧妙地开垦了，原谅我的愚蠢。”富兰克林是一个独眼人，他不断榨取那个女孩的钱，直到他能操纵其他男人一门心思地迷恋这个女孩，让他们乖乖地把钱转到他的银行账户。[60]

要理解奴隶贩子为什么自称独眼人，我们就必须将其置于蓄奴边疆这个大语境下。那里的白人男性认为，在竞争中，只有胜者才有男子气概，败者都是娘娘腔，应该遭阉割，受奴役。作为独眼人，奴隶贩子不仅强奸他们买卖的女性，从隐喻意义上来说，他们

也在强奸其竞争者。贫穷的白人男性反对银行用他们的存款、赋税和生产力去创造信用，他们也处于同一个隐喻的世界。银行将上述信用放贷给富有的准贵族，那是一些想在边境复制格兰维尔县式世袭制的人。因此，普通白人男性选择了安德鲁·杰克逊，让他来拯救这个国家，使其免受这种威胁，虽然这种威胁只是初见端倪，但很可怕，这是男人对自己的男子气概感到岌岌可危。他们想要他在第二银行压榨普通男性公民之前将其波特化，并且还要波特化他们憎恨的其他对象。作为 19 世纪 30 年代所有一切带来的结果，富兰克林和巴拉德的谈论话题时而在信贷财务冒险和征收上，时而在与奴隶女性的性交上。自从北美实行奴隶制以来，就一直存在对被奴役女性的剥削，但是现在出现的一切却与之不同。这种新贸易标榜并推销强迫性行为的能力，使白人奴隶主相信，购买像商品一样的奴隶，可以给予他们在日常生活中找不到的自由。花哨的奴隶交易对卖家和买主来说都是色情交易。

从情妇、女佣到全面的奴隶贸易，他们继续进行全面的金融冒险。19 世纪 30 年代，来自现实世界的测试对象终于在边境的奴隶资本中获得了机会，他们早已被植入奴隶商品中的性暗示搞得春心荡漾。现在，他们可以购买更多奴隶，通过贷款来扩大经营，或出售棉花，他们比以往更倾向于追逐短期利益而不考虑未来。北卡罗来纳的移民摩西·亚历山大将蓄奴边境视为各种放荡行为的中心。“为 244
了在亚拉巴马抚养孩子们，我可能会告诉你我最伟大的目标，但是我不能写下来。”亚历山大在一封信中写道，但他将西南的性许可证看作冒险的西南经济行为的一部分。“投机成了一种日常，它正在全国蔓延。”他警告说。历史会揭示他对独眼的奴隶主的预测是对的。西南部的奴隶主受国内奴隶贸易的刺激，认为自己是总能如意违规的“独眼人”，正在埋下更加不理性的金融行为种子。奴隶主们很快

图 7.2　拍卖婴儿奴隶。黑人和白人废奴主义者将家庭离散和女性遭受性虐待视为国内奴隶贸易带来的最具毁灭性的两个影响。亨利·比布的自传描述了他被迫与妻子、儿女分开时的悲惨情形，就像图中哭着央求的父母和配偶一样（*Narrative of the Life and Adventures of Henry Bibb, an American Slave*, New York, 1849, p. 201.）。

就会坚持大量借贷，但是他们低估了此项风险的不利方面，这次终于不仅仅是因为他们经过洗脑，认为老天一直眷顾他们了。当某种资产（比如奴隶）的价格上涨时，人们通常都会对下行风险判断失误。他们很聪明，知道上涨过的资产价格会形成泡沫，最终破灭，比如荷兰的郁金香花球、亚祖公司的股票或次贷证券。但他们每次都认为眼前的这次会有所不同。[61]

对大多数独眼人而言，第二银行就像一个充当监护人的年长女伴，看到地上爬的小手就会皱眉。奴隶主从银行引导的稳固信贷扩张中获益，但是第二银行不仅限制信贷扩张，而且只施惠于少数奴
245 隶主。当然，为什么奴隶主想借更多的钱，还有其他重要的原因，

表7.1　　1790—1870年美国的奴隶人口与全国的财富总量

年份	美国总财富（百万美元）	奴隶人口（人）	奴隶财富（百万美元）	奴隶人口占美国财富的比例（%）
1790	1150	800000*	200*	17.4
1800	2400	1000000*	250*	10.4
1810	未知	1191000	316	-
1820	未知	1538022	610	-
1830	3825	2009043	577	15.1
1840	5226	2487355	997	19.1
1850	7135	3204313	1286	18.0
1860	16160	3953760	3059	18.9
1870	26460	0	0	0

来源：*Historical Statistics of the United States*：*1789—1945*（Washington，DC，1949）；Susan B. Carter，Scott Sigmund Gartner，Michael R. Haines，Alan L. Olmstead，Richard Sutch，and Gavin Wright，eds.，Cambridge Historical Statistics of the U. S.（Cambridge，MA，2006）.

*代表作者的估值。

甚至是“理性的”原因。买的奴隶越多，种的棉花就越多，而棉花是全世界销路最广的产品，市场无穷无尽。所以种的棉花越多，卖的也就越多，从而赚到更多的钱。拥有更多的奴隶可以让种植园主有能力偿还债务并获利，奴隶还可以当作抵押品来借更多的钱。[62]

同时，富人有放贷给蓄奴地区奴隶主的想法也说得过去。富人也想以此闷声发大财，尤其是在他们感觉偿付是可期的情况下，给南方的棉花经济提供借款，不仅是投资全球销路最广的商品，也是对一群有稳定能力来增加产量和收益的生产者进行投资。换句话说，奴隶主有现金流来偿还债务，他们的债权是有保障的，因为奴隶主有大量有价值的担保品。事实上，他们拥有美国最大的担保资产：

总价值超10亿美元的200万名奴隶。这不仅约为全国所有人所拥有财富的20%，还是其中流动性最大的一部分，这要归功于市场的效率，该市场由专业奴隶贩子操纵，由第二银行管理的金融系统进行注资（见表7.1）。

一些潜在的债主，比如西欧的银行及其众多的投资者，上流社会群体中的老派和新贵，这些人的存款由巴林兄弟和英国银行联营。他们怀疑比德尔的投资足够积极，或是能给买了第二银行债券的欧洲人带来足够的收益。同时，奴隶主想将控制力从奴隶转变到自己的信誉权威上。1827年，路易斯安那的一位奴隶主发明了一个一举两得的工具。梅西尔面临在弗吉尼亚进行奴隶买卖的生意伙伴罗格斯和哈里森提起的法律诉讼，因为他向两人借了2.1万美元的短期高利贷，用于购买70个奴隶，其中有成年男女，还有小孩。梅西尔想知道，如果种植园主将奴隶作为抵押在海外筹集资金，从那些需要美国的棉花和蔗糖的人手里获得贷款，然后用这些资金建立一个由奴隶主自己控制的借贷机构，情况会怎样？梅西尔将自己的想法告诉了新奥尔良的政客企业主艾德蒙·福斯特和乌格斯·拉维涅，两名政客将这项提议加进了1827年州议会制定的《路易斯安那种植园主统一协会章程》。[63]

246 以下是《路易斯安那种植园主统一协会章程》的具体细节。首先，潜在的借款人可以申请购买协会的股票。一旦申请获批，他们就可以把奴隶和土地抵押给协会来支付股票。股票赋予他们向协会银行借贷的权利，最高可借贷财产价值的一半金额。为了确保这些银行纸钞的价值与票面金额等值，银行创办人需要大量现金储备。他们计划通过在西方世界的金融市场出售债券来筹集，每股债券的票面价值为500美元。在19世纪20年代，这相当于一个年轻男性奴隶的平均价格。每股债券在10—15年里到期，每年给投资者5%的利息。[64]

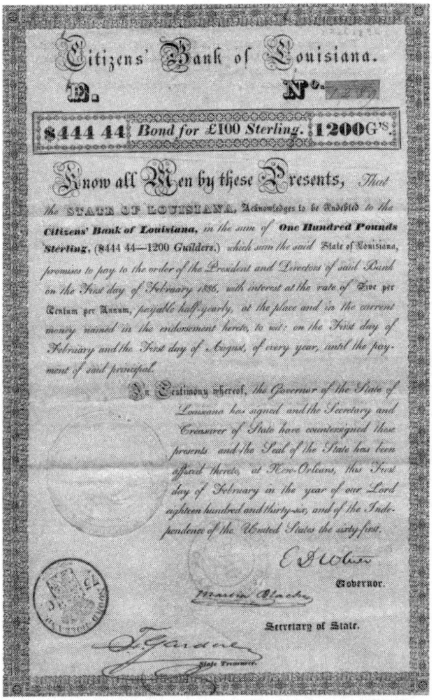
Citizens' Bank of Louisiana.

B. No.

$444 44 Bond for £100 Sterling. 1200G's.

Know all Men by these Presents, That the STATE OF LOUISIANA, Acknowledges to be Indebted to the Citizens' Bank of Louisiana, in the sum of One Hundred Pounds Sterling, ($444 44—1200 Guilders.) which sum the said State of Louisiana, promises to pay to the order of the President and Directors of said Bank on the First day of February 1886, with interest at the rate of Five per Centum per Annum, payable half-yearly, at the place and in the current money named in the endorsement hereto, to wit: on the First day of February and the First day of August, of every year, until the payment of said principal.

In Testimony whereof, the Governor of the State of Louisiana has signed and the Secretary and Treasurer of State have countersigned these presents and the Seal of the State has been affixed thereto, at New-Orleans, this First day of February in the year of our Lord eighteen hundred and thirty-six, and of the Independence of the United States the sixty-first.

Governor.

Secretary of State.

State Treasurer.

图 7.3　19 世纪 20 年代末，西南地区的一些州开始发行债券，将奴隶抵押品变成可以向西方投资者进行销售的证券。此举有助于将信贷注入蓄奴边疆地区，用于从东南地区购买大量的奴隶。市民银行信用债券打入了欧洲市场，最初的发行价格大约相当于一个新奥尔良一等女奴的价格。

通常放贷者需要一些保证，那么，路易斯安那种植园主统一协会将如何向潜在的投资者保证债券等值于票面价值加利息呢？在巴林银行托马斯·巴林的帮助下，拉维涅和福斯特说服州立法委员会用路易斯安那州的“信用”，来为路易斯安那种植园主统一协会的债券担保。如果种植园主无法偿还贷款，银行无法兑现债券，路易斯安那州的纳税人有义务来偿还。该州的承诺说服了欧洲的证券市场。1828 年，路易斯安那种植园主统一协会从它的欧洲经纪公司巴林兄弟那里收到了第一批债券销售收入，总计 250 万美元的英镑汇票，可在英国银行兑换成白银。银行一开始借了 350 万美元的路易斯安那种植园主统一协会纸钞给持有股份的种植园主，这些纸钞由伦敦的一 247
位印钞工印制。[65]

随后的数十年里，路易斯安那州、密西西比州、亚拉巴马州、田纳西州、阿肯色州和佛罗里达州的奴隶主和立法委员一起，在一系列新银行参照实行了路易斯安那种植园主统一协会的创新之举。许多新银行规模更大，拥有更多资本，甚至比协会卖出了更多债券。登记在册的数万名奴隶依然用来做担保物抵押给放贷者，比如路易斯安那种植园主统一协会那样的本地银行，但是银行的债券又以奴隶为抵押品。证券化就是将多个借款人的债务集中起来，如此就可以将其整体出售，减少单笔借款的固有风险。现在，所有的债券购买者都能分享路易斯安那种植园主统一协会带来的收益，抵御一些给个体债权人带来的毁灭性损失，例如，一个债务人的奴隶因疟疾感染而大量死亡，或者洪灾毁掉了一季的棉花收成。[66]

248 一些银行跟巴林兄弟一样出售金融产品，主要卖给伦敦、汉堡、阿姆斯特丹、巴黎、费城、波士顿，还有纽约的投资者。这些金融产品非常类似于证券化的债券，由美国的抵押贷款支持。从 20 世纪 80 年代到 2008 年金融危机期间，它吸引了来自全球的投资者参与到美国的金融市场当中。像路易斯安那种植园主统一协会的债券一样，抵押担保证券将风险从直接借贷的双方身上转移到金融市场上，承诺将个体债务人无法偿付的风险进行分散，从而使风险最小化。购买现代抵押担保证券的投资者，打算分享国内卖家提供的抵押贷款产生的收入。同样的，19 世纪 30 年代的信用债券给投资者带来的收入，都来自于奴隶主对奴隶抵押品的偿付，这意味着全世界的投资者都可以分享由奴隶们的劳动所创造的收入。因此，即使英帝国解放了其所有的奴隶，一家英国银行现在也可以卖给投资者一个完全商品化的奴隶：不是一个确切的个体，会死掉或者逃跑的真人，而是一种债券，它是从成千上万的奴隶创收中，分得一个奴隶价值大小的馅饼的权利。

一般来说，信贷会带来风险。对于借款人而言，有无法偿还债务的风险，对放贷人而言，有无法收回贷款的风险。路易斯安那种植园主统一协会模式同时化解了放贷者（银行）和借贷者的风险。事实上，信用债券将风险转移或社会化到两个群体身上。首先是奴隶群体。他们必须用双手来偿还这些贷款，如果他们的所有者不偿还债务，奴隶群体就会被取消抵押赎回权。

第二，如果银行将收益和奴隶抵押品的赎回权进行拍卖都无法偿还债务，则必须用该州公民所缴纳的税款来偿付。因此，民选的立法机构对于此类债券计划的再三支持就显得意义非凡。归根结底，许多因素促成了高度民主的边境选区将银行视为专门为落选的精英输送金融利益和经济控制权的机器。但是，新银行的拥护者常常将自己定位为招人憎恨的第二银行所支持派系的竞争者。当密西西比新近民主化的立法机构在考虑批准成立一个新银行的可能性时，支持者们坚持认为，此举会与密西西比的斯蒂芬·邓肯银行形成竞争。银行支持者中的“贵族群体”对所有的想法加以嘲讽，只有邓肯和贾布博士的想法除外。“蒂奇诺对银行业无所不知，甚至还能以请愿人以外的身份站在银行里。”新银行的一位董事会成员如是说。

利用贷款的机会突然增多，这增强了将新银行伪装成民主疾风 249
以对抗已有派系的效果。《印第安人迁移法案》通过后，美国政府将《舞兔克里克条约》强加在乔克托族（北美印第安人）身上，开放密西西比的 1100 万英亩土地用于出售。与此同时，《联邦条约》制定者与契卡索达成的协议，又追加了另外的 700 万英亩土地。潜在的银行借贷者想象着他们要用这些土地做什么。“上千条财路大开”，一个密西西比的奴隶主如此写道，“比如培养杀价的票据（买卖他人的债务来获利）或通过倒卖各种财产进行投机。”新银行的支持者罗伯特·沃克尔写道：“肯塔基来了，田纳西来了，亚拉巴马来了，佐治亚来了，卡罗来纳来了，弗吉尼亚来了，他们都加入了密西西比欢乐的人群。”[67]

新银行注定会发现自己会与第二银行在金融和货币的垄断控制上产生冲突。但是，路易斯安那种植园主统一协会给贷款人、银行家、奴隶贩子们以及其他奴隶主指了一条成为尼古拉斯·比德尔的道路。他们与安德鲁·杰克逊及其领导的政府携手朝这个方向前进。杰克逊或许痛恨所有的银行，但是他的政策会促进新银行和新借贷的爆炸式增长。更具讽刺意味的是，尽管杰克逊创造的新的金融环境，使路易斯安那种植园主统一协会式的创意。可以如独眼人要求的那样肆意运作，而尼古拉斯·比德尔在这方面做的可一点也不比杰克逊少。

自1828年以来，比德尔就试图同时讨好杰克逊和西南地区的其他奴隶主。然而，不管比德尔是造访美国总统办公室，还是往西南地区潮水般地注入第二银行的信贷，都没能改变他的反对者的想法。这些反对者不仅包括一腔怒气的种植园主，还有像费城劳工党成员一样的激进分子，他们抨击东部市中心的财富不匀现象。银行对美国信贷的垄断，让“一些人奢华的生活建立在劳苦大众的辛勤劳作上”，一位“工人”发言人如此抱怨道。还有一些人，依然对银行在1819年危机中扮演的角色耿耿于怀，如杰克逊的随行顾问阿莫斯·肯德尔。巴林兄弟是第二银行的长期贸易伙伴，甚至连他们都开始察觉到，比德尔的权力作为对路易斯安那种植园主统一协会式的尝试是一种阻碍。[68]

250 比德尔的行政部门联系人向银行暗示，将1836年失效的特许权进行延期是可行的。但是，杰克逊对他的底牌一直秘而不宣。到1832年，这种不确定性让比德尔很抓狂，尽管杰克逊倾向支持银行的顾问告诉银行总裁不要逼太紧，但比德尔还是做了一个不明智的决定。温文尔雅的肯塔基人亨利·克莱作为这一年总统选举中杰克逊不可避免的对手，他劝说岌岌可危的费城人支持“老胡桃木”在选举前对银行特许权延期，克莱认为他能让杰克逊陷入两难的境地。如果杰克逊否决了延期，就会失去支持银行的宾夕法尼亚州选举团的选票；如果杰克逊通过议案，他就会模糊自己与克莱之间的界线，浇灭那些狂热步兵的热情。6 月，克莱操纵下的参议院通过了未来 20 年重建第二银行的议案，让其延期 20 年。西南各州的议员们在此问题上有分歧：路易斯安那州的代表团支持该议案，密西西比州的乔治·波音德克斯特也支持议案，因为第二银行的贷款资助了他奢华的生活方式；但是密西西比的其他议员，以及田纳西州和佐治亚州的议员都集体反对该议案。[69]

7 月 3 日，众议院也通过了上述议案。次日，即将取代卡尔洪成为副总统候选人的马丁·范布伦还在等杰克逊点头同意，却发现总统因病卧床了。这位老将紧握范布伦的手，挣扎着要坐起来。“范布伦先生，银行是在要我的命，但是我会灭了它。”杰克逊说道。时间回到 1815 年的新奥尔良，爱德华·帕克南也曾认为他让杰克逊掉进了圈套，但他最终死在了一片甘蔗地里。接下来的整整一周，杰克逊在病床和会议室辗转，身边跟着一群建言反对银行的中坚力量：马丁·范布伦、马里兰的罗格·B. 特尼和阿莫斯·肯德尔。杰克逊整理了一篇报告来说明他将要采取的行动。7 月 10 日，他宣布否决银行延期议案。[70]

这是一个史无前例的举动。反对者指控说，从来没有哪位总统仅仅因为个人不同意，就否决已获得参议院和众议院压倒性多数支持的议案。然而，杰克逊重申了代议制政府权力的意义，这也解释了为什么贫困的白人男性以不可思议的忠诚支持他。在总统的“否决咨文”中，他认为所有的男性白人公民在政治权利和力量上都是平等的。政府不应当偏爱任何人，尤其是不应该把个人获益的想法置于大多数人的愿望之上。政府受到的这种批评并非无稽之谈。例如，他的一个田纳西州支持者将南卡罗来纳州的废法者称为“一群
251 吃蝌蚪的人”，对此他表示反对。相反，杰克逊说，如果政府“能限制自己进行平等的保护，就像上天下雨时一样，恩泽均沾，不论高低贵贱，这是一个不分资格的福利。”在杰克逊看来，银行“没有采取同等的公正措施”。相反，银行利用政府的喜好，“让有钱人钱更多，有权人权更大”。联邦宪章的规定、政府在银行的存款，以及它在经济活动中的垄断力量，这些因素使第二银行能够保证为该行的股东创造“有利的秩序，同时从他们与政府的关联上获得政治权力和大量的金钱利益”。[71]

国会一片哗然。事实上，反应之激烈让比德尔认为在选举时，选民们会让杰克逊尝到苦果。比德尔写道：“仅凭他个人，就敢反对人民的代表提出的想法。”确实，1832 年秋季的总统选举是一个历史性时刻，促使选举团与政客结成的联盟转化为现代政治党派。亨利·克莱的支持者，包括支持约翰·昆西·亚当斯的国家共和党都对否决案十分愤慨。他们还联合了一些以前支持杰克逊的人，这些支持者认为国家银行是必需的，杰克逊的否决打破了对行政部门的所有限制。此外，支持道德进步和经济发展的一些人也加入了该群体，他们认为杰克逊的追随者非常无知，阻碍了进步。例如，年轻的亚伯拉罕·林肯是家里唯一识字的人，他离开了父亲托马斯在林间的农场，费尽千辛万苦到达伊利诺伊州边境的萨勒姆河镇，他一边在一家商店工作，一边学习法律。全家唯有林肯一人加入了杰克逊的反对者组建的全新党派——辉格党。[72]

克莱的反对者中，包括杰克逊自 1828 年获选以来的大部分核心选民。提出否决案的那年夏天，他们的代表举行了民主党第一次全

国代表大会，其中包括西南和东南地区那些与商人和银行家没有私交的奴隶主。民主党成员还包括小农户、佃户、西南和东南边远地区没有土地的居民、城市里的工人以及蹲在格兰维尔县监狱里的罗伯特·波特。由于杰克逊坚决提倡白人男性一律平等，他们每个人都大受鼓舞。

第二银行公开资助克莱竞选总统，但银行此举却大大帮助杰克逊证实了他的观点，原因是比德尔做了件愚蠢的事，他散发了数万份否决案声明的复印件来进行竞选宣传。比德尔认为，每个读过否决案消息的人都会认同杰克逊向一群“暴民”发布了“无政府宣言”。但是，最后的计票结果显示，比德尔口中的“暴民”，或用杰克逊的话来说，是“人民大众”，支持总统对国会的否决案，不论是普选票还是选举人票，杰克逊都获得了绝对多数票，他再次当选总统。[73]

任何一个人只要能稍微理解为什么罗伯特·波特能在与格兰维 252
尔精英们的斗争中一次次赢得越来越多的支持，就能明白为什么克莱、比德尔以及第二银行在1832年的选举中会惨遭失败。第二银行的解体确切地建立了广泛但仅限于白人男性的民主，这在美国政治竞争中算是一次获胜。被逼到变化中的美国经济边缘的白人，通常会选择民主党作为政治大本营，而且他们在未来的140年里还将继续站在民主党阵营一边。边疆地区的奴隶主，虽然他们不属于老的银行团伙，也不想要普通白人男性中最狂热的支持者想要的那种民主，但这两个团体至少在经济繁荣时期可以进行合作。[74]

然而，尽管杰克逊认为自己在保护所有白人的机会，但是其制定的政策只是一再地给边疆地区的奴隶主精英们确切需要的一切：更多印第安人的土地、向西扩大奴隶制区域、棉花的自由贸易，最后还解除了对他们将奴隶的人身作为信贷的限制。新民主党奉行的多数主义哲学不可避免地要进行中和，因为其既承诺任由奴隶制扩张，又要满足独眼人企业家所期望的无监管的、不稳定的经济。但是在短期内，1832 年的选举让杰克逊相信，人民大众现在希望他削减“怪物”银行的权力，将政府的福祉给予有关系的群体。杰克逊最狂热的民粹主义追随者一直以来都期望与邪恶力量面对面地进行较量，他们认为这些邪恶的力量用阴谋诡计窃取了美国公民身份赋予他们的独立和平等。第二银行作为美国央行的特许经营权延至 1836 年，因此，杰克逊敦促顾问团寻找一个合法或看起来合法的方式与银行对抗。最终，总统命令财政部长路易斯·迈克兰转移政府在第二银行的存款。但迈克兰没有照做，相反，他起草了一份报告，指出比德尔的员工在运用存款方面的精明。于是，杰克逊改组了内阁。最终，由罗格·B. 特尼担任财政部长。1833 年 9 月起，罗格着手提取仍在第二银行户头上的 1000 万美元财政资金。[75]

因为需要其他地方来存放这笔财政资金，行政部门决定将其分别存放在不同的州立银行。杰克逊最信任的一个政治顾问写道：“优先考虑政治上友好的银行。”反对者的新闻媒体将接收联邦资金的银行称为“宠物”银行。例如，纳什维尔联合银行就是田纳西州被选
253 中的“宠物”。恰巧这个银行是由詹姆斯·K. 波尔克（James K. Polk）的连襟兄弟创办的，而波尔克是杰克逊在该州的政治臂膀。“宠物”银行的数量很快就扩大到了 30 个以上。然而，东部地区接收财政存款的机构却对新流入的资金持保留态度。处于西南扩张地区前沿的银行则利用政府的资金作为源头，大肆扩大借贷业务。密西西比的“宠物”银行董事们知道，契卡索土地出售和乔克托土地转让之后，政府土地部门会有数百万的存款。多家银行都渴望得到这些新存款，他们可能已经意识到，这也是可以进行放贷的存款，于是他们开始自己印钞，并用于发放贷款。1833 年底，密西西比银行储备的黄金价值，只有其发行流通于市的货币价值的 1/20。在密西

西比的哥伦布东北边角地区一个急速发展的小镇上，乔丹得意地对南卡罗来纳的亲戚们说："在这里，我可以用钱来赚钱。"约翰·奈特在报告中说，纳奇兹的棉花每磅 18 美分。他想给妻子买个女奴，而艾萨克·富兰克林现在给经过培训的家仆开价 1000 美元。"这一季我们应该会干得不错。"富兰克林写道。[76]

然而，再回到费城，"怪物"银行依然有爪牙。杰克逊取走存款后，比德尔进行了还击。1833 年 11 月，第二银行开始收回所有贷款。比德尔有意诱发大规模经济衰退，他宣称："其他银行和商人可能会破产，但是第二银行不会。"生意都关停了，工厂和作坊也都被闲置，零售区没人买东西。经济减速给背负大量贷款的种植园主和棉花商带来了毁灭性的威胁。每年秋天，成群结队到新奥尔良收购棉花的经纪人，现在贷款要付的利息涨到了 25%。棉花收购也停滞了，衰退从市场波及了新奥尔良市的千家万户。在密西西比州，一个纳奇兹的律师写道："时事特别艰难，总统的疯狂行径在这个国家引发了前所未有的大范围毁灭。"约翰·奈特看着棉花价格直线下降到每磅 9 美分，奴隶的价格也跟着下跌。艾萨克·富兰克林深感恐慌，他在新奥尔良写道："我为一张支票跑遍了北部的所有银行，但是没有一家同意贴现。"他在纳奇兹的同盟也证实了这一点："这里的银行不会进行贴现，哪怕 1 美元都不会。"[77]

许多人开始指责杰克逊，西南地区支持杰克逊的中坚分子变节了。罗伯特·沃尔克之前是杰克逊在密西西比州的政治助手中的一员，现在也转了阵营。富兰克林·普卢默是唯一的坚持者，但据称也在动摇。忠诚的拥护者克莱本在纳奇兹的一个公开会议上发表了反对银行的观点，因此遭到了人身攻击，被一群富人揍了一顿。各 254
种抱怨洪水般涌进了国会议员们的办公室。费城商人约翰·维尔茨写信给詹姆斯·K. 波尔克，请求他利用自己的"个人影响力和政治影响力……进行一些补救，终止正在逼近的不幸”。田纳西州的约翰·威尔什警告说：“甚至银行的敌人们都自发承认，只要把存款再次交给第二银行，就能修正所有的不幸。”与此同时，亨利·克莱组织参议院谴责杰克逊挪动存款。但是，总统拒绝退让。一个商人代表团去拜访杰克逊，杰克逊说道：“你们来找我有何贵干？去找尼古拉斯·比德尔吧。先生们，我这里没有钱，钱都在比德尔那里。”杰克逊认为，银行正在证实他在“否决咨文”里警告的一切。他忠诚的追随者们认同他的观点。泰瑞·卡哈是杰克逊忠诚的拥护者，他告诉詹姆斯·K. 波尔克，田纳西州的银行联盟叫嚷着“暴民”在策划改革，“富人会遭到乌合之众的掠夺”。但是，这类谈话更加坐实了杰克逊拥护者的说法：第二银行的支持者讨厌白人的民主。杰克逊的幕僚为总统对银行的攻击欢呼道：“将它彻底粉碎！这是一个不该与我们共存的垄断者。”[78]

1833—1834 年那个萧条的冬天，经济非常困难。但到了春天，经济状况开始往杰克逊希望的方向发展。欧洲的丰收和西部市场供流通的贵金属供应量的增加，激发了顾客的需求，降低了利率。但是，促成西南经济气候从银行之战转向繁荣最重要的一个原因是，更大规模的路易斯安那种植园主统一协会的奴隶债券复制。在银行之战开始之时，新的银行开始纷纷出现，第一个就是 1832 年成立的路易斯安那联合银行。该银行基于路易斯安那种植园主统一协会模式，但其规模更大，他们通过巴林兄弟售出了 700 万美元信用债券。发行信用债券是为了给股东的资本密集项目提供资金援助，换句话说，就是帮他们买奴隶。同时，也为大量商业信贷操作提供支持，将每年生产的棉花从蒸汽船码头运到利物浦。到 1834 年，联合银行补救了第二银行撤出给新奥尔良造成的经济衰退。同年 11 月，联合银行成了“宠物”银行，获得了其他资金的注入。

接下来，路易斯安那州立法机构用 1200 万美元信用债券建立了路易斯安那市民银行，授权给其他几个较小机构（如阿查法拉亚河铁路银行公司）200 万美元资金。在路易斯安那创办银行的狂欢中，该州的银行数量从 4 个增加到 16 个，授权的总资本也从 900 万美元增加到 4600 万美元。1836 年，新奥尔良赶超费城和纽约，成为全国银行资金最密集的地区，这意味着在不久的将来，路易斯安那州有 255
望成为国家的金融中心。佛罗里达地区居民人数不足 10 万人，却兴建了多个银行，包括本地的联合银行，由州政府为其发行信用债券。亚拉巴马州也通过债券资助本州银行系统，大部分出售给巴黎的罗斯柴尔德家族，这是欧洲最具实力的银行家。1832 年，西南借贷者的贷款总额还不足 400 万美元，其中 300 万美元来自第二银行。到 1837 年，尽管第二银行撤资，但西南地区银行发放的贷款却飙升至 800 万美元，相当于全国贷款的 1/3，比其他任何地方都多。19 世纪 30 年代，西南立法机构授权的银行资本比第二银行早期投放在整个美国的资金还高出很多。[79]

尽管一些银行表面上被特许投资铁路等基础设施，负责现代城市设施建设，比如新奥尔良煤气灯银行，但大规模投资的目的在于赶紧将萌芽的种子播撒到西南奴隶主的梦里。仅 1833—1836 年的 4 256
年时间里，就有 15 万名奴隶从原来所在的州被迫迁到新的地方。他们开垦了上千万亩新土地，播种、收获，让美国棉花种植面积翻倍。同时，西南各州发行的每一份债券，都保证了一份被抵押奴隶创造的收入，买家来自西方重要的金融中心，伦敦、纽约、费城、阿姆斯特丹、汉堡、不莱梅和巴黎。全世界的投资者都对奴隶制的扩张投了信任票。数据显示，伦敦市场上西南证券价格的上涨，推高了新奥尔良的奴隶价格。[80]

事后看来，讽刺意味显而易见。安德鲁·杰克逊激发了普通白

图 7.4　杰克逊首领斩杀多头蛇怪。年迈好斗的安德鲁·杰克逊总统杀掉了美国第二银行这条邪恶的多头蛇。群蛇之首就是尼古拉斯·比德尔（1836 年，国会图书馆）。

人男性的愤怒，他们痛恨傲慢且反对民主的第二银行及其联盟的支持者。杰克逊及其追随者，从最底层的选民到忠诚的国会议员，隐喻性地波特化了比德尔和乔治·波音德克斯特，以及西南地区所有原来的银行管理层，因为他们垄断了边境的机会，试图让普通市民保持安静。当时的漫画甚至描绘了杰克逊斩断“多头蛇怪”银行蛇头的一幕。

然而，第二银行的瓦解和随后部署的银行业改革，并没有让南部的金融环境更加民主化。作为密西西比西南地区人民的捍卫者，富兰克林·普卢默在 1835 年州选举之前访问纳奇兹，运作新银行的人给他买了一辆华丽的马车。之后，普卢默就改口了，不再坚持其反对利用国家权力将银行的好处给予内部人士的言辞，并开始为一群支持银行的候选人助选。这些人当选后，推举罗伯特·沃尔克到华盛顿当参议员，而将乔治·波音德克斯特罢职。沃尔克将波音德克斯特描绘为“怪物”银行的仆人，为人狂傲，反对白人平等。现在他和普卢默支持州议会，因为州议会特许成立了许多银行，以至于到 1839 年，该州账面上的总资产达到了 6300 万美元，比第二银行最盛时期都要多。而老的内部人士仍然是内部人士。斯蒂芬·邓肯是原来纳奇兹种植园主银行的负责人，他在州议会的特许下新办了一个银行。1834 年，亨利·克莱给密西西比的同盟写信，请求邓肯的一个盟友给他的儿子一笔贷款，用于在密西西比购买一个棉花种植园：“我手头多出来一些奴隶，总体上都是很年轻的种棉熟手。”银行家通常也是种植园主：佛罗里达联合银行的借贷者十之八九是董事会成员，或是他们的至亲。特许开办的银行规定将贷款以比原有 257
银行更公平的方式发放给所有群体，但新银行处理底层人民贷款申请的方式与第二银行如出一辙。因此，一些人享受了普通白人坚持平等人权带来的政治利益，他们用惠益内部人士的银行系统取代了第二银行。[81]

人民认为自己杀死了怪物，但其残躯却萌发了新芽，它们靠在欧洲销售的州债券吸收了大量的外汇来滋养，这些州债券将奴隶抵押证券化。所有的这类创新带来了戏剧性的结果。由于资产证券化将风险从直接借贷者身上转移到海外，不受管控的借贷者无止境地扩大了杠杆效应。接下来，我们可以看到这个反应是如何进行的。1835 年，安娜·怀特克的表亲告诉她，“他手里的人手去年在密西西比种棉花，每人挣了 500 美元”。事实远不止如此，该收入意味着每年的回报率超出 30%。能拿到银行贷款的奴隶主现在借钱买奴隶的利息是 8%。贷款带来的预期收益与成本之间有巨大的利润空间，直接风险几乎可以忽略不计。州担保的奴隶抵押债券将即时风险分散给了其他人，如债券持有者和纳税人，但最终都转嫁到了奴隶身上。此外，包括法官、政治家和公职人员在内的奴隶主控制着各州的债务回收，所以那些贷款的精英们即使眼看就要还不上债也有救命索，他们有能力将损失社会化，让全体民众偿付亏损企业的债务，就像（得到新马车之前的）普卢默和（银行之战前的）沃尔克警告的那样。因此，即使奴隶主加大举债的数额，他们也只会增加收入而不增加其个人风险。作为对这些明摆着的刺激的回应，奴隶主想出更多方法将奴隶利用在更多的举债行为中。他们将同一抵押品抵押给多个债主，并利用长期抵押贷款买来的奴隶，哄骗债主发放没有保证的商业贷款。最重要的是，他们持续用贷款购买更多奴隶。即使出现了问题，他们也依然是赢家，因为他们可以卖掉资产，毕竟奴隶的价格依然在上涨。[82]

然而，不仅仅因为性掠夺推高了冒险的氛围，看似无限且无风险的举债经营最终也带来了不正当的结果。尽管资产证券化急剧地增加了金融系统累积的总风险，但让直接借款人和直接放贷者都能
258 避开承担风险的直接后果，经济学家称之为“道德危机”。举债经营的增加，急剧地扩大了潜在性经济整体衰退的后果。例如，棉花价格突然下跌，而奴隶主正是用原来的价格乘以每个劳力采摘的棉花磅数来计算预期收入。然而，直到 1834 年底，很少有人想过这些可能性。奴隶制扩张史上最大的繁荣开始衰退，就像西南地区新银行里的钱，而这些钱为这个地区提供了奴隶人手，以备欧洲市场需求量的大幅增长。1832 年，棉花每磅 9 美分。到了 1834 年，一位女性在亨茨维尔奴隶市场报告中指出，“棉花每磅 13 美分……这冲昏了他们的头脑”。1835 年，棉花的价格高达每磅 18 美分，击中了人们的兴奋神经。奴隶需求继续飙升。出差去蓝岭购买奴隶归来的瑞斯·

巴拉德家的雇工报告说："我刚刚从夏洛茨维尔回来，那里有大量买家，但奴隶很少，价格也很高。"[83]

一位到访密西西比东北地区（契卡索人曾经的居住地）的游客写道："这里的人都疯了一般地进行投机，他们做生意……用一种疯狂的方式。真金白银很少，但是信贷足够。"1835 年，密西西比州政府卖地 290 万英亩，比 1832 年全国卖地总和还多。少数人对此类狂热感到焦虑。目睹了立法委两天之内特许了 4 家银行之后，一位路易斯安那州的居民于 1835 年写道："我们的银行资金还远说不上充足，但如果这是真的，我愿意慢慢靠近目标，而不是如此大跃进。"一位来自密西西比州新建的诺克苏比县的移民写道，再也没有便宜的土地了："投机者和资本家都在打它的主意。我有生以来头一次见有人这么疯狂地争抢土地。"他预计，接下来就是强制移民，"这个国家会变成黑人的最佳驻扎地"，他们在赌徒般的种植园主的压榨下食不果腹，"会杀掉你的猪、牛、羊，已经让人感觉到了其效果"。[84]

但是，独眼人的井蛙之见好像发挥作用了。银行在发放贷款，投机者按政府最低价 1.25 美元/英亩购入土地，然后以 20 美元/英亩的价格售出。通向县政府所在城镇的铁路上，铁链发出"哐当哐当"的声响，企业家看着账本，看着地里摞成堆的作物，看着在春天的田野里忙进忙出的男男女女；浅色皮肤的女仆站在桌前服侍，奴隶贩子们一边饮酒一边议价。繁荣让奴隶主、监工，还有少数巧舌如簧的白人在西南地区的经济发展中填满了腰包。就像 1819 年安妮· 259
若耶翻山越岭绕过亚拉巴马河又折返了回去，大部分西南地区的白人都认为自己能看见，在他们前方，有一个光辉的未来正在泡沫中闪烁，就像第一天看到棉花地里 10000 颗棉花籽显著地长成了青苗，一片嫩绿向上茁壮成长，映入奴隶主关切的目光中。谁知道他播撒的种子会生成什么样的奇迹呢？

第8章

血 *1836—1844*

261 威廉·科尔伯特醒了。午夜时分，一位白人男子的粗暴喊声吵醒了他的孩子，接着传来了哥哥贾纽厄里的低声回应。其他人也开始慌乱。威廉意识到父母的不安。每当这种事情发生，威廉总会向高大威猛的哥哥寻求帮助。此时他已下了床，循着哥哥的声音迅速走出父母的小木屋。

突然，他如刹车般停了下来。皎洁的月光下，哥哥贾纽厄里正被绑在院子里一长排麻袋后面的松树上。他背后站着一名手持皮鞭的白人男子。一群奴隶站在自己家的门廊后默默注视着这一切。这个年轻人是在去另一个奴工营看望女朋友回来的路上被抓的，虽然挨打，可他就是不哭。

贾纽厄里咬紧着牙关，不管多疼都竭力忍住，绝不流泪屈服。然而，在奴隶制的边境地区，流血意味着白人男性在施展权势，此时贾纽厄里胸前背后都是血。他没有权利说“够了”，也没有权利不顾主人的意愿而遵从本心行事。每一下鞭打都在迫使他屈服，但他坚持住了。那个白人咆哮着说：“黑鬼，什么情况啊，不疼吗？”

可能是奴隶主打得胳膊酸了。这10年来，数百万次的鞭打奴隶，使棉花产量跟着翻了一番。他知道胜利就在眼前。威廉还记得自己当时是怎样的愤恨，是怎样用头枕着膝盖，“坐在父母屋前的门槛上

哭泣”，随着哥哥紧咬的牙关中发出的每一声呻吟而呜咽。这种感觉 262
难以言表，但威廉慢慢开始明白这个场景意味着什么，对他还从未有过的梦想来说意味着什么。其他奴隶对这种场面已经司空见惯。“有些人受不了，他们不得不躲进屋子。”像屋里的父亲兄弟一样，贾纽厄里再也不能成为那个他想象中的与女友约会归家后兴高采烈的人了。过了一会儿，他实在受不了了，他沙哑地低声乞求：“‘主人！主人！饶了我这可怜的黑鬼吧！’”80 年后，威廉清了清嗓子，顿了顿，然后转换了话题。[1]

白人不只给黑人妇女的生活带来了灾难性的影响，也给黑人男性带来痛苦和灾难。他们拒绝承认并玷污了男性奴隶作为男人的权利，彻底剥夺了他们彰显传统阳刚角色的机会。刘易斯·克拉克是一名从奴隶主手中逃生的奴隶，他曾告诉北方的白人听众，他最受刺激的一次经历是被告知“奴隶不配当男人”。像自由人一样，奴隶男性也意识到自己作为男人，应该去保护自己、家人及其他受害者远离伤害。当塞缪尔·福特在位于路易斯安那森林深处的雅各布·贝勒棉花营里对他们施以暴行之时，他们曾试图阻止这位监工的跋扈行径。福特在写给老板贝勒的信中提到，当他警告说要鞭打他们，“那帮人咒骂说，这儿的奴隶你一个都别想动。他们用棍子敲我的头，威胁要我的命”。在奴隶制的边远地区，非裔美国人奋力反抗着攻击和羞辱，这是鞭笞齿轮上两颗最大的锯齿。“那天在森林里的华盛顿今早来了。”一位路易斯安那州的监工写道，“我拿鞭子抽他，因为他表现不好。他举起锄头恐吓我，咒骂说我不该用鞭子打他。”[2]

福特在信的最后告诉雇主：“在我管制的地盘上，我忍受不了这样的行为存在。”奴隶主不可能理解奴隶，但是，福特和他的伙伴知道，要是让这种反抗行为继续存在，这块地方和贝夫河流域就会出

图 8.1　威廉·科尔伯特。照片摄于 20 世纪 30 年代，距他哥哥被鞭打和羞辱已过去了约 80 年。此时，他正接受公共事业振兴署工人的采访（国会图书馆）。

现更多的反抗事件。胆敢反抗的奴隶不受惩罚，奴隶主面子上也过不去。亚拉巴马州的奴隶主约瑟夫·拉布雷在一封信中写道："不要为抓阿尔弗雷德花 700 美元。"他是个逃过追捕的逃亡者，"我宁愿在接下来的一年里去搬铁轨挣钱来雇人毙了他……愿上天保佑我在离
263 他 40 码的地方，用双管霰弹枪杀他。如果还不成功，那我就太无能了"。[3]

拉布雷"决定花阿尔弗雷德价值两倍的钱去抓他"，这表明有时控制欲不能通过精明的计算来理解。不管怎么说，奴隶所考虑的则全然不同。当然，他们也讲过像波特式的"杀手"的故事，以鲜血抵抗羞辱，就像威利·查尔德里斯从老头子那儿听到关于费德的故事一样。费德向奴隶主证明自己凛然不屈，就算面对最重的鞭刑，也不跪地求饶。费德试图逃走时，奴隶主抓住了他，发现他可以派上新用场——把他豢养成职业拳击手。现在费德可以随便使用暴力

而不被追究。他在比赛中打死了一名钢铁厂的奴隶。没有什么故事比露出的头骨更令人发指。玛莎·布兰德利清楚记得，不管是她还是她认识的人，没有人能解释白人男性的所作所为，也没人能从中幸免。隔壁营地的一个奴隶射了监工后逃走了，还嘲笑追捕他的人 264
抓不到他，但几小时后他就被抓住了。他们把他捆了起来，活活烧死。玛莎（那时还是个小女孩）和当地所有奴工营的人一起被驱赶着从他焦黑的尸骨边路过，奴隶主以此来杀一儆百。[4]

一位叫彼得·科恩的前奴隶说："如果你从生下来就在这种环境里长大，那你能忍受得了。"罗伯特·福尔斯回想起自己在密西西比的童年时，说道："我们学会了说'是的，先生'，然后点头哈腰，他们让我们做什么，我们就做什么，不管我们愿不愿意。"白人让男孩屈从于持续不断的行为修正技巧，让他们观看鞭打，即使是非常轻微的反抗行为，也得加大对肉体惩罚的力度。如果有人试图逃跑却被追击犬捉了回来，追捕者做的第一件事就是重新洗脑，去除他这种自作主张的"毛病"。"那些追击犬会咬你，折磨你。"亨利·沃尔登回忆道。这时监工会跑过来喊话："你要敢动这些狗一根毫毛，我就把你的脑浆打出来！"沃尔登说："他们会让你一动不动地站着，把手放在私处。"[5]

"如果还能活下去，我宁愿战斗而死，也不愿再做奴隶。"罗伯特·福尔斯回顾 20 世纪的世界时，坚定地说。白人圈子——也许正如福尔斯脑中所想——坚持认为，服从别人意志的人不算人，就该当奴隶。安妮·克拉克也回想起她父亲被鞭打时经常反抗的情景。他的得克萨斯奴隶主说，这次就该你挨打，原则上每个奴隶都要被打一遍。安妮父亲反驳道："你不能打我。"安妮还记得那个白人是怎么回应的，她从未那样惧怕过。"但我可以杀了你。"安妮这样描述当时的场景："他用枪击中了爸爸。妈妈把爸爸带回小屋，把他放在小床上。爸爸死了。”所以，如果有人“像英雄一样战斗”，最终的结果就是他们又多埋掉一个戴着枷锁的干瘪尸体，就如1848年密西西比一个逃走的奴隶那样，捕奴手将他困在一个洞里杀害。或者他们也可以采取另一种方法，让你和你的家人分离。罗伯特·福尔斯的生父就是一位著名的反抗者。他曾冒着纷飞的子弹要逃出奴工营，直到奴隶主威胁他再不停止反抗，就要卖掉他，让他再也见不到家人。[6]

福尔斯的父亲变了，他跟着父亲长大了。为了让自己的儿子保全性命，长辈总是给晚辈讲一些故事，比如那个受不了折磨而逃跑的奴隶的故事。狗追着他狂吠了好几天，捕奴者终于开始实行抓捕。最后，被追得走投无路的年轻人突然跑出了树林，眼前豁然开朗。
265 他看到人们在烧制砖头，便一头扎进熊熊燃烧的火炉里。可谓是刚出虎穴，又入狼窝。所以，在密西西比的那天晚上，年轻的斯科特·邦德听了这些故事后，蜷缩在自己床上唯一的毯子里，睡不着觉。他躺在简陋的小床上轻声呼吸着。当整个世界静下来的时候，他能听到周围的树林里那些“嗜血猎犬”的呼号。他想起那些白人曾说，“这声音简直是世上最好听的音乐”。[7]

这些“音乐”从未像在1836年收获季时那样响亮。白人从未像现在这样喜欢这些“音乐”。如果画一张曲线图来清楚展示奴隶所受的苦难，那么顶峰就是在19世纪30年代，随之而来的是奴隶价格和人均棉花收入也出现了高峰。更多的移民，意味着更多的投机买卖以及独眼人更高明的经济手段，这些都给奴隶带来了更多灾难。更多的采棉手第一次尝到了鞭子的滋味，更多的妻子和刚恋爱的女孩子被迫与自己的爱人分开，更多的孩子因奴隶贸易而离开父母，更多的发现证明，任何人，不管是斧工、马车夫、智者还是牧师，只要你曾经是奴隶，就如同那份将你定为奴隶的文件上吹下来的灰尘一样，一文不值。白人在兴盛之年埋下了种子，黑人却遗失了自己的血脉联系，他们既没有了过去，也丢掉了将来。

当日历从 1837 年 3 月 3 日翻到次日——这天，马丁·范布伦即将就任美国第 8 任总统——安德鲁·杰克逊和几位朋友静静地坐在白宫楼上的房间里，庆祝这八年的收获。午夜，当屋子角落的钟声敲响时，总统为自己点着了玉米芯烟斗，举起了一杯浓烈的马德拉红酒。在 1814 年对抗克里克人的战役中，他患上了慢性消化系统疾病，导致几周都无法工作，最近这病又突然复发。但这天晚上，杰克逊把所有顾虑都抛到了九霄云外。

在两届总统任期内，他实现了他的总体目标，美国现在正处于经济全盛时期，全国沉浸在棉花和信贷的热潮中。在最鼎盛时期，奴隶主和他们的政治、经济盟友在杰克逊精心策划制定的西南企业家等级中旗开得胜。1830 年，政府实施《印第安人迁移法案》，种植棉花边远地区的 6 万名土著居民被赶到密西西比河以西，腾出的 2500 万英亩（面积和肯塔基州差不多）用于投机买卖和棉花生产。奴隶主的政治同盟已经懂得如何控制监工、小农场主以及非法占用 266
公地者的波特化仇恨，引导他们步入一个新的党派体系。反之，这也帮助西南企业主转变了拥护杰克逊的普通选民的要求，把打击根深蒂固的银行精英变成了给奴隶主和棉花投机商提供贷款，并且这一次是通过企业主们自己掌控的创新型银行得以实现。银行和借贷者把所有风险都摊给了远方的投资者、南部的白人，甚至还有奴隶，结果导致棉花产量取得前所未有的增长。即便将 1833 年由比德尔导致的经济衰退计算在内，经济增长速度仍旧空前：1830—1837 年间，每年增长 6.6%。[8]

杰克逊始终认为，只有金银才是真正的货币，银行都是欺诈人的机构。虽然这种贵金属崇拜导致他拒绝承认“宠物”银行在推动经济发展中发挥的作用，但他并不反对因国家繁荣而获得的赞誉。就在那天早上，他告诉来自得克萨斯共和国的代表，美国正式承认得克萨斯独立。观察员认为，这是团结刚成立的得克萨斯，助其向东壮大的第一步。更辽阔的土地正在向他们招手，那里足以种植这些毁灭创造性的种子。但是行必有果，而通常结果还事与愿违。1836 年后的 10 年里，奴隶主的扩张导致更多奴隶生活在水深火热之中，把内战前的美国历史引向出乎意料的方向。[9]

17 年前，出生于康涅狄格州的摩西·奥斯汀从密苏里州乘马车到了圣安东尼奥，这是当时墨西哥最东部的城镇之一。不久，摩西便去世了，他的儿子史蒂芬继承父业，帮助美国人移居到路易斯安那西部的大片领土上。史蒂芬召集了许多南方人，其中一些人带着奴隶。墨西哥把解放黑奴作为一项国策，但是得克萨斯距离墨西哥甚远，奴隶主们共同谋划购进几船从哈瓦那港买来的非洲人（19 世纪 30 年代，大西洋奴隶贩子至少向古巴贩卖了 20 万名非洲人）。到 1835 年底，共有约 5000 名非洲人或非裔美国人居住在得克萨斯，占当地非印第安裔人口的 13%。1829 年，得克萨斯政府对废奴法案的实施敷衍了事。1835 年，墨西哥城的中央政府发出通告，表示要严肃考虑废除奴隶制。得克萨斯的奴隶主开始武装自己。10 月，美国殖民者与墨西哥士兵间爆发了武装冲突。[10]

1836 年 3 月，反叛者在华盛顿小镇举行会议，宣布得克萨斯成为独立的共和国。得克萨斯的造反派宣称，他们“反对奴隶制，为了自由”而战，而事实是南方人出钱出力帮他们取得了独立。造反
267 派委员已从新奥尔良企业主处筹得 30 万美元的资金，一宣布独立，商人马上跟进供应军需品，以换取新印制的得克萨斯债券。反叛者还在早期的扩张运动中，通过服务伤亡人员谋利。比如，因离婚而

结束其在田纳西州政治生涯的山姆·休斯敦，他于 1835 年底又出现在公众视野里，并且担任得克萨斯共和国的新军指挥。罗伯特·波特突然出现在华盛顿会议上，并且是得克萨斯独立最强劲的支持者（“他只能蹚浑水”，会议上一位观察员写道）。墨西哥将军安东尼奥·洛佩斯·德·桑塔·安纳麾下的部队屠杀了阿拉莫要塞整个卫戍部队（留了 5 名奴隶活口，包括男人、女人和儿童），每个听到墨西哥军队暴行的美国民众都暴跳如雷。有传闻说，墨西哥部队已抓去俄亥俄州州长威廉·亨利·哈里森的儿子，并阉割了他，然后用矛将其刺死。每次暴行一传开，都会有新的志愿者穿过边境，加入反叛军队。[11]

1836 年 4 月，休斯敦的部队在圣哈辛托（San Jacinto）打得桑塔·安纳的部队溃不成军，南方白人欣喜若狂。约翰·洛克希德来自弗吉尼亚南部边陲经济停滞的烟草种植园，他写道：“人人都说要移居到‘大西部’的密西西比或得克萨斯。我更喜欢得克萨斯，因为比起其他国家，它有更辽阔的土地来发展种植业……任何去那里的人都冒着挨枪子的风险，但是如果能成功规避风险，收益一定不小。”去得克萨斯的投资者期待他们之前的投资能开始获得收益。一个投资者在写给得克萨斯朋友的信里说：“如果你们在未来几个月看到我的身影，一定不要奇怪，不久我就会在得克萨斯有一个棉花大庄园，也许还有几个（庄园）正在开发中。”[12]

随着战争的结束，国内奴隶贸易的企业主用北卡罗来纳州一个奴隶主的话说，争相将“移民潮……快速转移到得克萨斯”。在随后的 5 年里，得克萨斯的奴隶总数从 5000 人增加到了 1.3 万人。弗吉尼亚移民詹姆斯·科克兴奋地写道，得克萨斯唯一需要的，就是一个可以印钞，然后将钱借给奴隶主的银行。信贷能把“漂浮不定的投机者”变成一年在每个采棉奴隶身上榨取 1000 美元的“安安稳稳的种植园主”。银行在欧洲金融市场出售债券，用的是路易斯安那种植园主统一协会的模式，提供贷款资金和奴隶税收证券化的资金流通方式。[13]

得克萨斯的改革同时也刺激了一些白人，因为他们听到了另一种说法。本杰明·伦迪、威廉·劳埃德·加里森等人已经意识到，奴隶制的威力日渐增长。同时，它也唤醒了其他人。在当时整个国家的新闻界都只着眼于废除联邦法令、关税、银行之战、新政党组建等问题，进行唇枪舌剑的政治辩论的背景下，一小群热忱的黑人、白人废奴主义者秘密地，甚至是悄无声息地在北部各地建立起了地
268 方性组织。1835 年开始，许多主张废奴的团体（大多都是由于教会白人妇女觉得奴隶制有辱道德而建立的）向国会请愿，要求代表在哥伦比亚联邦统治区内废除奴隶制。

南部的国会议员反应极其激烈，他们坚持认为这些请愿不能写进公开记录。但这种激烈反应，反而使请愿获得了大批顽固且精明的法制拥护者的支持。美国前总统约翰·昆西·亚当斯此时为马萨诸塞州代表，他在任总统期间曾深受南方人的刁难，现在他终于有了报仇的机会。亚当斯辩称，《英国大宪章》里就曾授予公民向立法机构请愿的权利，并且请愿也应该被写进会议记录。在许多北方代表的支持下，南方人通过了一项“言论限制法案”作为回应，这使得任何关于奴隶制的请愿不得不被暂时搁置。当然，亚当斯政治手腕多端，他一直给国会施压，强烈要求众议院讨论请愿问题。于是，请愿还在继续。到 1836 年，本杰明·伦迪书中的观点获得了大家的一致认同，他写道：“这个国家拥有奴隶的人（以及土地投机者和奴隶贸易者）鼓动得克萨斯改革，在得克萨斯开启庞大而有利可图的奴隶市场，最后推及整个美国。”[14]

亚当斯告诉他的选民，不管他们是否关心奴隶制，这次新奴隶

区域的扩张足以让新英格兰地区从此和美国在政治上撇清关系。而南方国会议员的做法，不过是在帮助人们看清奴隶主的真面目，他们一心想平息对奴隶制的批判，便扼杀了请愿和言论自由权，这其实是在牺牲其他美国白人的基本政治权利。关于请愿权的争论让安德鲁·杰克逊确信，最好是暂缓吞并得克萨斯计划。1837 年 3 月，出于对英国把得克萨斯收归旗下的担心，总统操纵国会承认其为新的独立共和国，使其脱离墨西哥。杰克逊轻呷着马德拉酒，此时，距他草草入主白宫的第一个晚上，已经过去了将近 8 年，他十分确信，得克萨斯不久会变成美国的一个（或多个）州。[15]

对于近期事态的发展，这位即将离任的总统也许就没那么乐观了。他当然会急于否认自己也参与了这场冲击整个国家经济的信贷热潮。流通中的货币供给在 1834—1836 年增长了 50%，其中一个主要原因就是他反对“怪物”银行对其他银行进行监管。此时，正如位于密西西比州一个新城镇的伯勒尔·福克斯所说：“一切都到了最高点，这个秋天有 5 拨奴隶被出售……售价在 1200—1400 美元，甚 269
至更多……市场上交易频繁，甚至连苹果也在维克斯堡卖出了 5 美元一桶的价格。”一位北卡罗来纳移民报告称，他住在密西西比东北部汤比格比河沿岸的亲戚，已经“对不动产达到了疯狂的程度”。甚至在亚拉巴马大学的学生宿舍里，也有学生说：“谈论土地投机的愈发多了……每个人都意识到土地投机的生意很赚钱。”[16]

当然，如果人人都“意识到了”，人们就很难再去低买高卖。多年来，甚至一直到 1836 年，南卡罗来纳彭德尔顿县奴隶主托马斯·哈里森在亚拉巴马和密西西比的亲戚，一直敦促他将投资对象向西部地区转移。他们在信中写道，“彭德尔顿的确是个令人心怡的舒适之地”，但是所有的“欢乐与舒适”都只能让人失去机会，“投资那里的土地和黑奴肯定无利可图”。他们告诉他，在“投机者和资本家”还没买光好棉花地之前，赶快离开那里。哈里森担心奴隶制下边境地区的信贷来得太容易，“纸币如不经核查，将会泛滥，导致私有财产的虚拟价值超乎寻常”。他指出，事实上，资产价格的不合理增长已经很明显了。他儿子在亚拉巴马州，他把自己的一群奴隶派过去，好让儿子卖个好价钱。回来途中，托马斯·哈里森路过肯塔基州，那里的人向他保证，他们的地“永远不会再降价”。哈里森写道：“我不相信这个州一直稳定的不动产值会在五年内上涨 500%，并且保持不变，这不可能。”北卡罗来纳州的一个人就曾警告他移居的儿子，千万不要被“南方人过度投机的想法带偏了方向”，因为“行必有果”。哈里森害怕一场灾难将很快“给成千上万的人带来毁灭”。[17]

“泡沫”这个术语通常用来形容一笔重要的资产相比未来实际收益预期被估价过高。1800 年以来，奴隶的价格——南方经济最重要的资产——一直和棉花价格保持同步，或者具体点说，就是人均生产率乘以每磅棉花的价格。1834 年的时候，奴隶价格脱离棉花价格，
270 开始沿着新轨道飞速上涨（见表 6.2）。例如，1836 年的时候，路易斯安那州的雅各布·贝勒从艾萨克·富兰克林和赖斯·巴拉德那里贷款买了许多奴隶，每个奴隶至少 1500 美元，也就是说，比 1830 年的价格翻了不止一番，尽管 1834 年后期的棉花价格由顶峰跌回了 1830 年的水平。[18]

2008 年金融危机前的几十年，好多经济学家武断地称市场行为和其参与者必然都很理性。然而，还有一些勇敢的经济学家坚持认为，泡沫经济、繁荣时代和崩溃期的历史很明显都是大规模不理智的经济行为所致。综观历史，如果有三种情况同时出现，资产泡沫（一些种类的物品价格虚高）通常就会产生。托马斯·哈里森察觉到了这三个要素。首先出现的是市场管理的废除。到 1836 年，杰克逊

政府摧毁了第二银行，之后并未采取任何补救措施，州政府也没有试图控制银行印钞和借贷。与此同时，曾是第二银行拥护者的辉格党，试图通过 1836 年存款条例来全面废除市场管理。这条法令把公共地税从西部银行转入东部银行，并允许东部银行提高放贷额度。辉格党在任期间，“宠物”银行数量增加了一倍。[19]

1833 年后，美国的银行放贷也骤然提高，这正是由第二个泡沫导致的：金融改革使得借款人更容易借到更多。路易斯安那种植园主统一协会式的债券给远方投资者提供机会，使他们得以购买贩卖成千上万个奴隶所得收入的股份——实际上是投机棉花和奴隶的未来收益。这些证券带动了西南地区现金的流动，各种资产的价值开始通胀，特别是奴隶“人手”。

还有一个使泡沫愈演愈烈的因素，那就是乐观地相信经济规律已经改变，相信“现在不同于以往”，资产价格不会回到平均值。伯恩·哈蒙德在 1836 年 3 月写道：“没有任何迹象显示我们对这个国家的积极预测会落空，整个西部和南部都处于最繁荣的时期，在这儿生产的产品每年以惊人的方式增多。”西南部企业家尤其倾向于激进、富有冒险精神的行为，他们受到特殊时期思想“对灾难缺乏远 271
见”的限制，低估了可能进行的金融整改的强度和可能性。因此，按照一位白人移民所说，1836 年以 1500 美元的价格购买一个普通奴隶太“夸张”了，但是下一秒价格还会上涨，所以要赶紧抓住时机：“比如，叫卡夫的那个奴隶可能要价 1600 美元呢。”1835 年，亨利·德拉福特写道：尽管“黑人的价格出乎意料的高，但估计价格不会下跌……我相信价格一定还会再涨”。他相信价格会涨，是因为他需要相信。“目前我还不希望降价，因为我手上有 10 个奴隶，想再转手赚钱。”[20]

“人人负债”，亚拉巴马州一位年轻的种植园主在给身处康涅狄格州的父亲的信中这样提到。托马斯·哈里森构建的所谓“南方人疯狂投机的观念”的纸牌屋终将坍塌，然后“那些签了大合同的有钱人肯定要破产”。1836 年夏末，专注商业的报纸《新奥尔良时价》告诉读者无须担心。路易斯安那州确实有好多企业主和银行处于负债状态：银行贷款、纺织品“比以往更多地赊售给内陆的乡村”，新奥尔良和周边地区主要的公共基础设施（煤气灯、铁路、防洪堤、蒸汽皮棉打包机），以及内陆乡村开辟新地和购买黑奴，都是用即将成熟的棉花付钱，“就这样，新奥尔良的钱已被取干净了”。指望举债经营奴隶当下在地里采摘的东西，来达到期望的 2300 万美元收益。《时价》报纸立场坚定地认为：“所有的赤字都将由西部的棉花、蔗糖和其他产品的收入来填补，我们十分保守地估计，这些至少能带来 6000 万美元的收益。”因此，即使有亚拉巴马的奴隶贩子在 12 月份说“生意惨淡”，但仍补充说“贸易商还未被挫伤”。棉花每磅 16 美分，但“在成熟之前能提高到 25 美分”。[21]

与 1828 年相比，1836 年的棉花产量有大幅度提升。在这 8 年的发展阶段，美国政府、各州、银行、普通公民和外国实体共投资约 4
272 亿美元，用于拓展奴隶制下边远地区的产业，相当于 1830 年整个美国经济活动价值的 1/3。其中包含转卖 25 万名奴隶的交易额、售出的 4800 万亩公地价值、印第安人迁移和战争的花费，以及西南部大面积展开的基础设施建设。种植园奴隶的数量急速增加，急需还贷的奴隶主加快了奴隶经济的运作步伐，整体上对奴隶的采摘速度每天都提高一点要求。1830 年，美国共生产 73.2 万包棉花。1836 年秋天，棉花收获季来临，靠赌棉花过日子的人预期会有高达 150 万包棉花产出，每个帆布包里都方方正正地装着 400 磅雪白的棉花。这是 6 亿磅纯净的棉花，或者换种说法，是由超过 600 万人在炙热的太阳下采摘数日才换来的劳动成果。[22]

欧洲和北美的经济体开始扩张，人们的消费能力增强，但是消费者对棉产品的需求不足以消化掉如此巨大产量的供给。1834 年夏末，新奥尔良的棉花价格是每磅 18 美分。之后价格开始下降，到 1836 年年初，降到每磅 12 美分。不安的情绪随着价格不断下滑蔓延开来，人们开始决定占领横渡大西洋的贸易制高点。1836 年末，巴林兄弟，这个世界上最具影响力的商业银行，悄悄地开始了为期约 12 个月的限制新投资行动。那年丰收的作物开始进入市场，一个投机者在独自思量着："利物浦那边的价格会继续保持不变吗？我想不会。"[23]

白宫也悄然对公共土地投机的急剧扩张警惕起来。仅 1836 年夏天一个月的交易量，就达到了 500 万美元。7 月，杰克逊发布了"铸币流通令"，宣布自 8 月起，政府的多数地皮只接受金银支付。杰克逊的顾问并不建议他发布"铸币流通令"。以他老式的观念来理解现代经济下金钱和贷款的性质，肯定会产生误解，还会阻碍经济循环的系统。人们不得不把笨重的金银从东海岸运到印第安纳州和密西西比州，然后再运回去。结果土地买卖骤然减少，银行开始对金银收取额外的费用，物价更高了。

冬天，美国经济流通的钱、贷款和物品开始调整，以适应杰克逊的阻力生成政策。其他所有的商品，包括棉花、日用消费品和奴隶，依然使用纸币，这得益于纽约巴林兄弟等商业银行能继续为商人和进口商提供贷款。这个很重要，因为整个大西洋经济就指望种 273
植园主的棉税能在系统中回笼。英国的纺织厂因原棉的库存量巨大，开始不断裁员。不久，消费者将不会再购买新衣服，而是选择把旧衣服穿到破，因而市场对原棉的需求将大大降低。英格兰银行一向为利物浦的英国棉花收购公司提供贷款，此时也开始紧张起来。1836 年底，银行开始拒绝为这些厂商提供信贷。[24]

这个消息传到大洋彼岸花了点时间。2 月，马丁·范布伦的就职仪式即将到来，一些内部人士开始意识到，这一刻并不会给现在的状况带来任何不同——除非“不同”指的是尤其毁灭性的灾难。约翰·史蒂文斯是纽约普赖姆－沃德－金公司最有势力的人，持有西南各州用奴隶做抵押的价值百万的有价证券。一个华盛顿的记者告诉约翰·史蒂文斯：“与我通常信任的人的判断不同，我估计现在的棉价不会保持稳定。”[25]

当杰克逊点燃烟斗庆祝时，戏剧般的连锁反应已经开始。英格兰银行信贷紧缩之后，利物浦的短期商业贷款年利率飞涨到 36%，就算 1836 年农作物如潮水般涌入，棉花商也不可能买进。棉花价格的断崖式下跌到 1837 年 7 月才收住，随着一个“死猫式”反弹，价格又回到每磅 6 美分。与此同时，英国商业公司互相倾轧，最终纷纷崩溃。利物浦前七大棉花贸易商中，有 3 家已经在 2 月底关门大吉。法国主要的棉花交易中心勒阿弗尔也彻底关闭。[26]

向西行进的船只上装满了一袋袋的信件，纷纷催促美国贸易伙伴清还堆积如山的贷款。消息一传到密西西比人的耳朵里，众多相互有联系的债务人和债权人都开始提心吊胆。3 月的最后一周，新奥尔良的十大棉花采购商纷纷宣布破产。据称，当时他们每 1 美元的现金就可抵扣 500 美元的债务。接下来是小一点的农场。4 月 20 日，新奥尔良的《皮卡尤恩时报》写道：“没有新的破产报道”，因为那时，“几乎所有的公司都已不复存在”。冲击波在西南各州和边远地区传遍之后，又回到了纽约。纽约的银行纷纷关门，以防自己储备的金银流走。到 5 月的第一周，已经没人能在纽约借贷、收贷或进行任何商业活动。[27]

在美国最重要的两个交易中心，德高望重的前财政部长艾伯特·加勒廷·布朗所说的那种“无比混乱”的状态正在横行。随后，出现了众所周知的“1837 大恐慌”，在所有经济参与者中，西南部银行受到的打击最为惨重。它们放出的贷款远超出储备的现金，货币的价值远低于面值。它们面临着即将到来的大规模在全球金融市场出售的债券利息支出。那些欠了西南部银行百万美元的短期商业贷款的棉花商，除了棉花，一无所有，现在就算卖了棉花，也赚不回 274
来运输费。另一方面，欠银行钱的奴隶主确实有一笔有形资产。在路易斯安那公民银行的一沓文件中，1835—1836 年，快速支付的 1400 万美元是用超过 500 个奴隶做的抵押，这些奴隶的名字都在 19 页详细目录里。虽然这只是抵押给西南部银行很小的一部分，但靠奴隶做抵押的资金至少有 4000 万美元。一个奴隶按 500 美元的未清债务计算，至少有 8 万名甚至更多的奴隶被牵涉进商品价格和西南部银行崩溃的风险之中。成千上万甚至更多的奴隶，比如说那 29 个（菲利普、托尼、恺撒……），都被纳撒尼尔·杰弗里斯当成贷款抵押品，悄悄抵押给密西西比州杰斐逊县的钱普·特里了。他们在田间工作，夜里睡觉，坐在营房里抱着孩子，贷款文件上的每个人都任由拍卖商的锤子做定夺。[28]

一位密西西比州奴隶主在给北卡罗来纳州亲戚的信中写道，如果最糟的情况到来，他们两个都知道的那个女奴隶，“老多尔卡丝，会被拍给出价最高的人”，因为“邓肯·麦克布雷德惹了一身麻烦”。对于许多像麦克布雷德这样的白人来说，在患难之时，黑人奴隶的人身已被证明是流动性资源。白人在当下危机的影响下，最高的竞拍价格也低得要命。威廉·索斯盖特写道：“前几天我听一位先生说，他看到一个黑人同胞在密西西比被卖了 60 美元，用硬币结的账——像这样的奴隶应该值 2000 美元。”就像北卡罗来纳的一位破产的移民一样，有些人设法去“转让奴隶以求生存”，他们发现“许多情况下，他们只卖出了定价的 1/4，剩下的 3/4，穷苦的债务方只好从其他财产中凑齐”。[29]

到1837年夏天的时候，奴隶抵押突然无效，这让南方白人既焦虑又愤怒。人们在街上相互询问，讨求清还贷款的钱。指责者坚持认为银行应公开账簿。出纳员纷纷刎颈自杀。老人前往西部，以免被儿子的烂摊子烦扰，结果还是在目睹这些烂摊子的惨状后中风而死。一位热心的州长去密西西比的海恩兹县催还贷款，当地的企业家把他赶了出去，并且让所有人都知道，他们“为来讨要债务的人架起了单刃长猎刀”。1837年底，纳奇兹银行圈子的一个职员给另一人写信说，现在不考虑还清债务，任何人都应当为这个糟糕的境况买单：“这个州欠银行的债务有3300万美元。”密西西比州的棉花“能净赚1000万美元”。再有4个像今年这样的好收成，密西西比州的奴隶主应该就可以偿清债务了。照这样计算，纳奇兹人相信债权人宁愿拿延期款也不愿做抵押。欧洲方面当然想要密西西比州的奴隶生产的所有棉花，并且会出高价。[30]

西南和纽约地区银行的纷纷关闭，诱使金融部门也开始冻结资金，进入萎靡状态。这种暂时性的关闭给西南部银行带来了生命保障。一些港口城市，比如莫比尔和新奥尔良的商业公司则彻底终结了，这些公司多数不会再开门。还有另一个问题：当消费者和投资者对借贷的可行性缺乏信心时，出于对经济萎靡不断深化的恐惧，他们就会大量存钱，而这恰恰使他们的恐惧变成了现实。在通货紧缩的危机下，聪明的宏观经济政策制定者通常会“采取措施发展经济”，以政府财政赤字的开销推动私人投资，但是联邦政府已发出信号，说不会采取此类措施。马丁·范布伦把1837年夏末这段时期称为国会的“恐慌期”。他支持杰克逊总统的“铸币流通令”，并且强烈要求建立“国库独立制度”，这样私人银行就不可能使用联邦储备

275

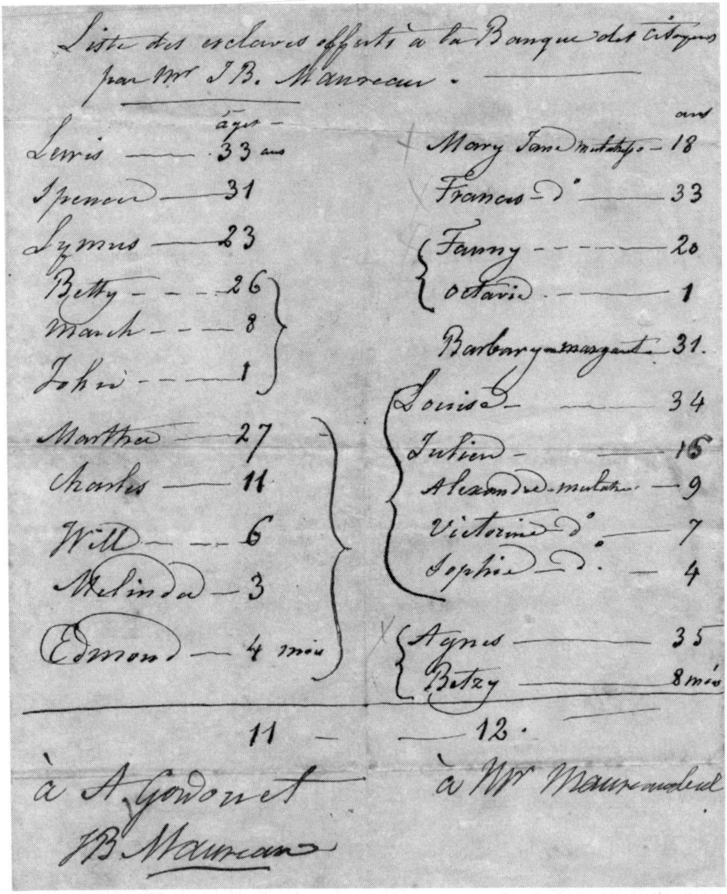
Liste des esclaves offerts à la Banque des Citoyens
par Mr J.B. Maureau.

âges — ans

Lewis — 33 ans
Spencer — 31
Symus — 23
Betty — 26
March — 8
John — 1
Martha — 27
Charles — 11
Will — 6
Melinda — 3
Edmond — 4 mois

Mary Jane mulatresse — 18
Frances d° — 33
Fanny — 20
Octavie — 1
Louisa — 34
Julien — 16
Alexandre mulatre — 9
Victorine d° — 7
Sophie d° — 4
Agnes — 35
Betzy — 8 mois

11 — 12.

à A. Gordonet
J.B. Maureau

图 8.2　强迫向西南移民而建起的许多家庭关系，就像这个抵押人类“财产”名单上的关系一样，终将被抵押和金融运作所破坏，而当初正是这些抵押行为和金融运作将这些人列在了单子上。

金来做杠杆。联邦税收靠的是收缴关税和出售土地，但这两者已经
随着贸易的萧条而锐减，于是这届政府以“中期国债”的形式发行 276
新的联邦债务，来弥补联邦税收的差额。但是，总统拒绝为银行系统扩大信贷。[31]

然而，“在密西西比，没有绝对的资金流失”，斯蒂芬·邓肯写道。奴隶主仍然持有固定资产——那些男女奴隶和儿童奴隶，他们生产商品，并让整个大西洋金融经济围绕这种商品运转。但是，如果没有足够的贷款来支持美国贸易运行的话，1837 年生产的所有棉麻包就可能滞留在岸堤和港口，直到大风把布袋吹成飘扬的碎片。所以接下来的一年里，南部企业主要求投资方再多向南部地区投入长期资金，前提是用奴隶制证券作抵押。1837—1839 年间，奴隶制下的边远州和地区发行了至少 2500 万美元的银行新债，多数都得到了州的支持。国际金融界也做出了回应。亚拉巴马的州银行从罗斯柴尔德家族引进大批资金。罗斯柴尔德家族可能是世界上最富有的家族，经营着一家实力雄厚的商业银行，总部设在伦敦和巴黎。银行新发行的证券，反过来使得南部借贷者可以从银行贷更多的钱。他们也的确是这么做的。1841 年，密西西比居民共欠州银行 4800 万美元，比 1837 年初整整翻了一番。[32]

1837 年 12 月，约翰·史蒂文斯去新奥尔良，到这个影响最严重的地方探明事态发展状况，并开始给自己的雇主普赖姆－沃德－金公司采购棉花包。欧洲工厂的库存最终减少了。一个南部银行家写道：“种棉花的州必须短期就能从去年的打击中恢复过来。”范布伦
277 不会帮助恢复棉花密集区企业家的经济，但是其他人却和他的做法相反。其中第一个就是尼古拉斯·比德尔。自从 1836 年第二银行执照到期后，他家乡的州便把它改名为“美国宾夕法尼亚银行”。尽管力量有所减弱，但它仍是美国最大的私人金融实体，而且在经济恐慌期间，比德尔也将自己的现金存入了该银行。[33]

所以，现在比德尔做出了最具创造性、毁灭性的尝试。美国宾夕法尼亚银行发行了数百万美元的邮政债券，并承诺在 8 个月或 1 年内向持有人多支付 6%的利息。这是双方在棉花交易复苏问题上押的

赌注。邮政债券会重新把棉花贸易变成钞票，并为随后的一年半提供贸易所需的货币，到那时比德尔也可以用买卖棉花的收入赎回邮政债券。比德尔和中间商（其他高级别的商业银行，如布朗兄弟银行）给国家特许银行提供了邮政债券贷款，他们取代了破产的西南部商人，收购当地人的全部农作物。纳奇兹商业银行用自己的账户为利物浦买下 64.3 万美元的棉花，也就是说，密西西比种植园主银行从当地种植园主手中买了 6 万包棉花并运往利物浦。比德尔的盟友就指望这些棉花了。[34]

棉花从 1838 年初的每磅 9 美分上涨到每磅 13 美分，这时边境地区的奴隶主们正准备种下 1839 年的那茬棉花。他们种了很多棉花植株，因为不久他们就需要现金。密西西比州克林顿市的威廉·里夫斯在信中写道，最终“州长会有大量的工作要做……多数是财产变卖”。1839 年夏，奴隶主使尽浑身解数，驱使手下的奴隶拼命干活。密西西比的阿尔斯沃斯说，“我手下奴隶的采棉量”，“平均都在 200 多磅，第四天达到了 214 磅，其中有两个人加起来，共摘了 625 磅”。詹姆斯·海伍德也和奴隶一起走进了棉花地，“从 8 月一直采到了限期结束，因为我知道我们的情况不妙，而且急于脱离债务……没有监工像我这么累。”[35]

能说的都说了，能做的都做了。奴隶主在 1839 年总共装运了 165 万包棉花，比上一年足足多了 22.5 万包。但是，供应量的增加再次动摇了商品价格，棉价又开始走下坡路。棉价从 1839 年春天每 278
磅 14 美分的高峰开始下降，到 9 月已经降到每磅 10 美分。1839 年，大量棉花的出现，使得价格一路降到了每磅 7 美分。随着棉花价格下降，比德尔的美国宾夕法尼亚银行也受到了冲击，它们押下了所有赌注，指望棉花能卖出高价以赎回邮政债券。但此时它们已经走上了末路。10 月 9 日，比德尔的最后一家银行关门了。其他加入了他举债经营的赌注机构，也随之倒闭了。[36]

亚拉巴马州一个叫罗伯特·卡尔森的奴隶主于1839年8月写道："我们的银行也可能要土崩瓦解了。"1839年的恐慌比两年前的那次更加深刻，经过这次大恐慌，绝大多数西南部的银行再也没有开门。在塔拉哈西，佛罗里达联合银行的职员无视法律判决，拒绝支付一笔197.23美元的票据，法院便派法官拍卖了他们仅有的财产——一栋大楼。法官来到大楼门前，身后跟着一群幸灾乐祸的围观者，这时，银行门开了。行政人员走了出来，带了一堆5美分、10美分、1美分的硬币，这些都是他们刮箱底才找出来的钱。但完全不够还贷。与此同时，在棉花价格下跌的浪潮中，密西西比联合银行在1838年底发行债券所得的钱也如沙堡般被轻易卷走。一名观察员预测说："密西西比将在1897年走出债务阴影。"事实证明，这个预测过于乐观了。[37]

马丁·范布伦总统在任期间，经历了两次大恐慌。国会觉察到了他的弱点，便废除了总统的独立金库。对于辉格党来讲，即将到来的全国大选是入主白宫的绝佳机会，同时也可消除12年来民主党派执政的影响。运用民主党群众组织和平民主义诉求的技巧，辉格党人在1840年竞选时，将马丁·范布伦描述为"马丁·范灭亡"(Martin Van Ruin)，一个雌雄同体、卡萨诺瓦式的矛盾体，因为他在金制的圆桌上就餐，在白宫的花园里命人修建乳房状的土堆（最后再以乳头的形状收尾）。他们提名俄亥俄州的威廉·亨利·哈里森为总统候选人。哈里森生于弗吉尼亚贵族家庭，却要把自己扮成拓荒者，为1811年自己在蒂珀卡努河之战中特库姆塞的表现邀功请赏。约翰·泰勒是弗吉尼亚的一位种植园主，他曾待在老自治领的家中。考虑到他和哈里森的功绩，辉格党的领导人颁布了一纸证明，说明在"蒂珀卡努河之战中泰勒也立下了功劳"。民主党的机器仍在计票。范布伦在总统选举中获得 47%的普选票，其中有 80%的合格选民——比往届都高。但是，辉格党赢得了大恐慌笼罩下西南部核心的“老胡桃木”的支持，并拿下了路易斯安那州、密西西比州、佐治亚州，甚至还有田纳西州，拉得 234 张选票，而范布伦在这些州只获得了 60 张选票。[38]

现在联邦政府的立法和行政部门都由辉格党掌控，辉格党人立即强行让国会通过了他们的第一项议程。最终他们通过了《国家破 279
产法》，允许联邦法院接手结束混乱的金融杠杆问题，使清还贷款和恢复金融的过程合理化。在这样的政策下，借贷者可将自己的财产让渡给法院指定的机构，然后由该机构卖掉那些财产偿还债权人。之后，借贷者在法律上算是无债之人，可重新开始自己的生意。用塞缪尔·汤普森的话来说，他是 1839 年倒闭的新奥尔良棉花交易合作企业的一员。按照他签的合同来计算，他破产的公司共欠债 40 万美元——并非异乎寻常地多。他们公司还与同样备受打击的债权人牵扯不清，这也是普遍情况，欠了路易斯安那联合银行 1.6 万美元，其他银行还有 6 万美元。为了 1839 年最后一笔棉花投机生意，公司甚至还借了 2 万美元的邮政债券。这家公司以及汤普森拿出了多种不动产资产组合来抵销债务：位于新奥尔良坎普街街角的多处房产、黑河口 1500 英亩土地的一半产权，以及得克萨斯 1111 英亩从未见过的土地。债权人如果坚持只收现金的话，这些财产会被卖给最高出价者。这样的事情就发生在了托马斯、亨利、彼得、埃维莉娜和她儿子詹姆斯身上，当时给他们的估价是 3000 美元，尽管这 5 名奴隶总共只拍卖了 1125 美元。此外，公司还持有“应收款项”10 万美元，这是其他人欠公司的。聪明的债权人会仔细查看这些应收款项，计算出哪些最有可能产生价值，最后选出利润最多的一个拿来抵消破产者的债务。[39]

《破产法》充分实施后，对于控制西南部的企业家所导致的金融灾难有所成效。然而，任职一个月后，总统哈里森就死于就职典礼上感染的重伤风恶化的肺炎。于是由副总统接替总统位置，这是史上第一次。许多辉格党人认为，约翰·泰勒毕竟不是选举出来的总统，所以他必须听从国会的指挥。然而，泰勒性情倔强，被证明是彻头彻尾的弗吉尼亚民主党人。他反对国会辉格党大会为第二银行提交的《1842 年法案》。第二年，由更多新当选的民主党控制的议会推翻了《破产法》。

这个时候，在奴隶制的边远地区，从个体户那里收账的进程开
280 始加快。所有人都必须为自己孤注一掷，去对抗丧心病狂的银行、破产的商人和外面的债权人，其实上述各方也是在相互对抗。西南各州的各级法院系统中，法官和律师在规定的那天先去任意一个县的法院，然后再去其他法院，并将债务情况记录在册。通常法官和律师在走完一个法院后，情况不会有什么变化，而只有成千上万份卷宗要归档。一位亚拉巴马州人写道："蒙哥马利彻底垮掉了。除了法院开庭，什么活动都没有。"律师带来拒付通知书和未偿还的抵押贷款，法官敲响小木槌，办事员便会发布法律文书，授权治安官拿下财产去变卖。有些债务人的奴隶和土地就在法院的台阶上被拍卖掉了。尽管"很多黑人在本次或下次审讯中就要被拍卖"，但多数人还是希望价格再降低一些，"等待最低谷的到来"。没有人真正按照繁荣时期的价格偿还贷款，特别是当市面上只能用金银作为唯一流通的货币时。一个西南部人写奴隶贩子们从资产价格上涨中获利时，是这样描述的："我想知道弗吉尼亚老一辈人是怎么度过这段艰难时期的。我以为在老自治州买奴隶会便宜一点。他们弗吉尼亚人从愚蠢的密西西比人那里获利，但是这样的机会一去不复返了。"奴隶贩子泰尔·格伦回去收亚拉巴马人欠他的 5 万美元。在密西西比，赖

斯·巴拉德强制拍卖并买回拍卖的资产。奴隶主也被追债：一封给巴拉德的信中详述了 12 个奴隶贩子欠了 9 家弗吉尼亚主要银行几十万美元的细节。[40]

联邦破产法院拍卖了埃维莉娜和詹姆斯，以偿还塞缪尔·汤普森的贷款，但是没卖掉詹姆斯的父亲。尽管强制迁移使得亲人分离，奴隶制下的边远地区仍有许多人成为人父。的确，这里的关系十分复杂——新的、重建的、多变的，像左手一样充满了创造性。对于父亲、兄弟、朋友、情人来说，这种新的肉体关系、血缘关系以及非血缘关系是一种基础，让他们能够挺身而立，感觉自己仍属于人类。但是，这些关系在某些方面很脆弱。比起保护自己的肉体，许多男性奴隶在保护妻儿时，更愿意退而求其次。人活着就离不开这些关系。要想脱离自我肯定和自我保护的意识以获得生存，就必须经历一番艰难的思想斗争。[41]

这些难题在乔·基尔帕特里克的生活中显而易见，他在 19 世纪 30 年代被主人卖给了一个从北卡罗来纳过来的奴隶贩子。他的妻子 281
以及两个女儿（莱蒂斯和内丽）只能眼睁睁看着他消失在南方的地平线。他被卖到塔拉哈西，在那里的棉花奴工营旁建了小木屋。在那里，他收养了在被贩卖过程中变成孤儿的乔治·琼斯，那个孩子当时只有 5 岁。30 年过去了，乔治·琼斯长大结婚，并成了两个女儿的父亲。他给她们起名叫莱蒂斯和内丽。基尔帕特里克在他们的小木屋里给乔治讲了怎样的故事？乔治是何时决定把那两个女孩当姐姐看的？基尔帕特里克为何做出了这样的生活选择？关于这一点，这个非亲缘却胜似亲缘的故事又告诉了我们什么？当他看着乔治·琼斯由小孩成长为男人，或是看着和他遗失多年的女儿一样名字的小女孩在木屋前面的泥土中玩耍时，我们无法得知基尔帕特里克是怎么想的。基尔帕特里克将自己的选择付诸行动，他为自己的损失寻求救赎，不是通过控制，也不是通过接受绝望，而是通过长期的、耐心的希望。无论是南北战争前的南方白人，还是贯穿了西方历史的大部分时间，人类一直都是睚眦必报的，而基尔帕特里克则活出了一种与之相悖的人类境界。[42]

在写到 20 世纪的集中营时，作家茨维坦·托多洛夫（Tzvetan Todorov）① 把那些反抗 1934—1944 年纳粹侵占波兰而战死的犹太人和共产党人定义为“英雄主义”的典范。即使理想不能成为现实，华沙犹太反抗斗士们也是“若为自由故，生命皆可抛”。托多洛夫说：“对那些英雄来讲，死比生更有价值”——在得不到自由的情况下，确实如此。那些反抗的英雄们相信，如果没有宁可以死相拼也不愿被人控制的决心，活着也没有意义。从吉尔伽美什的传说、《伊利亚特》到警示性的电影，西方的史诗都是关于此类英雄的故事。这些英雄只有反抗和屠杀敌人，不接受任何控制和侮辱，才不会沦为奴隶。就是因为他们甘于流血牺牲，才使得人民大众获得了自由，但是他们这样做大多是因为他们也可以因此获得自由，尤其是摆脱这种可以被任何人掌控的灾难命运。像罗伯特·波特一样自由，像来看安德鲁·杰克逊总统就职典礼的 2 万人一样自由，或是像他们把自己想象成的那种人一样自由。

无论南方还是北方的白人，都把奴隶这种所谓的不抵抗行为看作是非英雄行为，并证明他们不是真正的人。他们在嘲笑黑人，把他们看作文学和黑脸歌舞秀中所描述的“谄媚傻宝”（cringing sambos）。这么多年来，黑人需要否定奴隶制下自身的软弱形象，这催生了部分黑人文化的创造力。历史学家在谈论奴隶制的时候，总

---

① 茨维坦·托多洛夫（1939—2017），保加利亚裔法籍符号学家，著名结构主义文学批评家、叙事学理论奠基者。

是混淆“男子气概”和“反抗”这两个概念。[43]

乔·基尔帕特里克不算什么英雄。他在不自由的状态下不能构建自己的生活，他不敢以死来证明自己有死的自由。但是，他还是做出了选择，他所做的选择，不管对于他们所说的男子气概的信仰， 282
还是他为乔治·琼斯、莱蒂斯和内丽所做的一切，都是至关重要的。抛开荣誉，基尔帕特里克选择了托多洛夫所说的“普通美德”。英雄总是以一种存在的形式无视他们自己的生死，摆脱仇恨，驱走侮辱。然而，托多洛夫发现，20 世纪的集中营里，一些人通过善待别人来提升自己的超然存在感。他们每天为别人的生存做贡献——即使这样会降低他们自己的机会——他们用自己的付出来阐释抽象的自身价值。20 世纪死亡集中营的英雄行为是通过自杀的方式实现的，就如同 19 世纪的奴工营一样，即使在地狱里，他们也可以做一个有美德的人。[44]

在西南部的奴工营，如果成年男性的普通信念与英雄美德对立，那么对乔治·琼斯这样的小孩就意味着生与死的区别。但对成年男性而言，结果是一样的。血缘关系的重建给人一个不为挣脱束缚而死的理由。在 19 世纪 30 年代的危难和分裂中，奴隶通常充当别人的看护人。在多数对男子概念的定义中，富有同情心不是首要的。露西·瑟斯顿在路易斯安那棉花种植园的生活如同行尸走肉一般，而男性奴隶的善良给她的生活带来了生机。同样，像乔·基尔帕特里克这样的黑人男性引导他们的同伴建立起家庭，照顾抚养他们，并教会他们生活。这样的选择使他们建立了关系，成为情侣或是夫妻、父子或是兄弟，他们将普通美德看作自身身份的核心，尽管嘈杂的文化信息告诉他们：作为男人，他们失败了。或许如此生活的男人破坏了白人对复仇英雄的完美设想。

在被迫移民的灾难大背景下，人们对普通美德的追求在 1837 年的大恐慌时期就已清晰可见。它改变着人们的生活，甚至影响了种植园主记录簿中的内容。首先是19世纪30年代西南奴工营结婚率的提高。例如，在亚历山大·麦克尼尔的马格诺利亚营地，37个满20岁的女性中，有21个嫁给了在那儿生活的人。此类关系的建立，意味着有意识地重新开始生活，因为许多边远地区的男人在原来生活
283 的州已经娶了妻子。19世纪30年代中期是棉花产业发展的蓬勃期，彼得·卡特从马里兰州被卖到佛罗里达州。以当时奴隶贸易的标准来看，这个超过40岁的男人已经算是老男人了，离开家人的他在佛罗里达再婚了，50多岁的时候，他又养了3个孩子。[45]

对男性奴隶来说，做丈夫或父亲十分重要，因为如果想要远离恐惧，过上有道德的生活，他们必须做长远打算，想想有一天会被甩到身后的人。即使没有结婚，也可以建立新的血缘或者类似血缘的关系。查尔斯·鲍尔把自己家人留在了马里兰州。在南卡罗来纳州，他成了黑人大家庭中的积极分子，批评莉蒂亚的丈夫没有当好她的看护者。之后，他收养了在交易中沦为孤儿的小男孩，“和他被撇在马里兰州的小儿子一般大；在这个世界上一无所有，即使死了，也不想和儿子分离”。其实，真正重要的，是在别人的生活中起到至关重要的作用。没有人比孤儿更需要成人的照顾——也许，查尔斯·鲍尔对小孩的需求是例外。[46]

这些努力的成果随着几十年后黑人的解放慢慢显现。南北战争期间，女性为了让生活继续运转做出了让人惊讶的事，之后又充分推动了自由的实现。与此同时，男人也做出了牺牲，有些牺牲是十分惨重的，他们组建或重组了成千上万个自由的家庭。内蒂·亨利在外流浪的父亲从得克萨斯回到密西西比与她和母亲重聚。有些人选择在重建的家庭生活。杰克·汉尼拔，一个在19世纪中期之前就被卖掉的奴隶，在亚拉巴马给之前在佛罗里达的主人写信说：“亲爱

的夫人……请务必给我佛罗里达的两个妹妹写信，告诉他们我现在所在的地方，方便她们寄信给我。”汉尼拔相信他的主人知道自己的两个妹妹被卖到了哪里。在信里，他还告诉她自己现在有多少个孩子，在第一任妻子死后又娶了第二任妻子，并且准备与主人伤害过的人抱成一团：“请您给我佛罗里达的两个妹妹写信，告诉她们如果过得不好，务必写信给我，因为我现在过得就像约瑟一样，如果她们来的话，我给她们准备玉米。”[47]

霍金斯·威尔逊在得克萨斯给从小就分开的姐姐写信，告知对方自己还活着，而且长成了“大人”，“和约瑟一样”，如果能与姐姐重聚将不胜欣喜，汉尼拔既是他们的首领也是庇护者。他以自己所 284
失去的、承受的，又重新获得的种种来审视自己——而不是被奴隶主称为“小子”时不能反抗的无力感。这类人从生存和看管小孩中得到的东西，并不能替代他心中持有的希望。他们承受的心理折磨，他人无法感同身受。所有具有普通美德的奴隶典范也是如此。但是，乔·基尔帕特里克、杰克·汉尼拔和其他无数的人选择在遥远的将来，也就是他们死后的将来，能在他们的庇护下生活。他们希望，他们的孩子以及孩子的孩子——他们自己的血脉——将来能获得自由。然而，要等到这样的将来，人们必须活下去。即便是在 1837 年种植园主权力膨胀的时期，为了能让自己的孩子和他人活着，他们默默奉献自己，挑战着南方白人和西部人对男性的定义。

曾经，有一位亚拉巴马的年轻男子被派去送信，他在半路停了下来。在确保没人看见的情况下，他把信埋在了路旁的沙子里。信中的信息在土里埋藏了一个月，却不知为何被奴隶主“发现了”。消息不断传来，债权人、法院、银行、州长的各种信件和票据都在路上了。没有人能够阻挡这些信件的到来，无论是奴隶，还是他们帮助建立起的大家庭中的其他人，能够阻止这些信件摧毁他们所建立的一切。[48]

约翰·德弗罗也无法阻挡那些给他儿子朱利恩的信件。住在亚拉巴马的约翰，内心仍是一名18世纪的弗吉尼亚绅士。他分别按照基督教和伊斯兰教的纪年，用杰斐逊样式的风格写下了新年日期，并对那天的天气做了番抒情的描写。每个来敲他门的白人都能得到施舍。他每天晚上都在阅读博物学的著作。年老的时候，约翰更喜欢"苏格兰黑人"挥动鞭子的方式。

然而，在1839年时，他的计划遭到了破坏，"失败"的漩涡将朱利恩深深卷入其中。他那一团糟糕的投机买卖，暴露了他从克里克印第安人骗来土地的真相。政敌识破了这一骗局，并向州立法机关揭发。朱利恩的朋友用威胁的方式遏制了揭发者，但文件却披露他欠了多个银行数目巨大的钱款。他与妹夫亨利·霍尔库姆——一个奴工营和一家移动棉花经纪公司——的生意伙伴关系崩溃了。商业公司的信件中咆哮道，尽管"我们已经宽限了很长时间"，朱利恩的账户仍处于负债状态。几周后，州长的雇员收到了另一个债权人起诉朱利恩欠债1万美元的证明文件。更多诉求的信件蜂拥而至："能否帮我安排还款事宜"；"我冒昧地提醒你兑现对我的承诺"；"朱利恩·S. 德弗罗拒付3500美元的汇票"。甚至连他的婚姻也要破裂了。[49]

285 朱利恩卖地筹集资金，然后和他的孩子、奴隶一起去投奔约翰。在内战前的亚拉巴马州，他和艾德琳离婚绝对是件稀奇事。法律规定只有极端的情况才能裁决白人离婚。约翰不得不在证词中支持儿子离婚的诉状，说艾德琳喜欢打骂奴隶，如果她的愿望得不到满足就会在沙发上号哭，而且她是个"臭名昭著的……大家非议的对象"，"连她的朋友都羞辱她"。约翰家的门被砸开，人人都能看见里面残败的景象。[50]

恐慌使共商阴谋的一丘之貉关系破裂，给种植园主圈子以及男性所带来的危机，比地理位置上迁移而分离给白人家庭和社会关系造成的危机还要严重得多。新的一天来临，到处是颓败的金融景象，到处散落着没用的文件，“这儿的商业呈现一派衰败的景象，少数投机生意还在继续，流通的货币极少”，曾经一度的主宰者现在也像逃亡者一样被追查。他们作为借款人，再也不能利用小银行在世界借贷市场周转资金。奴隶制边疆地区的银行欠下东北部机构大量债务，如第二银行宾夕法尼亚支行。而第二银行宾夕法尼亚支行自己也破产了，被一群托管人掌控。托管人派约翰·罗伯特南下密西西比州从州银行集资。很快他就发现自己别无他法，只能先从欠种植园主银行钱的密西西比个人着手，而种植园主银行也欠了宾夕法尼亚银行的钱。[51]

罗伯特很快发现，“人们金钱上的联系”异常混乱：“甚至连抵押（担保的）贷款也有很强的不确定性，用奴隶做抵押虽然最安全，但他们总是被移出我们的管辖范围。”他被告知伍德维尔的法院有土 286
地抵押贷款的记录，但也有可能在纳奇兹人那儿，抑或是亚祖城。“都是圈套！”罗伯特爆发了，他对这个颠来倒去的怪圈子感到愤怒。人们似乎都在为挣脱自行设计的陷阱而相互欺骗，他写道：在密西西比，“我一个人也不信，圣人也好，罪人也罢，没有区别，都在撒谎欺骗别人”。亚拉巴马州也是如此：“人们都快到了绝望的边缘。你没见过如此残忍的相互厮杀。”不久，罗伯特又写道：“我不想任何人成为债券的抵押品。”他现在觉得密西西比白人没有道德底线，缺乏荣誉感，在全国信贷系统沦为从属地位实属活该。[52]

这 10 年，罗伯特辗转于拒付票据和谎言之间，起诉了成百上千的奴隶主，逼成了成千上万桩奴隶销售。在这种压力下，白人财产和人际关系瓦解了。一个密西西比人在给他盟友的信中写道：地方长官海勒姆·郎内尔斯欠了我们的钱，他不打算还了，打算诉诸决斗，而且“可能是要毙命的那种”。真是不好的消息。但是请等一等：“如果他被杀死，郎内尔斯夫人还会把钱还给你吗？”也许在朋友胸膛上开一枪是好消息。企业家拼命保住尽可能多的赌注，连家庭都四分五裂了。达尔文不管是个人生活还是生意场上，都是一个赌徒，1838 年，他的哥哥威廉·汤普森和姐姐印第安娜从他那儿买来奴隶，他们想靠此使他免遭破产。也就是这一年，即 1842 年，达尔文想重新占有那些奴隶，所出的价钱只是市场价格的一部分。但是，威廉和印第安娜怀疑达尔文会反悔，并再次把那些奴隶当作自己的财产一样做抵押。他姐姐估计，“在他或者县长卖了他们之前，他也就只能留他们不到两年”。坦白说，他向威廉承认过他打算立即卖掉一个。“那些钱你怎么处理？”威廉质疑道。达尔文说想去得克萨斯，以此来躲避密西西比州的债务。“当然我还是留下了那个奴隶。”威廉说。那时他设法保护自己和姐姐的经济利益。几个月后，威廉因为生意去了外地。威廉妻子病重，达尔文却扑到她的病床前去烦扰她。他姐姐听到了那段对话。“嫂嫂，我告诉你我要做什么。”达尔文对那个垂死的女人说道，“我只想要我的黑人。”他答应用他们的劳动来偿还债务。“哈哈哈哈。”印第安娜尖刻地打断了他的话。大家都知道弟弟达尔文将要远走，留下债权人骚扰他的哥哥姐姐。奴隶曾是白人梦想的神奇种子，结果现在却成了白人家庭竞相争夺的货币。[53]

南方的白人女性时不时会对奴隶制提出质疑。但是在压力之下，
287 家族企业和个人未来财务问题的困扰，才使她们空前地认识到奴隶财产的重要性。北方路易斯安那州的奴隶主南希·贝尔和丈夫雅各布·贝尔纠缠在他们自己混乱的离婚案中。南希说他们之间长期以

来就有问题，因为 1833 年雅各布用棍子打了她的头而激化了矛盾。雅各布不承认这种说法，他反驳说是她策划让她女儿逃走的。南希又控诉他“在他们共同的住处养了个情妇”。对此，雅各布全盘否认。南希消失后，又重新出现在女儿的家里，要求雅各布抛开家庭关系，与她平分奴隶财产。雅各布搞了场公开拍卖，勾结他的朋友把竞拍价格压得很低，这样他就可以买回低价的奴隶。南希说要对一等的人手、妇女和儿童进行估价，按照账簿上的价值重新结算，这样才算公平，因为“这是不伤害对方而最易接受的分法”。离婚案还在没完没了地进行，恐慌又突然爆发了。南希拿起枪对着雅各布，要求她应得的那份，还威胁要让女婿教训近 70 岁的雅各布。最后，南希退让了一步：如果通过抽签分到玛丽和库尔森，雅各布可以从她手上把他们买回去（在 1835 年的遗嘱中，雅各布给了“奴隶玛丽·克拉克森和她 5 岁多的黑白混血儿子库尔森真正的自由”）。[54]

19 世纪 40 年代，在私人信件和公开文章中，支持奴隶制度的女性种植园主的人数骤然增加。学者认为她们之所以支持，是为了反击外界对南方的批判。但是，这种转变也许真正源于恐惧过后的困境，她们认识到拥有这些商品化的奴隶，可以为像南希·贝尔这样的人带来多少右手权力。[55]

在岌岌可危的银行和债券帝国轰然倒塌之际，白人四处相互欺骗，其频率之高以致南方人杜撰出了一个术语“G. T. T.”，一个表示这种欺骗策略的首字母缩写。破产是一瞬间发生的事，每个人都想保住资产，这种策略钻了法律的空子。但是，这个策略使奴隶处于右手权力之下，让他们能再创帝国。同时，也摧毁了男女奴隶用普通美德所建起的城堡。

我们需要解释一下这个首字母缩写的含义。1841 年，约翰·德弗罗的儿子朱利恩的桌子上堆满了恐吓信，他向别人寻求建议。他

288 问一个即将破产的商业伙伴如何才能保住自己的财产，而不拱手让给他们共同的债权人？他朋友说，首先，不要相信那个人。他可能并没有告诉朱利恩实话，还会为了保住自己而弃他于不顾。第二，看看那个人的债务有多重。“看看他到底有多少贷款，然后悄悄写信告诉我，不要迟疑。”最后，从那个绝望的男人那里抢夺资产：“把文件、票据、黑奴、土地及其他一切都夺过来。”情况十分糟糕，“恐怕这真的很困难，不过不要鲁莽行事”。吓唬他说你要走，并且留下他拿着的袋子：“告诉他，你按照自己的意愿来和他清算移民（到得克萨斯）的事情。但是你自己不要移民过去。”给建议的是他的另一个朋友，也是朱利恩的债权人，他根本没有意识到朱利恩是在耍手段。朱利恩骗了他，把一群奴隶派去得克萨斯和美国交界的地方，好逃脱亚拉巴马的债务法。没过多久，朱利恩丢下妻子和一堆债务，父子两人带着亚拉巴马州剩下的一些奴隶一同前往莫比尔。他们搭上了去新奥尔良的船，然后再去圣路易斯酒店。这两个白人在可拍卖奴隶的圣路易斯酒店度过了舒适且昂贵的一晚，然后订了船上的一间小屋，准备去加尔维斯顿。剩下没卖掉的奴隶都住统舱。朱利恩这次用的就是“G. T. T.”（gone to Texas）策略——去得克萨斯。[56]

奴隶“逃跑”了，为了躲避债务。这也就是为什么色宾河（Sabine River）边的得克萨斯共和国奴隶人口从1837年的4000人增加到1845年的2.7万人。人们纷纷带着奴隶去了可逃避债务的得克萨斯。女人们让奴隶悄悄地从执法者眼皮子底下溜出来，把奴隶给了要逃往得克萨斯的姐夫，而执法者还在警惕地看着她们的丈夫。奴隶主给监工钱，让他带着奴隶去布莱克沃里尔河边的山上，等法院开始处理下一个县的事务，暂时不管这里的贷款问题再回来。债权人知道后开始反击。比如，在没接到反诉前，先绑了债务人的奴隶，把他们带到新奥尔良，在圣路易斯酒店圆顶下通过拍卖变现。[57]

最后，密西西比州的律师们去美国最高法院以最歪曲的事实和诡辩的方式强词夺理，说该州的每个白人男子都有不离开自己州而享有“G. T. T.”的权利。在纳特·特纳暴动之后，密西西比州宪法禁止了一切国内奴隶贸易活动。但是，州立法机构从未通过一项“授权”禁止奴隶贸易的法案。在接下来的几年里，经济高速增长，密西西比人仍从西南部买进奴隶。其中有个叫摩西·格罗夫斯的，欠了新奥尔良奴隶贩子罗伯特·斯劳特的债。两人之间爆发了冲突，289
格罗夫斯拒绝还贷，理由是在密西西比贩卖奴隶是有违州宪法的。[58]

图 8.3　19 世纪 40 年代棉花产区的真实情况就是不断地试图偿清 30 年代兴盛之时积压的巨额债务，最典型的现象就是不间断的奴隶贸易和强制迁移，就如同这幅“在新奥尔良圆顶大厅出售房产、画作和奴隶”的画作所展现的。（James Buckingham，The Slave States of America，London，1842，vol. 1，facing title page.）。

没人知道斯劳特卖给格罗夫斯的那些奴隶最后如何处理了。学者们更关注那些在最高法院审理格罗夫斯诉斯劳特案子的人。亨利·克莱和丹尼尔·韦伯斯特代表奴隶贩子，格罗夫斯的辩护人正式提出了所有密西西比人可以不离开家乡而“G. T. T.”他们的贷款，这其中就包括了密西西比的参议员罗伯特·沃克。自从 1836 年乔治·波音德克斯特任参议员以来，沃克充分利用手中的政治权力享受特许贷款权，这也意味着他有足够的钱投资奴隶。他向格罗夫斯请求的是赖账的权利。另外，赖斯·巴拉德偿还了亨利·克莱的钱。对于这位伟大的奴隶贩子来说，这起集体诉讼案件将决定他能否收回密西西比奴隶买家欠的债（19 世纪 40 年代的前几年，密西西比州和路易斯安那州最高法院受理过几起类似案件）。美国最高法院驳回了韦伯斯特、克莱和巴拉德的请求，驳回了奴隶购买者的主张，即如果不能执行州宪法，他们有权通过单边行为取消债务。[59]

在杰克逊任期内备受推崇的人民民主氛围中，下一步的行动想必是不可避免的。到 1840 年时，奴隶生产收入几近枯竭，借款方还不起银行的贷款，他们出售的抵押财产在未流动到得克萨斯前，只能换来一点点现金。债券持有者有银行百万元的债券，银行却拒付利息。在更繁荣的时期，州立法机构表示他们要挽回债券的“信用和信誉”。持券者和银行内部人员要求州政府向人民征税获取这笔资
290 金，还定了与斯劳特和格罗夫斯一样的契约。支持银行的政客觉得，如果美国要继续发展，就必须保持未来可借贷的能力，这就要求向公民征收很高的税。在佛罗里达州，州发行的“信用债券”所欠持券人的金额，摊派到这个州的每个人头上，不管男女老少、黑人白人，人均大约 120 美元。也就是说，没有奴隶的普通农民，缴的税比自己农场所值的钱还多。密西西比州的《哥伦布民主党人报》写道：“为了那些住在金碧辉煌的宫殿里、睡在红木床上、用金刀叉吃饭、

渴了就喝香槟的人的利益，收税人员要收走你妻儿每天睡的床、吃饭用的桌。”[60]

为了使投资收益私有化，而使风险社会化，这是政治背景雄厚的企业家惯用的伎俩。西南部的自耕农经过几代人的奋斗，迫使政治家们对此做出回应。他们已经遭受企业家阶层带来的经济困境，不会交出自己余下维持生计的财产去帮富人们脱离困境。他们和最激进的政治家不断鼓动州和地区拒付公债。反银行的愤怒情绪分裂了北方民主党。反对者认为此种反应是种退步，但许多选民又认为这事关白人平等的问题。作为密西西比报纸上所谓的“见证人”，他们想告诉那些“贪婪的骗子”，富人不能强迫大众为他们偿还债务。当反银行的民主党人士占上风的时候，他们就会对猖獗的银行内部人员贷款，对完全不负责的行为记录进行经济调查。调查确实发现了问题，比如密西西比联合银行的主管们从出售州债券的首笔 500 万美元收入中，借贷了 100 万美元。[61]

所以，西南部反银行的政治家现在又在全州展开离开家乡不还贷款的“G. T. T.”运动。密西西比州州长亚历山大·麦克纳特在 1838 年的时候还是支持联合银行的。1838—1839 年棉花投机生意大蓬勃期间，他还曾帮助出售过 500 万美元政府债券。而到 1841 年时，他却提倡拒付那些债券。那年秋季大选，密西西比人的多数选票投 291
给了拒付公债的支持者，让他们进入州立法机关，这就直接导致了债券无人支付。密西西比立法者反对向债券持有人付款，他们总共欠联合银行 50 万—100 万美元。那些反对赖账的人欠的数目差不多有 50 万美元。佛罗里达州和阿肯色州也拒绝支付公债。路易斯安那州没有在法律上拒绝支付公债，但是民主的立法机关多年来都是拒付路易斯安那种植园主统一协会银行、联邦银行和市民银行的债券。州政府曾大力支持、担保 2100 万美元债券的发售。银行卖掉有价证券，把实收款项借给朋友。到南北战争时，未清偿的债款共计 600 万美元，连利息也没支付。[62]

投资者对拒付债券的行为感到愤怒。这种愤怒迅速转化成了蔑视。1839 年，约翰·奈特去纽约之后发现，“密西西比州、密西西比人、银行等”已经“臭不可当”。华尔街的银行在 1839 年的大恐慌中幸免于难，成功赢得了与尼古拉斯·比德尔和南部企业主的斗争，控制了美国金融界的未来。但是，华尔街和伦敦金融城的人一样，都对西南边远地区有大笔的投资，他们震惊于西南地区能如此无耻地偷盗。欧洲债券持有者分发了无数批评拒付政府债券的小册子。《伦敦标准报》称密西西比公民是“一群残暴的恶棍”。《伦敦时报》在 1847 年的报道中称，再傻的欧洲人都不会借钱给美国人了。[63]

债券持有人提起了一系列诉讼。尽管批评声和诉讼案风暴慢慢减弱，但破产的州仍拒绝兑现债券，美国最高法院则抱着置身事外的态度。到 20 世纪 30 年代时，接手密西西比联合银行部分债券的摩纳哥公国，仍向美国最高法院起诉密西西比州。但国会也拒绝对此事作出回应。没有党派愿意失去 6 个拒付债券的州的选票。那些州的公民在狂躁的金融界的矢石交攻中，以各种方式寻求安慰。不太富裕的白人则从银行派系的窘迫中得到一些心理平衡。密西西比州州长和主流报纸都借用西方谚语为自己开脱。一家密西西比的报纸反驳了《伦敦时报》，并把它比作一家“犹太经纪人机构”。亚历山大·麦克纳特冷嘲热讽地说，就应该拒付罗斯柴尔德家族持有的亚拉巴马州和密西西比州债券，因为他们是“夏洛克和犹大的后代”。[64]

所以，南部的主流文化一度曾像信奉基督教的国家一样对犹太
292 人开放，而现在却充满了反犹太气息，而且还会像病毒一样持续几十年。但这只是拒付行为遗毒的开始。对银行债券的反应导致了边远地区贫穷的种植园小农场主阶级怨恨精英的主宰，并发起意义重

大的政治运动。任何和资产银行有牵连的政治家，其政治前途都将毁于一旦。但是，“G. T. T.”宏观上阻止了和全球信贷市场的联系。自此之后，西南部的企业主们再也不能以平等的合伙人身份参与到资本主义的全球扩张之中。这些精英利用了大众的愤怒，把国家权力转换成避免债权人行使取消抵押品赎回权的工具，其代价是自己未来的信贷失控。普通南方白人也没有如那些自认为高人一等的人在 19 世纪 30 年代大繁荣时期的体验，他们也很少关心这些，而信贷也同样塑造着他们的未来。

各种形式的拒付，吸引了一位名叫帕斯卡的白人前往布拉索斯河对岸的一个奴工营，营地的主人是理查德·布朗特，住在离这儿 20 英里的海滨城镇马塔哥达。布朗特在密西西比州有债务，他把自己的奴隶赶到西边，越过边境线到了得克萨斯，使债权人鞭长莫及。帕斯卡到西部是想找份工作，做监工得到的是现金。现在他必须控制住布朗特从密西西比驱赶到这里的黑人，他们已远离故土，远离同伴。

帕斯卡对附近的白人抱怨说：“这群黑人真不好管。”也许生活的颠沛流离已经改变了他们每天服从或反击的计划。他们白天老实干活，半夜又偷偷溜出屋逃跑，但最终被抓回来。某人的丈夫或者某人的妻子、孩子远在亚祖河边的种植园，那里的一棵老杨树下还埋着某人的《圣经》读本和积攒的一袋袋硬币。

布朗特还在密西西比的时候，有一天他叫每个在地里干活的人过来排好队，让银行的人点数，好写下所值金额，假造抵押贷款的账目。抵押其实就是销售，布朗特把奴隶转移到得克萨斯，实际上就是把抵押掉的奴隶从现在的合法主人那里偷走。布朗特一边是法律的代表，威严而庄重，一边又干着盗窃财产的勾当，他和他的经纪人再也不如以前那么威风和团结了。

293 帕斯卡催促着赶不上队伍的奴隶。那个黑人已经受够了这个多事的春天，他“拿起挖根锄敲在帕斯卡头上，把他埋在地里，之后犁了表面的土”。他又拿了帕斯卡的枪，咬咬牙，朝自己的手上开了一枪。他从棉花地微微颤颤地向马塔哥达走了 20 英里，到了之后，他把自己编的故事讲给布朗特听，他说帕斯卡一怒之下开枪打了他，“（帕斯卡）以为他死了，然后骑着一匹马逃走了”。

布朗特忙着喝酒打牌，顾不上这些琐事。但是，他的邻居詹姆斯·霍金斯觉得这事十分可疑。几天后，那匹马自己跑了回来，马鞍还在上面。霍金斯说服了本地白人把那个奴隶找来问话。“等了好久，那个黑人才告诉我们关于帕斯卡的事情。”他们确实问出了点东西。霍金斯带着那人去了棉花地，让他从树下的沟里挖出帕斯卡的尸首。霍金斯说，手受伤的“那个黑人被关进了监狱”，并且“肯定会被绞死”。霍金斯家的监工听了隔壁的谋杀案后极其恐惧，每晚都把自己隔离在小木屋里。[65]

也许那个恐惧的人也无法忘掉那一幕：血流满地，帕斯卡被敲碎的头上还留着锄头打下去的形状，黑人发狂似的鞭打挡在面前的骡子，这时他看到远处的地平线隐隐若现。当初在密西西比州，帕斯卡借钱买了奴隶，之后便离开了父亲东部的家来到西部：在下一个或最后一个棉花奴隶制下的边远地区，这些普普通通的决定导致了两人的死亡。这些人无法想象谋杀就是自己长途西行的结果。在奴隶制滴血的刀刃上，多年前过于雄心勃勃的计划现在却适得其反。但是没有人比奴隶流的血多，没有人像奴隶那样，生活被“G. T. T.”的原则严重破坏。

从 1837 年到 19 世纪 40 年代中期，负债累累的奴隶主夺走了奴隶通过亲缘关系辛苦积攒的财富。早在 1835 年，拒付公债的密西西比州州长亚历山大·麦克纳特就从弗吉尼亚本地人乔治·拉斯特手里买了价值 2 万美元的奴隶。他承诺第二年给拉斯特支付本金以及 10%的利息。10 年过去了，麦克纳特经历了上任、卸任，这些适应了密西西比奴工营生活的 20 多个男女奴隶中，有人已经结婚生子。比如路易斯和玛丽，他们在 1835 年还是小孩子，现在早已结婚，并有了两个孩子，一个是 14 岁的安德鲁，一个是还没学会走路的路易斯。在麦克纳特的棉地里累死累活地工作了无数个时日，路易斯和玛丽想方设法让他们的血脉延续下去。然而，到了现在，州长仍旧没有给拉斯特支付款项。债权人怕麦克纳特和奴隶逃到得克萨斯，于是他要求前州长兑现他的债务。10 年前，麦克纳特从弗吉尼亚买来的奴隶，有 22 人活了下来。1845 年 5 月，他们被拍卖给了有意向的买家，这样新主人就可以立刻命令他们下地采摘这一年的棉花。 294
新旧家庭在拍卖时都被拆散，像 70 岁的内森，以 300 美元的价格被拍给了一个叫帕克斯顿的人。尼尔逊和普里希夫妇也被一并卖掉，他们不到 10 岁的儿子则被卖给了另一个买家。[66]

西南各州的奴隶都说白人把任何决定和失误的后果都强加到了他们身上，还把他们当作商品买卖。“奴隶主榨干了我们。”“他说，我会把你放进口袋。”如果奴隶听到白人在房子里“谈钱”，那这个片区的每个人都知道，“钱”就是“奴隶”，“奴隶”会转化成“钱”（主人说：“他们对我来说就是钱。”），“他们（黑人）明白这意味着（白人）下次会把几个奴隶卖给奴隶贩子。”

从这段对话我们可以看出，奴隶其实非常清楚这种决定他们生活的力量。但是，他们作为有血有肉的男人和女人，也同样经历了金融的操纵和破坏。每当历史学家谈及家庭在黑人生活中扮演的角色时，他们总是谈论血缘关系如何塑造了黑人的生活；即使父母分开，也要保证照顾好孩子，给孩子提供对世界的认知，使他们不被种植园主的谎言所欺骗。的确，有时亲情就是这样。甚至在奴隶贸易发展壮大25年后，也就是19世纪40年代早期的大破坏时期，一系列自中央航道全盛之后再没出现过的挑战接踵而至。为了应对混乱的局势，许多成年人开始抢占先机，孤注一掷。而有时，这么做是为了保护自己的家庭。约西亚· 特雷克已经从佐治亚州到亚拉巴马州被卖过一次。如今，他听说现在的主人查尔斯·林奇陷入了严重的经济危机，并且打算把他卖掉。林奇想到特雷克“外地”的妻子，“一个瘦小的黑皮肤女人”，“丑陋而且无知”（林奇这样描述她）。但对特雷克来说，妻儿就是他的一切。特雷克挖出自己曾经埋下的钱，买了辆马车和一组牲畜，沿着乡村小道悄悄溜走，并把他的家人从另一位奴隶主那里接走。

菲利克斯·斯特里特的继母说了这样一个故事。有一个聪明的浅色皮肤奴隶，那人开始即兴拍卖，当时他的主人就在附近，但没怎么关注。趁着人们还没反应过来，那个“白人模样的”奴隶就卖掉了他的主人。还有在田纳西州做助产士的辛西，她是自由人，做了一个白人监工的学徒，这个监工骗取了她的所得。辛西从她丈夫
295 所在的棉花奴工营回来的路上，她咨询了一个占卜者，牌上说她丈夫被欠债的奴隶主卖到密西西比去了。占卜者说的是对的。幸运的是结局很美好：她的丈夫很倔强，在奴工营里值不了几个钱，所以他的主人听说辛西的雇主要花钱买下时很高兴。[67]

但是奴隶主还拿着最后的王牌。之前当过奴隶的一个人说，白人想拥有对所有权的控制，他可以拆散任何血缘关系，来买债权人的债券。一名前奴隶说：“老克利夫兰‘习惯性地’选一些他的奴隶，带去得克萨斯卖。你知道，他不该这样做，因为……他用你作抵押借了钱，他没还钱之前，你不能离开那里。当然，老克利夫兰就只告诉了那个借给他钱的人，你要么逃掉，要么就在这儿等着期满。”报纸和法院文件详细记录了白人家庭因破产或其他因素而活生

生拆散奴隶重组血缘关系的细节，比如估价 23845 美元的奴隶只能卖 1.6 万美元。非裔美国人也记得他们破产的历史。20 世纪 30 年代，得克萨斯贾斯珀公共事业振兴署的一名白人雇员采访了一个叫米利·福华的老年妇女，确实得到了一些不一样的信息，他把他的采访记录梗概打印成文。“她的一生都在这附近生活。”米利回忆说：“我出生在亚拉巴马州。”“出生后，我妈妈产后刚能站起来，白人就带着我们去了西部。我爸爸叫吉姆·福华，妈妈叫梅。他们把我爸爸留在了亚拉巴马州，因为他归另一个奴隶主所有。”[68]

“密西西比人”都是不值得信赖的骗子，债权人约翰·罗伯特可能还把这个当作新鲜事，但这对奴隶们来说绝不是什么出乎意料的事，因为奴隶制本身就是“偷窃”。但无论怎样，这个历史新纪元还是摧枯拉朽的。如果说边远地区的棉花种植区的第一次运动带来的是真相，那么第二次运动在奴隶制历史上就如同混乱的暴风雨一般，带走了第一场破坏后幸存者所完成的大部分成果。男人创造了作为男人的新的生活方式，他们和女人为了孩子而付出，他们的关系含糊，即使有血缘，也不记得了。但是现在，继父继母和兄弟姐妹在夜晚的黑暗中分离。白人相互欺骗带来的后果是，奴隶小孩根本无法确切地知道事情是如何发生的。年老的贝蒂·西蒙斯回忆说，亚 296
拉巴马州欠债的奴隶主把她藏在一片林子里，“他偷走了我”。之后“在（新奥尔良）把我卖了，这样债权人就得不到我”。在密西西比的幼童亨利·乃卡西每天都要徘徊到他最后一次见他母亲离开的门口，但是从来没找到过她。幸好他还有个姐姐来安慰他。[69]

“他们看到了一些迹象，听到了一些事情，总是担心不幸降临。”罗伯特·莱尔德回忆父母和祖父母时这样说道。年老时回顾过去的孩提时代，他们有时觉得在那 10 年的种植园主灾难时期，这些二次强迫迁移使他们孤立无援，剥夺了他们保持乐观的能力，并带给他们惨痛的教训，即血缘关系可以被破坏得支离破碎。一个之前在路易斯安那州为奴的人说，他曾听说皮尔·奥昆2岁的时候就被他妈妈的主人卖掉了。多年后他获得了自由，和一个叫塔米莱特的女人结婚了，他们共有3个孩子。一天，他定期去的理发店没开门，他就坐着等塔米莱特拿出剪刀。塔米莱特站在他后面，给他剪到快到头皮的长度，结果看到了之前不曾注意过的东西。“皮尔，你头上的疤让我想起了我小时候……那时我还有个小弟弟……主人把我弟弟卖了。5年后，他又把我卖了，我和爸爸妈妈就分开了。从那以后我再也没见过一个我认识的人。”塔米莱特继续说着，她还没意识到自己在说什么：“有一天，我和弟弟在玩耍，他打伤了我。我就拿贝壳在他后脑勺划了一下，那个伤口和你的位置一样。”[70]

为了追求美好的事物，两个人失去了关于自己家庭历史的记忆，他们竭力从往事的碎片中追忆从前。此类发生在兄弟姐妹之间的故事，在公共事业振兴署的采访中屡见不鲜。每一次讲故事的人都说：听我说，奴隶主造成的混乱如果持续时间够久，最终可以让人丧失辨认最亲近的亲属的能力。如果你不了解自己的家庭史，你就不了解你自己。如果你不了解自己，可想而知那会给自己或他人带来多大的麻烦。所以，历史告诉孤儿们，要在勇敢的时候保持一点畏惧感。在白人的金融危机中幸存的成人明白，他们新的生活是建立在
297 互相之间以普通美德相待的基础之上，虽然重建了血缘关系，但又会彼此再分离。他们发现自己很孤独，心里有另一种幸存者的伤疤。传统的印象中，南部黑人有着深刻而有弹性的亲属关系网，他们可以从中得到安慰。上述情况虽与此印象不符，但这的的确确是事实，他们的家庭之树已被砍伐殆尽。[71]

尽管西南部企业主受到了严重挫败，但通过之前的危机，他们

已经知道如何度过经济低迷期。奴隶这种财产是动产，可以自食其力，比任何缺乏英镑汇票的储存方式的流动性都更强。奴隶也许是整个西方世界最受欢迎的抵押品。如果占有奴隶，他们就可以利用奴隶财产的这一因素，特别是自从新地理扩张后，投资者就开始（像之前一样）向有生意头脑的种植园主提供贷款。就算因为这些原因投资客对未来信心满满，但自 1839 年后，废奴主义批判者和北方债权人不断施加外部压力，南部越来越多的政客和选民明显开始受到影响，产生波动。一群北方国会议员（最明显的是马萨诸塞州的约翰·昆西·亚当斯和俄亥俄州的约舒亚·吉丁斯）不断用反对奴隶制的请愿书，来检验国会的“言论限制法规”。尽管他们的试验失败了，但北方激进分子分裂了南方奴隶制扩张者和北方扩张运动者之间的地区联盟，而这种联盟正是辉格党和民主党的核心。同时，1840 年美国人口普查数据表明，自由州增长迅速的人口正在消解奴隶州控制众议院的能力。名额的调整，减少了北方辉格党和民主党人士为南方人做事情的机会。增加国会中南方人数量的唯一希望就是加上得克萨斯，但是杰克逊在 1837 年巧妙地促使政府承认“孤星共和国”① 为独立的国家，所以辉格党阻止了这次合并。

合并得克萨斯看来毫无希望。除此之外，还有其他的问题存在。英国施加的国际压力也威胁到了将来的大扩张，因而危及了奴隶制的存亡。1834 年，英国强大的官僚集团认为自由劳动力比奴工要高效，议会被其说服，于是在帝国统治下的边远领地强制实施奴隶解放。但令南方奴隶主感到轻松的是，即使英帝国解放了 70 万名奴隶，
奴隶制仍旧在不断扩张，不止是在美国（当时阿肯色和佛罗里达还 298
没有真正成为独立的州），还包括古巴和巴西。1810—1840 年间，古

① 因得克萨斯共和国国旗以一颗星为标志，故有此名。

巴在全球甘蔗市场中遥遥领先，这得益于奴隶制的高效，他们能够以较低的价格打入英国的蔗糖市场。同时，巴西的咖啡种植园也在急速扩张，以满足全球市场对咖啡因猛增的需求。

和美国不一样，古巴和巴西的国内奴隶贸易不足以满足奴隶主企业家对种植园产品的需求。在 19 世纪 30 年代，每年奴隶贩子带着 8 万—10 万名被奴役的非洲人穿过大西洋到哈瓦那和里约热内卢。在大肆宣扬要切断英美中央航道后的 30 年，并且随着西班牙一巴西之间已存条约不断被践踏，非洲受到的创伤越来越大。1840 年，英国首相罗伯特·皮尔向欧洲其他国家施压，让它们接受《伦敦条约》。该协议规定，皇家海军如发现参与大西洋贩奴的可疑船只，可搜查并扣留挂有非英国国旗的船只。[72]

英国已经开始给得克萨斯施加此种压力。当然，英国在外交上承认，如果有船只载着奴隶从古巴到得克萨斯，皇家海军可以拦截。要是真正实施禁止大西洋奴隶贸易协议，那么巴西和古巴奴隶贸易的可行性就会受到威胁。协议的实行还会威胁到做非法奴隶贸易生意的美国公民的利益。美国商业公司参与了去安哥拉和尼日利亚贩奴航程的投资。奴隶船只通常会从美国雇用船长，这些船只都挂着星条旗，因为英国船只都惧怕挂着这样旗帜的船只。1841—1845 年间，北美造船公司共卖给里约热内卢 64 条船，其中多数是用来从事奴隶贸易。[73]

英国派巴林银行的董事之一，阿什伯顿领主（亦名亚历山大·巴林）接任美国大使。他的任务就是保证美国遵守《伦敦条约》。愤世嫉俗的人说，英帝国的蔗糖商人被议会废除奴隶制相对地削弱了，但是除掉古巴和巴西这两个对手后，他们便可从中获利。英国的经济依靠市场提供便宜而高质量的棉花，乍一看，蔗糖制造业的小额税收并不能填补英国的损失，如果继续阻止美国奴隶制扩张的话，英国将会蒙受损失。但是，英国的政治家想获得改革福音派的支持，而福音派把全球废除奴隶制作为道德目标。而且，最近美国种植园主的行为表明，他们有能力利用英国对棉花的依赖，将其转化为信贷泡沫和金融危机，这令英国的工业城市十分担心。英国商会向议会请愿，以物质刺激鼓励印度棉花种植业的增长。印度农民比不过 299
美国西南部的奴隶，但是在 19 世纪 40 年代，英国殖民政府在印度西部进行了农业试验。他们雇了 12 个自称南方种植园主兼棉花专家的美国人。但在印度的棉花试验最终失败了，得克萨斯也许可以拯救依赖美国种植者的英国产业。英国代理人声称，得克萨斯的棉花地“比卡罗来纳州和佐治亚州的棉花面积之和还要多 3 倍”。阿什伯顿领主到了华盛顿，试图说服“孤星共和国”的公民继续独立于美国之外。[74]

如果丹尼尔·韦伯斯特（或是约翰·昆西·亚当斯）制定外交政策，奴隶制在新世界的蔓延速度可能在 1842 年就能得到抑制。但是，美国西南部奴隶主却试图利用美国外交政策来推动南部奴隶制的扩张。辉格党的评论家因不满约翰·泰勒总统破坏他们的项目，戏称他为“总捅阁下”。泰勒换掉了支持《伦敦条约》的被任命官员和内阁成员，如韦伯斯特（他自己主动辞了职），换成了支持奴隶制的极端分子，包括国务卿亚伯·厄普舍。厄普舍和泰勒一样，是来自弗吉尼亚东部最古老的棉花种植县之一的种植园主。尽管厄普舍曾参与晦涩难懂的宪法起草，像 19 世纪 30 年代早期废法者一样支持各州政权的独立，但他一进入政府行政部门工作，就毫不犹豫地利用集权，推广奴隶制扩张主义者的特别提议。

尽管参议院有权赞成或否决政府行政部门协商的条约，参议院的多数辉格党人也反对合并得克萨斯，但厄普舍和泰勒坚持要奴隶制的扩张继续下去。他们开始和得克萨斯政府谈判，厄普舍提出策略，让政府行政部门暗中在国会通过合并提案。他们只需要让两个团体明白合并是当务之急。这两个团体，一边是担心奴隶制扩张会停滞的奴隶主，一边是怕英国插手此事的美国民族主义者。两党中的南方人和北方民主党人相互合作，图谋合并蓄奴的得克萨斯。[75]

泰勒愚蠢地认为，合并的提案会使辉格党或民主党提名他为1844年的总统候选人。但厄普舍实际上是在按照另一个政治家的来信行事的，这个政治家还想利用“得克萨斯问题”让自己成为所有支持领土扩张者选定的候选人和赢家。[76]这个秘密指挥者就是约翰·
300 卡尔洪。他拥有至少100个奴隶，以及位于佐治亚州的金矿和南卡罗来纳州的希尔堡奴工营（现在是克莱姆森大学的所在地）。他曾在詹姆斯·门罗总统内阁中担任陆军部长一职，民族主义色彩浓重。卡尔洪之所以支持废止反民族主义，不是为了迎合移民企业家的需求，而是害怕南卡罗来纳州的奴隶主衰败。但是，新的现状使卡尔洪不得不三思他的观点，这包括请愿潮使得废奴主义渗透到国会事务和他亲身经历的正在进行的奴隶制扩张事业。他的儿子安德鲁把许多被迫的移民赶到亚拉巴马的新奴工营，他们正试图使自家财富在新一轮更强劲的债务风暴中不受影响。卡尔洪愿意花费自己的全部生命成为美国最伟大的奴隶制扩张者，为奴隶主们出谋划策，让他们制造另一波创造和毁灭的浪潮。

很多学者初次了解卡尔洪，通常是在他晚年的老照片里。照片里，他的眼睛机械地看着前方，脸看起来像个不死的独裁者，他因得了肺结核而骨瘦如柴、命在旦夕。卡尔洪死后，学者们听说了关于州拒绝执行联邦法律的事情，并在他未发表的专题报告中听到了相关语录。语录包含一些不可能发生的抽象概念，比如建议美国实行双总统制，北方和南方各选一位总统。只要两人愿意，两人可以相互否决，也可以否决国会。当教授把讲座和反现代的语言、本质无能的奴隶制经济联系起来，学者才对卡尔洪有了全面的了解，就像废奴主义者温德尔·菲利普斯所说的，“特洛伊的赫克托尔注定会死”，卡尔洪其实是势必落败的南方统治阶层的拥护者。他应该早就知道这个古老故事的寓意，也知道南方会在经济、政治和军事争夺主导权方面的竞争中落败。[77]

事实或许如此，但是奴隶主团体毕竟很强大。看看他们的经济发展状况，我们很难得出奴隶制势必终结的结论。尽管奴隶主在 19 世纪 40 年代也苦苦挣扎过，但他们知道如何恢复动态发展——继续扩张。卡尔洪提出的理论，试图证明更大范围扩张奴隶制的合理性，这种理论确实很现代，为市场经济量身定制，认为人是经济实体，人是制约生产力的因素，其最具创新性的活动者认为企业家应不受
限制地使用私有财产。同时，卡尔洪也是灵活实干的政治家，他想 301
要操纵整个国家服从于他关于企业家少数派的特别计划。1844 年 2 月，当厄普舍在波托马克河流域的美国海军舰艇上诡异地死去时，泰勒请卡尔洪担任新一任国务卿。[78]

看完厄普舍的书信，卡尔洪发现了一封新任英国大使理查德·帕克南的信。帕克南在信中代表英国政府照会泰勒政府，女王反对合并得克萨斯，大英帝国“希望并竭尽全力促成全球废除奴隶制”。卡尔洪感觉时机已经成熟，便回了一封信，并把他和帕克南通信的复本送去参议院，而参议院中的辉格党多数派不久前刚刚阻止了泰勒和厄普舍合并得克萨斯的提议。帕克南的信是卡尔洪的阴谋，他的目的是使选民和政治家选择要么接受英国干涉，要么扩大美国奴隶制的范围。卡尔洪批判了英国干涉得克萨斯事务后，又坚持说奴隶制不仅是权宜之计，而且对黑人来说是最好的事情。1840 年联邦人口普查的数据表明，北方大部分自由的非裔美国人都疯了，“经验表明”，奴隶制是对于非洲血统的人最好的选择。如果英国想在自己的领地结束奴隶制，那是它自己的事情。但是，英国无法让得克萨

斯独立于美国之外，服从英国的干预政策“不会使它声称要惠及的种族受益”，自由只会给他们造成“灾难”。[79]

卡尔洪认为，大多数北方白人都是民族主义者和种族主义者。确实，许多北方民主党人都是这样，他们还支持合并得克萨斯，比如伊利诺伊州的国会议员史蒂芬·道格拉斯，他就是国家扩张运动的忠诚支持者，他的演讲中总是带着种族迫害的特征。还有支持扩张主义的《民主评论》杂志的编辑约翰·奥沙利文，他提出了“天命论”（Manifest Destiny），认为上帝赋予了美国公民从印第安人和墨西哥混血儿手中接管北美剩余土地的权利。但是卡尔洪的信惹怒了很多人，甚至激怒了南方的辉格党人，使他们在参议院最后投票时扼杀了泰勒的“得克萨斯协定”。

最终，信中公开支持奴隶制扩张，使得两个主要政党的领先候选人都接受考验，并最终使他们失去了候选人资格。民主党的总统竞选领跑者马丁·范布伦发布了一封公开信，放弃合并的观点，使
302 他失去了南方人的支持，并再一次在选举中失利。亨利·克莱是辉格党候选人中最有潜力的领导者，他也发布了类似文件。辉格党已经把反对合并定为该党的路线，所以克莱轻松获得提名，但是他也为自己的倒台埋下了祸根。[80]

然而，民主党的会议沿着卡尔洪打开的缺口继续发展。支持合并的力量有一些是南方的，有一些是支持道格拉斯并阅读奥沙利文文章的北方扩张主义者，他们掌控了选举委员会的规则，改变了提名总统候选人需赢得 2/3 选票的规定。投票一开始，没有足够多的南方代表支持范布伦，所以他的选票不到 2/3。会议选定的是受安德鲁·杰克逊提携的田纳西州的詹姆斯·波尔克，他之前担任过众议院议长，在密西西比州有许多奴隶和几个奴工营。他宣称保持中立，在大恐慌年代选择袖手旁观、两不干涉，对所有派系来讲，他只能

算是次佳选择。波尔克许诺把得克萨斯纳入联邦，而且还会在和英国谈判俄勒冈的北部边境领土问题时，要求将今天的不列颠哥伦比亚省纳入美国领土范围。[81]

民主党将加倍扩张写入了政纲，此后，南北方的扩张主义者开始对抗那些反对合并得克萨斯的北方人。民主党人对克莱反对合并的信进行穷追猛打。这一系列残酷打击，就包括密西西比州的参议员罗伯特·沃克，他接受了“格罗夫斯诉斯劳特案”判决的观点，认为奴隶主可以拒付他们的财产。沃克在得克萨斯有很多土地，他写了本面向北方市场的小册子，声称美国政府向得克萨斯扩张会缩短奴隶制的寿命——又在散布古老的骗术。沃克在南方市场推广的小册子《南部危机》中则发表了不同的观点，说克莱是北方辉格党反奴隶制的工具。[82]

大选开始，波尔克丢掉了一些南方非棉花种植州的选票，而且还以 133 票之差失去了他的家乡田纳西州的选票。但是，他在俄亥俄州以北的许多州，阿巴拉契亚山脉以西以及人口众多的弗吉尼亚州和宾夕法尼亚州等棉花种植州大获全胜。反对奴隶制的自由党悄悄地将克莱在纽约的选票给了波尔克。尽管波尔克在普选中仅领先克莱 1.5%的选票，但 303
是他的扩张主义实际上赢得了总统选举团举足轻重的支持，这些选举团足够给他 170 票的多数选票，而克莱只有 105 票。[83]

卡尔洪利用巧妙的方法将与英国的对抗最大化，主张奴隶制的种族问题是有积极意义的好事。这一策略将辉格党分裂为两派，为南部的扩张主义者带来胜利。即使在大选之前，由于看好波尔克会赢，所以得克萨斯的地价很早就开始上涨。同时，国家金融市场预料到波尔克一就任，联邦政府就会合并得克萨斯，并以全部面值还清“孤星共和国”的债券。然而，泰勒不想让波尔克偿还贷款，所以当无能的国会在 1844 年 12 月召开时，他说美国人已经受命进行扩张运动。在试图通过协议进行合并的尝试失败后，泰勒建议实施“联合决议”的措施，而这个需要两院过半数的人通过。其合宪性遭到质疑，但（奇怪的是）泰勒和卡尔洪没有像平时一样对法则提出严谨的解读。1845 年 1 月，众议院通过了一项决议，承认将会被分成 4 个（奴隶）州的得克萨斯，并接受它的债券、奴隶制和超过 30 万平方英里的土地。俄亥俄州的本杰明·塔潘至关重要、转变结局的一票，把合并一事提到了参议院的议程之中。尽管他的兄弟路易斯和亚瑟·塔潘是最有钱的废奴主义支持者，但是本杰明自己也是得克萨斯主要的债券持有者。[84]

即将卸任的总统拒绝等待波尔克，立即把合并纳入了法律。在泰勒“意外”任期的最后两年，奴隶主把联邦政府的发展势头和民主党的核心选民（尽管表面上泰勒是辉格党人）归结为国家扩张运动的具体变化。从地理角度来看，这种变化会不可避免地给《密苏里妥协案》中的南部区域特权。

现在詹姆斯·波尔克掌控着行政大权。作为杰克逊—范布伦决议的产物，在波尔克的印象中，卡尔洪是个棘手的角色，所以他将卡尔洪排除在新内阁外。但是新总统仍在主导扩张政策，和致力于扩张奴隶制的政策没什么两样。他很快便就西北边境问题和伦敦达成妥协，同意美国与英属加拿大以北纬 49°线作为两国边界。尽管好多南方民主党人庆祝这一协定达成，但那些奉行“要么 54°40’，要么战斗”的北方民主党人则认为，总统没有兑现他的承诺。① “这是

① 美国与当时的英属加拿大的边界争端由来已久。1818 年，美英就俄勒冈地区（北纬 42°—54°40′）的争议问题达成协议，以北纬 49°线为界，位于落基山脉以西的俄勒冈在 10 年内由两国共管。19 世纪 40 年代初，美国要求将这块共管土地全部划归其所有，被英国拒绝。美英双方一时剑拔弩张。1846 年，由于得克萨斯问题，美国与墨西哥关系紧张，美墨战争迫在眉睫。为避免腹背受敌，美国决定与英国妥协。双方签订《俄勒冈条约》，结束对俄勒冈地区的共管，以北纬 49°线将俄勒冈一分为二。

背叛吗?”“这是蒙骗吗?”有人写信说道。与此同时，波尔克对西南边境实施强压，要求扩张到得克萨斯之外。墨西哥很弱小，得克萨斯只是第一个被分离出去的边缘省市。上加利福尼亚幅员辽阔，从最北的下加利福尼亚半岛一直延伸到旧金山湾北部未有明确分界线的地方，所以很难治理，而美国移民早已悄悄潜入。得克萨斯与墨西哥的传统边界为纽埃西斯河，波尔克对河西边这块有争议的领土觊觎已久。1845 年早秋，波尔克派路易斯安那的政治家约翰·斯莱德尔带着一份提议去墨西哥城：“把有争议的领土给我们，把新墨西哥州和加利福尼亚卖给我们，我们愿出价 2800 万美元。”他还派扎卡里·泰勒将军和他的部队越过纽埃西斯河，到墨西哥格兰德河东岸宣布拥有该领地的主权。整个冬天，他们的枪都对着河对面的马塔莫罗斯①。[85] 304

1846 年 5 月，华盛顿传来消息说，墨西哥方面 3 个月前就拒绝了斯莱德尔的提议。波尔克和他的内阁准备向国会递交开战咨文。但是，那份咨文被突如其来的得克萨斯新闻取代：美国和墨西哥军队在争议领土上开了一战。波尔克对国会陈述说：“美国的土地上洒上了美国人的鲜血。”他要求出台一项“战争法案”（严格来讲不是宣战公告）。尽管和约舒亚·吉丁斯、约翰·昆西·亚当斯和其他反对奴隶制的辉格党人意见不同，波尔克还是拿到了“战争法案”。对他们来说，这场战争证明了蓄奴的扩张主义者正控制着美国决策。对很多人来说，战争就是承诺满足民族主义者置美国于世界扩张大国之中的梦想，满足带来许多新殖民地和占有地权的机会，满足在战争的早期所体现出来的群体渴望。此时，北方民主党忘记了波尔克在俄勒冈州做出的妥协。整个国家的男人争先恐后地组成志愿连

① 墨西哥东北部北境城市。

队。这对几代人来说，都是第一次对抗欧式常规军队、获得军事荣誉的机会。狂热的爱国者相信，这场战争会带来各种财富和机遇。

回到1月1日，当时美国部队沿着格兰德河掘壕固守500英里，一直到西边老约翰·德弗罗（朱利恩·德弗罗在弗吉尼亚的父亲）
305 在得克萨斯腊斯克县开始他一天工作的地方。这天是公元1846年的第一天，老绅士在新奴工营记下了这一天，1259年的这一天“穆罕默德由麦加逃到麦地那”。约翰还活在18世纪启蒙运动启迪民智的时代，这个老奴隶主还想着19世纪边远地区的商品经济。随着环境的改变和年龄的增长，约翰的话语也变得不那么讲究，大小写混乱，句法粗糙。他的儿子朱利恩和老邻居一样，都因为躲避债务落荒而逃，商品化的奴隶给全球金融市场带来极大的动力和转机，他正准备在全球金融市场上再借一笔，举债经营。[86]

约翰解雇了之前的监工。尽管今天是新年，“在尼格罗·斯科特的监督下”，所有的“奴隶都开始在地里劳作……”他们有条不紊地清理地里的东西。第二天，他听到他们“情绪高昂，边工作边欢乐地唱着圣诞圣歌，只有老亨利在等待死神来临，将他从奴隶制中解放出来”。“早上很冷，还有霜，黑奴们按时去干活儿。”哈里特·琼斯记得，那个男人曾在得克萨斯的奴工营唱过类似的歌：“他们光着膀子，锄头扛在肩上。”为了第二年播种棉花种子，他们尽可能辛勤地整理出更多的土地。后来，约翰·德弗罗决定请一个白人担任监工，于是他们的劳动强度马上又加强了。同时，被强迫移民的人们又得再次调整他们的生活，以适应下一个新的环境。1月底，德弗罗的奴隶伊莱扎·亨利·玛丽亚嫁给了山姆·洛夫特斯，他属于当地另一个奴隶主。2月23日，附近奴工营一个叫比尔的奴隶逃跑了，之后又在“乔克托族醉汉酒吧”出现。那里的奴隶说服比尔回到了

306

图 8.4　随着奴隶信贷泡沫的破灭，众多企业计划也相继破灭。之后，奴隶主逐渐开始把自己的业务描绘为家族驱动所致，而非出于金钱冲动。而且，废奴主义者认为，奴隶制是一颗不属于美国的毒瘤，应该从国家主体中剔除。正如图中标题所示，奴隶主们对此表示反对（国会图书馆）。

他的主人那里。布拉索斯河下游的奴隶主们已经形成了甘蔗与棉花综合奴工营，那儿的逃奴有望越过墨西哥边境。比尔在那个地方的东北部，离得太远。德弗罗奴工营的奴隶可能也警告过他，如果他逃跑，就会面临和一个女人一样的命运。这名女性逃奴在泰勒县附近被抓住，他的主人把她拴在马后面拖了回去，绑在了床架上。第二天早上，切掉了她的乳房，然后又把烤红的铁棍放进她的喉咙。得克萨斯东部奴工营的幸存者都知道，在那边远地区，经常能听到鞭子抽打奴隶的声音。[87]

3 月 12 日，约翰还迎来了一个客人。“步行过来的白人老人，今早来访，并且吃了早饭。”约翰写道，那个男人“在雨中露宿了一整晚，说他出生在奥古斯塔，是个技工”。奥古斯塔位于雪兰多山谷，迁往西南的奴隶穿过蓝岭，越过石鱼口后，一直往下走就到了。他知道“施普林格家族和兰德拉姆家族”，他们都是约翰童年时期生活在奥古斯塔的老家族，但地位和财富上的差距让他们的谈话变得不自然。太阳渐渐升起，这个可怜的男人站起来道别。他寂寥地走在路上，他代表的是现代奴隶制经济下，不断变化的边疆地区遭受碾压的生活方式。

约翰知道自己也会在远离家乡的地方死去。比起一把年纪在外露宿、以乞求体力劳动谋生的老人，他对生活的期望要多得多。但
307 和流浪者的一番谈话，让他开始评估自己的生活。约翰总共有 6 个孩子，现在只剩下 2 个，他先后有过两任妻子，都去世了。但他承认自己如今的生活状况比有的人好很多，比如说约伯。他的每一个老婆都“比《旧约》中约伯的怨妇妻子强很多”。也许朱利恩的第二任妻子比第一任好。约翰几个月都没收到朱利恩的来信了，事实上，朱利恩正在回家的路上。最严重的法律风暴过后，小德弗罗回到亚拉巴马，去寻找 1841 年藏在同盟那里的几十个奴隶。现在已经是 3 月

20 日，“差不多 12 点了”，一个白人雇员带着“3 驾马车和一些黑人”从蒙哥马利到了这里。约翰说：“见到这些黑人很高兴，而且朱利恩的信中说奴隶已经全部售出，一切都好了起来。”更令他开心的是，朱利恩信中说“有了儿子”。此消息“令我心生悲悯”，约翰写道。老人感动地哽咽起来。朱利恩再次结婚了，有了子嗣，过得很好。新一代的奴隶主仍在延续。

几天后，朱利恩到家了。朱利恩、监工、其他 3 名雇员和约翰：现在有 6 个白人住在新房子里。就在几个月前，这里只有一个老人。从早到晚，奴隶们在得克萨斯东部的荒地上耕种新的棉花幼苗。美国已经扩展了它的边界，把这些土地、白人和他们的财产都囊括进去了。奴隶的价格还在攀升。美国政府承诺资助得克萨斯债券，因此信贷会重新推动西南部奴隶主事业的发展。在更边缘的西南部，炮声隆隆，士兵们列队前进，把边界往前推进。在这里，一位女士准备好了晚饭。6 个男人坐下来吃饭，约翰说，他们“坐满了所有的桌子和椅子”。世界又回到了正轨。

第9章

背部 *1839—1850*

309 女孩坐在教堂的长凳上“咯咯”地笑着，当她回头时，看到刚被解放的17名路易斯安那黑人呆若木鸡地站在教堂入口。门厅石梯间一张张瞪大了双眼的面孔中，有安娜和她的4个孩子、11岁的孤儿萨拉和弗兰基、贝琪和她的儿子、玛利亚和玛里杰以及她们的几个女儿，还有小山姆、乔斯、露丝，以及9岁大的埃莫斯。妇女们头上戴着硕大的红色头巾，那是几十年前新奥尔良的流行款式，那时她们被明码标价出售。如今，她们在波士顿的大街上高喊着“国家”与“奴隶”这类字眼。[1]

有一只手紧紧地抓住女孩的胳膊，猛地将她拉下来，使她转过脸面对着教堂的布道台。她需要铭记，在灯塔街基督教一神论派的国王礼拜堂里，她也是个游客，通常黑皮肤的波士顿居民会在别处度过他们的礼拜日，比如去新以马内利非裔卫理公会教堂。那天，教堂所讲的内容是有关团结的。正如坐在教堂长凳上的其他游客一样，她的妈妈正是我们今天称之为激进主义者的黑人女性。两年前，她可能还去过法内尔大厅（Faneuil Hall），参加了声势浩大的1843年抗议大会。那时，奴隶捕手们乔装改扮来到波士顿，找到了在弗吉尼亚州受奴役逃至此处的乔治·拉蒂默，他和妻子利蓓加在这儿自由地像正常人一样生活。这些绑匪一样的捕手抓到了拉蒂默夫妇，并将他们关押在波士顿监狱中。但消息很快传了出去，约 300 名自由黑人包围了波士顿法院。他们为的是将拉帝默和利蓓加留在那儿，直到在法内尔举行的会议凑齐了 600 美元替两人赎身。最终，拉帝默的弗吉尼亚奴隶主看出了势头，开出解放证，然后拿钱走人是他最好的选择。

如同站在这里的 17 个黑人一样，在这间教堂里，很多其他的非裔美国人也已经适应了波士顿的生活。他们中的一些人是逃跑至此，另一些则是因为无法忍受南方对待有色自由人的不公正法律而被逼至此。所有人都身不由己，被迫成为移民，因为奴隶制的扩张而遭 310
到驱逐，颠沛到一个他们曾建设过的地方。这些刚来的波士顿人或许会茫然地抬头看看国王礼拜堂威严壮丽的拱顶，从柱子到顶部，这个建筑宛若高耸在上的白色豪华婚礼蛋糕。他们或许因为集会参与者身上色彩鲜艳的服装感到羞怯，那些衣服在阿塔卡帕斯的落后地区可堪比奢侈品。无论如何，正是这些移民耗尽一生建立了这个世界。

毫无疑问，他们也成就了帕尔弗家族。帕尔弗家族的老约翰·帕尔弗曾是他们的主人。约翰在马萨诸塞州经商，他住在密西西比河沿岸浸信会圣约翰教区时，其奴隶参与了 1811 年的奴隶起义。后由于债务原因，他搬到了圣马丁教区。当地的治安官收走了他名下的一些奴隶，还卖掉了他的银制烛台和手工小手枪。然而在 1815 年以后，他又可以借贷了，所以又买了更多奴隶。

这 17 个人以及他们的父辈们从切萨皮克海湾地区辗转到新奥尔良的“马斯佩罗之所”，后到阿塔卡帕斯的农田里进行劳作，其间历经了多次分离，而约翰·帕尔弗也在两次财务崩溃后终于东山再起。约翰自己的家族也几经离散，尽管确切来讲，分离情况并不像他手下的奴隶家庭那样严重。约翰的大儿子约翰·高哈姆·帕尔弗曾与他短暂地一同生活过，后来回到了马萨诸塞州。命中注定高哈姆的出身和才能使他成为哈佛奇才。19 岁时，他就被授予教会牧师一职。后来，在 1830 年的时候，他又当上了哈佛的教授。在接下来的 10 年间，他接管了《北美评论》(*North America Review*)①。财富的增长铸就了教养颇高的资本家，高哈姆追求一种有别于旧欧洲的高级民族文化。在他手里，该刊物发表了譬如詹姆斯·费尼莫尔·库伯以及威廉·柯伦·布莱恩特这些美国新兴文学代表的文章。[2]

高哈姆还有 4 个弟弟，都留在了路易斯安那州。其中，亨利是一位棉花代理商，威廉则在泰克河口（路易斯安那州中南部）坐拥一个种植园。在新奥尔良一家会计师事务所工作的弟弟，因 1816 年的黄热病不幸离世。另一个弟弟乔治，于 1824 年在一场决斗中被子弹击中。在井井有条、道德至上，受《北美评论》熏陶的波士顿，热血决斗导致的死亡事件从未发生。几个兄弟之间一直有来往，高哈
311 姆在 19 世纪 30 年代废奴运动的鼎盛时期，乘“南方人号”轮船拜访过他的兄弟们。在随后寄往路易斯安那州的信中，他以反讽并带有种族歧视的语气问道，“我宛若煤渣一样的朋友们”，还好吗？那时威廉正考虑去波士顿看看，却被告知记得带着自己的奴隶：“来波士顿的话，你在这里能雇的黑人一无是处。”在国家政治立场上，帕尔弗兄弟立场一致，他们都是明智的辉格党人，都支持针对提高美国社会道德的辉格党计划。亨利把高哈姆的《北美评论》卖给他的种植园主顾客，也许他们在读到一个英国作者声称美国“奴隶制的继续”是灾难的言论时，会感到羞愧难当。但该作者十分肯定，泛滥的民主才是导致美国面临众多难题的真正罪魁祸首，这一观点一定得到了人们心照不宣的首肯。[3]

---

① 1815 年创刊于波士顿，被认为是 19—20 世纪最优秀的文学杂志之一。杂志迁至纽约后，成为一本为当时公共事务提供公共论坛的全国性杂志，颇受赞誉。1940 年停刊。

诚然，比起任何一家正刊所面临的支出，《北美评论》所支付的账单也没少到哪里去。在 1837 年大恐慌时期，订阅数骤降，而账单却涨了几番。亨利从路易斯安那给他哥哥高哈姆寄了 1000 美元，同时还说服他们的父亲也拿出了 5000 美元，以帮助杂志社维持运营。从这一点看，奴隶制为高哈姆在马萨诸塞州的文艺计划提供了资金。然而，奴隶制的存废问题将会决定帕尔弗兄弟债券的价值。一旦老帕尔弗上了年纪，路易斯安那州的小帕尔弗们就能依照该州的《拿破仑民法典》，通知他们的兄长高哈姆去继承老约翰 1/3 的财产。而这些财产绝大多数是奴隶。在马萨诸塞州，把奴隶变成钞票最好的办法则是把继承来的奴隶变卖出去。不过，威廉说过："这样做会很冒险……尤其是废奴主义者如今活动频繁……会有报道写帕尔弗牧师兼教授曾经贩卖人口，还会称其依靠压榨奴隶的劳作而生活。"[4]

血缘使然，约翰·高哈姆·帕尔弗是个身上烙印着南方奴隶主出生背景的精英，由此也可映射出整个北方经济的增长也离不开南方。大体上而言，北方的发展，尤其是中上层阶级的发家致富，建立在被强制劳动的人们身上，他们就是那些像小约翰从父亲那里继承来的奴隶。相较南方而言，政治态度温和的北方辉格党人数不断增加，与此同时，他们亦受到南方政客气势汹汹的攻击。到 1843 年末，路易斯安那州辉格党人一直对迫在眉睫的得克萨斯兼并一事垂涎三尺，而马萨诸塞州辉格党的选民却在举办一系列的声讨大会。他们把气撒在新英格兰"棉花辉格党人"身上，据他们猜测，因为这些"棉花辉格党"与该州纺织工业利益密切相关，所以这些人便不断对奴隶主们的无尽要求妥协让步。[5]

1843 年的秋天，一艘第一批抵达波士顿的棉花船同时也带来了从新奥尔良传来的消息，老约翰·帕尔弗去世了。自然，约翰·高哈姆·帕尔弗就继承了其父亲名下的 20 个奴隶，从玛杰里怀中还没取名的婴儿，到 65 岁高龄的老山姆都在其中。若按照当时新奥尔良奴隶市场的价格水平，他们的价值约在 7000 美元，但高哈姆已决定
312 不再依靠奴隶制谋取任何钱财。我们能从他这种新的信念中看到其良知。但它同时也是 19 世纪上半叶美国由棉花推动的变革的结果。19 世纪 40 年代，正是这个结果让这家分散在南北方的兄弟开始吵得不可开交，而这一切的源头可以一直追溯到他们在前半个世纪为了发家致富曾经相互扶持。

自 18 世纪 90 年代以来，每个奴隶所带来的生产力的不断提升，促使世界经济中最重要的原材料——劳动力的价格持续下跌。如此一来，南方奴隶主们就变得非常有钱有势，在 19 世纪 30 年代，他们便吸引了大量的投资资本。这些奴隶主还将手伸向国家政府，心怀鬼胎地干涉政治，以确保政策出台和实施都益于他们的利益。不过，那些不仅成就了南方富裕的劳动力，也使得这些自由州开启了世界的第二次工业革命。这一革命始于马萨诸塞州和罗德岛的棉花作坊。从这间作坊伊始，北方经济呈螺旋式向外发展，延伸到更广的领域。在南方的经济变成泡沫乃至破灭、深陷于茫然之时，北方的经济已然复苏。北方之所以能快速恢复经济，正是因为北方人将奴隶劳动所得的收益重新进行投资，创造了一种截然不同的地区经济。

如今，像约翰·高哈姆·帕尔弗这样的北方人勇敢地在棉花地上开辟了一个新世界之后，便深信奴隶制在国家经济中已然是前现代遗物，毫无效率可言。此番言论出自他精确的观察，但却不是准确的概括。北方的观察家和反对奴隶制的激进主义者们认为，南方经济复苏缓慢是因为奴隶制给经济带来了沉重的负担，并且不能为经济的发展带来动力。但是在看待奴隶制问题上，他们仍带着主观因素。1843 年以前，身为奴隶主的政治家们开始在得克萨斯州以及其他州大肆采取行动，期望再现他们的经典模式：依靠新的土地和

融资渠道来实现新的繁荣。不过，在这一时期，北方政客却咬定这种行为是“奴隶制势力”在向专制低头，而不是发展奴隶劳动力。

因此，高哈姆找到波士顿的几个熟人进行商议。他找的第一个朋友是身兼政治顾问和法律顾问的美国最高法院法官约瑟夫·斯托里（Joseph Story）。一年前，斯托里在“普里格诉宾夕法尼亚案”中的观点，让南方奴隶主们认为美国宪法是保护奴隶制的。该案中的爱德华·普里格是马里兰州的一名奴隶主，他的一名女黑奴怕自己被卖给奴隶贩子，带着孩子逃至宾夕法尼亚州。在普里格试图把她找回来时，受到了宾州官方的阻挠。此案一直打到了最高法院，法官斯托里承受着两方面的压力：一边是主张扩张奴隶制的奴隶主，另一边是抗议出售奴隶的美国黑人。斯托里不想裁定此案，但是又别无选择。最终，最高法院宣判，依照宪法，北方各州需要交出逃跑黑奴。这样一来，也就削弱了北方各州关于结束奴隶制的相关法律条款的效力。

高哈姆还同年轻的“良知辉格党”（Conscience Whig）政客之一的查尔斯·萨姆纳会面。如果说斯托里告诫了他摆脱奴隶制道德责任的困难性，那么萨姆纳则是助了高哈姆一臂之力，让他坚定地扛起重任。在并未通知其兄弟的情况下，高哈姆向路易斯安那州议会请愿，让其 20 个奴隶获得自由，并且允许他们留在路易斯安那州。高哈姆的几个弟弟从一份新奥尔良的报纸上得知了此消息，上面说高哈姆的请愿被拒绝了。亨利知道后气愤地给高哈姆写了封信：“这件事周六就会被登在阿塔卡帕斯的报纸上。”当地的种植园奴隶主读到这消息，一定会质问威廉和亨利。阿塔卡帕斯的邻居们也会知道此事，还会有闹事者以此请愿干涉议会，控告奴隶主是强奸犯、残忍的施暴者和奴隶贩子。若高哈姆主张废除奴隶制，整个当地的辉格党都会受到牵连，威廉和亨利可是该党的坚定支持者。同时，如

313

果提议释放从老帕尔弗那里继承过来的20个奴隶，会让其他40个奴隶也蠢蠢欲动，他们会在阿塔卡帕斯的大街上散布小道消息，顶撞监工，或者直接逃到新奥尔良请个律师为他们的自由打官司。亨利坚信：“最好让他们安静地工作，时间会解决所有的难题。”[6]

亨利知道，这些黑奴除了给人卖命，他们别无选择。倘若稍有放松，他们就会抓住机会。19世纪30年代，国内黑奴贸易正开展得如火如荼，大批新奴隶的涌入使白人无力进行有效的监管，西南部逃奴数目猛增，有些甚至一直逃到北方。这些逃跑的奴隶虽然与黑奴贸易和信贷周期循环的洪流相悖，也称得上是移民者，但他们鼓舞了北方废奴主义组织。威廉·洛伊德·盖瑞森曾受教于幸存的奴隶，并帮助奴隶组织过有效的政治请愿游行，他将奴隶主描绘为白人自由的反对者，他们尤其限制了白人反对奴隶制扩张政策的自由。盖瑞森坚持废奴主义者不应当蹚政治的浑水。在他看来，政治是一门妥协之道，它使宪法成为“一份与死亡签订的契约，一份与地狱签订的协议”。然而到了1840年，在实行奴隶制的边疆地区一次新的浪潮中，有一些人幸存了下来，包括激进的逃奴，比如威廉·威尔斯·布朗（William Wells Brown）①、亨利·比伯（Henry Bibb）②，他们都坚定地将废奴主义推进到当时的政治斗争中。

奴隶不断逃跑让法官斯托里备感压力，同时也促使奴隶主政客
314 们提出：在奴隶制及其扩张问题上，其他白人不得与他们的意见相左。高哈姆的兄弟们认为他没有必要卷入这种争论中，尤其是继承的遗产已经很惹人注意了，争论会使他们深陷困境，此时更应该避其锋芒。他们听说马萨诸塞州的辉格党已经开始争吵不休，但让他

① 威廉·威尔斯·布朗（1816—1884），原是一名肯塔基州出生的黑人奴隶，后逃到北方获得自由，并成为废奴运动中著名的演说家和作家。

② 亨利·比伯，19世纪初出生在肯塔基州的黑人奴隶，后成为废奴运动的一名发言人。

们震惊的却是高哈姆愿意将这次改变的信念付诸行动。1843 年，他们历经了最困难的时光和“G. T. T”，其间亨利的公司破产。他们没法理解高哈姆的行为，这个几年前才请求他们资金援助的哥哥，怎么能不在乎明码标价的 7000 美元呢？

约翰·高哈姆·帕尔弗按照自己的方式，间接或直接地拒绝了保留蓄奴权利的观点，实在讽刺，不过也有些特别之处。尽管以付出大量钱财为代价，且改变信念这样的行为使得其看似不靠谱，但他愿意将新信念付诸实践，实属难能可贵。然而，他还是不得不以文书的形式进行抗议。路易斯安那州的立法委员们否决了高哈姆的请求，他们并不允许他继承的黑奴在给贩卖至此的奴隶修的社区内生活，所以高哈姆决定将这些奴隶带回马萨诸塞州。1844 年，高哈姆担心他们不能维持生计，便去拜访了马萨诸塞州的作家莉迪亚·玛利亚·柴尔德，想请她帮忙给这些奴隶在波士顿找个落脚点。柴尔德是女权主义者，同时也是第一批公开支持废奴运动的白人女性，她承诺会帮忙。之后，高哈姆又去了肯塔基州的列克星敦，拜访了卡修斯·克莱。此人是亨利·克莱的亲戚，南方废奴运动的少数支持者之一。克莱常常公开发言，从不保持沉默。有一次，他的演讲演变成了持械搏斗，因为有反对他的人跑到讲台上袭击他。为了抵抗暴民，他在自家门廊前装了一门大炮。

高哈姆在克莱的事情上感触颇深，于是他前往俄亥俄河，登上了一艘前往路易斯安那州的蒸汽船。在结束了新奥尔良州愉快的访问后，他又直抵该州腹地的弟弟威廉家中。在这儿，他发现阿塔卡帕斯的白人们心胸并不宽广，他们甚至威胁他，连威廉也不如以往那般热情相待了。但这也促使他下定决心要完成自己的事业。于是，他秘密会见了每一个成年奴隶。所有他见过的奴隶都愿意到北方去，不过他们想等到年末再行动。19 世纪 40 年代前期，棉花价格下跌，

就像其他的南方蓄奴者，威廉也放宽了其奴隶种植棉花、玉米以及
各种谷物的时间。这些奴隶所需的口粮也相应变少了，也就是说，
奴隶们欠奴隶主账簿上的钱也相应减少了一些。不论男女，奴隶们
手头都有些许钱用于支付吃穿，还能买些烟酒。如同其他逃跑者一
315 样，高哈姆的奴隶们也在等待粮食的成熟，并不想浪费他们在这些
谷物上投入的时间和劳动。如果要在这个他们并不熟悉的约翰·高
哈姆·帕尔弗身上赌上一把，他们必须留点钱在身上以防意外。

后来，高哈姆启程去了波士顿。其兄弟们认定，假如这些属于高哈姆的奴隶与属于他们的奴隶待在一起，一旦关于自由的言论散布开来，就一定会削弱他们的奴隶的劳动力。不过，让威廉感到些许高兴的是，短工留了下来，帮忙采摘威廉的棉花。高哈姆向这些奴隶保证，一到马萨诸塞州，就给他们 1844 年劳动的报酬。1845 年终于到来了，而这些奴隶中最年长的三个：61 岁的阿莫斯、55 岁的克莱拉，以及 65 岁的老山姆，因为不忍离开自己的儿孙而改变了离开的想法，虽然浪费了他们持有的黑奴解放证件，但高哈姆还是向教区官员求情，让他们三个人能留下来。其他 17 个人在向各自亲友告别后，就踏上了去往新奥尔良的旅途。从同样的码头——他们或他们的父母曾来过的地方，他们登上了汽笛轰鸣的“帕夏号”，向着波士顿扬帆起航。

在国王教堂举行了欢迎仪式后，高哈姆着手把这些解放了的奴隶送到他的废奴主义朋友们的身边。在柴尔德的帮助下，安娜和她的 4 个孩子得以到纽约州卡南代瓜市落脚，有一位善良的公益会女士需要一个侍女服侍她，还需要有力气的男孩给她劈柴。埃莫斯·马歇尔则被送到布鲁克林做了仆人，亨利也一同前往。其他人在高哈姆安置他们之前，就在波士顿找到了工作。当地的非裔美国人将心比心，帮助这些移民在波士顿的黑人社区安家落户。[7]

19 世纪 40 年代，正如绝大多数反奴隶制的北方人一样，高哈姆成为废奴主义者，并不是因为他相信黑人有能力或有权利选择平等。即使自家兄弟反对，高哈姆还是解放了自己的奴隶，他以此证明了南方白人无法使他沉默，就像他们曾经试图以言论限制令压制他的哈佛校友约翰·昆西·亚当斯那样。过去他持有那种牢不可破的信念，认为美国奴隶主和依靠奴隶获利的同伙们是跨越地理上的距离团结一致的。但南方奴隶主政治上的霸凌使得高哈姆有了新的信念，如今正如其他北方白人一样，他深有体会。他认为奴隶制实属错误，应当废止。因为奴隶制的存在，南方人居然欺凌起了北方的同胞。

回首 1819 年，那时蕾切尔已爬上了新奥尔良的码头，然后到达了一个冲积平原，大包棉花堆成了塔桥，英国金属制品的仓库随处可见，还有从曼彻斯特运来的五颜六色的碎石堆。那个时候，很明显英国正在向着新型社会和新经济转变，并在新世界生产资料的帮助下，摆脱了“马尔萨斯陷阱”。英国的转变始于棉纺织业的创立。在伦敦资本盈利后，依附该产业的技术和产业也开始兴起。很快，越来越多的人开始选择在工商业领域工作，而不去务农，由此市场上出现了数以百万的消费者。又因为像棉花这样的原材料基本从国 316
外进口，到了 1834 年，英帝国就不再需要那么多奴隶为其工作了。[8]

纵使美国人和英国人都讲同一种语言，但这两个国家的人都觉得彼此国家所处的情况并不相同。英国缺乏关键的自然资源，因此从美国购买由奴隶种植的棉花，对其工业化极其重要。此时，英国在这场发展的竞逐中领先对手整整 25 年。诚然，英国制造的商品像高哈姆运往波士顿的奴隶一样，多得堆积如山，美国竞争者却饿着肚子。因为在很多制造业部门，比如高质量的纺织品行业，英国的市场统治地位令美国竞争者几乎丧失生存能力。一些北方的辉格党人认为，美国应该在英国已经开辟的道路上深入前行，还应对奴隶制感到愤怒和耻辱，正是由于奴隶制所实行的政策，迫使这个年轻国家错失了复制帝国成功的机会。对他们而言，国家在地理扩张上的投资才是根本。在路易斯安那购买案、佛罗里达购买案以及得克萨斯收购案中，无尽地掠夺印第安人的土地意味着土地会保持低价。移民至此的人更愿意搬到地价便宜的边远地区，而不是待在工厂里做工，让工业资本家的劳动力价格变高。[9]

1819 年，蕾切尔到达新奥尔良后大约 25 年的时间里，美国经济的一些领域依旧演变剧烈。衡量美国转型的一条途径是观察有关经济扩张速度的历史评估。1774—1800 年，美国人均经济年增长率不足 0.4%。而在 1800—1840 年，平均增长率上升至每年 0.66%—1.13%，于 19 世纪 30 年代中期达到顶峰。当然，从 1837 年起持续多年的大恐慌之后，就骤然下降到了负值。到了 19 世纪 50 年代，增长率又到了每年约 2%。再来对比一下，20 世纪 90 年代是美国经济年增长率自 20 世纪 50 年代以来最高的 10 年，每年增长高达 2.5%。[10]对这种蜕变为后马尔萨斯理论的传统解释认为，增长的最终原因是北方自由劳动经济中存在的某些特征。这一时期的作家们标榜个人主义文化，赞扬清教主义思想，享受广阔的土地，收获丰厚的薪水，喜爱“美国佬式的机智”（Yankee ingenuity），政府干涉经济也好，不干涉经济也罢，都无所谓。但是，如今我们也知道，尽
317 管整个经济都呈现高产的状态，但 1800—1860 年，棉花的生产效率仍然高于其他经济领域，十分高效。棉花采摘的速度提升促使生产力增长略高于这 60 年间 2%的年增长率。

1832 年，美国政府编制了一个极具吸引力的文件，阐述了棉花不仅主导着美国的出口和金融，还推动了工业的扩张。杰克逊的财政部长路易斯·麦克莱恩希望找到证据，证明 1828 年通过的“嫌恶

关税法”（Tariff of Abominations）是旨在保护新兴的美国制造业。他要求自由州的民主党高层考察所在地区的制造业企业。他们访问了宾夕法尼亚州特拉华县旧铁工厂的经理，此人警告道：“如果关税降低，我们的企业将无法维持下去。”

麦克莱恩的数据不仅展示了外国钢铁价格之低，还揭露了棉纺织业在促进制造业发展中的关键作用。在此之前的 40 年间，棉花作坊受到水力限制，在马萨诸塞州、罗德岛以及康涅狄格州的河边或是海湾边大量发展，依赖南方从新英格兰过时的农业部门转移过来的劳动力和从英国偷学来的机器设计，以及破天荒低廉的南方棉花。早期的工厂将棉纺织工业机械化，使用织布机一针一线纺布的家庭手工纺织模式淘汰出局。在作坊模式下运行的能源织布机，为接下来更高级的模式铺平了道路。[11]

19 世纪 20 年代，在波士顿商会成员中，有后来成为约翰·高哈姆·帕尔弗政敌的棉花辉格党人纳森·阿普尔顿（Nathan Appleton）以及阿博特·劳伦斯（Abbot Lawrence）。该协会派了一个工业间谍到英国工厂窃取了纺织机的设计图。于是美国马萨诸塞州梅里马克河边兴起了一个工业小镇，以那位工业间谍的名字命名为罗厄尔（Lowell）。1832 年以前，有 4 个大型作坊在此运作，每个作坊都有集纺线与编织于一体的纺织机。总的说来，这几个作坊里装着价值 1 亿美元的机器，大约由 3000 个工人操作，其中约 3/4 的工人为妇女、儿童。每年，有大约净重 5500 万磅的棉花投入这些作坊中：超过 1.3 万包棉花被打包，重量约为 1500 万磅。因此，罗厄尔的奴隶们每年在此献出了约为 10 万天的劳动力。也正是因为这些奴隶的生产力比自由劳动力更强，导致在 1790—1860 年间，运往美国和英国纺织作坊的棉花价格下降了约 60%，奴隶制给波士顿商会的资本家们节省了数以百万的开销。他们将这笔钱投资于其他的机器，支付工 318

厂工人更高的工资，让这些工人穿着精良的工作服在舒服的车间工作。如此种种，却使得高哈姆释放的奴隶在灯塔街的教堂中谋不到生路。除此之外，这个商会还降低纺织品的价格，拓宽了罗厄尔棉花纺织品的市场，并使得全世界的普通家庭能够买得起工厂生产的棉纺织品。若使用自由劳动力采摘棉花，其成本会大大增加，而利用奴隶劳动会使原棉价格低廉很多，全世界的消费者都享受到了两者之间日益扩大的差价优势。[12]

1820 年，美国仅有 3.2%的劳动力从事制造业，总人数约 7.5 万人。到 1832 年麦克莱恩调查报告出来的那一天为止，整个北方的工厂和作坊大概雇用了 20 万工人。其中占比最大的是棉花作坊，堪称是整个美国机械化程度最高的资本密集型产业。这 20 万名工人映射出美国历史上的新景象：无产非农业的自由工人阶级的壮大，创造了对各种商品的需求。事实上，棉花劳工营和棉纺厂都带动了对钢铁产品、成衣、绳索、家具以及鞋类的需求。从 1832 年麦克莱恩人口普查起，美国工业开始生产更多的商品。非纺织产品依旧在相关的小型作坊中进行，比如规模小但灵活的纽约“血汗行业”中的服装、家具、皮具以及帽子。当时跟现在一样，纽约吸引了成群饥肠辘辘的移民，他们愿意在狭窄的工作环境中长时间地辛苦工作。狭小的作坊同时也意味着有限的技术，很多行业仍未找到替代人力和手工生产的方法。这些小作坊分散在费城和匹兹堡附近的乡村地区，主宰了美国的钢铁工业。一个罕见的例外是康涅狄格州利奇菲尔德县的奥萨托力克制造公司，该公司在 1831 年雇用了 100 多名工人，生产了 600 吨钢铁。[13]

利用西南部的棉花进行生产的纺织工业依旧引领风骚，毕竟工人阶级有收入后，就形成了一个消费市场，鼓励更多有活力的其他领域的市场生产。马萨诸塞州法尔河的大卫·安东尼在回答麦克莱恩的调查问卷时写道，他们镇子上的纺织厂雇用了 4000 名纺织工人，“所有都直接或间接地依赖于制造业……对农产品的需求和这个国家其他阶级的人们一样多”。食品市场的扩大使日常生活逐步商业化，自由州的乡村地区也如此。农民务农是因为市场需求，而不仅为了填饱肚子。在俄亥俄州和印第安纳州，农民通过密西西比河到达西 319
南部市场。因为纽约在 1824 年开发了伊利运河，上游的农民可以将农产品通过水路运送到纽约市。如今，这些便捷的交通显现出了优势，北方的农民可以更加高效：他们的农场变得更大，农民也日益专业化，他们需要改良种子和工具。[14]

麦克莱恩发布了有益于提高北方制造业者政治优势的文件，但该文件同时也表明，截至 1832 年，奴隶生产的棉花促进了美国经济的扩张。几乎所有的商业生产和消费都注入或延长了这条强有力的白色致富之路。这股棉花潮对政治家和企业家而言，就好比使水车轮子转动所需的水流一样。譬如，政治家们创立了关税体系，其中心原则在于保护新英格兰的纺织制造业。1812 年美英战争之后，据说英国为了将美国新兴工业扼杀在摇篮里，向美国市场倾销低于英国市场价格的商品。作为回击，美国国会向低质量的进口布料增加了每码 35 美分的额外关税。该关税重新分配了北方制造业和商人（以利润的形式）手下奴隶和工人（以工资的形式）的生产力，也使得美国的作坊开始专业化。当做工精良的英国纺织品塞满了像波士顿教堂所陈列的衣橱时，美国的工业城镇却生产着粗制滥造的廉价布匹，并且还受到劣质纺织品的关税保护。[15]

实际上，奴隶们手工摘起来的棉花又回到了他们身上。这些棉花加工、纺织成新英格兰粗布，奴隶主们把这些布买回来穿在黑人奴隶身上。例如，在路易斯安那州的“南丘”和“滑铁卢”两个奴隶劳工营，企业家约翰·曼尼诺每年会发放 10—15 码布料的“定量”。1832 年，有超过 100 万名奴隶在棉花和蔗糖种植园工作，企业家们可能购买了约 1500 万码布匹，这差不多是罗厄尔的年产量。尽管如此，密西西比河谷地区仍有足够的市场。罗德岛和平戴尔制造公司的老板是哈扎德兄弟，其中一位每年都会来新奥尔良，然后到乡村去出售他的布匹、帽子以及其他商品。有一年，种植园主测量了女性们的鞋码，决定那年是要买成衣还是布匹；男性名单上的尺码则是粗略测量的，比如“1 号”或者“2 号”。哈扎德所提供的采棉布袋出自和平戴尔蒸汽纺织机，质地坚实，有个叫约翰·罗斯的顾客说这是“目前为止见过最好的”布袋。甚至粗糙的麻布制品的需求量也大增，它用于包装加工好的棉花，不论是在更为落后的“圆形棉包地区”，还是在使用新设备将棉花扎成一个牢固正方体的现代化种植园里，都是如此。[16]

320 西南部奴隶制边远地区具有专业化的劳动力，奴隶主们并没有将英国支付棉花原材料的钱财投入美国新生的纺织企业中。他们也使用美国制造的铁锹、犁、锄头、绳索、帽子和鞋子。事实上，一份评估报告说，19 世纪 30 年代，大概有 30％“可运送的”商品在东北部完工，然后被售往西部和南部。成千上万的北方女性将从古巴运来的棕榈树叶编织成一次性宽边帽子，采摘季节一到，奴隶主们就将这些帽子分发下去，人手一顶。1832 年，光是马萨诸塞州的萨福克县，就有 47 家帽子制造公司，它们一年雇用约 2500 名女工，共生产了 86.3 万顶帽子，每个帽子成本约 28 美分。尽管这些女工每天的收入都不高于 30 美分，但她们能创造超过 25 万美元的收入。换种算法的话，约为 5 万人天数的棉花采摘工作量。[17]

另一个例子也说明西南部高效率的生产活动为东北部的新兴工业提供了市场，那就是在康涅狄格州法明顿河柯林斯制斧工厂发生的一些故事。1827 年前后，塞缪尔·柯林斯手下的卓越工匠查尔斯·摩根将制造斧子的过程细化成锻造、回火、打磨、抛光等工序，每个任务都由独立的工人完成。古典经济学家亚当·斯密用一个大头针举例，探析其如何被分为数十个步骤生产，从而提高了效率，这说明了分工合作应该得到提倡。因而，柯林斯工厂的生产量猛增到日产 1000 多把斧子，其代价是当时的硅肺病（也称“磨工式哮喘”）的盛行。这是一种长期暴露在用磨石旋转而产生的灰尘环境中造成的致命性疾病。柯林斯在西南部游走的代理人很快就创造了巨大的销量，其中一家批发公司一次就订了 3 万把斧子。在 10 年间，柯林斯工厂每年都能生产约 25 万把斧子。[18]

柯林斯生产的斧子成了气候，所以可以取代英国制造的廉价斧子，而且英国运来的斧子因为过高的关税，其价格在美国已无优势可言（采购者在使用英国斧头之前，还得雇用或者购买铁匠打磨刀刃）。沿着密西西比河，大约离康涅狄格州 2000 英里处，奴隶主哈勒尔·纳特打开了两只各装有 12 把“柯林斯牌”斧子的大木箱，每把斧子价值 20 美元，他把这些斧子交到为其工作的男性奴隶手中。在这些人的手中，柯林斯斧子极大地改变了自然界，数以亿计的西南胡桃树、橡树、杨树、橡胶树以及松树都倒在这些斧子之下。田纳西州西部的蒂普顿县一位经验丰富的监工说：“我觉得清理那里的木 321
材比其他地方更容易。”他计算出，一个健康强壮的人如果专门从事清理工作，一年只能开垦 4 英亩左右的土地。然而到了 1860 年，经过 30 年的发展，蒂普顿县有 6.557 万英亩土地被开垦出来。挥舞着柯林斯斧子的人们，每人每年能清理 1.6 万亩土地，从而使蒂普顿县变成了一个巨大的种植棉花和玉米的机器。实行奴隶制的整个边疆地区，大约有 250 个种植棉花和甘蔗的县，蒂普顿只是其中之一。[19]

在从种子到工厂再到消费者的每个阶段，从事这类或者别类的企业家们都会尽可能地从黑人奴隶身上榨取利益，再将从奴隶们身上剥削出来的份额运作到世界经济中。当时，美国已能通过越来越低的成本和不断提高的生产效率来生产世界上最重要的商品，但要想衡量这一动态过程中的所有要素几乎是不可能的。以下是对奴隶制扩张时期棉花在美国经济中的作用的粗略分析。1836 年，美国经济活动总量，即所有商品和服务的产值，大约为 15 亿美元。其中棉花作物本身的总价值，即平均每磅的价格乘以棉花的总重量，达 7700 万美元，约占国民经济总量的 5%。这一比例也许看起来很小，但在自给型农业之后，棉花的销量是美国经济的最大价值来源。然而，即使是这个数字，也几乎无法衡量棉花生产直接产生的商品和服务。棉花运到利物浦的运费、保险和支付商业信贷的利息，总计超过 1 亿美元（见表 4.1）。

其次是第二阶段的效应，包括生产棉花所必要的商品和服务。比如购买奴隶。仅在 1836 年，就花费了 4000 万美元。这一年对被偷走人身自由的人们来说，无疑充斥着无数被迫颠沛流离的记忆。还有购买土地，购买土地产生的信贷成本，在渡口集市买的猪肉和玉米，奴隶们用于开垦土地的斧子和他们身上穿的衣服，甚至是奴隶主家庭的奢侈品和其他方面的开支，所有的这些花费加起来大概高达 1 亿美元之多。

第三阶段的效应最难计算，囊括了工厂工人的支出、伊利诺伊州养猪农民的支出、蒸汽船船工的工资，以及同商人、制造商利益挂钩的投资所带来的收益，还有奴隶贩子直接或间接从西南部谋得的钱财及其全部收入。第三阶段的效应影响颇大，还将包括在棉花和与棉花相关的贸易产生重大影响的领域所花费和再次花费的美元。
322 这些效应还有另一种类别，通过棉花的反向流动维持，依靠信贷形式进口的国外商品的价值。所有的这些商品和服务加起来可能高达 2 亿美元。鉴于 1836 年多数商业信贷的期限短，用于棉花“进口”的借贷一年后就会翻倍，加起来达到 4 亿美元，利息和本金合在一起超出 6 亿美元，几乎占了美国 1836 年经济活动总额的一半之多，而这一切归根到底间接或直接地源于百万奴隶——占美国总人口的 6%——所生产的棉花。

北方的工业经济是建立在被奴役人民的基础上。然而，在 19 世纪 40 年代以前，像约翰·高哈姆·帕尔弗这样的北方人越来越有可能从他们所在的位置（踩在奴隶的背上）认为，他们的商业努力并不需要奴隶制。早在 19 世纪 30 年代，自由州的美国人就用棉花产生的财富发展更为多元化的工业部门，与南方的交易随之减少。譬如，1832 年，康涅狄格州最早的大型制造业雇主之一柯林斯制斧工厂，几乎占了该州非纺织制造业 1/4 的投资额和就业人口。但到 1845 年，当波尔克总统的财政部长罗伯特·沃克委托对康涅狄格州的制造业进行另一次调查时，该州有了 25 家不同种类的斧子制造商，而且斧子只是该州工业生产的一个部门。新的黄铜铸造厂、枪械制造商及五金、钟表、帽子、地毯工厂，雇用了数千名康涅狄格州居民为其工作。来自康涅狄格州铸造厂和商店的绝大多数铜制品、机床和消费品，都销往北方的城市中心、工厂核心和商业农业区。[20]

纵使康涅狄格州成为美国工业化最密集的州，但绝不只是该州在向着工业经济转变。到 1840 年为止，几乎整个北方有近 50 万的美国人都在从事制造业。到了 1850 年，这一人数上升到 120 万人，所有工人在制造业的分红从 9%涨至 15%。这些工人中，女性工人数目的上升最引人瞩目，尤其是在纺织工厂中。制造业给国家经济直接贡献的利益和价值从 1839 年的 17%，上涨到 10 年后的 29%。而农业部门的相关数据则从 72%下跌到了 60%。很多经济部门对北方消费市场的依赖性很强，制造业中的劳动力正在用自己的现金工资开创着这一市场。在这些经济部门中，有些完全是新部门，比如铁路建设部门。[21]

323 诚然，19 世纪 40 年代，棉花产业依旧势头强劲。棉花包每年从东部运出，从英国赚回的大量资金流回到大西洋东岸，北方收益中没有一种资源能像棉花一样大规模地赚回英国的外汇。如若每磅棉花的价格超过 10 美分，那么没有哪种制造业能像手工采摘棉铃所带来的纯粹收益这么多：无论是为自由州快速发展的城市提供粮食的北方商业化农业部门，还是修建最新的蒸汽机火车头的工厂，都无法与之相比。北方经济的不断多元化，使其能比南方经济更稳定、更有弹性地增长。即使是在吞并得克萨斯以后，奴隶制扩张又死灰复燃，南方经济的健康发展还是依赖于棉花的价格。

与 19 世纪 30 年代相比，北方人对棉花利润的依赖程度降低了。相反，他们正创造着工业利润。譬如，纺织工业正在向着规模更大、资金更密集的业务飞速转变，这些业务可能会以或高或低的原材料价格将主要投资转化为快速收益。1820—1860 年间，新英格兰的纺织厂的平均资本投资提高了 600%，历史经济学家称之为“资本深化”。每台轧机的平均锭数从 780 个增加到 6770 个，动力织机也从平均 5 个增加到 164 个，这两个数据都说明机器把纤维加工成线和布的效率比之前有了很大的提高。就好比在棉花地，左手也能十分灵巧熟练地使用一样。机器的增加使得工厂工人的生产力也提高了，1860 年熟练纺织工人的织布速度比 1820 年的工人快了五六倍。

到 19 世纪 30 年代末，北方纺织制造业也一直在衍生新的产业。建造和维修纺织机器的机械师们不仅改进了动力织机和纺锤，还发明和生产出了能被应用于工厂大型机器的平稳蒸汽机。在 19 世纪 30 年代以前，蒸汽机只是专门为加快船只的速度而存在。直至 1845 年，蒸汽驱动式工厂才成为常态。相应地，煤成了主要燃料。1820 年，宾夕法尼亚州将 365 吨无烟煤运往市场；而到了 1844 年，这个数字竟飙升到了 160 万吨（最终，化石燃料和那些从奴隶那里偷来的劳动力一样，也能赚取意外之财）。与此同时，工厂继续培养新技能、孕育新想法，比如，发展了蒸汽驱动式制糖厂，在真空锅出现的 20 年前，完成了在甘蔗中提取蔗糖这一革命。到了 19 世纪 50 年代早期，路易斯安那州有超过 725 家制糖厂使用了蒸汽机。同样的一群机械师制造了更加精良的火车头，并于 19 世纪 40 年代建造了系统的铁路网 324
络。如此一来，通过这种快速的交通网络，就提高了诸多效率，对铁路、燃料和信贷的需求也急剧上升。[22]

随着北方工业的崛起，雇用工人的数量开始不足，因而欧洲人移民到美国北方的数量开始猛增，仅 19 世纪 40 年代，就有近 150 万名移民涌入美国。爱尔兰人就是其中的代表。到 1845 年为止，有 22 万余名爱尔兰难民在不到 5 年的时间里逃到美国；之后的 5 年，因为英国的压迫和饥荒致使数百万人命丧黄泉，又有约 55 万名爱尔兰人到达美国。一小部分爱尔兰人逃到了新奥尔良，在这里，码头和棉花打包机给劳动者提供了很多机会。尽管有很多人都是乘坐欧洲运输棉花的返程船顺路到美国的，但这一次可不是强迫奴隶的移民。由于曼哈顿区已经实现了对棉花贸易的金融霸权，来往于利物浦与新奥尔良之间的船只通常会停用旧的航线，它们会在纽约港靠岸，移民在这里就能下船。19 世纪 40 年代，在蓄奴州棉花港口以外的地方，移民很难找到工作，他们也不想与奴隶制驱使下的奴隶们竞争。这些移民选择到北方，这在人口问题上造成了很大影响：1830—1840 年，正是由于这些移民的涌入，北方人口从 710 万人上升到了 1000 万人，并且在 1850 年时突破了 1400 万人；而在同一时期，南方人口增长缓慢，1830—1850 年，人口仅增加了 330 万人。

移民人口的涌入，成了自由州人口增加的主要原因，这使得劳动力成本降低，还为生活消费品创造了巨大的市场。许多移民一开始生活在北方城市的最底端，做着运河开凿工、女佣和矿工等活计。但在政治代表名额的分配上，他们每个人都算全权公民，这意味着北方地区在众议院的权力在增加。由于国会议员的数量决定着一个州选票的数量，而这些选票可用于其所在州的总统大选，所以国会中议员席位的重新分配，会对州、地区以及地方行政部门产生影响。1820 年时，有 42%的众议院议员来自蓄奴州。那时参议院的南方代表们除了团结一致，奴隶主只需一个或少数自由州的同盟者来阻止他们不赞同的提案。但在 1840 年人口普查以后，来自蓄奴州的议员数量降到了 40%以下。1850 年以后，来自自由州的议员占到了众议院议员数量的 2/3。

325 北方经济的迅猛发展，使北方公民和南方公民在政治上的表现截然不同，他们在政治上不大可能依靠南方。在约翰·高哈姆·帕尔弗的 17 名黑奴为了自由移民到波士顿这件事发生两年之后，由于辉格党逐渐向南方同盟做出让步和妥协，这些南方同盟转而支持波尔克所主张的奴隶制扩张，这使得帕尔弗对马萨诸塞州的棉花辉格党越来越感到失望。与此同时，他在政治上逐渐倾向于良心派辉格党，撰写并出版了《论奴隶权力》。这个充斥着作者义愤填膺情感的小册子中有“北方的欺诈与悲苦”这样的章节题目。书中将南方描述成一种单一的政治集团，他们“奴役”着北方白人的政治统治。正义的故事当中，如“普里格诉宾夕法尼亚”一案和拉莫蒂夫妇被绑架未遂事件，仍使他记忆犹新。帕尔弗声称南方公民可以到波士顿，并断言就算是马萨诸塞州的白人公民也只是浅色皮肤的逃奴。“法律就是这样，人与人之间并无肤色之差，光凭这一条就完全可以逮捕马萨诸塞州州长，像联邦最不起眼、皮肤最黑的奴隶一样，将他带到南方市场上进行贩卖。哪怕是哈里森·格雷·奥蒂斯（波士顿最富有的律师）也跟皮鞋匠没什么区别。”帕尔弗向弥敦·阿普尔顿、劳伦斯修道院、马萨诸塞州的纺织大亨和棉花辉格党发起挑战，谴责他们尝试说服得克萨斯州白人与他们狼狈为奸的行径。[23]

帕尔弗的文章触怒了波士顿当地人，这些人曾经扶持他走上了牧师、教员和编辑的位子。一些人在大街上甚至无视他的招呼，也不让他踏入他们家一步。新英格兰棉花货主与来自密西西比河谷的供应商互相勾结，并不只是遭到帕尔弗一个人的控诉。新涌现出的一批批判北方奴隶制度的人及他们的盟友与一般的废奴主义者，如威廉·劳埃德·加里森不同，他要求美国洗刷自己的罪恶。相反，这些批评家认为，南方的奴隶制度毁掉了国家经济的发展。早在 20 年前，那时正值密苏里危机中期，一些反对奴隶制扩张的人曾经发出过相同的呼声，结果到干预阶段时，各行业和部门的财富获得了急速增长，使得奴隶制会阻碍经济增长的说法变得苍白无力。显然，新英格兰的织机富翁们已经靠黑奴加工出的棉花和黑奴市场，成了各个自由州中最富有的一批人。

然而，在 19 世纪 40 年代早期，北方经济渐显活力，而南方经济
却死气沉沉，这更鼓动了许多北方人宣称他们并不亏欠奴隶制。当 326
然，并不是说不效忠于帕尔弗所说的那种“奴隶主权力”的政治统治。“奴隶主权力”这样的字眼，可能是帕尔弗从自由党激进主义分子约舒亚·莱维特那里学来的。莱维特在期刊上发表过名为《解放者》的文章，指出“奴隶制统治是北方各党派之间激烈斗争的结果”。由范布伦和杰克逊一手组建的跨区域同盟，再加上他们的对手，这些意味着佛蒙特州的民主党人若想赢得全国大选，就必须避免和他们亚拉巴马的兄弟党派成为敌人。亚拉巴马州的代表也明确表示，支持奴隶制是他们党派结盟的先决条件。所以，佛蒙特州的民主党强调他们和当地辉格党截然不同，而和那些南方的奴隶主并

无太大分歧。民主党正是通过这样的方式来拉拢选民。

不过，在莱维特对奴隶制的抨击中，最为独特的一点就是："我认为奴隶制是破坏商业和金融发展的主要黑手，而且也是整个国家群起而愤愤抱怨的地方。"这是他在 1840 年回答俄亥俄州一名听众时所讲的，当时美国经济还尚未从 1837—1839 年的恐慌中走出来。莱维特坚持认为，国家政策中"奴隶主权力"的扭曲是导致经济衰竭的主要原因。他宣称，"我发现我们自身正屈服于疲软的奴隶政策"，而这一系列政策吸引富商们把生意从自由州转移到了蓄奴州。在西南边远地区做工的奴隶们确实在 19 世纪 30 年代创造了很大的利润，但那是因为当时的投资和强制性移民以前所未有的速度涌入了密西西比河谷。"每个人都想在维克斯堡、大海湾、布兰登和其他西南银行中持有股份。"莱维特回忆道，"北方大量资金涌入南方，是为了满足国内奴隶贸易的需求。"据莱维特统计，单是密西西比的奴隶交易额就达到了 1 亿美元，而这只不过是奴隶制"日常营私舞弊"的一种，其中充满了层层盗窃和诈骗，从窃取劳动到奴隶主公然失信于他们的北方债权人。国家经济再也未能呈现出如 1836 年那样又快又好的态势，"经济化为泡沫，资金全部流失得无影无踪，债务人石沉大海，不可弥补"，奴隶主欠下了巨额的债款，债主包括北方商人、债券持有人、工厂老板和银行。这其中大多数欠款他们已无力偿还，南方经济业已无力回天。莱维特认为，南方的病症在于奴隶制，因为其从本质上讲违背了节约生产型投资，而北方经济因为技术上的进步（尤其是一批劳动节约型机器的引进）正在走向转型。[24]

327 帕尔弗附和莱维特的批评性言论，因为他和其他的一些北方白人、南方白人开始相信一个事实，现实中发生的一切正如实反映经济的走势。每个人都发现北方的经济正在走向繁荣，而且人口正在激增。支持奴隶制的政客长期以来利用他们在国会的权力扩张蓄奴州的领土和势力范围，操控南北方资金，拒绝商议，破坏金融体系。如此一来，奴隶主就不需要补偿他们的债权人，或者是为了北方工业而破坏关税壁垒。现在，野心勃勃的北方制造商们不再需要同南方合作。所以南方无法自圆其说，无法解释为何要在政治中增加自己的权力。

然而，北方人愈发感到自己深陷在 10 年经济萧条中，南方政客则仍然坚持美国外交政策需要把焦点放在扩大奴隶制领土上，而且“奴隶主权力”仍是一股不可小觑的政治力量。当时的白宫当权者波尔克总统和前任总统一样，自己就是一名奴隶主。北方民主党依然十分顺从，试图打压废奴主义者。为了同民主党竞争，辉格党需要得到来自南部的选票，而正是这种需要，让他们面临相似的困扰。莱维特提出，北方人需要在选举上加大成本来安抚南方人。这也就是说，通过“揭露奴隶制的真正本质”来引导选民把票投给反对奴隶制扩张的第三方党派。正如莱维特所言，这体现出了南方如何反对北方白人的政治权力和经济繁荣，“直截了当反对奴隶主权力的政治统治”会导致地区利益取代政党利益。[25]

的确，在莱维特之后的几年，帕尔弗又出版了关于奴隶主权力的小册子。随着经济政治环境的改变，越来越多的北方白人开始相信莱维特和帕尔弗对南方的预判。1846 年 5 月 13 日，美国国会批准了对墨西哥宣战。几个月下来，战争形势一片大好。8 月 8 日，波尔克总统要求国会拨款 200 万美元资助他同墨西哥政府的谈判。一直以来北方人都在支持波尔克及这场战争，然而，与墨西哥昂贵的谈判计划暗示了总统在谋求更多墨西哥领土的同时，向英国做出妥协，放弃了对今不列颠哥伦比亚省的领土声明。谈判代表休·怀特系纽约北部的辉格党人，他抓住这个机会向北方民主党发起挑战，以阻止奴隶制扩张的拨款法案。宾夕法尼亚的民主党新人大卫·威尔莫特上钩了。他提出了一项修正案，规定所有在墨西哥战争中获得的领土必须自由。法案一经实施，《威尔莫特附文》将永久地阻止奴隶制在地理上的扩张。[26]

多年来，美国黑人一直认为，奴隶制的力量是建立在领土扩张
328 的基础之上的。在边疆地区，奴隶主可以毁坏旧的生产标准，瓦解奴隶们的家庭，将个体像商品一样分离出来使之证券化，并出售世界各地市场上的金融产品，从而创造世界各地的市场，还以此搭上了令人振奋的经济繁荣的顺风车。一些白人也听到了《威尔莫特附文》的消息，包括来自反对奴隶制的《国家时代》的编辑迦玛列·贝利，他这样说道："过去给我们的教训是什么？奴隶制就是靠扩张而得以生存的。"封锁新的领土，一是切断了为信贷市场注入动力的动脉，二是在北方人口飞速扩张之时，限制奴隶主在政治上有所作为。[27]

因为《威尔莫特附文》承诺会在某种程度上阻止南方的扩张，并向两大主要政党施压遵守这一规定。这两大党派之间有着地区间复杂的同盟关系，而这种关系依存于同时平衡梅森—狄克森线①两边政客各自的利益。南方辉格党反对该法案，然而北方辉格党深知自己面临着来自后方良心派辉格党的反抗，因而支持这项法案。南方民主党也反对该条约，但是北方民主党人作为全国扩张的拥护者，仍然担心本地选民的立场——他们在中期选举前夕放弃了对本党的支持，结果大多数人临阵脱逃。投票那天，众议院里只有4个自由州的民主党人反对该法案，最终法案以85∶80通过。后来的发展简直就是1819—1820年密苏里辩论的翻版，参议院也阻止了该法案。

但相比1819年，1846年的情况已经有所不同了。1819年，北方

① 美国宾夕法尼亚州与马里兰州之间的分界线，内战时期，成为自由州（北）与蓄奴州（南）的界线。

和南方的许多人都认为未来棉花出口将推动经济的增长。但在 1846 年，人们对经济前景的预期发生了变化。就像莱维特预期的那样，大卫·威尔莫特和其他北方民主党人（他们中大多数人都痛恨辉格党人和黑人）与辉格党中反奴隶制的人一起，投票反对“奴隶主权力”。事态的如此发展可能会破坏美国政治内部微妙的平衡，一个紧随而来的后果就是，反对奴隶制扩张成了许多北方候选人竞选时新的政治认同。1847 年，约翰·高哈姆·帕尔弗参加了国会的一次特殊竞选，为的是填补一个曾经由辉格党主导的区席位。支持他的人宣称：“他的工作彰显了他的信仰，他解放了大量从路易斯安那州继承来的奴隶。”帕尔弗赢得了竞选，加入了国会新人班子，这些人中还包括来自伊利诺伊州的辉格党人亚伯拉罕·林肯。

然而，整个 1847 年，不论是支持还是反对《威尔莫特附文》的势力，在华盛顿都未能占据上风。与此同时，在格兰德河的彼岸，美军击败了墨西哥军队。扎卡里·泰勒上将是一名退伍军人，他曾 329
经参与对抗佛罗里达塞米诺尔的那场反围剿战，这一次他率军击败了墨西哥北部的一支军队，加利福尼亚州就在那时落入美国军队和定居者手中。温菲尔德·斯科特将军在墨西哥湾海岸驻扎了一支 1.2 万人的军队，其中包括一些年轻的军官，比如罗伯特·李、尤利西斯·格兰特和托马斯·杰克逊。斯科特的军队顺着赫尔南多·科尔特斯（Hernando Cortez）① 1519 年行进的路线，一路向西攻进墨西哥城。在塞罗戈多赢下关键的一场战役后，他们包围了城市西部。9 月 12 日，美军攻占查普尔特佩克城堡，这是墨西哥城的最后一个据点，继而美军占领了整个城市。在华盛顿成为首都之前的 1000 年，这里一直是首都。[28]

① 1519 年，西班牙人赫尔南多·科尔斯特率领他的小分队入侵墨西哥，他通过施展狡诈手段，征服了阿纳华克地区的阿兹特克人。

前方有已攻下蒙特苏马礼堂的捷报传回，波尔克的内阁团队越发沉迷于吞并墨西哥全境。但纽约民主党（最庞大也是历史最悠久的民主党支部）却在是否应该在新的领土实行奴隶制问题上产生了分歧。随着南方选民对这场危机的反应越来越强烈，约翰·卡尔洪挺身而出，提出了一个好几年前就已经在发展的学说，而且与当时形势刚好吻合。该提议重新强调放大了奴隶制在扩张中保持政治均势的杠杆作用，利用对宪法的解读，强调不断减少的棉花人口和棉花经济影响力。这并不只是简单地重复废止联邦法律的想法，卡尔洪在19世纪30年代被其对手杰克逊打败后就摒弃了这一想法，他现在的想法比那时要意义重大得多。

1819年，卡尔洪告诉门罗内阁的其他成员，他认为宪法应允许国会禁止在联邦政府控制下的一些地区，比如新开辟的地区实施奴隶制。1836年，废奴主义者请愿，要求国会行使职权以结束联邦直辖区的奴隶贸易，甚至要求废除哥伦比亚特区的奴隶制。1836年1月，参议员卡尔洪回应了这些请愿并发表演讲，他在演讲中描绘了一幅蓝图。他告知参议院，自己并没有在宪法中找到能以此请愿的权利，而那些反对政府统治的力量一直在提这一要求。但他确实发现《第五修正案》中有关联邦政府限制个人财产权的规定：任何人不得“不经正当法律程序直接剥夺他人财产”。卡尔洪由此引申出一个笼统的原则，他认为，“正当程序”可能指对特定的犯人进行“陪审团审讯”。该正当程序的反面则为：立法机关取消整个阶级对财产所有权的声明。卡尔洪对此表示质疑：“难道奴隶不是地区财产吗？难道奴隶主不是一个拥有财产的阶级吗？”可能国会不能阻止人们购买或出售某种财产，因为可销售性本身就是财产的一个属性。[29]

对此卡尔洪提出一个设想，并最终成为实质性正当程序的法律信条。宪法所规定的“正当程序”不能仅仅通过一项法律来实现，

因为这项侵犯财产所有人权利的法律违背基本的程序变更原则。在 330
卡尔洪的设想中，《第五修正案》就像一个地质层，证明在宪法之下存在一个具有实质性且潜在的板块自然法，允许业主持有并利用财产。1844 年，密西西比州一个名叫威廉·哈密特的议员甚至认为，联邦权利也保护来自州级法律诉讼案中的奴隶主，因此，国家授权由北方自由州主导完成的黑人解放运动是违反宪法的。北方国会议员对此很是震惊，并对哈密特的主张愤怒不已。但是，奴隶主们倒是在接到这一消息之后，想都没想就接受了。[30]

南北战争之后，北方那些大型企业的专业法律思想家采纳了卡尔洪的一个说法，此举非常具有讽刺意味。从 19 世纪 90 年代起，美国进入新政时期，最高法院多次采用实质性正当程序，数次打压法律上试图规范“镀金时代”① 产业的行为，保护工人的权利，打破行业的垄断。正当程序实质上塑造（并继续塑造着）美国的政治经济。与其他类似的现代派别一样，卡尔洪为实质性正当程序提供了自己的观点——一种完全不受限制的财产所有权的学说。这意味着奴隶主永远不会受到社会主流的阻止，可以充分利用已征服的大陆上的无限资源，以及不断扩大的全球市场。事实上，南方党人在这方面的主张可以说变本加厉了。斯托里法官在 1843 年“普里格诉宾夕法尼亚”一案中就申明，宪法承认奴隶主在奴隶财产权方面的基本权益，并向联邦政府施压来保护这些申明，哪怕是这些申明有悖州立法机关的规定。[31]

从 1836 年起，实质性正当程序已经在慢慢酝酿，但往往是在暗中进行的。如果在 19 世纪 40 年代早期正处于“G. T. T”逃逸和债券违约风行之际，奴隶主企业家声称政府不能损害其财产权和交易权，

① 镀金时代：指美国从南北战争结束到 20 世纪初的一段历史。

简直是尴尬至极。然而，1847 年的战争和征服，正好为政治家们在新领土上实行奴隶制找到了借口。当然，卡尔洪的观点更加超前，他所设想的是另一种非常激进的现代经济。[32]

因《威尔莫特附文》辩论产生的摩擦为卡尔洪及其盟友提供了一次机会，允许他们向民众阐述自己的逻辑。民众早就想一探究竟，想知道北方是如何从宪法上遏制南方的权利，而自由州的经济增长正是建立在南方的成功之上。1847 年 2 月，卡尔洪向参议院阐述了
331 他的论点，即奴隶主拥有一项基本权利，有权运输奴隶和剥削奴隶。在他漫长职业生涯最重要的演讲中，他指出了宪法和政治上的争论，提出了宪政的观点，在之后的 14 年中，会有越来越多的奴隶主以此为核心联合起来。[33]

首先，卡尔洪坚持认为领土归每个州所有，不论是自由州还是蓄奴州，他还拒绝了国会要求新州宪法禁止奴隶制的权利。然后他一锤定音："判决如下：任何一条法律如果直接或通过其影响来禁止公民携带个人财产移居到美国任何一片领土，都会导致歧视（来自不同州的公民将有差异，使那些来自自由州的公民受到尊重，而来自蓄奴州的公民受到歧视）而违背宪法。"此项决议引用"有血缘关系及财产共同拥有"的说法，蓄奴州和自由州共同面对征服所带来的损失和危险，但最终取决于卡尔洪所认为的宪法保护奴隶主持有、转移、买卖和开发个人财产的权利。他认为联邦政府应该通过法律来建立联邦领土上的奴隶制度，否则将剥夺个别奴隶主，甚至所有南方白人的权利，毕竟他们是潜在的财产持有人。因此，从宪法角度来说，新领土日后注定就是这样一种局面：联邦执法人在加利福尼亚对逃奴进行围捕，联邦检察官在新墨西哥州打赢关于自由权利的官司，联邦海关监管人员规范并保护和犹他州的州际奴隶贸易。

因此，卡尔洪提出了一个可行的方案，声称南方政治其实是在

保护经济落后的部门。南方政客如今可以声称，宪法赋予的权利为他们政治权力的相应减少提出了政治解决方案。卡尔洪提出这一举措，是将长期扩张奴隶制作为一种替代手段，而且依然保持现代经济，这样一来，这种远景再次变得合理起来。19 世纪 40 年代中后期，棉花价格小幅上涨。奴隶主总是认为新领土能让他们在未来大发横财，或许有人声称卡尔洪的干预是无关紧要的，因为远在西南边疆的干旱让奴隶主对棉花大丰收已不抱任何期待。但不要忘了，一个世纪之后，亚利桑那州成了美国最大的棉花生产州。加利福尼亚中央山谷雇用的劳动力几乎都是没有人身自由的，届时这里将成
为世界上最有利可图的农业区。在 1847 年的这些决议出台以后，南 332
方各大报纸和杂志就开始臆想新一代企业家会对墨西哥北部进行开发，与此同时，在加勒比海和太平洋岛屿夏威夷，自从第一批波利尼西亚定居者来此种上甘蔗之后，甘蔗便在这片火山土地上疯狂地生长。

“我没有什么意见可提。”老卡尔洪板着脸说，“我只是作为联邦的一名成员发言，我出生于此，这里有我的希望。”在废止联邦法的日子中，不光寄托了南卡罗来纳州的希望，还有亚拉巴马州他儿子安得烈的奴隶劳工营的希望，和不断扩大的南方奴隶制的希望。卡尔洪直言：“我，一个棉花种植园主、一个南方人、一个奴隶主、一个善良慈悲的人，做一名奴隶主在我看来一点也不差。其实我想说，一方面，我宁愿面对这世上的任何困难也不愿放弃我们共同拥有的每一寸土地；另一方面，我们每个人都是这个伟大国家的一分子。”他知道，说此番话别人一定会赞同。[34]

如同在 1847 年一样，卡尔洪在玩一个历时很长的欺骗游戏。出于对国家的忠诚，南方非种植园主白人和国内党派之间千丝万缕的

联系，也曾被用于 19 世纪 30 年代焦灼的战争中。许多人仍然希望，他们所在党派的领导班子能够达成共识，组织一次区域间的切实可行的选举，来选出下一届总统。然而，詹姆斯·波尔克并不打算参加竞选，他已经厌倦了陷入僵局的领土问题。他正专注于在墨西哥城进行的谈判，此次谈判的进程几乎和国会谈判一样漫长。进程拖沓的原因之一是，波尔克政府越来越希望说服国内舆论，让美国吞下这整个被征服的国家。

约翰·高哈姆·帕尔弗所在的马萨诸塞州的辉格党抗议说，得克萨斯的吞并“刺激了（部分）美国人民的胃口”，让他们渴望更多领土。帕尔弗觉得，“如果奴隶制仍然足够强大”，从墨西哥那里争夺来的领土就不存在什么问题，“只要对他们略施小计加以威胁，奴隶制就会得到承认并永久化，他们也会依照章程加入联邦”，如此一来，就会增加国会中奴隶政权的权力。卡尔洪和帕尔弗只在一件事上认识一致，那就是整个墨西哥实在是太大了。卡尔洪说道：“我们做梦也没想到他们能把白人以外的种族纳入联邦，一半以上的墨西哥人都是印第安人，另一些则来自混合部落……而我们的政府是白
333 人政府。”帕尔弗也认为墨西哥是“说不出名字的混合种族”，不太适合加入美国。[35]

正如卡尔洪试图说服南方辉格党和民主党结盟一般，帕尔弗和他的良心派辉格党同僚表示，任何不明确反对开拓奴隶制新领土的总统候选人，都不会得到他们的支持。他们通过这种手段分裂了辉格党 1848 年州代表大会。当此方案行不通时，帕尔弗及其良心辉格党同盟便退出了该党。与此同时，纽约民主党也走向了分裂。以马丁·范布伦为首的一派被其对手戏称为“烧仓派”（该名是因一个名不见经传的农民为了灭鼠而烧毁了他的谷仓而得），他们认为奴隶制扩张损害了北方和南方“自由白人劳工”的利益，并宣布忠于“自

由贸易、自由劳力、自由土壤和自由人”。这些在民主党中唱反调的人便与从辉格党中分裂出来的以及自由党的激进分子结盟，创建了“自由土壤党”。他们推举范布伦为总统候选人，此人数十年来一直忠于南方种植园主一派。他的竞选伙伴是良心辉格党创始人约翰·昆西·亚当斯的儿子查尔斯·弗朗西斯·亚当斯。1848 年初，老亚当斯因致命性中风倒在了众议院的地上去世了。[36]

回到华盛顿后，参议院终于收到同墨西哥谈判的最终结果《瓜达卢佩—伊达尔戈条约》。该条约除了确认吞并得克萨斯，还让美国增加了 52.5 万平方英里的土地，当时美国有 2300 万人口，平均下来，每人有 13 英亩土地。继买下路易斯安那和阿拉斯加之后，这是美国历史上第三次大规模的领土收购。参议院取消了其中一项条款，该条款承诺兑现由西班牙和墨西哥政府批准的土地索赔。条约还在新西南地区开放了一个大规模的盎格鲁不动产地区。如果说之前移民没有足够的动机撵走墨西哥人和印第安人，那么 1848 年加利福尼亚州萨特的磨坊发现的黄金，则给了他们足够的动力。

尽管《瓜达卢佩—伊达尔戈条约》中所承诺的让步颇多，但未能因此平息一场有争议的战争。两年时间围绕占领的领土该何去何从的争论，让南方人十分焦虑。他们急于保护自己将来能够获得的政治优势和创业的可能，甚至威胁在西部实行奴隶制是结盟的代价。334
同时，北方人认为南方奴隶主对待他们的方式与对待他们的奴隶没什么不同，因此选举计划也开始动摇。自从政党联盟为了维护稳定而引发了两次“银行之战”以来，政治体制就一直依赖于各方的利益平衡。这些联盟在秋季选举的混乱中难以生存，即使能幸存下来，也不清楚各自党派是否能说服足够的南方人或北方人达成妥协，进而解决组建新领土的问题。

事实上，1848 年的国际环境对大西洋两岸的政治统筹造成了巨大压力。巴黎人民起义，并与法国军队展开对抗。巴黎硝烟散尽时，被吓坏的资产阶级迎来了拿破仑二世作为新共和国的领袖。但很快这个领袖就摇身一变成了国王，此人系拿破仑的侄子。在莱茵河流域，人们奋起反抗德国联邦的统治者，要求在某种程度上建立一个自由统一的国家，并且在其他方面取得更具突破性的成果。革命一经崩溃，政治难民便逃离了欧洲大陆，其中包括卡尔·马克思。自他乘坐的轮船在伦敦靠岸后，他在大英图书馆里度过了余生的大部分时间。那时，许多“四八佬”① 也逃至美国。同年 7 月，在伊利运河旁的塞内卡瀑布小镇，几百名改革者在此聚集，临时召开了“妇女权利大会”。组织者当中就有伊丽莎白·卡迪·斯塔顿（Elizabeth Cady Stanton）②。弗雷德里克·道格拉斯（Frederick Douglass）也出席了本次会议，他是从奴隶制中逃脱出来的批评白人权力最有效的传声筒之一。此次大会起草了《权力与感想宣言》，宣称妇女拥有选举权。

塞内卡瀑布小镇集会推动并发起了美国的女权运动。这种发展将对美国政治造成长期的影响，与 1848 年欧洲发生的任何一个大事件一样激进。当时，一些男性政客并没有把塞内卡瀑布集会当回事。欧洲大范围地讨论正在发酵的革命，但革命似乎不会很快到来。比这些革命更迫在眉睫的是，从报纸的刻意关注到国会大厦内外的政客们发布的煽动性言论来看，墨西哥领土仍然是悬而未决的问题，这对秋季总统选举具有潜在的影响。国家党派的领袖正努力防止不稳定的对抗蔓延，他们试图提名有可能同时向着两边的中间派。辉格党大会选择了扎卡里·泰勒，此人曾在墨西哥战争中立下战功。他出生于弗吉尼亚州，是詹姆斯·麦迪逊的表亲。泰勒还是一个西

① 指欧洲 1848 年革命的支持者。

② 美国女权运动的先驱领袖之一，于 1848 年提出美国第一个要求妇女选举权的运动纲领。

南部的种植园主，在路易斯安州那拥有超过 100 个奴隶。他行事低调，不为自己的政治生涯树碑立传。民主党也做了类似的事情，打压了由极端主义者威廉·朗兹·扬西领导的罢工，并提名密歇根州 335
的里维斯·卡斯。[37]

按照预期设想，卡斯的阵营在大选期间针对北方和南方推出不同版本的传记。但新自由土壤党仍然赢得了 10%的普选票，这也就显示了《威尔莫特附文》带来的压力，并在政党制度上打开了一个缺口。具有讽刺意味的是，自由土壤党的选票帮助了一个奴隶主进入白宫：在纽约，范布伦和“烧仓派”从纽约州的民主党议员中拉到了足够多的选票，让泰勒将该州的 36 张选票全部收入囊中。泰勒将军同样也获得南方的大部分选票，南方的白人认为他当选总统将支持奴隶制的扩张，此外还会将奴隶制扩张到新得到的墨西哥领土。

然而，卡尔洪并不信任泰勒以及政党制度。在 1849 年 1 月，他和其他南方人在国会发表了一份事先准备好的演说词，他们警告说：如果北方的反南态势继续扩大，且南方对此不回应，奴隶制的扩张和奴隶制就将被终止。由帕尔弗等人控制的国会将禁止州际奴隶贸易，同时也将不会有新的资本注入以支持奴隶制，奴隶们的头上再也不会悬着大棒。不断扩大的黑人人口将淹没白人，并且他们会进一步开展废奴运动。在那之后，好事的北方白人就会要求为前奴隶争取“选举权并担任公职”，然后“白人只能匍匐在地”，接受政治上的委曲求全和强制性的异族通婚，“很多自由和开明的人士将因此经历前所未有的恶化情况”[38]。

为避免这一灾难性的后果，唯一办法就是南方白人团结起来，主张对新领土具有平等的所属权。正如卡尔洪在南方党团会议上呼吁双方讨论的演讲中所言：“南方可以把他们的奴隶运送到加利福尼亚州和新墨西哥州……国会一定会将其（奴隶）同其他财产等量齐观。国会不需要通过法律对此地的奴隶制进行授权。”在这个实质性正当程序的解释背后，是团结起来的南方迫使北方“考虑后果”。毫无疑问，北方会退缩，奴隶制的扩张将永远被植入国家的宪法，且此时正好赶上新领土成为蓄奴州。最重要的是，政治上的胜利将弥补奴隶主自19世纪30年代后期所遭受的经济损失，那段时期他们失去了对美国经济的控制权。在国会大厅确定新的蓄奴州，将在未来阻止所有反奴隶制的措施。[39]

336 一个狂热支持奴隶制扩张的人可能会被看作极端分子，相比实际上的奴隶制扩张，他们对抽象的理论更感兴趣。但在未来10多年的时间里，这些人将发动一场实战以实现对美国的重新定义，迫使美国政府做出明确的、永久的承诺来保卫和传播奴隶制。他们是严肃认真的。他们把这些关于奴隶制的观点当作受宪法保护的基本财产权，所有举措都暗示了南方政治的共同假设。1849年，实质性正当程序经宣传、推广，作为南方的权利开始生效。这场演讲得到南方媒体的广泛支持。编辑们提醒普通白人，维持奴隶制边界的斗争也是他们自己的斗争。如果奴隶制边界关闭，海地革命重演的风险就会增加。即使没有大规模的叛乱，贫穷白人也要被征税用以补偿奴隶主解放奴隶所遭受的损失。之后，富人可以用财富“维持自己的地位”，但普通白人会失去“现在所拥有的一切——本质的、生来自由的、独立的精神”。选民们对这场演讲做出了回应，密西西比州的政客们于1849年10月组织召开了“奴隶主大会”。卡尔洪在密西西比州的盟友、参议员亨利·富特，于1850年开始组织区域大会，其中暗藏了威胁，略微变动就能成为蓄意毁灭国家的团体。[40]

同时，在国会方面，南方民主党人操纵联邦政府，想让联邦政府进一步保障奴隶主个人的财产。他们从抓捕逃亡的奴隶下手。斯托里法官在普里格一案上做出让步，因为该案中南方在这一问题上的行为对宪法造成了影响。支持奴隶制的民主党人非常坚定，想让联邦政府强制实施宪法中关于奴隶逃亡的条款。假使他们操纵联邦政府，让政府承诺保护奴隶主的财产所有权，当他们的奴隶财产流失到另一个州，国会会发现很难限制奴隶主转移自己的财产到别的州的权利。参议员詹姆斯·梅森提出了一项法案，该法案将废除北方地方陪审团指控逃奴的审判，这意味着将允许南方白人指控任何逃走的奴隶，即便没有太充足的证据，也可以把他们遣送回南方。[41]

南方奴隶主围绕一些关键性原则联合在一起来增加其需求，并 337
不断施加压力以解决领土问题。与此同时，加利福尼亚传来的消息清楚地表明，1848 年第一座黄金矿脉将大大巩固美国金融体系，并使之具有保持增长的能力。而到了 1849 年，由 8 万多名美国人组成的“四九佬队”① 迁往加利福尼亚，这加剧了领土问题的争端。大多数移民都是北方人，但南方白人经常带着奴隶到矿山淘金。墨西哥在 20 年前就废除了加利福尼亚的奴隶制，但奴隶主不能理解为什么加利福尼亚要变成一个自由州。它甚至可以分为两个州：一个属于北方，一个属于南方；一个是自由州，一个是蓄奴州。然而，除非他们自己解决这个僵局，否则国会无法建立一个地区性的政府。因此，此时的加利福尼亚处在一种没有法治的状态之中，形势捉摸不定。[42]

1848 年 11 月的国会选举结果直至来年 12 月才能正式生效。但在 1849 年 3 月就职仪式后不久，泰勒总统就开始秘密鼓动一些加利福尼亚和新墨西哥定居者来举行会议，其中主要是北方人。他们所要制定的宪法将禁止奴隶制的存在。南方辉格党人很快就发现，他们不得不给自己的南方选民一个交代，于是他们纷纷谴责泰勒背叛

① 1849 年涌入北加州的淘金者的统称。

了他们。回到南方大本营，政客和编辑们开始策划整个南方的大会，并准备在1850年7月于纳什维尔举行。随着第31届国会在12月的召开，许多人纷纷猜测，这将是所有州代表聚集在华盛顿的最后一次集会。政党再次结盟的迹象微弱。众议院用了64张选票任命了一位议长，这最终改变了规则，使佐治亚州的民主党人赢得了选举。他们对此松了一口气，并开始雇用一个正式的“守门人”——一个类似于武装军人中士的职位。但北方和南方的代表陷入了争执：他们应该雇一个奴隶主还是一个反对奴隶制的人？随后，泰勒总统在正式咨文中大胆要求参、众两院的议员支持加利福尼亚州和新墨西哥州的州宪法禁止奴隶制。国会因此陷入混乱和动荡，充斥着各式各样的说辞：南方人威胁要分裂；部分自由土壤党分子则表现出反奴隶制暴乱前景下的过早兴奋；自由州的民主党和辉格党坚持北方人不能受欺凌；此外，还有“不诚信”和“欺骗”的尖叫声；有些南方人抱怨在自己以血汗换来的领土上受到了侮辱与排挤。[43]

喋喋不休的争吵持续了两个月，已不知礼让、谦虚为何物，而一帮老家伙终于选择了决裂。1850年1月21日的晚上，亨利·克莱到丹尼尔·韦伯斯特位于华盛顿的住所拜访。他想确认一件事，那就是这位老辉格党朋友会不会支持他。1月29日，这位肯塔基人在参议院议会大厅——过去40年间他都投身在此工作——侃侃而谈。克莱提出了八项提案，这些提案抵消了每个部门的优势，使各部门间能相互扶持，让它们一同进退，要么一起作为，要么无所作为。后世的历史学家经常提到这样的说法，这些决议为《1850年妥协案》
338 做了铺垫，北方因而进入了一个关键性的10年，使得内战最终爆发时，北方强大到足以击败南方。不论是否属实，克莱差点亲手破坏了他为保护联邦所做的努力。他坚持认为，提议的目的是使交战双方承认所有的协商条件。但反对者则指责其动机自私，他们认为这项大提案表明了提案者妥协的一面。其实，真正的妥协是双赢解决方案，双方中的任何一方都能获得胜利，但是也存在这样一种可能，冲突的双方认为相互投降的结局是“双输”。这样的结果也许不是冲突的结束，而是孕育了新的冲突。[44]

所以，为了达成所谓的为解决领土冲突的“最终解决方案”，克莱到底提出了什么？首先，承认加利福尼亚州为自由州。其次，新墨西哥州和西南的其他地区将被改组成“不履行奴隶制”的领土，也就是说，暂缓实行奴隶制，直至实际居住在这块领土上的居民可以决定。国会并不排斥实行奴隶制，这就让南方政党在接受这项计划的时候看到了希望。克莱等人否认奴隶制能够使新墨西哥州和犹他州的经济走向繁荣。许多人认为，是否实行奴隶制要由当地的实际居民来决定。这里的希望所在是，南方的党羽将此看作国会不排除奴隶制的计划而加以接受。克莱等人则认为，奴隶制在新墨西哥和犹他州成不了气候。很多人认为，这种权宜之计会让当地人悄悄地要求以自由州的身份加入联邦。

虽然在加利福尼亚州的失利让南方备感难受，但是克莱的做法对他们也有些好处。美国将资助得克萨斯偿还巨额债务，这就让新奥尔良投资者很开心，他们在资助奴隶主参与战争后的 14 年间，从未收到还款。克莱确实提出了一些废奴主义者多年来一直争取的东西：禁止在哥伦比亚特区内进行奴隶贸易。但他又附上了一项解决措施，提出国会没有权力阻挠各州之间进行奴隶贸易。也正是这项决议，使北方政党发现他们可能已经“失去”了妥协的机会。这就要求制定严密的逃奴法案，正如当时詹姆斯·梅森所提出的方案。奴隶主们抱怨，他们在领土问题上的步步退让，导致他们身处自由州的包围之中，而且这会无形中将他们手下的奴隶“抽走”。《逃奴追缉法》将会在普里格一案中被强制执行，联邦政府会帮助奴隶主维护他们的个人财产，使得联邦政府成了奴隶主的仆人，卡尔洪的实质性正当程序似乎是对《第五修正案》做出的合法解释。

339 因此，克莱提出的妥协方案是以牺牲黑人为代价的，他使黑人陷入无边的奴隶制之中，虽然奴隶制扩张可能会有所限制，但仍将继续下去。克莱又联系了其他一些相关的事件，预先扭转了北方的选票，成功使一些极端南方人的观点合法化，使得自由州代表占据多数的国会将这些观点视为正常。尽管在很多北方人看来，那些观点有悖于宪法。关于这项法案的争论漫长而焦灼，泰勒要求加利福尼亚州立即加入联邦，废除奴隶制。南方人想要得到一半的加利福尼亚州以及整个新墨西哥州，还想为得克萨斯州争取到更多的领土。杰弗逊·戴维斯、亨利·富特、詹姆斯·梅森和许多南方人则热衷于鼓吹一种支持奴隶制的宪法，通过众议院和参议院游说这种实质性正当程序。这场论争的高潮发生在卡尔洪患上肺结核被担架抬进参议院的房间之时，当时他已经奄奄一息。当梅森代替卡尔洪宣读他的最后演说时，这个南卡罗来纳州人在毛毯下瑟瑟发抖。这一次并没有针对正当程序的争论，取而代之的是用感性措辞警示，长期以来的冲突以及冲突的愈演愈烈，正在打破南方和北方白人联盟的纽带。宗教分子、知识分子和当下的政治联盟在奴隶和自由工人的界线上分道扬镳（他没有提金融协会，因为金融协会正在恢复当中）。这次演讲的主旨是：南方人中的骨干准备接受逃奴法案，但对克莱妥协案的其他部分不予接受。

几天后，来自纽约州的参议员威廉·西沃德发表了演说。他认为，不论宪法是否能够提供保障，冥冥中一部“更高的法律”——上帝的律法——在帮助主张废奴的北方人阻止奴隶制的扩张。让奴隶主们更加头疼的是，西沃德谈论“更高的法律”时，那种傲慢的姿态据说使自由州获得了更大的权力，那就是政治经济法。西沃德陈述道，自由劳工制度使纽约“依靠自身的企业，获得了和欧洲大陆合作的生意，并且正在稳步地掌控着世界贸易”。这么听起来，就好像纽约人自己从来没有买卖过一包棉花一样。[45]

然而，无论是国会中的还是南方大本营的南方人，都对未来把握不定。1850 年初，那些最关心奴隶制扩张的州，对于是否要派代表到纳什维尔会议进行谈判，以及派出什么样的代表的争论已达到白热化程度。与此同时，南方各地组织了关于支持妥协案的会议。极端主义者建议许多南方白人脱离联邦，然而他们并未做好准备。340
当 6 月 3 日纳什维尔会议召开时，与会的代表人数比激进分子所预期的要少得多。路易斯安那州没有派人来参加会议，得克萨斯只来了一个人。因为克莱妥协案将偿还得克萨斯州的债务，而其中很多债主都是路易斯安那人。[46]

人们对达成一个华盛顿妥协案仍然抱有希望。辩论已经过去几个月了，而事态几乎没有什么变化。卡尔洪因疲劳过度于 3 月 31 日去世，从此南方失去了一名激进分子，卡尔洪本来可以团结他们凝聚人心。泰勒的“背叛”引燃了在国会与南方媒体中的激进主义，导致克莱与泰勒的对抗愈演愈烈，这场论战一直持续到 7 月 5 日泰勒总统突然去世的那天。副总统米勒德·菲尔莫尔是纽约州北部人，和克莱交往密切，他继任了与他持不同政见的泰勒总统的位置。然而，辉格党人内部在克莱的提案上并未达成一致，参议院在 7 月底也否决了这项提案。坐在电报机旁边参加纳什维尔会议的代表们，因为失去斗争对象反倒有些寂寞了。

从克莱写给妻子的信中可以判断出，整个春天他都沉醉于别人的示好之中。现在，他放弃了妥协，一路向北逃到了罗德岛的纽波特，这是他最喜欢的度假小镇，在那里他可以打牌、赌马、谈笑风生。在华盛顿，来自伊利诺伊州的民主党参议员新人史蒂芬·道格拉斯自发牵头重启妥协案的商讨，他将方案分成了几个部分，巧妙地集结了一群南方人和一些北方人中的亲南派，这群人反对加利福尼亚加入美国，接着将这几部分分别向参议院提交议案。9 月初，史蒂芬·道格拉斯通过参议院向众议院递交提案，后来提案又被打回参议院重新修改讨论。9 月 20 日，在第 31 届国会成员就职 10 个月后，菲尔莫尔签署了妥协法案，使该法案正式生效。礼炮响彻华盛顿特区上空，公寓和酒店外面聚集了密密麻麻的人群，他们哼唱着小夜曲，而领导人在屋内饮酒自醉，自我麻痹，寻求宽慰。[47]

针对斯普林菲尔德和伊利诺伊社区这样的情况，报纸称之为“举国欢庆”。新奥尔良州的《皮卡尤恩时报》认为，领土问题“已经确定并解决了”。同年 12 月国会召开新会议时，菲尔莫尔总统声称 1850 年的妥协案“一锤定音，不可撤销”。全国各地的北方人和南方人似乎都平复下来，接受了这一结果。在南方，南方人暗中取缔了
341 那些搞州分裂的会议。南部的白人选民显然没有必要考虑武装抵抗《威尔莫特附文》，虽然这并没有阻止秋天时来自密西西比州、亚拉巴马州、佐治亚州和南卡罗来纳州的民主党国会候选人反对该妥协案。[48]

尽管他们用了整整 4 年时间来解决此问题，但墨西哥战争和北方人持续反对奴隶制扩张所挑起的问题仍没有得到解决。新近获得信心的北方，被得克萨斯州和其他一些事件所激怒（像帕尔弗这样的人将此类事件烙上了“奴隶主权力”的标签）。北方人将《威尔莫特附文》看作一条分界线，并以此为共识联合起来。该附文承诺限制奴隶制，任其自灭，并试图遏制奴隶主们想要统治北方甚至整个国家的企图。而支持奴隶制的南方，由于陷在经济萧条和人口增长停滞的状况中，处境岌岌可危。为了应对危险，夺回失去的优势，他们将这些条款编入法律，即联邦政府和宪法应保护奴隶主的财产权，

尤其是在新领土上，这项规定仍然适用。

尤为重要的是，在新领土上将奴隶制作为合法的制度加以推行——这个悬而未决的政治问题，关乎 300 万名奴隶未来的命运。然而，双方都没有能够成功实施关于奴隶制的解决方案，也并未保证奴隶们的未来。他们仍然全副武装，蓄势待发，不仅准备动手，嘴也没打算闲着。在 1850 年的一场辩论中，密苏里州参议员托马斯·哈特·本顿，一位“波特式”的老辩手，冲撞了来自密西西比州、正在发表演讲的亨利·富特。富特气得拔出手枪，最后还是法官们把两个人拉开了。在妥协案问题上到处是剑拔弩张的场面，然而，关于新墨西哥州和犹他领地的组织这一最重要的问题却讨论得较少。泰勒总统试图把新墨西哥州确立为自由州，此举激怒了南方，于是克莱建议这些领土不应受奴隶制的保护或限制。很多教科书上说此次辩论的最终结果是克莱占上风：新墨西哥州和犹他州成了反对和支持奴隶制的居民之间人口竞争的试验田。然而，尽管委员会敲定了新墨西哥州和犹他州实行奴隶制，争论的双方竟又联手将一些补充条款编入了法律。条款中指出：如果一个人提起诉讼，起诉该地区的奴隶法，比如奴隶主因为其个人财产未受到所在地的法律保护而不满，而当地法律也一直未承认他有权占有奴隶，他可以一路上诉到最高法院，由法院做出判决，判决他们占有奴隶或者进行奴隶制扩张是否符合《第五修正案》，或者说《第五修正案》是否保护他们的个人财产。[49]

辩论双方都因此赌自己对宪法的独特解释会在法庭上获胜。卡 342
尔洪在天之灵，也会自信满满地给自己那一方的人押上赌注。不多久，最高法院表示，宪法的起草者坚持保护奴隶主的财产，包括他们所在州以外的财产。如此国会达成一致，通过了《逃奴追缉法》。归根结底，正当的法律程序可能不会准许像帕尔弗这样的北方政客在立法层面解放奴隶，他们希望避免奴隶制进入新墨西哥。此外，法院中还有一些人由南方人和同情南方的民主党任命。在这种情况下，还能期望他们做出怎样的决定呢？信心与日俱增的北方又会如何反应呢？《1850 年妥协案》中关于新墨西哥州和犹他州的条款绝对不是最终的解决方案，相反，这些条款给日后的冲突搭建了平台。正如后来的历史所证明的那样，妥协案中的其他方面也非最终的解决办法。

第 10 章

手臂　*1850—1861*

当理查德·斯劳特还是一个小男孩的时候，大家都没料到他以后会那么长寿，而且活得那么风光。接下来要讲述的是他孩提时代的一个故事。这么多年，他一直说确有其事。从美国奴隶制发端的地方往上游 30 英里的詹姆斯河上，他和表哥本一直就生活在那里。那一年是 1850 年，他表哥 10 岁，他只有 8 岁。当时，弗吉尼亚州不是全力种棉花，而是全力生孩子、养孩子，长大后就去摘棉花。所以，比起亚拉巴马州，这个州的男童奴隶要再晚几岁才开始全天干活。那天，理查德和表哥在詹姆斯河边闲逛，“抓了一些蝌蚪和鲦鱼”。在河边的坍陷土岸下方，理查德看到“一条巨大的噬鱼蛇”（一种分泌毒液的北美蛇），蛇头正从一片漆树丛中挂下来，前后摆动。和其他南方男孩一样，理查德和本也爱捕蛇，他们开始拿棍子去挑衅它。蛇张开大嘴，看上去要反击，“不料，从它嘴里吐出一条巨大的鲶鱼，大概有我胳膊那么长呢，重重地摔在了地上。鲶鱼的肚子很大”。于是两人拿棍子猛打。“鲶鱼张开嘴，竟吐出一个妇女用的那种有扣的钱包”。钱包皱成一团，好像奴隶主纠结的内心一样。他们费力地打开钱包。“你猜里面有什么？两枚大大的铜币！你可能不相信，但千真万确！”事隔 80 年后，理查德对采访他的人说道。

当时只有他俩在场。但就一场奇遇而言，关键不在于它是否真的发生了，而在于它的意义有多大。因为如果意义甚微，那么所发生的奇遇也不过是一场凑巧的意外而已。理查德和本在弗吉尼亚州的浸礼会上一定听过《马太福音》第 17 章，那个鱼的故事自有其含义。起初，耶稣的门徒问他，他们是否需要向罗马主教缴税。耶稣答道，上帝的孩子不需要缴税，“但为了避免冲突，你们也可以去溪
344 边钓鱼。抓住第一条上钩的鱼，掰开它的嘴，你会发现一枚硬币。作为我的税银和你们的税银一起上缴”。

理解《马太福音》这段文字的一个途径，便是把它当作指南，教你如何在一个到处是恶人的世界里像圣人一样活着。当然还有别的理解方式。在这个故事中，鱼本身是个比喻，作为一个符号告诉信徒们，上帝会给予他们所需要的，甚至足以让他们在一个专制政权下存活。恩典会以平凡的方式降临，就像渔民捕鱼那样平淡无奇，或是像上述故事中两个男孩杀死一条蛇那样。[1]

鱼在深海游弋，而深海里隐藏着妖魔鬼怪。马太的故事创作出来 1800 年后，理查德和本的祖先横跨大西洋来到了美洲。他们从贩奴船的“肚子”里被“吐出来”，身上黏糊糊的，大口地喘着气。虽然一路艰辛，但还是活了下来。他们娶妻生子，子又生子。直到这一天，另一种怪物从深处冒出来，又要对他们孙子的孙子的孙子下手。怪物的钱包里藏着一笔财富，宛如毒蛇伸出的舌头一样，有两个分叉。

“我给了表哥一枚铜币，自己拿了一枚。”理查德回忆道。随着一年年地过去，理查德的这枚铜币越来越显出“幸运”的成色，他的财富日积月累，日益庞大，好像金钱的光芒能保护他不被毒蛇吞掉一样。到 19 世纪 50 年代，国内奴隶贸易达到一个新的高峰，但长大成年的理查德却未被出售。一天，他走到那条河的河边，看到一

船人身穿蓝色工服，慢慢驶向奴隶主理查德·艾普斯的大房子。那一天，理查德·斯劳特宣布他是自由人了。很快，他穿上了自己的蓝色工服。在后来的两年里，他在美国部队中扛过枪，打过仗，为自己的同胞带来了和平。之后，他过上了富裕的生活，学习读写，周游世界，最后回到弗吉尼亚州安定下来，过上了平常的渔民生活，每天在他曾经嬉戏过的河边垂钓。[2]

理查德演绎了这个寓言。但是，本拿走的另外一便士就没这么走运了。理查德告诉采访者："据我了解，艾普斯从没卖过奴隶，除了把我表哥卖到了南方。"本带着那枚给他带来不幸的铜币来到里士满。第三代年轻商人们如今在培根·泰特（Bacon Tait）的旧牢房工作，牢房坐落在夏可洼地附近，这也是当时另一场创新运动即将兴起的地方。在这里，奴隶主会发出类似这样的指令，指令由奴隶经纪人理查德·迪金森接收："如果你还没卖掉查尔斯，试试让他说多一些，说响亮一些。"意思是说，要讲一些事情，让他看上去勤恳努力，肯为奴隶主卖命。"在他心甘情愿这样做之前，可能你得先用鞭子教训他几次。"奴隶经纪人的工作实在是经济上的一个创举，同时也十分保险，在买卖奴隶的同时不拥有奴隶，做到规避风险。因此本也很好地扮演了自己的角色，作为老弗吉尼亚州可以出售的商品之一，他侃侃而谈。几天之后，他在一辆货车车厢里热得汗流浃背，货车轰鸣着朝棉花地区驶去。19 世纪 40 年代，南方错失了一次修建 345
铁路的机会。北方趁此机会奋起直追，蓄奴州则一蹶不振。但到了 19 世纪 50 年代，南方重返正轨，修建铁路的速度远超东北各州。铁路和马匹运送大包货物、种植园主和劳工，比起过去查尔斯·鲍尔单凭脚力拖着禁锢他的铁链到南方的康加里，速度不知提升了多少倍。[3]

他们把本卖到了亚拉巴马州。随着年纪的增长，他的本领越来越强，存给自己赎身的钱也日益变多。每当劳作之后，他会悄悄地潜回自己的小木屋，从许多木条中拿出一块质地柔软的布，里面是那保存许久的一便士。他躺在一片漆黑之中，把铜币擦来擦去，嘴里小声嘟哝着祈祷的话语，好像那块铜币与他遥远的出生地有某种联系。屋外洒满星光的树丛之外，被铁轨切断的黑暗处，火车轧过铁轨的声音萦绕耳畔。此时，电报机传来政治家关于奴隶制扩张的唇枪舌剑的即时消息，这比传来他们口中的逃亡者、棉花的报价、12 岁男奴的订单这样的消息要快得多。

70 年前，奴隶制在美国获得了第二次生命。在这 70 年里，抚养本和理查德长大的人们曾勇斗毒蛇。他们各自过着艰难的生活，直面世道的险恶。一些人奋力逃跑，一些人选择放弃，一些人无奈死去，还有一些人“死去”了，又在新的友谊、新的婚姻、新的上帝和新的自我中获得重生。19 世纪 50 年代，奴隶制扩张再一次卷土重来，又一批 25 万名黑奴被押上火车，运往美国西南部。

1860 年，亚伯拉罕·林肯赢得美国总统大选，这促成了亚拉巴马州的分裂，从而引起了美国内战和黑奴解放运动。此后，作家们开始不惜笔墨地大量撰文，试图解释南方白人的行为。对作家来说，故事结局是显而易见的：胜利属于亚伯拉罕·林肯、理查德·斯劳特以及身穿蓝色制服的士兵们。借用 19 世纪 40 年代的批评家们的分析，比如约舒亚·莱维特，南方属于前现代经济体系，因此它的失败是不可避免的——不管是在经济竞争领域还是在那场战争中。如果借用白人废奴主义者、演说家温德尔·菲利普斯的说法，南方是一座注定要沦陷的特洛伊城。既然这样，就引出了以下问题：究竟出于怎样的疯狂，导致原本保守的种植园主们不惜发动一场战争，结果却加速了自己的灭亡？更令人不解的是：为什么当时占美国 3/4 人口、并不拥有黑奴的南方白人也奋起加入战争，而且他们当中有数十万人甘愿为注定失败的疯狂而捐躯呢？

从 18 世纪 80 年代开始，同那些投票支持奴隶主，参与镇压黑奴 346
运动的南方白人一样，他们与奴隶主一起持续地扩张奴隶制的土地。大半辈子坎坎坷坷的经历，教会了这些白人把奴隶制的扩张同他们的繁荣兴盛联系起来，同他们自己的权利与积累的财富联系起来，甚至与他们的自我享受联系起来。《1850 年妥协案》没有明确允许奴隶制在日后的扩张，因此整个 19 世纪 50 年代，奴隶主政客们都在不遗余力地推进其议程，尽管许多美国人已经开始庆祝妥协案的通过，因为他们被告知妥协案彻底为这一议题画上了句号。领导者们正尽力推行一个战略，这个战略由卡尔洪等人在过去 10 年中首次提出，即利用民主党的政治资本、联邦政府的制度权力、威胁分裂国家和宪法据理力争，强迫美国其他地方承认南方人有“权利”在他们想去的地方扩张奴隶制。他们的目标逐步形成，但在整个 19 世纪 50 年代，奴隶主们希望看到奴隶制扩张写入国家的法律和各政党条例之中，以政令形式在全国范围内强制实施，并且由国家最高法院明确判定为符合宪法。他们深信，如果做不到这一点，他们在联邦的未来就不明朗了。

长久以来，积极拥护奴隶制的运动或许会在未来左右政府决策，但没什么能让焦虑的企业家们心安理得地相信扩张会永久持续下去。尽管这意味着一次决裂，一边是年迈乐观的白人废奴主义者，另一方是日渐独立而实干的非裔美国废奴主义者，弗雷德里克·道格拉斯便是其中一员。前者想让反奴运动免受政党染指，后者如道格拉斯，则寻求途径，想要将反奴思想灌输到北方政党中。确实，在 19 世纪 50 年代，最终证明了道格拉斯一方是正确的，他们看到了政党制度下的一个缺口，那就是将国家利益同奴隶制扩张联系到一起。越来越多的北方白人听到了来自棉花边疆地区的难民们的故事，或是对 1837 年后的骗局保持愤怒，或是对 1850 年《逃奴追缉法》给予回应。出于某种原因，他们离开了快要崩溃的辉格党联盟。作为一种选举的手段，他们所创造出的新政治结构——共和党——能够吸纳大多数在自由州的奴隶制反对者，至少能坚持一段时间。再加上北方经济增长和人口增多，使得如今这个反南方党派即使失去南方的选票支持，也依旧能赢得全国选举，起码理论上是如此。

然而，奴隶主并不认为他们自己的体制与时代背道而驰，不觉得在即将到来的日子里会注定走向灭亡。相反，他们将自己视为“摩登”人士，掌控着世界经济中最成功、最创新的部分，推动经济以前所未有的速度增长。19 世纪 50 年代，虽然充斥了喋喋不休的政治冲突，但奴隶经济的产量仍然在逐步扩大。内战爆发之前，相当
347 长一段时间内棉花价格居高不下，市场对其产品的需求与日俱增，奴隶制的企业家们大发横财。唯一的问题是，南方到底会选择哪一条路？是留在美利坚，将奴隶制扩张到整个国家，还是走向独立，怎么扩张自己说了算？

因此，从 1865 年后的新世界的视角回过头去看，自理查德·斯劳特穿上那身蓝色军装、扛起枪，幸存者在丹维尔跳舞庆祝的那天起，便很难看清棉花州脱离出去之前当时世界的形势。但从 19 世纪 50 年代看，棉花田、账簿、载满奴隶的货车，还有本紧握那枚硬币所待的黑暗小屋，奴隶制看上去像一条长长的蛇形曲线进行扩张。关于河边的那条蛇，当然是个寓言故事。整个 10 年，这则故事都百听不厌。理查德再也没见过亲爱的表哥。是的，就像他们习以为常的那样，他们过着结婚生子、又结婚生子的生活。但是，母亲却比以往消失得更快了。有些人抚养孩子长大，但孩子也销声匿迹了。在那段岁月里，露露·威尔逊和她的母亲以及其他兄弟姐妹住在肯塔基州的一个小木屋里。先是露露的父亲被白人装上一艘汽船，顺

河流而下后就不复音信。随着棉花的价格在美国最南方居高不下，年长的兄弟姐妹们便都被送去了南方。真是会算账的奴隶主！展示商品、议价、将孩子与奴隶贩子同船运走，所有这一切都在一天之内全部完成，干脆利落。等露露的母亲收工回家，发现一切都晚了，床上空无一人。“上帝啊！”她瘫倒在小屋脏兮兮的地板上，在床边双膝跪下，哭喊着，“在我死之前，让这一切都结束吧！”[4]

露露从未忘记母亲的呐喊，也从未忘记内心的恐惧：这种哭诉和失去何日才是尽头！作为个体，她的母亲连自己的自由都几乎无法获得，更无力救下自己的子女。根据1850年《逃奴追缉法》新规，白人和其背后的联邦政府有义务去全国各地追缉逃奴。自从遭到巡逻队、军队和装满火药子弹的装甲部队的阻止，公众对奴隶制的集体反抗看上去便遥遥无期，悬殊的力量对比让纳特·特纳像是一只随时可能被锤子打扁的飞虫。反抗者们只得独自等待。铺天盖地的辩论让几乎所有美国白人确信，美国黑人要反抗，这是绝对不能接受的。当然，白人评论家们描述了奴隶制的不道德，并嘲笑奴隶制所代表的落后经济。他们本来也许会感觉好受些，但并没有得出个 348
像样的结论。

弗雷德里克·劳·奥姆斯特德在内战期间负责管理美国卫生委员会，这是一家半政府机构，致力于改善联邦士兵的居住卫生条件。或许他会认为，自己同奴隶们是盟友。但他只是一个普通的来南方旅游的北方佬。19世纪50年代，他从弗吉尼亚州来到得克萨斯州，为写作一本书搜集素材。在此期间，有成千上万的北方人涌入南方：铁路工程师、棉花经销商，还包括要去结婚的女士，他们的夫婿是在纽约邂逅的南方种植园主的儿子们。大多数人计划要在这里安定下来，尤其是当他们的服务加入南方白人的资产负债表时。[5]

沿着密西西比北部三角洲的小径，贫穷的北方人将缎带、线、锁等工业产品挑运到一片荒凉的棉花带，然而，在这里甚至开家商店都觉得格格不入。有钱人对此毫无兴趣，将漂泊来此的北方佬从大房子里赶走。小贩们路过一片旷野，大约有100人在低着头采摘棉花，如同机器一样。在最后一排林木线上，大汗淋漓的旅行者坐在自己的包上休息。小贩们"遭到了那些有钱的种植者的不公对待"。据路易斯·休斯回忆，"那些讨厌的种植园主跟奴隶们说……'啊！你总有一天会自由的'"。但那些已满头白发的老人放下手中的麻袋，抬起头说："我们才不信。我的爷爷就告诉我有一天会自由的，但到现在，不也还是老样子。"棉花地的远处，慵懒的监工斜躺在马鞍上，留意着这一切。小贩们耸耸肩，挑起包裹离开了。[6]

每当汽船上同行之人或列车上坐在奥姆斯特德后座的人提起奴隶制这个话题，他总掩饰不住自己浓厚的兴趣。他一心想要证明奴隶制是效率低下的一种制度。因此，当他在新奥尔良的大街上看到一个奴隶主刚刚购买了22个奴隶，他便开始思考：南方白人借来2万美金，把钱扔给这帮人，棉花在他们手上比任何40个自由人长得还快。他认为，一个以奴隶制为基础的社会发展空间有限，如路易斯安那州或是得克萨斯州。同时，他又在心里盘算着，"支付弗吉尼亚州20多万美元来获得那些身强力壮的劳动力"。但在堤坝那边，一艘满载德国移民的汽船溯流而上，向爱荷华州开去。这些自由劳动力不需要花费多少代价，便建设了一个生产和消费多样化的社会，建设了"磨坊、桥梁、学校，还有绵延数里的铁路"，因为他们有工作、救赎和上升的动力。可是，当这22名来自弗吉尼亚州的奴隶在得克萨斯种植棉花长达20年后，奴隶主却要把他们赶到西部和南部，开辟下一个新的领地。而在他们身后留下的，却只有日渐破败的小屋、分崩离析的家庭和错综复杂的债务。[7]

349

图 10.1　新奥尔良的奴隶贩子们不断地买卖奴隶。他们把奴隶当作商品劳工，采取多种方式进行包装，比如让他们穿上统一的服装（*Illustrated London News*，January—June 1861，vol. 38，P. 307.）。

奥姆斯特德写了四卷关于他的旅行经历的故事，不遗余力地抨击奴隶制，坚称奴隶制的弊端阻滞了南方和全国经济的发展。在过去 10 年，随着奴隶主财政的集体崩溃，受过良好教育的北方人意识到，这一信念便是最基础的真理。前伊利诺伊州议员、律师亚伯拉罕·林肯坚称，只有“自由劳动力能够给予一切希望，带来活力、进步和情况的改观”。林肯自己逃出了做免费苦力的泥潭，那是在印第安纳州他父亲的一片麦田里。之后，他来到了伊利诺伊州的一个边境小镇，在这里他能得到微薄的报酬。他曾受雇为老板驾船去新奥尔良，在路上他看到奴隶们在三角洲堤坝后面辛苦地工作。回到伊利诺伊州，他开始阅读有关法律的书籍，为选举蓄力，自己成了能雇用别人的人。[8]

尽管奴隶制可能会阻碍人们改良进取，但像奥姆斯特德这样的

350 北方人不断地发现南方白人变得越来越有效率。“时间就是金钱！时间就是金钱！”他在一艘汽船上听到一个白人这样叫喊着。当奴隶和爱尔兰自由劳工争分夺秒地装货，这个男人则在一旁焦急地来回踱步，他担心赶不上种植的时间。每年的棉花种植季总是会让这样的人感到手忙脚乱，逼迫他们发了狠地压榨那些奴隶加倍地工作。然而，或许是 19 世纪 40 年代浪费了太多的时间，又或许北方批评家们是对的，即认为奴隶主们已经偏离进步的道路，走入了历史的死胡同。奥姆斯特德在餐厅或者汽船上都能听到这样的讨论。南方白人担心这些话语会充斥各类报纸和月刊，如由詹姆斯·德鲍在新奥尔良执笔的杂志《德鲍的评论》（*DeBow's Review*）。[9]

然而重要的是，尽管北方人都有一个共识，认为奴隶制既落后又低效，还经历了过去 10 年的艰难岁月，但是相当多的南方人对南方是否能继续依靠奴隶制、促进现代经济发展这个问题已经有了明确的答案，而且答案是肯定的。比如亚拉巴马州种族主义者、内科医师约西亚·诺特认为，是蚊子传播了疟疾和黄热病，而非沼泽中的迷雾。1851 年，他写道，“700 万人民”在美国北方、英国和法国，“他们的生存依赖南方 300 万黑人的劳动”。当“人类愚蠢到不可理喻”的地步时，解放就会发生。一张“棉花网”把受奴役的人民圈进了一张更大的“人类进步”之网中，并且如果没有强迫劳动，这一切都将烟消云散。[10]

实际上，过去 10 年，对免费农奴劳动力的无情剥削和廉价出售，再次证实了奥姆斯特德是错的，不论诺特的观点正确与否。在棉花企业家手中，奴隶制成为一种促进经济增长的高效途径，对那些南方白人或别的地区的人来说都是如此。19 世纪 50 年代，南方的棉花产量从 200 万包翻了一番，达到 400 万包，既没有丝毫减缓的趋势，也没有缓解西部工厂对原材料的渴求。全球对棉花的需求从 15 亿磅增长至 25 亿磅，并且在 50 年代末，美国种植园里的劳动力仍然在采摘余下的 2/3 棉花，棉花大部分销往西欧的工厂。截至 1860 年，根据每个白人平均所拥有的财富数量来计算，美国排名前八的州分别是南卡罗来纳州、密西西比州、路易斯安那州、佐治亚州、康涅狄格州、亚拉巴马州、佛罗里达州和得克萨斯州。其中 7 个州都得益于棉花产业往西部和南部的发展，剩余的一个州是全美最发达的工业州，它从北方的工厂设备到西南部鞭笞机的传动装置中赚取了丰厚的利润。[11]

尽管奴隶制可能会大幅提高生产力，但一些南方奴隶主担心， 351
过于依赖全球对棉花的需求会使南方陷入两个危险的境地：第一，世界经济可能会起伏不定；第二，移民所导致的北方州人口数量稳步增长，可能会慢慢削弱南方的政治力量。地方报纸和杂志定期刊登一些文章指出，南方应该形成一个多元化的经济体，起码要有一个有利可图的工业领域，这样才能吸引一些白人劳动力来南方打工。在 1855 年的一期《德鲍评论》中，威廉·格雷格描述了他的城市，一座坐落在南加州的工业城市。据他说，工业为这座城市带来的利润占总利润的 11%，甚至更多。其他人则认为，采矿、钢铁冶炼和工厂加工的活可以雇用黑奴劳工。从数量上来说，奴隶劳工在南方工厂创造出的净利润和他们在土地上所带来的利润相当，奴隶劳工和东北部的自由劳动力一样多产。奴隶通过劳动，将弗吉尼亚州的钢铁铸造厂的规模变得越来越大。从 19 世纪 30 年代起，南方出现了大量工业活动，而奴隶劳动力便是其原因之一。[12]

工业生产下的铁轨正在重新划分棉花种植带的边界。19 世纪 40 年代，南方铁路里程的总长从 683 英里扩展到 2162 英里，但这一上涨幅度仍然低于自由州。在同一时期，自由州创造了 7000 英里的铁路网络，集中在东北部和大西洋中部各州。19 世纪 50 年代的再度繁荣时期，南方铁路建设总里程增加到一万英里。亚拉巴马州和佐治亚州的边陲、佛罗里达州中部和得克萨斯州东部，已经过了太长时间依靠货车接驳汽船的日子，如今也可借此打造成利润丰厚的棉花带。铁路蜿蜒穿过丘陵地带，也帮助自耕农和贫穷的白人完成了转型升级。后来土地投机公司开始驱逐擅自占地的居民。随着南方财富的步步积累，新一代贫穷的白人发现自己变成了走投无路的流浪者。即将搬入铁路所开辟的新领域的种植者们看不起他们，而且害怕这些流浪者。奥姆斯特德参观了佐治亚州哥伦布市，人们告诉他当地纺织厂有 2 万个棉纺锤都是由那些无家可归的“落魄女孩”来照看的，如果没有这份工作，她们可能就会被引诱着沦为妓女。南方工厂里收留了那些新近失去居所的白人流浪者，以此来改善现代市场对杰斐逊构想所带来的破坏性影响，该构想把独立的小农场主作为白人共和国的脊梁。[13]

尽管如此，南方棉花种植者还是意识到，他们对当地之外的金融决策者的日渐依赖已经成为一个棘手的问题。在多灾多难的 19 世
352 纪 40 年代，西南各州出现了金融崩溃和主权债务违约问题，这让南方的准银行家们几乎不可能进行资产重组。但对棉花的需求从 1848 年起再次增加，棉花卖出了整个 19 世纪的最高价，且持续时间最长。在立法被否决之后，南方各州政府的信用等级被降至低级。尽管如此，南方的企业家们每年都包揽了全球热卖商品的大部分交易，因此奴隶制仍然是有利可图的。另外，在 1850 年美国有 320 万奴隶，相当于 13 亿美元的市场价值，也就是 1/5 的国民财富，与国民生产总值基本持平。他们比美国任何其他的财富流动性都更好，尽管土地不会长脚逃跑，更不会拿斧子杀死监工。[14]

然而，自从 19 世纪 40 年代早期爆发了债务拒付危机，奴隶们不再是世界金融市场的附属品。关于 19 世纪 50 年代美国繁荣和全球经

济增长，有一个不为人知的故事：新型信贷流动的出现，将受奴役人民的身体、生命和手作为在棉花经济和投资人利益共享中贷款的基础。这一新金融生态状态结束了 40 年代的混乱，转而取代了 30 年代的信贷结构。19 世纪 30 年代，奴隶主要通过债券的形式，由种植园主控制、州政府特许的银行发行销往遥远的金融市场，由此主宰和引导了信贷流往西南棉花产地。19 世纪 50 年代的新体系为美国在西南部的扩张提供了大量资金，同时使全球资本市场获得了与奴隶主相同的附加利益。但这一新体系并不会弥补奴隶主在 1837 年和 1839 年经济恐慌中失去的利益，对其否定也不会撤销。这是对信贷流动和金融偿还的控制，而在此之前，这些都会受到奴隶主的巨大影响。

新金融生态是由持有少量资本的北方人创办的新兴企业所创造的，他们在 1837 年后迁往南方港口采购棉花，其中不乏一些大公司，比如说亚拉巴马州莫比尔的雷曼兄弟公司。旧时的商业公司走向崩溃，在其留下的混乱环境中，这些组织继承了一个老名字，叫“代理人”——自大西洋奴隶贸易起便有此名。同时，他们的角色在棉花经济中也相应进行了调整。他们开始借钱给奴隶主，以农作物和 353
奴隶作为抵押。同时，代理人也要安排运输，确保货物在运输途中安全无损，以及为客户的工人团队提供基本生活需求。19 世纪中叶，任何来自南方的个人和商业文件都会伴随着经理人的账户表。所谓账户表就是一张蓝底黑字的纸，由黑色墨水书写，干后呈红黑的铁锈色。到 19 世纪 50 年代中叶，每个棉花港口的内陆地区都有几家规模不小的公司，如巴克纳、斯坦顿、新奥尔良等公司，它们鹤立鸡群，成为行业的领军者。[15]

在 19 世纪 50 年代，代理人忙于调解棉花生产者和世界市场之间的矛盾，冒着近在眼前的风险借贷，拓展贷款渠道。代理人自己也需要贷款，而他们的资金来源于纽约的银行，比如布朗兄弟公司。代理人自身并不能满足借贷的需求，借贷的资金需要被用来生产棉花，1840—1859 年的棉花生产总值提高了 4.5 倍。借贷者依靠个人人际关系来评估潜在贷款者的信用，所以小规模的棉花生产者的借贷范围通常也有限。大规模的种植者和小城镇商人发现他们可以从代理人那里得到自己的信贷，然后进行重新配置，像毛细血管似的进一步传递，这样便能从自己在奴隶主身上的投资中受益。也就是说，费城的经纪人华盛顿·杰克森借出 1 美元，再由纳奇兹的种植园主史蒂芬·邓肯借给他的邻居，就变成了 2 美元。重新配置者通常要求以私人奴隶作为抵押，而当地有权势的居民则往往会执行这个要求。尽管奴隶的抵押贷款从 17 世纪开始就已存在，但这时已经变得随处可见了。1859 年，路易斯安那州的奴隶主通过抵押奴隶，筹集了 2570 万美元，占该州当年所创造的棉花生产总值的 75%。[16]

全球市场愿意去借贷，说明它对奴隶制所带来的长期收益仍有信心。如果说 19 世纪 30 年代的那套系统可以比喻成一条动脉的话，那么这套新兴的信贷流动系统则像很多的毛细血管，因此在其操作的过程中，违约或其他破坏给它带来的影响就会减弱，它对上下链中的借贷者来说绝对是有利可图的，甚至连梅菲尔区（Mayfair）①的老太太都会受益，只要让伦敦的商人把她们的遗产交到其他城市的商人手中。通过中间商这根链条，在密西西比借钱给别人购买奴
354 隶，通常会产生 8%的收益，这在许多允许高利贷交易的州中是最高的。成为抵押品的奴隶再一次让投资者在 50 年代大捞了一笔。但是，新制度同时也将每一位借方同世界经济联系在一起。借方首先是负债的个人财产拥有者，而不是联合团体中的一员，作为主权公民控

① 英国伦敦的上流住宅区，是石油大亨和金融巨头聚集的地方。

制发债州，或者作为股东控制州银行，这样的情况只在 30 年代出现过。对抵押贷款权利的剥夺，使信贷不能继续自由进出各州经济，这可能会使奴隶主们更容易接受卡尔洪的实质性正当程序理论。因此，南方的公共知识分子对于多元化的诉求，不仅是人们的鞋子在哪里加工出厂（马萨诸塞州），也包括人们的信贷从何而来，以及人们的利息去了哪里（伦敦、纽约）。

有一种可能，如果实现的话，也许会改变奴隶主和全球信贷市场的关系。在过去，金融家、持枪硬汉和野心勃勃的政客之间的勾结，一直在努力扩大美国和南方奴隶主的势力。这样的团体不止一次地联合起来，打倒了帝国边缘像佛罗里达腐朽帝国这样的纸老虎。然而，这样的行动一旦发生，奴隶主就突然介入并控制住了获取投机收益所需要的地盘和奴隶。在这样的情况下，他们便能从投资者手里拿到于他们有利的信贷，因为投资者也迫不及待地想大发横财。那个时候，在佛罗里达对岸曾存在这样一种异乎寻常诱人而又令人激动的可能性。如果当时南方得到了古巴，那么美国奴隶制扩张的历史，包括奴隶制扩张的投资历史，绝不会到 1865 年就早早结束了。

一直到 1850 年，古巴仍是西班牙帝国王冠上的一件珠宝，它在制糖业的地位就好比当时密西西比之于棉花业。新世界的制糖业不停在岛屿间转移，新岛屿备受投资人青睐，慢慢取代了旧岛屿。但是 3 个世纪以来，制糖技术从未有过任何改善。海地革命之后不久，逃亡的种植者们为古巴带来了奴隶和经营专家，他们开始推动制糖工业转型，转型的方式和奴隶制扼杀创造性的机制别无二致。古巴种植园主们运用机器新技术调整了生产流程以突破生产的瓶颈：甘蔗采摘后 24 小时内没有完成萃取，甘蔗中所含蔗糖便会开始变质。蒸汽动力问题得到解决后，甘蔗研磨磨坊便可以快速运作，几乎能跟上奴隶切割者收获甘蔗的速度。在此之后，古巴奴隶主添加了真空锅，对榨取出来的甘蔗浆进行蒸煮。这样一来，蔗糖结晶的过程便用不到有手艺的奴隶技工。古巴人将这一创举称之为“复合型磨坊”。这一创举直接导致甘蔗种植面积扩大了 4 倍，磨坊变
355 成了蔗糖晶体加工厂，相比 500 年前的制糖效率有了质的飞跃。[17]

古巴占地面积不算小，相当于英格兰和威尔士的总和。1791 年，古巴只有 8.6 万名奴隶，却生产出了 1.6 万吨白糖。尽管 1835 年英国和西班牙签订了一项旨在禁止大西洋奴隶贸易的条约，但 19 世纪前 60 年，古巴的奴隶主们从非洲购买了 70 万名奴隶，其中 30 万名都是 1835 年条约签订之后到达古巴的。早在 1830 年，这一新体系已经使古巴成为世界上最大的白糖生产国，然后利用英国信贷，殖民政府开始延长铁路里程，直达这个岛屿的山脊，找到了新的可开发区域。到 1850 年，古巴奴隶人口的数量已经超过 43.5 万人，除了弗吉尼亚州，这一数量比美国任何一个蓄奴州都要多。古巴每年要装运 30 万吨白糖，相当于全球白糖产量的 1/4。饶是如此，这座庞大的岛屿也还只是部分进行了开发。[18]

1848 年，波尔克政府准备拿出 1 亿美元，从当时穷困潦倒的西班牙政府手中买下这个岛屿。但由墨西哥领土割让问题而引发的政治冲突，在当时阻止了美国政府继续和西班牙进行下一步的协商。1848 年之后的 4 年里，美国国内吞并古巴的阻力逐渐加大，压力来自北方和南方。一个是在纽约的古巴流亡群体，他们的哈瓦那俱乐部声明，来自马德里的统治导致自由古巴人民的一些基本自然权利遭到否定，比如自由演讲权、政治集会权和自由贸易权。西班牙帝国官员还时不时地以解放奴隶的名义来威胁古巴奴隶主首领，这一威胁反过来激起了美国南方奴隶主们的自卫反应。因为他们也想拥有这座岛屿，而在佛罗里达海岸，一个“非洲化的自由黑人殖民地”一旦建立，便会“破坏内陆蓄奴州的生产效率”（田纳西州的一家报

纸如此报道）。这则报道说明，古巴的自由民向那些内陆州的受奴役人民宣告，他们的解放指日可待。这样的说法并非空穴来风，因为在1839年，有53名新被奴役的非洲奴隶在从哈瓦那被运送到岛屿东部的制糖前线的途中，胁迫杀死了古巴运奴船“阿弥什泰德号”上的白人船员。之后他们想努力开往非洲，却在康涅狄格州海岸意外登陆。该州政府以谋杀罪控告他们，但废奴主义者介入此事，并把此案审理权上交给最高法院。鉴于“阿弥什泰德号”的货物是非法越洋运输的，因此最高法院做出了20世纪之前唯一一项反对奴隶制的裁决，判定他们为被绑架者，然后让他们完成了自我解放，他们可以依法选择回到非洲。[19]

但是，在《威尔莫特附文》之后，南方扩张主义者决心要重回 356
主导地位。1853年，一位来自弗吉尼亚州的美国国务院官员写信给当时的陆军部长杰斐逊·戴维斯，称美国在古巴的扩张，“对南方在政治和地理上的影响都非常巨大”。考虑到古巴面积广袤、人口众多，可以划分为几个州。每个州派拥护奴隶制的参议员和众议员到华盛顿，就可以重新平衡国会。将古巴最新的甘蔗种植园纳入美国关税壁垒中，会导致路易斯安那州蔗糖的市场份额减少。但正如南方企业家所预测的那样，之后他们便能轻易地将业务转移到“未开发的古巴土地”，从而找到“全球抛售蔗糖的方法”。《新奥尔良三角洲报》认为，“将古巴从现在使其枯萎、失去光芒的杂种主义中拯救出来”，这会让受奴役人口“将财富拱手让给稳定有序的工业和充满活力的企业”。这是天命使然。[20]

北方的许多民主党人士也对美国收购“岛中女王”（Queen of Islands）表示支持。“岛中女王”的说法出自《纽约太阳报》记者科拉·蒙哥马利［其真名为简·麦克曼纳斯·卡兹诺（Jane McManus Cazneau），国会议员的女儿］，用来形容古巴。坦率地说，她是很多支持“天命论”（扩张主义者创造出来的术语）的积极支持扩张主义的纽约记者之一。但是，吞并古巴也得到了1848年欧洲革命失败的理想主义难民的支持。简·卡兹诺写道：“古巴人十分渴望土地被吞并。”他们希望古巴能够并入美国，让“年轻的美国”成为一个多语种的共和国，这样就能逼退旧欧洲革命者想要让古巴臣服于欧洲帝国的企图。首先，纽约能在古巴获取巨大的经济利益。当时蒸汽制糖机是最重要的重工业产品，而这种机器就产于纽约。华尔街的掮客奥古斯特·贝尔蒙（August Belmont），人们口中的“第五大道之王”，创立（并资助）了全国民主党委员会。他深知古巴已经是美洲第三大贸易伙伴，所以对收购古巴很是热情。[21]

看到北方民主党需要建立一个更大的奴隶制帝国，南方白人当然雀跃不已。早在19世纪50年代，南方奴隶主和他们在北方的同盟就已不仅仅满足于要求扩大地盘，他们还付诸行动了。1849—1853年间，辉格党政府对于吞并古巴并未取得进展，很多扩张主义者支持“掠夺”的法外策略。这是一种不受法律管制的行为，在19世纪中期，这个词还并不等同于妨碍立法的行为，而仍然属于17世纪加勒比海盗的那种行为。古巴流亡者、华尔街的资金、纽约的政客、
357 密西西比州的权力掮客，他们都支持一系列阻挠推翻古巴西班牙殖民政府的预谋冒险。他们当中最有影响的一股力量，是由1850—1851年逃离古巴的种植园主纳西索·洛佩兹（Narciso Lopez）领导的。从纽约和密西西比流域的富人（包括巴拉德和新奥尔良百万富翁奴隶主约翰·亨德森）那里得到资金支持后，洛佩兹从路易斯安那州、俄亥俄州、肯塔基州及美国东北部挑选年轻人，组建了自己的步兵。然而，他在第二次入侵中遭遇了惨败。西班牙政府逮捕了他的步兵，并且在哈瓦那广场残忍处决了洛佩兹及大约50名美国俘虏。[22]

《新奥尔良邮报》大声呼吁："美国在流血！我们要报仇，要占领古巴！"美国各大城市都感到愤怒不已，爆发了大规模的集会，继而引发了新奥尔良袭击西班牙财产的骚乱。纽约的《民主评论》是"青年美国"运动的一个机构，它认为民主党需要一名能够代表"各州权利"的候选人，使 1852 年总统大选成为针对辉格党消极扩张政策的一次全民公投。新罕布什尔州的富兰克林·皮尔斯赢得民主党提名时，他将吞并古巴作为自己竞选纲领的关键。奥古斯特·贝尔蒙在幕后为富兰克林提供资金。后来，富兰克林在竞选中以 253∶44 的选票战胜了辉格党人温菲尔德·斯科特。在庆祝这一胜利的游行队伍中，他们拉着横幅，上面写着："民主取得的胜利果实——皮尔斯和古巴。"当 1853 年 3 月来临时，这位新总统的就职演说宣称，他的政府将"不受任何来自扩张的不祥之兆所控制"。[23]

南方和北方的民主党感到时机已经成熟，他们终于可以实现"天命论"绘制的愿景了，可以画一张足够大的饼，满足本党的一切利益。与此同时，还可以挫败辉格党、废奴主义者、自由黑人以及他们一致鄙视的其他任何人的计划。媒体称皮尔斯是"遵循南方原则的北方人"，他宣布行政部门不会干涉公民移居古巴。西班牙当局可以反思一下，为什么美国公民"移民"到墨西哥得克萨斯。皮尔斯把扩张主义者当作政府的官方特使送到欧洲法院，如路易斯安那州参议员皮埃尔·苏勒，就被派去了西班牙，贝尔蒙则被派到荷兰。1854 年 4 月，国务卿威廉·马西要求这些使者将"古巴从西班牙中分离出来"，授权他们 1.3 亿美元资金用于购买古巴。贝尔蒙也计划通过操纵欧洲金融市场，来让负债累累的西班牙政府向自己屈服。

1854 年 10 月，美国政府各部部长在比利时奥斯坦德开会，起草

358

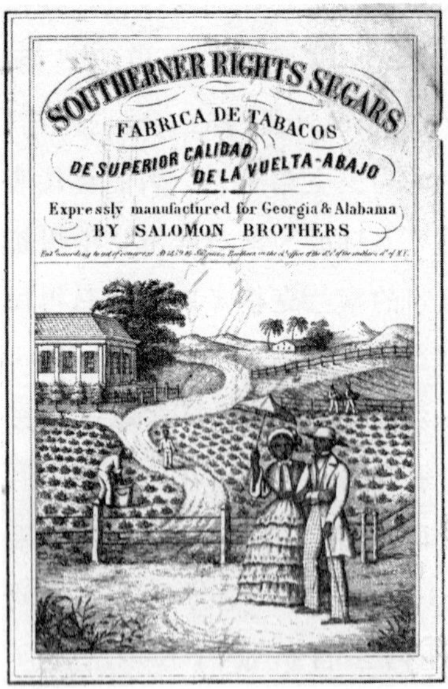

图 10.2　19 世纪 50 年代，为了扩大南方政治权力，奴隶主们盯上了古巴。照片上可以看到古巴烟草种植园风景宜人，还有烟草销售中“南方特制”的理念。“南方特制雪茄，所罗门兄弟公司为佐治亚州和亚拉巴马州精心打造。老雪茄烟厂出品，品质保障。”（1859 年，国会图书馆）。

了一份政策文件——《奥斯坦德宣言》。贝尔蒙等人将文件寄给了国务卿马西和总统皮尔斯，声称如果西班牙拒绝出售古巴，“自我保护法”（此处委婉地表达出他们欲保护大陆奴隶制免受国外解放风波的影响）将授权美国占领古巴。但正如他们所写的那样，皮尔斯知道，在大西洋彼岸，民主党自身的存亡太依赖于支持奴隶制扩张事业的联盟，以至于他无法坐以待毙，坐等西班牙出售古巴。[24]

在瑞斯·巴拉德的商业伙伴塞缪尔·博伊德帮助纳西索·洛佩兹购买武器入侵西班牙一年之后，1852 年，麻烦就找上门来了。博伊德是纳奇兹的律师兼法官，巴拉德之前则是一个奴隶贩子，在 19 世纪 40 年代经济不景气时买入了一些不良资产。在接下来的 10 年里，他们通过一个叫卢瑟福的新奥尔良奴隶托管中介，开始购买几十个新“人手”。19 世纪 50 年代前夕，金融创新和新型奴隶贸易结合在一起，从运送奴隶的锁链、佐治亚人到超级交易商，再到劳工的证券化。如今，代理人这种毛细血管式的借贷带来了新的需求， 359
国内奴隶贸易即以一种新型贸易模式来响应这种需求。19 世纪 30 年代，那些贩奴商用链子一个接一个地绑着奴隶的手。新的奴隶贩子则和他们不同，比如里士满的理查德·狄金森，更像奴隶托管中介或大宗商品交易商。奴隶贩子使用速度更快的即时通信工具电报和邮件，来评估需求和供给。他们把奴隶们关在监狱里，等着业主来买；还把奴隶们分为三六九等，给他们提供衣物，还上了保险。一旦发现有异地买家，便把奴隶送上“本·斯劳特号”列车，运往西南地区。狄金森派员工去往各个州的贩卖市场收集数据：“一等女性售价 1300—1350 美元，像玛格丽特和艾德穆尼这样的女孩售价是 1025—1100 美元……一些人认为，一等男性的价格会炒到 1600—1700 美元。”他重新整理这些数据编入报价单，然后寄给弗吉尼亚州的潜在卖主和掮客。新的贸易模式减少了套利的机会，但中介并不需要为此承担所有的风险。入注资本的要求降低了，而且仍有需求待满足。新奥尔良州一名成年男子的价格从 1850 年的 697 美元，涨到了 1860 年的 1451 美元。近 10 年来，新贸易模式下的奴隶交易数量占 25 万名奴隶总数的 70%。[25]

物价上涨、信贷恢复、国内奴隶贸易更新换代的效率，使棉花富商兼奴隶主极大地扩展了其业务。1859 年，美国棉花产量达到 400 万包，这对南方经济体量的扩张和世界经济无限的吸收能力而言，都是一种最佳的例证。博伊德和巴拉德也是这一经济中的一分子，他们差不多拥有 12 座奴工营。其中一个奴工营离纳奇兹部落不远，在那里巴拉德有一名叫弗吉尼娅（Virginia，意为“处女”）的女奴。她已经不是女孩了，她有一个十几岁的女儿。塞缪尔·博伊德与她发生了关系，所以从一开始她就称自己姓博伊德。不用想也知道为什么她会和一个她称之为“老头”的人在一起。在 19 世纪 50 年代早期，博伊德和巴拉德把奴隶送去建造新的奴工营，那时候他们还没拿下那些地皮，那些地方都分布在密西西比河西岸，森林密布，埃尔科镇坐落在那里，有多草灌木河口，有美洲山核桃园，有路易斯安那东北部的村落，还有阿肯色州的瓦格拉姆。1852 年，他们共卖出了 2000 包棉花。1855 年的备忘录显示，仅 6 个奴工营就生产出了 3319 包棉花——制成了 134 万磅清洁轧棉。[26]

这对合伙人不是个例。与 19 世纪头 10 年或 30 年代不同，到了
360 50 年代的时候，即便南方白人再怎么寄希望于古巴，奴隶制帝国的疆土也再未扩张。在密西西比河山谷，很多增产的棉花都靠高资金驱动，用于拓展尚未开发的土地。

在这些边疆地区，一些企业家因为从货物价格的暴跌中存活下来，因此赢得了种植园大亨的地位。巴拉德不是唯一一个意识到旧奴隶贸易可利用大量新项目获取利润的人。以田纳西州律师约瑟夫·阿克伦为例，他在 1849 年和艾萨克·富兰克林的遗孀成婚。富兰克林曾是巴拉德商业上的合作伙伴，他在路易斯安那州西费利西亚纳教区建了“安哥拉”以及其他的一些奴工营。到了 1860 年，阿克伦将因为婚事购入的 100 个奴隶安排进奴工营，他的安哥拉奴工营每年生产超过 3100 包棉花。大量奴隶被派往河对岸的卡罗尔、康科迪亚、滕萨斯教区，将那里打造成世界经济中棉花生产的新基地。到 1859 年，由劳斯家族经营的 4 个奴工营，每年可生产 5000 包棉花。在密西西比河岸，一片从北部的维克斯堡延伸到孟菲斯的新土地被开辟成为新边疆，这里的大部分地区在 19 世纪 40 年代后期还是未开发的土地。例如，1849 年以前，都不存在伊萨奎纳县。然而，到了 1860 年，这里的奴隶主竟达到了 118 人之多。[27]

伊萨奎纳县如今是美国最贫困的县之一，但在当时，凭借棉花

产业的迅速发展，整个地区很快出现了一望无垠的棉花田，创造了大量的财富。19 世纪 30 年代，契卡索人被逐出境外，留下了一片 7000 平方英里的野地，胡乱生长的藤类植物和灌木丛等待着斧头和耙犁的开荒，还有到处转悠的野生动物，其中包括熊、狼、美洲狮，甚至还有一些美洲虎。树木的根系（树干直径最大可达 6 英尺）缠绕在这个星球上最适合棉花生长的肥沃土层里，正如一名叫戴维·科恩的记者在一个世纪后这样描述道：“纯净的土壤，有着无尽的深邃黑暗和甜美。”与美国北部之前沿袭的奴隶制不同，三角洲的大多数企业家属于全国最重视资本化的一小群人，他们很少定居在该地区。相反，他们以远程遥控的形式安排大量奴隶在奴工营从事生产活动。根据这个三角洲最新的人口统计，你就可以发现这一点。1850—1860 年，在奴隶比较集中的几个县，人口从 1.7 万人增加到 3 万多人，几乎翻了一番；而白人人口还不到 7000 人，大约只有奴隶人口的 20%。这一事实表明：他们致力于大规模的专业棉花生产，就像圣多明各奴隶主致力于制糖一样。[28]

随着边境地区奴隶人口数量的增加，奴隶的需求量也随之增加。361
1849 年，罗伯特·特恩布尔（来自纽约州韦斯特切斯特）在伊萨奎纳的奴营拥有 200 个奴隶，能生产约 300 包棉花。到了 1859 年，特恩布尔在伊萨奎纳又雇用了 400 个奴隶，能够生产 2000 包棉花，平均每人每天生产 1.5—5 包。这就足以证明当初在新的领地上，奴隶们是如何被竭力驱赶着去辛苦劳作的。乔治·杨在那个年代出生于一个类似于伊萨奎纳的奴隶劳工营里；如果当年他有出生证明，他的出生时间应该就是在《奥斯坦德宣言》签署前后一两年。但是，乔治·杨的长辈们总是跟他说，他出生在“劳勒年”。奴隶们总是以那些每年都在换的监工们的名字来记录年份，而劳勒是当中最凶的一个。综观整个南方，19 世纪 50 年代的确就是“劳勒十年”。由于奴隶制的重心突然向南、向西转移，居住在棉花区的非裔美国人的数量从160万人激增至220万人。这里充斥着被迫移民过来的居民，人口密度的激增也让生态环境恶化，人们面临疾病传播的危险，飞速增加的人口和急剧扩大的生产活动导致了饥荒、种族排斥以及死亡。非洲裔美国人的预期寿命在市场不太疯狂的19世纪40年代有所上升，而50年代则像19世纪的头10年及30年代一样，再次出现下降。[29]

只要塞缪尔·博伊德一天不厌烦她，弗吉尼娅·博伊德就能避免待在“劳勒奴工营”。1852年的夏天，他们一直在一起，而且没有住在纳奇兹。几个月后，弗吉尼娅得知自己怀孕了。结果博伊德在纳奇兹的妻子得知了此事，巴拉德也知道了，这个老家伙“藏在袖口里那只手”开始行动了。他写了封信命令弗吉尼娅的监工把她送去卡纳克，那里有一座他和博伊德共有的奴工营，离密西西比河的吉布森港挺近。随后，巴拉德警告博伊德，弗吉尼娅很有可能还会被送到更远的地方。博伊德并没有把愤怒挂在脸上，甚至还回应道：“不想再和她纠缠下去了，如果她不听话，就把她关进仓库，等送她走的那天再把她放出来。”[30]

不过，巴拉德的信件泄露了，弗吉尼娅还算识点字，她已经很明白巴拉德打算做什么。随后，弗吉尼娅尝试着给博伊德写信。

结果，巴拉德的信件开始缠绕她，像在织网一样把她勒得紧紧的。巴拉德的奴隶托管中介不停地转移弗吉尼娅，先是把她转移到了卡纳克，把她的女儿留在了纳奇兹；2月份又将她送到新奥尔良，巴拉德的奴隶托管中介卢瑟福就在那里等着她。她会被送去很远的
362 地方，或是送到莫比尔，或者是送去休斯敦的奴隶市场，让她再也不能去纠缠博伊德了。弗吉尼娅告诉卢瑟福，马上就要到她的预产期了，虽然她明白自己被送走在所难免，但她想尽可能拖延时间，

甚至想趁卢瑟福不注意时偷偷溜走，去新奥尔良给自己找个买主。与此同时，塞缪尔·博伊德还打着另一个算盘，因为他去了趟新奥尔良（也是巴拉德发现的）。结果到了 4 月份，弗吉尼娅被送上了一艘开往得克萨斯州的船，这艘船由一名白人监管，那场面像是执法官在押送逃犯。

对弗吉尼娅·博伊德而言，去得克萨斯州并不是一个很好的选择。但是，对于没有什么本钱，又急于发财的白人来说就是一个很好的选择。1850 年，这些人转移了 10 万名奴隶至得克萨斯州东部，那里的占地面积相当于密西西比州或亚拉巴马州。当中有很多移民至此的白人企业家，比如沃德，他们各自拥有一些奴隶，是小奴隶主。1850 年，沃德离开了北卡罗来纳州的沃伦县。他在一封信中解释道："我带上了我所有的黑奴到得克萨斯，只留下三四个成年奴隶和所有黑人孩子。"他把黑奴租给了他弟弟，"因为他们在这里没什么用"。直接投入大量劳动力使得克萨斯东部边疆陷入一种非常熟悉的状态，资金不足的人立志摧毁创意："在这儿生产棉花是首要任务，人们忽略了除此之外的任何事。"一个移民过来的人这样写道："他们把所有的钱都花在黑人和这片土地上，但你总能看到一些身价 10 万美元的人，还没我们山里人过得好。"[31]

弗吉尼娅也是那些明码标价的奴隶中的一个。她已经失去了一切，除了她识过的字和尚未出生的孩子，她一无所有。她设法搞到了纸和笔，并委托一个人帮她捎信给巴拉德。1853 年 5 月 6 日，这封信件从"休斯敦一个奴隶贸易市场的后院"发了出去。她质问巴拉德，她和她孩子父亲之间的关系应该意味着什么，"在我和那位老人（我不骂人）发生了很多事情之后，我被卖到陌生人那儿，你认为这就是对我好吗？我孩子的亲生父亲卖掉了他自己的孩子，卖掉了他的骨血。"她用尽了各种讽刺的语气，试图推翻巴拉德的选择，

“每个出生在美国的自由公民都会这样自取其辱吗？批评奴隶制的人会怎么评价这件事，如果他们是慈父，他们会不会同情这位女性？”弗吉尼娅乞求和自己的女儿团聚，如果她的孩子是自由人，她也能被允许赚钱来抚养自己的孩子，并为自己赎身。“你也有家庭和孩子，但你却不知道将心比心。”“如果我是一名仆人”——为奴隶制
363 辩护的人竭力撰写文章，坚持认为南方的奴隶制是一种家长式关系，和蔼的奴隶主和忠实的“仆人”——“我本应得到比现在更好的东西。”在信的结尾，既有着作出保证的语气，也带有威胁的口吻，她说，“不必担心”，她知道如何把信寄回到亚当斯县，但是“我应该不会把一些事情公之于众，除非我受到虐待和要挟”。

8 月，卢瑟福写信给当时身在肯塔基州路易斯维尔的巴拉德。那里远离疟疾泛滥区，有近 1000 名奴隶还在辛苦地采摘棉花，他们都是巴拉德和博伊德雇用的黑奴。“我今天收到了一封来自休斯敦的信。”卢瑟福告诉巴拉德，“信中指示我卖掉弗吉尼娅和她刚出生的孩子。”弗吉尼娅那个十几岁的女儿没有和她母亲一起被卖到得克萨斯，而是以至少 1000 美元的价格卖到了密西西比州。博伊德惹了麻烦，而巴拉德替他擦了屁股。实际上，他给了牵扯进来的所有白人一笔钱，比如卢瑟福就拿到了 200 美元的佣金。如果弗吉尼娅再多写几封信的话，他们就真的没救了。1870 年人口普查的时候，首次登记非裔美国人的名字，但弗吉尼娅的名字没有出现在人口记录中，已经没有她这个人了。尽管她可能改名字了，也有可能是那个“书写我生活遭遇的元凶”，她孩子的亲生父亲，“把她甩给了陌生人掌管的慈善机构”，但远不是慈善机构那么简单。

最有可能的是，弗吉尼娅在得克萨斯州的结局是萎靡不振，郁郁而终。不论是在得克萨斯州的东部，还是在密西西比河三角洲被

夷为平地的森林间，那些被带到最新的棉花农场的人们，都期望生产出最大的利润。萨拉·本杰明回忆，19 世纪 50 年代，她和其他小伙伴们在放有轧棉机的院子里玩游戏："我们中的一些人是奴隶主，另一些人是投机商人。"与此同时，所有的成年人都在地里干活，棉花的价格上涨有多快，他们干活的脚步就得有多快，而且是在 8 月的酷暑天，头顶烈日。另一些孩子的家长萨拉·威尔斯讲述道，到了晚上，监工告诉他们如果一天之内不摘到 250 磅重的棉花，就会用鞭子抽他们，抽到他们倒下、闭上眼，直至死去。孩子们看见的远超成人们的想象。绝大多数我们称之为孩子的这些个体，也必须在棉花地里拖着采摘棉花的袋子，没有任何理由。1844 年在密西西比河出生的萨拉·阿什丽，12 岁就在得克萨斯的棉花地里劳作了，她每天不得不采摘 300 磅棉花，再把这些棉花弄到棉花屋中。总而言之，1850—1860 年间，棉花地区的每个奴隶所采摘的棉花重量增加了 30%。[32]

在开辟边疆地区的企业家中有一位代表性人物，北卡罗来纳州的奴隶主保罗·卡梅隆。19 世纪 40 年代，他在亚拉巴马州的格林县买了土地，并将其购买的数百个非裔美国人中的几十个转移到此处。

尽管他已经是北卡罗来纳州数一数二的大富翁了，但该项目还 364
是令他失望了。直到 19 世纪 50 年代早期，格林县的奴工营每年仅生产 180 包棉花。卡梅隆开始在信中频繁提到奴隶们的名字，为他脑中的项目组建潜在的阵容。土地投机商听到了风声，得知他的计划，便开始写信献媚讨好他。最终，卡梅隆决定买下密西西比河三角洲尼卡县一片广袤的土地。1856 年末，他从亚拉巴马州和北卡罗来纳州的成年奴隶中挑选了一些年轻的奴隶，将他们送到尼卡县。这些奴隶需要修建码头、砍树，以及做到近乎吹毛求疵的每人 10 包棉花的产量。卡梅隆雇了一个叫作杰特的监工，杰特在当地甚至对三角洲的奴隶主都“十分苛刻”，因此名气不小。卡梅隆的代理人从尼卡县回去的时候对他说：“我走的时候，你的奴隶们甭提有多失望了。”[33]

很快，杰特对奴隶们的苛刻超出了他们的承受力。一天，雅各布在棉花地里拦住了杰特，并将他举起来摔到地上。另一个奴隶抄起杰特的皮鞭试图去抽他，他们知道会因此而受到惩罚，但是再也忍受不了杰特堪比野兽般无法想象的暴行了。然而，每一个监工在早上踏入奴工营前，都随身武装着很多武器，杰特当然也不例外，他有一把藏好的刀。他试图刺向雅各布，但雅各布已跑向树林。他赶紧跳起来，跑去找他的狗。很快，他不仅将雅各布抓了回来，还教训了其他造反者。卡梅隆在孟菲斯城的商业代理人向其报告，奴隶们已完全被驯化为“附属品”了。[34]

然而，事实是无论杰特多少次拿起鞭子，抽向那些因饱受疟疾而颤抖的双手，他都没有把卡梅隆的奴隶驯服。因此，一旦土地清理完毕，沟渠挖好，每个奴隶都能生产出 10 包棉花之时，卡梅隆就会辞掉杰特，雇另一个监工。因为此时，卡梅隆的老板想要每个奴隶每天采摘 200 磅棉花。新的监工想努力实现老板所想，但是奴隶们却打消了他的这一念头。1859 年是个艰难的采摘季——对于奴隶主来说却是有史以来最好的一年，在这一年，奴隶们总共生产了 450 万包棉花——莱姆和贝齐在某个夜晚偷偷溜到河边，并偷了一艘独木船。两周过去了，卡梅隆的监工兰姆得到消息，莱姆和贝齐在阿肯色州被抓住了。兰姆在给卡梅隆的信中写道：“他们到了以后，我会尽我最大的能力（绝不以残暴的方式）处理好他们。”又过了两周，他让莱姆从铁笼子里出来，并让他戴上脚链，很沉的脚踝铁链。兰
365 姆还钉了一个沉铁制的 U 形钉子在他屋外的木桩上——此时正是 12 月——把莱姆在 U 形钉上锁了一整晚。兰姆还建议卡梅隆利用奴隶

市场去消除风险，他认为“这些令人讨厌的黑鬼，可能会被溺死或者以其他方式死去，你会因此面临损失”。（也许太迟了。一个估价的人认为莱姆的健康状况“十分糟糕，他被鞭子伤得如此严重，以致不可能以他本来所值的价格出售”。）[35]

律师卡德维尔在写给其朋友保罗·卡梅隆的信中说道：“我时常希望我的奴隶是在非洲。”19 世 50 年代，像卡德维尔和卡梅隆这样的人通常是辉格党，他们的姐妹和妻子们当然也是。南方富有的女性多年来一直拥护辉格党，哪怕她们无权投票。从他们的政治观来看，这一阶层的白人无论男女，都继承了比较客气地诋毁奴隶制的传统。但是，1854 年圣诞节后的一天，卡德维尔在结束了一天的法律工作后写信给卡梅隆，说他准备前往亚拉巴马州去检查一下他的棉花产量。他自愿将奴隶“送回”非洲，为避免误解他还补充道：“只要我能套现他们 2/3 的价值。”当卡德维尔 4 周后回来时，他已经卖了他在亚拉巴马州两个奴工营中的一个，而将注意力放在了密西西比州的低地。[36]

当然，好的投资需要更大程度地提高生产力。像保罗·卡梅隆这样的人能够将手伸到远离其家乡之外很远的地方，仿佛距离仅有一臂之长，远程控制着那些运转的机器。只要卡梅隆与他的伙伴们能从奴隶制中挣钱，并在奴隶制结束时失去他们的财富，他们就会采取一些行动想办法赚大钱：投资、扩大业务、增加利润、找到新的信贷资源、开辟新市场。卡梅隆、卡德维尔、巴拉德以及其他的大农场主已经跻身最富有的美国人行列，当其从未间断的投资开始得到回报，他们就会更加富有。19 世纪 50 年代，他们在奴隶上的投资颇大。事实上，这一点也使得卡梅隆、卡德维尔之流将任何信仰都撇在一边，他们真正害怕的（最不希望发生的）是结束对非裔美国人的奴役。相反，他们对奴隶制的未来越来越有信心。[37]

至少在某种程度上说，最富有的人成功的同时，也是以牺牲其他白人为代价的——并不仅仅因为要修建铁路，让土地进入市场，把勉强维持生计的农民从土地上赶走。同时，通过提高劳工、优质土地和信贷的费用，抬高进入大规模棉花生产的门槛。整个 19 世纪 50 年代，棉花的产量以及奴隶所有权呈现高度集中的态势，主要体现在拥有 15 个及以上奴隶的奴隶主身上。[38]南方白人从奴隶制和对奴
366 隶制的投资中获取越来越多的收益，这引起了奴隶主以及以白人社会为后盾的实干政治经济学家们的隐忧，同时奴隶还在继续向南部转移。也许，南方靠北部各州的奴隶和奴隶主比例的下降，最终将导致边界立法机关充斥了非奴隶主，而这些非奴隶主可能决定解放奴隶。这些焦虑激发了人们对经济多元化的兴趣，从而在弗吉尼亚州、肯塔基州和密苏里州创建了奴隶劳工行业，提高了奴隶的国内价格，放缓了奴隶外移的速度。其他西南部奴隶主则建议，南方军事大会（South force Congress）重新开放国际奴隶贸易以降低奴隶价格，让其他白人能进入这个系统之中。[39]

1850 年的美国政治妥协，既不意味着和平，也不意味着平息了要求扩张奴隶制的呼声。南方白人认为，他们需要开辟新的领土，从而点燃一个新的具有包容性的经济繁荣；但唯一的问题是，他们无法就应该在何处集中发力达成一致。很多人看上了古巴，还有些人想要将加利福尼亚州分为两半。与此同时，几乎是巧合性的，南方的政客们都站到了另一个不同的策略上——基于卡尔洪实质性正当程序——坚持认为奴隶制在美国所有领土上都应该合法化。他们的选择决定了本・斯劳特的命运，也决定了理查德的命运。

到 1853 年美国第 14 任总统富兰克林・皮尔斯就职时，南卡罗来纳州的当地人詹姆斯・加兹登致力于推动修建一条横贯大陆的，从

新奥尔良到洛杉矶铁路这一设想已经 5 年了。加兹登希望这条线路能够传播奴隶制，因为他相信，“在受过教育和明智的主人管理下的黑人奴隶制”，是“野蛮国家文明化的先驱和基础”，并且“没有持续和训练有素的劳动力，大西洋的农业将永远不会得到发展”。加利福尼亚州宪法禁止奴隶制，但一批因“骑士精神”而闻名的政治家正在迫使该州重新考虑奴隶制。确实，尽管现有法律禁止奴隶制，但仍有 1000 多名非裔美国人在加州的金矿区，以奴隶的身份在极其严格的管理下辛苦劳作着。骑士计划没有放弃将加州变成奴隶州的打算，他们计划在墨西哥边界的另一边部署一个奴隶定居点，就像加兹登所期待的那样，“在出口黄金的时候也增加棉花和粮食”。皮尔斯政府也加入其中，并派出加兹登到墨西哥城谈判，确保有足够的墨西哥土地使南部的铁路路线在美国境内能良好运行，陆军部长杰斐逊·戴维斯则派出军事测绘团队，为这段铁路绘制路线。[40]

加兹登到达墨西哥首都的同时，有一个名叫威廉·沃克的人在旧金山招募一群唯利是图的雇佣兵，并入侵了墨西哥西北部。此人 367
狂妄自大，系田纳西州人，他宣称下加利福尼亚共和国独立，不过，仅有 62 名当地人宣布放弃墨西哥国民身份，归顺到他旗下。好景不长，沃克跟他手底下的喽啰们听闻墨西哥军队正向此处行军，便越过索诺兰沙漠向美国方向逃窜。最终，他们踉跄着进入了尤马堡。“饥肠辘辘不说，而且衣衫褴褛，几乎一丝不挂。”一个目击者如此说道。[41]

显然，加兹登在南方修建一条伟大铁路的计划，因为沃克的突然入侵而黄了。墨西哥政府拒绝出售哪怕是一小部分土地供加兹登用来建立巴哈①棉花蓄奴州或者修建铁路。尽管看起来所有的政客都

① 墨西哥靠近美国的一个州。

认为联邦政府应该会出手修建一条连接密西西比河谷到大西洋沿岸的铁路，但是他们都意识到了这条铁路将形成特殊的地理轴，通过将西海岸纳入国家市场来制造路径依赖，美国未来的政治经济也能因此得到平衡。1853 年的春天，国会中的反对者否决了联邦政府用于修建南部州际铁路的资金。如今，南方铁路的倡导者发誓要破坏北方的铁路。在这一点上，最坚定的拥护者当属伊利诺伊州的参议员斯蒂芬·道格拉斯。[42]

道格拉斯在芝加哥的土地会因为联邦政府对北方铁路的投入而大大增值；但是，这条州际铁路的成功也会使先前国内改进项目的政治价值相形见绌。政治新闻记者当时称呼道格拉斯为“小巨人”，原因是虽然他身长只有 5.5 英尺，走起路来像一辆吃力的坦克，国会里比他身材高大、长相英俊、出身高贵的男人多的是，但他却依靠自己的强势和谩骂性的语言控制了国会。要结成一个支持修建一条铁路的联盟，他只需解决一个立法问题，自波尔克当选总统后，他就一直在尝试解决这一问题。

道格拉斯曾多次提出一项法案，即在密苏里州和爱荷华州西部规划一块联邦领土，因为铁路要穿过的是领土，而不是“无组织”的印度安人土地。但是 8 年来，每年南方人都阻止他，因为在密苏里西侧建立一块自由的领土，将会使该州成为孤立且突出的蓄奴州。而此时，密苏里州仅有 10%的人口是白人和奴隶。圣路易斯处于工人阶层的白人通常会给那些他们认为是蓄奴者代表的人投反对票，
368 然而，仍有许多富有的密苏里州人投资奴隶制，如美国参议员大卫·艾奇逊。此人是民主党人，其票仓分布在该州奴隶密集的西部诸县，当地人称“小迪克西”。据报道，当地一个密苏里州人“因为黑人搬去了密西西比州”，艾奇逊就是要解决这种使当地人陷入进退两难的困境，因为“那个人就住在伊利诺伊州界附近，而且他的黑

奴开始逃往伊利诺伊州，这令他尤为烦恼”。[43]

早在 1853 年之前，奴隶们就开始设法去西部边疆地区。在过去 10 年中，数百名非裔美国人，如艾尔莎·希克斯，在圣路易斯法院为其自由提起了诉讼。1834 年，希克斯的主人把她从弗吉尼亚州带到威斯康星州。7 年后，他又将她送回蓄奴州圣路易斯州作为奴隶。她的请愿理由为：“违反了美国国会颁布的《1787 年法令》——西北地区已确立为自由州。”希克斯声称，既然居住在自由的领土上，她的地位也应随之改变，且此事有先例可循。到了 19 世纪 40 年代，该州法院和联邦法院一再裁定，当他们的主人怀着“重新安置”他们的意图（而不仅是“逗留”）把奴隶带到自由地区，奴隶就获得自由了。无论在此处，还是在密苏里州西部边界（一个会更迅速消解奴隶制的地方）某处新的自由领土上，卡尔洪关于实质性正当程序的观点所带来的问题依然突出：到底是无论哪里的宪法都不保护奴隶这种财产呢，还是无论哪里的宪法都保护奴隶这种财产？[44]

到 1854 年为止，被迫移民的哈里特·斯科特及其丈夫德瑞德已等待关于他们人身自由的诉讼结果已经多年。德瑞德 1795 年出生在弗吉尼亚州，后来被送到亚拉巴马州的一个棉花奴工营。之后在 19 世纪 20 年代，又被送到密苏里州。他的主人将他卖给了一个叫艾默生的军医，此人当天就搬到了今天的明尼苏达州。按照《密苏里妥协案》奴隶制区域的划分，这一地区属于自由领土。在这儿，德瑞德邂逅了哈里特·罗宾森，随即他们结了婚。哈里特把姓改为斯科特，艾默生因此也买下了她。后来，艾默生医生带着他俩坐上蒸汽船，顺着密西西比河一路南下来到路易斯安那州的杰瑟普堡（Fort Jesup）。艾默生在此追求了一个叫伊莉莎·艾琳·桑福德的圣路易斯女人，他俩也喜结良缘。1843 年，艾默生去世。此后，哈里特、德瑞德以及他们的孩子就跟着遗孀伊莉莎共同生活在圣路易斯。

像斯科特一家那样辗转各地的奴隶有很多，当他们听说有些奴隶通过起诉最终获得自由后，他们也决定上诉。实际上，斯科特一家一开始也请求过艾默生的孀妻伊莉莎允许他们赎回自由，这样他们就不会起诉。但是，伊莉莎却摆出一副卡尔洪那种政治活动家的
369 派头，坚持自己有“权”在自己乐意的任何地方支配其财产。当斯科特一家提出上诉时，伊莉莎斥重金予以还击，花费了比当初买下他们还高的价钱。当伊莉莎在地方法院败诉后，她又把案子提交上一级法院。无论如何她都要在自己家里立下规矩，好让那些奴隶们俯首帖耳。[45]

1853 年 3 月，参议员艾奇逊在国会上称《密苏里妥协案》和《西北条例》是美国历史上犯下的两个严重的政治性“错误”。因为如此一来，他家乡州的三面都不承认奴隶制，也使斯科特一家看到了胜诉的希望。将 1819 年的《密苏里妥协案》称为“错误”是比较激进的，因为该法案其实是美国奴隶制历史上南北方高层之间的交易。到 1853 年底，艾奇逊和他在国会的同僚们认为，可以根据道格拉斯的请愿修建一段铁路，然后以此为契机修正《密苏里妥协案》犯下的错误。这些同僚包括了他的三个“铁哥们”，他们在 F 大街上合租了一套房子。这三人分别是詹姆斯·梅森，“弗吉尼亚猎人”罗伯特，以及南卡罗来纳州的安德鲁·布特勒。这三个人是“卡尔洪正当性程序原则”的忠实拥趸。以梅森为例，他起草了 1850 年的《逃奴追缉法》。这三个人决定要像伊莉莎那样维护奴隶主的权利，无论是在密苏里州还是别的地方，迫使伊利诺伊州的民主党人及其政党承认奴隶制符合《第五修正案》关于财产的规定，并且在全国范围内推广。[46]

1853 年 12 月初，当新一届国会召开时，修建铁路就成了道格拉斯议程中最重要的一件事，为此，他还通过委员会迅速起草了新的

《内布拉斯加州领土法案》。但到了 1854 年 1 月 4 日前夕，艾奇逊告诉那些南方的议员们，他不会批准修建铁路所用的自由领土。道格拉斯立即发觉那些南方佬们让他陷入了困境。于是他重新起草了法案，并于 1 月 4 日提交了一份不同于国会版的草案。该版法案使用了 1850 年新墨西哥州的一些规定，称“内布拉斯加州奴隶制存废问题由当地人定夺”。南方佬们又称道格拉斯这样做还不够。于是，道格拉斯补充了一条说明，发表在 1 月 10 日的《华盛顿联合报》上，文章声明，由于笔误，该法案遗漏了一项条款。该条款其实是想要得到他被绑架的铁路而开出的赎金。内容是：“该州关于奴隶制的所有 370
问题……都应由本州居民决定。”道格拉斯不得已只能尽力满足那些人的要求。但是，那些南方佬又变卦了，他们声称该法案没有明确提出废除《密苏里妥协案》。

第二次关于领土法案的讨论时间是在 1 月 16 日，由来自肯塔基州的辉格党参议员阿奇博尔德·迪克逊进行演讲，他提出了一个修正案。1820 年《密苏里妥协案》中的部分内容“剥夺了美国几个州及地区的居民在美国境内或未来美国境内购买或持有奴隶的权利”，这些条款将被废除，好像该法案从未在国会获得通过一样。这种做法相当于直接废除了《密苏里妥协案》。实际上，这意味着在美国任何一个地方（包括路易斯安那购地案获得的州）进行的奴隶交易都将受到法律保护。道格拉斯同意了迪克逊提出的修正案，但警告他“这将会引起一场风暴”。[47]

1854 年 1 月 21 日，星期六，内阁就道格拉斯的法案进行讨论。就连马萨诸塞州的民主党人、总检察长加勒·库欣那样知道要迎合南方人利益的人都无法容忍这件事，因为他知道此举将会失去数十个北方选区，甚至是议院大多数议席。但是那些南方人，特别是陆军部长杰斐逊·戴维斯热衷于通过这个法案。他们想得到民主党的官方领袖——总统皮尔斯的支持，说服他同意该法案。于是第二天，艾奇逊、罗伯特、道格拉斯和戴维斯开着两辆车到白宫拜访皮尔斯总统。他们在会客厅见到了总统，当时他正在做礼拜，他们道出了当前的局势。

皮尔斯在就职典礼上曾表示，热切希望奴隶制问题能够得到解决，任何组织或狂热分子都不能威胁到美国制度的持续性，或者影响美国的繁荣。这一观点迎合了北方民主党派的殷切期待，经历过1846—1850年金融动荡的绝大多数美国白人也表示支持。皮尔斯总统只花了1个小时，就认识到这一点对美国的重要性。他甚至拿出笔，在这份法案上亲自写下会对他和民主党产生的威胁，甚至打破美国南北战争前脆弱的政治平衡的评语。他写道："《密苏里妥协案》已经被1850年立法案中的原则推翻。"换句话说，西部其余各州将会像《1850年妥协案》后的新墨西哥州那样继续实行奴隶制，直到当
371 地人民投票表决或法庭允许更改。总统对此完全支持，只要国会里有足够多的北方民主党人通过本法案即可。[48]

第二天，也就是1月23日，星期一，道格拉斯正式宣布该法案将有一个新名字，因为他另外增加了两个州推行奴隶制。一个是堪萨斯州，位于密苏里州西部；一个是内布拉斯加州，位于爱荷华州北部，一直延伸到加拿大。人们认为，道格拉斯此举是在暗示堪萨斯州将会推行奴隶制，而更靠北的内布拉斯加州则不会。观察家们可能还会想：就在1个月前，他们还觉得像堪萨斯州那样太靠北的地方，是不会推行奴隶制的。道格拉斯和皮尔斯总统竭力主张在北方推行该法案，为此他们还向媒体宣称："《内布拉斯加州法案》的宗旨不是扩张奴隶制，而是让各州拥有自主选择权。"但同样是这批观察家却认为，自1787年以来奴隶制席卷全国的景象将一去不复返了。[49]

反对奴隶制的人却从《堪萨斯—内布拉斯加州法案》中看到了一线希望。一些国会议员抓住这个机会，发表了一份名为《独立民主党人的呼吁书》的文件。但是，呼吁书的起草人并不是民主党人，而是来自俄亥俄州的自由土地党人约舒亚·吉丁斯和萨蒙·蔡司。该文引用的 19 世纪 40 年代关于土地自由的观点，如今被道格拉斯可恶的背叛行为所佐证。内布拉斯加州奴隶制已经合法化，而该文则表示他们不相信堪萨斯州在保留自由权利的同时，还能容忍奴隶制一直向北扩张至加拿大边境。道格拉斯背叛了曾经“神圣”的承诺，他犯下的“严重错误”会让奴隶制阻碍其他州的工人和个体农民的自由流动，因为“不论哪个阶层的劳工被奴役，都是对劳动的不敬”。这些“独立民主党人”将在国会与该法案战斗到最后一刻。他们还写道：“即使将来我们的抗争以失败告终，我们也决不投降。我们会回到故乡，在那里建立新的自由制度，呼吁人们把美国从奴隶制中拯救出来。我们不会感到绝望，因为谋求人类的自由，同样也是上帝的目标。”[50]

《堪萨斯—内布拉斯加州法案》的出台遭到批评后，进行的是美国国会史上关于奴隶制扩张问题最激烈的一次争论。所有有声望的国会议员都发飙了：马萨诸塞州的查尔斯·萨姆纳、纽约州的威廉·苏华德和俄亥俄州的蔡司反对该法案，而站起来回应的始终只有道格拉斯一个人。那些南方支持者们坐回自己的座位，让道格拉斯进行他的“表演”，他身材矮小、脾气暴躁的形象几乎每天都在上演。他谴责那些反对他的部长，诅咒反对奴隶制扩张的《纽约论坛报》，回顾《密苏里妥协案》辩论中的种种细节来支持自己的论点。最终，在 3 月 3 日，他迫使参议院进行投票，结果以 37∶14 取得胜利。而绝大多数投反对票的是北方的辉格党，但是也有 14 个北方民 372
主党人加入了 23 个南方人的阵营，投了赞成票。[51]

这场斗争随后转移到了众议院。反对《内布拉斯加州法案》的大会在北方如火如荼地进行。纺织厂继承人及前辉格党人阿莫斯·劳伦斯回忆道："我们前一天晚上还是'保守、落后的辉格党人'，醒来后却成了'疯狂的废奴主义者'。"在纽约，那些曾经为《1850年妥协案》奋斗过的商人，如今组织集会反对《1854年法案》，甚至有传闻说会成立一个新政党。[52]北方的民主党派绷紧了党派的界线，但道格拉斯和政府却无情地役使他们。最终，道格拉斯阵营冲破阻挠，于5月21日在众议院以113∶100通过了《堪萨斯—内布拉斯加州法案》，其中北方民主党人支持者为44人，反对者为42人。经历了3个月缠斗后，元气大伤的道格拉斯终于把《密苏里妥协案》撤销了。

该法案结束了之前20年美国两党制的局面，辉格党在南北阵营中分裂，并于秋季中期选举中彻底瓦解。新成立的"无知党"又称美国人党，获得62个国会选区的支持，并以"本土主义者"身份重拾过去辉格党的一些政见，反对移民。但是，44个支持《堪萨斯—内布拉斯加州法案》的北方民主党人中，有37个都倒台了，他们中绝大多数都是受到了另一个新政党的冲击，其实就是共和党。1854年该党突然成立，他们的核心思想来自《独立民主党人的呼吁书》，赢得了46个众议院议席。与之前的自由土地党或自由党相比，共和党人的支持者更多。他们之所以反对奴隶制的扩张，一是出于道德要求，二是认为白人统治的世界不应被黑人污染。他们还支持有利于工业化的政策，最终他们得到了许多本土主义者的支持。[53]

美国的政治形势逐渐明朗，共和党联盟有可能在北方选民中获得绝大多数选票。《堪萨斯—内布拉斯加州法案》不仅毁了《密苏里妥协案》，也毁了那些在奴隶制扩张问题上鼓励妥协的组织。但是，共和党人的崛起并不意味着两个全国性政党之间可以达成新的平衡。

南方的选民和政治家们比以往更加确信，他们能让奴隶制的扩张成为国家常态。在讨论过程中，道格拉斯试图强调民主党人以“人民主权”为核心这一点，并坚称堪萨斯的居民有权反对奴隶制。然而，
这只是他们在政策和政治上释放的一个烟幕弹。萨蒙·蔡司称，国 373
会里的“南方绅士们”表示不论选民如何决定，他们都会带着自己的奴隶去堪萨斯州，并且完全受到法律保护。那些来自南方的议员们对此尤其表示赞同。他们认为《密苏里妥协案》被否决，意味着联邦政府认可了正当性程序原则。他们计划要么通过竞选控制堪萨斯州，要么让最高法院推翻废奴法案，从而让奴隶制在堪萨斯州合法化。[54]

萨蒙·蔡司认为，虽然那些“南方绅士们”并不代表绝大多数南方白人的观点，但是至少南方媒体是同意联邦政府的观点的，他们希望奴隶制得到扩张。《纳什维尔联盟和美国》（*Nashville Union and American*）称《堪萨斯—内布拉斯加州法案》解救了（南方），使之不会因为违宪被驱逐，也不会被国会羞辱；而一位佛罗里达州的编辑则将之描述为“正义的行动”，认可了公民有权携带奴隶进入这些州。对于许多南方白人来说，《堪萨斯—内布拉斯加州法案》相当于确认正当性程序原则为法律，即使他们心里清楚不是所有北方人都会对此表示同意。1854 年后，南方民众相信奴隶制的扩张势在必行。毫无疑问，他们当中有一部分人已经实现了这一点，让奴隶成为他们追求经营利润的工具。即使对于那些不是奴隶主的人来说，对奴隶不加限制地使用，使之成为个人财产，也总是和自由、现代以及自由经济挂钩。[55]

但是，南方白人选民们拿不定接下来怎么做最好：是立即执行约翰·卡尔洪所倡导的思想重要，还是留在联盟内更重要？或者，为了最终剔除人们贩运奴隶的天然权利，多忍耐一下是必要的？一

扇门已经关闭了，堪萨斯州是不会种棉花了，甘蔗就更别提了。《堪萨斯—内布拉斯加州法案》的通过，使吞并古巴的设想彻底破灭。古巴距离美国非常近，在这里推行奴隶制会带来切实的利益。南方的奴隶们和北方的白人同盟本来可以一起探索这个地方，而古巴则会变成2—3个民主州，19世纪余下几十年的历史进程会很不一样。

但是，尽管赞成占领古巴的“年轻美国运动”的参与者和密西西比河谷的居民已经在等待古巴岛以外交手段或非外交手段落入美国之手，联邦政府及其盟友却动摇了。就在1854年民主党秋季选举
374 失利之前，《堪萨斯—内布拉斯加州法案》引发的冲突已经让人们开始质疑，在皮尔斯总统任期内美国能否占领古巴。新泽西州报纸上刊登了一篇名为《不再要奴隶州》的文章。文章称：“总有一天，北方人会同意占领古巴，但内布拉斯加州犯下的错误会让这件事变得遥不可及。”皮尔斯总统的大使写给南方的《奥斯坦德宣言》，旨在推动马德里和华盛顿购买古巴。《宣言》刚刚传回美国大陆，当时北方民主党人败选的消息就震惊了世人。《纽约论坛报》立即表示对这一结果感到满意，但北方人却对此嗤之以鼻。尽管美国政府在1852年就已经开始运作吞并古巴，但政府还是抛弃了《宣言》，查获了古巴海军安排在纽约的间谍船。接下来的几年里，其他干预方案吸引了一些年轻的男性冒险家，比如威廉·沃克尔，他曾于1856年入侵尼加拉瓜，最后被抓住并判以绞刑。但古巴曾经给美国带来了很多切实的好处，拥奴扩张主义者通过迫使北方联盟在《堪萨斯—内布拉斯加州法案》上赌上所有的政治资本，把古巴问题剔除了。[56]

现在，正如南方强硬派代表詹姆斯·梅森总结的那样，堪萨斯州控制了南方的“命运”。自由土壤党人的数量已超过了支持奴隶制的人口数量。大约到1854年夏，占领了堪萨斯州公有土地的“所有（土地）申请者中，有9/10的人计划投票废除奴隶制”。这年秋天，

皮尔斯总统建立了地方政府，主要由南方人以及北方顺从者构成，比如州长安德鲁·里德，他告诉那些南方议员，他会亲自带领奴隶去堪萨斯州。此外，在1855年，他还推动了州内立法活动。议员艾奇逊敦促密苏里州的白人“履行自己的义务”，确保在堪萨斯投票期间保持“和平与安静”。5000名密苏里州人非法越过边界，到其他州投票，数量占总票数的75%。然而，所有立法者中只有一人支持奴隶制。里德觉得自己遭到了那些南方种族主义者的背叛，认为他们甚至推翻了“人民主权”，最终愤而辞职。[57]

与此同时，北方媒体以及国会共和党人指控民主党人持有的政见有问题，即“堪萨斯州的白人有必要做出让步，以便在堪萨斯州推行奴隶制”。阿莫斯·劳伦斯对选举欺诈进行了回应。他用纺织厂赚来的钱建立了“新英格兰移民帮扶公司”，该公司会为那些自由移民提供资金和武器，好让他们搬到堪萨斯州。与之相反，尽管亚拉巴马州的一位编辑称，“每一封来信都表明勇敢的年轻人已整装待发，决心为让堪萨斯州归顺南方而战斗”，但是很少有南方人愿意冒这个险。相反，奴隶扩张主义者通过威吓和非法投票的方式，让被 375
北方称为“边境流氓”“令人作呕之辈”的密苏里州人赢得战争的胜利。[58]

总之，奴隶制的扩张依赖于华盛顿方面对此事的调控能力，如果华盛顿方面能够保住这些“边境流氓”的选举结果，那么奴隶制就有望扩张。史蒂芬·道格拉斯已经在积极推动国会确立堪萨斯“州”的地位。看起来，再来一次诈骗选举，堪萨斯就会成为第16个推行奴隶制的州。1856年5月21日，一伙支持奴隶制的势力劫掠并烧毁了劳伦斯镇，这个镇是自有土壤党人的聚集地。对此，马萨诸塞州议员查尔斯·萨姆纳发表了一次义愤填膺的演讲，他谴责政府、道格拉斯及南方“对堪萨斯州犯下的罪行”，其中还夹杂了对议员安德鲁·布特勒类似人身攻击性质的言论。几天后，布特勒在南卡罗来纳州的侄子、美国众议员雷普斯顿·布鲁克斯冲进萨姆纳的办公室，用手杖把这个可怜的马萨诸塞州人打得鲜血直流、不省人事。佐治亚州的一位编辑写道："我们深表遗憾，为了捍卫个人荣誉，对像萨姆纳议员之类傲慢无礼的人，偶尔如此教训一下是应该的。"而北方报纸，即使是像《纽约先驱报》那样奉行种族主义的报纸，对此事的报道也都换了一种腔调："那些南方佬对自由州的白人如此不敬，他们甚至用打黑奴的鞭子来鞭打议员。"[59]

1855 年，蓄奴州的住民们针对自由州的议员们策划了多起谋杀，而这些仅是恐怖活动的一部分。"那些西部各州的傻瓜们还以为北方和东部各州的男人们不会打起来。简直没有比这更荒谬的事了。"一个自由州的编辑如此写道，"那些堪萨斯州的自由民会在受到侮辱前提前动手。"当自由土壤党的领袖呼吁大家要有耐心的时候，刚来不久的康涅狄格州人约翰·布朗称其为"完美老太"。布朗带来了好几个儿子和一些武器，此外还得到纽约州地产巨头格雷特·史密斯的资助。1856 年 5 月 24 日夜晚，布朗和他的儿子们开始了杀人狂欢。他们冲进波塔瓦托米河边奴隶制支持者的房子，把他们揪出来吊死。布朗憎恨奴隶制，他把自己当作复仇天使的代理人，策划了这些作为惩罚性政治恐怖主义的屠杀。暴力行为的突然爆发，迫使自由党人为自己的信仰而斗争。整个夏天，两队人马在堪萨斯州的边界地区互相攻伐。这个时候又有州长辞职了，附近驻扎的美国军队阻止了那些全副武装的北方人进入堪萨斯州。到了 1856 年夏，移民活动终于画上了句号。[60]

376 "堪萨斯州流血事件"发生在 1856 年总统大选的背景下，这是新成立的共和党人展开的第一次抗争。大选中，约翰·伏雷蒙特获得了提名。虽然他是弗吉尼亚州种植园主的孙子，但他却致力于阻止奴隶制的扩张。美国人党（无知党）任命前总统米勒德·菲尔莫尔为纽约州州长，但他却被自己内部的南北方势力所分裂。美国整体经济的繁荣发展也缓和了反移民情绪。民主党人既反对粗鲁的富兰克林·皮尔斯，又反对主张让步的史蒂芬·道格拉斯，他们选择支持宾夕法尼亚州的詹姆斯·布坎南。虽然布坎南做了 4 年驻外大使，但南方代表却很了解他，希望布坎南能够听从他们的指挥。[61]

1856 年夏，堪萨斯州的民主党活动家称一些党内分子终于浪子回头了。要想在几个州推行奴隶制，就需要在 149 张选票中赢得 120 张。南方辉格党已不复存在，所以民主党派有希望赢得蓄奴州的所有 120 张选票。他们只需要再得到北方几个州的支持就行了。大选当天，他们计划赢得宾夕法尼亚州（布坎南的老家）、新泽西州、印第安纳州和伊利诺伊州的选票，并最终在总统大选中胜出。但是那些南方佬明白，过去那种平衡已不复存在。人口的流动，意味着即使南方没有任何一个州投票，共和党人也有可能当选总统。尽管伏雷蒙特从敢于把票投给针对本区的地区性政党或对此并不在意的南方人中只获得 600 张选票，布坎南在公开选举中也仅赢得很少一部分票。[62]同时，一些北方民主党人相信，布坎南并没有像皮尔斯那样支持奴隶制。但是，他们错误解读了那些南方人的意图，后者旨在建立一套制度推行奴隶制，使之升格为真正的国家制度，并从中获利。斯科特夫妇对于他们正在交涉的对象有着更加清醒的认识。1852 年，密苏里州高级法庭支持奴隶制的法官推翻了他们之前判决过的解放奴隶的案子，称“反奴隶法”并未影响密苏里州奴隶主伊莉莎·艾默生的财产权。斯科特夫妇不服，上诉至联邦最高法院，而此时艾默生却将对他们俩的财产权让渡给了她哥哥，该事也变成了“德雷德·斯科特诉桑福德案”。1856 年，该案被提交到美国最高法庭。案件中一部分问题虽然涉及专业知识，但其中牵涉的最大问题也是当时社会面临的最大问题：国会是否有能力突破密苏里州奴隶制的种种限制？联邦政府能否彻底解除或者限制奴隶主的财产主张？[63]

377 过去 30 年间，即安德鲁·杰克逊总统以来的所有总统任期内，最高法院都由南方人把持。尽管首席法官罗杰·B. 坦尼几十年前就主动解放了自己家的奴隶，但在他任期内，法院在审理案子时（可追溯到“普里格诉宾夕法尼亚案”或更早），一直都在朝着将奴隶主的财产申请权确立为一项基本的、自然权利的目标稳步推进。该法庭将那些奴隶主的财产权申诉案件看得比立法人的权利还要重要，甚至高于国会议员的权利。法庭越来越认可卡尔洪及其同党的意见，认为不论联邦政府还是州政府，都无权限制奴隶主的财产移动权。相反，他们还应在强制移民和追逐逃奴问题上协助奴隶主。[64]

1857 年 3 月 4 日，詹姆斯·布坎南宣誓成为美国第 15 任总统，此时，强制移民这个烫手山芋正等着他来处理。他在就职演说中表示，美国人没有必要对堪萨斯州感到愤怒，也不必为国会撤销《密苏里妥协案》是否公正而感到愤怒，因为最高法庭很快会解决有关奴隶制扩张的关键问题。两天后，最高法院发布了一个判决，9 名法官中有 6 名认为斯科特夫妇无权为获得自由而上诉。大法官托尼解释了斯科特夫妇败诉的原因，并且认为《密苏里妥协案》无效，这一点陪审团的其他成员都一致认同。彼得·丹尼尔法官（弗吉尼亚人）用“一般性财产权”原则来解释为什么国会不能废除奴隶制，而托尼的论点只是对卡尔洪正当性程序进行了复杂冗长的阐述。“联邦政府无权干涉个人财产权及人身自由”，这适用于所有进入领地内的移民，包括跟他们一道来的强制移民（奴隶）。“除宪法规定外，任何法律不得干涉本法规定的各项权利。”无正当理由，任何人不得搜查或没收他人财产，如通过立法剥夺奴隶主的奴隶财产。[65]

该决定立刻引起广泛批评。许多共和党人对此表示拒绝，因为此举将大多数反对奴隶制扩张的行为判定为违法，他们坚称宪法给予了各州制定地方法规的权利。有些人拒绝法庭本身，视其为非法。当时美国最知名的报纸，如霍勒斯·格里利创办的《纽约时报》，称 378 法庭的该项决定为“虚假的陈述，肤浅的诡辩”，比起“华盛顿的酒吧”传的小道消息强不了多少。一位评论家指出，正当性程序原则在《大宪章》时代就已经提出了，但是直到 19 世纪 30 年代人们才发现，该原则能够防止法律废除人作为财产的使用权。[66]

托尼认为斯科特不得提起上诉，因为非洲人的后代不能算作美国公民。对此，历史学家和持异见者对这番言论持否定态度。的确，美国至少有 5 个州自 1789 年修改宪法后就承认非洲裔美国人为公民了。此外，历史学家和当代评论家普遍缺乏说服力。例如，有些人认为《第五修正案》中出现的正当性程序条款指的是“财产”，而这并不包括奴隶。因此，宪法无法阻止人们蓄奴。但是，彼得·丹尼尔法官指出，《临时条约》对此做出了明确规定，将奴隶划为一种“特殊”财产，在此种情形下，认为奴隶主立下的正当性程序原则不包括奴隶，显然并不合理。

一些批评家认为，托尼在发表很有气势的主张时，并不代表整个法庭。但是，实际上他代表了当时做出这些判决的绝大多数法官的意见。另一些批评家指出，托尼此举仅出于党派需要。“德雷德·斯科特案”很显然属于政治性的判决书，但当时绝大多数案子的审理都带有政治性。法官本可以轻而易举地按照正当性程序原则对此案作出判决，而不去理会此案背后牵涉的深层问题。然而，像寡妇伊莉莎·艾默生和那些制订了《堪萨斯—内布拉斯加州法案》的议员们那样，托尼想和同党一起把此事上升到宪法决战的高度：他们想毕其功于一役，瓦解奴隶们的盟友。他们站在上帝的高度，聆听这位肯塔基妇女的祈祷：我能活到案子判决的那一天吗？他们的回答是：不，你活不到。[67]

而且，托尼和他的同党们对斯科特一案作出的判决，获得了除非洲裔美国人和共和党之外的所有人的支持。托尼反对将黑人的公民权合法化，为此他重施了史蒂芬·道格拉斯的策略，将北方白人的怒火集中到黑人身上。新奥尔良的《皮卡尤恩时报》称，“斯科特诉桑夫”（法庭将奴隶主的姓拼写错了）一案否定了黑人共和党人组
379 织的合法性。对此，北方民主党派报纸《纽约先驱报》表示认同：“法庭动摇了北方共和党人反奴隶制的根基。”尽管一些愤怒的共和党人建议采取法律之外的方式控制司法部门滥用权力，来推进少数派的政治议程，他们本不应对法庭的裁决感到震惊。该判决再次保护了美国极为重要的一项历史传统：黑人处于社会底层，白人通过奴役黑人发展社会。这个过程由南方人引领，再由一部分北方人进行协助。宪法做出的最重要的让步由那些奴隶主及其北方同党们一手促成，此举保证了奴隶制能够继续扩张。宪法体系已经让奴隶制持续运行了 70 年。托尼主导下的法庭比以往更清晰地表明，在联盟核心价值观中，奴隶是完全属于奴隶主的动产。[68]

“仿佛全世界的力量都集中到一起反对他。贪婪不放过他……哲学不放过他，连那个时代的神学都迅速加入了跟他作对的阵营。”还有法律，使斯科特夫妇及其女儿们成为受人宰割的猎物。前国会议员亚伯拉罕·林肯于 1857 年夏在伊利诺伊州的一次讲话中也如此感叹。他敦促听众去看一看奴隶主是如何精心策划，变本加厉地迫害 400 万人类同胞的；他们在遭到集体抵制后，又将手伸向另一块大陆，并将其发展为奴隶制的乐土。林肯还这样比喻道：“他们一个接一个地都对他关上了厚重的铁门，”政党政治、宪法、整个国家一半的教堂以及大量商业利润都被扭曲了，用于把黑人束缚起来，就像

把他们投入了牢房，而且牢房“用一百把钥匙给上了锁，你缺了任何一把都休想把门打开。而这些钥匙又分别掌握在一百个人手里，这些人又散布在一百个不同的、遥远的地方，而且他们还站在一旁琢磨：在人的精神与物质一切范围之内，能不能再搞个发明，比这个办法更妥当，让奴隶们更加插翅难飞”。[69]

1849 年，林肯国会任期结束，返回伊利诺伊州，暂时告别政坛。1854 年道格拉斯的《堪萨斯—内布拉斯加州法案》让他感到无比震惊，他协助共和党人成立了伊利诺伊州共和党，摆脱了与南方的辉格党合作的束缚，从此建立了威信。他在每次演讲中都会讲到，奴隶制的扩张会避开各种妥协法案，而那些一直是美国白人想包含和保留下来的。强制移民所遭遇的凡此种种急功近利的毁灭和重建，超越了白人废奴主义者将奴隶制视为犯罪的道德批判，超越了那种认为奴隶制已经过时的地域性的傲慢。无论其是否有效，奴隶制都把南方人限制在重复的扩张之中。林肯提醒北方人：“如果我们把所 380
有资金都投入棉花织机上，我们也可以像南方人那样。”林肯强调，现在正在发生的事情，就是为了保证奴隶制未来的产出。在普通耕田者、伐木工的历史上，曾经为林肯这样的人提供前所未有机会的原则与机构正在被扭曲。当每一扇门都关上，每一把枪的子弹都上膛的时候，你连做梦都没梦到过的种种可能就会被永远的奴隶制取代了。于是等待囚徒们的，只有无尽的痛苦。对于全世界千千万万期盼现代世界能够将自己从古老暴政下解救出来的人们来说，如果连美国都不履行自己的诺言，让所有美国人都获得自由，那么整个世界对自由的希望也将随之破灭。

林肯的担心不是没有理由。自 1837 年以来，各种因素使南方奴隶制扩张者的信心达到最高点。在全国推行奴隶制的热情居高不下，空前的经济繁荣将奴隶主的收入推向前所未有的高度。最高法庭的判决和《堪萨斯—内布拉斯加州法案》给奴隶主们吃下了一颗定心丸。民主党派、南方和北方可以心满意足地把斯科特一案当作建设宪法、政治经济大厦的最后一块基石。停止关于奴隶制扩张的讨论，此举会让“民主”以及民主党在国家政治生活中占据优势地位。

一旦为400万奴隶的枷锁配上武装，追求自由的力量将不会有出头之日。因此，1837年，南方奴隶主过分使用政治手段（这次不是经济手段）给他们带来了毁灭性的灾难。1857年夏，堪萨斯州举行了一次制宪会议代表的选举。自由州的绝大多数代表联合抵制选举，密苏里州选民再次涌入州界进行非法投票，而堪萨斯州的1.9万名男性原住民中，有85%都未投票。因此，1857年10月，当60位代表会集于康普顿时，每一位都是奴隶制的支持者。他们计划起草一份美国历史上最有利于奴隶制的州宪法。州宪法第8条完全遵循了卡尔洪原则，规定“在审理地方案件中，财产权优先并高于宪法规定，奴隶主有权蓄奴，亦有权增加奴隶数量，其不可侵犯性与所有财产权完全一致”（州宪法第23条“权利清单”中，“获得自由的奴隶在任何情况下都不得居住在该州境内”）。该法律使得堪萨斯州的200
381 多名奴隶即使在修改宪法的情况下，也永远无法获得自由。[70]

废奴主义者同样也不承认投票的最终结果。支持奴隶制的选民们在康普顿以6000∶600取得了胜利。北方人每天都能从报纸上看到这样的滑稽剧。南方民主党人施压，要求国会立刻通过这份“非民主条件”下诞生的法律文件，此举将使堪萨斯州彻底沦为蓄奴州。布坎南政府出于政局的稳定考虑，同意该州宪法的通过。而以史蒂芬·道格拉斯为首的北方民主党人之前在兜售《堪萨斯—内布拉斯加州法案》时，曾向选民承诺“普选权”，让选民来选择，“康普顿选举丑闻”一出，无疑是往他们脸上扇了一巴掌。如果这些民主党人希望赢得伊利诺伊州、纽约州或新汉普顿市的选举，就必须推翻

《莱康普顿宪法》。道格拉斯明白，这是在为自己的政治生涯而战，于是他以雷霆万钧之势反对效忠于布坎南以及亲南派政府的民主党人。

与此同时，民主党内部在国会中也产生了分歧。堪萨斯州的斗争引发了经济衰落。1856—1858 年间，乘坐从芝加哥向西前开往堪萨斯的火车的移民由 10 万人下降到 1 万人。堪萨斯州的土地买卖市场渐趋萎缩，市场上投机行为消失，铁路股价暴跌，主要的北方银行因投资失利破产。凡此种种导致了 1857 年大恐慌，无数北方人失业。但是，工厂还在购买南方的棉花，因为国际需求依然旺盛。回想起 19 世纪 40 年代那些北方债权人如何摇动手指血本无归的情形，那些支持奴隶制的作家们讥刺地写道：“这一次，南方‘奴隶主们’将会帮助国家摆脱金融债务。”虽然那些南方民族主义者在一旁幸灾乐祸，可共和党人依然坚持自己的信条，认为“奴隶主们”也在一定程度上引发了恐慌。对此，康普顿依然保持自己的政治立场。1858 年，包括史蒂芬·道格拉斯在内的参加改选的北方民主党人都觉得情势岌岌可危。[71]

林肯决定向道格拉斯发起挑战，争取自己的参议院席位。林肯利用竞选验证自己的主张。其中他特别说明任何保护强制性移民的政策，比如道格拉斯的“人民主权论”，都将不可避免地以牺牲政治经济自由为代价，来满足奴隶主的需求。1858 年 8—10 月，林肯和道格拉斯举行了 7 场辩论。其中，林肯反对奴隶制的理论基础非常具 382
有说服力，不论是像大卫·威尔莫特那样的种族主义者，还是废奴主义者，还是持介于两者之间观念的人们都无法反驳。林肯认为，奴隶制和他理解的美国核心价值的基础是互相矛盾的，特别是和《独立宣言》中提到的“自然权利”主张相冲突。他认为：“如果奴隶制是合理的，那么这个世界上没有一样东西是错的。”林肯承认，要想在短时间内结束奴隶制，的确是很困难的一件事。奴隶制就像人脖子上长的癌细胞，人们不敢切掉它，否则就会流血而亡；它又像一条响尾蛇，爬上了孩子们正在酣眠的床，如果他弄开那条蛇，可能会伤到孩子，一旦蛇被惊醒，很可能会咬着孩子。但如果继续让响尾蛇待在孩子的床上，或任由癌细胞扩散，结局依然是死亡。过去 70 年间，美国允许奴隶制扩张，加深了奴隶制的罪恶，给奴隶制带来了巨大的经济利益。[72]

林肯认为，美国不能永远一半实行奴隶制，一半实行自由制度，我们只能选择其一。连林肯的终极政敌、赞成奴隶制扩张的南方政客也赞成林肯将奴隶制作为一种体制的分析，而且奴隶制只有扩大地域范围，才能保证运作良好。林肯警告人们，南方人将会尽一切努力让全美国都处于奴隶制统治之中，而这将限制美国人民的权利，让自由州的人民像那些南方人一样推行奴隶制。虽然历史学家们已经断言奴隶制不会扩张到自由州，但林肯的话也不是没有道理。他在伊利诺伊州渥太华市参加辩论时说："美国要想彻底沦为奴隶制国家，再来一次德雷德·斯科特那样的案子就够了，只要最高法庭判定任何一州在宪法体系下都不得废除奴隶制，就像他们判定宪法或任何地方法都不准废除奴隶制一样。"甚至当林肯和道格拉斯辩论的时候，"莱蒙诉纽约人案件"都会被转移到最高法院。本案中，弗吉尼亚州一位奴隶主带着奴隶取道纽约去往得克萨斯州。这位奴隶主声称，纽约州因其在延期停留期间将奴隶留在曼哈顿而宣布其奴隶应当获得自由，此举侵犯了他的权利。托尼领导下的最高法院基于正当性程序原则做出正确的判决，奴隶主作为美国公民，任何一州都不得剥夺其财产权。[73]

林肯承认，绝大多数美国白人无法想象非洲裔美国人获得自由
383 权会是什么样子，更别说让他们享有和白人一样的权利了。近年来，

反对林肯的人从这些声明中摘出一些零星的句子来证明林肯是一个“种族主义者”。的确，林肯用过这样的句子，特别是在伊利诺伊州南部“小埃及”地区进行辩论的时候，道格拉斯正是利用了这一点，恶意煽动反黑人民众的兴趣，赢得了巨大的胜利。但林肯还是坚持自己的中心论调。奴隶制低估了自由主义的未来对于黑人和白人的意义。奴隶制不被允许扩张，否则将在各地泛滥，改变一切。虽然奴隶制的废除不能一蹴而就，但却势在必行。奴隶制的废除应该从以道格拉斯为首的民主党的倒台开始，因为他们总是让那些南方扩张主义者大行其道。[74]

道格拉斯在堪萨斯州、华盛顿州都进行了反击，以证明北方民主党人并没有沦为奴隶主们搜刮北方选票的工具。1857 年底至 1858 年初，国会里的南方人和消极的布坎南政府就是否承认《莱康普顿宪法》，是否接纳堪萨斯州为蓄奴州进行投票。道格拉斯及其支持者们，以及那些国会中的民主党人现在站在了同一条战线上。1858 年 4 月，30 位国会议员在激烈讨论后——其间，密西西比州国会议员威廉·巴克斯代尔的假发被意外扯掉，此前没人知道他戴的是假发——国会否决了《莱康普顿宪法》。威廉·巴克斯代尔（无视布坎南的抗议）坚持将决定权归还当地人民，让他们自己对州宪法再次进行表决。8 月，堪萨斯反对奴隶制的选民终于出来投票，如今他们有了一次公平的机会来拒绝《莱康普顿宪法》。[75]

1858 年 11 月，道格拉斯与莱康普顿的抗衡使伊利诺伊州民主党议员的选票仍然倒向民主党这边，最后民主党险胜，道格拉斯继续当选参议员。但是，南方民主党战略家发觉北方势力正在积蓄力量，实力已经不可小觑。他们决定进行竞争，要么让整个美国都接受奴隶制，要么让民主党彻底分裂。[76]

1858 年 5 月，堪萨斯奴隶制的支持者在某定居点的屋外谋杀了 5 名废奴主义者。约翰·布朗为此对密苏里州展开了突袭，杀死了一位奴隶主，并把 11 名奴隶带到了加拿大。1859 年初，布朗来到波士顿，遇见了一些反对奴隶制的富人，他们非常赞赏他在堪萨斯的行动。这些人中有布朗的支持者格里特·史密斯，废奴主义者、唯一神教派牧师西奥多·帕克，以及波士顿贵族的象征托马斯·温特沃
384 斯·希金森。这些人自称“神秘六人组”。他们被布朗传统布道式的表达方式吸引，对布朗的计划表示支持。布朗提议由他组织一个突击队，前往弗吉尼亚的哈普斯渡口，占领联邦军械库。该地位于蓝岭和波托马克河的交汇处，如果布朗控制了军械库，他相信附近 50 里范围内的奴隶都会投靠到他的麾下。

支持者们对此表示赞同。如今，北方人也想以坚决的以暴制暴的方式回击南方人的欺凌。他们愿意给布朗提供资金和武器，让他在宾夕法尼亚州钱伯斯堡建一个藏身之处。布朗在那里招募突击队，队伍包括他的几个儿子、十几名白人，还有 5 名黑人。“神秘六人组”还在堪萨斯州的苦难之地和当时最杰出的非洲裔美国人弗雷德里克·道格拉斯住所之间设立了一个秘密联络点。在钱伯斯堡外的一个采石场里，布朗试图说服道格拉斯加入他的组织。但是，曾身陷奴隶制囹圄 20 年的道格拉斯对于奴隶主雄厚的实力有着更为清醒的认识，他警告布朗，由于在堪萨斯实施了只针对弱小目标的游击战术，再加上反奴隶制的宣传，这才让布朗和他的支持者们乐观地认为可以轻易地粉碎奴隶制社会。废奴主义者们对政府进行攻击不但没有什么作用，还会导致舆论反对这种在北方白人看来是不负责任的暴力活动。

1859 年 10 月 16 日晚，在道格拉斯未参与的情况下，布朗和 18 位勇士一起偷偷溜进哈普斯渡口。这是弗吉尼亚州（现在的西弗吉

尼亚州）的一个小镇，坐落于高耸的悬崖之上，从这里可以看到下方通往富饶之乡谢南多厄河谷的主干道，以及往肯塔基市运输奴隶的通道。布朗和他的队伍很快就占领了联邦军械库，获得了大批军械。他派遣一支小分队到附近的种植园去招募一批反对奴隶制的革命者。与此同时，布朗还切断了电路，迫使向东行驶的晚班列车停运。

但是，此次战斗从一开始就犯了错。布朗的手下杀死了一位列车长，讽刺的是，那还是一位获得自由的非洲裔美国人。之后，他们又令人费解地让列车沿着轨道驶向华盛顿，告诉那里的人们暴动开始了。布朗派去招募新兵的人从附近只带回来 4 个人。第二天，当地的军队闯进镇里，射杀了布朗队伍里一名叫丹杰菲尔德·纽比的成员，他之前是附近种植园的奴隶。纽比倒下的时候，手里还紧紧攥着口袋里的几封信。这些信件是他的妻子哈里特写的，当时她和孩子们还在弗吉尼亚州北部做奴隶。最后一封信写于 8 月 16 日，信中说："听人说主人现在缺钱，不知道他什么时候会把我卖掉。如果真是这样，我对未来一切美好的愿望都将破灭了。"在里士满的百货 385
市场，像哈里特这样的女奴隶可以卖到 1000 美元，所以哈里特的主人改变了主意，不想让纽比赎回妻子。士兵开始肢解纽比的尸体，把他的耳朵和睾丸割了下来作为战利品。余下的人将布朗及其手下逼到了一座军械库里。[77]

第二天，在海军上校罗伯特·李的带领下，美国海军从华盛顿出发，强势登陆。联邦军队杀死了很多袭击者，其中包括布朗的两个儿子。布朗本人也重伤被捕。尽管布朗犯下的罪应由联邦审理，但布坎南政府还是允许弗吉尼亚州审判布朗。这场审判从程序上讲像是一出讽刺剧，但布朗发动暴乱证据确凿，他无从否认。最终判决前，布朗获得了讲话的机会。布朗对着《新约》发誓，说出了实情。他声称自己“将永远铭记那些被奴役的人们，他对此感同身受”。布朗仿佛变成了奴隶中的一员，伸出手臂为奴隶们争取自由。如果他的牺牲能让公平来得更快，他愿意用自己和孩子们的生命与几百万奴隶一道反对邪恶、残忍且不公的立法体系。正是这些立法体系损害了黑人的利益。1859 年 12 月 2 日，有数百名士兵把守在查尔斯市的刑场外，防止有人劫走布朗，虽然实际上并没有人来。弗吉尼亚州长官对布朗施以绞刑。布朗的妻子找到他的尸体后，把它带回了纽约州的农场埋葬。和布朗一起受刑的还有两个非洲裔美国人，一个是从南卡罗来纳州逃出来的奴隶希尔兹·格林，另一个是自由黑人约翰·科普兰。他们的尸体作为解剖实验标本被医学生带走了。[78]

整整 70 年，南方和北方的政治经济精英以及许多普通白人一直通过买卖奴隶、剥削奴隶的身体和智慧来榨取利益。支持奴隶制的人们让其他美国人进行选择，究竟推行扩张奴隶制，赚取丰厚利润，还是经济下滑；究竟是继续推行奴隶制，还是解散联盟；究竟是支持其中一个政党，使之领导美国散播奴隶制病毒，还是在总统选举中被对手打败；究竟是在堪萨斯州推行奴隶制，还是建设一条连接各州的铁路。

布朗起义的失败，表明游戏规则改变了。林肯也曾在 1858 年竞选辩论中清晰地发出警告，但是那次他败选了。或许北方人会在 1860 年竞选时再次在奴隶制扩张问题上退让。在某种程度上，丹杰菲尔德·纽比、希尔兹·格林以及约翰·科普兰的就义，意味着约翰·布朗的胜利。这时南方人不得不做出选择：要么威胁离开联邦
386 以获取好处；要么留在联邦，但可能还会遭遇哈普斯渡口那样的事件。有人在布朗位于马里兰州的藏身处发现一张地图，报纸立即把地图上几处目标详细地列了出来。白人们开始怀疑自己身边的人，

怀疑对方会不会是下一个约翰·布朗。报纸上报道的任何一起谋杀案，都会被人看作是整个阴谋的一部分。佛罗里达州一位名叫威廉·凯特的奴隶主，是分裂主义政治家劳伦斯·凯特的哥哥，他在半夜睡觉时被家里的奴隶割喉杀死。来自南卡罗来纳州的一位游客被亚拉巴马州一伙暴徒劫持，最后他证明自己是一个奴隶主才脱离了魔掌。马萨诸塞州一个地图商在乔治亚州贩卖地图时，被"告诫委员会"逮捕。一个爱尔兰人在南卡罗来纳州的哥伦比亚市大胆表达自己的意见，认为奴隶制压低了白人的工资，结果被一伙流氓扒光衣服。蓄奴州立法人员命令一个奴隶抽打他，然后把烧开的油浇在他的伤口上，又让他的全身粘满羽毛。这名爱尔兰人回到纽约后，北方的报纸对他进行了采访，报道称"他一直以来都投票支持民主党"。[79]

1859 年冬到 1860 年春，到处弥漫着紧张焦虑的气氛。奴隶阴谋论和私刑传言甚嚣尘上。还有人说北方白人对布朗大加赞赏，说他被吊起来的时候就像圣徒一样。共和党人否认了此次袭击，就连那些对奴隶制稍有微词的人，都认为布朗是毫不妥协地反对万恶的奴隶主的代表。9 月 2 日，纽约州的奥尔巴尼布在布朗行刑的那一刻，拉响数百发礼炮向布朗致敬。北方中产阶级出版的图书把布朗描述成一名基督徒式的人物。拉尔夫·瓦尔多·爱默生写道："约翰·布朗把绞刑架变得像十字架那样神圣。"亨利·戴维·梭罗之前一直反对暴力，倡导和平，同时他还反对墨西哥战争，反对纳税。而这次他却说，"若论男人的果敢和气魄，若论朴素的真理"，所有政治家说的话加在一起，也比不上"疯狂的约翰·布朗随意说出的几句话"。在他看来，"布朗是第一位让奴隶主尊敬的北方人"。[80]

确实，布朗让那些奴隶主不得不重新评估形势。目前来说，奴隶制在整个大陆长期以来的扩张和在国家政局中的强势已经达到顶峰。之后，奴隶制将面临衰落还是继续发展？1859 年的棉花产量非常惊人：400 万包，可生成高达 20 亿磅清洁的纤维。奴隶们的产能
387 比以往任何时候都高，一家三口奴隶的平均产值是 700 磅，该数字是 1790 年的 22 倍。美国政坛上一直沿用的法则——400 万奴隶乘以 3/5 的选票，加上 400 万包（该数字仍在攀升）棉花，以及北方政治家们出于维护各地区间联合的需要——所有这一切使得全国少数派掌控了全国的政策。

但是，当南方民主党开始考虑即将到来的 1860 年全国代表大会的时候，还是担心《莱康普顿宪法》的失败、共和党人的崛起，加上北方实力的不断壮大，最终会阻碍奴隶制永久纳入美国政治制度。他们认为最后的撒手锏就是脱离联邦。分裂主义在南方演讲中成了老生常谈。相比 1850 年危机爆发的时候，如今脱离联邦论更有市场。过去 10 年的经济大繁荣让南方人确信，他们的经济体系足够强大，而且以后也不会衰弱，因为就像南卡罗来纳州州长詹姆斯·亨利·哈蒙德于 1858 年在参议院说的那样：“棉花主宰一切，世界上没有什么力量敢和棉花抗衡。”北方人不敢阻挡南方人前进的步伐，棉花会让南方人在接下来的几十年继续繁荣下去。

尽管密西西比州参议员杰斐逊·大卫和阿伯特·加勒廷·布朗希望借助联邦政府在各州颁布《奴隶法典》，以此实施“德雷德·斯科特案”的参议院解决方案，但那些政治觉悟较高的南方人在 1860 年初就放弃了通过政治途径解决问题。南方各州的立法人员正在储备军械，一些在华盛顿的南方代表正在策划一场政变。首先他们会占领国会，然后让南方各州提供武器，为临时政府提供武力保护。受哈普斯渡口事件的影响，南卡罗来纳州的立法机关派特使到弗吉尼亚州商讨和平解散联邦的策略。密西西比州立法人呼吁南方各州在亚特兰大举行一场会议，商讨如何从联邦分裂出来。佛罗里达州

和亚拉巴马州对此表示支持。[81]

最后，西南各州民主党领导的政变影响了民主党自身。不知道该庆幸还是难过，1860 年 4 月召开的民主党全国代表大会，会议地点定在了南卡罗来纳州的查尔斯顿。那些继承了家里 70 年历史的棉花和蔗糖工厂的企业主们计划让民主党俯首称臣，将奴隶制的扩张作为一项国策来执行。否则他们就会像亚拉巴马州对其代表暗示的那样，从大会分裂出去。南卡罗来纳州的罗伯特·邦维尔·雷特称 388
之为“民主党的毁灭”。[82]

大会一开始，南方人就提出全党应采纳布朗和大卫在参议院提出的《奴隶法典》的建议。与会的大多数——北方代表们——表态予以拒绝。若在自由州颁布《奴隶法典》，等一切尘埃落定，北方就没有民主党的立足之地了。俄亥俄州的一位代表说：“你们这样说，等于告诉大家我们低人一等，无权表达自己的意见，一切都得符合南方人的利益才行。但我正告你们，你们想错了，我们是不会同意的。”闻听此言，亚拉巴马州、南卡罗来纳州、佛罗里达州、阿肯色州以及得克萨斯州的代表们摔门而去。佐治亚州代表抱怨道，棉花州更应为另一件事操心，即奴隶市场的重新开放。大会的主持加莱布·库欣称，总统提名需 2/3 的代表通过。史蒂芬·道格拉斯在《莱康普顿宪法》问题上成功击败布坎南后，已实际赢得北方民主党人的支持，但要拿到足够的票数已经不可能了。[83]

其余代表决定在 6 月 18 日重新在巴尔的摩举办一次会议。届时，北方民主党人将不会让查尔斯顿分裂派入席，而分裂派自己则选择在街对面会面。北方代表在大会上宣泄了他们的愤怒：“奴隶主想要统治一切，否则他们就毁掉一切。他们终其一生都在统治奴隶，现在就连白人他们都不想放过。”他们提出推举道格拉斯为总统人选。在另一场大会中，分裂派民主党人制定了在全国范围内永久推行奴隶制的纲领。他们提名来自肯塔基州的约翰·布雷肯里奇——布坎南政府的副总统——为总统候选人。与此同时，一些超过 60 岁的老辉格党人以“宪政联合党”为名，推选了另一位总统候选人，即来自田纳西州的约翰·贝尔。边境各州的人们大都给贝尔投了票，期望在混乱中谋得出路。[84]

致力于种族迫害的民主党人口中的“黑人共和党”，已经选出了自己的总统候选人。共和党人在芝加哥召开会议，会上那些党员领袖们拒绝了最有影响力的两个人——威廉·苏华德和萨蒙·蔡司成为总统候选人。虽然这两人在党内深孚众望，但在宾夕法尼亚州和西北地区却被视为激进废奴主义者。共和党人期望得到绝大多数选票，因此他们把目光转向亚伯拉罕·林肯。林肯是吸引北方底层的
389 适合人选，同时他也不排斥苏华德和蔡司的道德胜利论，他也能坚守住共和党人的原则，不再做出进一步的让步。在 1858 年与道格拉斯的辩论中，及 1860 年初在纽约库珀学院的演讲中，林肯提出，结束奴隶制的扩张可以让奴隶制在未来一个世纪内消失。这个解决方案以及时间表，意味着白人不必为种族制度的立即转变而纠结。[85]

林肯获得提名的那一刻，可能就已决定了 1860 年的选举结果。南方人的选票游离在布雷肯里奇和贝尔之间。共和党人主要依靠新英格兰、俄亥俄、伊利诺伊和遥远的西北地区。如果他们另外赢得纽约和宾夕法尼亚的选票，就能赢得本次总统选举。共和党组织了多个名为“高度清醒”的俱乐部，里面全是支持林肯的年轻人，他们会像康涅狄格州哈特福德市的俱乐部那样，哪里斗争最激烈，就上哪里发起运动。州内的各位政党领袖，如宾夕法尼亚的西蒙·卡梅伦、纽约的塞罗·韦德，也开始了他们肮脏的投票运作。11 月 6 日，林肯拿下了除新泽西州外的所有自由州。经过四轮竞选，林肯赢得了 40%的选票，获得了 303 张选票中的 180 张。[86]

尽管民主党人认为，共和党的胜利意味着奴隶制的终结，以及白人女性将会嫁给黑人男性。然而，布雷肯里奇却未能赢得上南部(Upper South)① 的选票，那里保留了一些对联邦的情感。没有了这些州白人的大力支持，整个南方体系就会缩小，军队实力也会大打折扣。现在总统大选的结果是诞生了一个“支持黑人的共和国”总统，棉花州会兑现他们之前的威胁言论，从联邦中独立出来吗？如果他们真的独立出去，而且联邦政府采取行动威胁各州，就像1832—1833 年冬天“撤销案”中杰克逊做的那样，那些白人公民会诉诸武力保护自己吗？

10 月底，南卡罗来纳州州长威廉·吉斯特写信询问其他蓄奴州长官，若林肯赢得选举，他们是否准备召开独立大会。共和党人坦言他们会阻止奴隶制的扩张，最后实现彻底废除奴隶制的目标。亚拉巴马州、密西西比州、佐治亚州以及佛罗里达州对此予以肯定，但他们希望由南卡罗来纳州来带这个头。11 月 10 日，南卡罗来纳州立法人员预备在 12 月初召集一次代表大会，商讨脱离联邦的具体事宜。其他棉花州做出了同样的决定。南卡罗来纳州如期举行了公投，代表们悉数到场。12 月 20 日，代表们就脱离联邦达成一致意见。3 390
周内，密西西比州和佛罗里达州的人们也投票脱离了联邦。亚拉巴马州、佐治亚州和路易斯安那州紧随其后，得克萨斯州也在 1861 年2 月 1 日决定脱离联邦。[87]

或许棉花州绝大多数白人都和那些企业主一样，感受到了奴隶制扩张进程停滞的紧迫感，又或许他们并没有这种感觉。那些政治领袖操控会议以期达到自己想要的结果。选民们要么投票选择脱离联邦，要么选择妥协。妥协意味着他们希望其他州先脱离联邦，作

① 美国地理区域概念，与深南部（Lower South）相对，指美国南部偏北的地区。

出表率，而这种妥协的态度又使他们被骂作“投降派”，说他们愿意投入北方佬的怀抱。大会代表比绝大多数白人都富有，比如密西西比州代表平均每人有15个奴隶，亚拉巴马州代表有13个奴隶，佐治亚州代表有13个奴隶，南卡罗来纳州代表则有37个奴隶。主张合作的奴隶主们由那些不经营种植园的区域选举产生，在选民的指示下他们前往州府，拖延脱离联邦的进度。可是，一旦这些代表们经济上的伙伴参与进来，他们就会改变立场，会议表决结果几乎全票通过。[88]

尽管奴隶主们把持了大会，操控了脱离联邦的进程以维护蓄奴州的局面，但最终他们还是得面对那些自耕农以及贫穷白人的步步紧逼和质疑，（有时发自对联邦的忠诚）不得不讨好他们。美国内战结束后，南部联邦对自己犯下的错误道歉，称之前南方各州为了宪法规定的“州权”要求脱离联邦完全是一个谎言，如此撒谎只是为了洗白过去。每位与会代表都清楚地指出，他们决定脱离联邦只是为了保护奴隶制。林肯的胜利，让南方腹地的奴隶主们感觉唯有脱离联邦才能让南方幸免于难。一位曾支持道格拉斯的亚拉巴马州的编辑说：“解放400万奴隶等于让我们放弃2500万美元的财产。”[89]

从密苏里州到得克萨斯州，从“威尔莫特事件”到《堪萨斯—内布拉斯加州法案》以及《莱康普顿宪法》的颁布，不论联邦政府是否就奴隶制问题干预蓄奴州，政治家们始终都在围绕该不该废奴这个问题进行讨论。分裂主义者担心，他们无法说服南方绝大多数没有奴隶的白人脱离联邦，而说服的理由仅仅是为了确保企业主在未来的棉花生产过程中不受干扰。于是他们大肆宣传共和党人当选后，北方必然承诺白人和黑人种族地位平等。这一点，由密西西比
391 州议会派出的一位特使告知佐治亚州的同僚们。共和党人不仅宣称要废除奴隶制，“还要求……黑人和白人平等地进行选举，获得荣

誉，同工同酬；平等地进行社交，平等地享有结婚权”。解放奴隶意味着除了种植园主，其他人将失去晋升机会，就连那些只有一个奴隶的人也将失去机会。更糟糕的是，白人尤其是白人男性拥有的特殊地位将不复存在。林肯赢得选举只给他们留下了一个选择：要么选择脱离联邦，否则你邻居家的奴隶可能会娶了你的女儿；要么主动献上你的妻女以满足那些半开化的黑人的兽欲。特使称，如果让共和党人领导国家，就意味着“暴力的狂欢”“一场灭绝式战争”，白人们会以被暗杀、种族融合或者强奸的方式，最终走向毁灭。[90]

假如种族恐惧迫使那些没有蓄奴的人们接受了奴隶制，奴隶主们就能接着让奴隶制重现现代化和资本主义的特征，以及急功近利、兼具创造性和毁灭性，极尽右手权力之能事的扩张进程。他们还能继续利用黑人迁徙和奴隶贸易，把黑人商品化，就好像将他们的身体分成多块，以使自己获取更多的利润；继续让黑人妇女被隔离、被强奸。但是，恐惧会让人们怀疑那些演讲者是否清楚白人公民畏惧南方脆弱、高度不平等的剥削型经济体制，是否清楚没有了种族优势这个保护网，特别是奴隶制这样的保护网，他们将会陷入贫困和堕落的深渊。或许，演讲者的恐惧也折射出自身混杂在一起的各种欲望和焦虑，在这样一个不断流动、扩张的现代经济中，可能一夜暴富，可能瞬间破产，性暴力和政治权力的交织以及奴隶的身体带来的性欲和财富上的双重满足。

尽管这些观点在七大棉花州大受欢迎，但上南部各州那些没有奴隶的绝大多数代表持反对态度。2 月 4 日，弗吉尼亚州投票表决，153 名代表中，仅有 32 人支持脱离联邦。尽管詹姆斯・梅森和其他人发誓忠于卡尔洪原则，但老自治领那些不太富裕、思想上不太效忠的人还未做好准备。同样在 2 月，堪萨斯州、田纳西州、肯塔基州、密苏里州以及北卡罗来纳州都拒绝脱离联邦，至少他们觉得还未到时候。[91]

与此同时，华盛顿的参议员和众议员们争先恐后地恢复联邦层
392 面的区域妥协法案。肯塔基州的约翰·克坦顿召集了13名参议员寻找解决危机的办法。按照亨利·克莱的传统，克坦顿提出了6条宪法修正案以及4项决议方案，其中最重要的是恢复了《密苏里妥协案》，并承诺联邦政府会在北纬36°30′以南永久推行奴隶制。另外则规定，未来不允许对这些宪法修正案、州立法机关五分之三条款以及逃奴条款做出任何修改。[92]如果获得国会通过，并且全国3/4的州立法机构批准，这些条款将被写进宪法。克坦顿的提议将使奴隶制变成一项美国的永久制度。他们会给阻挠议事增加一些别的诱惑性条款。这就是妥协法案的模式，或者说，这就是边缘政策对南方的一种安抚。

这些修正案的通过可能未能说服棉花州放弃对政治独立的追求。那7个棉花州的白人沉浸在疯狂的政治热情中，任何人都难以说服他们做出改变。那些让南方人在政治上自成一体的说法越来越有市场。同时，南方的领导者们在1860年12月到1861年1月期间一直待在华盛顿，比如说密西西比州的杰斐逊·戴维斯，但他对所有妥协案均持冷淡态度。

虽然很多共和党人急切地参与了妥协案的谈判，林肯总统却表达了不同的看法。林肯在给纽约州共和党领袖塞罗·韦德的信中写道："在奴隶制问题上我们决不妥协。一旦妥协，我们将会失去所有的劳动力，而且不久我们会再次妥协。"对此，民众用选票发声，反对任何形式的奴隶制扩张。林肯拒绝放弃投票结果，坚称"斗争迟早发生，最好是现在"。这句话鼓舞了国会中的共和党人。虽然共和党人已经同意让新墨西哥州蓄奴，但他们反对在北纬36°30′以南实行奴隶制。

一些历史学家批评林肯的这些举动，说他和其他北方人一样误解了南方，以为南方是在玩博弈游戏，想让北方又一次知难而退。这些人认为，妥协案的失败导致大批民众失去了生命。这种批评林肯干涉妥协案的论调，从侧面支撑了这样一个观点，即按照成本收益原则进行分析，未来几十年即使没有打仗，奴隶制也会消失。这 393
场战争最基本的收获就是几百万人获得了自由，但由此造成的死亡人数却达到了 70 万人，此外还有战争带来的巨额经济损失。[93]

之所以认为奴隶制会自然消亡，是因为当时的形势显示低效劳动迟早会被淘汰。到 1860 年，奴隶制已经以人类历史上不可思议的速度发展了 70 年，且一次次打破了限制。此外，就实际情况而言，克坦顿计划让奴隶制的终结变得遥遥无期。1 月，林肯引用克坦顿的话说：历史告诉我们，“旧的一年不会这么容易过去，除非我们把古巴拿来作交换，让他们继续留在联邦”。但不论如何，那年冬天主张脱离联邦的各州没再向华盛顿和斯普林菲尔德派遣特使，也没有就分裂问题讨价还价。[94]

3 月 4 日，林肯在华盛顿聚会的民众面前，像安德鲁·杰克逊那样宣誓就职。然而这一年，追随杰克逊的民众所醉心的民主瓦解了。自 1 月底开始，武装人员占领了深南部各州的绝大部分政府机构。7 个棉花州的代表在亚拉巴马州的蒙哥马利会面，宣布成立“美利坚邦联国”（南部邦联），议员杰斐逊·戴维斯被任命为总统。即将卸任的詹姆斯·布坎南总统以一种非常不“杰克逊式”的姿态，对此未置一词。林肯就任当天，矛盾被激化至顶点。联邦军队撤离了查尔斯顿港位于老奴隶交易码头的堡垒，迁至刚建好的萨姆特堡，新堡垒离海岸更远。邦联官员勒令联邦军队投降，但罗伯特·安德逊上校拒绝投降，虽然此时军队的食物已经不够了。

林肯这位身材瘦削、出生于肯塔基州的前律师，在老迈的大法官罗杰·托尼前宣誓就职，之后转身面对人群，他那六英尺四英寸的身躯挺立在讲台上。这位总统终其一生都在反对杰克逊及其同党，他是担任美国总统的人中最普通的一个，这一点在美国空前绝后。任何一届总统年轻时都不像林肯那么贫穷，但这也成就了林肯，同时，这也成了莫大的讽刺。林肯当选总统，使杰克逊的劲敌亨利·克莱成了“最理想的议员”。林肯一直在研究 1832—1833 年“撤销危机”中杰克逊讲过的话，为奴隶主的反扑做好准备。

当林肯拒绝妥协后，他告知那些意志动摇的共和党同事以及全国人民，若此时此刻同意南方人分裂出去，则无异于让那些选举失
394 利者践踏选举规则。林肯认为，同意分裂主义者的要求等于放弃民主政府的原则，转而屈从于奴隶主的威胁。他还认为，美国的命运掌握在奴隶主手中，等于单方面宣布宪法无效，且将所有的关键文件都打上南方人的烙印，这无疑会使美国走向分裂。

与此同时，林肯警告人们：“你所向往的前方比你经历的所有真实的地方都要糟糕。”如果奴隶主们想保护自己的财产，保存实力，他们就会适得其反。1812 年美英战争打响时，成千上万的奴隶投靠了英国人，其结果是悲惨的。由自由州组织起来的军队里有很多奴隶，这支队伍将所向披靡，打败奴隶主。但奇怪的是，几乎没有奴隶主相信这一点。唯一的几个例外，是前辉格党成员兼大种植园主史蒂芬·邓肯和保罗·卡梅伦，他们在危机爆发的时候始终忠于联邦。但总体来说，分裂派里奴隶主越多，他们做出的决定就越激进。

面对着奴隶主做出的清晰的决定，以及那些没有奴隶的白人们对他们的支持，林肯呼吁保持克制。林肯坚称联邦还未分裂，但他不会用总统的执行权去夺回被占领州的联邦财产，不会派军队到各州，也不会指派官员给地方找麻烦。他接受了当时可能会产生的种种不利情况。1861 年 3 月，联邦召集了只有几万人的部队。此时，

上南部各州一直持观望态度，造成一种林肯威胁他们的假象。这样一来，摇摆州中的分裂派就会逐渐占据主动。于是，林肯机智地把责任推回给了奴隶主："对我心怀不满的同胞们，内战是否会爆发，不是掌握在我的手里，而是掌握在你们的手里。"也许对国家的忠诚和理智，不会让弗吉尼亚州、北卡罗来纳州、密苏里州和肯塔基州加入分裂派。因此，在演讲的最后，林肯以共同的历史纽带唤起各州同宗同源的情感："尽管激情会逐渐冷却，但绝不会割断我们之间情感的纽带。记忆的神秘和弦，仍回响在每一个战场和为国捐躯的烈士的坟墓上方……我深信它必将再度被我们天性中更好的天使所奏响，那时必将响起联邦大团结的盛大乐章！"

未来的道路此刻尚不明朗。奴隶主们似乎不接受林肯的提议，395
也不愿继续待在这样一个阻碍他们的希望和梦想、让奴隶制不断萎缩的美国。奴隶主的断然拒绝，意味着数百万的奴隶和奴隶主的前途——这两个关系密切的群体遍布这个次大陆，活脱脱一部苦难和权力的历史——比起当年安德鲁·杰克逊隔着地里的甘蔗茬和泥潭瞭望帕克南红色界线的时候，更加令人捉摸不定。这就像奴隶们无数次为了让自己的背部免遭皮鞭的抽打，不得不在天黑前强打起精神再摘一两磅棉花那样。当奴隶主们这样做的时候，他们已经改变了世界，尽管他们已经习以为常。但这一次，他们的目标不再是扫除旧的市场模式、制作工艺以及非洲裔美国人的家庭，而是决定消灭联邦。然后，他们会像创造和毁灭其他东西那样，建立一个更符合自己利益、维护自己权威的新政府来代替现在的政府。

当年约翰·布朗袭击发动时，诉诸武力就已不再是遥远的幻想，亨利·戴维·梭罗为即将上战场的士兵写下这样一些话："当你……在一个领域培养一个英雄时，往往会有很多英雄出现。"那些南方白人不相信北方人真的会和他们开战。林肯的小心翼翼，或许助长了邦联领导人把战争当作解决问题的方式的信心。但在上任 1 个月后，林肯证明他在解放奴隶、维护和平方面具有足够的谋略战胜奴隶主。他没有依靠武力占领查尔斯顿港，而是从纽约派遣了一艘补给船给萨姆特堡的驻军提供补给，而不是给他们提供枪炮。南方决策者们打算改变策略，将联邦军彻底从棉花州驱逐出去。4 月 10 日，当地
396 的邦联部队指挥官接到来自蒙哥马利的命令：联邦驻军立即撤离萨姆特堡，如果驻军拒绝撤离，他们会在纽约方面的补给到达之前对萨姆特堡进行轰炸。4 月 12 日凌晨 4 点 30 分，第一炮打响了。33 个小时的轰炸未造成任何人员伤亡，4 月 14 日第一缕曙光出现的时候，萨姆特堡军队投降。[95]

第 11 章

尸体 *1861—1937*

莉莎·麦卡勒姆离开律师事务所慢慢地往家走去。就在几天前，她的第二任丈夫凯德·麦卡勒姆去世了，现在，他正躺在新奥尔良一座刷成白色的地上陵墓里。路易斯安那州的 2 月，寒风刺骨，不断考验着莉莎 73 岁的身体。穿城而过的冷风卷起一堆堆碎纸片般的垃圾碎屑，掠过惨白的墙壁飞向莉莎。此时此刻，她正沿着橡树大街缓缓而行。

莉莎可能正在思考一个棘手的问题——如何生存下去。从 1890 年开始，凯德就以联邦退伍军人的身份享受联邦政府抚恤金。为了把这笔钱转到自己名下，她必须证明两人是合法夫妻。所以现在律师要把她所提供的证明文件寄到华盛顿，然后由那里的官员做出判断。最后，办事员会把这份文件归入凯德档案，再把它放回原来的地方：一个摆满书架的储藏室，53366 号和 53368 号密封箱之间的 53367 号密封箱的第二捆里面。

这些架子上还沉睡着数百万人的生平档案，这些都是曾在南北战争中保家卫国、反对奴隶制扩张的士兵，这里承载着他们的故事，还有他们的家人、朋友、战友和社区的故事。在这沉睡的静默里，仍有数不清的疑云迷雾从纸张间渗出，弥漫于架子间和架子底部黑暗的角落。就拿莉莎自己的经历来说，尽管她已经在抚恤金的申请证明中作了详尽的描述，但还是暴露了她并不知晓丈夫凯德的全部。莉莎告诉律师，凯德·麦卡勒姆出生于大西洋沿岸的某个地方，而另一位来自部队的朋友也提交过抚恤金的申请，曾提到凯德生于北卡罗来纳，但莉莎仅存的记忆也只是一些他乘船捕鱼的模糊画面。
398 也许凯德告诉她的是马里兰州。这里的几百万士兵，每个人的生平加在一起就是一部伟大的史诗，它见证了奴隶制的发展壮大。数十年来的每一个夜晚，凯德都有机会向莉莎讲述自己的故事，告诉她强迫迁徙是如何摧毁了他出生以来的生活，但他没有说。借用另一位奴隶制幸存者的话来说，当他们两人闭上双眼准备入睡之时，除了凯德自己，没有人能够真正“想象得出那种痛苦”，因为那是他的亲身经历。也许，每个故事都有一半永远不为人知。[1]

但是，莉莎知道一些关键信息。1850 年，已经是一个成年人的凯德被主人送到里士满卖掉了，之后（新主人）又带他乘船去了新奥尔良，在那里作为苦力再出售。1861 年时，凯德正在伊贝维尔教区的奴隶劳工营做苦力。在他的印象中，奴工营的主人叫作“帕朗夫人”。而莉莎在 1861 年是密苏里州布恩维尔一个店主的奴隶，同时也是店主重要的投资资本。随着萨姆特堡战役的消息传来，密苏里州政府立刻分裂成了两派，亲联邦派和亲邦联派。联邦军占领圣路易斯的周边地区后，北方新闻机构的反奴隶制作家力劝林肯总统采取战争手段来解放奴隶。但林肯拒绝了这一提议，并声明：“我希望上帝与我同在，但是我绝不能放弃肯塔基州。”并撤销了联邦军总指挥约翰·费里蒙特关于解放密苏里奴隶的声明。密苏里州和肯塔基州一样，也地处边境。但是，莉莎的主人已经意识到联邦军队的出现会诱使黑人奴隶逃跑（如同在弗吉尼亚的门罗堡一样）。店主听说一个叫丹尼尔·伯杰的商贩正在收购奴隶并带他们南下，于是将莉莎卖给了他。1861 年夏末的时候，莉莎已经到了普拉克明小镇“商人的院子里”，正巧就在伊贝维尔教区。

当时，凯德·麦卡勒姆仍在帕朗夫人的农场里，只是他可能再也不用采摘棉花了。1861—1862 年，南方的棉花生产者们认为，他们在国际棉花市场中的集体垄断地位给了他们底气，只要引发一次“棉花危机”便可以促使欧洲列强站在自己这边。于是，他们停止种植和出售棉花，大多数人转而为邦联军队提供粮食作物。到 1862 年初，运到利物浦港口的棉花骤减，总量仅为 1860 年的 3%。产量的骤减引发了国际市场上棉花价格的上涨，但具有讽刺意味的是，这导致 19 世纪首次出现了其他产棉区比蓄奴产棉区更具价格竞争力的现象。非洲西部和巴西地区的棉花产量激增。在埃及，农民们将肥沃的尼罗河三角洲开垦成了巨大的棉花田。从 1861 年开始，他们拿 399
赚的钱到开罗购买奴隶，这些奴隶都是从苏丹沿着尼罗河或者从达尔富尔横跨沙漠到达开罗的。据一位历史学家估计，19 世纪 50 年代，埃及每年奴隶贸易的数量不超过 5000 人，而到 1865 年，已经超出了 2 万人。[2]

在 1861 年底之前，南部邦联就失去了对南卡罗来纳海岛的控制权，这里是最古老的棉花产地。当 1861 年夏天势如破竹的联邦舰队登陆查尔斯顿南部海岸时，奴隶主们纷纷逃亡。联邦军队占领了希尔顿海德沿岸，当地 90%的人口是美国黑人。这些黑人开始商量将自己世代耕种的土地划分为私人田产，但联邦政府和北方其他决策者担心南方会重蹈牙买加的覆辙——1834 年，英国在帝国范围内全面废除了奴隶制，获得解放的牙买加奴隶拒绝参与甘蔗种植，使牙买加的出口经济陷于瘫痪。于是，在 1862 年的耕种期来临之际，财政部明确了国家对废弃土地的主权，并将土地租给北方的企业家，用于在海岛上重新组织和恢复棉花生产。

这些承租人并不只想着获取利润。例如，佛蒙特州的一个企业家团体向财政部打包票说，“凭借我们新英格兰人的本领和能力，雇用这些人种植棉花，给他们合理的报酬，产出的棉花价格要比把他们当奴隶、强迫他们干活便宜 1/4”。因此，他们可以证明奴隶主们不仅在政治上具有帝国主义色彩，损害了其他白人利益，而且经营方式也十分低效和落后。他们相信，实际上“短期内可能不会再出现这样一个好机会来证明这些了”。假如一个月 6 美元的报酬不足以说服刚刚获得解放的美国黑人舍弃种植玉米、白薯等粮食作物，转而进入雇用劳动力市场去种植棉花，这些新英格兰人就还得申请使用一些“强制手段”来巩固他们的“权威”。[3]

这种尝试并没有奏效，至少对这些北方的土地承租人来说是这样。他们签署了合约，按月付给工人工资，结果发现在 1862 年末的时候，一半的棉花都烂在了地里——只有用鞭子赶着干活才有可能摘完这些棉花。一些人不愿意承认在某些方面雇佣劳动确实不如奴隶制的效率高，于是他们开始尝试另一种方法：按劳动产量计算工资，并扣留每个月的工资，等到收成结束统一支付；或是恐吓工人，告诉他们如果不好好干活，“就向林肯总统汇报这些人太懒惰了，根本不应该给他们自由”。然而，不管是海岛还是遥远的其他大陆的棉
400 花产区，都没能帮助兰开夏郡的纺织厂恢复经济。国际市场中的棉花依旧紧缺，价格也十分昂贵。[4]

此时此刻，在美国这片土地上，联邦军和邦联军的战斗日趋激烈，伤亡日益增多。到 1862 年的下半年，参战双方——一个完全实行奴隶制，另一个则部分残留着奴隶制——共计有近 100 万人参加战斗。9 月的一天，在马里兰州西部安提坦河的一场战役中，联邦军殊死拼搏，虽然勉强击退了南方军队的进攻，但牺牲了 3600 名士兵，另有 1.7 万人受伤。

大部分媒体都把目光聚焦在东边战场，许多历史资料也只持续

记录了战争前线的戏剧场面和整体战况。但与此同时，这场战争也取决于密西西比河流域的产棉区，那里曾上演了许多关乎美国经济发展的基础性事件。1862 年 4 月末，最关键的事件在此发生，一支联邦舰队在那个英国曾经打败仗的地方突破了密西西比河防线，抵达新奥尔良。邦联官员们开始纷纷逃离这个南方最大的城市，联邦军队就在蕾切尔一行人曾经登陆的那个码头登陆了。

联邦军占领新奥尔良后不久，奴隶们陆续逃离附近的奴工营，涌进城市西边的防御工事。防御工事的联邦指挥官无视奴隶主的请求，拒绝遣返奴隶。逃入军营的奴隶数量越来越多，联邦军很快又在邦卡莱的圣查尔斯县建了第二个营地，就在 1811 年奴隶起义的中心附近。

自战争打响之后，林肯就一直在努力说服边境的政治家们，让他们同意施行循序渐进的或有偿的解放奴隶计划。他的所作所为是对自由更加积极的支持，这些支持比历届总统所做的加起来都要多。1862 年 4 月，国会通过了一项法律，解放哥伦比亚地区的 3000 名奴隶，同时给予奴隶主们总计 100 万美元的补偿。马里兰州、特拉华州以及肯塔基州的政客拒绝接受这项政策，他们要求永久保留奴隶制。联邦军在安提坦河战役中取得险胜后，林肯意识到自己可以采取更加果断的行动来反对奴隶制了，于是发布了数月前就已拟好的一份文件。[5]

在美国总统签署的所有行政文件中，最重要的当属这份《奴隶解放宣言》。它宣布，自 1863 年 1 月 1 日起，所有叛军控制区的奴隶都将获得自由。但这份文件并不全面，没有包括联邦控制区的奴隶。这意味着不只是毗邻各州，还有弗吉尼亚西部各县都各自形成了一个独立的亲联邦州。另外，该文件也不包括路易斯安那的南部地区，401
那里的联邦领导人正试图创立一个“重建的”州政府，并努力避免引起当地白人的反抗。

但是，《奴隶解放宣言》为广大南部邦联控制区的奴隶们带来了自由的希望，《宣言》所掀起的浪潮比联邦军更早一步抵达这一地区。在莉莎所在的伊贝维尔教区，当地的奴隶主想将她转移到更远的得克萨斯州以远离战火。美国黑人将这次转移称为“流亡”。从1862年上半年起，为了防止奴隶逃往联邦控制区，奴隶主们马不停蹄地将奴隶在南部各州之间转移，正当他们穿越奥珀卢萨斯时，联邦军突然袭击了这里，打散了邦联的护卫队。联邦军带着这些被解放的奴隶回到了河边，把莉莎等数百名获取了自由的美国黑人送上了开往新奥尔良的船只。

由于莉莎是南部邦联区的奴隶，按照《宣言》的规定，她可以获得自由。但在新奥尔良登陆之后，她和其他黑人被安排进了当地的棉花仓库。几十年后，莉莎回忆说，“从那时起，我们散落各地”，被送往联邦统治区内不同的农场进行强制性劳动，“我被带到了唐纳森维尔附近的麦考尔农场”。在那里，她遇到了一个叫托马斯·法罗的男人，两人建立了恋爱关系。每天他们都要去地里劳作，好向联邦官员证明自己是在“自愿劳动”，以此来换取政府的给养，其他拒绝劳动的人就要挨饿。尽管这并不是真正意义上的自由，但几十年来，奴隶们一直试图敲开自由的大门，正是《奴隶解放宣言》的颁布，一下子为他们卸下了这扇大门的门闩。接下来，美国黑人们会努力让它打开，直至完全敞开。

由于林肯把解放奴隶作为长期的作战方针，要求直到奴隶制瓦解才能结束战争，黑人们自由的希望大大增加，也使得另一项政策发生了变化。战争伊始，北方自由的黑人就曾要求入伍，但联邦政府害怕引发边境各州的混乱，所以拒绝了他们的要求。决策者知道，尽管北方的白人痛恨分裂，但他们更害怕弗雷德里克·道格拉斯的

402

图 A.1　弗吉尼亚州亚历山德里亚市的奴隶交易场内部画面，其中部分已经被拆除。19 世纪 30 年代，约翰·阿姆菲尔德所使用的大致就是这样的建筑，在 1861 年联邦军攻下这座城市之前，这里的奴隶交易者一直在这个围场内进行交易。如今，这里已经建成自由之家博物馆，由北弗吉尼亚的城市联盟管理（摄于 1861—1865 年，国会图书馆）。

话会成为现实。道格拉斯曾宣称："让黑人参军……让他们肩上扛起步枪，兜里装满子弹，世界上不会再有任何强权能够剥夺他们成为美国合法公民的权利。"[6]

1863 年 1 月 1 日，林肯宣布正式实施《奴隶解放宣言》，他还强调行政部门要履行国会在 1862 年夏季做出的决定，允许美国黑人加入联邦军队。许多黑人已经在个别州政府的授意下进行了军事训练，如著名的马萨诸塞州 52 军团。新生的美国黑人部队（U.S.C.T）里还有许多来自其他地方，如门罗堡和护墙营的入伍者。随着战事不断扩大，黑人入伍的消息很快传到了一些男性奴隶的耳中。他们逃出来后，紧接着就加入了联邦军队。在 1863 年的一个晚上，凯德·麦卡勒姆和朋友詹姆斯·道格拉斯偷偷溜出了帕朗夫人的奴工营。他们往东出发，穿过大片丛林。在北面，这时候联邦军正试图包围维克斯堡。两人抵达密西西比河后，找到了一条停靠在西岸的小船。

403 不谙水性的道格拉斯先爬上了小船，麦卡勒姆把船推入河中，然后抓住船沿翻身上船，小船顺流而下。在晨光中，西岸忽然传来一声枪响，那里是邦联控制区。道格拉斯紧贴着船底卧倒，麦卡勒姆则像乌龟一样缩成一团。几声枪响之后，射击停止了。

在河流的一个弯道处，他们看见一艘联邦炮艇正朝他们驶来。船上挂着星条旗，道格拉斯和麦卡勒姆一边向船员挥舞手臂，一边奋力朝那边划去。船员把他们拉上了“埃塞克斯号”，两人都已经浑身湿透。站在倾斜的铁甲舰上，他们被告知有两个选择，要么前往邦卡莱从事种植园劳动，要么参军。两人毫不犹豫地加入了美国黑人部队第 80 军团。

随后的两年里，美国黑人士兵的数量达到了 20 万人，其中许多人曾经是奴隶，他们通过在战场上的不朽事迹，重新定义了自己的余生。麦卡勒姆和道格拉斯所在的第 80 军团参加了哈德逊港围攻战，这是内战中最早一批以黑人部队为主力的战役之一。这场战争的胜利，为 1863 年 7 月 1 日维克斯堡战役的成功奠定了基础，联邦军一举切断了密西西比两岸邦联军的联系。与此同时，在葛底斯堡，联邦军也击退了南方军的第二次北侵。

自此，奴隶制开始加速瓦解。北方军的势力不断朝南方棉花产区深入。他们穿过路易斯安那州中部的一片水域时，包围了伊莉莎·杜普里和安德烈·杜普里夫妇，还有菲洛·巴蒂和上千名奴隶，他们都来自所罗门·诺瑟普被剥夺自由之后进行强迫劳作的那个教区。士兵们“像赶牛一样赶着我们前进”，巴蒂后来回忆道。在驱赶下，他和其他被解放的黑人男性上了火车车厢顶部，妇女和孩子们则挤在车厢里。下车后，伊莉莎·杜普里和其他女性被送上了蒸汽船，开往政府出租农场。而安德烈·杜普里、巴蒂以及剩下的男性则经由陆路被带到了密西西比州。在那里，他们与詹姆斯·道格拉斯和凯德·麦卡勒姆的境遇一样，联邦军也要求他们做出选择。

安德烈·杜普里和菲洛·巴蒂进入了黑人部队第 81 军团。同时，伊莉莎·杜普里也知足于“老胡桃木”的奴工营所提供的给养，与食物越来越紧缺的南部邦联区相比，这些给养十分丰富。但是，她不愿意继续在武装监控下辛苦地劳作了。伊莉莎悄悄从奴工营溜走，步行 50 多英里来到了巴吞鲁日，并在部队医院里找到了一份工作。几个月后，正当她在帐篷外搅动着大铁罐里的热水清洗衣物时，安 404
德烈穿过腾腾的蒸汽走向了她。他的部队正在护墙营进行训练，有人告诉他伊莉莎的所在地，他便请了一天假来找她。[7]

到 1864 年，尽管遭受重创的邦联军已无力进行大规模反击，但在弗吉尼亚州、田纳西州和佐治亚州，联邦军每向前推进一点都要付出牺牲大量士兵的代价。北方白人媒体的主战决心因此开始动摇，反战的声音愈发强烈。一些意志薄弱的人开始主张议和，而这正是杰斐逊·戴维斯和南部邦联所期望的。相比之下，安德烈·杜普里、詹姆斯·道格拉斯、凯德·麦卡勒姆以及其他 20 万名美国黑人士兵始终坚守信念。在他们的支援下，厌战的联邦军队保持了整体的作战力量，撑过了 1864 年和 1865 年。黑人士兵部队也因此付出了惨痛的代价：4 万人牺牲。而在南部战火弥漫的废墟和奴工营里，可能还有相当数量的黑人奴隶也失去了生命。所以当安德烈的战友找到伊莉莎，告诉她安德烈染上霍乱去世时，也就不怎么让人意外了。

尽管如此，难民营和军营里也有希望的存在。在这里，曾经被奴役的人们找到了同伴，或再次见到了自己昔日的朋友；在这里，他们为未来奠定了基础，让美国黑人能够在没有奴隶制的社会里得到公民的权利和政治身份。就以露辛达·霍华德为例，战前她与艾米丽、玛格丽特姐妹三人被人从弗吉尼亚经水路带到了新奥尔良，后经由一个奴隶中介之手，她们被卖到了位于圣詹姆斯教区的奥奈达奴工营，其所有者为韦勒姆夫人。1862 年，北方军进驻这里，当时露辛达只有 15 岁。她先逃了出去，她的姐妹和一些相熟的女孩沿着她逃跑的路线找到她时，她正在邦卡莱的奴工营靠干修缮码头的苦力活谋生。她们还见到了她的丈夫，一个叫作艾布拉姆·布卢的黑人士兵。当地的宪兵司令，负责管理营地里民众的指挥官主持了两人的婚礼。据说，在姐妹和朋友的陪伴下，露辛达“在国旗下”嫁给了艾布拉姆。

指挥官颁给露辛达和艾布拉姆的证书证明了两人是合法的，是经国家认可的夫妻关系。与战前婚姻不同，那时候奴隶们可以随便取消夫妻关系。而现在的婚礼带有法律效力，他们让黑人男女有权选择在一起，不用因为某个白人的意愿而被迫分开，他们的生命、他们的血肉都由他们自己做主。战后，露辛达和艾布拉姆加入密西西比州的一个新教堂时，他们出示了结婚证书。这说明他们是真正的夫妻，而不仅仅是同居。有了这一纸证书，艾布拉姆成了露辛达
405 所生的 15 个孩子的合法父亲。露辛达凭借支持身为士兵的丈夫，也获得了公民权。同时，她还获得了申请艾布拉姆抚恤金的权利，因为她也为国家作出了贡献。[8]

到 1864 年，曾经的奴隶们已经踏遍了南部各州，这一次，他们不再是枷锁加身，而是扛着武器，身穿蓝色的军装。他们的心中充满了信心，相信联邦政府会让他们重获权利。他们的出现鼓励了那些仍被奴役的黑人，奴隶们开始拒绝为奴隶主干活，或者干脆逃进

图 A. 2 一名男性奴隶从逃跑、获得自由、成为联邦士兵，最后为了国家和自由而牺牲的过程。绘制者为艺术家詹姆斯·奎因，这可能是他为《哈珀周刊》绘制的作品（国会图书馆）。

树林。美国黑人部队的不断壮大，为人数紧缺的北方军队提供了至关重要的增援。1865 年 3 月，就在林肯的第二次就职典礼之前，国会通过了《宪法第 13 条修正案》，宣布在全美境内永久性地废除奴隶

406 制。非解放区的奴隶也包括在内，比如边境州内仍被奴役的 42.5 万名美国黑人。不久之后，里士满被攻破。1865 年 4 月 9 日，罗伯特· 李率领的北弗吉尼亚军队在南弗吉尼亚的阿波马托克斯宣布投降。南部邦联的总统杰斐逊·戴维斯像洛伦佐·艾维曾经见过的那些逃亡奴隶一样，已经逃往丹维尔。也像艾维在接受公共事业振兴署工人克劳德·安德森采访中所说的那样，戴维斯用一个小包背着他的全部身家。

历经 4 年的内战终于结束了，尽管有 70 万美国人在战争中丧生，但忧中带喜。1865 年的 5 月和 6 月，随着联邦军深入剩下的蓄奴州，他们找到了那些仍在为奴的黑人，并解放了他们。每年的 6 月 19 日，庆祝的场面会一次又一次地上演。直到现在，全美国黑人仍在庆祝“6·19”奴隶解放日。获得自由的奴隶开始自发地唱歌跳舞，有的人跑去告诉奴隶主他们的真实想法。有的人收拾了全部家当，动身去田纳西或者弗吉尼亚寻找他们走失的家人，又或许他们只是想离开这个地方。还有人甚至收拾了自己的小木屋，将其搬到主人大房子视野之外的地方。等奴隶们找到时机把曾经奴役过的黑人召集起来时，有的黑人还主动提出将粮食收益五五分成。许多奴隶主的生活瞬间跌入谷底，不止一个人在奴隶解放日这天结束了自己的生命。

当然，还有一个受难者没有说到，他也是最后一个。1865 年 3 月 4 日，这是欢欣鼓舞又庄严神圣的一天，林肯举行了他的第二次就职典礼。在当天的照片中，国会门廊前挤满了围观的群众，在人群中，我们可以看到一个留着八字胡的人正倚柱而立，这就是约翰·威尔克斯·布斯，他就在这振奋人心的演讲现场。林肯的这次讲话，可以说是英语演讲史上最伟大的一场，它本身就是那一半不为人知的历史，它指出奴隶制及其不断扩张才是内战爆发、人民流血牺牲的根本原因。当林肯翻过演讲大纲的最后一页时，他的生命也进入了 40 天的倒计时。

联邦军攻下里士满后，总统去那里进行了访问。他惊讶地穿过夏可洼地，周围是蜂拥而至庆祝自由的人群。曾经就在这个码头，这些黑人的家人和朋友被驱赶上船，被运到其他棉花产地。当第一颗加农炮弹打中萨姆特堡时，400 万美国黑人中的大多数还是奴隶。内战的 4 年里，他们要求获得自由，得到公民身份，得到不会因奴隶贩卖而破坏的情侣关系。回到华盛顿后，林肯发表了另一次演讲，肯定了这些毋庸置疑的要求。他宣布支持美国黑人拥有选举的权利， 407
因为他们在战争中的表现拯救了整个国家。布斯当时也在人群中，听到林肯的声明后，他十分愤怒，对朋友骂道："也就是说黑鬼也是正式公民了！上帝啊，我一定要给他点颜色看看！"于是，在 1865 年 4 月 14 日耶稣受难日那一天，他谋杀了总统。

既可以说亚伯拉罕·林肯是美国内战的最后一个受害者，也可以说他是直到现在仍在继续的民权运动的第一个牺牲者。他离世后，副总统安德鲁·约翰逊继任总统。只可惜他是一名嗜酒如命的种族主义者，一心想要破坏解放的成果。他用了一个夏天的时间，示意南方的白人重新建立黑人曾努力推翻的那种霸权。1865 年秋天，南方的白人选民声称不打算承认黑人的自由。在国会举行的南方各州换届选举中，他们把一群邦联支持者送回了华盛顿。与此同时，南方立法机构中的白人也开始试图将黑人打压回奴隶的地位，他们通过了"流浪法案"来限制黑人的流动，又提出了"学徒法案"以强制黑人青少年成为白人家庭中的不自由劳动者，还在采棉量下降时威胁他们要重新启用皮鞭。

国会里的北方共和党人士被南方白人拒绝接受战败事实的态度所激怒，在激进派的带领下，他们夺取了重建工作的控制权。他们不顾约翰逊总统的反对，拒绝让新选举出的南方代表和议员就职，并通过了一系列法案来剥夺大部分前邦联官员的议席，同时还扩大了军队和自由民众管理局的权力，以便在南方棉花产区强制建立新的劳动体制。自由民众管理局派代表深入南方各地，调解土地拥有者、现金短缺的种植园主和黑人之间的关系。总的来说，美国黑人痛恨一切强制性的暴力体制，他们希望不再有鞭打、称重和记录，不再有任何类似的东西。他们希望母亲们能有机会照顾自己的孩子，照看自己的花园，希望男人们能够自由地在田间劳作，不再有人在背后用枪指着他们，希望孩子们能去上学而不是整年地干活。整个南方的美国黑人都希望能拥有自己的土地，自给自足，像其他国家的独立农民那样生活。

408 然而，他们拥有土地的梦想并没有实现，因为美国还要依靠南方在国际棉花市场中的生产力来发展经济。因此，正如战争初期南卡罗来纳州和路易斯安那州所预示的那样，战后的联邦决策者和土地拥有者都不愿看到黑人成为拥有土地的农民。果然，“自由民众”的代表，包括许多带有激进的政治偏见的人，于1866年强迫黑人和前奴隶主签署了雇用劳动合同。在接下来的几年里，整个南方地区形成了某种折中的体系，一系列基于佃农制的置换。也就是说，黑人家庭可以从种植园主那里租一块土地，然后向后者缴纳一定的棉花收成作为租金。种植园主和当地的店主会把货物以信贷的形式预付给佃农，但由于高昂的利息，黑人往往会陷入永久欠债的漩涡之中。然而，对于黑人来说，当一天结束，迎接他们的至少不再是称重、记录和皮鞭，这已经是非常大的改善了。[9]

激进派还说服国会通过了《宪法第14条修正案》，做了一件其他解除奴隶制后的地方没有做过的事，宣布黑人成为这个多民族共和国的平等公民，把公民权作为所有人与生俱来的权利写入宪法，并表明其后代也享有同等的权利，包括奴隶和移民者的后代，以此来消灭种族主义和文化霸权。尽管《第 14 条修正案》并没有授予女性选举权，但国会以及各州制宪大会都讨论了这一议题的可能性。内战后的这段时间里，美国政治经济的基本协议得到了重新修改，人人欢呼雀跃，似乎一切都可能会实现。[10]

短时间内，黑人选举权的获得让黑人男性可以在州立法厅参与决策，曾经这里生成的议案旨在将他们的生命、血脉和子孙后代债券化。他们代表南方各州参加了国会，而以前，就在这个大厅里，议员们曾经达成妥协，允许进行更多的奴隶贸易，强迫更多的奴隶进行棉花采摘和加工劳动。从 1866 年到 19 世纪 70 年代早期，从重建工作的进展来看，南方似乎可以转变成一个全新的社会。尽管白人的反抗浪潮依然广泛存在，但联邦军队一直驻扎在南方，履行他们捍卫解放的承诺。但 1873 年以后，产业经济陷入大萧条，白人的良知也开始动摇。受困于北方的劳动争端，渐渐地，共和党领导人不愿再与南方的黑人自由劳动者分享利润。

黑人们一直关注着解放的承诺，他们注意到那些象征自由平等 409
的标志和旗帜逐渐开始萎靡、褪色。就托马斯·法罗和莉莎来说，战后他们搬到了新奥尔良。莉莎做了点小生意，向蒸汽船上的旅客兜售食物，她还给托马斯生了两个孩子，他们努力地过着自由的生活。然而形势发生了变化，所有人的生活都变得困难重重，失败被放大，希望开始加速破灭。

19 世纪 70 年代，托马斯在一场席卷整个路易斯安那黑人区的天花感染中去世。莉莎随后搬到了圣约翰浸信会教区，并在约翰·韦伯的种植园找到了一份稳定的工作。在那里，她遇到了凯德·麦卡勒姆，他当时是一名主管。尽管战争摧残了他的身体，使他只能干一点零星的重活，但是工人们很尊敬他。70 年代末的一天，凯德的战友阿莫斯·盖尔来看他，当时正是收割水稻的季节。阿莫斯见到了莉莎，她已经带着孩子和凯德住在了一起。房间里几乎没什么吃的，只有“一条挂着的干鳄鱼”，凯德和莉莎剪断绳子把鳄鱼取下来，洗干净，和阿莫斯一起吃了。

在他们的小木屋外，黑暗正在降临。暗夜骑士（3K党）开始在南方各州出没，他们带着白色的兜帽，对黑人烧杀抢掠，无恶不作。他们在各州选举中徇私舞弊，窃取成果。他们烧毁黑人的房屋，只因黑人“胆敢”购买土地，或是粉刷自己的房屋等。他们甚至会骑马去华盛顿，然后进行各种交易。为了平息1876年总统选举的争端，北方共和党与南方民主党进行了权钱交易，允许后者进行“自治”。南部的白人民主党把自己称作“救赎者”，他们改变了法律，极力将社会拉回到重建前的样子。到1900年，他们已经剥夺了大部分黑人和一些不可靠的白人的选举权。他们还通过了《种族隔离法》（也被称作《吉姆·克劳法》），这是一系列琐碎且残酷的法令。例如，禁止黑人使用白人的饮水器喝水，不准黑人进入白人餐厅就餐，不允许他们和白人在同一所学校上学。也就是说，这项法律剥夺了黑人本该享有的与白人平等的公民权利，包括搬到公共区域生活，以及获得同等的教育和经济机会。

南方白人树起了纪念碑，来纪念那些在“捍卫”奴隶制的战争中战败的将军，纪念种植园的旧日时光。他们还杜撰历史，声称打仗的目的是为了捍卫自身的政治权利。最终，他们还实现了自己的终极目标：说服了大部分美国白人，甚至包括大部分历史学家，让他们相信奴隶制是良性的，“州权”才是内战的诱因。但是，南方白
410 人领主所收复的王国却是一个饥饿的王国，他们自身不再像以前那样富有，其暴力行为更具毁灭性，而非更有利可图。

改写历史只是掩耳盗铃。粉饰失败，幻想洗白父辈的叛国行为，

这些都不能帮助他们更好地适应现代社会。虽然白人企业家积极推行建设新南方，但他们必须适应后奴隶制社会的两个现实。首先，没有人（包括黑人）愿意再忍受皮鞭下的高强度工作。许多白人自耕农在战争的影响下无力继续偿还债务、支付税款，他们失去了自己的土地，不得已沦为了佃农。尽管黑人解放后，南方从事棉花生产的人数激增，但整个美国的棉花总产量直到1875年才达到1859年的产棉峰值，棉花生产效率大幅下降。19世纪50年代末，负责棉花采摘的奴隶每天最多可以采200多磅棉花。而在20世纪30年代，在将近半个世纪的大规模棉花采摘“科学实验”之后，这些黑人奴隶的后代每天的产量也不过100—120磅。[11]

其次，棉花生产效率不升反降，以及南方白人领导者为了保护白人利益在区域内施行的政治经济隔离，使得南方经济在国内陷入了次等、殖民的状态。除了生产棉花，南方人一直想要建立一个更加多样化的经济体系，但在黑人解放后将近一个世纪的时间里，他们都没有成功。虽然南方屡屡想要推动工业化，但它所能提供的只有自然资源和贫苦的劳动力。这里没有足够的资本，这种匮乏既包括金融上的，也包括优质人才上的，同时也缺乏开发的手段。虽然纺织业在南、北卡罗来纳州和弗吉尼亚州的山麓地区兴起，还有亚拉巴马州的铁矿和煤矿产业，但它们所能提供的大部分是低薪工作。纺织业没有办法与资金雄厚的北方工业竞争，后者实际上掌控着行业的规则，比如价格结构，公司可以用它来保证匹兹堡的钢铁价格比伯明翰的低。包括煤矿和木材在内的采掘工业，不只破坏自然环境，还要依靠暴力来驱使工人进行劳动。非农业工人阶级长期以来规模较小，且陷于贫困，这也限制了城市及中产阶级的发展。因此，内战结束整整一代人之后的20世纪30年代，大多数南方白人和黑人都十分贫穷，他们在农场工作，而且一般来说这些农场并非为他们所有。[12]

411 莉莎和凯德在一起的时候，已经 40 多岁了，就像莎拉和亚伯拉罕一样，她仍然给他生了两个孩子。1882 年，两人终于正式结婚。几年之后，他们搬到了新奥尔良。1890 年，在凯德 68 岁时，他第一次向政府申请疾病抚恤津贴，这份津贴主要是用来维持老兵以及他们死后寡妻的生计。在申请书上他列出了许多病症，一些是典型的老年疾病，还有一些病症则最有可能发生在那些经历过强迫迁徙、繁重劳动以及征战沙场的人身上，包括肠胃失调、各种旧伤、心颤等让他精疲力竭的疾病。16 年后，即 1906 年 2 月，凯德在卡罗尔顿附近去世。出殡的时候，家人给他穿上了当年的蓝色军装，附近的老兵们纷纷前来悼念，送老友最后一程。

那一天非常寒冷，莉莎慢慢地从墓园回家。她现在不得不和儿子以及他的家人挤在一起，她感觉凯德不仅仅是躺在了坟墓里，更糟糕的是他被打垮了，同时被打垮的还有莉莎自己。虽然奴隶制已经成为历史，但《吉姆·克劳法》仍然存在。几乎所有的南方黑人都被关在了选举及其他政治权利的大门之外。隔离的公共场所和学校都预示着，在可预见的未来里，他们的后代必将成为二等公民。乘火车北上到芝加哥和纽约去的年轻人也发现，即使不在南方，他们也要面对隔离的工作和社区环境，机会的大门偶尔才向他们敞开一点。

但美国黑人群体历经了抗争、屈服，又再次抗争。他们的话语、精神和血液随着奴隶制的扩张而发展，这个团体仍然存在。那段关于凯德和莉莎以及其他数百万黑人被抓的历史，那段曾被窃取且一直有人觊觎的历史并没有结束。从许多方面来说，到现在也没有结束。奴隶制及其扩张带来了持续的贫困和剥削，这种情况在莉莎所生

412

图 A. 3　自由民会议。左一身份不明，左二到左四分别是安娜·安格尔斯、伊丽莎白·伯克利、莎蒂·汤普森（1916 年，国会图书馆）。

活的 20 世纪初期的南方清晰可见。举例来说，当时的黑人家庭可以说是一贫如洗，白人家庭所拥有的大部分财产都可以追溯到奴隶制时期，都是 1861 年前从奴隶劳动和奴隶贸易中榨取的收益。

更广泛地说，整个美国黑人的历史，整个美国历史，甚至是整个现代社会的历史，都是由足、头、手、舌头、呼吸、种子、血、背部和手臂构成的。这种塑造始于 18 世纪 80 年代。独立战争之后，整个美国陷入了贫困的境地，人们发现奴隶贸易可以给自己带来利益，这使整个美国重新联结在一起度过了那段萧条时期。而宪法的妥协又为奴隶制在美国政治经济结构中的形成及扩张提供了机会。一些人认为这种制度是暂时的，一些人则认为这是永久性的。在接下来的 70 年里——《圣经》里所描述的人类的平均寿命——奴隶们经水陆两路被押送至南部和西部。他们的双手和创造力与他们的本性相违背，他们有时甚至互相背叛。他们生产商品，建起众多的奴工营，完全沦为了经济生产的工具。

经济增长来源于依靠奴隶的劳动和肉体建立的市场，以及提供进出口船运的基础设施的完善。经济增长不仅带来了财富，也给地方政府机构带来了政治权力。贫穷的白人声称，自己在实行奴隶制的边疆也应享有表决的权力，这在短时间内挫败了种植园主的锐气和自大。但是一些聪明的企业家，其中最有名的是安德鲁·杰克逊，不断在政治权力中输出民粹主义的影响。他们创建了一个新的区域间的政治联盟，奠定了数十年的协议，该联盟还让南方获得了在联邦政府下高出一档的权利。毕竟，南方和北方的发展都要依靠奴隶
413 制的扩张。通过剥削奴隶而生产大量产品，是美国在 19 世纪突然崛起的原因。经过几度繁荣和衰落，产生了一个持续催化美国资本主义发展的财政体系。到 19 世纪 40 年代，美国已经发展为一个帝国，同时也是一个世界经济大国。实际上，当时它是世界第二大工业经济体，而这一切都建立在棉花产业之上。

当然，棉花产业绝不只限定在北美地区，整个世界都看到了奴隶制所带来的高额利润，他们都想贪婪地分一杯羹，这就为土地扩张提供了动力。与此同时，强迫黑人奴隶往西南棉花产地迁徙也使现代世界经济的到来成为可能。棉花地里奴隶们不断提高的棉花采摘效率，保证了原材料以低廉的价格流向全世界最新、最重要的产业，也就是英国、西欧以及美国北方的棉纺织厂。黑人奴隶被盗取的时间、劳动以及创造力，为刚刚起步的现代社会的发展提供了条件，让其做了历史上其他社会从没做过的事，并摆脱了“马尔萨斯陷阱”。在美国历史上，自宪法起草至内战爆发，奴隶制扩张一直是社会发展的助推力，它使美国版图得到扩大且融合统一，南方白人

在国内的权势变得异常显赫。奴隶主们压迫黑人，不只是为了获取生产力，也为了获取权力。这种权力是人类历史上的其他统治阶级不曾拥有过的。

内战的爆发也来源于这部偷盗与生存、欲望与创新的史诗。利益和权力的膨胀驱使南方人加大奴隶制扩张的力度。一部分北方白人认识到棉花带来的利润，希望尽一切办法维持利润的流转。于是这些人也加入了南方白人联盟。但是，南方力量的不断壮大使其他北方人开始感受到威胁，这部分人可以接受奴隶制仅存在于南方的现状，但他们害怕奴隶制会侵入他们居住或想要生活的地方。还有人认为奴隶制会招来腐败，奴隶制的扩张会侵蚀美国社会，破坏美国人民的自由以及美国之魂，侵蚀一切他们认为美好的事物。还有一些人认为，19 世纪 30 年代晚期和 40 年代早期的金融危机已经证明，奴隶制在经济上的落后注定会拖累整个资本经济的发展。

19 世纪 50 年代末期，这些北方人在共和党的带领下团结一致，他们都坚持一个主张：必须阻止奴隶制的扩张。对于不断拓展疆界的南方白人来说，他们无法接受共和党在国家选举中获胜。那些奴 414
隶主政客受 50 年代各种成功的激励，以及在民主党内拥有的压倒性权力，他们在政治集团内达成了共识，决定与北方决裂并开战。

有人说内战根本没有必要，因为奴隶制注定要灭亡，也许就在 1860 年选举之后的几十年内。这种说法不过是主观的臆断，因为历史证据指向了完全相反的方向。与后来的自由劳动相比，奴隶制带来的产量更多，效率更高，自由劳动试图与其竞争却以失败告终。如果奴隶劳动曾在棉花生产中行不通，奴隶主也一定会转而生产其他的商品。南方奴隶主之前不断调整奴隶制，使其获得惊人的收益。即使在 21 世纪，强迫劳动对于世界经济的发展仍旧非常重要，除了名字之外，它和奴隶制其实一模一样。不管是强迫黑人为自己服务，还是强迫普通人揭露自己的隐私并把它转化成商品，奴隶主们都从中获得了大量的经验，现在这些经验已经变换了多种叫法（科学管理、延伸运行、管理研究），我们在很多地方都听到过。尽管这些方式不是奴隶制，但他们其实也是损害人类社会的一种方式，人们本应该从蕾切尔、威廉、查尔斯·鲍尔和露西·瑟斯顿的受害经历中认识到这一点。我们为他们哀悼，却不知道其实我们自己也生活在从他们那里窃取的果实之中。[13]

时至今日，并没有明显的证据表明，奴隶制扩张者已经在政治上被打败，人数已经减少或是受到限制。19 世纪 50 年代，奴隶制扩张的拥护者一直以相关的宪法条款为持续扩张作辩护，在内战结束很久之后，北方人发现这些条款中的很多都是可以接受的。另外，庞大的奴隶群体蕴藏着美国经济最大的财富，只要还在法律和常规政治的统治下，财富拥有者通常都会找到办法保存这笔财富，内部叛乱是不可能成功的，所以战争是结束美国奴隶制的唯一方法。战争是由那些自认高人一等的奴隶主们发起的，对他们来说，这是一个严重的错误。

但是，凯德·麦卡勒姆已经去世躺在坟墓里了。还有许多其他男男女女，他们和凯德一起抓住了这最终到来的机会，因为奴隶主的过度膨胀而给奴隶们带来的机会。在他们这一代，奴隶们终于确认自己能够看到奴隶制结束的那天。但那些关于平等独立的梦想，奴隶们希望自己被盗走的一切能得以偿还的梦想，似乎都破灭了。
415 在寒风中，莉莎沿着街道艰难地前行，她看不到一丝可以化腐朽为神奇的希望。1937 年，克劳德·安德森来和洛伦佐·艾维谈话时，她可能也说同样的话。

的确，尽管内战战败让前奴隶主和他们的后代丢掉了大部分权力，但20世纪初，他们又夺回了一部分权力。在随后的100年里，南方白人精英持续地掌握特权。许多南方白人都愿意团结在坚守种族权力的思想下，这让南方地区变得摇摆不定。南方白人们形成了一个利益集团，愿意加入任何一个迎合他们要求的政党。这只是南方精英在全国各地持续破坏民主，以及固守奴隶制和自身权力的恶果之一。另一方面，联邦司法部门采纳了卡尔洪的主张，奴隶财产从多数人的控制中独立出来，并以所谓“洛克纳主义”① 的形式，在试图管控工人安全、消费者健康和环境影响的情况下，为猖獗的工业权力进行辩护。再者，科学种族主义在邦联垮台后还有很长的历史。它被用来为反犹太主义、消灭全世界的原住民、残暴的殖民主义，以及排斥移民正名。现在，人们继续用它来为歧视黑人奴隶后代的合理性辩护。

与此同时，前邦联分子对于重建工作的怒火衍变成了他们的子孙对新政的质疑。南方的白人民主党人士认为，应对大萧条的措施对于解决黑人贫困和减少白人霸权毫无作用。相较于战前他们在政治中的主宰地位，以及对国内经济增长巨大的带动力，战后这些南方白人上流人士所获得的胜利明显大打折扣。但是在白人的操纵下，美国黑人依旧在贫困中辛苦地劳作。他们只能无声忍受着《吉姆·克劳法》带给他们的直接或间接的侮辱，否则就会在白人暴民或是警察手中悲惨地死去。怪不得这么多美国黑人看不到自由的希望，而只得离开。[14]

但有一些东西，其力量即使战前的奴隶主也无法控制。奴隶主们创造了一个体系，在这个体系中，黑人的身体似乎被分解成了几个

---

① 1895年，纽约州通过了一部《面包法》，禁止面包店雇员每天工作超过10个小时。身为面包店雇主的约瑟夫·洛克纳反对这项规定，向法院提起诉讼，并最终胜诉，捍卫了契约自由和实质性正当程序。

不相干的部分：脚像被捆着的机器一样走路，手用来出售并且负责采摘，思想和神经系统可以产出利润，提供娱乐。我们有两种方式来看待美国黑人群体，它们在奴隶制扩张所造成的创伤中被缝合在
416 一起。这个群体有两种形式、两个实体，一种用来为奴隶主获利，更确切地说，是为美国白人获利。南方和北方曾一次次地达成协议，共同剥削这个群体，这就是棉花地的新奴隶制。这个美国黑人群体，因奴隶制扩张而生，苦难深重就是他们的标签。在这个群体之中，成百上千的人早早地孤独死去，与他们所爱之人阴阳两隔。数百万人失去了自己的亲人，他们在渡口分离，从此天各一方。

但是，他们的舌头仍诉说着奴隶主们听不到的话语，他们的肺呼吸着永不屈服的精神。被奴役的男男女女注视着、保卫着、冷却着他们的血液，他们教会自己的后人学会等待。在某个时刻，奴隶主或许意识到了黑人内部已经形成了一些别的东西，一种认同、一个政治联盟、一种共同文化、一个故事，还有一种意识。黑人们意识到这些东西是如何塑造了他们，让他们团结在一起。但奴隶主们选择忘记，或者指望奴隶们自己忘记。因此黑人们幸存了下来，在险恶的环境中相濡以沫。不光是生存，他们还在成长。于是，黑人群体又以另一种隐形的方式顽强成长起来，它是这个不断扩大并被白人所利用的群体的孪生兄弟。最终，等待得到了回报。这个群体站了起来，美国黑人拿起武器打败了奴隶主。

活着，正是因为他们活着才让胜利变成了可能。他们既不同于北美大陆上的先辈，也不同于新大陆上的大部分同胞，美国黑人的文化在19世纪美国境内强制迁徙的艰难考验中产生了。他们没有别的选择，只能围成一团，结成政治联盟。在巴西和许多讲西班牙语的社会中，被奴役的黑人和他们的后代想要寻求同化是不可能的。奴隶们想要像其他大陆的被压迫者一样通过个人解放得以逃脱，一

般来说也不太可能。而像海地人那样，打算依靠古老非洲裔的身份和观念，通过反抗来获得解脱，这同样也不可能。所有这些方法都不奏效，非洲裔奴隶们不得不建立起一种要么结盟要么灭亡的观念。他们确实也建立起了这样的联盟，并对自己的处境有着清晰的认识。作为这段重大犯罪史的共同受害者，他们团结在一起，改写了历史。他们必须认识到，如果不团结，他们只能生活在皮鞭下，遭受无所不用其极的剥削。

奴隶们提出了一个政治议题，他们以幸存者或逃亡者的身份告诉整个世界，他们想要的并不是同化或者解放，而是要砸毁鞭笞机 417
以及在背后助其运转的一切。他们要改变美国，令其为自己的偷盗行为赎罪。这个议题随着一些有幸逃脱的勇敢者传到了北方，重新点燃了美国国内反奴隶制运动即将熄灭的火焰。在这个议题的推动下，一些白人进步分子站到了奴隶主和北方白人同盟的对立面。即使这条政治路线已经展开，在各个地方，无论神圣还是世俗，白天还是黑夜，痛苦还是喜悦，奴隶们仍旧在各种迫害中探索新的方法去保护和捍卫他们的灵魂，他们在恐怖、偷盗和死亡的威胁下求生，他们学会了抓紧时间但不匆忙，牺牲自己但不失灵魂。所有这些都是在奴隶制扩张的影响下产生的。这就是奴隶群体，他们是强迫迁徙中的幸存者，虽然许多人死于迁徙，或者死于那场结束了奴隶制的战争，或是在重建时期因贫困和公民权被剥夺而饱受痛苦。

在战争中，幸存者们亲手葬送了奴隶制。当幸存者开始纷纷离世时，他们留给后代的物质财富少之又少。奴隶主偷走了他们太多的东西。但是，他们经历的一切让他们摆脱了奴隶身份，成为自由公民。他们有一个政治性的团体，引导他们选择了团结而不是各自为战。他们曾要求宪法内的公民权，这样一个先例将随着时间的推移不断扩大影响，最终美国在面对敌人关于公民权和政治平等方面

“言行不一、十分虚伪”的指摘时疲于应付。黑人和志同道合的白人一起，以废奴主义的形式创造了一种各抒己见和进步主义的理想模式，他们相信若加之以对待宗教般的热忱，社会变革会让美国真正成为理想中的国家。

与此同时，在饱受强迫迁徙摧残、重建失败后的这片土地上，创造性持续发酵。美国黑人的文化形式渗入并重建了美国的大众文化，这些文化形式逐渐“出口”到世界各地。凯德·麦卡勒姆去世后的一个世纪里，美国黑人在不同的行业、用不同的工具改变了世界。在大迁徙的过程中，他们用自己的意志力重塑了美国社会、文化和政治的版图。通过民权运动，他们对南方、美国乃至整个世界都产生了永久性的影响。黑人建立了社区组织的传统，并最终引导美国选民选择了一位非洲移民的后代作为美国总统，这一结果令人惊

418

图 A.4　曾经的奴隶阿尔弗雷德·帕罗特。照片摄于 1941 年，当时他已经 91 岁了（国会图书馆）。

图 A. 5　曾经的奴隶，居住在亚拉巴马州格林斯博罗附近的一座农场（国会图书馆）。

讶。作为一股政治力量，黑人在奴隶时期就已建立起来的团结原则，历经几代之后仍旧稳固异常，即使两个世纪以来他们一直面对着放弃、离开，以及消解为虚无主义的诱惑。

追溯过往，黑人奴隶后代取得这些伟大的成就有许多原因，但 419
每个原因背后都有一个根源，它来自于奴隶制幸存者们流传下来的经验。这些经验、创造力、精神、拯救生命的歌曲、花钱买的教训、平凡的美德以及求生的意志，从佃农小屋内抱着孩子的强健臂膀里，从歌曲的音符里，从教堂的钟声里，从炎炎烈日采棉时水桶旁传来的笑话里，从只有一间房的校舍和位于汉普顿等地方课堂里流传了下来。他们日复一日，年复一年地讲述着那另一半不为人知的故事。黑人之墓里，尸骨因激动而颤抖着。

阳光明媚的日子里，天空万里无云，克劳德·安德森用铅笔潦草地写下最后几个字，他注意到洛伦佐·艾维已经停了下来。阳光

图 A.6　20 世纪 30 年代，黑人奴隶的重孙们正准备离开南方的棉花种植区（1939 年，国会图书馆）。

洒满了松木地板，下午的天气一定很棒。抬起头，安德森看到老人正端详着他，面带祥和的微笑，仿佛令他笔下那些可怕的经历也变得不真实起来。外面的孩子们正呼唤着彼此玩耍，安德森听到两个人光着脚丫互相追赶着跑过马路，他能想象脚后跟灰尘被扬起的样子，一如他几年前所经历的。

在海边的某个地方，有人正透过铁丝网凝视着警戒塔。这里关押着奴隶制辩护者，他们企图用杜撰出来的故事为奴隶制辩护，他们声称自己对艾维的控制是正当的，而那时他还只是个孩子。在海边的一些地方，劳改营里的某个人正蜷缩在毯子里，制作毯子的棉花正是由安德森和艾维走失的兄弟姐妹采摘的。在海边的某个地方，酒馆入口处的一个孩子听到一段播放的录音，那是喇叭吹奏的一首新歌，曲调时对时错。在某个地方，就在当年那条穿过丹维尔越过群山的铁轨的尽头，一位母亲正和她的孩子蜷缩在密西西比 61 号公路旁。他们拦了一辆路过的拖拉机，母亲手里紧紧地攥着一张纸条，上面写着芝加哥某地的地址。在距离丹维尔不远的某个地方，自奴隶制消亡已经过去了三代人的时间，法学专业的学生们正策划着反对《吉姆·克劳法》和私刑的下一步行动。

风转换方向吹动着窗帘，一分钟之后，太阳又远了一些。斜斜的阳光照射下来，这个角度刚好使艾维脸上深深的皱纹松弛平贴。他站了起来，地板“吱吱嘎嘎”的声音清晰可闻。有时这些老人想要嚼点烟草，安德森会给女人们一些鼻烟。而艾维只想要一根拐杖。
“我还知道许多事情，以后我会告诉你，我可以把它们写下来。就照 420
你说的，给我寄个信封，我会写下来寄给你。”[15]安德森对他表示了感谢，走出老人为他打开的门。他走下台阶，打开黑色福特轿车的车门，把笔记本放到了副驾驶座上，然后麻利地坐到驾驶位上。他发动引擎，从摇下的车窗里探出头。门开着，老人仍站在门廊处。“保重。”洛伦佐·艾维说道，然后转身回到屋里。

后 记

421 《被掩盖的原罪》精装本于 2014 年 9 月初出版。这本书我花了 12 年多的时间用心打磨，是一个不断研究、写作和修改的过程。这个过程耗时如此之长，原因之一是我试图用一种新的方法叙述美国的历史故事，至少是 1865 年之前的故事。我试着围绕美国黑人肉体遭受的剥削、生活的动荡和家庭的破裂来讲述，所有这一切都是为了扩展一种新的、充满活力的资本主义生产形式，这种形式最终从田间转向工厂，又从工厂转向田间。实际上，本书的基本观点是，正是奴隶制扩张的范围越来越广，程度越来越深，成就了资本主义生产方式的主要因素。通过研究我察觉出，黑人遭受的苦难与经济的发展有着确切的联系：被奴役的人们所受的折磨越多，他们生产全球所需最重要商品的效率也就越高。于是，黑人奴隶被强迫以越来越高的效率生产棉花。这些黑人所生产的棉花几乎使世界上所有的人从中受益，几乎所有人，唯独他们自己除外。

棉花地里所发生的一切，尤其是强迫奴隶们创造出新的方法以提高劳动效率的模式，同样也应用于工厂、银行、市场和政府办公场所。奴隶主们用眼睛盯着拍卖台上的男男女女，隐形的新型金融将奴隶的身体与奴隶主的梦想和欲望捆绑在一起，也与全世界投资者的梦想和欲望捆绑在一起。奴隶制使美国变得强大，使美国白人

更加富足平等。奴隶制不断地扩张，一直扩张到从印第安人和其他
国家掠夺来的土地上，促使人们展开政治辩论，商讨美国的联邦政
府、州政府和地方政府应采取何种措施予以应对。辩论的结果通常 422
是奴隶制扩张主义者占得上风，这种情况一直持续到 19 世纪 50
年代。

数种发行量很大的出版物对本书进行了评论，包括《纽约时报》和《华尔街日报》。之后，《经济学人》也发表了书评。也正是这时，事情变得离奇起来。

《经济学人》的书评通常是由本领域的专家所撰写，但都是匿名的。该书评的作者（且不管是哪一位）在对本书的主题之一进行了批判的同时，语气在很多读者看来都有 19 世纪捍卫奴隶制的味道。本书认为对奴隶的折磨促进了棉田生产力的提高，评论人批评这一论点却仅仅基于“少数奴隶”的证词。书评作者还援引了支持奴隶制的家长式语言，认为奴隶主并不想虐待自己的奴隶，“生产力提高的原因之一是对奴隶的善待”。于是，该评论得出结论：“巴普蒂斯特先生写的并非是客观的奴隶制历史。书中几乎所有的黑人都是受害者，几乎所有的白人都是恶人。这不是历史，而是一种宣传。”[1]

而我所宣扬的，该书评恰恰没有提到，尽管它似乎和“黑人”有关。在书评的边缘，《经济学人》添加了一张插图，图中是获得奥斯卡最佳女配角奖的露皮塔·尼永奥（Lupita Nyong′o）身着电影《为奴十二年》（2013 年拍摄）中帕特茜服装的照片。杂志没有在标题中提及尼永奥的名字，而是写了“帕特茜确实是有价值的财产”。如果读者记得影片中帕特茜承受的折磨与奸污，那么他们就会琢磨这个标题究竟是证明了还是削弱了书评作者的观点。更为重要的是，读者很有可能会问：如果是白人奥斯卡奖得主，是否也会将他们的照片登在上面而不提及获奖者的名字？似乎露皮塔·尼永奥本人真

的就是财产。

《经济学人》编辑部显然没有预料到书评发表后的反响。人们在网上嘲笑讥讽这篇书评和它的匿名作者，还有《经济学人》杂志。书评作者认为，奴隶们不应该被描述成奴隶制的牺牲者，人们因此嘲笑该作者。他们杜撰了一些讽刺的标签，像《经济学人》书评上用以讽刺将来书评的题目，比如，“从萨达姆的角度看，萨曼莎·鲍尔对库尔德人种族灭绝的剖析将更为有益”。[2]又由于这个互联网时代，一些人不可避免地套用了“高德温法则”，唤起了人们对于希特勒和纳粹的类比：“《安妮日记》中也没有任何一个地方提及普通国防军
423 士兵的心酸和苦难。”[3]《赫芬顿邮报》的资深编辑杰克·米尔金森称此评论是“一篇近乎滑稽的误导性文章”，贾梅勒·布伊则建议书评人今后不要“因为有关奴隶制的书没有在黑人与白人之间找到平衡而抨击作者。毕竟无论如何都没法在这方面找到平衡。你要么站在奴隶的一方，要么像那些失宠的历史学家一样……你不要那样”。[4]

《经济学人》不得不承认那篇评论给杂志造成了严重的影响，不到 24 小时便将其撤下，并说：“我们后悔刊登了这篇书评，我们为此道歉。”[5]编辑们承认，“奴隶制是一种邪恶的制度，其中多数受害者是黑人，多数参与奴隶制的白人都是自愿的，而且都是从这种邪恶中获利的人”。(但是，《经济学人》从未向露皮塔·尼永奥致歉。他们应该向她道歉。)

《被掩盖的原罪》将在很长一段时间内与《经济学人》那篇臭名昭著的书评联系在一起。对很多人来讲，正是对于那位书评作者拙劣的无稽之谈的争论，才使他们听说此书，并且想读此书，或许对于象牙塔之外的读者来说尤其如此。

这种公众参与的水平当然并非史无前例，其他史学著作得到了更为广泛的关注，并且无疑很多著作的影响力要大得多。然而，在

《经济学人》的那篇书评发表之后的几个月中，人们对本书关注度的不断提升对我来说确实是个惊喜。我在全国巡回演讲时，观众有多有少，有黑人也有白人，学术水平有高有低，有时与观众面对面，有时通过网络或广播交流。他们愿意谈论奴隶制的历史，探究它如何塑造了我们生活的世界，以及作为一个群体我们应该如何去修复其造成的恶劣影响。由于有了这种交流的机会，我无疑要感谢《经济学人》，感谢书评的作者和编辑。但是，我更要感谢读者，尤其是学术圈之外的读者。

同时，一些专业历史学者抱怨，他们的协会一直以来就将奴隶制和资本主义相提并论，这一点上《被掩盖的原罪》没有什么新意。但这只说对了一部分。直到最近，研究美国奴隶制的学者还只是偶尔会考虑美国奴隶制、奴隶制经济，以及主导这种制度的奴隶主是否“具有资本主义的性质”。他们考虑这个问题时，结论往往是模棱两可的。更为重要的是，前辈历史学者曾经提出过这一问题，只是提问的方式与现在不同，而不仅仅是和我的方式不同。多年以来， 424
争论的焦点在于奴隶主本质上是“资本主义的”还是“现代的”，他们的社会角色和“劳动力”（即奴隶）的关系是否使他们与 19 世纪的工业世界不相兼容，格格不入。[6]

一些新古典主义经济学家，如罗伯特·福格尔、斯坦利·英格尔曼和嘉文·赖特等，在著作中曾引经据典，但除了这些学者的著作，《被掩盖的原罪》所提出的一个问题很少被历史学者们所讨论：从生产方式上讲，南方的经济是否属于“资本主义”。[7] 对于这样的问题，甚至历史学者和经济学者都没有考虑过奴隶制下的基本生产活动，即种植、收获棉花和其他商品作物，是否代表与传统劳动方式的分野，就像一系列现代机械颠覆性地取代了纺锤和手工纺织机，从而成就了现代的纺织工厂。他们根据几个世纪以来的经济学家的理论，从卡尔·马克思到亚当·斯密，假设奴隶的劳动力稳定。尽管奴隶给奴隶主带来了利润，但他们还是认为奴隶并不具有现代特征，没有创新，并未曾积极地提高劳动生产率。[8]

然而，一些来自加勒比和其他地区的学者另辟蹊径，多年来一直认为，1800 年之前新大陆的甘蔗种植园就是工业技术的实验场，也是金融积累的来源，他们使得英国的工业体系得以形成，并促成整个西方资本主义的出现。这些历史学者包括特立尼达的埃里克·威廉姆斯、C· L· R. 詹姆斯和圭亚那的沃特罗德尼。我从这些历史学者的著作中习得的和从其他历史学者那里学到的一样多，[9] 实际上或许还更多。我认为是那些加勒比海地区积极的学者影响了我，才使我成为历史学者。自从我本科阶段听特立尼达的教授大卫·约翰逊讲授美国黑人史，就知道了这些学者。之前的历史都凸显白人对西方财富与支配权的辉煌，自此引起我的共鸣的是他们对此种历史的批判。[10]

我与大卫·约翰逊所研究的历史之所以能引起共鸣，是因为我成长于南部的一个工人阶层的小城市。在那里，我早期的很多老师都是黑人女性，重要的是，这些女性都是黑人民族主义者，当时马尔克姆·利托还没有改名叫马尔克姆·埃克斯。他们对白人叙事主流的怀疑态度促使我开始阅读美国黑人学者的著作，进而阅读整个美国黑人史。正是有了这些老师和他们的教导，才促使我能撰写此书。

425 本书的编辑担心，如果我作为白人作者承认美国黑人在我的历史观形成中起到了关键作用，我就必然像是在设法自圆其说。所以我必须澄清我谈及这些老师的原因：因为需要感谢的人我必须要感谢，这很重要。其他作者（或许其他白人作者）即使没有接触过那些老师和他们的教导，或许也能写这本书，甚至写得更好。但对我来说，没有他们我不可能写出来。我要感谢这些老师，包括大卫·约翰逊给予的启发，书中的可取之处都要归功于他们，我研究中所出现的纰漏没有他们的责任。同时，我也要说明，达勒姆的老师们遵循着一个传统，这一传统可以追溯到奴隶制时期甚至更早。作为那些幸存者的继承人，他们为非洲裔美国人理解和批判奴隶制做了开拓性的工作。通过数十年的补充和丰富，逐渐发展为19世纪反奴隶制研究的批评。继而在1865年之后的十多年间，那些黑人史早期学术先驱的继承者保持并发展了这种传统，坚持从奴隶的视角来理解奴隶制。[11]

的确，与很多历史学著作一样，书中重要的观点很少是作者自己的原创。至于本书，很多观点生发于奴隶制奴役过程中，那些观点是对奴隶制的系统批判，也对其在美国历史形成过程中的作用进行了批判性的分析。这些观点经过一代又一代，被奴隶们的后人传播和提炼。我认为，这一传播的过程常常就像我达勒姆的朋友、激进主义作家泡利·默里所描述的情形一样。她的祖父罗伯特·菲茨杰拉德曾是“美国有色人种部队”（US Colored Troops）的一名士兵，后来还当过教师。泡利·默里是从和祖父在廊前的长谈中，才渐渐得知家庭的往事。她的祖母科妮莉亚·菲茨杰拉德经历过奴隶制，她就是在餐桌旁跟祖母的聊天中了解了女性奴隶的遭遇。泡利·默里的姑妈们在达勒姆的种族隔离学校任教，默里逐渐把她们所说的拼凑在一起。默里的姑妈和其他老师所教的学生又成为我的老师。在北部、中西部和西部的移民地区以及整个南部，这些女性教师和很多男教师培养了很多美国黑人历史学者，这些历史学者代代相传，一直在书写奴隶制的历史和美国历史，我从他们的著作中获益良多。我的书中引用了很多他们的著作，但还有更多的应该被引用。[12]

426 谈到对美国奴隶制的理解时，奴隶制和资本主义的批判性历史最深刻的根源，不在于激发了（一些）白人废奴主义者的反种族主义意识，甚至也不在20世纪加勒比地区的历史学家的著作中。当然，激进主义和学术界的这两条线索也很重要。然而，有些历史学家认为，这些加勒比学者在历史领域未能分析出美国奴隶制与西方资本主义之间的关系。但这些历史学家似乎未能意识到，埃里克·威廉姆斯和C·L·R. 詹姆斯并没有参加这方面的讨论，即在1800年后工业资本主义的巨大增长中，美国黑奴种植棉花的重要作用。说白了，这并不是他们关注的焦点。（伟大的美国黑人学者、激进主义者W·E·B. 杜波依斯的确写过棉花奴隶制与工业资本主义之间的关系，尽管他从未系统地研究过这个问题。[13]）

奴隶制塑造了现代世界，棉花是其中的重要因素，它是19世纪全球经济中最重要的商品，工业革命把全球经济推上了现代化的轨道，而棉花是这一进程中最基本的原材料。如果有人因此指控我写棉花例外论，或者据此指责我过分强调了美国黑人奴隶的劳动对于19世纪现代世界经济形成的重要性，那么，我承认。因为这个故事，无论是其过程还是结果，都是例外。它和人类历史上任何其他的部分一样特色鲜明、独一无二，且意义重大。奴隶制的幸存者和他们的后代把这个故事的种子传承下来，是他们成就了这个故事并使之得以流传。[14]

然而，这个故事以不同的方式塑造了我们的生活。《被掩盖的原罪》所讲述的是被奴役的美国黑人如何在被迫迁移到南部棉花世界的过程中幸存下来，然后通过他们的劳动、生存和抵抗塑造了现代世界。当我刚开始写这本书时，我就知道这个故事对理解我们共同的过去、现在和未来至关重要。我所做的研究，特别是关于被迫迁徙中幸存下来的人们的证词使我相信，历史学家可以证明酷刑导致了生产力的提高，而生产力的提高反过来又给奴役者和 19 世纪新的全球经济参与者带来了巨大的经济利益。

但是，我心有疑虑。在长达 12 年的研究和写作中，我经常怀疑我是否能够完成这本书，也常常担心我的同行是否会理解我的论点。我常常存在这样的怀疑。当我宣读论文，阐述金融资本如何投机奴 427
隶制，把人变成债券和抵押贷款时，一些历史学家会像看火星人一样看着我，就好像我说的是火星语一样。类似的情况还有，如 30 年的时间里，多数处在前沿的历史学家似乎只专注于研究语言和文化，我认为我们还可以从研究棉花田劳动的过程中学到新东西，但有些人对此无法理解。

幸而我还与那些懂我的学者和积极分子交谈过，且收获颇丰。哈佛历史学家沃尔特·约翰逊在他 1999 年发表的关于奴隶贸易的著作《灵与魂》(*Soul by Soul*) 一书中，就曾为如今这样的讨论打下了基础。他认为在南方奴隶解放之前，“国内奴隶市场”的影响非常普遍，以至于奴隶主每每看到奴隶，心里想的就是进行买卖交易。[15]随着时间的推移，其他学者也加入进来，促成了研讨的进行。2008 年的经济恐慌和随之而来的大衰退吸引了学术界内外更广泛的读者，这些读者开始关注金融市场和政策在历史上所发挥的决定性作用。2013 年，《纽约时报》甚至刊登了一篇关于一批年轻学者研究“资本主义历史”的头版特别报道（如他们所说，是在头版靠下的位置）。[16]他们中的一部分人也在研究和探讨奴隶制。如果没有这些学者的支持、例证和批评，这本书就有可能完成不了。[17]

然而，美国历史学界目前在这方面的确做得还不够，他们还不知道奴隶们是如何生产棉花的，也不知道奴隶们为此付出了多少代价，以及他们是如何通过棉花影响了现代世界。特别要指出的是，这些历史学家往往忽视了奴隶们的话语，他们亲身经历过强制劳动，承受过劳动中的暴力，奴役者不但压榨奴隶的汗水，而且强行获取奴隶们在生产劳动中因饱受折磨而被激发出来的创意。

耶鲁大学历史学家约翰·布拉辛格曾经对斯蒂芬妮·坎普（当时是一名研究生，后来成了她那一代人里最有影响力的历史学家之一）说：“如果你想了解美国奴隶的经历，你应该去摘一个星期的棉花。”[18]这样的个人经历在当今社会当然是有用的，因为社会上越来越多的学者（或者名牌大学的本科生，这些名牌大学往往会培养出很多未来的学者）并没有亲身经历过艰辛难熬、枯燥乏味，让人脏兮兮、汗涔涔的体力劳动，他们也未必有过需要花费时间和心思来熬过一整天这种劳动的经历，未必体验过这种劳动所带来的约束感，更没有过那种利用同伴所教的技能使哪怕是最艰苦的劳动也能变得容易一些的经历。

当然，即使一位21世纪的美国历史学专家去摘棉花，他（她）
428 劳动的时候也不会像奴隶们一样，被困在离家700英里以外丛林中的奴工营里。要了解人们是如何在棉花田里从事这种劳动的，我们唯一能做的就是像布拉辛格和坎普在他们的研究中所做那样，仔细聆听那些从奴隶制中幸存下来的奴隶们所说的话。这其实和你研究其他群体一样，你要做的就是在叙述他们的经历时要优先考虑他们话语。如果这样做了，你就可以听到很多关于棉花的事情，也会知道奴隶们是如何采摘棉花的。

我们可以就历史学家所提出的观点进行争论，看看他们遗漏了什么，又或者留下了什么。要证明学术史学家对于美国奴隶制和资本主义的历史没有论述完整，最直接的一个证据就是公众对这本书的反应。读者似乎十分期待这个故事，他们也相信之前没有在任何一本书里看到过这个故事（或者说别人从来没有给过他们这样的一本书）。读者们还准备把自己的想法加到故事中去，并就其结论进行热烈的交谈。很多人说，这只是时间的问题。读者告诉我，他们希望看到专业历史学家发挥其优势，利用所能获取的档案的权限和特权资料，参与到国民的讨论中，将目前我们所知道的史实贯穿起来。

所以，即使其他历史学家已经讲过美国奴隶制度如何造就了美国资本主义，但对我而言，迄今为止我们显然还没有与广大读者取得足够的有效联系。每本书都会有缺点，即使是那些比本书作者高明的作者也一样会有所疏漏。公众的反应是最为重要的，它使我确信，无论这本书有多不完美，我花费在写这本书上的时间都是值得的。但同时我也明白，不能沾沾自喜。这本书之所以能被大众所接受，最为重要的原因或许是它所描述的世界。

本书于 2014 年的多事之秋问世，这本书在那个时候出版最终决定了读者将以何种方式面对它。在这里，我借用塔那西斯·科茨（Ta-Nehisi Coates）提出的具有启发性的术语——“掠夺”一词来描述。对美国黑人的生活、劳作、创新思想和财富的掠夺，不但使奴役者变得富足起来，而且让整个西方世界都从中获利，这种掠夺持续了几个世纪。然而在 2014 年，各方力量和事件之间发生的冲突，再次突显了持续的盗窃和暴力。读者反馈方面，许多非学术性的读者突然开始热衷于讨论历史在他们日常生活中的作用，其热烈程度前所未有。当今世界，社交媒体产生的联系比以往任何时候都更加紧密，所以读者们可以更加激烈地进行讨论，而不用担心会有监管人员和意识形态管控当局来干扰他们。

尤其因为以下三个原因，导致在多年的沉默后，于 2014 年出现 429
了许多非专业读者，他们突然热衷于探讨和争论美国的偷盗历史。[19]首先，在奥巴马两次大选获胜后，非洲裔美国人以及普通进步人士愈感沮丧。从历史上看，2008 年和 2012 年空前的大选动员似乎除了扩大阶级差距之外，毫无益处。2008 年的恐慌发生 6 年之后，非白人家庭的财富仍在流失，大学费用仍在上涨，高失业率仍在继续。托马斯·皮凯蒂（Thomas Piketty）在《21世纪资本论》中提到，美国和其他发达社会5%的最富有群体与95%的剩余群体之间的财富差距仍在拉大。此书出人意料地受到热捧，因为这就是许多人的现实经历。自1997年以来，财富不断向上再分配，与此相伴随的则是实际收入的下降，高等教育入学率的降低，甚至美国一些地区人们的预期寿命也有所下降，这对非洲裔美国人造成的影响尤其严重。[20]

这并非偶然。长期以来，奴役、制度性歧视和政府制定的政策，将非洲裔美国人的财富转移到金融机构和白人中产阶级身上。除此之外，许多白人选民和政客对黑人心怀恶意，从20世纪60年代开始就建立起一个大规模的监禁/治安综合体。一般活动，如出行（违规沿道路行驶或步行），按照监管、裁定、罚款、判决和定罪的规则和措施将判为轻罪，入店行窃、吸食大麻则定为重罪（违犯三次则终身监禁）。警察的行为愈发具有攻击性和军事化，就地处决对警察稍有抵抗的嫌疑人，官方将这种行为合法化，甚至给予赞誉。而名义上赋予所有美国公民的权利，似乎无法保护这些遭受不公的受害者。第一位黑人总统似乎同样无力。事实上，他的胜选似乎激怒了数量庞大的美国白人少数派，他们不仅坚决阻挠总统的所有倡议，而且还试图改变美国选举的规则，以确保非白人多数派永远不会掌握权力或改变制度。[21]

哪里有绝望，哪里就有抵抗。这便是第二个原因，它使潜在的读者有兴趣学习和谈论过去的奴隶制和他们现在的处境之间的历史
430 关联。例如，数百年来，美国的警察和自卫队一直在大量地谋杀黑人和棕色人种。一直以来，黑人对这种屠杀事件的抗议尤为强烈。到2014年，包括雷吉亚·博伊德、特雷沃恩·马丁、艾瑞克·加纳、迈克·布朗、塔米尔·马丁、娜塔莎·麦肯纳在内的许多其他人遭

到杀害，而且气氛越发紧张。于是，“黑人推特用户”（Black Twitter）① 将数百万智能手机变成了一个面向全世界的网络，揭露了这样一个事实：为了缓解白人的恐惧和欲望，非洲裔美国女性、男性和儿童成了牺牲品。但凡意识清晰、视觉正常的人，都能看到。

所有这些都提醒那些面临危险的人（以及那些可能不那么直接面临风险，但有眼睛可以看到危险的人），黑人的性命在任何时候都处于白人控制州或民间暴力的掌控中。一次再平常不过的相遇就可能有致命的危险，在这种情况下，现实与历史之间不经意间交错了，过去与现在之间、奴隶制和 21 世纪新自由主义之间的距离确实感觉变短了。

因此，当密苏里州的弗格森警方企图压制和欺辱青年和老人时，后者毅然走上街头进行反抗。之后，在 2014 年秋季，一个城市接连一个城市，“黑人的命也是命”（Black Lives Matter）、“守梦者”（Dream Defenders）、“俄亥俄州学生协会”以及其他抗议运动的参与者用他们的身体封锁了公路。他们在商场以死示威，冲入了上流人士的早午餐场所，让安乐闲适的老主顾们感受到了美国一直忽略的给黑人带来的死亡威胁。还有一个令人震惊的案例，2014 年 11 月 28 日，一些年轻的非洲裔美国女性用链子将自己和湾区捷运系统（BART）的通勤列车拴在一起，使得这一天旧金山湾区一半地区的列车无法运行。手无寸铁的黑人男性将这些女性与警察隔离开来，用他们的身体尽可能长时间地保护这些女性，使她们免受警察的袭击。反过来，女性又用身体来保护男性，保护自己，保护儿女，保护每次离开家时都有可能因警察而遭遇致命危险的人。

面对所有这些风行的抗议，司法制度试图自我保护，一再拒绝

① Black Twitter 是一种文化身份，由来自世界各地的 Twitter 社交网络上的“黑人”Twitter 用户组成，专注于黑人群体，尤其是美国的黑人问题。

起诉杀害黑人的警察。许多美国人（其中不都是白人，也不都是有权有势的人）似乎认为这是正确的，法外杀害非洲裔美国人是正常和必要的。杀戮仍在继续，到 2015 年，抗议活动演变成了巴尔的摩的街头起义。

与此同时，仍在继续的还有：全国范围内，公众对奴隶制后遗
431 症及其后果的公开讨论，在更深层面、更广范围与更高的频率中被提及。美国历史上任何时候都无法与之相比。这次公开讨论思想深刻、批评尖锐，这首先应该归功于一个团队——由一群记者、非虚构作家和激进主义者组成的群体。他们中大多数人是比较年轻的非洲裔美国人，大多数不在学术圈或半学术状态，他们是第三方面的因素。

一些历史学家希望公众思考和讨论奴隶制、资本主义以及当下危机之间的关系，但如果没有在《大西洋》《石板》《纽约客》和网站上进行公开讨论，那些历史学家的文章就不可能被学术界以外的大部分人们读到。像杰米尔·布伊、特雷西·麦克米伦·科特姆、杰拉尼·科布、布列特尼·库珀、凯莉·妮可·格罗斯、莎拉·肯迪、斯泰西·巴顿、理查德·罗斯斯坦以及基安加·雅玛塔·泰勒这样的作家，他们孜孜不倦地记录了美国种族历史对日常生活的影响。他们通过新媒体，使自己的观点更快、更广泛地传播到大众当中。这些作家综合了学术研究的成果，并将其转化为新颖易读的散文甚至推文，用自己独特的视角对过去和现在进行了分析。

主流媒体的新闻报道纷纷启发更多的美国人去思考种族历史如何不断地塑造着他们生活的方方面面，不管是对他们的生活有利的，还是不利的，其中影响力最大的是科茨所写的一篇题为《赔偿案》的文章，此文于 2014 年 5 月发表在《大西洋》月刊上，揭露了联邦、州和地方政府自奴隶制以来如何助纣为虐，使非洲裔美国人的财富

流失的事实。这就像一颗炸弹一样震惊了公众，使人们无法再对此保持沉默。科茨的分析证据确凿，在道义上毫不含糊地谴责了一套政策制定和公共话语体系。一直以来，白人都在对黑人进行大规模、长期的掠夺，并且自大约 1970 年以来有愈演愈烈的趋势。在奴隶制结束 150 年后，这套体系仍然不愿面对这一事实。对许多人来说，这篇文章使人更加明确几个世纪以来什么是科茨所说的“掠夺”。[22]

这三个原因有各种各样的影响，其中最微不足道的是，当《被掩盖的原罪》出现在书架上时，公众对此书产生了兴趣。然而，悲剧中的悲剧是，在手无寸铁的年轻人被野蛮地杀戮后，才让一些人开始思考一些他们长期回避的关键问题：对非洲裔美国人的盗窃、掠夺和奴役如何养肥了并且仍然在养肥很多人，美国和世界各国何时会思考一下这个问题？那些无偿劳动所积累的财富使有些人从中获利，有些人却无利可图，两者之间必然势不两立，从而导致持续 432
的暴力行为。他们什么时候会考虑这个问题？从 2014 年这些具体事件中，可以使人一目了然地看出，只要那些被屠杀的人看上去像是美国黑人奴隶的后裔，美国法律制度就会视他们的生命如草芥。事实上，这些悲剧揭露了许多美国人赤裸裸的观念，即警察、法院和监狱的主要职能是关注那些有勇气从奴隶制中存活下来的人的后裔——恐吓他们，遏制他们，杀害他们，并剥夺他们的财富供他人消费。

当这本书出版时，当你阅读这篇文章时，语境或许已经发生变化，并且会不断发生变化。让我用这本书的最后几句话，试着将你的注意力引向这本书的一些内容，我希望它们在我不能预见的将来能对读者有些帮助。也许，其中的一个内容就是本书讲述的关于棉花奴隶在奴工营中如何备受折磨来实现世界经济转型的故事，我们称之为工业革命、现代化或西方资本主义的崛起。本书认为，我们可以称酷刑和衡量系统为技术，它们帮助推动了采棉生产率的惊人增长。1800—1860年，这个系统以越来越低的成本为西方世界不断增长的工业系统提供原材料，这就是证据所在。[23]

有些人误解了本书的说法，即我们需要了解非洲裔美国人遭受苦难的历史现实，才能理解奴隶制的历史。有人说，这是“情感史”。我想这是评论者在暗示我是依靠情绪来做的论证工作。同样的说法曾被用来攻击黑人废奴主义者对现存奴隶制的描述，现在又成了嘲笑和诋毁非洲裔美国人的证词。这种说法将亲历过奴隶生活的黑人描述为非理性的、过度紧张的，甚至将白人自由主义者描述为弱势群体，他们不愿面对白人理性的需求，而黑人就是他们的潜在操纵者。

现在可能会出现的情况是，优先把非洲裔美国人作为故事中心的演员和讲述人，将迫使一些读者面对自己心理上影响他们理解黑人生命和白人生命同等重要的障碍。的确是这样，从感性认同的角
433 度而言，我们可以进行更深层次的理解：在美国奴隶工动营的扩张过程中，奴隶们经历的大规模苦难可能让一些读者感同身受。如果确实如此，那就更好了。

然而，值得分析的一点是，采用酷刑，即对奴隶施加痛苦，并使他们感到苦海无边，从而迫使他们提高劳动生产效率，这些做法不仅使棉花更廉价，投资更加有利可图，而且促进了整个西方资本主义体系的发展和运作。这给黑人带来了深重的苦难，他们在苦难中如何生存、如何设法避免和减轻痛苦，这是在世界经济增长和转型中的重要因素。世界历史的戏剧在大大小小的舞台上上演，而我们通常更关注名人的大举动。但是，现代世界是建立在黑人的痛苦之上的，他们日复一日地在棉花地里穿梭劳作，晨曦而起，日落而归，面朝土地，背向赤日。

一些人在这书中读到这样的信息：随时的监视、恐怖的酷刑和白人对叛乱的镇压，使得奴隶的反抗几乎不可能实现。除了这些镇压手段之外，我还要补充一点，那就是19世纪奴隶制前沿富有创新精神的奴隶主企业家们开始不断地逼迫他们的奴隶交代自己的“左手”秘密。首先就是让奴隶们揭晓，如果被迫不停歇的劳动，他们能摘得多少棉花。这些做法削弱了传统的反抗形式，预示着许多人将被迫经历从传统经济到现代经济的转变。奴隶们暴露在外的左手力量已经一次又一次地背叛了他们自己。[24]

确实是这样，从18世纪90年代起，美国奴隶制扩张的历史确实是一部对美国黑人身心剥削和奴役愈益残酷的历史。这些黑人有多重身份，他们是工人，是创造者，是父母，是监护人，同时还是性暴力和受剥削的对象，他们甚至沦为金融借贷的抵押品，黑人创造出的利润在全世界人的手中流转。然而，这个故事还有另外一面。我用更加微妙的画风将其描述出来，因为这些故事通常是在黑暗中发生的：有时两个人相互拥抱在一起，寂静无声；有时环境嘈杂，人们围坐在火堆旁，一起交谈、唱歌、布道、祈祷或辩论。

这另一半的故事描述了黑人的生存、劳动和反抗的伟大壮举， 434
故事讲述了美国黑人如何在恐怖的熔炉中锻造出工具，而这些工具最终将会用于消除奴役。在这一进程中，奴隶主试图使奴隶身心相悖，让黑人之间相互出卖。不论奴隶们的身份是母亲、父亲、姐妹兄弟、逃奴、辛苦的劳力，还是在鞭刑来临前挣扎的人，事实上都只是普通人。但是，他们却做出了不平凡的事。

我们也不能忘记这一半故事中遗漏的部分。很久以前，传教士约舒亚·本西拉克曾说：“这世上的人，有些人留不下任何痕迹，他们死去，好像从来没有过一样，好像从来没有出生过，他们的孩子也是如此。”在奴隶制的边疆地区就是如此。奴隶们凄凉孤寂，最终又归于尘土，几乎没有人哀悼他们。一些人从来没有生养过孩子，有的孩子胎死腹中，他们这一支血脉就此终结。我们甚至不知道他们生从何来，死归何处。而那些统治他们的世界、恐吓他们的人并不关心他们的生存，因为奴隶主和投资者可以在金融方面下赌注，避免奴隶移民死亡所带来的风险。

然而，有些奴隶却敢于在监工的威胁下继续生存。一些人成功地躲过了工头悬在他们头顶上的鞭子，就如在棉花袋子里做手脚来撑起秤杆一样。他们不光生存了下来，还用他们的行为改变了世界。幸存者们拒绝接受他们听到的故事，这些故事旨在为“对奴隶的压榨是合理的”进行辩护。被奴役的人们一次又一次地创造了他们被掠夺的历史，他们深陷其中，并把这些情况互相传达。他们在经历了死亡、绝望和混乱之后，又建立了新的关系。他们根据流传下来的故事，在新建立的关系中找到了新的交流方式，形成了新的敬拜方式，确立了新的身份。他们创造出了一致认同的政治和文化伦理，这种伦理影响深远，跨越了时间和空间，并一直延续至今。[25]

因此，他们敢于自爱并且彼此关爱。而有些人则敢于逃跑。即使只有一个人逃出来讲述这个故事，这也是一种壮举。曾几何时，当他们的祖父母们被铁链锁在贩奴船的甲板上时，他们的内心深处还保留着上帝、颂歌和有关他们的记忆。而现在，经过两代人之后，这些逃奴的思想指引着他们独自在黑夜中穿过丛林，向着北方进发，因为那里可能存在着自由。他们书写了一段传奇故事，这些故事对长期在自由州和蓄奴州与奴隶制捍卫者进行的斗争运动中产生了巨大影响。他们对奴隶制度的大肆批判如同楔子，日复一日地凿掉了保奴者自认为正义和代表了他们利益的大厦。最终，这一楔子将美国政治置于严重的分裂状态，分歧大到奴隶主们开始诉诸武力，与
435 曾经长期保护他们的联邦政府开战，这是所有人不曾希望也不敢想

象的。当联邦军队的铁骑踏遍蓄奴州的土地时，奴隶们找到了所需的杠杆来打破奴役自己的枷锁。“普通人”就这样改变了世界。

为了自己的生命，正义者们勇于与这个世界的势力抗争，如果能记住他们的行为和方式，总不失为一件好事，尤其当这些力量试图将正义者们埋葬在黑夜四下无人的坟墓里，没有任何标记，只有昏暗的夜灯做伴。记住这些本身就有益处，而其行为和方式对我们的今天和明天也同样有益。无论我们是不是他们的后代血亲，但作为他们的继承人，这些记忆就是留给我们的珍贵礼物。

我不知道这版书面世时的社会语境如何，也无法预测你读到本书时世界正在发生什么。然而，我想你或许还没有看到斗争的结束，那些斗争是为了自由，为了平等，为了生存权，为了不被警察、自卫队或是种族主义的疯子谋杀。2014 年这些抗争再一次复苏，致使很多读者开始更多地思考有关奴隶制与当今社会不平等之间的关系，并阅读相关的书籍。这些抗争发端于几个世纪前，远早于洛伦佐·艾维越过地平线，首次看到带锁链的奴隶队伍的行进，甚至还要早于鲍尔的祖父在西非落入奴隶贩子的手中，并且这些抗争还将继续。

抗争已经持续了很长一段时间。当然，其形式纷繁复杂，并不总是相同的。历史不会重演，只会孕育新的恶魔。然而，新的救世主也终将如期而至，因为人民忍受灾难，艰难生存，尽管有极大的困难，尽管所有的不利条件都指向他们，尽管他们遭受奴役，但他们仍会努力改变历史的进程。实际上，那些被拖拽到棉花产地的人大多是青少年，他们内心惶恐、孤独，被迫用越来越快的速度采摘棉花，供给世界市场。而就是这么一群人，极大地改变了美国历史的进程，他们丝毫不亚于任何一个族群所产生的影响。

对于他们来说，前途看起来似乎一定是黑暗，而世界的强大力量却又看起来那么不可战胜。不过，让我们回到“手臂”一章中我曾讲过的一个小故事。其中，有一个场景发生于19世纪50年代，白人小商贩穿越密西西比河三角洲森林深处一块炽热的棉花地，当时路易斯·休斯还年轻，不过是一个十几岁的青少年，男人、女人们都在与他肩并肩地采摘着棉花，远道而来的旅行者们则与他们谈论自由的可能。但在一排排棉花之间劳作的男人、女人们则回应说："我们不相信那些，祖父说过我们会自由的，但我们现在仍然还没有获得自由。"[26]

436 当然，年长的奴隶只关心在一天结束时能采够定量的棉花，也有一些人担心休斯，因为他的妈妈远在弗吉尼亚州的斯科茨维尔。他们传授给休斯更快采摘棉花的经验，让他采的棉花数量达标，以免遭受鞭打。在炎炎烈日下，这些导师也在教导他不要向那些奇怪又不明身份的白人男子袒露自己的全部心思，更不要谈自己的希望。但是，在恬静的夜晚，他们围坐在篝火边畅谈，休斯从他们口中得知，"一代又一代的人都在谈论"的自由，人们仍然乐此不疲地在谈论着。每一次被强制分离、每一次受侮辱、每一次的拘禁以及偷窃，都使自由显得弥足珍贵，盼望将来某一天人们可以不受任何约束，自由地选择，尽情地感受爱与自豪、身体和精神的自由自在。

那些饱受奴役的人曾彼此传授经验和教训，也曾把记忆传给下一代，这些教训和记忆似乎不过是文字而已。强迫压制之下，奴隶们的生存本身似乎也像是在为维持奴隶制度做贡献。但是，生存也使得反抗成为可能。此外，那些经验和教训也不仅仅是文字，更是反抗的策略。假使没有它们，奴隶制度就不会终结。所以，这些从幸存者身上收集而来的文字和策略，它们还有很多东西要教给每一代人，教他们如何去应对寸步不让的势力。

那些长者曾教会路易斯·休斯如何生存，又是这么一群人，再次向他伸出援手，帮助他成长、结婚，甚至有了自己的孩子。不过，美国内战开始后，他曾多次试图逃走，却都无功而返。当联邦士兵到达密西西比北部时，他与黑人朋友乔治·华盛顿（时为麦基家族的一名奴隶）一起逃往了孟菲斯。在那里，他们朝北一直走了好几个月，找到了一个城市。那里聚集着的大多为联邦士兵以及像他们一样的逃亡奴隶，他们最终解放了自己，不再受人奴役。

1865 年，联邦军队就快要赢得军事胜利了，奴隶制度最终瓦解了。这部分要归功于黑人和白人废奴主义者引发的这场战争，他们不断地使用被强迫迁徙的难民和幸存者的证词，如休斯被卖到密西西比地区后帮助他度过那段黑暗时期的长者们。但是，战争并没有导致奴隶制度的覆灭。最重要的是，一旦战争爆发，像休斯和华盛顿这样的奴隶便会从奴隶制度内部瓦解其坚固的堡垒，然后活着脱身，这才导致了奴隶制度的消亡。[27]

逃跑之后，华盛顿和休斯再一次展现出勇气和爱心，返回仍处于战乱的三角洲地区去接他们的家人。他们与两名联邦士兵同行，士兵赶着为军马征用粮草。他们一行 4 人到麦基家族的奴工营时，其 437
他的很多奴隶早已逃跑，华盛顿和休斯则告诉奴隶主，他们是来接家人的。有个年纪很小的白人小男孩，年龄不足充当邦联战士，却因黑人获得自由而愤愤不平。他跑回屋子去取枪，大声喊道：“是华盛顿和休斯，我今天晚上非杀了他俩中的一个。”但他妈妈制止了他，华盛顿和休斯因此得以与家人团聚。

华盛顿的弟妹跑出奴工营，加入逃亡的队伍，她回过头，对其中一个奴隶主法林顿太太说：“祝你好运。”盛怒之下，那个白人妇女喊道：“我祝你们都倒大霉。”幸存者们没有任何暴力行为，只是转过身去，快步赶向孟菲斯城，一劳永逸地抖掉肩上奴工营的尘土。

几天之后，他们一行终于到达了孟菲斯，此时他们全身又湿又脏，光头赤脚。他们用棕榈叶为自己扇风，没有人欢呼迎接他们，数千名曾被奴役的人群涌入这个被休斯称为“避难之城”的地方，他们忙着生存，忙着找寻家人，却没有时间为新逃出奴役的人再鼓一次掌。只有一位历经七八十年的奴役活下来的老人注意到了这批新来的人，他跑到街上大喊：“喂，他们来啦，上帝保佑，可怜的孩子们，他们扇着扇子过来啦。”经过那么多年的囚禁，他为之欢呼的人群竟然能够改变历史的进程，这对他来说是多么不可思议啊。但是，他们和他终究都做到了。

爱德华·巴普蒂斯特

2016 年 7 月

致 谢

任何一本需要耗时如此之久去写作的书籍都会导致作者陷入多 439
重债务缠身的境地，复利数目之庞大将最终导致作者完全无法偿还。就让我把这当作是破产声明好了。在债务清单中，我必须首先感谢贝西克图书出版公司（Basic Books）的编辑兼主管劳拉·海默特（Lara Heimert），没有她自始至终的支持，这本书就不会呈现在读者面前。我要对她的支持和耐心、认真的阅读以及一针见血的提问表示由衷的感谢。此外，我还要感谢贝西克图书出版公司的桑德拉·贝里斯（Sandra Beris）和利亚·斯蒂奇（Leah Stecher），以及执行编辑罗杰·莱博瑞（Roger Labrie）和文字编辑凯西·斯特莱克福斯（Kathy Streckfus）。感谢康奈尔大学的琳达·贝尔兹·格雷瑟（Linda Beltz Glaser）和西尔·卡克皮尔（Syl Kacapyr）帮助我做推广，感谢大卫·埃思里奇（David Ethridge）帮我绘制地图，感谢莉莉安·巴普蒂斯特（Lilian Baptist）帮我设计封面。

本书的研究基金首先来自于康奈尔大学、国家人文基金会、迈阿密大学，还有圣保罗大学、杜兰大学、吉尔德·莱尔曼美国历史研究所、北卡罗来纳大学和杜克大学。

没有图书管理员、档案保管员以及研究所对于初始研究的帮助，任何历史作品都是不可能完成的。本书获得了以下人员及单位的帮助和支持：康奈尔大学图书馆及全体员工；杜克大学图书馆及全体员工，尤其是伊丽莎白·邓恩（Elizabeth Dunn）、耐尔达·韦伯（Nelda Webb）和詹妮·莫里斯（Janie Morris）；北卡罗来纳大学的南方历史收藏室，特别要感谢劳拉·卡拉克·布朗（Laura Clark Brown）、蒂姆·韦斯特（Tim West）、蒂姆·皮亚特（Tim Pyatt）、沙耶娜·腾格里（Shayera Tangri）以及约翰·怀特（John White）；杜兰大学霍华德·蒂尔顿图书馆特别藏书部；新奥尔良公证档案馆；新奥尔良公共图书馆，特别要感谢格雷格·奥斯本（Greg Osborne）；纽约公立图书馆；纽约历史图书馆；路易斯安那州大学希尔纪念图书馆；国家档案馆（华盛顿特区和沃思堡市）；芝加哥历史学会；纽贝里图书馆；弗吉尼亚历史学会以及迈阿密大学图书馆。在这里，我还要特别感谢纳奇兹历史藏书及米米·米勒（Mimi Miller），感谢他们在学术及精神上给予我的支持，还要感谢西亚拉巴马大学中心对黑人聚集区研究的支持。我要感谢扎卡里·卡普兰（Zachary Kaplan）、格雷格·莱特福特（Gregg Lightfoot），以及萨姆·罗宾逊（Sam Robinson）对于研究的协助，还要感谢乔纳森·普里切特（Jonathan Pritchett）、詹姆斯·威尔逊（James Wilson）、理查德·H·基尔伯恩（Richard H. Kilbourne）、黛尔·托米科（Dale Tomich）和米米·米勒为我提供资料，感谢康奈尔社会经济研究机构对于数据储藏和分析的帮助，尤其是比尔·布洛克（Bill Block）、
440 莱恩·马丁（Lynn Martin）和杰瑞米·威廉姆斯（Jeremy Williams）；还有乔丹·苏特（Jordan Suter）、南希·布鲁克斯（Nancy Brooks）、彼得·西特尔（Peter Hirtle）、鲍勃·基比（Bob Kibbee）和米歇尔·保利洛（Michelle Paolillo），感谢他们在分析数据方面给予的帮助。

我还要感谢以下组织和参与反馈的读者和合作小组，是他们对

本书材料给予了有效反馈。它们是南方历史协会、社会科学历史协会、洪堡基金会、美国哲学学会、宾汉姆顿大学的费尔南德布鲁代尔中心、圣保罗联邦大学、里约热内卢大学、圣保罗大学、英美十九世纪历史大会、剑桥大学、康奈尔大学人文学院、哈佛大学、布朗大学、北卡罗来纳州大学、杜兰大学、宾夕法尼亚大学、南密西西比州大学（格尔夫波特校区）、西印度群岛大学（圣奥古斯丁校区）、乔治镇大学、亨廷顿图书馆，以及哥伦比亚大学。

在本书写作与校订期间，许多人对整本书或书中的大部分内容进行了阅读和评论，他们是萨拉·富兰克林（Sarah Franklin）、圣保罗大学的拉斐尔·玛吉斯（Rafael Marquese）及其同事和学生、瓦尔迪米洛·洛伦佐（Waldimiro Lourenço）、利奥·马奎斯（Leo Marques）和塔米斯·帕伦（Tamis Parron），还有理查德·邓恩（Richard Dunn）、恰克·马修斯（Chuck Mathewes）、约舒亚·罗斯曼（Joshua Rothman）、汤姆·巴尔谢思奇（Tom Balcerski）、埃里克·塔利亚科佐（Eric Tagliacozzo）、亚当·罗斯曼（Adam Rothman）、茱莉亚·奥特（Julia Ott）、黛尔·托米科（Dale Tomich）和托尼·凯耶（Tony Kaye）。还有一些人，他们不只参与了本书的论证，而且在漫长的过程中让我学到了许多，也许你们已经忘记，但我仍然记得，我要感谢你们：劳伦·阿克（Lauren Acker）、罗赞·阿德利（Rosanne Adderley）、利贾·阿尔达纳（Ligia Aldana）、托尼·巴杰（Tony Badger）、惠特尼·巴特尔·巴普蒂斯特（Whitney Battle-Baptiste）、斯文·贝克特（Sven Beckert）、卡瑟琳·比巴（Catherine Biba）、希尔·施瓦茨·阿布·赫特—克利福德·M. 伯克斯利（Ser Seshs Ab Heter-Clifford M. Boxley）、杰夫·布罗斯科（Jeff Brosco）、文斯·布朗（Vince Brown）、已故的克拉克·嘉豪（Clark Cahow）、克利·卡珀斯（Corey Capers）、米奇·

卡萨多（Mickey Casad）、卡瑟琳·克林顿（Catherine Clinton）、玛丽·瑰柏翠（Mari Crabtree）、弗雷德·德阿吉亚尔（Fred D'Aguiar）、埃德维奇·丹蒂卡（Edwidge Danticat）、克里斯汀·德桑（Christine Desan）、道格·埃杰顿（Doug Egerton）、已故的罗伯特·F. 恩格斯（Robert F. Engs）、弗莱迪·埃文斯（Freddi Evans）、苏珊·费伯（Susan Ferber）、劳拉·弗里（Laura Free）、约翰·格林姆（Johan Grimm）、格温多琳·麦德罗·霍尔（Gwendolyn Midlo Hall）、威尔·哈里斯（Will Harris）、莫里斯·杰克逊（Maurice Jackson）、沃尔特·约翰孙（Walter Johnson）、詹姆斯·莱克（James Lake）、特莱瓦·李-钦（Triwa Lee-Chin）、乔纳森·莱维（Jonathan Levy）、大卫·莉比（David Libby）、格雷格·莱特福特（Gregg Lightfoot）、玛丽·梅尔普斯·邓恩（Mary Maples Dunn）、斯蒂芬妮·麦柯里（Stephanie McCurry）、约翰·H. 麦克尼尔（John H. McNeill）、德洛丽丝·麦克奎因（Delores McQuinn）、艾丽斯·米德姆（Alice Michtom）、斯蒂芬·米姆（Stephen Mihm）、大干·米勒（Daegan Miller）、邓肯·摩尔根（Duncan Morgan）、布兰特·莫里斯（Brent Morris）、克里斯·莫里斯（Chris Morris）、瓦兰吉尼·穆南兴赫（Viranjini Munansinghe）、迈克尔·欧布莱恩（Michael O'Brien）、莎拉·皮尔索尔（Sarah Pearsall）、迪伦·潘宁罗斯（Dylan Penningroth）、大卫·佩里（David Perry）、莱利·鲍威尔（Larry Powell）、马库斯·莱迪克（Marcus Rediker）、伊丽莎白·普赖尔·斯托得（Elizabeth Pryor Stordeur）、奥利维亚·罗芭·拉罗恰（Olivia Robba de Rocha）、法瑞沙·罗宾逊（Pharissa Robinson）、赛斯·洛克曼（Seth Rockman）、丹·鲁德（Dan Rood）、里卡多·萨勒斯（Ricardo Salles）、玛尼沙·辛哈（Manisha Sinha）、安德莱内·伦茨·史密斯（Adriane Lentz-Smith）、杰森·斯考特·

史密斯（Jason Scott Smith）、尼克尔·斯普卢伊尔（Nicole Spruill）、黛西贝拉·托马斯·奎尼（Daisybelle Thomas-Quinney）、达拉·汤姆普森（Darla Thompson）、菲尔·特劳特曼（Phil Troutman）、伯·范德尔兰（Rob Vanderlan）、哈里·沃特森（Harry Watson）、乔纳森·威尔斯（Jonathan Wells）、马克·威尔逊（Mark Wilson）、贝蒂·伍德（Betty Wood）、克里斯汀·伍德（Kirsten Wood），以及麦克尔·扎金（Michael Zakim）。

康奈尔大学的同事们也给了我许多支持，我尤其感谢我们之间的友谊和学术共享。我要感谢霍利·凯斯（Holly Case）、德里克·章（Derek Chang）、杜安·科尔皮斯（Duane Corpis）、杰夫·考伊（Jeff Cowie）、雷·克莱伯（Ray Craib）、玛利亚·克里斯缇娜·加西亚（Maria Cristina Garcia）、罗伯特·哈里斯（Robert Harris）、路易斯·海曼（Louis Hyman）、已故的麦克尔·卡曼（Michael Kammen）、沃尔特·拉菲波尔（Walter LaFeber）、弗雷德·罗格瓦尔（Fred Logevall）、塔玛母·罗斯（Tamam Loos）、弗拉基米尔·米克（Vladimir Micic）、莱瑞·摩尔（Larry Moore）、玛丽·贝斯·诺顿（Mary Beth Norton）、乔恩·班玛丽（Jon Parmenter）、加布里埃尔·皮克利（Gabriele Piccoli）、玛丽·罗丹（Mary Roldan）、亚伦·赛克斯（Aaron Sachs）、尼克·塞尔瓦托（Nick Salvatore）、苏曼·赛斯（Suman Seth）、约尔·西尔贝（Joel Silbey），以及埃里克·塔利亚科佐（Eric Tagliacozzo）。

我要感谢康奈尔历史系对我的信任，特别是一系列的讲座给予了我许多支持，感谢桑德拉·格林（Sandra Greene）、维克多·寇旭曼（Victor Koschmann）、巴里·斯特劳斯（Barry Strauss）和伊莎贝 441
尔·赫尔（Isabel Hull）。还有历史系的工作人员，尤其是凯蒂·克里蒂托夫（Katie Kristof）和麦吉·爱德华斯（Maggie Edwards），他们不仅出色地完成了工作，而且教会了我很多关于友谊的事情。在康奈尔大学西校区，尤其是在卡尔·贝克尔公寓生活期间，我必须要特别感谢辛迪·哈赞（Cindy Hazan）和劳拉·谢菲尔·布朗（Laura Schaefer Brow），还有雷妮·亚历山大（Renee Alexander）、加里克·布莱洛克（Garrick Blalock）、里克·坎菲尔德（Rick Canfield）、艾萨克·克莱姆尼克（Isaac Kramnick）和埃尔米拉·曼格姆（Elmira Mangum）。最重要的是搬到贝克尔公寓之后，我非常感激我们的副院长阿曼达·卡莱利奥（Amanda Carrerio），此外还要感谢我们的助手杰西·希里克尔（Jesse Hilliker）和维克多利亚·冈萨雷斯（Victoria Gonzalez），还有托尼·克夫拉各斯（Tony Kveragas）和艾琳·修斯（Eileen Hughes），以及和我一起工作的本科生和研究生，他们非常出色。在这些学生中，我要特别感谢的有尼尔·阿拉尔（Neal Allar）、提奈南吉·班达（Tinenenji Banda）、弗里兹·巴尔特尔（Fritz Bartel）、乔斯·谢丽（Joyce Chery）、莱恩·爱德华斯（Ryan Edwards）、凯尔希·弗格赫（Kelsey Fugere）、杰瑞米·富勒（Jeremy Fuller）、阿齐扎·格拉斯（Aziza Glass）、达尔文·格里芬（Darvin Griffin）、路易斯·霍普金斯（Louis Hopkins）、贾妮思·奇洛克·刘（Janice Chi-lok Lau）、哈维尔·佩雷斯·布尔格斯（Javier Perez Burgos）、乔恩·赛琪尼（Jon Senchyne），以及卡维塔·辛格（Kavita Singh）。

从我的老师和父母那里，我学到了许多，感谢他们对我的教育和辅导，我要感谢德鲁·吉尔平·浮士德（Drew Gilpin Faust）、理查德·邓恩（Richard Dunn）、已故的约翰·霍普·富兰克林（John Hope Franklin）、大卫·约翰逊（David Johnson）、罗伯特·F. 摩尔（Robert F. Moore），还有我的父母爱德华（Ed）和琳达·巴普蒂斯特（Linda Baptist）。感谢我的朋友卢瑟·亚当斯（Luther Adams）、斯蒂芬·布姆加德纳（Stephen Bumgardner）和贾斯汀·沃尔夫（Justin Warf），是他们让我在完成作品的同时不忘自己。

在本书即将出版之际，我的朋友斯蒂芬妮·M. H. 坎普（Stephanie M. H. Camp）去世了。她是一名研究奴隶制的出色的历史学家，而且为本书付出了许多努力。对我来说，她就像一位充满智慧的姐姐，一直陪在我的身边帮我渡过难关。我将用我的一生去铭记她的音容笑貌。我仍能在她的文字里听到她的声音，在她给予他人的鼓励里看到她的面容。这些感受对我来说既痛苦又甜蜜，更是一种精神上的支撑。

没有唐奈特（Donnette）的不懈支持、热心和关怀，这本书将永远只保存在我的电脑里，是她在精神上给予我鼓励，才让这本书能够面世。

最重要的是，我要把这本书献给我的孩子莉莉安（Lilian）和伊斯拉（Ezra），他们从很久以前就知晓了这个故事。这个故事在很多方面也塑造了我们。过去的每一天，故事都在发生变化，现在我们记录下的只是我们自己的篇章。

注 释

导 言

1. Robert F. Engs, *Educating the Disfranchised and Disinherited*: *Samuel Chapman Armstrong and Hampton Institute*, *1839—1893* (Knoxville, TN, 1999); Lorenzo Ivy: Charles L. Perdue Jr., Thomas E. Barden, and Robert K. Phillips, eds., *Weevils in the Wheat*: *Interviews with Virginia Ex-Slaves* (Charlottesville, VA, 1976), 151—154; personal communications with Rev. Doyle Thomas, January 2012.

2. Stephen Small and Jennifer Eichstedt, *Representations of Slavery*: *Race and Ideology in Southern Plantation Museums* (Washington, DC, 2002); Cf. Stephanie E. Yuhl, "Hidden in Plain Sight: Centering the Domestic Slave Trade in American Public History," *JSH* 79, no. 3 (2013): 593—625.

3. Ralph Ellison, "Twentieth-Century Fiction and the Black Mask of Humanity," *Shadow and Act* (New York, 1964).

4. Many recent historians of slavery, preferring the published autobiographies, have discounted the WPA narratives. Systematic critiques of the use of such interviews include the following: John Blassingame, "Introduction," in ST, xliii—lxii; Donna J. Spindel, "Assessing Memory: Twentieth-Century Slave Narratives Reconsidered," *Journal of Interdisciplinary History* 27 (1996): 247—261; Damian Alan Pargas, "The Gathering Storm: Slave Responses to the Threat of Interregional Migration in the Early Nineteenth Century," *Journal of Early American History* 2, no. 3 (2012): 286—315. I find these critics less persuasive than those who argue that the twentieth-century narratives are extremely useful. The WPA narratives contain rich personal observation remembered by the interviewees themselves, which can be read carefully and successfully with an understanding of the interview dynamic. Just as importantly, the narratives also transmit collectively held stories that in some cases are even older than the interviewees. The latter reflect the culture, beliefs, and vernacular history of the enslaved—including concepts and beliefs that clearly predate and make their way into the nineteenth-century narratives. See Mia Bay, *The White Image in the Black Mind*: *African-American Ideas About White People*, *1830—1925* (New York, 2000), esp. 113—116; George Rawick, "General Introduction" to AS, S1, 11, xxxix; Edward E. Baptist, "'Stol' and Fetched Here': Enslaved Migration, Ex-Slave Narratives, and Vernacular History," in Edward E. Baptist and Stephanie M. H. Camp, eds., *New Studies in the History of American Slavery* (Athens, GA, 2006), 243—274. For links between vernacular storytelling by slaves and former slaves, on the one hand, and literary production by African

Americans, on the other, see William L. Andrews, *To Tell a Free Story: The First Century of Afro-American Autobiography, 1760—1865* (Urbana, IL, 1985), 274; Marion W. Starling, *The Slave Narrative: Its Place in American History* (Boston, 1981, repr. of 1946 diss.); Charles T. Davis and Henry Louis Gates, eds., *The Slave's Narrative* (New York, 1985); Henry Louis Gates, *The Signifying Monkey: A Theory of Afro-American Literary Criticism* (New York, 1988).

第1章

1. In this book, some of the vignettes told from the perspective of enslaved people incorporate not only the specific content of the historical documents cited, but also details from other sources, as is the custom with evocative history. By drawing upon a wide variety of sources, I attempt to provide a richer depiction of the landscape, work practices, and cultural practices of the time and a more intimate portrait of the enslaved African Americans whose experience is the center of this history. These sources include the testimony of other formerly enslaved people who went through virtually identical experiences. This particular story, for instance, is drawn from Charles Ball, *Slavery in the United States: A Narrative of the Life and Adventures of Charles Ball...* (New York, 1837), but it was written in the light of dozens of other accounts, including descriptions of people's reactions to coffles, descriptions of slavery in early nineteenth-century Piedmont North Carolina, reports of the family demography of enslaved people during the era of the early domestic slave trade, and enslaved people's stories of their experience during the era of the domestic slave trade. All of these are cited copiously in the coming pages, but for firsthand accounts of enslaved people's reactions to the slave trade, see Charity Austin, AS, 14.1 (NC), 59; Ben Johnson, AS, 14.1 (NC); Dave Lawson, AS, 15.2 (NC), 49; Lila Nichols, AS, 14.1 (NC), 147—150; Mary Hicks, AS, 14.1 (NC), 184; Josephine Smith, AS (NC); Alex Woods, AS, 15.2, (NC), 416—417; Jeremiah Loguen, *The Rev. J. W. Loguen, As Slave and Free* Man (Syracuse, 1859), 65—67; "Recollections of a Runaway Slave," *Emancipator*, September 20, 1838; Isaac Williams, *Aunt Sally: The Cross, the Way of Freedom* (Cincinnati, 1858), 10—15; ASAI, 76; and, for rich documentation of enslavement and the domestic slave trade in the area of North Carolina through which Ball was driven in chains, see Tyre Glen Papers, Duke; Jarratt-Puryear Papers, Duke, and Isaac Jarratt Papers, SHC. Unless otherwise noted, italics, underlining, and boldface type within quotations are reproduced from the original.

2. Edmund Morgan, *American Slavery, American Freedom: The Ordeal of Colonial Virginia* (New York, 1975); Kathy Brown, *Good Wives, Nasty Wenches, and Anxious Patriarchs: Gender, Race, and Power in Colonial Virginia* (Chapel Hill, NC, 1996); Lorena Walsh, *Motives of Honor, Pleasure, and Profit: Plantation Management in the Colonial Chesapeake, 1607—1763* (Chapel Hill, NC, 2010).

3. Again, a few starting points: Philip Curtin, *The Rise and Fall of the Plantation Complex: Essays in Atlantic History* (Cambridge, UK, 1990); Richard Dunn, *Sugar and Slaves: The Rise of the Planter Class in the English West Indies, 1624—1713* (Chapel Hill, NC, 1972); Peter Wood, *Black Majority: Negroes in Colonial South Carolina from 1670 Through the Stono Rebellion* (New York, 1973); Leonardo Marques, "*The United States and the Transatlantic Slave Trade to the Americas, 1776—1867*" (PhD diss., Emory University, 2013).

4. Robert Olwell, *Masters, Slaves, and Subjects: The Culture of Power in the South Carolina Low Country, 1740—1790* (Ithaca, NY, 1998), 270.

5. David Brion Davis, *The Problem of Slavery in the Age of Revolution, 1775—1820* (Ithaca, NY, 1975); Donald Robinson, *Slavery in the Structure of American Politics, 1765—1820* (New York, 1970); Christine Heyrman, *Southern Cross: The Beginning of the Bible Belt* (New York, 1997); Thomas Jefferson, *Notes on the State of Virginia* (New York, 1984 [Library of America]), 289.

6. Rachel Klein, *Unification of a Slave State: The Rise of the Planter Class in the South Carolina Backcountry* (Chapel Hill, NC, 1990); Richard Beeman, *The Evolution of the Southern Backcountry* (Philadelphia, 1984); Allan Gallay, *The Indian Slave Trade: The Rise of English Empire in the Colonial South* (New Haven, CT, 2002); James Merrell, *The Indians' New World: Catawbas and Their Neighbors from European Contact Through the Era of Removal* (Chapel Hill, NC, 1989).

7. John Filson, *Adventures of Colonel Daniel Boone* (Norwich, CT, 1786), and his *Discovery, Settlement, and Present State of Kentucky* (New York, 1793), 74; Daniel Blake Smith, "'This Idea in Heaven': Image and Reality on the Kentucky Frontier," in Craig Thompson Friend, ed., *The Buzzel About Kentuck: Settling the Promised Land* (Lexington, KY, 1998), 78; *Massachusetts Spy*, January 27, 1785; *Philadelphia Gazetteer*, November 27, 1784; Ellen Eslinger, "The Shape of Slavery on the Kentucky Frontier," *Kentucky Historical Society Register* 92 (1994): 1—23, esp. 4; Steven Aron, *How the West Was Lost: The Transformation of Kentucky from Borderland to Daniel Boone* (Baltimore, 1996).

8. Thomas Hart to [N. Hart], August 3, 1780, "Shane Collection, No. 22"; *Philadelphia Gazetteer*, November 27, 1784, May 16, 1788; *Massachusetts Spy*, May 29, 1782; *Connecticut Journal*, November 4, 1789; *New York Packet*, October 22, 1789; *New York Weekly*, June 20, 1792; *Philadelphia Advertiser*, October 4, 1792; *Norwich Western Register*, May 20, 1794.

9. Abraham Lincoln to Jesse Lincoln, April 1, 1854, in LINCOLN, 2: 217; cf. Richard L. Miller, *Lincoln and His World: The Early Years* (Mechanicsburg, PA, 2006), 5n17.

10. Joanne Pope Melish, *Disowning Slavery: Gradual Emancipation and "Race" in New England, 1780—1860* (Ithaca, NY, 1998); Arthur Zilversmit, *The First*

Emancipation: The Abolition of Slavery in the North (Chicago, 1967); Eva Sheppard Wolf, Race and Liberty in the New Nation: Emancipation in Virginia from Jefferson to Nat Turner (Baton Rouge, LA, 2006); Jefferson, *Notes on the State of Virginia*, 288; cf. Annette Gordon-Reed, *Thomas Jefferson and Sally Hemings: An American Controversy* (Charlottesville, VA, 1997).

11. Patricia Watlington, *The Partisan Spirit: Kentucky Politics, 1779—1792* (New York, 1972), 17—18; Janet A. Riesman, "Money, Credit, and Federalist Political Economy," in Richard Beeman, Stephen Botein, and Edward C. Carter II, eds., *Beyond Confederation: Origins of the Constitution and American National Identity* (Chapel Hill, NC, 1987), 128—161.

12. Peter Onuf, *Statehood and Union: A History of the Northwest Ordinance* (Bloomington, IN, 1987); Robinson, *Slavery in American Politics*, 379—380; Malcolm C. Rohrbough, *Land-Office Business: The Settlement and Administration of American Public Lands* (New York, 1968), 8—14.

13. David Libby, *Slavery and Frontier Mississippi, 1720—1835* (Jackson, MS, 2004); Walter LaFeber, *The American Age: United States Foreign Policy at Home and Abroad Since 1750* (New York, 1989), 30—31; Andrew R. L. Cayton, "'Separate Interests' and the Nation-State: The Washington Administration and the Origins of Regionalism in the Trans-Mississippi West," *JAH* 79, no. 1 (1992): 39—67; Jefferson to Madison, April 25, 1784, *Jefferson Papers: Digital Edition*, ed. Barbara Oberg and J. Jefferson Looney, http://rotunda.upress.virginia.edu/founders/TSJN-01-07-02-0129 (accessed February 24, 2014).

14. Paul S. Finkelman, "Slavery and the Northwest Ordinance: A Study in Ambiguity," *JER* 6, no. 4 (1986): 343—370.

15. Woody Holton, *Unruly Americans and the Origins of the Constitution* (New York, 2007); Pauline Maier, *Ratification: The People Debate Their Constitution, 1787—1789* (New York, 2010).

16. *The Founders' Constitution*, ed. Philip Kurland and Ralph Lerner (Chicago, 1987), 3:280.

17. *Founders' Constitution*, 3:279—281. Cf. George Van Cleve, *A Slaveholders' Union: Slavery, Politics, and the Constitution in the Early American Republic* (Chicago, 2010).

18. Hazel Dicken-Garcia, *To Western Woods: The Breckinridge Family Moves to Kentucky in 1793* (Rutherford, NJ, 1991); 177—178; CHSUS, 1:Aa3644—3744.

19. Aron, *How the West Was Lost*, 82—95; Frederika Teute, "Land, Liberty, and Labor in the Post-Revolutionary Era: Kentucky as the Promised Land" (PhD diss., Johns Hopkins University, 1988), 102—130, 185, 227—275; Watlington, *Partisan Spirit*, 220—222; David Rice, *Slavery Inconsistent with Justice and Good Policy; Proved by a Speech Delivered in the Convention, Held at Danville, Kentucky*

(Philadelphia, 1792); John Craig Hammond, *Slavery, Freedom, and Expansion in the Early American West* (Charlottesville, VA, 2007); John Craig Hammond, "Slavery, Settlement, and Em-pire: The Expansion and Growth of Slavery in the Interior of the North American Continent, 1770—1820," *JER* 32, no. 2 (2012): 175—206.

20. Dicken-Garcia, *To Western Woods*, 177—178; Marion Nelson Winship, "Kentucky *in* the New Republic: A Study of Distance and Connection," in Craig Thompson Friend, ed., *Buzzel About Kentuck: Settling the Promised Land* (Lexington, KY, 1998), 100—123; Gail S. Terry, "Sustaining the Bonds of Kinship in a Trans-Appalachian Migration: The Cabell-Breckinridge Slaves Move West," *Virginia Mag-azine of History and Biography* 102 (1994): 455—476.

21. Francis Fedric, *Slave Life in Virginia and Kentucky, Or, Fifty Years of Slavery* ... (London, 1853), 15.

22. Terry, "Sustaining the Bonds of Kinship," 465—466.

23. Fedric, *Slave Life*, 15—17; Dicken-Garcia, *To Western Woods*, 116—118, 173; Daniel Drake, *Pioneer Life in Kentucky: A Series of Reminiscential Letters* (Cincinnati, 1870), 176—177.

24. Fedric, *Slave Life*, 16; Washington (PA) *Herald of Liberty*, September 2, 1799.

25. Stanley Harrold, *Border War: Fighting over Slavery Before the Civil War* (Chapel Hill, NC, 2010); *Philadelphia Advertiser*, February 17, 1792.

26. William Hayden, *Narrative of William Hayden, Containing a Faithful Account of His Travels for Many Years Whilst a Slave* (Cincinnati, 1846), 20—26; Teute, "Land, Liberty, and Labor," 209—210.

27. Teute, "Land, Liberty, and Labor," 212; Monica Najar, "'Meddling with Emancipation': Baptists, Authority, and the Rift over Slavery in the Upper South," *JER* 25, no. 2 (2005): 157—186.

28. Barbara Fields, *Slavery and Freedom on the Middle Ground: Maryland During the Nineteenth Century* (New Haven, CT, 1985); Seth Rockman, *Scraping By: Wage Labor, Slavery, and Survival in Early Baltimore* (Baltimore, 2009); Max Grivno, *Gleanings of Freedom: Free and Slave Labor Along the Mason-Dixon Line, 1790—1860* (Urbana, IL, 2011); Jennifer Hull Dorsey, *Hirelings: African American Workers and Free Labor in Early Maryland* (Ithaca, NY, 2011); US Bureau of the Census, *Negro Population, 1790—1815* (Washington, DC, 1918), 57.

29. Ball, *Slavery in the United States*, 36.

30. Leonard Black, *The Life and Sufferings of Leonard Black, a Fugitive from Slavery* (New Bedford, CT, 1847), 24—26; Ball, *Slavery in the United States*, 15—18; Thomas Culbreth to Gov. Maryland, February 21, 1824, 818—819, in "Estimates of the Value of Slaves, 1815," *AHR* 19 (1914): 813—838.

31. David Smith, *Biography of the Rev. David E. Smith of the A.M.E. Church*

(Xenia, OH, 1881), 11—14; William Grimes, *Life of William Grimes, Written by Himself* (New York, 1825), 22; cf. Abraham Johnstone, *The Address of Abraham Johnstone, a Black Man Who Was Hanged at Woodbury, N.J.* (Philadelphia, 1797); Michael Tadman, "The Hidden History of Slave-Trading in Antebellum South Carolina: John Springs III and Other 'Gentlemen Dealing in Slaves,'" *South Carolina Historical Magazine* 97 (1996): 6—29, esp. 22. For the complex origins of the cotton gin, see Joyce Chaplin, *An Anxious Pursuit: Agricultural Innovation and Modernity in the Lower South, 1730—1815* (Chapel Hill, NC, 2013); Angela Lakwete, *Inventing the Cotton Gin: Machine and Myth in Antebellum America* (Baltimore, 2003).

32. Cf. *New York Advertiser*, September 24, 1790.

33. "Charleston" from *Pennsylvania Packet*, February 25, 1790; C. Peter Magrath, *Yazoo: Law and Politics in the New Republic: The Case of Fletcher v. Peck* (Providence, RI, 1966), 2—5.

34. Jane Kamensky, *The Exchange Artist: A Tale of High-Flying Speculation and America's First Banking Collapse* (New York, 2008); "Charleston" from *Pennsylvania Packet*, February 25, 1790.

35. Shaw Livermore, "Early American Land Companies: Their Influence on Corporate Development" (PhD diss., Columbia University, 1939).

36. Magrath, *Yazoo*, 6—19; Kamensky, *Exchange Artist*, 35—36.

37. John Losson to John Smith, 1786, Pocket Plantation Papers, RASP. Series E.

38. G. Melvin Herndon, "Samuel Edward Butler of Virginia Goes to Georgia, 1784," *GHQ* 52 (1968): 115—131, esp. 123; "The Diary of Samuel E. Butler, 1784—1786, and the Inventory and Appraisement of his Estate," ed. G. Melvin Herndon, *GHQ* 52 (1968): 208—209, 214—215; *Heads of Families at the First Census of the United States Taken in the Year 1790* (Washington, DC, 1908), 32; Grimes, *Life*, 25; Cf. Thomas Johnson, *Africa for Christ: Twenty - Eight Years a Slave* (London, 1892), 10—11; Moses Grandy, *Life of Moses Grandy, Late a Slave in the United States of America* (Boston, 1844), 55—56; Hayden, *Narrative*, 57—59; Julius Melbourn, *Life and Opinions of Julius Melbourn* (Syracuse, NY, 1847), 9—10; James Pennington, *The Fugitive Blacksmith* (London, 1849), vi, 24, 82; James Watkins, *Narrative of the Life of James Watkins, Formerly a "Chattel" in Maryland* (Bolton, UK, 1852), 26; Lewis Charlton, *Sketches of the Life of Mr. Lewis Charlton* (Portland, ME, n.d.), 1; James Williams, *Life and Adventures of James Williams, a Fugitive Slave* (San Francisco, 1873), 11.

39. For definition of "coffle," see Oxford English Dictionary Online, www.oed.com.

40. James Kirke Paulding, *Letters from the South, Written During an Excursion in the Summer of 1816* (New York, 1817), 126—127.

41. Grimes, *Life*, 22; *Alexandria Gazette*, June 22, 1827; Damian Alan Pargas, "The Gathering Storm: Slave Responses to the Threat of Interregional Migration in the

Early Nineteenth Century," *Journal of Early American History* 2, no. 3 (2012): 286—315; Frederic Bancroft, *Slave-Trading in the Old South* (Baltimore, 1931), 23—24. Some of the chains were literally repurposed from Atlantic slave-trading vessels. See Gardner, Dean, to Phillips, Gardner, April 10, 1807, Slavery Collection, NYHS.

42. *New Hampshire Gazette*, October 13, 1801; *Alexandria Times*, January 10, 1800.

43. ASAI, 69—70; John Brown, *Slave Life in Georgia* (London, 1855), 17—18.

44. Parker Autobiography, Rankin-Parker Papers, Duke; "Aaron," *The Light and Truth of Slavery* (Springfield, MA, 1845).

45. Matthew Mason, *Slavery and Politics in the Early American Republic* (Chapel Hill, NC, 2006); John C. Hammond and Matthew Mason, eds., *Contesting Slavery: The Politics of Bondage and Freedom in the New American Nation* (Charlottesville, VA, 2011).

46. Jesse Torrey, *A Portraiture of Domestic Slavery in the United States* (Philadelphia, 1817), 39—40, 33—34.

47. Jesse Torrey, *American Slave-Trade* (London, 1822), 66—71.

48. Robert Goodloe Harper, *The Case of the Georgia Sales Reconsidered* (Philadelphia, 1797); Abraham Bishop, *The Georgia Speculation Unveiled* (Hartford, CT, 1797).

49. "Charleston" from *Pennsylvania Packet*, February 25, 1790.

50. Thomas Hart Benton, *Abridgement of the Debates of Congress, from 1798 to 1856*, 223 (March 1798).

51. Magrath, *Yazoo*, 34—35.

52. Klein, *Unification*, 252—254; John Cummings and Joseph A Hill, *Negro Population 1790—1915* (Washington, 1918), 45, available at http://www2.census.gov/prod2/decennial/documents/00480330_TOC.pdf; Watson Jennison, *Cultivating Race: The Expansion of Slavery in Georgia, 1750—1860* (Lexington, KY, 2012).

53. *NR*, September 29, 1821; Gerald T. Dunne, "Bushrod Washington and the Mount Vernon Slaves," *Supreme Court Historical Society Yearbook* (1980); Robert Gudmestad, *A Troublesome Commerce: The Transformation of the Interstate Slave Trade* (Baton Rouge, LA, 2003), 6—8.

54. Thomas Jefferson to John Holmes, April 22, 1820; *Founders' Constitution*, 1: 156; Jefferson, *Notes on the State of Virginia*, 264.

55. *NR*, September 1, 1821.

56. Ball, *Slavery in the United States*, 86—91.

第2章

1. Benjamin Latrobe, *Impressions Respecting New Orleans: Diary and Sketches, 1818—1820*, ed. Samuel Wilson Jr. (New York, 1951), 13—14; Frances Trollope,

Domestic Manners of the Americans, ed. Pamela Neville-Sington (repr. London, 1997), 9—11; John Pintard to Sec. Treasury, September 14, 1803, TP, 9:52—53. Cf. Amos Stoddard, *Historical Sketches of Louisiana* (Philadelphia, 1812), 159—160; James Pearse, *Narrative of the Life of James Pearse* (Rutland, VT, c. 1826), 16; H. Bellenden Ker, *Travels Through the Western Interior of the United States* (Elizabethtown, NJ, 1816), 36; Pierre-Louis Berquin-Duvallon, trans. John Davis, *Travels in Louisiana and Florida in the Year 1802* (New York, 1806), 8.

2. TASTD; James McMillin, *The Final Victims: Foreign Slave Trade to North America, 1783—1810* (Columbia, SC, 2004), 23; Stephen Behrendt, David Eltis, and David Richardson, "The Costs of Coercion: African Agency in the Pre-Modern Atlantic World," *Economic History Review* (n.s.) 54, no. 3 (2001): 454—476.

3. Approval Alex. Clark, Bill of Lading, March 9, 1807, Reel 1, Inward Manifests, New Orleans, RG 36, NA; John Lambert, *Travels Through Canada and the United States of America, In the Years 1806, 1807, and 1808* (London, 1816), 2:166.

4. David Eltis, *The Rise of African Slavery in the Americas* (New York, 2000); Jo-seph C. Miller, *Way of Death: Merchant Capitalism and the Angolan Slave Trade* (Madison, WI, 1988); Robin C. Blackburn, *Origins of New World Slavery: From the Baroque to the Modern, 1492—1800* (London, 1997).

5. Sidney Mintz, *Sweetness and Power: The Place of Sugar in Modern History* (New York, 1985); Stuart Schwartz, *Sugar Plantations in the Formation of Brazilian Society: Bahia, 1550—1835* (New York, 1985).

6. M. L. E. Moreau de St. Méry, *Description topographique, physique, civile, politique et historique de la partie francaise de l'isle Saint-Domingue* ... 2 vols. (Paris, 1797); Antonio Benitez-Rojo, *The Repeating Island: The Caribbean and the Postmodern Perspective*, trans. James Maraniss (Durham, NC, 1992).

7. Mintz, *Sweetness and Power*; Kenneth Pomeranz and Steven Topik, *The World That Trade Created: Society, Culture, and the World Economy, 1400 to the Present*, 2nd ed. (Armonk, NY, 2000); Kenneth C. Pomeranz, *The Great Divergence: China, Europe, and the Making of the Modern World Economy* (Berkeley, CA, 2000), 31—68; David Eltis, "Nutritional Trends in Africa and the Americas: Heights of Africans, 1819—1839," *Journal of Interdisciplinary History* 12 (1982): 453—475.

8. Berquin-Duvallon, *Travels in Louisiana*, 35—37.

9. Alexander DeConde, *This Affair of Louisiana* (New York, 1976), 61—62, 107—126; William Plumer, *William Plumer's Memorandum of Proceedings in the U.S. Senate, 1803—1807*, ed. Edward Sommerville Brown (Ann Arbor, MI, 1923).

10. Carolyn Fick, *The Making of Haiti: The St.Domingue Revolution from Below* (Knoxville, TN, 1990).

11. Michel-Rolph Trouillot, *Silencing the Past: Power and the Production of History* (Boston, 1995); Susan Buck-Morss, "Hegel and Haiti," *Critical Inquiry* 26

(2000)：821—865；Alfred N. Hunt, *Haiti's Influence on Antebellum America: Slumbering Volcano in the Caribbean* (Baton Rouge, LA, 1988).

12. C. L. R. James, *The Black Jacobins: Toussaint Louverture and the San Domingo Revolution* (New York, 1963).

13. Stephen Englund, *Napoleon: A Political Life* (New York, 2004); Laurent DuBois, *Avengers of the New World* (New York, 2004); Robin Blackburn, *The Overthrow of Colonial Slavery* (London, 1988).

14. Roger Kennedy, *Mr. Jefferson's Lost Cause: Land, Farmers, Slavery, and the Louisiana Purchase* (New York, 2003).

15. Jefferson to Robert Livingston, April 18, 1802; Jon Kukla, *A Wilderness So Immense: The Louisiana Purchase and the Destiny of America* (New York, 2003), 235—259.

16. DeConde, *Affair of Louisiana*, 161—166.

17. P. L. Roederer, *Oeuvres du Comte P. L. Roederer* (Paris, 1854), 3:461; Comté Barbé-Marbois, *The History of Louisiana: Particularly of the Cession of That Colony to the United States of America*, trans. "By an American Citizen (William B. Lawrence)" (Philadelphia, 1830), 174—175, 263—264.

18. Dubois, *Avengers of the New World*, 297—301.

19. Christopher Brown, *Moral Capital: Foundations of British Abolitionism* (Chapel Hill, NC, 2006).

20. *Annals of Congress*, 1806, 238; Donald Robinson, *Slavery in the Structure of American Politics, 1765—1820* (New York, 1970), 331; David Brion Davis, *Slavery and Human Progress* (New York, 1984), 162—163.

21. DeConde, *Affair of Louisiana*, 205—206; Jared Bradley, ed., *Interim Appointment: William C. C. Claiborne Letter Book, 1804—1805* (Baton Rouge, LA, 2003), 13; Alexander Hamilton, in *New-York Evening Post*, July 5, 1803, *Papers of Alexander Hamilton*, 26: 129—136. An exception to historians' coverup: Henry Adams, *History of the Administrations of Jefferson and Madison* (New York, 1986 [Library of America]), 1:2, 20—22. Cf. Edward E. Baptist, "Hidden in Plain View: Haiti and the Louisiana Purchase," in Elizabeth Hackshaw and Martin Munro, eds., *Echoes of the Haitian Revolution in the Modern World* (Kingston, Jamaica, 2008).

22. Peter J. Kastor, *Nation's Crucible: The Louisiana Purchase and the Creation of America* (New Haven, CT, 2004); Lawrence Powell, *The Accidental City: Improvising New Orleans* (Cambridge, MA, 2012); Plumer, *Proceedings*, 223—224, notes three Louisiana French planters' visits to Congress complaining about Claiborne.

23. Berquin-Duvallon, *Travels in Louisiana*, 28—29, 80; Vincent Nolte, *Memoirs of Vincent Nolte* (New York, 1934); Sarah P. Russell, "Cultural Conflicts and Common Interests: The Making of the Sugar Planter Class in Louisiana, 1795—1853" (PhD diss., University of Maryland, 2000); Kenneth Aslakson, "The 'Quadroon-Placage' Myth of

Antebellum New Orleans: Anglo-American (Mis)interpretations of a French-Caribbean Phenomenon," *Journal of Social History* 45 (2012): 709—734; Jennifer Spear, *Race, Sex, and Social Order in Early New Orleans* (Baltimore, 2009).

24. Peter C. Hoffer, *The Treason Trials of Aaron Burr* (Lawrence, KS, 2008); James Madison to Gov. Claiborne, January 12, 1807, TP, 9:702.

25. J. P. to J. Johnston, February 1, 1810, Folder 1, PALF; Adam Rothman, *Slave Country: American Expansion and the Origins of the Deep South* (Cambridge, MA, 2005).

26. J. Carlyle Sitterston, *Sugar Country: The Cane Sugar Industry in the South, 1763—1950* (Lexington, KY, 1953), 3—11; Ira Berlin, *Many Thousands Gone: The First Two Centuries of Slavery in North America* (Cambridge, MA, 1998), 325—357; Stoddard, *Sketches*, 332—333; C. C. Robin, *Voyages dans L'Intérieur de la Louisiane*, (Paris, 1807), 109—110; Russell, "Cultural Conflicts," 55.

27. James Pitot, *Observations of the Colony of Louisiana, from 1796 to 1802* (repr. Baton Rouge, LA, 1979), 9; Claiborne to President Jefferson, November 25, 1804, TP, 9:340; Gilbert Leonard to Claiborne, January 25, 1804, TP, 9:172. On Louisiana importing only a few thousand slaves before 1801 to 1804: TASTD; Rothman, *Slave Country*, 89—91.

28. John Watkins to Claiborne, February 2, 1804, WCCC, 2:10—11; Claiborne to Madison, July 5, 1804, March 10, 1804, ibid.; Cf. Claiborne to Albert Gallatin, May 8, 1804, ibid., 2:235—237, 25—26, 134; *Annals of Congress*, vol. 14, 1595—1608; W. E. B. DuBois, *Suppression of the African Slave-Trade to the United States* (New York, 1896), 89—90; James E. Scanlon, "A Sudden Conceit: Jefferson and the Louisiana Government Bill," *Louisiana History* 9 (1968): 139—162; Sarah P. Russell, "Ethnicity, Commerce, and Community on Lower Louisiana's Plantation Frontier," *Louisiana History* 40 (1999): 396—399; Robinson, *Slavery in American Politics*, 398; Claiborne to President Jefferson, November 25, 1804, TP, 9: 340; "Act for Organization of Orleans Territory," March 26, 1804, TP, 9:202—213. Southerners and their congressional allies, including John Quincy Adams, defeated an effort to free all slaves imported into the territory.

29. McMillin, *Final Victims*, Appendix B; Claiborne to Madison, May 8, 1804, WCCC, 2:134, 358—361; Claiborne to President Jefferson, November 25, 1804, TP, 9:340; Rothman, *Slave Country*, 92—95; Brown to Gallatin, December 11, 1805, TP, 9:545—547.

30. Frederic Bancroft, *Slave-Trading in the Old South* (Baltimore, 1931), 300n19; Claiborne to A. Jackson, December 23, 1801; John Hutchings to Jackson, December 25, 1801, CAJ, 1:265, 266.

31. Claiborne to R. Smith, May 15, 1809, WCCC, 4:354—355; Paul Lachance, "The 1809 Immigration of the St. Domingue Refugees," in Carl Brasseaux and Glenn

Conrad, eds., *The Road to Louisiana: The Saint-Domingue Refugees, 1792—1809* (Lafayette, LA, 1992), 246—252; Paul Lachance, "The Foreign French," in Arnold Hirsch and Joseph Logsdon, eds., *Creole New Orleans: Race and Americanization* (Baton Rouge, LA, 1992), 101—130; Extrait des documents, 1804; Dautouville to Miltenberger, July 1806, both Miltenberger Papers, SHC. Some of the French nationals came to Cuba from Saint-Domingue shortly after 1791, and some as late as 1803. Some of those denominated as "slaves" in the migration to Louisiana had been transported to Cuba from Saint-Domingue, while others had been bought there as slaves in the up to eighteen years that French nationals had spent in Cuba. See Rebecca J. Scott, "Paper Thin: Freedom and Re-Enslavement in the Diaspora of the Haitian Revolution," *Law and History Review* 29, no. 4 (2011): 1061—1087.

32. Claiborne to R. Smith, July 29, 1809, WCCC, 4:391—393.

33. James Mather to Claiborne, July 18, 1809, WCCC, 4:387—409; Claiborne to Julien Poydras, May 29, 1809, ibid., 4: 371—372; Claiborne to R. Smith, May 20, 1809, ibid., 4:363—367; Claiborne to William Savage, November 10, 1809, ibid., 5: 4—6; *Annals of Congress*, 11th Cong., Pt. 1, 462—465, "House Debate on Emigrants from Cuba.".

34. "Aux Arrivans de Cuba: On prendrait *à* loyer... une trentaine de nègres de hache & quelques négresses de travail,"*Moniteur de la Louisiane*, August 5, 1809; "Vente a L'Encan," ibid., October 7, 1809; HALL, 60131, 54165; F. Carrere *à* Milten-berger, April 18, 1809, and Miltenberger to N. Fournier, September 27, 1809, Miltenberger Papers, SHC. Italics added.

35. Don Dodd and Wynelle Dodd, *Historical Statistics of the United States* (Tuscaloosa, AL, 1973—1976); R. Claiborne to Madison, December 31, 1806, TP, 9: 692—702.

36. *LC*, November 19, 1810; *LG*, December 6, 1810, July 24, 1810.

37. Quartier Générale, January 13, 1811, "Interrogation du Cupidon," January 13, 1811, SCPOA; HALL; Thomas Marshall Thompson, "National Newspaper and Legislative Reactions to Louisiana's Deslondes Slave Revolt of 1811,"*Louisiana History* 33 (1992): 5—29; James H. Dormon, "The Persistent Specter: Slave Rebellion in Territorial Louisiana," *Louisiana History* 18 (1977): 389—404; *Richmond Enquirer*, February 22, 1811, reported as leader "Charles, a yellow fellow, the property of Mr. Andre"; *LG*, January 11, 1811; Albert Thrasher, *On to New Orleans! Louisiana's Heroic 1811 Slave Revolt* (New Orleans, 1996), 297; Rothman, *Slave Country*.

38. Trial Augustin, February 25, 1811, SCPOA, 1811, no. 20; Glenn Conrad, *The German Coast: Abstracts of the Civil Records of St. Charles and St. John the Baptist Parishes, 1804—1812* (Lafayette, LA, 1981), 108.

39. Claiborne to Wade Hampton, January 7 (1 & 2), 1811, WCCC, 5:91—92.

40. Interrogation "Koock," January 14, 1811, SCPOA; Mary Ann Sternberg,

Along the River Road: Past and Present on Louisiana's Historic Byway (Baton Rouge, LA, 1996), 130; *Moniteur*, January 15, 1811; Thrasher, *On to New Orleans*, 268.

41. Jupiter interrogation from "Jugement du Nègre de M. Andry," February 20, 1811, no. 17, SCPOA.

42. Numbers from HALL; Deposition of Hermogène Trepagnier, SCPOA, no. 20.

43. Thrasher, *On to New Orleans*, 119n42, n46, n49, 52—53.

44. *Moniteur*, January 17, 1811.

45. Destrehan's compensation claim, SCPOA, 160.

46. *Moniteur*, January 17, 1811; Manuel Andry to Claiborne, *LC*, January 15, 1811; Hampton to Sec. of War, January 16, 1811, TP, 9 : 918—919; Hampton to Claiborne, January 12, 1811, TP, 9 : 916—917.

47. Conrad, *German Coast*.

48. *Moniteur*, January 17, 1811; Barthelemy compensation list from SCPOA; Samuel Hambleton to David Porter, January 15, 1811, in Stanley Engerman, Seymour Drescher, and Robert L. Paquette, eds., *Slavery* (New York, 2001), 326.

49. January 14, 1811, SCPOA: "*Amar, chef de brigandes, dénoncé comme tel par tous les autres brigandes, n'a pas peu répondre aux questions quand lui a adressées, parce qu'il l'était bless'e à la gorge, de manière à être pincé de l'usàge de la parole*" (Amar, chief of rebels, denounced as such by all the other rebels, was not able to respond to questions when asked, because he had been wounded in the throat, in such a way as to prevent him from speaking."

50. SCPOA, "State of the Work Forces"; Thrasher, *On to New Orleans*, 64—65.

51. SCPOA Act 2, 3—4.

52. TP, 9:923, 702; and a key point of Rothman, *Slave Country*.

53. Claiborne to Andry, December 24, 1811, WCCC, 6:15; Junius P. Rodriguez, "Always 'En Garde': The Effect of Rebellion upon the Louisiana Mentality, 1811—1815," *Louisiana History* 33, no. 4 (1992): 399—416. Just to be certain that free people of color could not assist rebellion, Louisiana passed new laws that increased taxes on free men of color and forbade them to carry weapons—even walking sticks, which could hide saber blades.

54. Matthew Mason, *Slavery and Politics in the Early American Republic* (Chapel Hill, NC, 2006); Speech of Josiah Quincy, *Annals*, 11th Cong., 3rd sess., 525, 540.

55. Robert Remini, *Andrew Jackson and the Course of American Empire, 1767—1821* (New York, 1977), 247—250; Alexander Walker, *Jackson and New Orleans: An Authentic Narrative of the Memorable Achievements of the American Army* (Cincinnati, 1856).

56. Remini, *Jackson and American Empire*, 133—216; James Parton, *Life of Jackson* (New York, 1860), 1:88—94.

57. Remini, *Jackson and American Empire*, 246—254.

58. For Indian slave owners, see, among many other excellent works, Christina Snyder, *Slavery in Indian Country: The Changing Face of Captivity in Early America* (Cambridge, MA, 2010); Tiya Miles, *Ties That Bind: The Story of an Afro-Cherokee Family in Slavery and Freedom* (Berkeley, CA, 2005).

59. Remini, *Jackson and American Empire*, 187—233.

60. Arsène Latour, *Historical Memoir of the War in West Florida and Louisiana in 1814—1815*, ed. Gene Smith (Gainesville, FL, 1999), 294—297; Caryn Cossé Bell, *Revolution, Romanticism, and the Afro-Creole Protest Tradition in Louisiana, 1718—1868* (Baton Rouge, LA, 1997), 51—59.

61. Parton, *Life of Jackson*, 2:63; CAJ, 2:118—119.

62. Latour, *Historical Memoir*, 137—152; Remini, *Jackson and American Empire*, 276—289.

第3章

1. Manifests of the *Temperance* from Reel 1, Inward Manifests of New Orleans, RG 36, NA; *LC*, January 25, 1819; for McDonogh being rowed across the river, Cf. "McDonogh's Last Trip," Lithograph by Dominique Canova, c. 1850, Historic New Orleans Collection, New Orleans, Louisiana; Ari Kelman, *A River and Its City: The Nature of Landscape in New Orleans* (Berkeley, CA, 2003).

2. Maspero's advertisements and announcements were ubiquitous in New Orleans between 1806 and 1833. See John Adems Paxton, *The New Orleans Directory and Register* (New Orleans, 1822), frontispiece, and multiple newspapers, e.g., *LG*, February 10, 1816.

3. *LG*, April 2, 1818; Henry C. (Henry Cogswell) Knight, *Letters from the South and West* (Boston, 1824), 115—124; James Pearse, *Narrative of the Life of James Pearse* (Rutland, VT, c. 1826), 17; Timothy Flint, *Recollections of the Last Ten Years... in the Valley of the Mississippi* (Boston, 1826), 218; Darla Jean Thompson, "Circuits of Containment: Iron Collars, Incarceration, and the Infrastructure of Slavery" (PhD diss., Cornell University, 2014).

4. Henry C. Castellanos, *New Orleans as It Was* (New Orleans, 1978), 146—148; Christian Schultz, *Travels on an Inland Voyage* (repr. Ridgewood, NJ, 1968), 190—191; Knight, *Letters from the South and West*, 115—123; Flint, *Recollections*, 222—223; HALL; *New-York Columbia*, August 6, 1818; *Westchester Herald*, August 11, 1818.

5. Kenneth C. Pomeranz, *The Great Divergence: China, Europe, and the Making of the Modern World Economy* (Berkeley, CA, 2000); Joel Mokyr, *The Enlightened Economy: An Economic History of Britain, 1700—1850* (New Haven, CT, 2009); Frederick Engels, *The Condition of the Working Class in England* (New-York, 1987); Immanuel Wallerstein, *The Modern World-System*, 3 vols. (Berkeley, CA, 1974—

1989); Charles Tilly, *Coercion, Capital, and European States, 990—1992* (Cambridge, MA, 1992); C. A. Bayly, *The Birth of the Modern World, 1789—1915: Global Connections and Comparisons* (Malden, MA, 2004).

6. Thomas R. Malthus, *An Essay on the Principle of Population* (London, 1798); Drew McCoy, *The Elusive Republic: Political Economy in Jeffersonian America* (Chapel Hill, NC, 1980), 108.

7. D. A. Farnie, *The English Cotton Industry and the World Market, 1815—1896* (Oxford, 1979), 3—44.

8. *LC*, January 1, 13, 22, 29, 1819, February 10, 15, 18, 22, 1819.

9. Edwin A. Davis and John C. L. Andreassen, eds., "From Louisville to New Orleans in 1816: Diary of William Newton Mercer," *JSH* 2 (1936): 390—402, qu. 396.

10. W. N. Mercer to J. Ker [1816], Fol. 4, Ker Family Papers, SHC; Robert G. Albion, *The Rise of New York Port, 1815—1860* (New York, 1939), 390—391; Pierre-Louis Berquin-Duvallon, trans. John Davis, *Travels in Louisiana and Florida in the Year 1802* (New York, 1806), 127—129.

11. W. Kenner to S. Minor, May 19 and 29, 1815, Wm. Kenner Papers, LLMVC; Barclay, Southeld, to S. Minor, September 14, 1815, Minor Papers, SHC; Albion, *Rise of New York Port*, 390—391; *LG*, September 2, 1815, January 1, 1818.

12. Flint, *Recollections*, 222; *LC*, January 29, 1819, February 22, 1819.

13. Knight, *Letters*, 117; *LC* and *LG* for 1815—1820, passim; Thomas H. Whitney, *Whitney's New-Orleans Directory and Louisiana and Mississippi Almanac for the Year 1811* (New Orleans, 1810), 38; Carol Wilson, *The Two Lives of Sally Muller: A Case of Mistaken Racial Identity in Antebellum New Orleans* (New Brunswick, NJ, 2007).

14. William Hayden, *Narrative of William Hayden, Containing a Faithful Account of His Travels for Many Years Whilst a Slave* (Cincinnati, 1846), 54—58.

15. Josiah Henson, *The Life of Josiah Henson, Formerly a Slave...* (Boston, 1849), 37—41; William Grimes, *Life of William Grimes, Written by Himself* (New York, 1825), 22; Hayden, *Narrative*, 124. The idea that slave traders were anomalous is demolished by Michael Tadman, *Speculators and Slaves: Masters, Traders, and Slaves in the Old South* (Madison, WI, 1989); Frederic Bancroft, *Slave Trading in the Old South* (Baltimore, 1931), 314—320; and Walter Johnson, *Soul by Soul: Life Inside the Antebellum Slave Market* (Cambridge, MA, 1999).

16. Vincent Nolte, *Memoirs of Vincent Nolte* (New York, 1934), 86—87; Henry B. Fearon, *Sketches of America: A Narrative of a Journey of Five Thousand Miles Through the Eastern and Western States of America* (London, 1819), 279; Lewis E. Atherton, "John McDonogh—New Orleans Capitalist," *JSH* 7 (1941): 451—481; McDonogh Papers, Tulane.

17. George Dangerfield, *The Era of Good Feelings* (New York, 1952), 80—81;

Nolte, *Memoirs*, 268—280; Ralph Hidy, *The House of Baring in American Trade and Finance: English Merchant Bankers at Work, 1763—1861* (Cambridge, MA, 1949), 35.

18. Nolte, *Memoirs*; Robert Roeder, "New Orleans Merchants, 1790—1837" (PhD diss., Harvard University, 1959).

19. The classic statement of the capitalist-as-Puritan is Max Weber, *The Protestant Ethic and the Spirit of Capitalism* trans. Talcott Parsons (New York, 1930).

20. John Cassidy, *How Markets Fail: The Logic of Economic Calamities* (New York, 2009); Joseph Schumpeter, *Capitalism, Socialism, and Democracy* (New York, 1947).

21. Nolte, *Memoirs*, 69, 274—275, 311—313; Stephen Palmié, "A Taste for Human Commodities," in Palmié, ed., *Slave Cultures and the Culture of Slavery* (Knoxville, TN, 1995), 40—54; Roeder, "New Orleans Merchants."

22. George Green to J. Minor, January 15, 1820, Minor Papers, SHC. Instead of offices, many merchants carried commercial paper in wallets. Cf. *LC*, January 17, 20, 1817, February 28, 1817, March 14, 1817, March 15, 29, 1819.

23. J. Wetherstrandt to S. Minor, November 23, 1814, and J. Minor to Kitty, May 24, 1816, Minor Papers, SHC; R. Claque to Dear Major, February 26, 1821, William Kenner Papers, LLMVC; *LG*, October 23, 1816; Benjamin Latrobe, *Impressions Respecting New Orleans: Diary and Sketches, 1818—1820*, ed. Samuel Wilson Jr. (New York, 1951), 9—10; *LG*, September 30, 1815, December 13, 1817, April 28, 1818; W. Flower to J. Vinot, 1818, Flower to Dugue Bros. & Harang, 1820, and Flower to C. Bouchon, 1820, HALL, 85325, 96018—96022, 97346—97348.

24. *LC*, October 4, 18, 1819, November 24, 1819; HALL, 93012.

25. Henson, *Life*, 41—45; *LG*, April 28, 1818, May 13, 1818; *LC*, January 29, 1818. Local slaves were typically sold privately. Cf. *LC*, January 31, 1817, November 3, 1819.

26. Slaves "on hand": J. Garner to A. Cuningham, February 1, 1830, and Brown and Armistead to E. B. Hicks, August 1, 1821, Alexander Cuningham Papers, Duke. Slave-sale money "in hand": Brown and Armistead to E. B. Hicks, August 1, 1821, Alexander Cuningham Papers, Duke; Kenner & Co. to J. Minor, January 26, 1826, Minor Papers, SHC. "Cotton": David Ker to Mary Ker, May 7, 1812, Ker Family Papers, SHC. Letter "come to hand": E. Fraser to M. White, August 28, 1806, Maunsel White Papers, SHC; Fol. 1834—1835, Jarratt-Puryear Papers, Duke. Slaves also "came to hand": e.g., Tyre Glen to Isaac Jarratt, December 23, 1833, Jarratt-Puryear Papers, Duke; J. Richards to Cashier of Bank of United States, March 14, 1815, Box 2E949, Bank of State of Mississippi Records, Natchez Trace Collection, RASP; Abi-jah Hunt to R. Sparks, June 14, 1809, Ker Family Papers, SHC.

27. Robert Farrar Capon, *The Parables of Grace* (Grand Rapids, MI, 1988).

28. M. Tournillon to Nicholas Trist, February 28, 1821, Nicholas Trist Papers, SHC.

29. *LC*, January 25, 1819, February 10, 15, 1819; Thomas Henderson to Stephen Minor, June 4, 1819, Minor Family Papers, SHC; John Minor in Acct. with Kenner and Henderson, 1816—1818, William Kenner Papers, LLMVC.

30. Sean Wilentz, *The Rise of American Democracy: Jefferson to Lincoln* (New York, 2005), 205—209; W. Meriwether to Brother, September 28, 1814, Meriwether Family Papers, SHC; Daniel Walker Howe, *What God Hath Wrought: The Transformation of America, 1815—1848* (New York, 2007).

31. Martha Brazy, *An American Planter: Stephen Duncan of Antebellum Natchez and New York* (Baton Rouge, LA, 2006), 15—16, 21; Collector, Port of New Orleans, 1806—1823, v. 2, Mf # 75—109, NOPL; Dangerfield, *Era of Good Feelings*, 180; Bray Hammond, *Banks and Politics in America: From the Revolution to the Civil War* (Princeton, NJ, 1957), 282; *New York Courier*, September 24, 1816.

32. Jesse Hunt to Jeremiah Hunt, April 1, 1815, Folder 4, Ker Papers, SHC; F. E. Rives Ledger, Rives Papers, Duke.

33. John Read to Josiah Meigs, April 17, 1817; TP, 18:83—84; J. Brahan to J. Meigs, February 18, 1818; TP, 18:260—261; Israel Pickens to W. Lenoir, December 18, 1816, C. S. Howe Papers, SHC; J. W. Walker to L. Newby, February 28, 1817, Larkin Newby Papers, Duke; M. E. Williams to Mary K. Williams, September 10, 1823, Hawkins Family Papers, SHC; *New-York Columbian*, April 21, 1818; J. Mills Thornton, *Politics and Power in a Slave Society: Alabama, 1800—1860* (Baton Rouge, LA, 1978); NSV, 249; Anne Royall, *Letters from Alabama* (Washington, DC, 1830), 114; J. Campbell to D. Campbell, December 16, 1817, Campbell Papers, Duke; Daniel Dupre, *Transforming the Cotton Frontier: Madison County, Alabama, 1800—1840* (Baton Rouge, LA, 1997), 41—86; *Carolina Republican*, March 8, 1817; cf. Thomas Chase Hagood, "'I Looked Upon the Long Journey, Through the Wilderness, with Much Pleasure': Experiencing the Early Republic's Southern Frontier," *Journal of Backcountry Studies* 6, no. 1 (2011), www.partnershipsjournal.org /index.php /jbc /issue /view/25 (accessed December 26, 2013).

34. See Table 1.1.

35. *Baltimore Patriot*, July 16, 1819; *LC*, April 15, 1817, March 12, 1819; *LG*, June 14, 1817, June 9, 1818.

36. *Baltimore Patriot*, July 16, 1819.

37. Lawrence J. Kotlikoff, "The Structure of Slave Prices in New Orleans, 1804 to 1862," *Economic Inquiry* 17 (1979): 496—518; Jonathan Pritchett, "Quantitative Estimates of the U.S. Interregional Slave Trade, 1820—1860," *Journal of Economic History* 61, no. 2 (2001): 467—475; and my analysis (with assistance from Jordan Suter) of slave sales reported in HALL.

38. Henry Watson, *Narrative of Henry Watson: A Fugitive Slave* (Boston, 1848), 12; J. Sain to Obadiah Fields, May 25, 1821, O. Fields to Jane Fields, November 29, 1822, Acct. O. Fields, 1822, Obadiah Fields Papers, Duke; Certificate issued to William Haxall, Petersburg Insurance Company, 1823, Mss 1H3203d, Haxall Papers, VHS; Grandmother Trist to Nicholas Trist, April 25, 1822, N. P. Trist Papers, SHC; Adam Hodgson, *Remarks During a Journey Through North America in the Years 1819, 1820, 1821* (New York, 1823), 55—56. James Kirke Paulding, in *Letters from the South, Written During an Excursion in the Summer of 1816* (New York, 1817), 124—125, reports a trader paying $500 for a mulatto Virginia woman. According to Robert W. Fogel and Stanley L. Engerman (in *Slave Sales and Appraisals, 1775—1865*, ICPSR07421-v3 [Rochester, NY: University of Rochester (producer), 1976; Ann Arbor, MI: Inter-University Consortium for Political and Social Research (producer and distributor)], 2006 - 10 - 11, doi: 10.3886/ICPSR07421.v3), twenty-three men were sold in Maryland (1815—1819) at a mean price of $220 and a mean age of twenty-one. HALL shows average male price in New Orleans in 1815 to 1819 as $810 (mean age twenty-five). Jonathan Pritchett and Herman Freudenberger, "The Domestic United States Slave Trade: New Evidence," *Journal of Interdisciplinary History* 21 (1991): 447—477, notes $17 shipping per slave, 1830s, p. 473.

39. *A Narrative of the Life and Labors of the Reverend G. W. Offley* (Hartford, CT, 1859), 5—6; W. C. Whitaker to J. Whitaker, January 16, 1835, Coffield-Bellamy Papers, SHC. On competitive bidding, see Ariela J. Gross, *Double Character: Slavery and Mastery in the Antebellum Courtroom* (Princeton, NJ, 2000); Johnson, *Soul by Soul*.

40. Louis Hughes, *Thirty Years a Slave: The Institution of Slavery as Seen on the Plantation and in the Home of a Planter* (Milwaukee, WI, 1897), 7—8.

41. Watson, *Narrative*, 12—13; L. M. Mills, ST, 502—503.

42. ST, 503, 507, 727, 744. Johnson, *Soul by Soul*, emphasizes give-and-take between slave and buyer.

43. Delicia Patterson, AS, 11.2 (MO), 270—271; Dickson, ST, 507.

44. MW, 103; Hodgson, *Remarks*, 55—56; Maria Clemons, AS, 8.2 (AR), 17; Charlotte Willis, AS, 11.1 (AR), 198; Sella Martin, ST, 727.

45. Charles L. Perdue Jr., Thomas E. Barden, and Robert K. Phillips, eds., *Weevils in the Wheat: Interviews with Virginia Ex-Slaves* (Charlottesville, VA, 1976), 14—15; Knight, *Letters*, 78.

46. Tabb Gross, Lewis Smith, ST, 347; Paulding, *Letters*, 1:124—130; Perdue et al., eds., *Weevils in the Wheat*, 325—326; Henson, *Life*, 44; Allen Sidney, ST, 522; John Lambert, *Travels Through Canada and the United States of America, In the Years 1806, 1807, and 1808* (London, 1816), 1:167—169; William N. Blane, *An Excursion Through the United States and Canada During the Years 1822—1823, by an*

English Gentleman (London, 1824), 226—227; ASAI, 153—155; Bancroft, *Slave Trading*, 108—112; Thomas Hamilton, *Men and Manners in America* (Philadelphia, 1843), 347. Knight, in *Letters*, 101—102, 127, refers to sellers as "slave-jockies."

47. Bancroft, *Slave Trading*, 106; Edward E. Baptist, "'Cuffy,' 'Fancy Maids,' and 'One-Eyed Men': Rape, Commodification, and the Domestic Slave Trade in the United States," *AHR* 106 (2001): 1619—1650; ST, 503—507, 727, 744; Perdue et al., eds., *Weevils in the Wheat*, 48—49, 166; Cornelia Andrews, AS, 14.1 (NC), 29.

48. *LG*, April 2, 1816, November 20, 1817, June 3, 1818; *NR*, April 26, 1817, 144; J. Perkins to J. Minor, August 20, 1814, Minor Papers, SHC.

49. Aristotle, *Nicomachean Ethics*, trans. David Ross (London, 1980), 212; David Brion Davis, *Slavery and Human Progress* (New York, 1984), 25.

50 Wm. Kenner to J. Minor, March 1, 1816, Wm. Kenner Papers, LLMVC.

51. J. Knight to Wm. Beall, January 27, 1844, Box 2, John Knight Papers, Duke; E. B. Hicks to John Paup, August 6, 1837, 1830—1846 Folder, E. B. Hicks Papers, Duke; Philip Troutman, "Slave Trade and Sentiment in Antebellum Virginia" (PhD diss., University of Virginia, 2000).

52. J. Knight to Wm. Beall, January 27, 1844, Box 2, John Knight Papers, Duke. French-language advertisements for slave sales in the 1810s did not use*main*, the translation of the word "hand," but *négres de pioche*—"Negroes of the pickaxe," or, colloquially, "Blacks who sweat": Vente de l'Encan, *LC*, June 25, 1817.

53. HALL; Philip D. Morgan, *Slave Counterpoint: Black Culture in the Eighteenth-Century Chesapeake and Low Country* (Chapel Hill, NC, 1999); Dylan Penningroth, *Claims of Kinfolk: African-American Property and Community in the Nineteenth-Century South* (Chapel Hill, NC, 2003); Roderick A. McDonald, *The Economy and Material Culture of Slaves: Goods and Chattels on the Sugar Plantations of Jamaica and Louisiana* (Baton Rouge, LA, 1993).

54. *LC*, January 1, 1819; bills of sale, Compagnie Assurance de la Nouvelle-Orleans, to multiple purchasers, HALL, 89554—89607, 90226, 90405, 91505, 90046, 927161, 90279, 92761. The *Louisiana Courier* ad for William and Rachel's sale listed sixteen of twenty-eight as skilled, but none of the bills of sale identified skills: *LC*, January 25, 1819.

55. ST, 695—697; Perdue et al., eds., *Weevils in the Wheat*, 71; J. Stille to Mrs. Gayoso, August 29, 1805, Fol. 10, R. R. Barrow Papers, Tulane.

56. *LC*, January 25, 1819; HALL; Richard H. Steckel, "A Peculiar Population: The Nutrition, Health, and Mortality of U. S. Slaves from Childhood to Maturity," *Journal of Economic History* 46, no. 3 (1986): 721—741.

57. Herbert Gutman and Richard Sutch, in "The Slave Family: Protected Agent of Capitalist Expansion or Victim of the Slave Trade?" in Paul A. David, *Reckoning with Slavery: A Critical Study in the Quantitative History of American Negro Slavery*

(New York, 1976), 94—133, esp. 112—120, rely on Fogel and Engerman's samples of New Orleans notarial records; I rely on HALL's complete sales through 1820.

58. *LC*, January 1, 1819; HALL, 89554—89607; Pearse, *Narrative*, 85.

59. Melinda, MW, 167. Cf. Helen Odom, AS, 10.5 (AR), 227; Cora Poche, AS, 9.4 (MS), 1726; Clarissa Scales, AS, 5.4 (TX), 3; Robert Laird, AS, 8.3 (MS), 1292; Milton Ritchie, AS, 10.6 (AR), 271.

60. Milton Ritchie, AS, 10.6 (AR), 271; Carry Allen Patton, AS, 10.6 (AR), 298; Eyre Crowe, quoted in Bancroft, *Slave Trading*, 116.

61. HALL, 91162—91163, 91173—91178, 91249, 91250, 91279—91289, 91300—91304.

62. Thomas Buchanan, *Black Life on the Mississippi: Slaves, Free Blacks, and the Western Steamboat World* (Chapel Hill, NC, 2004); "Dick Eggleston Diary," vol. 72, Roach-Eggleston Papers, SHC.

第4章

1. Charles Ball, *Slavery in the United States: A Narrative of the Life and Adventures of Charles Ball...* (New York, 1837), 125—136.

2. Peter H. Wood, "Slave Labor Camps in Early America: Overcoming Denial and Discovering the Gulag," in Carla Gardina Pestana and Sharon V. Salinger, eds., *Inequality in Early America* (Hanover, NH, 1999), 222—238.

3. William Grimes, *Life of William Grimes, Written by Himself* (New York, 1825), 26.

4. James Scott, *Domination and the Arts of Resistance: Hidden Transcripts* (New Haven, CT, 1990).

5. Ball, *Slavery in the United States*, 106—119.

6. Ibid., 47—48, 128—131; ASAI, 101.

7. Ball, *Slavery in the United States*, 117—119; Grimes, *Life*, 25.

8. Israel Campbell, *An Autobiography, Bound and Free* (Philadelphia, 1861), 33; Philip D. Morgan, *Slave Counterpoint: Black Culture in the Eighteenth-Century Chesapeake and Low Country* (Chapel Hill, NC, 1999), 179—186; Peter Coclanis, "How the Low Country Was Taken to Task: Slave-Labor Organization in Coastal South Carolina and Georgia," in Robert L. Paquette and Louis Ferleger, eds., *Slavery, Secession, and Southern History* (Charlottesville, VA, 2000), 59—78; Philip D. Morgan, "Task and Gang Systems: The Organization of Labor on New World Plantations," in Stephen Innes, ed., *Work and Labor in Early America* (Chapel Hill, NC, 1988), 189—220.

9. Latrobe Sketchbook, Ⅲ, 33, Maryland Historical Society; "The Atlantic Slave Trade and Slave Life in the Americas: A Visual Record," Jerome S. Handler and Michael L. Tuite Jr., Digital Media Lab, University of Virginia, image at http://hitchcock.itc.

virginia . edu /SlaveTrade /collection /large /NW0048 . JPG (accessed October 18, 2013); Richard S. Dunn, "A Tale of Two Plantations: Slave Life at Mesopotamia in Jamaica and Mount Airy in Virginia, 1799 to 1828," *William and Mary Quarterly*, 3rd ser., vol. 34, no. 1 (1977): 32—65, esp. 36—37; James Curry, ST, 134.

10. William Anderson, *Life and Narrative of William Anderson*... (Chicago, 1857), 19; Thomas Spalding, *Farmers' Register*, November 1834, 353—363; *The Narrative of Amos Dresser ... and Two Letters from Tallahassee, Relating to the Treatment of Slaves* (New York, 1836); Steven F. Miller, "Plantation Labor Organization and Slave Life on the Cotton Frontier: The Alabama-Mississippi Black Belt, 1815—1840," in Ira Berlin and Philip D. Morgan, eds., *Cultivation and Culture: Labor and the Shaping of Slave Life in the Americas* (Charlottesville, VA, 1993), 155—169. On connections with military systems, see Michel Foucault, *Discipline and Punish: The Birth of the Prison* (New York, 1977), 135—169. Two works that appeared as this book went to press and have much to say about enslaved migrants and labor in the cotton fields include: Walter Johnson, *River of Dark Dreams* (Cambridge, MA, 2013); Damian Alan Pargas, "In the Fields of a 'Strange Land': Enslaved Newcomers and the Adjustment to Cotton Cultivation in the Antebellum South," *Slavery and Abolition* 34, no. 4 (2013): 562—578.

11. "Almost," *American Farmer*, December 14, 1821, 298—299; *Farmers' Register* 2, no. 6 (1834): 353—363; Jn. Stewart to D. McLaurin, June 30, 1831, Duncan McLaurin Papers, Duke.

12. *Farmers' Register* 3, no. 3 (1835): 16; N. P. Hairston to J. Hairston, December 4, 1822, P. Hairston Papers, SHC; J. Knight to Wm. Beall, January 27, 1844, John Knight Papers, Duke.

13. Sidney, ST, 524; cf. Laura Clark, AS, 6.1 (AL), 72—73; [John] Neal to Mother, August 6, 1829, Neal Papers, SHC.

14. Mark Smith, *Mastered by the Clock: Time, Slavery, and Freedom in the U.S. South* (Chapel Hill, NC, 1997).

15. Ball, *Slavery in the United States*, 148—151; Campbell, *Autobiography*; Henry Bibb, *Narrative of the Life and Adventures of Henry Bibb, an American Slave* (New York, 1849), 115; Jacob Metzer, "Rational Management, Modern Business Practices, and Economies of Scale in Antebellum Southern Plantations," in Robert William Fogel and Stanley L. Engerman, eds., *Without Consent or Contract: Technical Papers* (New York, 1992), 1: 191—215. Cf. Smith, *Mastered by the Clock*, which argues for a post-1830 timepiece revolution. While Fogel argues, in *Without Consent or Contract*, that southern slaves' work breaks were longer than northern ones (p. 79), ex-slaves' accounts disagree: Sarah Wells, AS, 11.1 (AR), 89; Charlie Aarons, AS, 6.1 (AL), 1; Angie Garrett, AS, 6.1 (AL), 133.

16. H. Lee to R. Brown, July 17, 1827, Henry Lee, VHS. But many enslavers only

let men plow.

17. Ball, *Slavery in the United States*, 150. HALL reveals the flattening of job descriptions: of slaves sold to Louisiana in 1804 to 1821, 95 percent of those described by a job title were listed as "hand" or "laborer," not identified by Chesapeake-acknowledged skills.

18. Ball, *Slavery in the United States*, 67, 160—162; Okah Tubbee, *A Sketch of the Life of Okah Tubbee* (Toronto, 1852); John Warren, NSV, 184; Philemon Bliss, ASAI, 104; William N. Blane, *An Excursion Through the United States and Canada During the Years 1822—1823, by an English Gentleman* (London, 1824), 150—151. For Chesapeake cat-o'-nine tails, see Charles Crawley, AS, 16.5 (VA), 8—9.

19. Song notes, undated, Fol. 9, James Bailey Papers, SHC; Ball, *Slavery in the United States*, 160—162. Cf. Charlie Aarons, AS, 6.1 (AL), 1; NSV, 301—304, "I lived," William Hall, NSV, 134. Cf. James Curry, ST, 128—144, qu. 134; Lunsford Lane, *The Narrative of Lunsford Lane* (Boston, 1842), 19.

20. "Before," Aaron Siddles, NSV, 272; Tubbee, *Sketch*, 23; Anderson, *Life and Narrative*, 17.

21. Ball, *Slavery in the United States*, 67, 150, 161; Bibb, *Narrative*, 116—117, 132; Louis Hughes, *Thirty Years a Slave: The Institution of Slavery as Seen on the Plantation and in the Home of a Planter* (Milwaukee, WI, 1897), 15—24, 46; Blane, *Excursion*, 67, 161; Anderson, *Life and Narrative*, 17; John Brown, *Slave Life in Georgia* (London, 1855), 39, 43; Willie Vester to B. H. Vester, March 19, 1837, Benjamin Vester Papers, Duke; Campbell, *Autobiography*, 33; A. K. Bartow to J. J. Phillips, April 23, 1849, Ivan Battle Papers, SHC. Contrast with Richard Follet, *The Sugar Masters: Planters and Slaves in Louisiana's Cane World* (Baton Rouge, LA, 2005), which emphasizes positive incentives; Robert Fogel and Stanley Engerman, *Time on the Cross: The Economics of American Negro Slavery* (Boston, 1974), 193—210; and Paul A. David and Peter Temin, "Slavery: The Progressive Institution?" in Paul A. David, Herbert G. Gutman, Richard Sutch, Peter Temin, and Gavin Wright, *Reckoning with Slavery: A Critical Study in the Quantitative History of American Negro Slavery* (Oxford, 1976), 206—207n46, which claims that the "rhythm" of enslaved work generated efficiencies supposedly found in Haitian *coumbite* and West African collective labor.

22. Ball, *Slavery in the United States*, 160.

23. Jack Ericson Eblen, "New Estimates of the Vital Rates of the United States Black Population During the Nineteenth Century," *Demography* 11 (1974): 301—319; Richard H. Steckel, "A Peculiar Population: The Nutrition, Health, and Mortality of U.S. Slaves from Childhood to Maturity," *Journal of Economic History* 46, no. 3 (1986): 721—741; Richard H. Steckel, "Fluctuations in a Dreadful Childhood: Synthetic Longitudinal Height Data, Relative Prices, and Weather in the Short-Term

Health of American Slaves," NBER Working Paper no. 10993, December 2004, National Bureau of Economic Research, www.nber.org/papers/w10993. My own research shows that enslaved men born in the southwestern states that grew the least corn per capita in 1839 were, on average, shorter by half an inch than those born farther up the Mississippi Valley and in Georgia. That difference is significant.

24. Ball, *Slavery in the United States*, 139—183.

25. Abigail Slack to Eliphalet Slack, January 6, 1829, Slack Papers, SHC.

26. W. C. Wirt to Dabney Wirt, December 10, 1835, Wirt Papers, SHC.

27. Ball, *Slavery in the United States*, 184—187; Solomon Northup, *Twelve Years a Slave* (Auburn, NY, 1853), 134—143; Anderson, *Life and Narrative*, 19.

28. Ball, *Slavery in the United States*, 217; cf. J. Ker to I. Baker, November 19, 1820, Ker Papers, SHC; J. S. Haywood to Dear Sister, May 3, 1839, Fol. 156, HAY; A. K. Barlow to J. J. Phillips, April 23, 1849, Ivan Battle Papers, SHC; James Harriss to Th. Harriss, September 14, 1845, 1843—1847 Fol., Thomas Harriss Papers, Duke; Jn. Knight to Wm. Beall, February 7, 1844, April 14, 1844, Box 2, John Knight Papers, Duke; R. B. Beverley to Robert Beverley, September 3, 1833, Beverley Papers, Mss. 1B4678a, VHS; Mary Ker to Isaac Baker, November 19, 1820, Ker Papers, SHC.

29. P.A. Bolling to Edmund Hubard, February 24, 1837, Hubard Papers, SHC; C. Jameson to H. Clark, January 15, 1833, Henry Toole Clark Papers, Duke; Delilah H. H. to Sarah, January 31, 1834, Young Allen Papers, SHC; cf. R. Dalton to J. Dalton, July 2, 1835, Placebo Houston Papers, Duke; P. Barringer to D. Barringer, January 10, 1848, Daniel M. Barringer Papers, SHC. The disproportion between the amount of cotton a hand could grow and the amount a hand could harvest was a regular theme: J. S. Haywood to G. Haywood, May 22, 1836, Fol. 146, HAY; N. P. Hairston to J. Hairston, December 4, 1822, P. Hairston Papers, SHC; Jno. W. Paup to E. B. Hicks, October 17, 1841, E. B. Hicks Papers, Duke; L. R. Starks to R. C. Ballard, February 5, 1833, Fol. 8, RCB.

30. John Ker to Isaac Baker, November 19, 1820, Ker Papers, SHC; James Magruder Account Book, 1796—1818, Magruder Papers, series N, RASP; R.&M. Timberlake to Mother, December 26, 1829, Neal Papers, SHC; W. R. Arick to J. S. Copes, October 22, 1846, Fol. 82, J. S. Copes Papers, Tulane; Elley Plantation Book, 1855—1856, Mississippi Department of Archives and History; Alan L. Olmstead and Paul W. Rhode, "Biological Innovation and Productivity Growth in the Antebellum Cotton Economy," June 2008, NBER Working Paper no. 14142, National Bureau of Economic Research, www.nber.org/papers/w14142, 1—2, 22; Alan L. Olmstead and Paul W. Rhode, "'Wait a Cotton Pickin' Minute': A New View of Slave Productiv-ity," August 2005, www .unc .edu /~prhode /Cotton_Pickin .pdf (accessed December 19, 2013).

31. Olmstead and Rhode, in "Biological Innovation," postulate that the answer lies

in the introduction and improvement of new breeds of cotton, especially the Mexican "Petit Gulf" seeds, from the 1820s onward. "Petit Gulf" plants supposedly offered a cotton boll optimized for "pickability." The pickability/bioengineering story sub-stitutes seeds for machines and builds on the commitment of agricultural historians to credit science for increased yields. See, e.g., John Hebron Moore, *Agriculture in Ante-Bellum Mississippi* (New York, 1958), 27—36, 145—160; J. A. Turner, *The Cotton Planter's Manual: Being a Compilation of Facts from the Best Authorities on the Culture of Cotton; Its Natural History, Chemical Analysis, Trade, and Consumption; And Embracing a History of Cotton and the Cotton Gin* (New York, 1857), 36; L. C. Gray and Esther K. Thompson, *History of Agriculture in the Southern United States to* 1860 (Washing-ton, DC, 1933), 2: 703; J. L. Watkins, *King Cotton: A Historical and Statistical Review* (New York, 1969 [1908]), 172; *American Farmer*, passim; *Farmer's Register*, passim. Increased yield led to increased expectations for labor: "Nothing would astonish you more than the difference in the work of a hand in cotton yielding 2000 lbs to the acre [than] where not more than 700 lbs can be had," wrote a North Carolina native visit-ing his Alabama slave labor camp. Paul Cameron to D. Cameron, December 13, 1845, Fol. 974, PCC; Charles Lewellyn to PC, August 16, 1845, Fol. 962, PCC. A handful of economists and one or two historians have noted the increase in cotton productivity over time, but most of those who have focused on picking have credited the adoption of Petit Gulf seeds. See Franklee Gilbert Whartenby, "Land and Labor Productivity in United States Cotton Production, 1800—1840" (New York, 1977); Stanley Lebergott, *The Americans: An Economic Record* (New York, 1984); John Douglas Campbell, "The Gender Division of Labor, Slave Reproduction, and the Slave Family Economy on Southern Cotton Plantations, 1800—1864" (PhD diss., University of Minnesota, 1988). Fogel and Engerman noted output increases, as noted above, but did not succeed in explaining them. Johnson, in *River of Dark Dreams*, gives more credit to Petit Gulf seeds than does this account.

32. Gray and Thompson, *History of Agriculture*, 2: 692—693; Kenneth C. Pomeranz, *The Great Divergence: China, Europe, and the Making of the Modern World Economy* (Berkeley, CA, 2000). Early adopter George Matthews of Louisiana reported that his "hands" were picking 160 pounds of cotton each by 1826, but other Mississippi Valley enslavers would report significantly greater amounts just ten years later with the same kind of cotton. The Prudhomme plantation in Terrebonne Parish, Louisiana, however, reported daily picking numbers around 100 pounds per person in the 1830s, even with new seed. But by the 1850s, new methods drove the numbers into the 200s, with some individuals averaging more than 300 pounds daily. Turner, *Cotton Planter's Manual*, 99—102; George Matthews to Harriet Matthews, October 7, 1827, Folder 2/1, Matthews-Ventress-Lawrason Papers, LLMVC; Folders 267, 271, Prudhomme Papers, SHC.

33. Pomeranz, *Great Divergence*, 274—278; D. A. Farnie, *The English Cotton Industry and the World Market, 1815—1896* (Oxford, 1979), 199. Cf. Seymour Shapiro, *Capital and the Cotton Industry in the Industrial Revolution* (Ithaca, NY, 1967).

34. E.g., Levi Woodbury, "Cotton: Cultivation, Manufacture, and Foreign Trade of," *House Executive Documents*, 24th Cong., 1st sess., vol. 4, no. 146 (Washington, DC, 1836). Sugar mills were the first enterprises to use the conveyor belt, the classic device of twentieth-century factories. Follett, *Sugar Masters*; Daniel Rood, "Plantation Technocrats: A Social History of Knowledge in the Slaveholding Atlantic World, 1830—1865" (PhD diss., University of California at Irvine, 2010).

35. E. F. Barnes Cotton Book, RASP, Series G, 5/17. Occasionally enslavers held "races" to see who could pick the most cotton in a day: Cull Taylor, AS, 6.1 (AL), 364. Ball, in *Slavery in the United States*, 212, 271—272, mentions pay for overpicking or Sunday picking in two cases.

36. Mary Younger, NSV, 258; Allan Sidney, ST, 524.

37. Ball, *Slavery in the United States*, 215—216; Jn. Knight to Wm. Beall, August 12, 1844, Box 2, John Knight Papers, Duke.

38. Campbell, *Autobiography*, 33—35.

39. Brown, *Slave Life in Georgia*, 128—132; Anderson, *Life and Narrative*, 19—20; Henry Watson, *Narrative of Henry Watson: A Fugitive Slave* (Boston, 1848), 19—20; ST; Works Progress Administration interviews from the 1930s, e.g., GSMD, 199; Gus Askew, AS, 6.1 (AL), 15; Rufus Dirt, AS, 6.1 (AL), 117; Sarah Wells, AS, 11.1 (AR), 89; Sarah Ashley, S2 2.1 (TX), 87; Jesse Barnes, S2, 2.1 (TX), 175. Also J. Monett, Appendix C, J. W. Ingraham, *The South-West, by a Yankee* (New York, 1836), 2:285—286.

40. Rules from Box 3, May-December 1820 Fol., A. P. Walsh Papers, LLMVC; Miller, in "Plantation Labor Organization," 163—165, points out that some historians have confused cotton minimums with low-country "tasks," e.g., Moore, *The Emergence of the Cotton Kingdom in the Old Southwest* (Baton Rouge, LA, 1988), 95—96. For ledgers, five good examples: Ballard Papers, SHC; Prudhomme Papers, SHC; U. B. Phillips and James Glunt, *Florida Plantation Records from the Papers of George Noble Jones* (St. Louis, 1927); F. T. Leak Papers, SHC; Edwin Davis, ed., *Plantation Life in the Florida Parishes of Louisiana, 1836—1846, as Reflected in the Diary of Bennett H. Barrow* (New York, 1943). "So many pounds," ASAI, 96, 98; Ball, *Slavery in the United States*, 216—218; Campbell, *Autobiography*, 33—39; Sarah Wells, AS, 11.1 (AR), 89; Jn. Knight to Wm. Beall, February 10, 1844, April 14, 1844, John Knight Papers, Duke; R. B. Beverley to Robert Beverley, September 3, 1833, August 28, 1842, Sec. 17, Mss1B4678a, Beverley Papers, VHS. Cf. Kelly Houston Jones, "'A Rough, Saucy Set of Hands to Manage': Slave Resistance in

Arkansas," *Arkansas Historical Quarterly* 71 (2012): 1—21.

41. Anderson, *Life and Narrative*, 18—19; ASAI, 47; NSV, 140—141; Jn. Haywood to G. W. Haywood, February 5, 1842, March 17, 1839, May 22, 1836, HAY; P. Cameron to D. Cameron, December 2, 1845, Fol. 973, PCC; Betsy Clingman to I. Jarratt, January 8, 1835, Jarratt-Puryear Papers, Duke. Cf. GSMD, 215.

42. These lists of pounds picked would not help scholars to identify best seed types. They were offshoots of a slate or memory system designed to carry numbers for individual slaves: Charles Thompson, *Biography of a Slave* (Dayton, OH, 1875), 41—42; Brown, *Slave Life in Georgia*, 128—129; Campbell, *Autobiography*, 33—35.

43. Ball, *Slavery in the United States*, 186—187, 212. Early daily totals are from *American Farmer*, December 14, 1821, 298; August 31, 1838, Magnolia Pltn. Jnl., Fol. 429, RCB. "Bresh heap" from B. Fox to Eliza Neal, September 25, 1835. For 100—130 lbs./day, see R. and M. Timberlake to Mother, December 26, 1829, Neal Papers, SHC; Cf. Phanor Prudhomme Cotton Books, 1836 and 1852, Prudhomme Papers, SHC; "Dunk," D. W. McKenzie to D. McLaurin, September 26, 1840, Fol. 1838—1840, Duncan McLaurin Papers, Duke; J. F. Thompson Diary, July 6, 1841, [51], Benson-Thompson Papers, Duke; R. B. Beverley to R. Beverley, September 3, 1833, Sec. 13, and August 28, 1842, Sec. 41, Beverley Papers, VHS; Northup, *Twelve Years a Slave*, 125, 135. By 1860, Paul Cameron expected two hundred pounds per hand per day in the Mississippi delta: W. T. Lamb to P. Cameron, September 16, 1860, Fol. 1210, PCC. For increased southwestern extraction of labor, L. A. Finley to Caroline Gordon, February 17, 1853, Gordon-Hackett Papers, SHC; T. J. Brownrigg to R. Brownrigg, January 29, 1836, Brownrigg Papers, SHC; A. K. Barlow to J. J. Philips, April 23, 1849, Ivan Battle Papers, SHC; J. S. Haywood to G. W. Haywood, April 4, 1835, Fol. 144, and J. S. Haywood to Sister, May 3, 1839, Fol. 156, HAY; A. P. Cameron to D. Cameron, December 13, 1845, Fol. 974; W. T. Lamb to P. Cameron, December 1, 1860, PCC.

44. *Farmers' Register*, June 1836, 114—116, and November 1934, 353—363; Cf. James Pearse, *Narrative of the Life of James Pearse* (Rutland, VT, c. 1826), 24—37; Philip Younger, NSV, 249.

45. Northup, *Twelve Years a Slave*, 159; John Haywood to G. W. Haywood, February 5, 1842, HAY; Ingraham, *The South-West*, 2:286.

46. Campbell, *Autobiography*, 36—39.

47. Martha Bradley, AS, 6.1 (AL), 47; Northup, *Twelve Years a Slave*, 134, 142—143.

48. I. C. McManus, *Right Hand, Left Hand: The Origins of Asymmetry in Brains, Bodies, Atoms, and Cultures* (Cambridge, MA, 2002).

49. ASAI, 69; Ball, *Slavery in the United States*, 215; Northup, *Twelve Years a Slave*, 188—189.

50. ASAI, 69; Ball, *Slavery in the United States*, 218; Anderson, *Life and Narrative*, 29; William Wells Brown, *Narrative of William Wells Brown, a Fugitive Slave* (Boston, 1849), 20; GSMD, 199.

51. Adeline, AS, 6.1 (AL), 181; Frank Hawkins to Wm. Hawkins, August 29, 1849, Fol. 84, Hawkins Papers, SHC; Araby Journal, Haller Nutt Papers, Duke; Magnolia Journal, 1848—1851, Fol. 442, RCB; Gray and Thompson, *History of Agriculture*, 2:702—703.

52. AS, v. 18, GSMD, 199; cf. B. L. C. Wailes, *Report on the Agriculture and Geology of Mississippi* (Philadelphia, 1854), 154. Historians argue that the acceptability and practice of torture declined in the Western world after the mid-eighteenth century: Foucault, *Discipline and Punish*; Elizabeth Clark, "'The Sacred Rights of the Weak': Pain, Sympathy and the Culture of Individual Rights in Antebellum America," *JAH* 82 (1995), 463—493. But if the whippings common on southwestern plantations were torture, then in the United States, white people inflicted torture far more often than in almost any human society that ever existed. Meanwhile, though, a late-antebellum "paternalistic" move made it a crime to kill a slave: Peter Kolchin, *American Slavery, 1619—1877* (New York, 1993), 130—131. Ariela J. Gross, in *Double Character: Slavery and Mastery in the Antebellum Courtroom* (Princeton, NJ, 2000), 105—120, finds that defendants presented themselves as using torture for the "rational" purpose of compelling labor. Thomas R. R. Cobb, in *An Inquiry into the Law of Negro Slavery* (Philadelphia, 1858), argues that non-"wanton" violence can enforce "subordination" (90—99).

53. Many historians of torture hold this definition: Page DuBois, *Torture and Truth* (New York, 1991); John Langbein, *Torture and the Law of Proof: Europe and England in the Ancien Regime* (Chicago, 1977); Edward Peters, *Torture*, 2nd ed. (Philadelphia, 1996); Foucault, *Discipline and Punish*. But by the United Nations Convention Against Torture, deliberate violence against an imprisoned and/or bound individual becomes torture when it is designed to extract information or a confession, to serve as a punishment, or to inflict intimidation, or is based on discrimination. Cf. William F. Schulz, ed., *The Phenomenon of Torture: Readings and Commentary* (Philadelphia, 2007).

54. Herbert Gutman, *Slavery and the Numbers Game: A Critique of Time on the Cross* (Urbana, IL, 1975), 17—35; Davis, ed., *Plantation Life*. Barrow's journal also reveals that he whipped 75 percent of the sixty-six working "hands" at one point or another, and Patsey's skills did not save her from being beaten: Northup, *Twelve Years a Slave*, 142—143, 196—199; Ball, *Slavery in the United States*, 217—218; Brown, *Slave Life in Georgia*, 150.

55. R. B. Beverley to R. Beverley, September 3, 1833, Sec. 13, August 28, 1842, Sec. 41, Beverley Papers, VHS; Frederick Law Olmsted, *A Journey in the Back*

Country (New York, 1860), 1:44, 83—84; Ball, *Slavery in the United States*, 59; Bibb, *Narrative*, 115.

56. Thomas Jefferson, *Notes on the State of Virginia* (New York, 1984 [Library of America]), 288—289; Nancy Howard, NSV, 50; Cf. NSV, 54, 132, 158, 225—227, 243; James Fisher, ST, 236; Brown, *Slave Life in Georgia*, 230—240.

57. Lavinia Bell, ST, 342—345; Cf. ST, 180, 433; NSV, 382; Anderson, *Life and Narrative*, 16; S. Haywood to G. W. Haywood, December 1, 1837, Fol. 151, HAY; Themy to T. Harriss, May [1846], Undated Fol., Thomas Harriss Papers, Duke; W. H. Fox to J. Fox, September 9, 1856, John Fox Papers, Duke; Johnson, NSV, 383—384; Gowens, NSV, 140—141; Brown, *Slave Life in Georgia*, 28—30. For a failed-overseer counter-example, see Pearse, *Narrative*, 35—37.

58. Henry Clay, AS, S1, 12 (OK), 111—112.

59. D. Jordan to Malvina, August 3, 1833, D. Jordan Papers, Duke; ST, 435; NSV, 78; Robert W. Fogel and Stanley Engerman, "Explaining the Relative Efficiency of Slave Agriculture in the Antebellum South," 241—265, and Fogel and Engerman, "Explaining the Relative Efficiency of Slave Agriculture in the Antebellum South: Reply," in *Without Consent or Contract: Technical Papers*, vol. 1; Stuart W. Bruchey, *Cotton and the Growth of the American Economy, 1790—1860: Sources and Readings* (New York, 1967), 7—21; S. Duncan to J. Ker, n.d., Fol. 12, Ker Papers, SHC; *Farmers' Register*, November 1834, 353—363; James L. Huston, *Calculating the Value of Union: Slavery, Property Rights, and the Economic Origins of the Civil War* (Chapel Hill, NC, 2003).

60. Ball, *Slavery in the United States*, 216—217.

61. Wm. Kenner to J. Minor, August 23, 1819, William Kenner Papers, LLMVC.

第5章

1. Lucy Thurston, AS, S1, 10.5 (MS), 2113.

2. Sophia Word, AS, 16.2 (KY), 67; Silas Jackson, AS, 16.3 (MD); Ank Bishop, 6.1 (AL), 37; Lucinda Washington, 6.1 (AL), 410; cf. Vincent Brown, *The Reaper's Garden: Death and Power in the World of Atlantic Slavery* (Cambridge, MA, 2008).

3. Ann Ulrich Evans, AS, 11.2 (MO), 118.

4. Lucy Thurston, AS, S1, 10.5 (MS), 2113.

5. Jos. Sheppard to Jas. & Jn. Sheppard, October 17, 1843, James Sheppard Papers, Duke; Sophia Nobody to Sally Amis, June 7, 1858, Fol. 45, Eliz. Blanchard Papers, SHC; Margaret Nickens, AS, 11.2 (MO), 264; GSMD, 45—46, 202.

6. L. A. Finley to Hackett, May 18, 1854, Gordon-Hackett Papers, SHC; Jordan Connelly[?] to H. Brown, October 17, 1833, Fol. 55, Hamilton Brown Papers, SHC; S. Amis to Grandmother, December 22, 1836, Fol. 40, Eliz. Blanchard Papers, SHC; "Hermitage" Account 1820—1822, Miltenberger Papers, SHC; Sim Neal to Mother

Sisters Brothers, [1827], Neal Papers, SHC; William Anderson, *Life and Narrative of William Anderson . . .* (Chicago, 1857), 18.

7. Brian W. Thomas, "Power and Community: The Archaeology of Slavery at the Hermitage Plantation," *American Antiquity* 63 (1998): 531—551; Henry C. Bruce, *The New Man: Twenty-Nine Years a Slave* (York, PA, 1895), 52—56; Henry Bibb, *Narrative of the Life and Adventures of Henry Bibb, an American Slave* (New York, 1849), 25—28; William Grimes, *Life of William Grimes, Written by Himself* (New York, 1825), 29.

8. Charles Ball, *Slavery in the United States: A Narrative of the Life and Adventures of Charles Ball ...* (New York, 1837), 157, 165; Octavia Albert, *The House of Bondage: Or, Charlotte Brooks and Other Slaves* (New York, 1890), 6.

9. Albert, *House of Bondage*, 4—5; Prudhomme Family Papers, SHC; Brashear Family Papers, SHC; Slack Family Papers, SHC; Michael D. Picone, "Anglophone Slaves in Francophone Louisiana," *American Speech* 78 (2003): 404—443; Elisha Garey, AS, 12.2 (GA), 2.

10. Sarah P. Russell, "Cultural Conflicts and Common Interests: The Making of the Sugar Planter Class in Louisiana, 1795—1853" (PhD diss., University of Maryland, 2000), 327—328; Herbert Gutman, *The Black Family in Slavery and Freedom, 1750—1925* (New York, 1976), 165; Edgar Schneider, *American Earlier Black English: Morphological and Syntactic Varieties* (Tuscaloosa, AL, 1988), 231—235, 255, 275—278; Salikoko Mufwene, "Some Inferences About the Development of African-American English," in Shana Poplack, ed., *The English History of African-American English* (Malden, MA, 2000), 246—248; John McWhorter, "Recovering the Origin," 337—366, in his *Defining Creole* (New York, 2006).

11. Ball, *Slavery in the United States*, 189, 264—266.

12. John Brown, *Slave Life in Georgia* (London, 1855), 23—24, 28—30.

13. Ball, *Slavery in the United States*, 192—193.

14. T. Bryarly to S. Bryarly, February 26, 1847, Bryarly Papers, Duke; Margaret Brashear to Frances, July 10, 1832, Brashear Papers, SHC; G. Henry to [wife], December 2, 1837, Gustavus Henry Papers, SHC; Isham Harrison to T. Harrison, January 20, 1837, James Harrison Papers, SHC; Roderick C. McDonald, "Independent Economic Production," in Ira Berlin and Philip D. Morgan, eds., *Cultivation and Culture: Labor and the Shaping of Slave Life in the Americas* (Charlottesville, VA, 1993), 200—204; Dylan Penningroth, *The Claims of Kinfolk: African American Property and Kinship in the Nineteenth-Century South* (Chapel Hill, NC, 2003).

15. Anthony Abercrombie, AS, 6.1 (AL), 7; Dylan Penningroth, "My People, My People," in Edward E. Baptist and Stephanie M. H. Camp, eds., *New Studies in the History of American Slavery* (Athens, GA, 2006).

16. Willentz, *Rise of American Democracy*, 72—140; William Lee Miller, *Argu-*

ing About Slavery: The Great Battle in the United States Congress (New York, 1996), 168—169.

17. Matthew Carey, *A Calm Address to the People of the Eastern States, on the Subject of the Representation of Slaves* (Boston, 1814); Worthington C. Ford, ed., *Writings of John Quincy Adams* (New York, 1913—1917), 3:71; Sidney E. Morse, *The New States: Or, A Comparison of the Wealth, Strength, and Population of the Northern and Southern States* (Boston, 1813); James Pearse, *Narrative of the Life of James Pearse* (Rutland, VT, c. 1826); H. Bellenden Ker, *Travels Through the Western Interior of the United States* (Elizabethtown, NJ, 1816), 43—50; Glover Moore, *The Missouri Controversy, 1819—1821* (Lexington, KY, 1953), 11.

18. Boynton Merrill, *Jefferson's Nephews: A Frontier Tragedy* (Princeton, NJ, 1976); James Simeone, *Democracy and Slavery in Frontier Illinois: The Bottomland Republic* (DeKalb, IL, 2000); Suzanne Cooper Guasco, "'The Deadly Influence of Negro Capitalists': Southern Yeomen and Resistance to the Expansion of Slavery in Frontier Illinois," *Civil War History* 41, no. 1 (2001): 7—29.

19. R. Douglas Hurt, *Agriculture and Slavery in Missouri's Little Dixie* (Columbia, MO, 1992).

20. William R. Johnson, "Prelude to the Missouri Compromise," *Arkansas Historical Quarterly* 24, no. 1 (1965): 47—66.

21. Moore, *Missouri Controversy*; "Mr. King's Speeches," *NR*, December 4, 1819; JQA, February 20, 1820, 4:528—529; Stuart Leiberger, "Thomas Jefferson and the Missouri Crisis: An Alternative Interpretation," *JER* 17, no. 1 (1997): 121—130.

22. Daniel Webster et al., *A Memorial to the Congress of the United States, on the Subject of Restraining the Increase of Slavery in States to Be Admitted to the Union* (Bos-ton, 1819); Joseph D. Learned, *A View of the Policy of Permitting Slaves in the States West of the Mississippi* (Baltimore, 1820); William Plumer, quoted in Sean Wilentz, *The Rise of American Democracy: Jefferson to Lincoln* (New York, 2005), 231.

23. JQA, February 11, 1820, 4:524, July 5, 1819, 4:398.

24. JQA, February 24, 1820, 4:530—531.

25. Wilentz, *Rise of American Democracy*, 232—234; Matthew Mason, "The Maine and Missouri Crisis: Competing Priorities and Northern Slavery Politics in the Early Republic," *JER* 33, no. 4 (2013): 675—700.

26. Matthew Crocker, "The Missouri Compromise, the Monroe Doctrine, and the Southern Strategy," *Journal of the West* 43 (2004): 45—52. The crisis was not over. Missouri passed a state constitution banning free people of African descent-violating, said free-state congressmen, the US Constitution's "rights and privileges" clause.

27. Francis Fedric, *Slave Life in Virginia and Kentucky, Or, Fifty Years of Slavery ...* (London, 1853), 47—51; Harry Smith, *Fifty Years of Slavery in the*

United States of America (Grand Rapids, MI, 1891), 37—38; cf. L. A. Horton to R. Horton, October 3, 1830, Wyche-Otey papers, SHC, reporting Alabama cornshucking; Roger D. Abrahams, *Singing the Master: The Emergence of African-American Culture in the Plantation South* (New York, 1992).

28. Shane White and Graham White, *The Sounds of Slavery: Discovering African American History Through Songs, Sermons, and Speech* (Boston, 2006), 66—68; "Dark," Frank Monefee, AS, 6.1 (AL), 280; "Speculator," Eliza Washington, AS, 11. 1 (AR), 52; "Polk," Joseph Holmes, AS, 6.1 (AL), 193; "Boss man," Lucindy Jurdon, AS, 6.1 (AL), 243.

29. Henry Walker, AS, 11.1 (AR), 34; Eliza Washington, AS, 11.1 (AR), 52.

30. Fedric, *Slave Life*, 50—51.

31. Josiah Henson, *Truth Stranger Than Fiction: Father Henson's Story of His Own Life* (Boston, 1858), 6—7; Benjamin Latrobe, *Impressions Respecting New Orleans: Diary and Sketches, 1818—1820*, ed. Samuel Wilson Jr. (New York, 1951), 49—51; William Wells Brown, *My Southern Home, Or the South and Its People* (Boston, 1880), 121—124; Dena Epstein, *Sinful Tunes and Spirituals: Black Folk Music to the Civil War* (Urbana, IL, 1977), 95—99; Cf. Henry B. Fearon, *Sketches of America: A Narrative of a Journey of Five Thousand Miles Through the Eastern and Western States of America* (London, 1819), 276—278; Henry C. Knight, *Letters from the South and West* (Boston, 1824), 127; FreddiW. Evans, *Congo Square: African Roots in New Orleans* (Lafayette, LA, 2011).

32. James K. Kinnaird, "Who Are Our National Poets?" *Knickerbocker Magazine* 26 (1845): 331—341.

33. Ibid.; Portia Maultsby, "Africanisms in African-American Music," from Joseph Holloway, ed., *Africanisms in American Culture* (Bloomington, IN, 1990).

34. Eli Sagan, *Citizens and Cannibals: The French Revolution, The Struggle for Modernity, and the Origins of Ideological Terror* (Lanham, MD, 2001), 187—190; Marshall Berman, *All That Is Solid Melts into Air: The Experience of Modernity* (New York, 1982). A classic claim that African Americans were merely imitators, not creators, appears in Thomas Jefferson, *Notes on the State of Virginia* (New York, 1984 [Library of America]), 266—267; Cf. Ronald Radano, "Hot Fantasies: American Modernism and the Idea of Black Rhythm," in Ronald Radano and Philip V. Bohlman, eds., *Music and the Racial Imagination* (Chicago, 2000), 459—480. This lack, the story im-plied, had consequences in the economic realm. Primitive economies were allegedly stuck on starvation-mode because incompletely realized individuals were unwilling to try new ideas, accepting stale orthodoxies rather than seeking growth through entrepreneurial innovation.

35. Hattie Nettles, AS, 6.1 (AL), 297—298; Eliza White, AS, 6.1 (AL), 412; Solo-mon Northup, *Twelve Years a Slave* (Auburn, NY, 1853), 166—168.

36. Sara Colquitt, AS, 6.1 (AL), 88; White and White, *Sounds of Slavery*, 67; William Piersen, *Black Legacy: America's Hidden Heritage* (Amherst, MA, 1993); George Tucker, *Valley of Shenandoah, Or, Memoirs of the Graysons* (New York, 1824), 2:116—118; T. C. Thornton, *An Inquiry into the History of Slavery; Its Introduction into the United States; Causes of Its Continuance; and Remarks upon the Abolition Tracts of William E. Channing, D.D.* (Washington, DC, 1841), 120—122; John Bernard, *Retrospections of America, 1797—1811* (New York, 1887), 207, 214; Epstein, *Sinful Tunes*, 139.

37. George Strickland, AS, 6.1 (AL), 359; Jacob D. Green, *Narrative of the Life of J. D. Green* (Huddersfield, UK, 1864), 12—13.

38. J. W. Loguen, *The Rev. J. W. Loguen as a Slave and a Freeman* (Syracuse, NY, 1859), 115; Northup, *Twelve Years a Slave*, 216—222; Albert Murray, "Improvisation and the Creative Process," in Robert O'Meally, ed., *The Jazz Cadence of American Life* (New York, 1998), 111—113.

39. William D. Piersen, personal communication; Northup, *Twelve Years a Slave*, 180—182; Cf. Tommie Shelby, *We Who Are Dark: The Philosophical Foundations of Black Solidarity* (Cambridge, MA, 2005).

40. Eric Lott, *Love and Theft: Blackface Minstrelsy and the American Working Class* (New York, 1993); David Roediger, *Wages of Whiteness: Race and the Making of the American Working Class* (New York, 1991).

41. Robert Cantwell, *Bluegrass Breakdown: The Making of the Old Southern Sound* (Urbana, IL, 1984).

42. Ball, *Slavery in the United States*, 122—124, 382.

43. John Hope Franklin and Loren F. Schweniger, *Runaway Slaves: Rebels on the Plantation* (New York, 1999), 279.

第6章

1. Hettie Mitchell, AS, 10.5 (AR), 111; Nicey [West?], AS, 6.1 (AL), 324; Foster Weathersby, AS, S1, 10.5 (MS), 2228; Toby James, AS, 4.2 (TX), 250; Smith Wilson, AS, S2, 10.9 (TX), 4239.

2. Robert Falls, AS, 16.6 (TN), 13; Rezin Williams, AS, 16.3 (MD), 76—77; Marilda Pethy, AS, 11.2 (MO), 277; Nancy East, 16.4 (OH), 35. Here is a crucial point to understand: formerly enslaved people interviewed in the 1930s, most of them illiterate, used the same terminology one finds in pre-emancipation published narratives. Since the former were unlikely to have learned the terminology from narratives to which they did not have access, their words, though chronologically newer, actually transmit an older set of terms and ideas about slavery, one originating prior to the narratives published between the 1830s and 1860s. In fact, the vernacular history of slavery shaped around the fires of the southwestern plantations, and passed on to children who would

use such terms in the 1930s interviews, shaped the ideas and expressions used by the fugitive narrators who wrote nineteenth-century autobiographies.

3. Lawrence J. Kotlikoff, "The Structure of Slave Prices in New Orleans, 1804 to 1862," *Economic Inquiry* 17 (1979): 496—518. By comparison, if we look at the cost of the labor it would have taken to buy a slave, in 2014 dollars the 1820 slave would cost between $230,000 and $500,000, depending on the assumptions and algorithms used. This makes one "hand" the cost-equivalent of an ordinary 2014 American single-family house in the less pricey realestate markets. See MeasuringWorth. com, www . measuringworth.com/index.php, accessed December 27, 2013.

4. BD, #423; Jonathan Pritchett and Herman Freudenberger, "The Domestic United States Slave Trade: New Evidence," *Journal of Interdisciplinary History* 21 (1991): 448; *Richmond Enquirer*, March 26, 1829; US Department of Commerce, US Census Bureau, 1830 US Census of Population, R174/p 217.

5. Cf. Pritchett and Freudenberger, "Domestic United States Slave Trade." My database records all 5,500-odd interstate slave sales in New Orleans between the summer of 1829 and the end of 1831, whether or not they are associated with certificates.

6. HALL; Louis Hughes, *Thirty Years a Slave: The Institution of Slavery as Seen on the Plantation and in the Home of a Planter* (Milwaukee, WI, 1897), 11.

7. David Hackett Fischer and James Kelly, *Bound Away: Virginia and the Westward Movement* (Richmond, 1993), 137.

8. Henry C. Knight, *Letters from the South and West* (Boston, 1824), 101—102; Robert Falls, AS, 16.6 (TN), 13.

9. Jacob D. Green, *Narrative of the Life of J. D. Green* (Huddersfi eld, UK, 1864), 5; Frederick Douglass, *My Bondage and My Freedom* (New York, 1855), 448; *Easton Star*, November 27, 1827, May 26, 1829.

10. *Easton Star*, September 27, 1831; cf. *Easton Star*, April 12, 1825, May 8, 1827, November 27, 1827, April 7, 1829, May 28, 1829, September 7, 1830; Stanley Harrold, *The Rise of Aggressive Abolitionism: Addresses to the Slaves* (Lexington, KY, 2004); BD. Not all slaves sold in Kent County were from Kent County: many were like the fourteen-year-old girl named Anne, whom Caleb Dorsey brought across the Chesapeake from Anne Arundel County to sell to John Maydwell in the fall of 1830.

11. Richard Watson, John Wesley, and John Dixon Long, *Pictures of Slavery in Church and State* (Philadelphia, 1857).

12. William G. Shade, *Democratizing the Old Dominion: The Second Party System in Virginia, 1824—1861* (Charlottesville, VA, 1996), 22.

13. Herbert G. Gutman, Richard Sutch, Peter Temin, and Gavin Wright, *Reckoning with Slavery: A Critical Study in the Quantitative History of American Negro Slavery* (Oxford, 1976), 109—112; Michael Tadman, *Speculators and Slaves: Masters, Traders, and Slaves in the Old South* (Madison, WI, 1989), 301; Moses

Grandy, *Life of Moses Grandy, Late a Slave in the United States of America* (Boston, 1844), 46.

14. S. C. Archer to R. T. Archer, July 28, 1833, Box 2E652, Fol. 6, Richard T. Archer Papers, Center for American History, University of Texas at Austin.

15. Harriet Jacobs, *Incidents in the Life of a Slave Girl, Written by Herself* (Boston, 1861); Calvin Schermerhorn, *Money over Mastery, Family over Freedom: Slavery in the Antebellum Upper South* (Baltimore, 2011).

16. Sarah Byrd, AS, 12.1 (GA), 168; John Majewski, *A House Dividing: Economic Development in Pennsylvania and Virginia Before the Civil War* (Cambridge, UK, 2000); John Bezis Selfa, *Forging America: Ironworkers, Adventurers, and the Industrious Revolution* (Ithaca, NY, 2004); Ledger, 1829—1855, Alfred Rives Papers, Duke.

17. US Census Bureau, 1830, R54/p429; Robert Falls, AS, 16.6 (TN), 13; Viney Baker, AS, 14.1 (NC), 71; Charley Barbour, AS, 14.1 (NC), 76.

18. Grandy, *Life*, 44; Steven Deyle, *Carry Me Back: The Domestic Slave Trade in American Life* (New York, 2005), 98—99; Robert Gudmestad, *A Troublesome Commerce: The Transformation of the Interstate Slave Trade* (Baton Rouge, LA, 2003), 25—30; Frederick Douglass, "The Meaning of the Fourth of July for the Negro," *Selected Addresses of Frederick Douglass* (Lanham, MD, 2013); Rezin Williams, AS, 16.3 (MD), 76—77; Ethan A. Andrews, *Slavery and the Domestic Slave-Trade in the United States* (Boston, 1836), 80—81.

19. Allen Parker, *Recollections of Slavery Times* (Worcester, MA, 1895), 9; BD.

20. Robert Falls, AS, 16.6 (TN), 13; B. S. King to Joel King, February 23, 1824, Joel King Papers, Duke.

21. Christopher Brown, *Moral Capital: Foundations of British Abolitionism* (Chapel Hill, NC, 2006), 165—206.

22. David Brion Davis, *The Problem of Slavery in the Age of Revolution, 1775—1820* (Ithaca, NY, 1975); John C. Hammond and Matthew Mason, eds., *Contesting Slavery: The Politics of Bondage and Freedom in the New American Nation* (Charlottesville, VA, 2011).

23. JQA, 9: 35; Robert Pierce Forbes, *The Missouri Compromise and Its Aftermath: Slavery and the Meaning of America* (Chapel Hill, NC, 2007); Lacy K. Ford, *Deliver Us from Evil: The Slavery Question in the Old South* (New York, 2009), 149; cf. Kari J. Winter, *The American Dreams of John B. Prentis, Slave Trader* (Athens, GA, 2011).

24. Margaret Nickerson, AS, 17 (FL), 251; Jane Sutton, AS, 7.2 (MS), 152; Cora Gillam, AS, S2, 1.3 (AR), 68; Adaline Montgomery, AS, S1, 9.4 (MS), 1514; Lewis Brown, AS, 8.1 (AR), 292; Grandy, *Life*, 10—11.

25. Jane Sutton, AS, 7.2 (MS), 152; George Ward, AS, S1, 10.5 (MS), 100;

Harry Johnson, AS, 4.2 (TX), 212—213; George Fleming, AS, S1, 11 (SC), 127—133; Wil-liam Wells Brown, *Narrative of William Wells Brown, a Fugitive Slave* (Boston, 1849), 13; Edward E. Baptist, "'Stol and Fetched Here': Enslaved Migration, Ex-Slave Narratives, and Vernacular History," in Edward E. Baptist and Stephanie M. H. Camp, eds., *New Studies in the History of American Slavery* (Athens, GA, 2006), 243—274; Charles L. Perdue Jr., Thomas E. Barden, and Robert K. Phillips, eds., *Weevils in the Wheat: Interviews with Virginia Ex-Slaves* (Charlottesville, VA, 1976), 115; Greta Elena Couper, *An American Sculptor on the Grand Tour: The Life and Works of William Couper (1853—1942)* (Los Angeles, 1988). *Weevils in the Wheat* refers to a 1907 statue of a Confederate soldier near the Norfolk docks.

26. Helen Odom, AS, 10.5 (AR), 227; Lettie Nelson, AS, 10.5 (AR), 209; William Grose, NSV, 83. On slaves' vernacular storytelling as the root of literary production, see William L. Andrews, *To Tell a Free Story: The First Century of Afro-American Autobiography, 1760—1865* (Urbana, IL, 1985); Marion W. Starling, *The Slave Narrative: Its Place in American History* (Boston, 1981, repr. of 1946 diss.); Henry Louis Gates, *Signifying Monkey: A Theory of Afro-American Literary Criticism* (New York, 1988).

27. John Brown, *Slave Life in Georgia* (London, 1855), 18—19. For claims that ancestors were kidnapped free people, see Spence Johnson, AS, 4.2 (TX), 228—229; Clayton Holbrooke, AS, S2, 1 (KS), 286; Carey Davenport, AS, 4.1 (TX), 284; Ann Clark, AS, 4.1 (TX), 223; Ambrose Douglass, AS, 17 (FL), 101; Samuel Smalls, AS, 17 (FL), 300—301; Douglas Dorsey, AS, 17 (FL), 93; Florida Clayton, AS, S1, 6.1 (MS), 143; Mary Reynolds, S2, 8.7 (TX), 3284, and 5.3 (TX), 236; Julia Blanks, 4.1 (TX), 93. Philadelphia cases: Joseph Watson Papers, Louisiana State University; Cf. *Freedom's Journal*, June 22, 1827, September 14, 1827, January 18, 1828; Jonathan Evans et al. May 30, 1825, and Th. Kennedy to Geo. Swain, September 11, 1826, Manumission Society Papers, Duke; *John (a negro) vs. George Williams*, 1821, Box 6/101, Adams Co. [MS] Court Files, one of eighteen cases from the 1820s in the Natchez Historical Collection. Cf. Carol Wilson, *Freedom at Risk: The Kidnapping of Free Blacks in America, 1780—1865* (Lexington, KY, 1995); James Gigantino II, "Trading in New Jersey Souls: New Jersey and the Interstate Slave Trade," *Pennsylvania His-tory* 77, no. 3 (2010): 281—302.

28. Evie Herrin, AS, 8.3 (MS), 988; Sim Greeley, AS, 2.2 (SC), 190; J. Green, AS, 4.2 (TX), 87, and S2, 5.4 (TX), 1577—1583.

29. Shang Harris, AS, 12.2 (GA), 119; Josephine Hubbard, AS, 4.2 (TX), 163; Henry Benjamin Whipple, *Bishop Whipple's Southern Diary, 1843—1844*, ed. Lester B. Shippee (Minneapolis, 1937), 17. Uses of "stole" to describe the Middle Passage: John Jea, *The Life and Unparalleled Sufferings of John Jea, the African Preacher*

(Portsea, UK, 1811), 3; Martin Diagney, MW, 62; Carlyle Stewart, MW, 206; Victor Duhon, AS, 4.1 (TX), 307, and 18 (TN), 152, 198; Charley Barbour, AS, 2.1 (SC), 30—31; Susan Snow, AS, 7.2 (MS), 136; Brown, *Narrative of William Wells Brown*, 1, 64; John Andrew Jackson, *The Experience of a Slave in South Carolina* (London, 1862), 7; Frederick Douglass, *Narrative of Frederick Douglass, an American Slave, Written by Himself* (Boston, 1845), 40; Henry C. Bruce, *The New Man: Twenty-Nine Years the Slave, Twenty-Nine Years the Free Man* (York, PA, 1895), 129—131; Francis Fedric, *Slave Life in Virginia and Kentucky, Or, Fifty Years of Slavery...* (London, 1853), 4.

30. Charley Barbour, AS, 2.1 (SC), 30—31; Venus in Emma Hurley, AS, 12.2 (GA), 274; Mariah Snyder, AS, 5.4 (TX), 53. A few of the endless references to stealing and sale in Works Progress Administration interviews include: Jake Terriel, AS, 5.4 (TX), 79; Mary Thompson, AS, 5.4 (TX), 101; William Rooks, AS, 10.6 (AR), 76—77; J. T. Travis, AS, 10.6 (AR), 336; Mollie Barber, AS, S1, 12 (OK), 29—30; Amy Chapman, AS, 6.1 (AL), 58; Nelson Cameron, AS, 2.1 (SC), 173; "Mrs. Sutton," AS, 18 (TN), 31, 81, 105, 204—205, 216, 298—299; Jim Allen, AS, 7.2 (MS), 1; Maria Clemmons, AS, 8.2 (AR), 15; Wash Allen, AS, 12.1 (GA), 10; Lucretia Hayward, AS, 2.2 (SC), 280; Amanda Jackson, AS, 12.2 (GA), 292. See also Perdue et al., *Weevils in the Wheat*, 161 (Katie Johnson), 185 (Louise Jones), 211, 250 (Sis Shackelford), 318 (Nancy Williams). Cf. Mia Bay, *The White Image in the Black Mind: African-American Ideas About White People, 1830—1925* (New York, 2000), 117—149.

31. *Natchez Gazette*, March 11, 1826; John Hope Franklin and Loren F. Schweniger, *Runaway Slaves: Rebels on the Plantation* (New York, 1999).

32. Elisha Winfield Green, *Life of Elisha Winfield Green...* (Maysville, KY, 1888), 3.

33. *Emancipator*, 1820; Hiram Hilty, *North Carolina Quakers and Slavery* (Richmond, IL, 1984), 93; Stephen Weeks, *Southern Quakers and Slavery: A Study in Institutional History* (New York, 1968); Ryan P. Jordan, *Slavery and the Meetinghouse: The Quakers and the Abolitionist Dilemma* (Bloomington, IN, 2007), 7.

34. Benjamin Lundy, *Life, Travels, and Opinions of Benjamin Lundy* (Philadelphia, 1847), 15—24.

35. Phineas Norton, Haiti trip notebook, 1826, Th. Kennedy to Meeting for Sufferings, 1826, and "Account of Negroes," Manumission Society Papers, SHC.

36. *Emancipator*, September 1820, 86; Merton Dillon, *Benjamin Lundy and the Struggle for Negro Freedom* (Urbana, IL, 1966), 117—120; *Genius of Universal Emancipation*, September 12, 1825.

37. *Genius of Universal Emancipation*, January 20, 1827, February 24, 1827,

March 31, 1827; Gudmestad, *Troublesome Commerce*, 155—156.

38. Henry Mayer, *All On Fire: William Lloyd Garrison and the Abolition of Slavery* (New York, 1998); C. Peter Ripley, *The Black Abolitionist Papers: The United States, 1830—1846* (Chapel Hill, NC, 1991), 7—10; Lundy, *Life*; John L. Thomas, *The Liberator: William Lloyd Garrison* (Boston, 1963), 106—113.

39. *Freedom's Journal*, March 16, 1827. The asterisk indicates that this was an abbreviation, but it was understood that the name was "Woolfolk."

40. Stephen Kantrowitz, *More Than Freedom: Fighting for Black Citizenship in a White Republic, 1829—1889* (New York, 2013), 13—40; Peter Hinks, *To Awaken My Afflicted Brethren: David Walker and the Problem of Antebellum Slave Resistance* (University Park, PA, 1997).

41. David Walker, *Appeal to the Coloured Citizens of the World* (Boston, 1829), 12—26, 43, 62—75.

42. David E. Swift, *Black Prophets of Justice* (Baton Rouge, LA, 1989), 23—41; Walker, *Appeal*, 65, 71—72.

43. Ford, *Deliver Us from Evil*, 332—338.

44. Hinks, *Awaken My Afflicted Brethren*, 269—270; *Liberator*, January 22, 1831.

45. The literature on the abolitionist movement is vast. Within it, a few good starting points that do not silence the voices of the formerly enslaved include: Benjamin Quarles, *Black Abolitionists* (New York, 1969); R. J. M. Blackett, *Building an Antislavery Wall: Black Abolitionists in the Atlantic Abolitionist Movement, 1830—1860* (Baton Rouge, LA, 1983); Paul Goodman, *Of One Blood: Abolitionism and the Origins of Racial Equality* (Berkeley, CA, 1998); James Oliver Horton and Lois E. Horton, *In Hope of Liberty: Culture, Community, and Protest Among Northern Free Blacks, 1700—1860* (New York, 1997); Julie Roy Jeffrey, *The Great Silent Army of Abolitionism: Ordinary Women in the Abolitionist Movement* (Chapel Hill, NC, 1998); Richard S. Newman, *The Transformation of American Abolitionism: Fighting Slavery in the Early Republic* (Chapel Hill, NC, 2002); James Brewer Stewart, *Abolitionist Politics and the Coming of the Civil War* (Amherst, MA, 2008); J. Brent Morris, "'All The Wise and Truly Pious Have One and the Same End in View': Oberlin, the West, and Abolitionist Schism," *Civil War History* 57 (2011): 234—267; Margaret Washington, *Sojourner Truth's America* (Urbana, IL, 2009); Stanley Harrold, *Border War: Fighting Over Slavery Before the Civil War* (Chapel Hill, NC, 2010); Kantrowitz, *More Than Freedom*.

46. Brown, *Narrative of William Wells Brown*, 13, 51; cf. Thomas Smallwood, *A Narrative of Thomas Smallwood* (Toronto, 1851), 19; Isaac Williams, *Aunt Sally, Or, the Cross the Way of Freedom* (Cincinnati, 1858), 89; Charles Ball, *Slavery in the United States: A Narrative of the Life and Adventures of Charles Ball ...* (New York,

1837), 36; Moses Roper, *A Narrative of the Adventures and Escape of Moses Roper* (Philadelphia, 1838), 62; J. W. Loguen, *The Rev. J. W. Loguen as a Slave and a Freeman* (Syracuse, NY, 1859), 14—15; Charles Wheeler, *Chains and Freedom, Or, the Life and Adventures of Peter Wheeler, a Colored Man* (New York, 1839), 36—45; *Running a Thousand Miles for Freedom, Or, The Escape of William and Ellen Craft from Slavery* (London, 1860), 3—7; Henry Brown, *Narrative of Henry Box Brown* (Boston, 1849), 15; Kate E. R. Pickard, *The Kidnapped and the Ransomed: Being the Personal Recollections of Peter Still and His Wife "Vina"* (Syracuse, NY, 1856), passim; Lunsford Lane, *The Narrative of Lunsford Lane* (Boston, 1842), 20. Cf. Elizabeth Clark, "'The Sacred Rights of the Weak': Pain, Sympathy and the Culture of Individual Rights in Antebellum America," *JAH* 82 (1995): 463—493; Karen Halttunen, "Humanitarianism and the Pornography of Pain in Anglo-American Culture," *AHR* 100, no. 2 (1995): 303—334.

47. *Freedom's Journal*, March 16, 1827.

48. GSMD, 99—100.

49. Nathan O. Hatch, *The Democratization of American Christianity* (New Haven, CT, 1989).

50. Albert Raboteau, *Slave Religion: The "Invisible Institution" in the Antebellum South* (New York, 1978), 129—132, 223—225; Christine Heyrman, *Southern Cross: The Beginning of the Bible Belt* (New York, 1997), 217—225.

51. NSV, 137; Charles F. Irons, *The Origins of Proslavery Christianity: White and Black Evangelicals in Colonial and Antebellum Virginia* (Chapel Hill, NC, 2008); Jeffrey Young, *Domesticating Slavery: The Master Class in Georgia and South Carolina, 1670—1837* (Chapel Hill, NC, 1999); David Barrow, *Involuntary Slavery Examined* (Lexington, KY, 1808), 22; Betsey Madison, ST, 185—186; Betty Crissman, ST, 468— 469; Ball, *Slavery in the United States*, 164—165.

52. On Cane Creek: John B. Boles, *The Great Revival, 1787—1805: The Origins of the Southern Evangelical Mind* (Lexington, KY, 1972); Ellen Eslinger, *Citizens of Zion: The Social Origins of Camp Meeting Revivalism* (Knoxville, TN, 1999); Paul Conkin, *Cane Ridge, America's Pentecost* (Madison, WI, 1990).

53. John F. Watson, *Methodist Error, Or Friendly Christian Advice to Those Methodists Who Indulge in Extravagant Religious Emotions and Bodily Exercises* (Trenton, NJ, 1819); Jane Alexander to Mary Springs, July 24, 1801, Springs Papers, SHC; R. C. Puryear to Isaac Jarratt, November 16, 1832, Jarratt-Puryear Papers, Duke.

54. Jon Butler, *Awash in a Sea of Faith: Christianizing the American People* (Cambridge, MA, 1990).

55. Adam Hodgson, *Remarks During a Journey Through North America in the Years 1819, 1820, 1821* (New York, 1823), 200; Randy J. Sparks, *On Jordan's*

Stormy Banks: Evangelicalism in Mississippi, 1773—1876 (Athens, GA, 1994), 61—66; Ellen Eslinger, "The Beginnings of Afro-American Christianity," in Craig Thompson Friend, ed., *The Buzzel About Kentuck: Settling the Promised Land* (Lexington, KY, 1998), 206—207; Daniel Walker Howe, *What God Hath Wrought: The Transformation of America, 1815—1848* (New York, 2007).

56. Sparks, *On Jordan's Stormy Banks*, 66—71, 116—117, 125—139; David T. Bailey, "A Divided Prism: Two Sources of Black Testimony on Slavery," *JSH* 46 (1980): 392; Randolph Scully, "'I Come Here Before You Did and I Shall Not Go Away': Race, Gender, and Evangelical Community on the Eve of the Nat Turner Rebellion," *JER* 27, no. 4 (2007): 661—684; Janet Duitsman Cornelius, *Slave Missions and the Black Church in the Antebellum South* (Columbia, SC, 1999); Isaac Johnson, *Slavery Days in Old Kentucky* (Ogdensburg, NY, 1901), 25—26; Solomon Northup, *Twelve Years a Slave* (Auburn, NY, 1853), 94.

57. June 26, 1821, Neill Brown Papers, Duke.

58. GSMD, 36, 71, 98; Cf. GSMD, pp. 41, 53—55, 81—83, 146.

59. GSMD, 215. The screaming mothers and abandoned babies are frequent elements in Works Progress Administration accounts of the domestic slave trade as-told-to-the-interviewee: e.g., Dave Harper, AS, 11.2 (MO), 163; Alice Douglass, AS, 7.1 (OK), 73—74.

60. GSMD, 99—100.

61. William Webb, *History of William Webb* (Detroit, 1873), 5.

62. Lula Chambers, AS, 11.2, (MO), 79—81; Robert Falls, AS, 16.6 (TN), 16; Henry Bibb to Albert G. Sibley, September 23, 1852, ST, 50—51; Hannah Davidson, AS, 16.4 (OH), 32.

63. Ball, *Slavery in the United States*, 221.

64. Brown, *Slave Life in Georgia*, 3.

65. Scully, "'I Come Here,'" 675; Ira Berlin, *Generations of Captivity: A History of African-American Slaves* (Cambridge, MA, 2003), 209.

66. Nat Turner, *Confessions of Nat Turner* (Baltimore, 1831), 10—11.

67. Scot P. French, *The Rebellious Slave: Nat Turner in American Memory* (Boston, 2004), 83; Patrick Breen, "Contested Communion: The Limits of White Solidarity in Nat Turner's Virginia," *JER* 27, no. 4 (2007): 685—703; Anthony E. Kaye, "Neighborhoods and Nat Turner: The Making of a Slave Rebel and the Unmaking of a Slave Rebellion," *JER* 27, no. 4 (2007): 705—720; estimate from Patrick Breen, "Nat Turner's Revolt: Rebellion and Response in Southampton County, Virginia" (PhD diss., University of Georgia, 2005).

68. *New Orleans Bee*, September 15, 1831; Rachel O'Connor to Brother, October 13, 1831: Allie B. W. Webb, ed., *Mistress of Evergreen Plantation: Rachel O'Connor's Legacy of Letters, 1823—1845* (Albany, NY, 1983), 62—63.

69. *New Orleans Bee*, November 19, 1831; Office of the Mayor, List of Slaves Arrived, 1831, NOPL; W. M. Drake, "The Mississippi Constitutional Convention of 1832," *JSH* 23 (1957); Stephen Duncan to Thomas Butler, September 4, 1831, Butler Papers, LLMVC.

70. "Individuals Importing Slaves, 1831—1833," Orleans Parish Court Records, NOPL; Alison Goodyear Freehling, *Drift Toward Dissolution: The Virginia Slavery Debate of 1831—1832* (Baton Rouge, LA, 1982); Ford, *Deliver Us from Evil*, 373—374.

71. Marshall's speech: Ford, *Deliver Us from Evil*, 369.

72. Ford, *Deliver Us from Evil*, 459.

73. John Floyd, quoted in Ford, *Deliver Us from Evil*, 351; Freehling, *Drift Toward Dissolution*, 83; *Mobile Register*, November 7, 1831.

74. *Mobile Register*, November 7, 1831; J. F. H. Claiborne, *Mississippi as Territory and State* (Jackson, MS, 1880), 1:385; ST, 267, 185—186.

75. Annie Stanton, AS, 6.1 (AL), 354; Janet Duitsman Cornelius, *When I Can Read My Title Clear: Literacy, Slavery, and Religion in the Antebellum South* (Columbia, SC, 1991).

76. Ephesians 6:5, Colossians 3:22; James Smylie, *Review of a Letter, from the Presbytery of Chillicothe, to the Presbytery of Mississippi, on the Subject of Slavery* (Woodville, MS, 1836), 3.

77. For the 1835 rebellion scare, see Joshua Rothman, *Flush Times and Fever Dreams: A Story of Capitalism and Slavery in the Age of Jackson* (Athens, GA, 2011); Christopher C. Morris, "An Event in Community Organization: The Mississippi Slave Insurrection Scare of 1835," *Journal of Social History* 22, no. 1 (1988): 93—111; David Libby, *Slavery and Frontier Mississippi, 1720—1835* (Jackson, MS, 2004); James Lal Penick, *The Great Western Land Pirate: John A. Murrell in Legend and History* (Columbia, MO, 1981); Laurence Shore, "Making Mississippi Safe for Slavery: The Insurrectionary Panic of 1835," in Orville Vernon Burton and Robert McMath, eds., *Class, Conflict, and Consensus: Antebellum Southern Community Studies* (Westport, CT, 1982), 96—120.

78. Israel Campbell, *An Autobiography, Bound and Free* (Philadelphia, 1861), 71—74; Rothman, *Flush Times*.

第7章

1. Jonathan F. Wendel, Curt L. Brubaker, and A. Edward Percival, "Genetic Diversity in *Gossypium hirsutum* and the Origin of Upland Cotton," *American Journal of Botany 79*, no. 11 (1992): 1291—1310.

2. Cf. *Arkansas Gazette*, June 30, 1821.

3. Tyre Glen to Isaac Jarratt, February 11, 1832, Box 2, Jarratt-Puryear Papers,

Duke.

4. Oakley Neils Durfee Barber, "Honor, Gender, Violence and the Life of Robert Potter" (Master's thesis, Southwest Texas State University, 2000); Ernest Fischer, *Robert Potter: Founder of the Texas Navy* (Gretna, LA, 1976); Harry L. Watson, *Jacksonian Politics and Community Conflict: The Emergence of the Second American Party System in Cumberland County, North Carolina* (Baton Rouge, LA, 1981); Lacy K. Ford, *Origins of Southern Radicalism: The South Carolina Upcountry, 1800—1860* (New York, 1988); Alexander Keyssar, *The Right to Vote: The Contested History of Democracy in America* (New York, 2000), 332.

5. Edwin Miles, *Jacksonian Democracy in Mississippi* (Chapel Hill, NC, 1960); Craig T. Friend, *Along the Maysville Road: The Early American Republic in the Trans-Appalachian West* (Knoxville, TN, 2006); Joseph Tregle, *Louisiana in the Age of Jackson: A Clash of Cultures and Personalities* (Baton Rouge, LA, 1999).

6. Ernest Shearer, *Robert Potter: Remarkable North Carolinian and Texan* (Houston, 1951), 9—12.

7. Manuel Eisner, "Long-Term Historical Trends in Violent Crime," *Crime and Justice 30* (2003): 83—142, esp. 99; Randolph Roth, *American Homicide* (Cambridge, MA, 2009), 162—225.

8. Shearer, *Robert Potter*, 12—28; Joseph Cheshire, *Nonnulla: Memories, Stories, Traditions, More or Less Authentic* (Chapel Hill, NC, 1930).

9. *Richmond Enquirer*, September 30, 1831; *Indiana Democrat*, September 18, 1831; *Baltimore Patriot*, October 18, 1831; R. S. to John D. Hawkins, August 30, 1831, Fol. 48, Hawkins Family Papers, SHC.

10. Robert Potter, *Mr. Potter's Appeal to the Citizens of Nash, Warren, Franklin, and Granville* (Hillsborough, NC, 1831); *Richmond Enquirer*, March 27, 1832.

11. *Richmond Enquirer*, December 28, 1831; *Baltimore Patriot*, July 28, 30, 1834, August 8, 1834; *Barre* (MA) *Farmers' Gazette*, February 13, 1835; *Norfolk* (VA) *Advertiser*, March 14, 1835; *New Hampshire Patriot*, March 16, 1835; Shearer, *Robert Potter*, 34—36.

12. Roth, *American Homicide*, 162—225.

13. P. W. Alston to J. D. B. Hooper, December 22, 1833, John D. Hooper Papers, SHC; Wm. Hardies to Sarah Hardies, April 11, 1833, Fol. 1/5, BIELLER; D. McKenzie to Jn. McLaurin, March 29, 1838, August 23, 1845, Duncan McLaurin Papers, Duke; Wm. Southgate to Wm. P. Smith, May 17, 1837, Wm. P. Smith Papers, Duke; B. F. Duvall to Martha Wattairs, May 2, 1843, Box 2, James Tutt Papers, Duke; D. Ker to J. Ker, August 1, 1817, Ker Papers, SHC; *NOP*, March 19, 1837, July 5, 1846; Cf. Jos. Hazard to I. Hazard, November 30, 1841, Hazard Company, LLMVC; Sam Sutton to Fred. Harris, August 14, 1820, Frederick Harris Papers,

Duke; L. Taylor to W. H. Hatchett, September 26, 1836, William Hatchett Papers, Duke; Letter of August 24, 1823, David Leech Papers, Duke.

14. Henry Benjamin Whipple, *Bishop Whipple's Southern Diary, 1843—1844*, ed. Lester B. Shippee (Minneapolis, 1937), 24—25; C. A. Hentz Diary, vol. 1, February 24, 1849, Hentz Papers, SHC; Lewis Clarke, ST, 157; cf. Wm. Slack to Ch. Slack, December 1838, Slack Papers, SHC.

15. John Pelham to E. Dromgoole, February 20, 1833, Dromgoole Papers, SHC.

16. H. Watson to Mother, December 2, 1836, Henry Watson Papers, Duke; Edward E. Baptist, *Creating an Old South: Middle Florida's Plantation Frontier Before the Civil War* (Chapel Hill, NC, 2002), 103—105; J. F. H. Claiborne, *Mississippi as Territory and State* (Jackson, MS, 1880), 361—414.

17. *Natchez Gazette*, May 11, 1832; Miles, *Jacksonian Democracy*, 45.

18. Claiborne, *Mississippi*, 423—427.

19. *NR*, March 12, 1825.

20. Webster to Mrs. Webster, February 19, 1829, in Daniel Webster, *Private Correspondence* (Boston, 1857), 1:470; Robert V. Remini, *Andrew Jackson and the Course of American Freedom, 1822—1832* (New York, 1981); Edwin Miles, "The First People's Inaugural—1829," *Tennessee Historical Quarterly 37* (1978).

21. James Parton, *Life of Jackson* (New York, 1860), 3:169—170.

22. Remini, *Andrew Jackson and American Freedom*, 2:132; Robert V. Remini, *Andrew Jackson and the Course of American Democracy* (New York, 1984), 227—230; James Wyly to J. K. Polk, January 11, 1833, JKP, 2:15—17.

23. Remini, *Andrew Jackson and American Freedom*, 200.

24. A. Jackson to J. Overton, June 8, 1829, *The Papers of Andrew Jackson*, ed. Sam B. Smith and Harriet Fason Chappell Owsley (Knoxville, TN, 1980), 7:270—271.

25. *NR*, March 8, 1828, 19—22. Historians still argue about whether or not the plot existed, and if so, what it entailed: Michael P. Johnson, "Denmark Vesey and His Co-Conspirators," *William and Mary Quarterly*, 3rd ser., vol. 58, no. 4 (2001): 915—976; James O'Neil Spady, "Power and Confession: On the Credibility of the Earliest Reports of the Denmark Vesey Conspiracy," *William and Mary Quarterly*, 3rd ser., vol. 68 (2011): 287—304.

26. Nicholas Biddle to J. Harper, January 9, 1829, 67—68; Wm. Lewis to Biddle, October 16, 1829, 79—80, *The Correspondence of Nicholas Biddle Dealing with National Affairs, 1807—1844*, ed. Reginald McGrane (Boston, 1919).

27. Margaret Bayard Smith to Maria Kirkpatrick, March 12, 1829, in Gaillard Hunt, ed., *The First Forty Years of Washington Society in the Family Letters of Margaret Bayard Smith* (New York, 1906), 424.

28. Historians often misidentify southwestern anti-Jackson politicians as "nullifiers." Most, like Poindexter, were simply Jackson-haters: Elizabeth Varon, *Disunion: The*

Coming of the American Civil War, 1789—1859 (Chapel Hill, NC, 2008), 55—57. For nullification, among many other excellent works, see Brian Schoen, *The Fragile Fabric of Union: Cotton, Federal Politics, and the Global Origins of the Civil War* (Baltimore, 2009).

29. Kirsten Wood, "One Woman So Dangerous to the Public Morals: Gender and Power in the Eaton Affair," *JER* 17 (1997): 237—275; Anthony F. C. Wallace, *The Long, Bitter Trail: Andrew Jackson and the Indians* (New York, 1993).

30. CHSUS, Ca 9—19.

31. *Correspondence of Nicholas Biddle*, 93.

32. J. Springs to Wife, September 23, 1806, Springs Papers, SHC.

33. H. B. Trist to N. Trist, May 18, 1825, Nicholas Trist Papers, SHC; Undated note, Fol. 1824, A. P. Walsh Papers, Louisiana State University.

34. Fritz Redlich, *The Molding of American Banking: Men and Ideas* (New York, 1968), 1:270fn8—9; Sean Wilentz, *The Rise of American Democracy: Jefferson to Lincoln* (New York, 2005), 365.

35. I. Franklin (IF) to R. C. Ballard (RB), January 9, 1832, February 10, 1832, Fol. 4 & 5, RCB.

36. *Baltimore Patriot*, January 1, 1829; Richard H. Kilbourne, *Slave Agriculture and Financial Markets in Antebellum America: The Bank of the United States in Mississippi, 1831—1852* (London, 2006).

37. Wilentz, *Rise of American Democracy*, 366; Redlich, *Molding of American Banking*, 1:21; Biddle to Thomas Swann, March 17, 1824, Exhibit No. 1-L, 297, in report of the Senate Committee on Finance, 23rd Cong., 2nd sess., Congressional Serial Set.

38. March 19, 1832, Discounts A-L # 1, vol. 19, Bank of the United States (Natchez Branch) Records, LLMVC; Bank of Mississippi, RASP; US Department of Commerce, US Census Bureau, 1830 Census, Adams County, MS; Miles, *Jacksonian Democracy*, 23; Martha Brazy, *An American Planter: Stephen Duncan of Antebellum Natchez and New York* (Baton Rouge, LA, 2006), 20—21; Robert Roeder, "New Orleans Merchants, 1790—1837" (PhD diss., Harvard University, 1959); Ralph Catterall, *The Second Bank of the United States* (Chicago, 1902), 137—143.

39. McKay W. Campbell to James K. Polk, November 23, 1833, JKP, 2:136—138; A. O. Harris to James K. Polk, November 16, 1833, JKP, 2:131—132.

40. Jesse Cage to William Cotton, August 27, 1839, Fol. 28, RCB.

41. IF to RB, September 27, 1834, Fol. 15, RCB; Cf. Walter Johnson, *Soul by Soul: Life Inside the Antebellum Slave Market* (Cambridge, MA, 1999).

42. Daniel Kahneman, *Thinking, Fast and Slow* (New York, 2011); Dan Ariely, *Predictably Irrational: The Hidden Forces That Shape Our Decisions* (New York, 2008); Geoffrey Miller, *Spent: Sex, Evolution, and Consumer Behavior* (New York,

2009), 106—111.

43. Annette Gordon-Reed, *Thomas Jefferson and Sally Hemings: An American Controversy* (Charlottesville, VA, 1997); Jan Lewis and Peter Onuf, eds., *Sally Hemings and Thomas Jefferson: History, Memory, and Civic Culture* (Charlottesville, VA, 1999); "Bawdy Poem," n.d. (1820s—1830s), Fol. 10, Young Allen Papers, SHC.

44. Bryan Edwards, "The Sable Venus: An Ode," from his *Poems, Written Chiefly in the West-Indies* (Kingston, 1792); Cf. Regulus Allen, "The Sable Venus and Desire for the Undesirable," *Studies in English Literature, 1500—1900* 51, no. 3 (2011).

45. Trevor Burnard, "The Sexual Life of an Eighteenth-Century Jamaican Slave Overseer," in Merril D. Smith, ed. *Sex and Sexuality in Early America* (New York, 1998), 163—189, esp. 173.

46. Cf. Patricia Cline Cohen, *The Murder of Helen Jewett: The Life and Death of a Prostitute in Nineteenth-Century New York* (New York, 1998); Karen Halttunen, *Confidence Men and Painted Women: A Study of Middle-Class Culture in America, 1830—1870* (New Haven, CT, 1982).

47. Harriet Jacobs, *Incidents in the Life of a Slave Girl, Written by Herself* (Boston, 1861); Calvin Schermerhorn, *Money over Mastery, Family over Freedom: Slavery in the Antebellum Upper South* (Baltimore, 2011).

48. Drew Gilpin Faust, *James Henry Hammond and the Old South: A Design for Mastery* (Baton Rouge, LA, 1982).

49. Henry C. Knight, *Letters from the South and West* (Boston, 1824), 127; *NR*, 29 (November 5, 1825), 160; Tregle, *Louisiana in the Age of Jackson*, 37.

50. IF to RB, November 14, 1831, December 10, 14, 1831, Fol. 3; IF to RB, January 9, 1832, Fol. 4; IF to RB, February 10, 1832, Fol. 5; IF and James Franklin to RB, April 24, 1832, Fol. 6; IF and James Franklin to RB, June 9, 1832, Fol. 7; IF to RB, October 26, 1831, Fol. 2; Samuel Franklin to RB, June 1, 1831, Fol. 1; IF to RB, May 31, 1831, Fol. 1; John Armfield to RB, July 23, 1831, August 15, 1831, Fol. 2, RCB. Biddle: H.R. 460, 22nd Cong., 1st sess., 316—317; Catterall, *Second Bank*, 143n2, Cf. 502—508; Richard H. Kilbourne, *Slave Agriculture and Financial Markets in Antebellum America: The Bank of the United States in Mississippi, 1831—1852* (London, 2006), 28—32.

51. IF to RB, December 8, 1832, Fol. 8; IF to RB, January 29, 1833, Fol. 10; C. M. Rutherford to RB, December 23, 1832, Fol. 9; IF to RB, June 8, 1832, Fol. 7; IF to RB, June 9, 1832, Fol. 7; IF to RB, June 11, 1833, Fol. 11, RCB.

52. Ethan A. Andrews, *Slavery and the Domestic Slave-Trade in the United States* (Boston, 1836), 136; E. S. Abdy, *Journal of a Residence and Tour in the United States* (London, 1835), 2: 179—180; Wendell Stephenson, *Isaac Franklin: Slave Trader and Planter of the Old South; With Plantation Records* (University, LA,

1938), 29—30; J. W. Ingraham, *The South-West, by a Yankee* (New York, 1836), 2: 245; RB to Franklin & Co., September 7, 1832, Fol. 7, RCB; Ariela J. Gross, *Double Character: Slavery and Mastery in the Antebellum Courtroom* (Princeton, NJ, 2000), 57.

53. IF to RB, January 11, 1834, Fol. 13, RCB.

54. *Norfolk Democrat*, December 1, 1848; William Bowditch, *Slavery and the Constitution* (Boston, 1849), 89; Henry Clarke Wright, *American Slavery Proved to Be Robbery and Theft* (Edinburgh, 1845), 21; *Farmers' Gazette*, March 6, 1835.

55. Andrews, *Domestic Slave-Trade*, 166; ASAI, 16; Ronald Walters, "The Erotic South: Civilization and Sexuality in American Abolitionism," *American Quarterly* 25, no. 2 (1973): 177—201; Elizabeth Clark, "'The Sacred Rights of the Weak': Pain, Sympathy and the Culture of Individual Rights in Antebellum America," *JAH* 82 (1995): 463—493; Carol Lasser, "Voyeuristic Abolitionism: Sex, Gender, and the Transfor-mation of Antislavery Rhetoric," *JER* 28, no. 1 (2008): 83—114; Gregory Smithers, "American Abolitionism and Slave-Breeding Discourse: A Re-Evaluation," *Slavery and Abolition* 33, no. 4 (2012): 551—570; IF to RB, November 1, 1833, Fol. 12; IF to RB, January 11, 1834, Fol. 13; J. Franklin to RB, March 7, 1834, Fol. 13, RCB.

56. Wood, "One Woman So Dangerous"; Johnson, *Soul by Soul*, 114; IF to RB, January 11, 1834, Fol. 13; Sam Wakefield to RB, August 16, 1836, Fol. 17; Bacon Tait to RB, August 13, 1839, Fol. 28, RCB.

57. R. B. Beverley to W. B. Beverley, July 2, 1842, Sec. 46, Beverley Papers, VHS; Nancy Bieller to Jacob Bieller, August 16, 1836; Jacob Bieller Will, December 8, 1834; *Bieller v. Bieller* notes, BIELLER; Robt. Hairston to G. Hairston, April 13, 1852; P. Hairston to G. Hairston, June 8, 1852, Fol. 2, George Hairston Papers, SHC; Jas. Hairston to P. W. Hairston, May 13, 1852, vol. 9, P. W. Hairston Papers, SHC; Henry Wiencek, *The Hairstons: An American Family in Black and White* (New York, 1999).

58. Louisa Picquet and Hiram Mattison, *Louisa Picquet, The Octoroon: Or, Inside Views of Southern Domestic Life* (New York, 1861), 10—19; N. E. Benson to E. Benson, May 3, 1837, Benson-Thompson Papers, Duke.

59. IF to RB, January 9, 1832, Fol. 4; C. M. Rutherford to RB, February 19, 1853, Fol. 187, RCB; Philip Thomas to Finney, July 24, 1859; P. Thomas to Jack, November 26, 1859, William Finney Papers, Duke.

60. Jas. Franklin to RB, March 27, 1832, Fol. 5, RCB.

61. Moses Alexander to Wm. Graham, July 8, 1836, *Papers of William Graham* (Raleigh, NC, 1957—1992), 1: 432—435. Discussions of "animal spirits" in the economy have usually left out sex, from Charles Mackay, *Memoirs of Extraordinary Popular Delusions and the Madness of Crowds* (London, 1852), all the way to John K.

Galbraith, *A Short History of Financial Euphoria* (New York, 1993), and beyond.

62. Undated note, Fol. 1824, A. P. Walsh Papers, LLMVC.

63. Irene Neu, "J. B. Moussier and the Property Banks of Louisiana," *Business History Review* 35, no. 4 (1961): 550—557; Redlich, *Molding of American Banking*, 1:206—207; Earl S. Sparks, *History and Theory of Agricultural Credit in the United States* (New York, 1932), 6.

64. *New Orleans Argus*, February 26, 1828.

65. George Green, *Finance and Economic Development in the Old South: Louisiana Banking, 1804—1861* (Palo Alto, CA, 1972), 113—117; Lavergne à Manuel Andry, September 14, 1828, Fol. 1A/1; Interr. Oliver Morgan with John R. Dewitt, March 19, 1829; J. DeWitt application, March 24, 1829, Fol. 1A/4; Mortgage Book, vol. 68, CAPL Papers, LLMVC.

66. "Slaves' Deaths on Ste. Sophie, October 1824—March 1829," Ste. Sophie / Live Oak Records, Tulane.

67. Robert Carson to Henderson Forsyth, December 3, 1836, John Forsyth Papers, Duke; *Natchez Gazette*, October 20, 1830; Miles, *Jacksonian Democracy*, 24; James Silver, "Land Speculation Profits in the Chickasaw Cession," *JSH* 10 (1944): 84—92.

68. Wilentz, *Rise of American Democracy*, 364, 874—875n13; Catterall, *Second Bank*, 243—286; *Baltimore Patriot*, July 12, 1831; *New York American*, July 10, 1819; Frank Otto Gathell and John McFaul, "The Outcast Insider: Reuben Whitney and the Bank War," *Pennsylvania Magazine of History and Biography* 91 (1967): 115—144; Frank Otto Gathell, "Sober Second Thoughts on Van Buren, the Albany Regency, and Wall Street," *JAH* 53 (1966): 19—40.

69. Biddle to Thomas Cadwalader, July 3, 1832, *Correspondence of Nicholas Biddle*, 192—193; Samuel Smith to Jackson, June 17, 1832, CAJ, 4:449.

70. Donald B. Cole, *A Jackson Man: Amos Kendall and the Rise of American Democracy* (Baton Rouge, LA, 2004).

71. John Anderson to Polk, January 25, 1833, JKP, 2:47—49; Jackson's Veto Message, http://avalon.law.yale.edu/19th_century/ajveto01.asp, accessed May 3, 2012.

72. Biddle to William G. Bucknor, July 13, 1832, *Correspondence of Nicholas Biddle*, 195; Martin Van Buren, *The Autobiography of Martin Van Buren*, ed. John Fitzpatrick (Washington, DC, 1920), 625; Remini, *Andrew Jackson and American Freedom*, 2:366; Daniel Walker Howe, *What Hath God Wrought: The Transformation of America, 1815—1848* (New York, 2007); William Lee Miller, *Lincoln's Virtues: An Ethical Biography* (New York, 2002).

73. Biddle to Henry Clay, August 1, 1832, *Correspondence of Nicholas Biddle*, 196—197.

74. Baptist, *Creating an Old South*; J. Mills Thornton, *Politics and Power in a*

Slave Society: *Alabama*, *1800—1860* (Baton Rouge, LA, 1978); Harry L. Watson, *Liberty and Power*: *The Politics of Jacksonian America* (New York, 1990).

75. Jackson to Polk, August 31, 1833, JKP, 2:106—107.

76. Pet banks increased from seven to thirty-five between 1833 and 1836: Frank Otto Gathell, "Spoils of the Bank War: Political Bias in the Selection of the Pet Banks," *AHR* 70 (1964): 35—58; Harry N. Scheiber, "Pet Banks in Jacksonian Economy and Finance, 1833—1841," *Journal of Economic History* 23 (1963): 196—214; Miles, *Jacksonian Democracy*, 74—75; Peter Temin, *The Jacksonian Economy* (New York, 1969), 73—76; US Congress, House of Representatives, "Condition of Banks, 1840," 26th Cong., 2nd sess., H. Doc. 111 (Serial 385), 1441; D. W. Jordan to Emily Jordan, August 3, 1833, and D. W. Jordan to Richard Evans, October 15, 1833, D. W. Jordan Papers, Duke; IF and J. Franklin to RB, October 29, 1833, Fol. 11; IF to RB, November 5, 1833, Fol. 12, RCB; Knight to William Beall, February 8, 1834, John Knight Papers, Duke; Green, *Finance and Economic Development*, 90—94.

77. Thomas Govan, *Nicholas Biddle*: *Nationalist and Public Banker*, *1786—1844* (Chicago, 1959), 253; Howe, *What Hath God Wrought*, 391n61; IF to RB, February 7, 1834; James Franklin to RB, Fol. 13, RCB; S. S. Prentiss to Mother, March 23, 1834, in George L. Prentiss, *A Memoir of S. S. Prentiss* (New York, 1856), 1:139.

78. Miles, *Jacksonian Democracy*, 76; Tregle, *Louisiana in the Age of Jackson*, 281—284; Cf. J. Franklin to RB, December 19, 1833, Fol. 12, RCB; Claiborne, *Mississippi*, 409—416; John Wurts to Polk, December 19, 1833, JKP, 2:186; John Welsh to Polk, December 28, 1833, JKP, 2:200—202; Parton, *Life of Jackson*, 2: 549—550; Biddle to Poindexter, February 22, 1834; IF to RB, February 7, 1834; James Franklin to RB, Fol. 13, RCB; Terry Cahal to Polk, January 2, 1834, and William Jenkins to Polk, January 3, 1834, JKP, 2:209—211, 217.

79. US Congress, "Condition of Banks," 249, 299, 535; R. T. Hoskins to R. T. Brownrigg, December 19, 1835, Brownrigg Papers, SHC; Thomas Abernethy, "The Early Development of Commerce and Banking in Tennessee," *Mississippi Valley Historical Review* 14 (1927): 321—322; R. W. Hidy, "The Union Bank Loan of 1832: A Case Study in Marketing," *Journal of Political Economy* 47 (1939): 232—352; Miles, *Jacksonian Democracy*, 140—141; Roeder, "New Orleans Merchants," 334.

80. Jane Knodell, "Rethinking the Jacksonian Economy: The Impact of the 1832 Bank Veto on Commercial Banking," *Journal of Economic History 66* (2006): 541—574; Edward E. Baptist, "Borrowed by the Lash: Enslaved People as Collateral in the Great Divergence," Paper presented at Capitalizing on Finance Conference, Huntington Library, Pasadena, CA, April 13, 2013.

81. *American State Papers*: *Land*, 2:495—497; Claiborne, *Mississippi*, 411—417; US Congress, "Condition of Banks," 290, 325—344; Henry Clay to Wm. Mercer, August 13, 1834, William Mercer Papers, Tulane.

82. Anna Whitteker to Emily Dupuy, May 10, 1835, Emily Dupuy Papers, Mss1D9295b, Sect. 1, VHS.

83. Miles, *Jacksonian Democracy*, 118—119; [?] to Thomas Wyche, February 9, 1835, Wyche-Otey Papers, SHC; IF to RB, March 30, 1834, Fol. 13; James Blakey to RB, August 6, 1834, Fol. 15; IF to RB, September 17, 1834, Fol. 15, RCB.

84. Thomas Dorsey to J. Bieller, April 15, 1835, Fol. 1/7, BIELLER; Isham Harrison to Thomas Harrison, October 14, 1834, Fol. 3, James Harrison Papers, SHC.

第8章

1. William Colbert, AS, 6.1 (AL), 81—82.

2. Lewis Clarke, "Leaves from a Slave's Journal of Life," ed. Lydia Maria Child, *National Anti-Slavery Standard*, October 20, 27, 1842, 78—79, 83; Orlando Patterson, *Rituals of Blood: Consequences of Slavery in Two American Centuries* (New York, 1999); S. Ford to Bieller, n.d., Fol. 2/15, BIELLER; Archibald Hyman to L. Thompson, June 30, 1860, Lewis Thompson Papers, SHC.

3. Ford to Bieller, n. d. Fol. 2/15, BIELLER; Jos. Labrenty to J. Waddill, September 22, 1838, Elijah Fuller Papers, SHC.

4. Wiley Childress, AS, 16.6 (TN), 9; Martha Bradley, AS, 6.1 (AL), 47; Anthony Abercrombie, AS, 6.1 (AL), 7.

5. Peter Corn, AS, 11.2 (MO), 87; Henry Waldon, AS, 11.1 (AR), 15—16; Columbus Williams, AS, 11.1 (AR), 155; William Read to Downey, August 18, 1848, S. S. Downey Papers, Duke; cf. Thomas Foster, "The Sexual Abuse of Black Men Under American Slavery," *Journal of the History of Sexuality* 20, no. 3 (2011): 445—464.

6. David Walker, *Appeal to the Coloured Citizens of the World* (Boston, 1829), 14—15, 23, 28, 32; 1842 Speech of Lewis Clarke, ST, 152, 157—158; Robert Falls, AS, 16.6 (TN), 16; "Violence, Protest, and Identity: Black Masculinity in Antebellum America," in James O. Horton, *Free People of Color: Inside the African-American Community* (Washington, DC, 1993); Orlando Patterson, *Slavery and Social Death: A Comparative Study* (Cambridge, MA, 1982); Claude Meillassoux, *The Anthropology of Slavery: The Womb of Iron and Gold* (Chicago, 1991); Ann Clark, AS, 4.1 (TX), 223—224; George Cato, AS, S2, 11 (SC), 98; AS, 18 (TN), 95; Francis Burdett to R. C. Ballard (RB), July 3, 1848, Fol. 130, RCB.

7. "Mrs. Webb," MW, 209; Charity Bowers, ST, 266; Scott Bond, AS, S2, 1 (AR), 33.

8. CHSUS, 3:24, 599.

9. Andrew V. Remini, *Andrew Jackson and the Course of American Democracy* (New York, 1984), 3:418—419, 367—368.

10. Sean P. Kelley, "'Mexico in His Head': Slavery and the Texas-Mexico Border,

1810—1860,"*Journal of Social History 37* (2004): 709—723; Sean P. Kelley, "Blackbirders and Bozales: African-Born Slaves on the Lower Brazos River of Texas in the Nineteenth Century," *Civil War History* 54, no. 4 (2008): 406—424; Randolph Campbell, *An Empire for Slavery* (Baton Rouge, LA, 1989), 54; Dudley G. Wooten, *A Comprehensive History of Texas, 1685 to 1897* (Austin, TX, 1986), 1:759; J. F. Perry to Lastraps & Desmare, January 15, 1834, *Stephen Austin Papers*, 3:39—40; Paul D. Lack, "Slavery and the Texas Revolution," *Southwestern Historical Quarterly 89* (1985): 181—202.

11. *Richmond Enquirer*, October 27, 1835, January 4, 1836; Ernest Shearer, *Robert Potter: Remarkable North Carolinian and Texan* (Houston, 1951), 49; *Essex Gazette*, May 14, 1836; Thomas Hardeman to Polk, March 31, 1836, 3:567—668, JKP. Harrison's son was released unharmed and died in Ohio, genitalia intact, in 1840. Twenty-five Alamo dead were New Orleans volunteers: Edward L. Miller, *New Orleans and the Texas Revolution* (College Station, TX, 2004), 154.

12. Jn. Lockhead to W. H. Hatchett, August 26, 1836, William Hatchett Papers, Duke. White southerners saw Texas as a new empire for slavery; cf. Eugene Barker, *Mexico and Texas, 1821—1835* (Dallas, 1928); *Alexandria Gazette*, May 19, 1836; Wm. Christy to Jos. Ellis, March 22, 1836, Miller, *New Orleans and the Texas Revolution*; *New York Express*, April 4, 1837; *Washington Intelligencer*, April 30, 1836.

13. Farish Carter and R. S. Patton, April 4, 1835, Fol. 20, Eliz. Talley Papers, SHC; J. G. Johnson to G. W. Haywood, May 18, 1836, Fol. 146, HAY; James Huie, Case File 258, Bankruptcy Act of 1841, RG 21, NA; E. B. Hicks to Alex. Cuningham, March 29, 1838, Texas Land Scrip, Cuningham Papers, Duke; Geo. Johnson to Wm. Johnson, August 22, 1838, Wm. Johnson Papers, SHC; Missi. River Diary, Duke; James D. Cocke, *A Glance at the Currency and Resources Generally of the Republic of Texas* (Houston, 1838), 7—15.

14. Campbell, *Empire for Slavery*, 35; *New Hampshire Sentinel*, April 21, 1836; *Alexandria Gazette*, May 10, 1836.

15. William Lee Miller, *Arguing About Slavery: The Great Battle in the United States Congress* (New York, 1996); Joel H. Silbey, *Storm over Texas: The Annexation Controversy and the Road to the Civil War* (Oxford, UK, 2005), 10—14.

16. Changes to the Treasury's gold-silver exchange rate, plus overseas sales of slave-backed bonds, attracted specie, while the British trading practices that provoked the 1839—1843 Opium War unlocked Chinese "hoards" of silver. Peter Temin, *The Jacksonian Economy* (New York, 1969); Silbey, *Storm over Texas*; Burrell Fox to Elizabeth Neal, September 25, 1835, Neal Papers, SHC; R. T. Hoskins to Richard Brownrigg, December 19, 1835, Brownrigg Papers, SHC; H. P. Watson to A. B. Springs, January 24, 1836, Springs Papers, SHC.

17. Isham Harrison to Thos. Harrison, June 16, 1834, Thos. Harrison to Jas. Harrison, January 4, 1836, October 20, 1836, August 28, 1836, James Harrison Papers, SHC; R. Hinton to Laurens Hinton, October 16, 1836, Laurens Hinton Papers, SHC; P. A. Bolling to Edm. Hubard, February 24, 1837, Fol. 72, Hubard Papers, SHC; William Ashley to Chester Ashley, April 10, 1836, Chester Ashley Papers, SHC.

18. Ballard and Franklin to Jacob Bieller, Fol. 2/15, BIELLER; R. H. M. Davidson to Dear Brevard, November 8, 1836, Davidson Papers, SHC.

19. Charles P. Kindleberger, *Manias, Panics, and Crashes: A History of Financial Crises* (New York, 1978); John K. Galbraith, *A Short History of Financial Euphoria* (New York, 1993). Free states also borrowed money to pump into local economies, e.g., Reginald C. McGrane, *Foreign Bondholders and American State Debts* (New York, 1935), 129.

20. Byrne Hammond and Co. to Jackson, Riddle, March 26, 1836, JRC; John Cassidy, *Why Markets Fail: The Logic of Economic Calamities* (New York, 2009), 239; Henry Draft to Wm. Miller, June 4, 1835, John Fox Papers, Duke; Samuel Faulkner to Dear Fitz, September 2, 1835, Wm. Powell Papers, Duke.

21. Henry Watson to Father, December 15, 1836, Henry Watson Papers, Duke; *New Orleans Price-Current*, August 20, 1836, Fol. 3, JRC; Thomas Harrison to James Harrison, August 28, 1836, Fol. 3, James Harrison Papers, SHC; Robert Carson to Henderson Forsyth, December 3, 1836, N. E. Matthews to H. Forsyth, March 31, 1836, John Forsyth Papers, Duke; Peter Martin to Susan Capehart, December 5, 1836, Capehart Papers, SHC.

22. With 200,000 slaves at, on average, $1,000 each (sold or moved, they represented investment), $40 million in government land, $75 million in bank investments, plus removals and wars costing $50 million. Production totals from CHSUS, 4:110; T. Bennett to Jackson, Riddle, October 7, 1836, Fol. 7, JRC.

23. "We had better take the market prices," instead of holding out for a rise, ruminated a savvy Alabama planter: N. B. Nolwinther to J. S. Devereux, October 24, 1836, JSD; T. Bennett & Co. to Jackson, Riddle, October 7, 1836, Fol. 7, JRC; L. C. Gray and Esther K. Thompson, *History of Agriculture in the Southern United States to 1860* (Washington, DC, 1933), 2:1027.

24. CHSUS, 3:354 (land sales); Temin, *Jacksonian Economy*, 123; Richard Timberlake, "The Specie Circular and Distribution of the Surplus," *Journal of Political Economy 68* (1960): 109—117. The belief that the Circular was solely responsible for economic troubles was created by Jackson's Whig opponents. Daniel Walker Howe, *What Hath God Wrought: The Transformation of America, 1815—1848* (New York, 2007), 503, presents a fairly undigested Whig version. Bank of England: Ralph Hidy, *The House of Baring in American Trade and Finance: English Merchant Bankers at*

Work, 1763—1861 (Cambridge, MA, 1949), 206—207.

25. *NOP*, February 4, 1837, February 9, 1837; S. E. Phillips to J. A. Stevens, February 5, 1837, John A. Stevens Papers, NYHS; John Forsyth to Brother, February 19, 1837, John Forsyth Papers, Duke.

26. Hidy, *House of Baring*, 214—219; Vol. 50, Brown Brothers, NYPL. For a recent cultural and political history of the Panic of 1837, see Jessica Lepler, *The Many Panics of 1837: People, Politics, and the Creation of a Transatlantic Financial Crisis* (New York, 2013).

27. *NOP*, March 16, 1837, April 20, 1837; John Elliott to Lucy, April 8, 1837, Samuel Bryarly Papers, Duke; D. W. McLaurin to John McLaurin, April 10, 1837, Duncan McLaurin Papers, Duke; Vol. 50, Brown Brothers, NYPL.

28. Albert Gallatin to J. A. Stevens, May 10, 1837, Fol. April—July 1837, John Stevens Papers, NYHS; "Comparative Statement... Banks of New Orleans, 1835 and 1836," Fol. 5, Citizens' Bank of Louisiana Records, Tulane; Champ Terry to Nathaniel Jeffries, October 15, 1836, Fol. 345, RCB.

29. D. W. McKenzie to D. McLaurin, June 18, 1837, November 1, 1837, Duncan McLaurin Papers, Duke; Wm. Southgate to W. P. Smith, May 17, 1837, Wm. Smith Papers, Duke; J. Rowe to J. Cole, February 8, 1837, Cole-Taylor Papers, SHC.

30. In April, New Orleans banks allowed some commercial debtors to renew debts every sixty days until November, with a 10 percent fee, but required most individual borrowers to make regular payments on mortgage loans: City Bank Resolution, April 1, 1837; A. Beauvais to Pres. C.A.P.L., April 6, 1837, Fol. 7/47B, C.A.P.L. Papers, Louisiana State University; J. R. Miller to William Miller, July 19, 1837, John Fox Papers, Duke; James Harrison to [?], July 12, 1837, James Harrison Papers, SHC; Joseph Amis to [?], May 6, 1837, S. S. Downey Papers, Duke; K. M. King to Uncle, November 1, 1837, Duncan McLaurin Papers, Duke; Stephen Duncan to W. Mercer, August 7, 1837, William Mercer Papers, Tulane.

31. Leland Jenks, *Migration of British Capital to 1875* (New York, 1927), 90—92; John Niven, *Martin Van Buren: The Romantic Age of American Politics* (New York, 1983).

32. S. Duncan to W. Mercer, August 7, 1837, William Mercer Papers, Tulane; US Congress, House of Representatives, "Condition of Banks, 1840," 26th Cong., 2nd sess., H. Doc. 111 (Serial 385), 1441; W. Bailey to Washington Jackson, June 4, 1838, Fol. 10, JRC; John J. Wallis, "What Caused the Crisis of 1839," NBER Historical Paper no. 133, April 2001, National Bureau of Economic Research, www.nber.org/ papers/ h0133 .pdf; C. L. Hinton to Laurens Hinton, April 17, 1839, Laurens Hinton Papers, SHC; Bacon Tait to RB, Fol. 24, RCB.

33. J. A. Stevens to T. W. Ward, August 5, 1837, September 15, 1837; T. W. Ward to H. Lavergne, December 1837, T. W. Ward to J. A. Stevens, December 8,

1837, December 16, 1837, John Stevens Papers, NYHS; W. W. Rives to Thomas Smith, June 15, 1837, Wm. Smith Papers, Duke; R. Hinton to Laurens Hinton, July 23, 1837, Laurens Hinton Papers, SHC; E. B. Hicks to A. Cuningham, January 10, 1838, Cuningham Papers, Duke.

34. John Killick, "The Cotton Operations of Alexander Brown and Sons in the Deep South, 1820—1860," *JSH* 43 (1977): 185; H. H. G. to J. A. Stevens, February 16, 1838, Baring Brothers to J. A. Stevens, March 14, 1838 (I), March 14, 1838 (II), T. W. Ward to G. B. Milligan, March 11, 1838, John Stevens Papers, NYHS; Bray Hammond, *Banks and Politics in America: From the Revolution to the Civil War* (Princeton, NJ, 1957), 467—477; W. Bailey to Washington Jackson, June 4, 1838, JRC; Bennett Ferriday & Co. to Jackson, Riddle, January 24, 1838, JRC; Joseph Eaton to Thomas Jeffrey, May 20, 1838, Bank of State of Georgia Papers, Duke.

35. J. Knight to Wm. Beall, October 21, 1838, February 10, 1839, John Knight Papers, Duke; J. S. Haywood to G. W. Haywood, November 25, 1838, Fol. 155, HAY; W. R. Rives to J. Harris, March 18, 1838, Fol. 22, RCB; A. Cuningham to E. B. Hicks, May 14, 1838, Cuningham Papers, Duke; J. S. Haywood to G. W. Haywood, March 17, 1839, Fol. 155, HAY.

36. A. G. Alsworth to J. S. Copes, September 10, 1839, Box 1, Fol. 64, Copes Papers, Tulane; R. C. O. Matthews, *A Study in Trade-Cycle History: Economic Fluctuations in Great Britain, 1833 to 1842* (Cambridge, UK, 2011), 65—68; Wallis, "What Caused the Crisis of 1839," 40.

37. Edward E. Baptist, *Creating an Old South: Middle Florida's Plantation Frontier Before the Civil War* (Chapel Hill, NC, 2002), 154—155; *Tallahassee Floridian*, March 20, 1841; Robert Carson to Dear Sir, August 30, 1839, John Forsyth Papers, Duke; Rich. Faulkner to Wm. Powell, May 8, 1839, William Powell Papers, Duke.

38. Sean Wilentz, *The Rise of American Democracy: Jefferson to Lincoln* (New York, 2005), 502—510.

39. Rowland Bryarly to S. Bryarly, May 5, 1838, Bryarly Papers, Duke; Edward Balleisen, "Vulture Capitalism in Antebellum America: The 1841 Federal Bankruptcy Act and the Exploitation of Financial Distress," *Business History Review* 70 (1996): 473—516; S. Thompson, Case 12, 1841 Bankruptcy Case Files, ELA37; 1841 Bankruptcy Sales Book 1, p. 93, E39, RG 21, NA.

40. Michael F. Holt, *The Rise and Fall of the American Whig Party: Jacksonian Politics and the Onset of the Civil War* (New York, 1999), 122—161; James Donnelly to J. S. Devereux, 1839, JSD; Rich. Faulkner to Wm. Powell, May 8, 1839, Wm. Powell Papers, Duke; Robert Carson to Dear Sir, August 30, 1839, John Forsyth Papers, Duke. For prices, Cf. *Carson v. Dwight* [LA, 1843]; *Erwin v. Lowry* [LA, 1849]; *Stacy v. Barber* [MS, 1843]; all CATTERALL, 3:554, 595, 297—298; IF to

RB, May 23, 1838, Fol. 22, RCB; Jos. Alsop to RB, January 18, 1839, Fol. 24, Bacon Tait to RB, May 1, 1838, RCB; IF to RB, May 23, 1838, both Fol. 22, RCB; "Memo. of ... Debts Due in Ala," Tyre Glen Papers, Duke.

41. Herbert Gutman, *The Black Family in Slavery and Freedom, 1750—1925* (New York, 1976); Anthony G. Kaye, *Joining Places: Slave Neighborhoods in the Old South* (Chapel Hill, NC, 2007), 74; Ann P. Malone, *Swing Low, Sweet Chariot: Slave Family and Household Structure in Nineteenth-Century Louisiana* (Chapel Hill, NC, 1992); Dep. Victoria Burrell, 455.869, Union Veterans' Pension Files, NA; George Jones, #1184, *Register of Signatures of Depositors*, Tallahassee Branch of Freedmen's Savings and Trust Company, National Archives Microfilm M816, Roll 5.

42. Wm. C. Bryarly to S. Bryarly, February 17, 1848, Bryarly Papers, Duke; Richard Trexler, *Sex and Conquest: Gendered Violence, Political Order, and the European Conquest of the Americas* (Ithaca, NY, 1995); Amy Greenberg, *Manifest Manhood and the Antebellum American Empire* (Cambridge, UK, 2005), 1—16.

43. ST, 152; Jim Cullen, "'I's a Man Now': Gender and African-American Men," in Darlene Clark Hine and Earnestine Jenkins, eds., *A Question of Manhood* (Bloomington, IN, 1999), 489—501; Walter Johnson, "On Agency," *Journal of Social History* 37, no. 1 (2003): 113—124; James Scott, *Domination and the Arts of Resistance: Hidden Transcripts* (New Haven, CT, 1990); Françis Furstenberg, "Beyond Freedom and Slavery: Autonomy, Virtue, and Resistance in Early American Political Discourse," *JAH* 89, no. 4 (2003): 1295—1330; Edward E. Baptist, "The Absent Subject: African-American Masculinity and Forced Migration to the Antebellum Plantation Frontier," in Craig T. Friend and Lorri Glover, eds., *Southern Manhood: Perspectives on Manhood in the Old South* (Athens, GA, 2004).

44. Tzvetan Todorov, *Facing the Extreme: Moral Life in the Concentration Camps*, (New York, 1996). Pioneering works on the history of women in American slavery include the following: Deborah Gray White, *Ar'n't I a Woman? Female Slaves in the Plantation South*, 2nd ed. (New York, 1999); Angela Davis, *Women, Race and Class* (New York, 1981), 3—29; Brenda Stevenson, *Life in Black and White: Family and Community in the Slave South* (New York, 1996); Hortense Spillers, "Mama's Baby, Papa's Maybe: An American Grammar Book," *Diacritics* 17 (1987): 65—81; Catherine Clinton, "Caught in the Web of the Big House: Women and Slavery," in Walter J. Fraser Jr., R. Frank Saunders Jr., and Jon L. Wakelyn, eds., *The Web of Southern Social Relations: Women, Family, and Education* (Athens, GA, 1985), 19—34; Jacqueline Jones, *Labor of Love, Labor of Sorrow: Black Women, Work, and the Family from Slavery to the Present* (New York, 1985); Thelma Jennings, "'Us Colored Women Had to Go Through a Plenty,'" *Journal of Women's History* I (1990); Nell Irvin Painter, "Soul Murder and Slavery: Toward a Fully Loaded Cost Accounting," in Linda K. Kerber, Alica Kessler-Harris, and Kathryn Kish Sklar, eds.,

U.S. History as Women's History: New Feminist Essays (Chapel Hill, NC, 1995), 125—146; David Barry Gaspar and Darlene Clark Hine, *More Than Chattel: Black Women in the Americas* (Bloomington, IN, 1996); Stephanie M. H. Camp, *Closer to Freedom: Enslaved Women and Everyday Resistance in the Plantation South* (Chapel Hill, NC, 2004); Jennifer L. Morgan, *Laboring Women: Reproduction and Gender in New World Slavery* (Philadelphia, 2004); Thavolia Glymph, *Out of the House of Bondage: The Transformation of the Plantation Household* (Cambridge, UK, 2008); Daina Ramey Berry, *Swing the Sickle for the Harvest Is Ripe: Gender and Slavery in Antebellum Georgia* (Urbana, IL, 2007).

45. Magnolia, 1838—1840, Fol. 429, RCB; Richard S. Dunn, *A Tale of Two Plantations: Slave Life at Mesopotamia in Jamaica & Mount Airy in Virginia, 1762—1865* (New York, 2014); Gutman, *Black Family*; Peter Carter, *Register of Signatures*, #359; for conundrums of remarriage, see Jeff Forret, "Slaves, Sex, and Sin: Adultery, Forced Separation and Baptist Church Discipline in Middle Georgia," *Slavery and Abolition* 33, no. 3 (2012): 337—358, also cf. Damian Alan Pargas, *The Quarters and the Fields: Slave Families in the Non-Cotton South* (Gainesville, FL, 2010).

46. Charles Ball, *Slavery in the United States: A Narrative of the Life and Adventures of Charles Ball...* (New York, 1837), 263—265, 275; Cf. Dickson D. Bruce, *The Origins of African-American Literature* (Charlottesville, VA, 2001).

47. Nettie Henry, AS, S.1, 8.3 (MS), 975—976; Jack Hannibal to Dear Mistress, August 9, 1878, Jack Hannibal Letter, Duke.

48. Eliz. Koonce to Eliz. Franck, December 18, 1849, Cox and Koonce Papers, SHC.

49. E.g., Notice to Sampson Lanier, JD, and Wildredge Thompson, January 11, 1838, JSD; Memo of Debts, JSD; John Devereux to JD, January 26, 1839, JSD; Bank of Milledgeville to JD, February 14, 1840, JSD; Notice of Protest, April 24, 1840, JSD; S. Grantland to JD, September 14, 1840, JSD; *Executions v. JD*, Macon County, Alabama, October 24, 1840, JSD.

50. Petition of JD, February 10, 1843, and Deposition JD, JSD.

51. J. S. Short to T. P. Westray, August 1, 1838, Battle Papers, SHC; John Roberts to John Bacon et al., December 13, 1841, and John Roberts to H. D. Mandeville, January 3, 1842, both in Bank U.S. of Penna. Papers, LLMVC. I thank Richard Kilbourne for generously sharing his transcription of this difficult collection.

52. Fol.: Papers: 1839, JSD (passim); Rich. Faulkner to Wm. Powell, May 8, 1839, William Powell Papers, Duke; John Roberts to Bacon et al., April 12, 1842, and John Roberts to Geo. Connelly, February 26, 1843, both in Bank U.S. of Penna. Papers, LLMVC; Joseph Baldwin, *The Flush Times of Alabama and Mississippi* (New York, 1854).

53. R. W. Cook to J. S. Copes, July 5, 1840, Joseph Copes Papers, Tulane; Wm. Thompson to John Bassett, July 19, 1839, Fol. 3, Indiana Thompson, 1842, Fol. 4, John Bassett Papers, SHC.

54. Jacob Bieller Will, December 1835, Fol. 1/15, BIELLER.

55. Louisiana Supreme Court, *Bieller v. Bieller*, 1845; Jacob Bieller Will, December 1835, Fol. 1/15, BIELLER. However, Nancy Bieller, at least, did not get to divide and monetize people whom she had claimed. When the divorce case finally made it to the state supreme court, Jacob was dead, as was his son, whose heirs successfully argued that Jacob's earlier divorce from his son's South Carolina mother in 1808 was never legally completed. Hence Nancy was never really married and her daughter was illegitimate, so Jacob's white son's heirs were his legitimate legatees.

56. "N.B.N." [?] to JD, July 14, 1841, JSD; Andrew Scott to JD, June 22, 1841, JSD; Wm. Bond to JD, October 22, 1841, JSD; "Memo" [210], Diary 1833—1846, JSD.

57. *Irish v. Wright*, 8. Rob. La. 428, July 1844 [431], 3: 561; *Pleasants v. Glasscock*, Ch. 17, December 1843 [21], 3:297; *Cawthorn v. McDonald*, 1 Rob. La. 55, October 1841 [56], 3:541; *Tuggle v. Barclay*, 6 Ala. 407, January 1844 [408], 3:561, 297, 541, 153, all CATTERALL; Campbell, *Empire for Slavery*, 55.

58. *Groves v. Slaughter*, 40 U.S. Pet. 449 (1841), CATTERALL, 3:533—535, January 1841; *Green v. Robinson*, ibid., 3: 289, December 1840; David Lightner, *Slavery and the Commerce Power: How the Struggle Against the Interstate Slave Trade Led to the Civil War* (New Haven, CT, 2006), 72—84.

59. *Brien v. Williamson* (MS), 3: 294; *Green v. Robinson* (MS), 3: 289; cf. *Carson v. Dwight* (LA), 3:554, all CATTERALL; Bacon Tait to RB, January 1, 3, 1840, Fol. 31, RCB; H. Donaldson Jordan, "A Politician of Expansion: Robert J. Walker," *Mississippi Valley Historical Review* 19, no. 3 (1932): 362—381; Robert Gudmestad, *A Troublesome Commerce: The Transformation of the Interstate Slave Trade* (Baton Rouge, LA, 2003), 193—200.

60. Edwin Miles, *Jacksonian Democracy in Mississippi* (Chapel Hill, NC, 1960), 150—151; Rich. Faulkner to Wm. Powell, June 16, 1839, Wm. Powell Papers, Duke; John J. Wallis, Richard Sylla, and Arthur Grinath, "Sovereign Debt and Repudi-ation: The Emerging-Market Debt Crisis in the U.S. States, 1839—1843," NBER Working Paper no. 10753, 2004, National Bureau of Economic Research, www.nber .org / papers /w10753; Baptist, *Creating an Old South*, 154—190; *Columbus Democrat*, February 20, 1841; McGrane, *Foreign Bondholders*, 201.

61. US Congress, "Condition of Banks"; *Mississippi Free-Trader*, October 28, 1843, November 1, 1843.

62. *Albany Argus*, November 26, 1841. In 1852, Mississippi's legislature also defaulted on the $2 million principal of the Planters' Bank bonds of 1831. Florida and

Arkansas repudiated in 1843. Only Alabama levied taxes and continued payments in the antebellum era, though after the Civil War both Alabama and Tennessee repudiated their prewar debts. McGrane, *Foreign Bondholders*, 178—192, 241—257, 282—291, 357—364.

63. John Knight to Wife, July 14, 1839, John Knight Papers, Duke; *Circular to Bankers*, December 10, 1841, McGrane, *Foreign Bondholders*, 203, 265—281, 382—391.

64. McGrane, *Foreign Bondholders*, 201—205.

65. J. B. Hawkins to W. J. Hawkins, June 5, 1847, Fol. 76, Hawkins Papers, SHC.

66. Miles, *Jacksonian Democracy*, 139; G. Rust and A. McNutt, [1835], E. Mason to Wm. Rust, June 2, 1845, E. Mason to G. Rust, April 5, 1844, June 2, 1845, McNutt Papers, MDAH; Malone, *Sweet Chariot*.

67. Jim Allen, AS, 7.2 (MS), 1; Tempie Lummins, AS, 4.1 (TX), 264; Charles L. Perdue Jr., Thomas E. Barden, and Robert K. Phillips, eds., *Weevils in the Wheat: Interviews with Virginia Ex-Slaves* (Charlottesville, VA, 1976), 211, 318; Anonymous, AS, 18 (TN), 298—299; Mollie Barber, AS, S1, 12 (OK), 29—30; C. G. Lynch to JD, August 16, 1840, JSD; Felix Street, AS, 10.5, (AR), 250; Carrie Pollard, AS, 6.1 (AL), 318—319; Clayton Holbert, AS, 16.1 (KS), 1. Gutman, *Black Family*, represents the classic "strong patriarchal family" position, while Wilma A. Dunaway, *The African-American Family in Slavery and Emancipation* (Cambridge, UK, 2003), argues that kinship ties were tenuous. Brenda Stevenson, *Life in Black and White: Family and Community in the Slave South* (New York, 1996), and White, *Ar'n't I a Woman*, describe women-centered networks.

68. *Erwin v. Lowry*, Louisiana cases 1849; *Comstock v. Rayford*, 1 S. and M. 423, 1843, [424]; *Hardeman v. Sims*, 3 Ala. [747], 1840; *Blanchard v. Castille*, 19 La. 362, September 1841 [363], 595, 297, 147, 539, all CATTERALL 3; Milly Forward, AS, 4.2 (TX), 45; Mary Anderson, AS, 4.1 (TX), 26—27; Tom Harris, AS, 9.4 (MS), 1579; Annie Penland, AS, S1, 12 (OK), 257; William Holland, AS, 4.2 (TX), 145; AS, 18 (TN), 98—99.

69. Betty Simmons, AS, 5.4 (TX), 20; Henri Necaise, AS (MS); Ellaine Wright, AS, 11.2 (MO), 378; Cf. AS, 10.5 (AR), 203; Iran Nelson, AS, 7.2 (MS), 199.

70. Robert Laird, AS, 8.3 (MS), 1292; Wash Hayes, AS, 8.3 (MS), 963—964; John McCoy, AS, 5.3 (TX), 32; Pierre Aucuin, MW, 21—23.

71. Gutman, *Black Family*, 88—93, mentions incest tales but does not discuss their symbolic aspects. See also Perdue et al., *Weevils in the Wheat*, 89, 105; Henry Brown, AS, 2.1 (SC), 124—125; Cora Horton, AS, 9.3 (AR), 321—324; Lizzie Johnson, AS, 9.3 (AR), 102—103; Liza Suggs, *Shadow and Sunshine* (Omaha, 1906), 75, retells the same story, though born in 1875.

72. Dale W. Tomich, *Through the Prism of Slavery: Labor, Capital, and World Economy* (Lanham, MD, 2004); Rafael de Bivar Marquese, *Feitores do Corpo, Missioná rios da Mente: Senhores, Letrados e o Controle dos Escravos nas Américas, 1660—1860* (Sã Paulo, 2004).

73. Steven Heath Mitton, "The Free World Confronted: Slavery and Progress in American Foreign Relations, 1833—1844" (PhD diss., Louisiana State University, 2005); Maxwell, Wright, & Co., *Commercial Formalities of Rio De Janeiro* (Baltimore, 1841).

74. David Brion Davis, *Slavery and Human Progress* (New York, 1984), 236—237; Walter R. Cassels, *Cotton: An Account of Its Culture in the Bombay Presidency* (Bombay, 1862); K. L. Tuteja, "American Planters and the Cotton Improvement Programme in Bombay Presidency During the Nineteenth Century," *Indian Journal of American Studies* (1998); Lelia M. Roeckell, "Bonds over Bondage: British Opposition to the Annexation of Texas," *Journal of the Early Republic* 19 (1999): 269n29; Madeline Stern, *The Pantarch: A Biography of Stephen Pearl Andrews* (Austin, TX, 1968); Benjamin Lundy, *Life, Travels, and Opinions of Benjamin Lundy* (Philadelphia, 1847).

75. Mitton, "Free World Confronted"; William W. Freehling, *The Road to Disunion* (New York, 1990), 1:390—391.

76. Virgil Maxcy to Calhoun, December 3, 10, 1844, in JCC, 17:586, 599—603; Wilentz, *Rise of American Democracy*, 565.

77. Harriet Martineau, *Retrospect of Western Travel* (London, 1838), 1:147—148; Irving H. Bartlett, *John C. Calhoun: A Biography* (New York, 1994), 379; William W. Freehling, "Spoilsmen and Interests in the Thought and Career of John C. Calhoun," *Journal of American History* 52 (1965): 25—42; Richard R. John, "Like Father, Like Son: The Not-So-Strange Career of John C. Calhoun," *Reviews in American History 23*, no. 3 (1995): 438—443.

78. Edward Crapol, "John Tyler and the Pursuit of National Destiny," *Journal of the Early Republic 17* (1997): 467—491.

79. Calhoun to Richard Pakenham, April 18, 1844; Documents relative to Texas, Serial Set vol. 435, session vol. 5, 28th Cong., 1st sess., S.Doc. 341; Charles Wiltse, *John C. Calhoun: Sectionalist* (Indianapolis, 1951), 168.

80. Silbey, *Storm over Texas*, 62—68. Van Buren's letter responded to William Hammet, former University of Virginia chaplain, now Mississippi congressman and unpledged Democratic convention delegate.

81. Joel Silbey, "'There Are Other Questions Besides That of Slavery Merely': The Democratic Party and Anti-Slavery Politics," in Alan Kraut, ed., *Crusaders and Compromisers: Essays of the Relationship of the Antislavery Struggle to the Antebellum Party System* (Westport, CT, 1983), 143—175.

82. Robert J. Walker, *Letter of Mr. Walker, of Mississippi: Relative to the Reannexation of Texas. In Reply to the Call of the People of Carroll County, Kentucky, to Communicate His Views on that Subject* (Washington, DC, 1844); Robert J. Walker, *The South in Danger: Being a Document Published by the Democratic Association of Washington, D.C., for Circulation at the South, and Showing the Design of the Annexation of Texas to Be the Security and Perpetuation of Slavery* (Washington, DC, 1844); Frederick Merk, *Fruits of Propaganda in the Tyler Administration* (Cambridge, MA, 1971).

83. Silbey, *Storm over Texas*, 77; Holt, *Whig Party*, 196—206.

84. Nell Mick Pugh, "Contemporary Comments on Texas, 1844—1847," *Southwestern Historical Quarterly* 62 (1959): 267—270; Frederick Merk, *Slavery and the Annexation of Texas* (New York, 1972), 152—166; Holman Hamilton, "Texas Bonds and Northern Profits: A Study in Compromise, Investment, and Lobby Influence," *Mississippi Valley Historical Review* 43 (1957): 579—594. When the bonds were paid off (1856—1857, at 0.75 on the dollar), 60 percent went to northern holders.

85. Silbey, *Storm over Texas*, 111—112.

86. Following paragraphs: John Devereux Diary, 1833—1846, January 1 to March 23, 1846, JSD. The 1845 Texas state constitution enabled homestead exemptions that protected slaves from debt seizure. Mark Nackman, "Anglo-American Migrants to the West: Men of Broken Fortunes? The Case of Texas, 1821—1846," *Western Historical Quarterly* 5 (1974): 441—455. Attempts to pursue debtors into Texas postannexation apparently failed. *Endicott v. Penney*, 1850, 325; *McIntyre v. Whitfield*, 1849, 322, all CATTERALL, vol. 3.

87. Harriet Jones, AS, S2, 6.5 (TX), 2095; Frank Adams, AS, S2, 2.1 (TX), 2—10; Sean Kelley, *Los Brazos de Dios: A Plantation Society on the Texas Borderlands* (Baton Rouge, LA, 2010), 99—102.

第9章

1. Hannah Palfrey Ayer, *A Legacy of New England: Letters of the Palfrey Family* (Milton, MA, 1950), 1:145.

2. Frank Otto Gatell, *John Gorham Palfrey and the New England Conscience* (Cambridge, MA, 1963), 76—87; Frank Otto Gatell, "Doctor Palfrey Frees His Slaves," *New England Quarterly* 34 (1961): 74—86.

3. *Baltimore Patriot*, November 8, 1824; Rev. Wm. Trotter, "Observations on State Debts," *North American Review* 51 (1840): 316—337; J. G. Palfrey (JGP) to Wm. Palfrey, March 11, 1836, PALF.

4. Henry Palfrey to JGP, January 8, 1838, September 3, 1838, January 9, 1839, December 4, 1838, all in PALF; Gatell, "Doctor Palfrey," 75—76.

5. Kinley J. Brauer, *Cotton Versus Conscience: Massachusetts Whig Politics and*

Southwestern Expansion, 1843—1848 (Lexington, KY, 1967); Thomas O'Connor, *Lords of the Loom: The Cotton Whigs and the Coming of the Civil War* (New York, 1968).

6. Gatell, "Doctor Palfrey," 80; *Washington Daily Intelligencer*, March 3, 1842; Melvin Urofsky and Paul Finkelman, *March of Liberty: A Constitutional History of the United States* (New York, 2002), 1:352—353; Brauer, *Cotton Versus Conscience*; Gatell, *John Gorham Palfrey*, 111—114; H. W. Palfrey to JGP, March 12, 1844, PALF.

7. Preceding paragraphs: Ayer, *Legacy*, 1:145—146; Gathell, "Doctor Palfrey"; Stephen Kantrowitz, *More Than Freedom: Fighting for Black Citizenship in a White Republic, 1829—1889* (New York, 2013); Cf. J. Brent Morris, "'We Are Verily Guilty Concerning Our Brother': The Abolitionist Transformation of Planter William Henry Brisbane," *South Carolina Historical Magazine* Ⅲ (2010): 118—150; Sydney J. Nathans, *To Free a Family: The Journey of Mary Walker* (Cambridge, MA, 2012).

8. Boyd Hilton, *A Mad, Bad, and Dangerous People? England, 1783—1846* (Oxford, 2006); Joel Mokyr, *The Enlightened Economy: An Economic History of Britain, 1700—1850* (New Haven, CT, 2009).

9. John G. Palfrey, *Papers on the Slave Power: First Published in the Boston Whig in July, August, and September, 1846* (Boston, 1846), 31—35.

10. Thomas Weiss, "U.S. Labor Force Estimates and Economic Growth, 1800—1860," in Robert Gallman and John J. Wallis, eds., *American Economic Growth and Standards of Living Before the Civil War* (Chicago, 1992).

11. MCLANE, 2:225.

12. Robert Dalzell, *Enterprising Elite: The Boston Associates and the World They Made* (Cambridge, MA, 1987); MCLANE 2:342—343; Robert Fogel and Stanley Engerman, *The Reinterpretation of American Economic History* (New York, 1971); C. Knick Harley, "Cotton Textile Prices and the Industrial Revolution," *Economic History Review 51* (1998): 49—83. In "The Relative Productivity Hypothesis of Industrialization: The American Case, 1820—1860," NBER Working Paper no. 722, July 1981, National Bureau of Economic Research, www. nber. org/papers/w0722, Claudia Goldin and Kenneth Sokoloff find that in industries dependent on southwestern cotton fields, female labor was highly profitable.

13. Mark Bils, "Tariff Protection and Production in the Early U.S. Cotton Textile Industry," *JER* 44 (1984): 1033—1045; MCLANE, 1:1015; David R. Meyer, *Roots of American Industrialization* (Baltimore, 2003), 240.

14. Meyer, *Roots of Industrialization*, 3; MCLANE, 1:70; Cf. Charles Sellers, *The Market Revolution: Jacksonian America, 1815—1846* (New York, 1991); John L. Larson, *The Market Revolution in America: Liberty, Ambition, and the Eclipse of the Common Good* (Cambridge, UK, 2010); Harry L. Watson, "'The Common Rights of

Mankind'：Subsistence，Shad，and Commerce in the Early Republican South，" *JAH* 83 (1996)：13—43.

15. Douglas A. Irwin and Peter Temin，"The Antebellum Tariff on Textiles Revisited，" *JER* 61 (2001)：777—798；Israel Andrews，*Communication from the Secretary of the Treasury... Notices of the Internal Improvements in Each State，of the Gulf of Mexico and Straits of Florida，and a Paper on the Cotton Crop of the United States*，US Congress，Senate，32nd Cong.，1st sess.，Doc. 112 (Serial 622—623)，818—821. By 1845，Massachusetts mills consumed 7 percent of the US crop.

16. 1847 Diary，vol. 2，William Minor Papers，LLMVC；Thos. Byrne to R. G. Hazard，July 8，1839；Joel Small to J. P. Hazard，May 17，1841；J. P. Hazard to Isaac Hazard，November 30，1841，December 13，1841，Hazard and Co.，all LLMVC.

17. MCLANE，1:950，2:470—577.

18. Janet Siskind，*Rum and Axes：The Rise of a Connecticut Merchant Family，1795—1850* (Ithaca，NY，2002)，92—117.

19. Araby Jnl.，88，Haller Nutt Papers，Duke；Henry Kauffman，*American Axes：A Survey of Their Development and Makers* (Brattleboro，VT，1972)，33—34；Anderson Ralph to J. D. Hawkins，July 18，1847，Hawkins Papers，SHC；Magnolia Jnl.，1851—1852，Fol. 444，RCB；Laurel Jnl.，1850—1851，Fol. 445，RCB；Plantation Jnl.，1849—1866，McCollam Papers，SHC.

20. Meyer，*Roots of Industrialization*，268—270；MCLANE；*Report of the Secretary of the Treasury，Dec. 3，1845*，29th Cong.，1st sess.

21. Meyer，*Roots of Industrialization*，3；Robert Gallman，"Commodity Output，1839—1899，" in *Trends in the American Economy in the Nineteenth Century* (New York，1960)，24:43，Table A-1/A.

22. J. D. B. DeBow，*Industrial Resources，etc.，of the Southern and Western States* ...(New Orleans，1852)，3:277，287；David R. Meyer，*Networked Machinists：High-Technology Industries in Antebellum America* (Baltimore，2006).

23. Palfrey，*Papers on the Slave Power*，8—9；Nathan Appleton et al.，*Correspondence Between Nathan Appleton and John G. Palfrey* (Boston，1846)；Leonard Richards，*The Slave Power：The Free North and Southern Domination* (Baton Rouge，LA，2000).

24. Joshua Leavitt，*The Financial Power of Slavery* (New York，1841).

25. Reinhard O. Johnson，*The Liberty Party，1840—1848：Antislavery Third-Party Politics in the United States* (Baton Rouge，LA，2009)；Eric Foner，*Free Soil，Free Labor，Free Men：The Ideology of the Republican Party Before the Civil War* (New York，1970)；Jonathan H. Earle，*Jacksonian Antislavery and the Politics of Free Soil，1824—1854* (Chapel Hill，NC，2004)；Betty Fladeland，*James Gillespie Birney：Slaveholder to Abolitionist* (Ithaca，NY，1955).

26. Sean Wilentz，*The Rise of American Democracy：Jefferson to Lincoln* (New

York, 2005), 596.

27. *National Era*, February 4, 1847, June 24, 1847.

28. Robert Merry, *A Country of Vast Designs: James K. Polk, the Mexican War, and the Conquest of the American Continent* (New York, 2009); Paul Foos, *A Short, Offhand, Killing Affair: Soldiers and Social Conflict During the Mexican-American War* (Chapel Hill, NC, 2002).

29. William Lee Miller, *Arguing About Slavery: The Great Battle in the United States Congress* (New York, 1996), 27—42 and passim; *Richmond Enquirer*, January 23, 1836. The first recorded use of this doctrine with slavery is by James Gholson, who argued to the 1832 Virginia constitutional convention that state legislative emancipation would violate the Fifth Amendment's restriction of confiscation of private property without just compensation. See *Register of Debates*, 24th Cong., 4025—4026; Arthur Bestor, "State Sovereignty and Slavery: A Reinterpretation of Proslavery Constitutional Doctrine, 1846—1860," *Journal of the Illinois State Historical Society* 54 (1961): 117—180, esp. 172n113.

30. *Washington National Intelligencer*, February 7, 1844; Cf. numerous instances of such reasoning recorded in James L. Huston, *Calculating the Value of Union: Slavery, Property Rights, and the Economic Origins of the Civil War* (Chapel Hill, NC, 2003), 49—57.

31. *Washington National Intelligencer*, February 17, 1844; Donald Fehrenbacher, *The Slaveholding Republic: An Account of the U.S. Government's Relations with Slavery* (New York, 2001), 220—221. Story tried to limit the scope of his decision to fugitive slave cases, but he concurred that constitutional protection of the property rights of enslavers was a bargain without which "the Union could never have been formed." For a pro-*Lochner* take on the later use of substantive due process, see David E. Bernstein, *Rehabilitating Lochner: Defending Individual Rights Against Progressive Reform* (Chicago, 2011); for a critical view, see Cass Sunstein, "Lochner's Legacy," *Columbia Law Review* 87 (1987): 873—919.

32. Wilentz, *Rise of American Democracy*, 533—539.

33. Thomas Hart Benton, *Thirty Years' View, Or, A History of the Working of the American Government for Thirty Years, from 1820 to 1850* (New York, 1854—1856), 2:695—696.

34. *CG*, February 19, 1847, 453—455.

35. *New Bedford Mercury*, October 1, 1847; *Gloucester Telegraph*, October 28, 1846; *CG*, January 4, 1848; Reginald Horsman, "Scientific Racism and the American In-dian in the Mid-Nineteenth Century," *American Quarterly 27* (1975): 152—168.

36. Joseph G. Rayback, *Free Soil: The Election of 1848* (Lexington, KY, 1971); Wilentz, *Rise of American Democracy*, 608—610.

37. Joel Silbey, *Party over Section: The Rough and Ready Election of 1848*

(Lawrence, KS, 2009).

38. David Potter, *The Impending Crisis, 1848—1861* (New York, 1976), 83—85; "Address...," JCC, 26:239—241.

39. "Remarks... Southern Caucus," January 15, 1849, JCC, 26:216—217.

40. J. Mills Thornton, *Politics and Power in a Slave Society: Alabama, 1800—1860* (Baton Rouge, LA, 1978), 206—207: *Montgomery Advertiser*, November 21, 1849, February 12, 1851; Collin S. Tarpley to John C. Calhoun, May 9, 1849, JCC, 26:395—396; Calhoun to Tarpley, July 9, 1849, JCC, 26: 497—498; William W. Freehling, *The Road to Disunion* (New York, 1990), 1:479—486; Thelma Jennings, *The Nashville Convention: Southern Movement for Unity, 1848—1851* (Memphis, TN, 1980), 3—40.

41. *CG*, January 8, 1849, 188; Ralph Keller, "Extraterritoriality and the Fugitive Slave Debate," *Illinois Historical Journal 78* (1985): 113—128; Bestor, "State Sovereignty"; Fehrenbacher, *Slaveholding Republic*, 226—227.

42. *Jackson Mississippian*, November 30, 1849, October 5, 1849, in Freehling, *Road to Disunion*, 1:480—481.

43. *New Hampshire Patriot*, January 18, 1850; Jennings, *Nashville Convention*, 13—42; Holman Hamilton, "The 'Cave of the Winds' and the Compromise of 1850," *JSH* 23 (1957): 331—353.

44. Wilentz, *Rise of American Democracy*, 637—645; Potter, *Impending Crisis.*

45. *CG*, Senate, 31st Cong., 1st sess., March 11, 1850, 269.

46. Holman Hamilton, "Texas Bonds and Northern Profits: A Study in Compromise, Investment, and Lobby Influence," *Mississippi Valley Historical Review* 43 (1957): 579—594.

47. Potter, *Impending Crisis*, 114.

48. Holman Hamilton, *Prologue to Conflict: The Crisis and Compromise of 1850* (Lexington, KY, 1964), 166; *CG*, December 2, 1850, 5; Potter, *Impending Crisis*, 125—128; Christopher J. Olsen, *Political Culture and Secession in Mississippi: Masculinity, Honor, and the Antiparty Tradition, 1830—1860* (New York, 2000).

49. Robert R. Russel, "What Was the Compromise of 1850?" *JSH* 22 (1956): 292—309.

第10章

1. Robert Farrar Capon, *The Parables of Grace* (Grand Rapids, MI, 1988), 19—30.

2. Charles L. Perdue Jr., Thomas E. Barden, and Robert K. Phillips, eds., *Weevils in the Wheat: Interviews with Virginia Ex-Slaves* (Charlottesville, VA, 1976), 270—273.

3. S. Wilkes to D. & H., July 11, 1855, R. H. Dickinson Papers, Chicago

Historical Society; Sharon Ann Murphy, *Investing in Life: Insurance in Antebellum America* (Baltimore, 2010); Jonathan Levy, *Freaks of Fortune: The Emerging World of Capitalism and Risk in America* (Cambridge, MA, 2012); W. A. Britton Record Book, LLMVC; *NOP*, January 26, 1854; Calvin Schermerhorn, *Money over Mastery: Family over Freedom: Slavery in the Antebellum Upper South* (Baltimore, 2011).

4. Lulu Wilson, AS, 5.4 (TX), 192.

5. Frederick Law Olmsted, *The Cotton Kingdom: A Traveler's Observations on Cotton and Slavery in the American Slave States* (New York, 1861); Jonathan D. Wells, *The Origins of the Southern Middle Class, 1800—1861* (Chapel Hill, NC, 2004). Later, Olmsted became America's most famous landscape architect; he was the creator of Manhattan's Central Park, among other famous places.

6. Louis Hughes, *Thirty Years a Slave: The Institution of Slavery as Seen on the Plantation and in the Home of a Planter* (Milwaukee, WI, 1897), 78.

7. Olmsted, *Cotton Kingdom*, 216—217, 229—230.

8. "Address Before the Wisconsin State Agricultural Society," September 30, 1859, LINCOLN, 3:471—482.

9. Olmsted, *Cotton Kingdom*, 278; Robert McCardell, *The Idea of a Southern Nation: Southern Nationalists and Southern Nationalism, 1830—1860* (New York, 1979), 122—123; L. Diane Barnes, Brian Schoen, and Frank Towers, eds., *The Old South's Modern Worlds: Slavery, Region, and Nation in the Age of Progress* (New York, 2011).

10. "J.C.N.," "Future of South," *DeBow's Review* 2, no. 2 (1851): 132—146, 142; US Department of Commerce, US Census Bureau, 1860 Census, vol. 4, 295; J. D. B. DeBow, *Statistical View of the United States, Being a Compendium of the Seventh Census* (Washington, DC, 1854), 190—191.

11. James L. Huston, *Calculating the Value of Union: Slavery, Property Rights, and the Economic Origins of the Civil War* (Chapel Hill, NC, 2003), 26, 30, 32n10; Robert William Fogel, *Without Consent or Contract: The Rise and Fall of American Slavery* (New York, 1989), 85—86; Richard Easterlin, "Interregional Differences in Per Capita Income, Population, and Total Income, 1840—1950," *Trends in the American Economy in the Nineteenth Century* (Princeton, NJ, 1960).

12. "Southern Manufactures," *DeBow's Review*, June 1855, 777—791; "Autaugaville Factory, Alabama," *DeBow's Review*, May 1851, 560; Fogel, *Without Consent*, 106—108; Fred Bateman and Thomas Weiss, *A Deplorable Scarcity: The Failure of Industrialization in the Slave Economy* (Chapel Hill, NC, 1981).

13. Aaron Marrs, *Railroads in the Old South: Pursuing Progress in a Slave Society* (Baltimore, 2009), 5; William G. Thomas, *The Iron Way: Railroads, the Civil War, and the Making of Modern America* (New Haven, CT, 2011); Charles C. Bolton, *Poor Whites of the Antebellum South: Tenants and Laborers in Central North Carolina*

and Northeast Mississippi (Durham, NC, 1994); J. Mills Thornton, *Politics and Power in a Slave Society: Alabama, 1800—1860* (Baton Rouge, LA, 1978); Lacy K. Ford, *Origins of Southern Radicalism: The South Carolina Upcountry, 1800—1860* (New York, 1988); "A Vagabond's Tale: Poor Whites, Herrenvolk Democracy, and the Value of Whiteness in the Late Antebellum South," *JSH* 79 (2013): 799—840.

14. Robert E. Gallman, "The United States Capital Stock in the Nineteenth Century," in Stanley L. Engerman and Robert E. Gallman, eds., *Long-Term Factors in American Economic Growth* (Chicago, 1986), 165—214; Richard H. Kilbourne, *Debt, Investment, and Slaves: Credit Relations in East Feliciana Parish, 1825—1885* (Tusca-loosa, AL, 1995), 26—68. Kilbourne shows how factors became middlemen for credit relationships collateralized by enslaved bodies.

15. Ralph Hidy, *The House of Baring in American Trade and Finance: English Merchant Bankers at Work, 1763—1861* (Cambridge, MA, 1949), 355—450; John Killick, "The Cotton Operations of Alexander Brown and Sons in the Deep South, 1820—1860," *JSH* 43 (1977); Harold D. Woodman, *King Cotton and His Retainers: Financing and Marketing the Cotton Crop of the United States, 1800—1925* (Lexington, KY, 1968), 39; Ballard Account with Nalle, Cox, 1852, Fol. 387, RCB; Pope & Devlin to W. M. Otey, July 4, 1852, Wyche-Otey Papers, SHC.

16. Bonnie Martin, "Slavery's Invisible Engine: Mortgaging Human Property," *JSH* 76 (2010): 817—856.

17. Oscar Zanetti and Alejandro García, et al., *Sugar and Railroads: A Cuban History, 1837—1959* (Chapel Hill, NC, 1998); Dale W. Tomich, *Through the Prism of Slavery: Labor, Capital, and World Economy* (Lanham, MD, 2004), 75—95; Michael Zeuske and Orlando García Martínez, "La Amistad de Cuba, Ramón Ferrer, Contrabando do Esclavos, Captividad y Modernidad Atlantíca," *Caribbean Studies* 37, no. 1 (2009): 119—187.

18. Jose Piqueras, ed., 2009 *Trabajo Libre e Coactivo en Sociedades de Plantación* (Madrid, 2009); Tomich, *Prism of Slavery*, 81—83.

19. Amy Greenberg, *Manifest Manhood and the Antebellum American Empire* (Cambridge, UK, 2005), 225—230; Robert E. May, "Lobbyists for Commercial Empire: Jane Cazneau, William Cazneau, and U. S. Caribbean History," *Pacific Historical Review* 48, no. 3 (1979): 383—412; Gregg Lightfoot, "Manifesting Destiny" (PhD diss., Cornell University, 2014); Robert E. May, "Young American Males and Filibustering in the Age of Manifest Destiny: The United States Army as a Cultural Mirror," *JAH* 78 (1991): 857—886; A. D. Mann to L. Keitt, August 24, 1855, Keitt Papers, Duke; Robert E. May, *The Southern Dream of a Caribbean Empire, 1854—1861* (Baton Rouge, LA, 1973), 31—38; *Clarksville* (TN) *Jeffersonian*, January 29, 1853, September 28, 1853; Howard Jones, *Mutiny on the Amistad: The Saga of a Slave Revolt and Its Impact on American Abolition, Law, and Diplomacy* (New

York, 1987).

20. *Democratic Review*, September 1, 1849, 203; Louis A. Perez Jr., *Cuba and the United States: Ties of Singular Intimacy* (Athens, GA, 1990); Olmsted, *Cotton Kingdom*, 331—333; *New Orleans Delta*, May 31, 1856; Charles Henry Brown, *Agents of Manifest Destiny: The Lives and Times of the Filibusters* (Chapel Hill, NC, 1980), 41.

21. Yonathan Eyal, *The Young America Movement and the Transformation of the Democratic Party, 1828—1861* (New York, 2007), 159—162; Daniel Rood, "Plantation Technocrats: A Social History of Knowledge in the Slaveholding Atlantic World, 1830—1865" (PhD diss., University of California at Irvine, 2010); Robert E. May, "Reconsidering Antebellum U.S. Women's History: Gender, Filibustering, and America's Quest for Empire," *American Quarterly* 57 (2005): 1155—1188; Philip S. Foner, *Business and Slavery: The New York Merchants and the Irrepressible Conflict* (Chapel Hill, NC, 1941); Irving Katz, *August Belmont: A Political Biography* (New York, 1968); Barbara Weiss, *The Hell of the English: Bankruptcy and the 19th-Century Novel* (Lewisburg, PA, 1986), 160.

22. *Democratic Review*, January 1850, September 1849, 203; Robert E. May, *John Quitman: Old South Crusader* (Baton Rouge, LA, 1985); Christopher J. Olsen, *Political Culture and Secession in Mississippi: Masculinity, Honor, and the Antiparty Tradition, 1830—1860* (New York, 2000); S. Boyd to RB, April 10, 1850, April 14, 1850, Fol. 150, and April 24, 1850, Fol. 151, RCB.

23. Brown, *Agents of Manifest Destiny*, 53—54; J. S. Thrasher to D. M. Barringer, July 26, 1852, D. M. Barringer Papers, SHC; *Washington National Intelligencer*, March 5, 1853.

24. *Arkansas Gazette*, December 16, 1853; *Cleveland Plain Dealer*, October 26, 1853; *Alexandria Gazette*, November 4, 1853; J. F. H. Claiborne, ed., *Life and Correspondence of John A. Quitman* (New York, 1860), 2:206—208.

25. C. M. Rutherford to RB, February 19, 1853, Fol. 187, RCB; May 18, 1860, Hector Davis Acct. Book, Chicago Historical Society; Bolton Dickens Acct. Book, NYHS; Philip Thomas to Wm. Finney, December 24, 1858, January 12, 1859, November 8, 1859, William Finney Papers, Duke; D. M. Pulliam to L. Scruggs, July 27, 1857, D. M. Pulliam Letters, Duke; Schermerhorn, *Money over Mastery*, 178—180; Michael Tadman, *Speculators and Slaves: Masters, Traders, and Slaves in the Old South* (Madison, WI, 1989), 77—79, appx. 2; Laurence J. Kotlikoff, "Quantitative Description of the New Orleans Slave Market," in William Fogel and Stanley L. Engerman, eds., *Without Consent or Contract: Technical Papers* (New York, 1992); Maurie McInnis, *Slaves Waiting for Sale: Abolitionist Art and the American Slave Trade* (Chicago, 2011).

26. Rects. Sales, 1852, Fol. 384; Memo of Sales, 1855, Fol. 397, RCB.

27. Joseph K. Menn, *The Large Slaveholders of Louisiana*, 1860 (New Orleans, 1964); Wendell Stephenson, *Isaac Franklin: Slave Trader and Planter of the Old South; With Plantation Records* (University, LA, 1938); William K. Scarborough, *Masters of the Big House: Elite Slaveholders of the Mid-Nineteenth-Century South* (Baton Rouge, LA, 2003), 124—135.

28. James Cobb, *The Most Southern Place of Earth: The Mississippi Delta and the Roots of Regional Identity* (New York, 1992), 3—5, 30.

29. George Young, AS, 6.1 (AL), 432; Scarborough, *Masters of the Big House*, 124—135; Jack Ericson Eblen, "New Estimates of the Vital Rates of the United States Black Population During the Nineteenth Century," *Demography* 11 (1974): 301—319.

30. Folders 183—196, December 1852—August 1853, RCB.

31. S. G. Ward to E. Malone, May 24, 1850, Ellis Malone Papers, Duke; Wm. Williams to G. W. Allen, September 12, 1850, G. W. Allen Papers, SHC; J. Ewell to Alice Ewell, February 5, 1861, John Ewell Papers, Duke.

32. Statement of G. S. Bumpass, Bolton, Dickens, & Co., Acct. Book, NYHS; Sarah Benjamin, AS, S2, 2.1 (TX), 256—257; Sarah Wells, AS, 11.1 (AR), 89; Sarah Ashley, AS, 16.1 (TX), 34—35.

33. "List of Slaves Oct. 1845," vol. 124; Fols. 932—937, passim; Benjamin Barber to Paul C. Cameron (PC), August 1, 1853, Fol. 1103; John Beard to PC, February 14, 1853; J. W. Bryant to PC, February 2, 1853, Fol. 1126; John Webster to PC, November 24, 1856, Fol. 1163, and December 24, 1856, Fol. 1164, all in PCC.

34. S. Tate to PC, December 26, 1856; Jas. Williamson to PC, December 26, 1856, Fol. 1164, and January 2, 1856; S. Tate to PC, January 16, 1857, Fol. 1165, all in PCC.

35. W. T. Lamb to PC, September 16, 1860, Fol. 1210, and December 4, 18, 24, 1859, Fol. 1201; A. Wright to PC, November 6, 1858, Fol. 1188, all in PCC.

36. D. F. Caldwell to PC, Fol. 1136, PCC.

37. Fol. 33, A. H. Arrington Papers, SHC; L. C. Gray and Esther K. Thompson, *History of Agriculture in the Southern United States to 1860* (Washington, DC, 1933), 1:530.

38. Lee Soltow, *Men and Wealth in the United States, 1850—1870* (New Haven, CT, 1975), 57, 142; Gavin Wright, *The Political Economy of the Cotton South: House-holds, Markets, and Wealth in the Nineteenth Century* (New York, 1978), 30—36; James Oakes, *The Ruling Race: A History of American Slaveowners* (New York, 1982).

39. Manisha Sinha, *The Counterrevolution of Slavery: Politics and Ideology in Antebellum South Carolina* (Chapel Hill, NC, 2000); Ronald Takaki, *A Proslavery Crusade: The Agitation to Reopen the African Slave Trade* (New York, 1971).

40. "Isthmus," *DeBow's Review*, July 1852, 43—52; Jere Robinson, "The South

and the Pacific Railroad, 1845—1855," *Western Historical Quarterly* 5 (1974): 163—186; Stacey L. Smith, "Remaking Slavery in a Free State: Masters and Slaves in Gold Rush California," *Pacific Historical Review* 80 (2011): 28—63; Susan Lee Johnson, *Roaring Camp: The Social World of the California Gold Rush* (New York, 2000); John C. Parish, "A Project for a California Slave Colony in 1851," *Huntington Library Bulletin*, no. 8 (1935): 171—175; Leonard L. Richards, *The California Gold Rush and the Coming of the Civil War* (New York, 2007).

41. Brown, *Agents of Manifest Destiny*, 174—218.

42. David Potter, *The Impending Crisis, 1848—1861* (New York, 1976), 146—156; William Cronon, *Nature's Metropolis: Chicago and the Great West* (New York, 1991).

43. J. A. Reinhart to Jn. Dalton, January 20, 1851, Placebo Houston Papers, Duke; William W. Freehling, *The Road to Disunion* (New York, 1990), 1:540.

44. Case 55, April 1845 term, Office of Circuit Court Clerk—St. Louis, Missouri State Archives—St. Louis, http://stlcourtrecords.wustl.edu, an excellent resource, initiated by Lea VanderVelde, accessed June 24, 2011.

45. Don E. Fehrenbacher, *The Dred Scott Case: Its Significance in American Law and Politics* (New York, 1978); Lea VanderVelde, *Mrs. Dred Scott: A Life on Slavery's Frontier* (New York, 2009).

46. Freehling, *Road to Disunion*, 1:547—549; Thomas G. Balcerski, "The F Street Mess Reconsidered: A Homosocial History of the Kansas-Nebraska Act," Unpublished paper presented at the Fall 2010 Americanist Colloquium, Cornell University.

47. Robert W. Johannsen, *Stephen A. Douglas* (New York, 1973); *CG*, 28:1, 33rd Cong. 1st sess., 115, January 4, 1854; Susan Bullit Dixon, *The True History of the Missouri Compromise and Its Repeal* (Cincinnati, 1899), 442—445; Potter, *Impending Crisis*, 160.

48. Michael F. Holt, *Franklin Pierce* (New York, 2010), 77—80, 53; Dixon, *True History*, 457—460.

49. Douglas to N. Edwards, April 13, 1854, in Robert W. Johannsen, ed., *The Letters of Stephen A. Douglas* (Urbana, IL, 1961), 322—323; Johannsen, *Stephen A. Douglas*, 420.

50. "Appeal of the Independent Democrats, to the People of the United States. Shall Slavery Be Permitted in Nebraska?" (Washington, DC, 1854); Sean Wilentz, *The Rise of American Democracy: Jefferson to Lincoln* (New York, 2005), 673—674.

51. *CG*, March 3, 1854, 532; Roy F. Nichols, "The Kansas-Nebraska Act: A Century of Historiography," *Mississippi Valley Historical Review* 43, no. 2 (1956): 187—212; Alan Nevins, *Ordeal of the Union* (New York, 1947), 2:129—130.

52. Thomas O'Connor, *Lords of the Loom: The Cotton Whigs and the Coming of the Civil War* (New York, 1968), 98; Foner, *Business and Slavery*, 91—100.

53. Potter, *Impending Crisis*, 175.

54. *CG*[appendix], March 30, 1854 (L. Keitt), 464—467; February 23, 1854 (Robert Toombs), 347—349; April 24, 1854 (Peter Phillips), 532—534; May 10, 1854 (James Dowdell), 705—706; April 27, 1854 (Wm. Smith), 553.

55. *Washington National Intelligencer*, June 7, 1854; *Nashville Union*, June 7, 1854, September 20, 1854; Jonathan Atkins, *Party, Politics, and Sectional Conflict in Tennessee, 1832—1861* (Knoxville, TN, 1997), 193; *Tallahassee Floridian*, January 28, 1854; *Alexandria Gazette*, April 15, 1854.

56. *Trenton Gazette*, October 5, 1854; *New York Weekly Herald*, December 16, 1854; *Tallahassee Floridian and Sentinel*, November 18, 1854; Brown, *Agents of Manifest Destiny*, 267—457; Freehling, *Road to Disunion*, 2:166; *NOP*, December 13, 1854.

57. *New York Tribune*, September 25, 1854; Nicole Etcheson, *Bleeding Kansas: Contested Liberty in the Civil War Era* (Lawrence, KS, 2004), 67.

58. Etcheson, *Bleeding Kansas*, 97; *New Hampshire Sentinel*, December 28, 1855; *Eufaula* (AL) *Spirit of the South*, in *Charleston Mercury*, January 25, 1856.

59. *Augusta Constitutionalist* repr., *Charleston Mercury*, May 28, 1855; *New York Weekly Herald*, May 24, 1856.

60. Repr. *St. Albans* [VT] *Herald*, September 20, 1855; Etcheson, *Bleeding Kansas*, 109, 113—138.

61. Potter, *Impending Crisis*, 248—265.

62. Joel Silbey, *The Partisan Imperative: The Dynamics of American Political Life Before the Civil War* (New York, 1985); *Richmond Enquirer*, October 20, 1856; Freehling, *Road to Disunion*, 2:104.

63. Austin Allen, *Origins of the Dred Scott Case: Jacksonian Jurisprudence and the Supreme Court, 1837—1857* (Athens, GA, 2006), 146—147; VanderVelde, *Mrs. Dred Scott*, 288—289; Kenneth Stampp, *1857: A Nation on the Brink* (New York, 1990), 149—170.

64. Fehrenbacher, *Dred Scott*, 50—61.

65. Allen, *Origins of the Dred Scott Case*, 179.

66. *New York Tribune*, March 7, 9—12, 16—17, 19—21, 25, 1857, April 11, 1857; Fehrenbacher, *Dred Scott*, 403—414.

67. Fehrenbacher, *Dred Scott*, is the most obvious critique and collates the opinions of various historians.

68. *Washington Union*, March 6, 11, 12, 1857; *New York Journal of Commerce*, March 11, 1857; *New York Herald*, March 8, 1857; *NOP*, March 20, 1857; Fehrenbacher, *Dred Scott*, 418—419.

69. Speech at Springfield, Illinois, June 26, 1857, LINCOLN 2:404.

70. "Lecompton Constitution," Daniel Wilder, *Annals of Kansas* (Topeka, 1875),

183; Stampp, *1857*, 171, 271.

71. Charles Calomiris and Larry Schweikart, "The Panic of 1857: Origins, Transmission, and Containment," *Journal of Economic History* 54, no. 4 (1991): 807—834; *Mississippi Free Trader*, November 6, 1857; James L. Huston, *The Panic of 1857 and the Coming of the Civil War* (Baton Rouge, LA, 1987), 63 (Cf. 60); Foner, *Business and Slavery*, 139—147.

72. "Speech at Hartford, Conn., Mar. 5, 1860," LINCOLN, 4:5—6.

73. "House Divided Speech," June 18, 1858, LINCOLN, 2:461; August 21, 1858, LINCOLN, 3:27.

74. For examples of selective reading of Lincoln to "prove" his racism, see George Frederickson, *Big Enough to Be Inconsistent: Abraham Lincoln Confronts Slavery and Race* (Cambridge, MA, 2008); Lerone Bennett, *Forced into Glory: Abraham Lincoln's White Dream* (Chicago, 2000).

75. LINCOLN, 2:461; Freehling, *Road to Disunion*, 2:130—135; Robert Remini, *The House: The History of the House of Representatives* (New York, 2006), 155; *Alexandria Gazette*, April 4, 1858.

76. Douglas to J. McClernand, February 21, 1858, in Johannsen, *Douglas Letters*, 417.

77. Harriet Newby to Dangerfield Newby, August 16, 1859, in *Governor's Message and Reports*, 116—117, Library of Virginia, Richmond, www.lva.virginia.gov/public/trailblazers/res/Harriet_Newby_Letters.pdf, accessed March 7, 2014.

78. Four escaped, and three others fled the Maryland farm hideout where they had stayed as a rear guard. Two of these seven were captured and hanged. Four of the surviving five fought for the Union, of whom two were killed.

79. *Charleston Mercury*, January 4, 1860: Freehling, *Road to Disunion*, 2:214; *Barre Gazette*, December 23, 1859; *Farmers' Cabinet*, January 11, 1860; Ollinger Crenshaw, "The Psychological Background of the Election of 1860," *North Carolina Historical Review* 19 (1942): c. 260; Peter Wallenstein, "Incendiaries All... etc.," in Paul Fin-kelman, ed., *His Soul Goes Marching On: Responses to John Brown and the Harpers Ferry Raid* (Charlottesville, VA, 1995).

80. Henry David Thoreau, "A Plea for Captain John Brown," 1859, www.gutenberg.org/files/2567/2567-h/2567-h.htm, accessed October 26, 2013.

81. Potter, *Impending Crisis*, PIC, 403; Nevins, *Ordeal of the Union*, 2:179; *Baltimore Sun*, April 17, 1860; Ph. Thomas to Finney, January 24, 1859, W. Finney Papers, Duke; Freehling, *Road to Disunion*, 2:220—221, 246—287.

82. *Montgomery Confederation*, April 26, 1860; Robert B. Rhett to William P. Miles, January 29, 1860, Miles Papers, SHC; Thornton, *Politics and Power*, 381—391.

83. *Wisconsin Daily Patriot*, May 9, 1860; *Cleveland Plain Dealer*, May 9, 1860.

84. William Hesseltine, *Three Against Lincoln: Murat Halstead Reports the Caucuses of 1860* (Baton Rouge, LA, 1960), 230; Freehling, *Road to Disunion*, 2: 318; *Annapolis Gazette*, June 21, 1860.

85. David Donald, *Lincoln* (New York, 1995); Douglas Wilson, *Honor's Voice: The Transformation of Abraham Lincoln* (New York, 1998); Harry V. Jaffa, *Crisis of the House Divided: An Interpretation of the Issues in the Lincoln-Douglas Debates* (Garden City, NJ, 1959); Harry V. Jaffa, *A New Birth of Freedom: Abraham Lincoln and the Coming of the Civil War* (Lanham, MD, 2000); and especially William Lee Miller, *Lincoln's Virtues: An Ethical Biography* (New York, 2002).

86. Jon Grinspan, "'Young Men for War': The Wide Awakes and Lincoln's 1860 Presidential Campaign," *JAH* 96 (2009): 357—378; Potter, *Impending Crisis*, 432—447.

87. Sinha, *Counterrevolution*, 219—220.

88. Ralph Wooster, "An Analysis of the Membership of Secession Conventions in the Lower South," *JSH* 24, no. 3 (1958): 360—368; Stephanie McCurry, *Confederate Reckoning: Power and Politics in the Civil War South* (Cambridge, MA, 2010); Wilentz, *Rise of American Democracy*, 768—773, 944n3; Stephen Channing, *Crisis of Fear: Secession in South Carolina* (New York, 1970); William L. Barney, *The Secessionist Impulse: Alabama and Mississippi in 1860* (Princeton, NJ, 1974); Michael P. Johnson, *Toward a Patriarchal Republic: The Secession of Georgia* (Baton Rouge, LA, 1977); Edward E. Baptist, *Creating an Old South: Middle Florida's Plantation Frontier Before the Civil War* (Chapel Hill, NC, 2002); Douglas R. Egerton, *Year of Meteors: Stephen Douglas, Abraham Lincoln, and the Election That Brought the Civil War* (New York, 2010); Shearer Davis Bowman, *At the Precipice: Americans North and South During the Secession Crisis* (Chapel Hill, NC, 2010).

89. John Forsyth to Stephen Douglas, December 28, 1860, in Johannsen, *Stephen A. Douglas*, 246. Charles B. Dew, in *Apostles of Disunion: Southern Secession Commissioners and the Causes of the Civil War* (Charlottesville, VA, 2001), explains the "states' rights" revisionists' argument and then demolishes it by demonstrating that the conventions' message was that by electing Lincoln, "revolutionary" Repub-licans had signaled that they planned to destroy slavery and white supremacy. See also David Blight, *Race and Reunion: The Civil War in American Memory* (Cambridge, MA, 2003), for the roots of reinterpretation of secession's causes.

90. Dew, *Apostles of Disunion*, 56—58, 85. "Equality," etc., is from address of William Harris, Commissioner from Mississippi, to Georgia General Assembly, December 17, 1860.

91. Daniel W. Crofts, *Reluctant Confederates: Upper South Unionists in the Secession Crisis* (Chapel Hill, NC, 1989); Potter, *Impending Crisis*, 508—510.

92. Potter, *Impending Crisis*, 528—533.

93. Potter, *Lincoln and His Party in the Secession Crisis* (New Haven, CT, 1942).

94. Lincoln to James T. Hale, January 11, 1861, LINCOLN 4:172.

95. Thoreau, "Plea for Captain Brown." One Confederate soldier would be killed after the fort surrendered, while setting off celebratory cannon salutes.

第11章

1. Delia Garlic, AS, 6.1, (AL), 129.

2. Sven Beckert, "'Emancipation and Empire': Reconstructing the Worldwide Web of Cotton Production in the Age of the American Civil War," *AHR* 109 (2004): 1405—1438; Gabriel Baer, "Slavery in Nineteenth-Century Egypt," *Journal of African History* 8, no. 3 (1967): 426.

3. Vermont Investors to Sec'y of the Treasury, February 3, 1862, *Freedom: A Documentary History of Emancipation, 1861—1867* (Freedom and Southern History Project, University of Maryland, 1985—2013), ser. 1, vol. 3, 124—151; E. S. Philbrick to a Mas-sachusetts Businessman, April 12, 1862, FSSP, ser. 1, vol. 3, 182—187; HQ 2 Brigade SC Expeditionary Corps to Supt. Contrabands at Beaufort, SC, April 4, 1862, FSSP, 1/3, 180—181.

4. E. S. Philbrick to MA businessman, April 12, 1862, FSSP, ser. 1, vol. 3, 182—187; R. Saxton, Military Govr., Gnl. Order #12, December 20, 1862, FSSP, 1/3, 222—224; E. S. Philbrick to Direct-tax Commissioner for SC, January 14, 1864, FSSP, 1/3, 278—279.

5. James Oakes, *Freedom National: The Destruction of Slavery in the United States, 1861—1865* (New York, 2013), emphasizes the Republican Party's commitment to a national ideal of emancipation.

6. Frederick Douglass, "Should the Negro Enlist in the U. S. Army," speech delivered July 6, 1863.

7. Dep. of Felo Battee, May 29, 1865, in Thomas Hamilton, #255536, and Andre Dupree, #492774, both Record Group 15, Records of the Department of Veterans Affairs, National Archives, Washington, DC.

8. Abram Blue, #131.901, #946.653, Record Group 15, Records of the Department of Veterans Affairs, National Archives, Washington, DC; Cf. Nancy Bercaw, *Gendered Freedoms: Race, Rights, and the Politics of Household in the Delta, 1861—1875* (Gainesville, FL, 2003).

9. This, plus a long slow decline in agricultural commodity prices after 1870, helped to ensure that for many people, sharecropping became a kind of debt peonage that eventually trapped three consecutive generations of African Americans in the cotton country in extraordinary poverty. See Gavin Wright, *Old South, New South: Revolutions in the Southern Economy After the Civil War* (New York, 1986).

10. Laura Free, *Gendering the Constitution: Manhood, Race, Woman Suffrage,*

and the Fourteenth Amendment (Philadelphia, 2014).

11. Harry Bates, *Cotton: History, Species, Varieties, Morphology, Breeding, Culture, Diseases, Marketing, and Uses* (New York, 1927), 151—152, 323; Warren C. Whatley, "Southern Agrarian Labor Contracts as Impediments to Cotton Mechanization," *Journal of Economic History* 47, no. 1 (1987): 45—70; William L. Shea and Edwin Pelz, "A German Prisoner of War in the South: The Memoir of Edwin Pelz," *Arkansas Historical Quarterly* 44, no. 1 (1985): 42—55, esp. 52—53; Steven Hahn, *A Nation Under Our Feet: Black Political Struggles in the Rural South from Slavery to the Great Migration* (Cambridge, MA, 2003), 424—425; David Blight, *Race and Reunion: The Civil War and American Memory* (Cambridge, MA, 2003).

12. It would be impossible to list all of the great works on the post—Civil War history of the South, but these two paragraphs build above all on traditions of scholarship that include the following: W. E. B. DuBois, *The Souls of Black Folk* (Chicago, 1903); W. E. B. DuBois, *Black Reconstruction in America: An Essay Toward the Part Which Black Folks Played in the Attempt to Reconstruct Democracy in America, 1860—1880* (New York, 1935); C. Vann Woodward, *Origins of the New South, 1877—1913* (Baton Rouge, LA, 1951); Eric Foner, *Reconstruction: America's Unfinished Revolution, 1863—1877* (New York, 1988); Edward L. Ayers, *The Promise of the New South: Life After Reconstruction* (New York, 1992); Glenda Gilmore, *Gender and Jim Crow: Women and the Politics of White Supremacy in North Carolina, 1896—1920* (Chapel Hill, NC, 1996); David Cecelski and Timothy Tyson, eds., *Democracy Betrayed: The Wilmington Race Riot of 1898 and Its Legacy* (Chapel Hill, NC, 1998); Laura F. Edwards, *Gendered Strife and Confusion: The Political Culture of Reconstruction* (Urbana, IL, 1998); Gregory Downs, *Declarations of Dependence: The Long Reconstruction of Popular Politics in the South, 1861—1908* (Chapel Hill, NC, 2011).

13. Bill Cooke, "The Denial of Slavery in Management Studies," Paper No. 68, Institute for Development Policy and Management, University of Manchester, http://ageconsearch.umn.edu/bitstream/30566/1/dp020068.pdf, accessed December 18, 2013.

14. Ira Katznelson, *Fear Itself: The New Deal and the Origins of Our Time* (New York, 2013). Among many excellent works on lynching, see Crystal Feimster, *Southern Horrors: Women and the Politics of Rape and Lynching* (Cambridge, MA, 2009); Mari Nagasue Crabtree, "The Devil Is Watching You: Lynching and Southern Memory, 1940—1970" (PhD diss., Cornell University, 2014).

15. Susie King, AS, 2.4 (AR), 213; Charles L. Perdue Jr., Thomas E. Barden, and Robert K. Phillips, eds., *Weevils in the Wheat: Interviews with Virginia ExSlaves* (Charlottesville, VA, 1976), esp. 151—154.

后 记

1. "Blood Cotton," *The Economist*, September 6, 2014, www. economist. com/ news/ books/21615864-how-slaves-built-american-capitalism-blood-cotton accessed May 26, 2015.

2. This one contributed by Paul K. Adler, http://bit.ly/1FerkN2, accessed May26, 2015. I suspect that one epidemiological center of the anti-*Economist* outbreak was the Twitter feed of Ta-Nehisi Coates, @tanehisicoates. Another set of comments were linked together by the hashtag # NotAllSlaveOwners, which referenced # NotAllMen, an earlier hashtag ridiculing those which said well, actually... to women's personal testimony about the prevalence of sexual harassment and violence.

3. @ oceanclub, http: // bit. ly/1LGB7QB, also cited by Cory Doctorow, "*The Economist* Defends America's Enslavement of Africans," September 6, 2014, http:// boingboing.net/2o14/o9/o6/economist-defend-merase.tm and also see Adam Weinstein, Let's Look at These Slavery-Inspired # EconomistBookReviews, Shall We? at http:// fortressamerica. gawker. comets at-these-slavery—inspired-economistbookrevie630770888 (all accessed May 26, 2015). Godwin's Law is a postulate, first proposed by attorney Mike Godwin, which states that the longer any Internet debate goes on, the closer to I will be the probability of a participant comparing someone or something to Hitler or the Nazis. See 'Godwin's Law,' *Oxford English Dictionary*, 3rd ed. (2013), *http://www. oed.com/view/Entry*/340583 (viewed August 27, 2015).

4. Jack Mirkinson, "The Economist Admits Slavery Was 'Pretty Evil After All," *Huffington Post*, September s, 2014, http://ff.to/1F7dmie; Jamelle Bouie, "A Few Helpful Rules for Reviewing Books About Slavery," Slate, September s, 2014, http:// slate. me/ IAolQJe. See also Greg Grandin, "*The Economist* Has a Slavery Problem," The Nation, September 9, 2014, ht:////Bq4v/mv (all accessed May 26, 2015).

5. *The Economist*, September 6, 2014, http: // con. s/1xg0692, accessed May 26,2015.

6. See the verdict levied against American historians, especially those of the early Republic and nineteenth century, by Seth Rockman, "The Unfree Origins of American Capitalism," in *The Economy of Early America: Historical Perspectives and New Directions*, Cathy Matson, ed. (University Park, P, 2006), 335—361. As for those who construct themselves as Southern historians, see, most famously, Eugene Genovese and Elizabeth Fox-Genovese, who offered the formulation that Southern planters were "in but not of" Western capitalism, for even if they sold commodities to the world market on a massive scale, their cultural identities and relationship the means of production were essentially pre-or noncapitalist: Elizabeth Fox-Genovese and Eugene D. Genovese, *The Fruits of Merchant Capital: Slavery and Bourgeois Property in the Rise and Expansion of Capitalism* (New York, 1983). Among those who pushed back, arguing that Southern whites were very much part of the modernizing Western cultural

mainstream—that is, they wrestled with the question of what it is to be "modern," wrestling that is the essence of being modern—see the works of the Michael o' Brien, in particular *Conjectures of Order: Intellectual Life in the old South*, 2 vols. (Chapel Hill, 2004); or L. Diane Barnes, Brian Schoen, and Frank Towers, eds., *The Old South's Modern Worlds: Slavery, Region, and Nation in the Age of Progress* (New York, 201). James Oakes has always stood apart from this mainstream, offering creative, contrarian, and illuminating takes like that offered by *The Ruling Race* or by his "The Peculiar Fate of the Bourgeois Critique of Slavery," in *Slavery and the American South*, Winthrop D. Jordan and Annette Gordon-Reed, eds. (Jackson, MS, 2003).29-46.

7. Important neoclassical market-economy studies insisted that enslavers were rational optimizers of economic self-interest; see Robert Fogel, *Without Consent or Contract: The Rise and Fall of American Slavery* (New York, 1989), and Gavin Wright, *The Political Economy of the Cotton South: Households, Markets, and Wealth in the Nineteenth Century* (New York, 1978). Such works showed that slavery was profitable for enslavers. But such studies typically concluded that the high productivity of slave labor camps came from long hours of work and the efficiency of "gang labor." They didn't measure a continuous process of productive innovation, which is a key element of the most persuasive historical descriptions of modern capitalist production's dynamic power to shape and transform history. And, specifically, historians and economists studying slavery had rarely, if ever, identified US cotton picking by individuals whose labor was individually measured as the site of a key expansion of productivity.

8. The repression of questions about slavery's productivity and profitability goes back to Karl Marx, as Walter Johnson's essay makes clear: The Pedestal and the Veil: Rethinking the Capitalism/ Slavery Question, *JER* 24, no. 2 (Summer 2004), 299—308; and, even further, to Adam Smith, per Oakes, Peculiar Fate. Although neoclassical cliometricians did a lot of good work on some of the numbers of cotton production, they did not know how their numbers were generated: how actual people used their bodies, minds, time, and labor to move cotton fibers from plant to sack and sack to scale and gin. Only with the emergence of "Second Slavery" arguments in the work of Dale Tomich, Rafael Marquese, and others, including Robin Blackburn, *The American Crucible: Slavery, Emancipation, Human Rights* (London, 2011), do we begin to see a more deeply realized consideration of the dynamic and modern character of nineteenth-century "plantation" labor and its relationship to the industrial revolution, though we see roots and originating insights of this move in the studies of eighteenth-century slavery and commerce generated by the Caribbean scholars cited below and in w. E. B. DuBois, *Black Reconstruction in America: An Essay Toward the Part Which Black Folks Played in the Attempt to Reconstruct Democracy in America1860—7880* (New York, 1935); Sidney Mintz, *Sweetness and Power: The Place of Sugarin.*

Modern History (New York, 1985); Marcus Rediker, *Between the Devil and the Deep Blue Sea: Merchant Seaman, Pirates, and the Anglo-American Maritime World, 1700—1750* (Cambridge and New York, 1987); Peter Linebaugh and Marcus Rediker, *The Many-Headed Hydra: Sailors, Slaves, Commoners, and the Hidden History of the Revolutionary Atlantic*, (Boston, 2000); and Kenneth C. Pomeranz, *The Great Divergence: China, Europe, and the Making of the Modern World Economy* (Berkeley, CA, 200o).

9. Eric Williams, *Capitalism and Slavery* (Chapel Hill, I944); C. L. R. James, *The Black Jacobins: Toussaint L'Ouverture and the San Domingo Revolution*, 2nd ed. (New York, 1963); Walter Rodney, *How Europe Underdeveloped Africa* (London, 1972); and see Horace Campbell, *Rasta and Resistance: From Marcus Garvey to Walter Rodney* (Trenton, NJ, 1984) for a work that incorporates the Caribbean intellectual tradition in a broader history of anticolonial struggles in the Caribbean. The debates over slavery and capitalism in the Caribbean, of course, continue. Another strong tradition, associated with the University of Campinas, endeavored to use classical Marxism to analyze Brazilian slavery.

10. There has been a fair amount of writing about the influence of Caribbean migration on black radicalism, popular culture, and African-American scholarship. See, for example, Winston James, *Holding Aloft the Banner of Ethiopia: Caribbean Radicalism in Early Twentieth-Century America* (London, 1999); Cedric Robinson, *Black Marxism: The Making of the Black Radical Tradition*, 2nd ed. (Chapel Hill, 200o), among other works. Far more should be made of this influence. At the same time, I hope no one will take it amiss if I point out that African-American influence on the Afro-Caribbean world, especially the latter's diaspora in the United States, is immense. There would, after all, be few opportunities beyond unskilled labor for black immigrants to the United States without the twentieth-century freedom movements in the United States. In those movements African Americans and, especially, black southerners descended from enslaved African Americans were disproportionately the leaders, foot soldiers, and casualties.

11. No footnote could sum up the myriad ways in which African Americans expanded and created intellectual and pedagogical traditions in the generations before and after emancipation, but I will point interested readers to two books that showcase African-Americanwomen's roles in building such traditions: Mia Bay, Farah Griffin Martha Jones, and Barbara D. Savage, eds., *Toward an Intellectual History of Black Women* (Chapel Hill, 2015); and Deborah Gray White, *Telling Histories: Black Women Historians in the Ivory Tower* (Chapel Hill, 2008).

12. Pauli Murray, *Proud Shoes: The History of an American Family* (New York, 1956), and *Song in a Weary Throat: An American Pilgrimage* (New York, 1987); see also Jonathan Holloway, *Jim Crow Wisdom: Memory and Identity in Black*

America Since 1940 (Chapel Hill, 2013).

13. W. E. B. DuBois, *Souls of Black Folk* (Chicago, 1903), and *Black Reconstruction*; see also David Levering Lewis, *W. E. B. DuBois: Biography of a Race, 1868—1919* (New York, 1993), and *W.E.B.Dubois: The Fight for Equality and the American Century, 1919—1963* (New York, 2000) for passages describing DuBois's social-science research on the ground in the cotton South and his account of the history thereof in both *Souls and Black Reconstruction*. Nor should we overstate the difference between African-American and other Afro-Diasporic Afro-Caribbean analyses of the relationship between systems of racial domination and the rise of industrial capitalism, a distance that is united in various ways in works such as: Angela Y. Davis, *Women, Race, and Class* (New York, 1981); Manning Marable, *How Capitalism Underdeveloped Black America* (Boston, 1983); Joseph Inikori, *The Atlantic Slave Trade: Effects on Economies, societies, and Peoples in Africa, the Americas, and Europe* (Durham, 1992); Robinson, *Black Marxism*; Robin D. G. Kelley, *Freedom Dreams: The Black Radical Imagination* (New York, 2002).

14. Additional building blocks of my argument for the significance of cotton picked by enslaved African Americans to the makers of the modern world can also be found in works like Pomeranz, *Great Divergence*; Gavin Wright, *Slavery and American Economic Development* (Baton Rouge, 2006); Blackburn, *American Crucible*; and a fully realized argument for the exceptional role of cotton in the construction of the modern world economy can be found in Sven Beckert, *Empire of Cotton: A Global History* (New York, 2014).

15. Walter Johnson, *Soul by Soul: Life Inside the Antebellum Slave Market* (Cambridge, MA, 1999).

16. Jennifer Schuessler, "In History Departments, It's Up with Capitalism," *New York Times*, April 6, 2013. In the comments beneath the online version of this article, many excoriated the scholars as either stooges for Goldman Sachs or old-fashioned Marxist-Leninists (or both). Elsewhere, some older scholars grumbled that this was nothing new. But these historians were neither stooges nor Leninists, and their work was new—as the older historians' work had been new in their day.

17. See Beckert, *Empire of Cotton*; Daina Ramey Berry, "*Swing the Sickle for the Harvest Is Ripe*": *Gender and Slavery in Antebellum Georgia* (Urbana, IL, 2007); Greg Grandin, *The Empire of Necessity: Slavery, Freedom, and Deception in the New World* (New York, 2014); Walter Johnson, *River of Dark Dreams: Slavery and Empire in the Cotton Kingdom* (Cambridge, MA, 2013); Jonathan Levy, *Freaks of Fortune: The Emerging World of Capitalism and Risk in America* (Cambridge, MA, 2012); Rafael de Bivar Marquese, *Feitores do Corpo, Misinários da Menta: Senhores, Letrados e o Controle Dos Escravos nas Américas, 1660—1860* (São Paulo, 2004); Bonnie Martin, "Slavery's Invisible Engine: Mortgaging Human Property," *JSH* 76

(2010): 817—856; Steven Mihm, *A Nation of Counterfeiters Capitalist, Con Men, and the Making of the United States* (Cambridge, MA, 2007); Jennifer L. Morgan, *Laboring Women: Reproduction and Gender in New World Slavery* (Philadedphia, 2004); Seth Rockman, *Scraping By: Wage Labor, slavery and Survival in Early Baltimore* (Baltimore 2009); Daniel Rood, "Plantation Technocrats: A Social History of Knowledge in the Slave-holding Atlantic World, 1830— 1865," (PhD Diss., University of California at Irvine, 2010); Caitlin C. Rosenthal, "From Memory to Mastery: Accounting for Control in American, 1750—1880," *Enterprise and Society* 14 (December 2013), 732—748; Adam Rothman, *Slave Country: American Expansion and the Origins of the Deep South* (Cambridge, MA, 2005); Joshua Rothman, *Flush Times and Fever Dreams: A Story of Capitalism and Slavery in the Age of Jackson* (Athens, GA, 2011); Stephanie Smallwood, *Saltwater Slavery: A Middle Passage from Africa to the American Diaspora* (Cambridge, MA, 2007); Mark M. Smith, *Mastered by the Clock: Time, Slavery and Freedom in the U. S. South* (Chapel Hill, NC, 1997); Dale W. Tomich, *Through the Prism of Slavery: Labor, Capital, and the World Economy* (Lanham, MD, 2004); Craig Wilder, *Ebony and Ivy: Race, Slavery, and the Troubled History of Americas Universities* (New York, 2013). Even as the new scholarship has built up, opposition to the idea that slavery could be described as either capitalist in essence or as essential to the historical development of modern standards of living continues to persist. See Sven Beckert, Angus Burgin, Peter James Hudson, Louis Hyman, Naomi Lamoreaux, Scott Marler, Steven Mihm, Julia Ott, Philip Scranton, and Elizabeth Tandy Shermer, "Interchange: The New History of Capitalism," *JAH*, 101, no. 2 (September 2014), 503—536; or the impassioned crusade of some older scholars against, for instance, anything published by Walter Johnson.

18. Stephanie M. H. Camp, personal communication with author. We had this conversation in Durham, NC, at the James Joyce pub on East Main Street in the summer of 2000.

19. The other, equally foundational theft in US history being the theft of most of a continent from its original inhabitants.

20. Thomas Piketty, *Capital in the Twenty-First Century* (Cambridge, MA, z014).

21. Michelle Alexander, *The New Jim Crow: Mass Incarceration in the Age of Colorblindness* (New York, 2010), has helped to focus popular attention on this issue, but a list of the crucial scholarly work on the "carceral state" or "mass incarceration" would be quite long and impressive indeed. Long also would be a list of the organizations and activists who are attempting to combat mass incarceration.

22. Ta-Nehisi Coates, "The Case for Reparations," *The Atlantic*, June 2014, www.theatlantic.com/features/ archive/2014/05/the-case-for-reparations/361631; Coates has acknowledged the work of a host of scholars as the foundation on which he builds: On Whose Shoulders the Research Stands, "May 23, 2014, www. theatlantic. com/

education/archive/2014/05/on-whose-shoulders-the-research-stands/371556 (both accessed May 27, 2015). Good examples of this kind of work include Ira Katznelson, *When Affirmative Action Was White; An Untold History of Racial Inequality in Twentieth-Certury America* (New York, 2006); Beryl Satter, *Family Properties: How the Struggle Over Race and Real Estate Transformed Chicago and Urban America* (New York, 2010); Blair Kelley, *Right to Ride; Streetcar Boycotts and African American Citizenship in the Era of Plessy v. Ferguson* (Chapel Hill, 2010); N. D. B. Connolly, *A World More Concrete: Real Estate and the Remaking of the Jim Crow South* (Chicago, 2014); as well as the work of economists like Sandy Darity of Duke University and Darrick Hamilton of the New School for Social Research.

23. Claims that seeds alone are responsible for the productivity increase are simply guesses that depend on perceived coincidence of two historical facts—increased picking productiviy from 1800—1860 and adoption of new seeds in the 1820s—rather than making a causal argument that accounts for all the available evidence. Indeed, "magic seeds" arguments fail the test of Occam's Razor in multiple ways. They cannot explain why cotton productivity rose until the end of slavery and then apparently feel despite the same—or even better—seeds. They cannot explain why enslavers created masses of cotton-picking records, and no seed-selection records. They cannot explain why white testimony shows the torture of enslaved cotton pickers for insufficient cotton picking. They cannot explain why individual productivity rose continuously into the 1850s instead of rising once, with the adoption of Petit Culf seeds. Above all, critics who fall back on "magic seeds" claims have so far refused to address the evidence from survivors of enslaved cotton picking. See my forthcoming chapter, "Towards a Political Economy of Slave Labor: Hands, Whipping Machines, and Modern Power," in *Slavery's Capitalism*, Seven Beckert and Seth Rockman, eds.(Philadelphia, 2016).

24. Here *The Half Has Never Been Told* attempts to modify the arguments of James Scott in *Domination in the Arts of Resistance* and ventures something of a counterpoint to Marx's analysis of alienation and exploitation in the new modes of industrial production depicted in *Das Kapital*.

25. Here I am particularly influenced by Tommie Shelby, *We Who Are Dark: The Philosophical Foundations of Black Solidarity* (Cambridge, MA, 2005); Steven Hahn, *A Nation Under Our Feet: Black Political Struggles in the Rural South from Slavery to the Great Migration* (Cambridge, MA, 2003); Stephanie M. H. Camp, *Closer to Freedom: Enslaved Women and Everyday Resistance in the Plantation South* (Chapel Hill, NC, 2004); and Walter Johnson, "On Agency" *Journal of Social History* 37, no. 1(003): 113—124.

26. Louis Hughes, *Thirty Years a Slave: The Institution of Slavery as Seen on the Plantation and in the Home of a Planter* (Milwaukee, WI, 1897), 78—80.

27. Hughes, *Thirty Years a Slave*, 172—186, for the account of his and his family and friends escape.

原书索引

（页码为原书页码，即本书边码）